JURA INTENSIV

Skript
Grundfall
Klausurfall

VERWALTUNGS-PROZESSRECHT

- Die Klagearten in der Hauptsache
- Vorläufiger Rechtsschutz
- Rechtsmittelverfahren
- Widerspruchsverfahren

Dr. Dirk Kues
RA Frank Schildheuer
4. Auflage, Februar 2018

Herr **Dr. Dirk Kues** ist Rechtsanwalt und Franchisenehmer des Repetitoriums **JURA INTENSIV** in Frankfurt, Gießen, Heidelberg, Mainz, Marburg und Saarbrücken. Er wirkt seit über 15 Jahren als Dozent des Repetitoriums und ist Redakteur der Ausbildungszeitschrift RA – Rechtsprechungs-Auswertung. Ferner ist er Autor der Crashkursreihe im Öffentlichen Recht sowie Co-Autor der Skripte Verwaltungsrecht AT, Verwaltungsprozessrecht und des Pockets Verwaltungsrecht AT & Verwaltungsprozessrecht aus der **JURA INTENSIV** Skriptenreihe.

RA Frank Schildheuer war über 15 Jahre Dozent des bundesweiten Repetitoriums **JURA INTENSIV** und wirkte als Chefredakteur an der Ausbildungszeitschrift RA – Rechtsprechungs-Auswertung mit. Zudem ist er Co-Autor des Skriptes Verwaltungsprozessrecht und des Pockets Verwaltungsrecht AT & Verwaltungsprozessrecht aus der **JURA INTENSIV** Skriptenreihe. Nun ist er als Rechtsanwalt in Münster tätig.

Autoren
Dr. Dirk Kues
RA Frank Schildheuer

Verlag und Vertrieb
Jura Intensiv Verlags UG (haftungsbeschränkt) & Co. KG
Zeil 65
60313 Frankfurt am Main
info@verlag.jura-intensiv.de
www.verlag.jura-intensiv.de

Verlagslektorin
Ines Hickl

Konzept und Gestaltung
Stefanie Körner

Druck und Bindung
Copyline GmbH, Albrecht-Thaer-Straße 10, 48147 Münster

ISBN 978-3-946549-44-4

Dieses Skript oder Teile dieses Skriptes dürfen nicht vervielfältigt, in Datenbanken gespeichert oder in irgendeiner Form übertragen werden ohne die schriftliche Genehmigung des Verlages.

© Februar 2018, Jura Intensiv Verlags UG & Co. KG

VORWORT

Das Skript enthält eine systematische Darstellung des Verwaltungsprozessrechts, die sich an den Bedürfnissen von Studierenden orientiert. Es wendet sich an Anfänger zur Vorbereitung auf universitäre Klausuren und Examenskandidaten gleichermaßen, indem es zunächst die Grundstrukturen erklärt, um sodann das examensnotwendige Detailwissen darzustellen. Didaktisches Ziel dieses Skripts ist es, Klausurwissen und Klausurtechnik zu vermitteln.

Zu diesem Zweck ist das Skript in vier Schritte unterteilt:

1. Schritt: Kurze Einführung zu jedem Themengebiet

2. Schritt: Prüfungsschema
Das Prüfungsschema zeigt auf einen Blick, wie das in dem Kapitel vermittelte Wissen in den Prüfungsaufbau einer Klausur einzubringen ist.

3. Schritt: Examensrelevantes Wissen systematisch-strukturiert
Vertiefte Darstellung der Definitionen und Probleme des Verwaltungsprozessrechts. Zum besseren Verständnis finden sich anschauliche Beispiele und Merksätze. Dieser Abschnitt vermittelt sowohl dem Anfänger das Basiswissen des Verwaltungsprozessrechts als auch dem Examenskandidaten die im Examen geforderten vertieften Kenntnisse. Marginalien am Rande dienen der schnellen Orientierung, ohne den Lesefluss zu stören.

4. Schritt: Klausurfall auf Examensniveau
Am Ende eines Kapitels kommt ein Klausurfall, der Examensniveau aufweist und dem Leser zur Kontrolle dient, ob er das erlernte Wissen in einer Klausur umsetzen kann.

Für Anregungen, Verbesserungsvorschläge und Kritik sind wir besonders dankbar. Sie erreichen uns im Internet unter **www.verlag.jura-intensiv.de** und per E-Mail über **info@verlag.jura-intensiv.de**.

Dr. Dirk Kues *Frank Schildheuer*

INHALT

DER VERWALTUNGSPROZESS — 1

1. Teil – Überblick: Die Gerichtsbarkeiten in Deutschland — 1
2. Teil – Die Verwaltungsgerichtsbarkeit — 2

DAS HAUPTSACHEVERFAHREN — 11

1. Teil – Anfechtungsklage — 11
   Prüfungsschema: Aufbau der Anfechtungsklage — 12
   KLAUSURFALL: „Moschee im Gewerbegebiet" — 120
2. Teil – Verpflichtungsklage — 128
   Prüfungsschema: Aufbau der Verpflichtungsklage — 128
   KLAUSURFALL: „Geförderte Hundezucht" — 148
3. Teil – Fortsetzungsfeststellungsklage — 154
   Prüfungsschema: Aufbau der Fortsetzungsfeststellungsklage — 154
   KLAUSURFALL: „Glühweinstand auf dem Weihnachtsmarkt" — 166
4. Teil – Allgemeine Leistungsklage — 173
   Prüfungsschema: Aufbau der allgemeinen Leistungsklage — 173
   KLAUSURFALL: „Querulanten & Co." — 189
5. Teil – Feststellungsklage — 196
   Prüfungsschema: Aufbau der Feststellungsklage — 196
   KLAUSURFALL: „Auseinandersetzungen in der Gemeindevertretung" — 207
6. Teil – Prinzipale Normenkontrolle, § 47 VwGO — 214
   Prüfungsschema: Aufbau der prinzipalen Normenkontrolle — 215

VORLÄUFIGER RECHTSSCHUTZ — 226

1. Teil – Abgrenzung vom Hauptsacheverfahren — 226

2. Teil – Überblick: Die vorläufigen Rechtsschutzarten — 230

3. Teil – Die Anträge nach § 80 V 1 VwGO — 233

    Prüfungsschema: Antrag nach § 80 V 1 VwGO — 234

    KLAUSURFALL: „Das Photovoltaikprojekt" — 273

4. Teil – Die Anträge nach § 80a VwGO — 281

    Prüfungsschema: Antrag nach § 80a VwGO — 282

    KLAUSURFALL: Das Kinocenter — 298

5. Teil – Die Anträge nach § 123 I VwGO — 309

    Prüfungsschema: Antrag nach § 123 I VwGO — 310

    KLAUSURFALL: „Karneval" — 327

6. Teil – Der Antrag nach § 47 VI VwGO — 334

    Prüfungsschema: Antrag gem. § 47 VI VwGO — 334

DAS RECHTSMITTELVERFAHREN — 339

1. Teil – Berufung und Berufungszulassung, §§ 124 ff. VwGO — 339

    Prüfungsschema: Berufung und Berufungszulassung — 340

2. Teil – Revision, §§ 132 ff. VwGO — 349

    Prüfungsschema: Revision — 350

3. Teil – Beschwerde, §§ 146 ff. VwGO — 354

    Prüfungsschema: Beschwerde — 355

VERWALTUNGSBEHÖRDLICHER RECHTSSCHUTZ — 360

1. Teil – Das Widerspruchsverfahren — 360

    Prüfungsschema: Aufbau des Widerspruchs — 361

2. Teil – Nichtförmliche Rechtsbehelfe — 370

DER VERWALTUNGSPROZESS

1. Teil – Überblick: Die Gerichtsbarkeiten in Deutschland

Die Verwaltungsgerichtsbarkeit ist nach Art. 95 I GG eine von fünf Gerichtsbarkeiten in Deutschland. Alle haben jeweils ihre eigene Prozessordnung (wobei das GVG eine gewisse Klammerwirkung entfaltet) und ihren eigenen Instanzenzug mit einem obersten Bundesgericht an der Spitze:

1 Die fünf Gerichtsbarkeiten

- Ordentliche Gerichtsbarkeit (bestehend aus Zivil- und Strafgerichten)
    - → Oberstes Bundesgericht: BGH
    - → Prozessordnungen: ZPO, StPO

- **Verwaltungsgerichtsbarkeit**
    - → Oberstes Bundesgericht: BVerwG
    - → Prozessordnung: VwGO

- Finanzgerichtsbarkeit
    - → Oberstes Bundesgericht: BFH
    - → Prozessordnung: FGO

- Arbeitsgerichtsbarkeit
    - → Oberstes Bundesgericht: BAG
    - → Prozessordnung: ArbGG

- Sozialgerichtsbarkeit
    - → Oberstes Bundesgericht: BSG
    - → Prozessordnung: SGG

Welche Gerichtsbarkeit zuständig ist, richtet sich nach der jeweiligen Rechtswegzuweisung. Sofern nicht eine besondere Regelung existiert, ist gem. § 13 GVG der Rechtsweg zu den ordentlichen Gerichten eröffnet. Die Verwaltungsgerichtsbarkeit ist daher nur zuständig, wenn dies besonders geregelt ist.

> **KLAUSURHINWEIS**
> Deshalb steht die Rechtswegprüfung am Anfang jedes Gutachtens über die Erfolgsaussichten eines Rechtsbehelfs vor den Verwaltungsgerichten.

Gleichzeitig bedeutet die Existenz verschiedener Gerichtsbarkeiten und Prozessordnungen, dass die Prozessordnung einer anderen Gerichtsbarkeit nicht ohne Verweis in der eigenen Prozessordnung angewendet werden darf.

2 ZPO/GVG: Verweis notwendig

BEISPIEL: § 173 S. 1 VwGO verweist pauschal auf ZPO und GVG, soweit die VwGO keine eigenen Regelungen enthält. Ohne diesen Verweis wären die dortigen Regelungen für die Verwaltungsgerichtsbarkeit nicht anwendbar. Weitere spezielle Verweisnormen existieren (z.B. §§ 57 II, 64 VwGO).

Reformbemühungen

3 Nicht wenige empfinden diese Trennung als umständlich, zumal die Rechtswegfrage nicht selten Abgrenzungsprobleme aufwirft. Alle Bemühungen um eine einheitliche Gerichtsbarkeit mit einheitlicher Prozessordnung[1] sind aber bisher gescheitert. Es herrscht auch Uneinigkeit darüber, ob sie wirklich Vereinfachungen mit sich bringen und Synergieeffekte erzielen würde. Insbesondere von Praktikern wird dies bestritten.[2] Da es dem Gesetzgeber darüber hinaus an Reformkraft fehlt (eine Verfassungsänderung in Art. 95 GG wäre nötig), wird das System der fünf Gerichtsbarkeiten wohl auf absehbare Zeit erhalten bleiben.

2. Teil – Die Verwaltungsgerichtsbarkeit

A. Einleitung

Verwaltungs- und Verfassungsgerichte

4 Die Verwaltungsgerichtsbarkeit ist gem. § 40 I 1 VwGO zuständig für **alle öffentlich-rechtlichen Streitigkeiten nichtverfassungsrechtlicher Art**, sofern nicht ausdrücklich etwas anderes geregelt ist. Schon die Formulierung „nichtverfassungsrechtlicher Art" in § 40 I 1 VwGO zeigt, dass sie keinesfalls mit der Verfassungsgerichtsbarkeit des Bundes (BVerfG) oder der Länder (VerfGH, StGH) verwechselt oder vermischt werden darf. Die Verfassungsgerichtsbarkeit lässt sich nicht einer bestimmten Gerichtsbarkeit zuordnen; vielmehr ist sie allen Fachgerichten übergeordnet.

BEISPIEL: Das BVerfG kann Urteile des BGH ebenso aufheben wie solche des BVerwG, BAG, BSG oder BFH. Ebenso ist es nach Art. 100 GG für konkrete Normenkontrollen aller Fachgerichte zuständig.

Gleichzeitig gibt es keinen Instanzenzug zum BVerfG oder zu den Landesverfassungsgerichten.[3] Vielmehr haben diese ihre eigenen Prozessordnungen mit eigenen Rechtsbehelfen und Zuständigkeiten (z.B. das BVerfGG). Zudem ist ihr Prüfungsgegenstand nicht das Verwaltungs-, sondern ausschließlich das Verfassungsrecht.

MERKSATZ
Das BVerfG und die Landesverfassungsgerichte sind keine „**Superrevisionsinstanzen**".[4]

---

1 Vgl. hierzu Meyer-Ladewig, NVwZ 2007, 1262, 1262 ff.
2 Geiger, NJW 2004, 1850, 1852
3 Vgl. nur § 40 I 1 VwGO, der Streitigkeiten verfassungsrechtlicher Art ausdrücklich vom Verwaltungsrechtsweg ausnimmt.
4 BVerfGE 1, 418, 420; Rennert, NJW 1991, 12, 12

B. Funktion und Ziele
Die Verwaltungsgerichtsbarkeit verfolgt drei Hauptziele:

- Die Umsetzung der **Garantie effektiven Rechtsschutzes** aus Art. 19 IV 1 GG in einfaches Recht (subjektive Komponente).[5] Deshalb kann der Bürger Widerspruch einlegen oder Klage erheben, sich in Eilfällen mit vorläufigen Rechtsschutzanträgen wehren, Suspensiveffekt seiner Rechtsbehelfe herbeiführen u.v.m. Diese Komponente ist die für juristische Prüfungen mit Abstand Wichtigste. Die Rechtsbehelfe mit ihren Zulässigkeits- und Begründetheitsvoraussetzungen müssen lückenlos beherrscht werden. Daher wird ihnen in diesem Skript breiter Raum eingeräumt. — 5 Rechtsschutz
- Die **Kontrolle der Verwaltung** durch die Rechtsprechung (objektive Komponente).[6] Die Gerichte können Verwaltungsentscheidungen aufheben und die Verwaltung zur Vornahme von Handlungen oder zum Erlass eines Verwaltungsakts zwingen. Zudem sind rechtskräftige Gerichtsurteile bindend. Diese Komponente spielt in Prüfungsaufgaben weniger eine Rolle. Sie wird in diesem Skript dennoch in den Grundzügen behandelt, etwa soweit es um die Vollstreckung von Gerichtsentscheidungen geht. — 6 Verwaltungskontrolle
- Die **Fortbildung des (Verwaltungs-)rechts**.[7] In nicht wenigen Fällen hat die richterliche Kompetenz zur Rechtsfortbildung das Verwaltungsrecht und Verwaltungsprozessrecht entscheidend geprägt. — 7 Rechtsfortbildung

BEISPIELE; Für das materielle Recht der „Grundsatz der Ämterstabilität" im Beamtenrecht, für das Prozessrecht die in der VwGO ungeregelten Innenrechtsstreitigkeiten („Kommunalverfassungsstreit").

Die Kenntnis dieser ungeschriebenen Grundsätze ist nicht selten entscheidend für den Examenserfolg. Soweit das richterrechtlich geprägte Prozessrecht Prüfungsrelevanz besitzt, wird es in diesem Skript daher ausführlich behandelt.

- Daneben gibt es eine Reihe von Zielen, die allen Gerichtsbarkeiten gemeinsam und für einen Rechtsstaat unerlässlich sind, z.B. Rechtsfrieden herzustellen, die Gewaltenteilung zu verwirklichen und die Akzeptanz des Rechtsstaats durch die Bürgerinnen und Bürger zu fördern. Für Prüfungsaufgaben spielen diese Ziele keine Rolle, sie werden deshalb hier nicht näher erörtert. — 8 Sonstiges

C. Instanzenzug
Die Verwaltungsgerichtsbarkeit besteht aus drei Instanzen: Verwaltungsgericht (VG), Oberverwaltungsgericht (OVG) bzw. Verwaltungsgerichtshof (VGH) und Bundesverwaltungsgericht (BVerwG). — 9 Dreistufiger Aufbau

I. VERWALTUNGSGERICHTE
Unterste Instanz der Verwaltungsgerichtsbarkeit ist das VG. Hier beginnen gem. § 45 VwGO - von Ausnahmen nach §§ 47, 48, 50 VwGO abgesehen - alle Streitigkeiten im ersten Rechtszug. — 10 Eingangsinstanz: VG

---

5 Vgl. hierzu ausführlich Schmidt-Aßmann, FS Menger, S. 108 ff.
6 Vgl. hierzu ausführlich v.Mutius, FS Menger, S. 575, 586 ff.
7 Zu den Grenzen richterlicher Rechtsfortbildung vgl. Papier, Die Stellung der Verwaltungsgerichtsbarkeit im demokratischen Rechtsstaat, 1979, S. 15 ff.

Besetzung   **11** Beim Verwaltungsgericht werden Kammern gebildet, § 5 II VwGO. Diese sind mit drei Berufsrichtern und zwei ehrenamtlichen Richtern besetzt, § 5 III VwGO, wobei es allerdings Ausnahmen gibt, wie die Entscheidung durch den Einzelrichter, § 6 VwGO. Verwaltungsgerichte existieren in allen Bundesländern, wobei ihre Sitze und Zuständigkeitsbezirke landesrechtlich geregelt sind.

> **BEISPIEL:** In NRW, dem bevölkerungsreichsten Bundesland, existieren gem. § 17 JustizG NRW sieben Verwaltungsgerichte: Aachen, Arnsberg, Düsseldorf, Gelsenkirchen, Köln, Minden und Münster.

II. OBERVERWALTUNGSGERICHTE

Mittelinstanz: OVG   **12** Das OVG ist gewöhnlich die Mittelinstanz. In jedem Bundesland existiert genau ein OVG, § 2 VwGO.[8] Es entscheidet gem. § 46 VwGO über Berufungen und Beschwerden gegen Entscheidungen der Verwaltungsgerichte. Allerdings gibt es hiervon Ausnahmen: Einerseits kann die Mittelinstanz im Wege der sog. **„Sprungrevision"** nach § 134 VwGO übergangen werden, andererseits kann das OVG nach §§ 47, 48 VwGO auch Eingangsinstanz sein.

Besetzung   **13** Beim OVG heißen die Spruchkörper Senate, § 9 II VwGO. Sie sind gewöhnlich mit drei Berufsrichtern besetzt, wobei die Länder nach § 9 III 1 2. Hs. VwGO eine Besetzung von fünf Richtern vorsehen können, von denen wiederum zwei ehrenamtliche Richter sein können.[9] Ebenso regeln die Länder in ihren Ausführungsgesetzen den Sitz des jeweiligen OVG.

Begriffe: OVG, VGH und VerfGH   **14** Gemäß § 184 VwGO können sie ferner bestimmen, dass das OVG „Verwaltungsgerichtshof" (VGH) heißen soll.[10]

> **MERKSATZ**
> Der **Verwaltungsgerichtshof** ist keine eigene Instanz, sondern nur eine andere Bezeichnung für das Oberverwaltungsgericht.

Dass man Verwaltungsgerichtshof (VGH) und Verfassungsgerichtshof (VerfGH) nicht miteinander verwechseln darf, wurde bereits oben[11] ausgeführt.

III. BUNDESVERWALTUNGSGERICHT

Höchste Instanz: BVerwG   **15** Höchste und damit letzte Instanz der Verwaltungsgerichtsbarkeit ist das BVerwG mit Sitz in Leipzig, § 2 VwGO. Das BVerwG ist Revisionsgericht, § 49 Nr. 1, 2 VwGO, wobei auch hier Ausnahmen existieren, namentlich die Beschwerdezuständigkeit nach § 49 Nr. 3 VwGO und die erstinstanzliche Zuständigkeit nach § 50 VwGO.

Besetzung   **16** Beim BVerwG werden Senate gebildet, die mit fünf Berufsrichtern besetzt sind, § 10 II, III VwGO. Derzeit gibt es zehn Revisionssenate, einen Disziplinarsenat und zwei Wehrdienstsenate.

---

8   *Ausnahme: Berlin und Brandenburg haben von der Ermächtigung in § 3 II VwGO Gebrauch gemacht und ein gemeinsames OVG Berlin-Brandenburg mit Sitz in Berlin errichtet.*
9   *Hiervon haben Berlin, Brandenburg, Bremen, Hamburg, Hessen, Mecklenburg-Vorpommern, Niedersachsen, Nordrhein-Westfalen, Rheinland-Pfalz, Sachsen-Anhalt und Schleswig-Holstein Gebrauch gemacht.*
10   *Hiervon haben Bayern (BayVGH in München), Baden-Württemberg (VGH BW in Mannheim) und Hessen (HessVGH in Kassel) Gebrauch gemacht.*
11   *Siehe Rn 4*

D. Gerichtsbegriff

Das Grundgesetz enthält bekanntlich ein eigenes Kapitel über die Rechtsprechung. Der Begriff „Gericht" kommt darin häufig vor, ist also zunächst verfassungsrechtlich geprägt.

17

> **DEFINITION**
> „**Gerichte**" i.S.v. Art. 92 ff. GG sind auf Dauer eingerichtete, mit unabhängigen Richtern besetzte, als Gericht bezeichnete staatliche Stellen, denen Rechtsprechungsaufgaben übertragen worden sind.[12]

Gerichtsbegriff im GG

Allerdings verwendet die VwGO den Begriff „Gericht" nicht einheitlich in diesem Sinne. Vielmehr ist von Norm zu Norm durch Auslegung zu ermitteln, was genau mit „Gericht" gemeint ist:[13]

18 VwGO: Auslegung erforderlich

Teilweise wird mit „Gericht" der Spruchkörper bezeichnet, also die Kammer oder der Senat, welcher für die Entscheidung zuständig ist. So liegt es, wenn von Entscheidungskompetenzen die Rede ist und die Entscheidungsform (Urteil, Beschluss, Gerichtsbescheid) mit geregelt ist.[14]

19 Gericht = Spruchkörper

BEISPIELE: Im vorläufigen Rechtsschutz entscheidet nach § 80 V 1 VwGO das „Gericht der Hauptsache", nach § 123 I VwGO das „Gericht". Hier ist eindeutig der Spruchkörper gemeint, da die Entscheidungsform (Beschluss, § 123 IV, V VwGO) mit geregelt ist. Weitere prüfungsrelevante Beispiele sind § 65 I VwGO (Beiladungsbeschluss) oder § 113 VwGO (Urteilstenor).

Handelt es sich hingegen um eine Entscheidungskompetenz, deren Form nicht spezifiziert ist, muss durch Auslegung ermittelt werden, ob nicht statt des gesamten Spruchkörpers nur der Berichterstatter oder der Vorsitzende gemeint sein könnten. Dies ist zuweilen der Fall, wenn es sich nicht um abschließende, sondern verfahrensleitende Entscheidungen handelt.

20 Gericht = Vorsitzender, Berichterstatter

BEISPIEL: Nach § 67 VI 2 VwGO kann „das Gericht" für die Nachsendung der Vollmacht eine Nachfrist setzen. Hierbei handelt es sich um einen Verfahrensschritt, und eine Entscheidungsform ist nicht spezifiziert. Also genügt es, wenn der Vorsitzende oder der Berichterstatter die Frist setzen.[15]

Allerdings sollte man mit dieser Auslegung vorsichtig sein. Will die VwGO eine Entscheidung durch Teile des Spruchkörpers zulassen, regelt sie dies normalerweise ausdrücklich.

BEISPIELE: Nach § 86 III VwGO hat „der Vorsitzende" Hinweispflichten, nach § 87 III VwGO können er oder „der Berichterstatter" im vorbereitenden Verfahren Beweise erheben.

---

12 St. Rspr. seit BVerfGE 6, 55, 63, wobei die Frage, was genau unter „Rechtsprechung" zu verstehen ist, vom BVerfG bisher nicht abschließend entschieden wurde (Einzelheiten: BVerfGE 103, 111, 136 f.)
13 Kopp/Schenke, VwGO, § 1 Rn 4 mwN.
14 BVerwG, NJW 1985, 2963, 2963; NVwZ 1986, 46, 47
15 BVerwGE 71, 20, 22 f.

> **MERKSATZ**
> Überträgt die VwGO eine Entscheidung „dem Gericht", ist im Zweifel der ganze Spruchkörper gemeint.

Gericht = Funktionseinheit

21 Nicht der Spruchkörper oder seine Teile, sondern das Gericht als Funktionseinheit mit all seinen Spruchkörpern, der Geschäftsstelle usw. (ähnlich einer Behörde) ist hingegen gemeint, wenn es sich nicht um Entscheidungskompetenzen handelt.[16] Häufig ist dies bei Zuständigkeitsfragen (z.B. Instanzenzug) oder Normen der Fall, die sich an den Bürger wenden (z.B. Einlegung von Rechtsbehelfen).

> **BEISPIELE:** Nach § 81 VwGO ist die Klage bei „dem Gericht" schriftlich zu erheben. Da dem Bürger nicht zugemutet werden kann, seinen Spruchkörper zu ermitteln, ist hier eindeutig die Einrichtung VG/OVG/BVerwG insgesamt gemeint, ein Spruchkörper kann und muss nicht spezifiziert werden.

22 Zuweilen verwendet sogar ein- und dieselbe Norm den Gerichtsbegriff unterschiedlich. Auch hier hilft nur die Auslegung nach den o.g. Kriterien.

> **BEISPIEL:** Nach § 124a I VwGO lässt das „Verwaltungsgericht" die Berufung in dem Urteil zu. Dabei handelt es sich um eine Entscheidungsbefugnis in Form eines Urteils, also ist der Spruchkörper gemeint. Sodann ist die Berufung nach § 124a II VwGO bei dem „Verwaltungsgericht" einzulegen. Diese Regelung wendet sich an den Bürger. Sie meint die Funktionseinheit Verwaltungsgericht, man muss die Berufung also nicht an eine bestimmte Kammer richten.

E. Prozessmaximen

23 Der **Verwaltungsprozess** läuft nach Verfahrensregeln ab, die er z.T. mit anderen Gerichtsbarkeiten teilt, die ihn aber auch von jenen unterscheiden. Sie können für die gutachterliche Lösung von Fällen erhebliche Konsequenzen haben:

I. DISPOSITIONSMAXIME

Dispositionsmaxime

24 Die Dispositionsmaxime besagt, dass die Beteiligten den Streitgegenstand bestimmen, d.h. sie legen durch ihr prozessuales Verhalten fest, worüber und in welchem Umfang gestritten wird. Dies gilt zunächst und vor allem für den Kläger, denn nach § 88 VwGO ist das Gericht an das Klägerbegehren gebunden.[17] Dies hat zwei Konsequenzen: Erstens darf das Gericht nicht über den Antrag hinausgehen (**„ne ultra petita"**, § 88 1. Hs. VwGO).

> **BEISPIEL:** Begehrt ein klagender Soldat Zahlung von Sold i.H.v. 1.000 €, kann das Gericht ihm nicht 1.200 € zusprechen, selbst wenn es zu dem Ergebnis kommen sollte, dass ihm ein Anspruch in dieser Höhe zusteht.

Zweitens muss das Gericht den wahren Willen des Klägers ermitteln, darf also nicht am Wortlaut seiner Erklärung haften, § 88 2. Hs. VwGO.[18]

---

16   *VGH Mannheim, DÖV 1985, 414, 414*
17   *Sprichwörtlich: „Wo kein Kläger, da kein Richter".*
18   *BVerfG, NJW 1993, 1380, 1381; BVerwGE 24, 253, 259; BFH, DStRE 1997, 270, 271*

BEISPIEL: Begehrt der Kläger wörtlich „Feststellung, dass ihm 1.000 € Sold zustehen", so wird eine Auslegung des Begehrens ergeben, dass er in Wahrheit nicht Feststellung, sondern Leistung begehrt, denn eine Feststellungsklage wäre im Verhältnis zur Leistungsklage subsidiär, § 43 II VwGO, und daher sicherlich nicht gewollt.

In beiden Fällen würde der Vorsitzende dem Kläger übrigens einen entsprechenden Hinweis nach § 86 III VwGO erteilen. Diese Hinweispflicht folgt aus dem Amtsermittlungsgrundsatz (dazu sogleich). Sie zeigt, dass die Prozessmaximen nicht isoliert nebeneinander stehen, sondern ineinander greifen.

25 Hinweispflichten des Gerichts

> **KLAUSURHINWEIS**
> Weil das Klägerbegehren den gesamten Streitgegenstand bestimmt, muss es besonders sorgfältig analysiert werden: Was genau begehrt der Kläger? Ansonsten besteht die Gefahr, dass Teile der Aufgabe nicht erfasst und infolgedessen nicht bearbeitet werden.

BEISPIEL: Der Kläger wendet sich gegen einen Bescheid, in dem eine Subvention zurückgenommen und das bereits gezahlte Geld zurückgefordert wird. Eine Auslegung seines Begehrens nach § 88 VwGO wird ergeben, dass er zwei Anfechtungsklagen erheben will, eine gegen die Rücknahme der Subvention und eine gegen die Rückforderung des Geldes. Dies wirkt sich entscheidend auf die weitere Prüfung aus: Beide Begehren müssen auf Zulässigkeit und Begründetheit geprüft werden, es ist auf eine objektive Klagehäufung nach § 44 VwGO einzugehen usw.

Weitere Folgen der Dispositionsmaxime sind z.B., dass der Kläger seine Klage zurücknehmen (§ 92 VwGO), ändern (§ 90 VwGO) oder für erledigt erklären kann. Aber nicht nur dem Kläger, sondern auch den anderen Prozessbeteiligten i.S.v. § 63 VwGO kommt die Dispositionsmaxime in bestimmten Fällen zugute.

BEISPIELE: Ohne ihr Einverständnis kommt kein Vergleich zustande, § 106 VwGO. Änderung gem. § 90 I VwGO und Rücknahme gem. § 92 I VwGO der Klage können ebenfalls von ihrer Einwilligung abhängen.

Die Dispositionsmaxime teilt die VwGO mit ZPO, FGO, ArbGG und SGG. Lediglich im StGB herrscht die sog. **Offizialmaxime** vor: Nicht der Angeklagte disponiert über Art und Umfang des Prozesses gegen ihn, sondern vor allem die Staatsanwaltschaft (durch Anklageerhebung, §§ 170 ff. StPO) und das Gericht (durch Eröffnung des Hauptverfahrens, §§ 199 ff. StPO).

26 Gegenbegriff: Offizialmaxime

II. AMTSERMITTLUNGSGRUNDSATZ

Gem. § 86 I VwGO erforscht das Gericht den Sachverhalt von Amts wegen. Insoweit herrscht Kongruenz zum verwaltungsbehördlichen Verfahren, in dem die Behörde nach § 24 I VwVfG den Sachverhalt von Amts wegen ermittelt. Zwar kann und muss das Gericht nicht von selbst auf Ideen kommen, für die der Sachvortrag der Beteiligten keinen Anhaltspunkt bietet;[19] das Gericht ist jedoch berechtigt und verpflichtet, von selbst solchen Umständen nachzugehen, die es nach Aktenlage

27 Amtsermittlung

---
[19] BVerwGE 66, 237, 238

für streitentscheidend hält, auch wenn die Beteiligten diesen rechtsirrig keine Bedeutung beigemessen haben.[20] Dies gilt für Tatsachen und rechtliche Erwägungen gleichermaßen.

BEISPIEL: Bürger und Behörde streiten sich um die Zulässigkeit eines Bauvorhabens im Geltungsbereich eines qualifizierten Bebauungsplans nach § 30 I BauGB. Erkennt das Gericht Anhaltspunkte dafür, dass der Bebauungsplan unwirksam sein könnte, hat es dies von Amts wegen zu klären und den Rechtsstreit ggf. nach §§ 34, 35 BauGB zu entscheiden, auch wenn keiner der Beteiligten die Unwirksamkeit des Bebauungsplans jemals in Erwägung gezogen hat.

> **KLAUSURHINWEIS**
> In Gutachten aus Gerichtssicht (z.B. zu den Erfolgsaussichten einer Klage) sind also nicht nur die von den Beteiligten vorgetragenen, sondern schlicht alle rechtlichen und tatsächlichen Gesichtspunkte zu verwerten, die entscheidungserheblich sind.

BEISPIEL: Sind in einem Sachverhalt entsprechende Daten enthalten, so wäre auf ein Fristproblem auch dann einzugehen, wenn niemand die Verfristung der Klage rügt.

Umgekehrt muss das Gericht irrelevantem Vortrag nicht nachgehen. In Prüfungsklausuren wird dies aber nur selten zum Tragen kommen. Viel häufiger legen Prüfer den Beteiligten gerade die Umstände in den Mund, zu denen Ausführungen angezeigt sind.

Natürlich bedeutet der Amtsermittlungsgrundsatz in der Praxis auch, dass das Gericht von Amts wegen Beweise erhebt, also z.B. Gutachten einholt, Zeugen vernimmt usw. Dieser in praxi immens wichtige Aspekt spielt in Klausuren an Universitäten und im 1. Staatsexamen jedoch kaum eine Rolle, da diesen ein vollständiger und unstreitiger Sachverhalt zugrunde liegt.

Gegenbegriff: Beibringungsgrundsatz   **28**   Gegenbegriff zum Amtsermittlungsgrundsatz nach VwGO, SGG, FGO und StPO ist der **Beibringungsgrundsatz**, wie er grundsätzlich im Zivil- und Arbeitsgerichtsprozess herrscht (beachte aber auch dort die Hinweispflichten nach § 139 ZPO).

III. MÜNDLICHKEIT, UNMITTELBARKEIT, ÖFFENTLICHKEIT

Mündlichkeit   **29**   Nach § 101 I VwGO entscheidet das Gericht aufgrund mündlicher Verhandlung, soweit nichts anderes bestimmt ist. Dieser **Mündlichkeitsgrundsatz** kennt jedoch zahlreiche Ausnahmen, z.B. den Verzicht nach § 101 II VwGO oder die Möglichkeit, nach § 101 III VwGO in Beschlussverfahren oder nach § 84 I 1 VwGO im Gerichtsbescheidsverfahren von der mündlichen Verhandlung abzusehen.

Öffentlichkeit   **30**   Selbstverständlich ist der Mündlichkeitsgrundsatz kein Selbstzweck. Er sollte vielmehr historisch einer Geheimratsjustiz vorbeugen und durch Transparenz das Vertrauen der Bevölkerung in die Gerichte stärken. Deshalb hat die **Öffentlichkeit** nach § 55 VwGO i.V.m. §§ 169 ff. GVG grundsätzlich Zutritt zu allen mündlichen Verhandlungen.

---

20   BVerwG, NVwZ 2008, 230, 230

Mit dem Mündlichkeitsgrundsatz untrennbar verbunden ist ferner der **Unmittelbarkeitsgrundsatz**, wonach zum Gegenstand der Urteilsfindung nur gemacht werden darf, was Gegenstand der mündlichen Verhandlung war.

In Klausuren an Universitäten und zum 1. Staatsexamen spielt der Mündlichkeitsgrundsatz nur insoweit eine Rolle, als die mündliche Verhandlung die letzte Möglichkeit ist, noch Tatsachen in den Prozess einzuführen. Ereignisse, die sich danach zutragen oder ans Tageslicht kommen, können nicht mehr berücksichtigt werden.

Randnummer 31 — Unmittelbarkeit

BEISPIEL: Der gegen einen Rückforderungsbescheid klagende Kläger schreibt nach Schluss der mündlichen Verhandlung noch an das Gericht, dass er das Geld ausgegeben habe. Sein Entreicherungseinwand wird dann nicht mehr gehört.

IV. BESCHLEUNIGUNGSGRUNDSATZ

Der Beschleunigungsgrundsatz ist in der VwGO nicht explizit kodifiziert (im Gegensatz etwa zu § 10 S. 2 VwVfG). Jedoch ist auch der Verwaltungsprozess einfach, zweckmäßig und zügig durchzuführen. Eine Reihe von Normen der VwGO dienen diesem Ziel.

Randnummer 32 — Beschleunigung des Verfahrens

BEISPIELE: Übertragung der Sache auf den Einzelrichter, § 6 VwGO; Verzicht auf mündliche Verhandlung nach § 101 II VwGO; Gerichtsbescheid nach § 84 VwGO an Stelle eines Urteils.

Der Beschleunigungsgrundsatz spielt vor allem in Klausuren zum 2. Staatsexamen eine Rolle, wenn Gerichtsentscheidungen zu entwerfen sind.

BEISPIELE: Entscheidet ein Einzelrichter, taucht selbstverständlich nur dieser im Rubrum auf. Hat keine mündliche Verhandlung stattgefunden, entfällt der Passus „...aufgrund der mündlichen Verhandlung vom...". Gerichtsbescheide dürfen nicht versehentlich mit „Urteil" überschrieben werden.

V. VERFASSUNGSRECHTLICHE VORGABEN

Auch das Grundgesetz enthält für den Verwaltungsprozess gewisse Leitlinien. Zu nennen sind in erster Linie das **Recht auf den gesetzlichen Richter** aus Art. 101 I 2 GG, der **Anspruch auf rechtliches Gehör** aus Art. 103 I GG und das **Gebot effektiven Rechtsschutzes** aus Art. 19 IV 1 GG.[21] Diese haben nicht nur verfassungsrechtliche Bedeutung, sondern prägen auch das fachgerichtliche Verfahren.

Randnummer 33 — Rechtliches Gehör, gesetzlicher Richter, effektiver Rechtsschutz

BEISPIELE: Die Verletzung rechtlichen Gehörs ist Berufungs- und Revisionsgrund nach §§ 124 II Nr. 5, 132 II Nr. 3 VwGO. Wegen des Gebots effektiven Rechtsschutzes hält die h.M. es für zulässig, schon im vorläufigen Rechtsschutz die Hauptsache vorwegzunehmen, wenn ansonsten Rechtsvereitelung droht.[22]

Abschließend sind an dieser Stelle die **Bindung der Gerichte an Recht und Gesetz** aus Art. 20 III GG und die **richterliche Unabhängigkeit** aus Art. 97 I GG zu nennen, auch wenn es sich dabei streng genommen nicht um Verfahrensgrundsätze handelt.

Randnummer 34 — Gesetzesbindung, Unabhängigkeit

---

21 Zu diesen sog. „Justizgrundrechten" vgl. ausführlich das JURA INTENSIV Skript „Grundrechte"
22 BVerfG, NJW 2002, 3691, 3692; BVerwG NJW 2000, 160, 162

Aber sie leiten und prägen das gesamte deutsche Gerichtswesen und damit auch die Verwaltungsgerichtsbarkeit. In dieser Ausstrahlungswirkung liegt auch ihre Prüfungsrelevanz.

BEISPIEL: Streiten Organe oder Organteile derselben Gemeinde untereinander, so ist streitig, ob es sich bei einem solchen „Kommunalverfassungsstreit" (KVS) um eine Klageart sui generis handelt. Die h.M.[23] lehnt dies ab, weil die Gerichte über Art. 20 III GG an das Gesetz gebunden sind. Sie müssen die in der VwGO geregelten Klagearten (für den Fall des KVS: Feststellungs- und allgemeine Leistungsklage) anwenden und dürfen sich nicht über diese hinwegsetzen, indem sie eigene Klagearten sui generis entwickeln.

VI. FAIR TRIAL

Faires Verfahren

35 Abschließend sei der **Grundsatz des fairen Verfahrens** erwähnt. Das BVerwG hat diesen - obwohl ungeregelt - sogar zum Bundesrecht erhoben[24] mit der Folge, dass seine Verletzung Revisionsgrund i.S.v. § 137 I Nr. 1 VwGO sein kann.[25] Dieses Fairnessgebot äußert sich im Gerichtsalltag in einer Reihe von Vorgängen, spielt in Prüfungsaufgaben aber keine Rolle, weil sich hieraus i.d.R. keine Klausurfälle entwickeln lassen.

BEISPIELE: Die gerichtlichen Ladungsfristen müssen angemessen sein; das Gericht muss sich an Absprachen halten, darf keine irreführenden Hinweise geben usw.

---

23 *BVerwG, NVwZ 1989, 470, 470; NVwZ 1985, 112, 113*
24 *BVerwGE 51, 315 ff.; 74, 243 ff.*
25 *Kopp/Schenke, VwGO, § 132 Rn 7*

DAS HAUPTSACHEVERFAHREN

1. Teil – Anfechtungsklage

A. Einleitung

Mit dem Begriff „Hauptsacheverfahren" ist die gerichtliche Entscheidung in der Sache selbst, d.h. über die Klage gemeint. Deshalb kann das **Hauptsacheverfahren** auch als Klageverfahren bezeichnet werden. Es grenzt sich einerseits ab vom Vorverfahren/Widerspruchsverfahren, das bei der Verwaltung durchzuführen ist und als Vorstufe vor dem gerichtlichen Verfahren abläuft. Andererseits ist das Hauptsacheverfahren vom vorläufigen Rechtsschutz zu trennen, der keine endgültige Entscheidung des Rechtsstreits bringt, sondern nur - wie der Name es schon sagt - eine vorläufige Klärung, indem entweder Schutz vor Vollstreckungsmaßnahmen (§§ 80 V, 80a VwGO) oder eine vorläufige Sachentscheidung (§ 123 VwGO) begehrt wird.

36 Begriff „Hauptsacheverfahren"

Die nachfolgenden Erläuterungen zum Hauptsacheverfahren erfolgen getrennt nach den Klagearten der VwGO. Damit soll es dem Leser ermöglicht werden, sofort zu erkennen, welche Kenntnisse im Zusammenhang mit welcher Klageart erforderlich sind. Denn erfahrungsgemäß verfügen Examenskandidaten durchaus über Kenntnisse zum Verwaltungsprozessrecht. Sie wissen jedoch häufig nicht, an welcher Stelle in der Prüfung sie diese Kenntnisse anzuwenden haben. Wissen, das nicht in den Prüfungsaufbau integriert werden kann, ist aber letztlich Nichtwissen. Diesem Problem soll die hier gewählte, strikt am Prüfungsaufbau orientierte Darstellung entgegenwirken.

Aufbau des Abschnitts „Hauptsacheverfahren"

Die Darstellung der Klagearten beginnt mit der Anfechtungsklage, weil sie außerordentlich häufig Gegenstand von Klausuren und mündlichen Prüfungen ist. Zudem lassen sich an dieser Klageart sehr gut die Verbindungen zwischen Verwaltungsprozessrecht und allgemeinem Verwaltungsrecht aufzeigen. Schließlich sind die Ausführungen zur Anfechtungsklage hilfreich bei der Darstellung der anderen Klagearten sowie des vorläufigen Rechtsschutzes und des Widerspruchsverfahrens.

Relevanz der Anfechtungsklage

> **KLAUSURHINWEIS**
> Die Tatsache, dass in diesem Skript die Klagearten nacheinander dargestellt werden, dient allein der Verständlichkeit. In einer Klausur darf hingegen nicht direkt am Anfang der Prüfung die Überschrift „Zulässigkeit der Anfechtungsklage" gebildet werden. Denn die einschlägige Klageart wird erst in dem Prüfungspunkt „statthafte Klageart" bestimmt.[26] Stattdessen heißt es in der Überschrift schlicht „Zulässigkeit der Klage".

26 Hufen, VerwProzessR, § 10 Rn 5

B. Prüfungsschema: Aufbau der Anfechtungsklage

PRÜFUNGSSCHEMA

I. Zulässigkeit der Klage
  1. Verwaltungsrechtsweg
  2. Statthafte Klageart
  3. Klagebefugnis
  4. Vorverfahren
  5. Klagefrist
  6. Klagegegner
  7. Beteiligungs- und Prozessfähigkeit
  8. Weitere Zulässigkeitsvoraussetzungen
     a) Ordnungsgemäße Klageerhebung
     b) Rechtshängigkeit und Rechtskraft
     c) Rechtsschutzbedürfnis
     d) Rechtsbehelfe gegen behördliche Verfahrenshandlungen
II. Objektive Klagehäufung
III. Streitgenossenschaft
IV. Beiladung
V. Begründetheit der Klage
  1. Ggf. Passivlegitimation
  2. Ermächtigungsgrundlage
  3. Formelle Rechtmäßigkeit
     a) Zuständige Behörde
     b) Verfahren
     c) Form
  4. Materielle Rechtmäßigkeit
     a) Tatbestand der Ermächtigungsgrundlage
     b) Rechtsfolge der Ermächtigungsgrundlage
  5. Rechtsverletzung

KLAUSURHINWEIS

Der dargestellte Prüfungsaufbau ist in einer Klausur nicht schematisch zu durchlaufen. Zwingend sind nur Ausführungen zu den Punkten 1.-7. sowie zur Begründetheit der Klage. Alle anderen Prüfungspunkte werden nur angesprochen, wenn der Klausursachverhalt dazu Anlass gibt.

Weiterhin ist zu beachten, dass der dargestellte Prüfungsaufbau nicht zwingend ist, d.h. es werden in der Literatur noch etliche andere Aufbauvarianten vorgeschlagen.[27] Der hier vorgeschlagene Aufbau hat jedoch eine innere Logik, wie noch zu zeigen sein wird. Im Übrigen gilt bekanntlich, dass Aufbaufragen im Gutachten nicht erörtert werden, man entscheidet sich schlicht für einen der möglichen Prüfungsaufbauten.[28]

---

[27] Vgl. z.B. Hufen, VerwProzessR, § 14 Rn 117; Schenke, VerwProzessR, Rn 65
[28] Heidebach, JURA 2009, 172, 172

C. Systematik und Vertiefung

Der „klassische" Obersatz in einer verwaltungsrechtlichen Klausur lautet: „Die Klage hat Erfolg, soweit sie zulässig und begründet ist". 37

> **KLAUSURHINWEIS**
> Die Formulierung „die Klage hat Aussicht auf Erfolg" ist nicht anzuraten. Soweit die Voraussetzungen für die Zulässigkeit und Begründetheit erfüllt sind, besteht nicht nur eine Aussicht auf Erfolg, sondern die Klage ist erfolgreich.

I. ZULÄSSIGKEIT DER KLAGE

Statt der Überschrift „Zulässigkeit der Klage" wird teilweise der Begriff „Sachentscheidungsvoraussetzungen" verwendet. Diese abweichende Terminologie hat ihre Ursache in § 173 S. 1 VwGO i.V.m. § 17a II 1 GVG, wonach bei Nichteröffnung des Verwaltungsrechtsweges die Klage nicht abgewiesen, sondern an das zuständige Gericht verwiesen wird. Gleiches gilt wegen des Verweises in § 83 S. 1 VwGO auch, wenn die Klage beim unzuständigen Verwaltungsgericht erhoben wird. Daraus folge, dass die Prüfungspunkte „Rechtsweg" und „zuständiges Gericht" keine Zulässigkeitsvoraussetzungen seien, sondern vor der Zulässigkeit erörtert werden müssten. Um eine solche Vorprüfung zu verhindern, soll nicht von der „Zulässigkeit der Klage", sondern von „Sachentscheidungsvoraussetzungen" die Rede sein. Gegen diese Aufbauvariante spricht jedoch bereits, dass sie nicht bei allen Rechtsbehelfen im öffentlichen Recht durchgehalten werden kann, z.B. im Widerspruchsverfahren. Dort ist § 17a II 1 GVG nicht anwendbar, weil in diesem Verfahren nicht ein Gericht, sondern eine Behörde über den Widerspruch entscheidet. Folglich stellt die Eröffnung des Verwaltungsrechtsweges im Widerspruchsverfahren eine echte Zulässigkeitsvoraussetzung dar, sodass der Widerspruch als unzulässig zurückzuweisen ist, wenn der Verwaltungsrechtsweg nicht eröffnet ist. Darüber hinaus erfasst § 17a II 1 GVG in § 40 I 1 VwGO, der für die Eröffnung des Verwaltungsrechtsweges regelmäßig entscheidend ist, nur das Merkmal „öffentlich-rechtliche Streitigkeit". Hier kann eine Verweisung an andere Gerichte erfolgen. Ist die Streitigkeit hingegen verfassungsrechtlicher Art, sodass sie zu den Verfassungsgerichten gehört, scheidet ein Verweis aus. Das folgt im Umkehrschluss aus § 50 III VwGO, der nur für einen Spezialfall einen Verweis an das BVerfG vorsieht. Somit müsste bei Verwendung des Begriffs „Sachentscheidungsvoraussetzungen" im Rechtsweg zwischen den Merkmalen „öffentlichrechtliche Streitigkeit" und „nichtverfassungsrechtliche Art" getrennt werden, weil das letztgenannte Merkmal eine echte Zulässigkeitsvoraussetzung ist. 38

Der Vorwurf der mangelnden einheitlichen Anwendbarkeit ist auch den weiter vorgeschlagenen Begriffen „Sachurteilsvoraussetzungen" und „Prozessvoraussetzungen" zu machen. Es geht in einer Klausur nicht immer um den Erlass eines Urteils (z.B. ergeht im vorläufigen Rechtsschutz ein Beschluss, § 123 IV VwGO), sodass der Begriff „Sachurteilsvoraussetzungen" nicht immer passt. Gleiches gilt für die „Prozessvoraussetzungen". Von ihnen kann bei einem Widerspruchsverfahren keine Rede sein, weil es kein gerichtlicher „Prozess", sondern ein behördliches Verwaltungsverfahren ist. Weiterhin kommt es auch beim Fehlen von Prozessvoraussetzungen zu einem Prozess, der nur nicht durch eine Entscheidung in der Sache (Sachurteil), sondern durch ein Prozessurteil abgeschlossen wird.

Folglich ist es weiterhin zulässig, die Überschrift „Zulässigkeit der Klage" zu bilden, da die vorgeschlagenen Alternativaufbauten ebenfalls Schwächen aufweisen. Festzuhalten bleibt zudem nochmals, dass der Prüfungsaufbau nicht erklärt wird. Die vorangegangenen Erläuterungen haben in einer Klausurlösung also nichts zu suchen, sondern sollen nur dabei helfen, sich für einen Prüfungsaufbau zu entscheiden sowie auf entsprechende Nachfragen in mündlichen Prüfungen reagieren zu können.

> **KLAUSURHINWEIS**
> In der Klausur ist die Zulässigkeit zwingend vor der Begründetheit zu prüfen. Das folgt bereits aus dem Umstand, dass der Prüfungsaufbau der Begründetheit abhängig ist von der statthaften Klageart.

Innerhalb der Zulässigkeitsprüfung wird oftmals zwischen allgemeinen und besonderen Zulässigkeitsvoraussetzungen differenziert. Letztere sollen nur für bestimmte Klagearten gelten (z.B. erfolglose Durchführung des Vorverfahrens), während die allgemeinen Zulässigkeitsvoraussetzungen (z.B. zuständiges Gericht) bei allen Klagearten greifen; die allgemeinen seien vor den besonderen Zulässigkeitsvoraussetzungen zu prüfen.[29] Jedoch hängt die konkrete Ausgestaltung der allgemeinen Zulässigkeitsvoraussetzungen z.T. von den besonderen Voraussetzungen ab, wie etwa die örtliche Zuständigkeit gem. § 52 VwGO von der statthaften Klageart. Andererseits gelten besondere Zulässigkeitsvoraussetzungen im Wege der analogen Anwendung bei allen oder fast allen Klagearten, z.B. die Klagebefugnis nach § 42 II VwGO.[30] Daher wird nachfolgend nicht zwischen allgemeinen und besonderen Zulässigkeitsvoraussetzungen differenziert.

Beurteilungszeitpunkt für Zulässigkeit

39 Maßgeblicher Zeitpunkt für die Beurteilung der Zulässigkeit einer Klage ist der Zeitpunkt der letzten mündlichen Verhandlung vor dem Verwaltungsgericht oder, wenn eine solche nicht stattfindet, der Zeitpunkt des Erlasses der gerichtlichen Entscheidung. Somit kann eine unzulässige Klage nachträglich noch zulässig bzw. eine zulässige Klage unzulässig werden.[31]

BEISPIEL: Der Kläger ist zurzeit der Klageerhebung nicht prozessfähig gem. § 62 VwGO, wird dies aber im Laufe des Verfahrens.

1. Verwaltungsrechtsweg
Im Rahmen der Prüfung, ob der Verwaltungsrechtsweg eröffnet ist, ist zunächst zu klären, ob die Streitigkeit überhaupt der deutschen Gerichtsbarkeit unterliegt sowie grundsätzlich justiziabel ist (justizfreier Hoheitsakt). Sodann ist zu prüfen, ob der Verwaltungsrechtsweg über eine Spezialvorschrift eröffnet ist (aufdrängende Sonderzuweisung). Sollte dies nicht der Fall sein, ist abschließend auf die Generalklausel des § 40 I 1 VwGO einzugehen.

---

29 Ehlers, JURA 2007, 830, 832
30 Hufen, VerwProzessR, § 10 Rn 5; Schenke, VerwProzessR, Rn 64
31 Schenke, VerwProzessR, Rn 60

> **KLAUSURHINWEIS**
> Die **Eröffnung des Verwaltungsrechtsweges** ist am Anfang der Zulässigkeit zu prüfen, weil die weiteren Zulässigkeitsvoraussetzungen davon abhängen.[32] Sollte beispielsweise der Rechtsweg zu den Zivilgerichten eröffnet sein, ist die Zulässigkeitsprüfung gänzlich anders.

Der Begriff „Verwaltungsrechtsweg" sollte verwendet werden, wenn es nach dem Klausursachverhalt um die Erfolgsaussichten eines Rechtsbehelfs vor dem Verwaltungsgericht geht. Ist hingegen allgemein nach den Rechtsschutzmöglichkeiten gefragt, ohne dass schon ein bestimmtes Gericht bezeichnet ist, bietet sich der neutrale Begriff „Rechtsweg" an. **40**

a) Deutsche Gerichtsbarkeit
In seltenen Fällen kann es einmal an der Zuständigkeit der deutschen Gerichtsbarkeit fehlen. **41**

BEISPIEL: § 173 S. 1 VwGO i.V.m. §§ 18, 19 GVG.

Deutsche Gerichtsbarkeit

> **KLAUSURHINWEIS**
> Dieser Prüfungspunkt ist bei der Erstellung der Lösungsskizze kurz zu bedenken. Sollte er, was zu erwarten ist, für die Klausurlösung keine Rolle spielen, ist er mit keiner Silbe zu erwähnen. Im Prüfungsaufbau kann dieser Punkt alternativ auch vor dem Verwaltungsrechtsweg geprüft werden.

b) Justizfreie Hoheitsakte
Bestimmte Hoheitsakte können gerichtlich gar nicht überprüft werden, sind somit „justizfrei". Wegen der Rechtsweggarantie des Art. 19 IV 1 GG können dies aber nur seltene Ausnahmen sein. **42**

Justizfreie Hoheitsakte

BEISPIELE: Verfahrensabschließende Beschlüsse von Untersuchungsausschüssen gem. Art. 44 IV 1 GG;[33] nach h.M. ablehnende Gnadenentscheidungen, weil sie außerhalb der Rechtsordnung stünden („Gnade vor Recht").[34]

> **KLAUSURHINWEIS**
> Auch die **justizfreien Hoheitsakte** sind in einer Klausur nur zu erwähnen, wenn sie ernsthaft in Betracht kommen.

c) Aufdrängende Sonderzuweisungen
Der Rechtsweg zu den Verwaltungsgerichten ist zunächst dann eröffnet, wenn eine aufdrängende Sonderzuweisung greift. Sie zeichnet sich dadurch aus, dass sie bestimmte Rechtsstreitigkeiten ausdrücklich den Verwaltungsgerichten zuweist. Eines Rückgriffs auf die Generalklausel des § 40 I 1 VwGO bedarf es dann nicht mehr. Daher sind die aufdrängenden Sonderzuweisungen auch vorher zu prüfen. **43**

Aufdrängende Sonderzuweisungen

---

[32] Hufen, VerwProzessR, § 10 Rn 4
[33] Hufen, VerwProzessR, § 11 Rn 7
[34] BVerfGE 25, 352, 358; eingehend zu dem Meinungsstreit: Holste, JURA 2003, 738 ff.

Examensrelevante aufdrängende Sonderzuweisungen finden sich nur in Bundesgesetzen. Das hat seinen Grund zum einen in dem Umstand, dass der Bundesgesetzgeber mit Erlass der VwGO von seiner Gesetzgebungskompetenz aus Art. 74 I Nr. 1 GG grundsätzlich abschließend Gebrauch gemacht hat.[35] Der Landesgesetzgeber darf somit im Bereich des Verwaltungsprozessrechts prinzipiell nichts regeln. Zum anderen hat der Bundesgesetzgeber dem Landesgesetzgeber in der VwGO zwar immer wieder durch die Einfügung von Öffnungsklauseln begrenzte Regelungsbefugnisse eingeräumt, wie etwa in § 40 I 2 VwGO für den Erlass abdrängender Sonderzuweisungen. Für aufdrängende Sonderzuweisungen ist dies jedoch im examensrelevanten Bereich nicht geschehen.

BEISPIELE: Die wichtigsten aufdrängenden Sonderzuweisungen sind § 54 I BeamtStG für Landesbeamte (vgl. § 1 BeamtStG) und § 126 I BBG für Bundesbeamte (vgl. § 1 BBG).

Klage aus dem Beamtenverhältnis

DEFINITION
Eine **Klage aus dem Beamtenverhältnis** i.S.v. § 54 I BeamtStG und § 126 I BBG liegt vor, wenn Rechte in Streit stehen, die dem Beamtenverhältnis eigen sind oder in ihm wurzeln.[36]

Wegen des Sinn und Zwecks der Vorschriften, beamtenrechtliche Fragen einheitlich der Verwaltungsgerichtsbarkeit zu unterwerfen, werden sie weit ausgelegt und erfassen auch Streitigkeiten um die Anbahnung eines Beamtenverhältnisses, d.h. um die Ernennung zum Beamten.[37]

d) Generalklausel, § 40 I 1 VwGO

Generalklausel und Enumerationsprinzip

44 Gem. § 40 I 1 VwGO ist der Verwaltungsrechtsweg in allen öffentlich-rechtlichen Streitigkeiten nichtverfassungsrechtlicher Art gegeben, soweit die Streitigkeiten nicht durch Bundesgesetz einem anderen Gericht ausdrücklich zugewiesen sind. Es handelt sich um eine Generalklausel, weil die Vorschrift Rechtsschutz gegenüber allen Formen hoheitlichen Verwaltungshandelns gewährt. § 40 I 1 VwGO überwindet damit das früher geltende Enumerationsprinzip, wonach es Rechtsschutz nur gegen Verwaltungsakte gab.[38]

KLAUSURHINWEIS
Die Voraussetzungen des § 40 I 1 VwGO sind in der von der Vorschrift vorgegeben Reihenfolge zu prüfen, d.h.:
• öffentlich-rechtliche Streitigkeit
• nichtverfassungsrechtlicher Art
• keine abdrängende Sonderzuweisung.

---

35 Kopp/Schenke, VwGO, § 1 Rn 8 f.
36 Kirsch, JURA 2010, 487, 489
37 BVerwGE 26, 31, 33; Kirsch, JURA 2010, 487, 489
38 Hufen, VerwProzessR, § 11 Rn 4; Schenke, VerwProzessR, Rn 86

aa) Öffentlich-rechtliche Streitigkeit

Das Tatbestandsmerkmal der öffentlich-rechtlichen Streitigkeit dient der Abgrenzung zu den zivilrechtlichen Streitigkeiten, für welche gem. § 13 GVG die ordentlichen Gerichte zuständig sind.[39] Hingegen ist an dieser Stelle nicht von den strafrechtlichen Verfahren abzugrenzen. Das Strafrecht ist zwar wegen seiner Relevanz ein eigenständiger Bereich in der juristischen Ausbildung und Prüfung, stellt rechtlich jedoch einen Teilbereich des öffentlichen Rechts dar.[40]

45 — Öffentlich-rechtliche Streitigkeit

Die Abgrenzung der öffentlich-rechtlichen von zivilrechtlichen Streitigkeiten richtet sich nach der Natur des Rechtsverhältnisses, aus dem der Klageanspruch hergeleitet wird. Die Natur des Rechtsverhältnisses bemisst sich wiederum nach dem Ziel der Klage und dem zugrunde liegenden Sachverhalt.[41] Zur Bestimmung der Rechtsnatur der Rechtsstreitigkeit werden im Wesentlichen drei Theorien angeboten: die modifizierte Subjektstheorie, die Subordinationstheorie und die Interessentheorie.[42] Bei deren Anwendung ist zu beachten, dass die Rechtsauffassungen des Klägers und des Beklagten ohne Bedeutung sind, d.h. die Rechtsnatur der Streitigkeit wird objektiv bestimmt.[43]

Natur des Rechtsverhältnisses und Abgrenzungstheorien

(1) Modifizierte Subjektstheorie bzw. Sonderrechtstheorie

Nach der wohl herrschenden modifizierten Subjektstheorie kommt es auf die streitentscheidende Norm an. Ist diese öffentlich-rechtlich, ist auch die behördliche Maßnahme auf dem Gebiet des öffentlichen Rechts ergangen. Öffentlich-rechtlich ist die streitentscheidende Norm wiederum dann, wenn sie ausschließlich einen Hoheitsträger in seiner Eigenschaft als Hoheitsträger berechtigt oder verpflichtet.[44] Demnach ist das öffentliche Recht das Sonderrecht des Staates, weil es nur von Hoheitsträgern genutzt werden kann. Das Privatrecht steht demgegenüber jedermann zur Verfügung, auch dem Staat, der wie gezeigt privatrechtlich handeln kann. Folglich wird es als „Jedermann-Recht" bezeichnet.[45]

46 — Modifizierte Subjektstheorie bzw. Sonderrechtstheorie

BEISPIEL: §§ 48, 49 VwVfG gestatten die Aufhebung von Verwaltungsakten nur dem Staat, sind also öffentlich-rechtliche Bestimmungen.

Die modifizierte Subjektstheorie hilft allerdings nicht weiter, wenn sich keine ausdrückliche Rechtsgrundlage für das Handeln der Verwaltung findet, was insbesondere im Bereich der Leistungsverwaltung möglich ist, bei welcher die Verwaltung dem Bürger Leistungen oder sonstige Vergünstigungen gewährt, z.B. indem sie Geldzahlungen erbringt.[46]

(2) Subordinationstheorie bzw. Über-/Unterordnungslehre

Die Subordinationstheorie stellt auf das Verhältnis der Beteiligten ab. Danach ist das öffentliche Recht durch ein Über-/Unterordnungsverhältnis gekennzeichnet, in dem der Staat einseitig gegenüber dem Bürger verbindliche Regelungen trifft.

47 — Subordinationstheorie bzw. Über-/Unterordnungslehre

---

39 Schenke, VerwProzessR, Rn 99
40 Roxin, StrafR AT I, § 1 Rn 5
41 Kopp/Schenke, VwGO, § 40 Rn 6; Wolff/Decker, VwGO, § 40 Rn 20
42 Wolff/Decker, VwGO, § 40 Rn 20
43 Wolff/Decker, VwGO, § 40 Rn 20; Schenke, VerwProzessR, Rn 115
44 Hufen, VerwProzessR, § 11 Rn 17; Schenke, VerwProzessR, Rn 104
45 Hufen, VerwProzessR, § 11 Rn 17, 18; Schenke, VerwProzessR, Rn 104 f.
46 Maurer, AllgVerwR, § 1 Rn 20; Schenke, VerwProzessR, Rn 109

Das Privatrecht zeichnet sich hingegen durch eine Gleichordnung der Rechtssubjekte aus.[47] Ein Über-/Unterordnungsverhältnis kann sich zum einen aus der gewählten Handlungsform ergeben (z.B. Erlass eines Verwaltungsaktes oder Gesetzes) sowie zum anderen aus dem Rechtsgebiet, in dem die Verwaltung tätig geworden ist.

BEISPIELE: Polizeirecht und Bauordnungsrecht sind klassische Materien des öffentlichen Rechts, weil der Bürger hier den Behörden einseitig unterworfen ist.

Im Gegensatz dazu gibt es auch typisch privatrechtliche Tätigkeiten der Verwaltung.

BEISPIELE: Kauf von Büromaterial (sog. fiskalische Hilfsgeschäfte), erwerbswirtschaftliche Betätigung der Verwaltung wie z.B. Betrieb eines Weinguts.[48]

Zu kritisieren ist an der Subordinationstheorie, dass sie die Existenz des öffentlich-rechtlichen Vertrags gem. §§ 54 ff. VwVfG nicht erklären kann, für den typisch ist, dass sich Staat und Bürger als Vertragspartner auf der Ebene der Gleichordnung begegnen. Ferner gibt es auch im Privatrecht durchaus Über-/Unterordnungsbeziehungen, z.B. im Arbeitsrecht.[49]

(3) Interessentheorie

Interessentheorie **48** Die Interessentheorie stellt wie die modifizierte Subjektstheorie auf die streitentscheidende Norm ab. Diese soll öffentlich-rechtlich sein, wenn sie dem öffentlichen Interesse dient, wohingegen privatrechtliche Vorschriften dem Individualinteresse dienen.[50]

Diese Theorie ist trotz ihrer vielfachen Zitierung in der Literatur für die Klausurbearbeitung weitgehend untauglich. Denn sie vermag insbesondere die Existenz subjektiv-öffentlicher Rechte nicht zu erklären. Das sind Bestimmungen, die zumindest auch dem Schutz von Individualinteressen dienen.[51] Sie sind Voraussetzung für die Klagebefugnis gem. § 42 II VwGO.

(4) Bedeutung der Abgrenzungstheorien im Rahmen der Anfechtungsklage

Anfechtungsklage: Subordinationstheorie **49** Da der Kläger bei der Anfechtungsklage gem. § 42 I 1. Fall VwGO die Aufhebung eines Verwaltungsaktes begehrt, spielen die dargestellten „klassischen" Abgrenzungstheorien bei dieser Klageart keine große Rolle. Es kann ohne Weiteres mit der Subordinationstheorie festgestellt werden, dass eine öffentlich-rechtliche Streitigkeit vorliegt, weil sich die Verwaltung mit dem Verwaltungsakt einer eindeutig hoheitlichen Handlungsform bedient hat. Zu beachten ist, dass es an dieser Stelle im Prüfungsaufbau nur darauf ankommt, wie die Verwaltung tatsächlich gehandelt hat und nicht, wie sie hätte handeln müssen.[52] Letzteres betrifft die Frage, ob das Handeln der Verwaltung rechtmäßig ist und gehört zur Prüfung der Begründetheit der Anfechtungsklage.

---

47   Maurer, AllgVerwR, § 3 Rn 12; Schenke, VerwProzessR, Rn 100
48   Hufen, VerwProzessR, § 11 Rn 27, 28
49   Schenke, VerwProzessR, Rn 101
50   Maurer, AllgVerwR, § 3 Rn 11; Schenke, VerwProzessR, Rn 102-103
51   Schenke, VerwProzessR, Rn 496, 497
52   Wolff/Decker, VwGO, § 40 Rn 26; Schenke, VerwProzessR, Rn 113

BEISPIEL: Eine Stadt möchte für ihren Bürgermeister ein neues Dienstfahrzeug anschaffen. Sie erlässt zu diesem Zweck gegenüber dem örtlichen BMW-Händler eine mit einer Rechtsbehelfsbelehrung versehene Verfügung, in der sie ihn auffordert, binnen einer Woche ein genau bezeichnetes Fahrzeug auf den Behördenparkplatz des Bürgermeisters zu stellen.

Diese Verfügung gegenüber dem BMW-Händler ist zwar eindeutig rechtswidrig, weil es für sie ersichtlich keine Ermächtigungsgrundlage gibt. Das ändert jedoch nichts an ihrem hoheitlichen Charakter, sodass sie vor den Verwaltungsgerichten anzugreifen ist.

> **MERKSATZ**
> Im Rahmen des Verwaltungsrechtsweges kommt es nur darauf an, wie die Verwaltung tatsächlich gehandelt hat. Ob sie auch so handeln durfte, betrifft die Rechtmäßigkeit der behördlichen Maßnahme und gehört zur Begründetheitsprüfung.

> **KLAUSURHINWEIS**
> Allgemein gilt für eine Verwaltungsrechtsklausur: Nur in problematischen Fällen erfolgt eine eingehende Prüfung am Maßstab der dargestellten Abgrenzungstheorien. Diese schließen sich nicht gegenseitig aus, sondern sind dann nebeneinander anzuwenden (sog. „**Kombinationsmodell**").[53] Liegt hingegen eindeutig eine öffentlich-rechtliche Maßnahme vor, ist lediglich eine kurze Subsumtion am Maßstab der Theorie vorzunehmen, deren Vorliegen am einfachsten zu bejahen ist.

50 Weitere Abgrenzungsmethoden: Zweistufentheorie etc.

Die darüber hinaus angewandten Abgrenzungsmethoden wie Zweistufentheorie und Sachzusammenhang spielen im Rahmen der Anfechtungsklage keine Rolle und werden daher erst bei den Klagearten erörtert, bei denen sie für die Klausuren relevant sind.

51 Prüfung rechtswegfremder Vorschriften

Abschließend ist zu beachten, dass es für die Eröffnung des Verwaltungsrechtsweges ausreichend ist, wenn nur eine der streitentscheidenden Normen öffentlich-rechtlich ist. Das Verwaltungsgericht hat den Rechtsstreit sodann unter allen rechtlichen Gesichtspunkten zu entscheiden, § 173 S. 1 VwGO i.V.m. § 17 II 1 GVG. Es sind folglich auch rechtswegfremde Regelungen zu prüfen.[54]

BEISPIEL: Zusammen mit einem kommunalen Zugangsanspruch (z.B. § 8 II GO NRW, § 10 II 2 GemO BW, § 14 II GemO RP) macht der Kläger auch § 70 I GewO geltend. Diese Vorschrift verpflichtet jeden, der eine festgesetzte Veranstaltung i.S.v. § 69 GewO organisiert. Damit handelt es sich bei § 70 I GewO um „Jedermann-Recht", also um Zivilrecht.[55] Ist jedoch der Verwaltungsrechtsweg wegen des kommunalen (öffentlich-rechtlichen) Zugangsanspruchs eröffnet, muss das Verwaltungsgericht den zivilrechtlichen § 70 I GewO mit prüfen.

Begrenzt wird die umfassende gerichtliche Prüfungskompetenz aus verfassungsrechtlichen Gründen durch § 17 II 2 GVG.

---

53   Maurer, AllgVerwR, § 3 Rn 14; Hufen, VerwProzessR, § 11 Rn 18; Schenke, VerwProzessR, Rn 99, 107
54   Hufen, VerwProzessR, § 11 Rn 76
55   OVG Koblenz, NVwZ 1987, 519, 519

bb) Nichtverfassungsrechtlicher Art

52 Gem. § 40 I 1 VwGO muss die Streitigkeit nicht nur öffentlich-rechtlich, sondern auch nichtverfassungsrechtlicher Art sein. Mit dieser Voraussetzung wird die Zuständigkeit der Verwaltungsgerichte von derjenigen der Verfassungsgerichte abgegrenzt. Verfassungsstreitigkeiten gehören vor das BVerfG bzw. die Landesverfassungsgerichte.[56]

> **DEFINITION**
> Eine **Streitigkeit verfassungsrechtlicher Art** liegt nach h.M. vor, wenn unmittelbar am Verfassungsleben Beteiligte um Rechte und Pflichten streiten, die unmittelbar in der Verfassung geregelt sind (sog. **doppelte Verfassungsunmittelbarkeit**).[57]

Diese Definition ist allerdings nur eine „Faustformel", weil sie nicht bei allen Streitigkeiten problemlos funktioniert.

BEISPIEL: Erhebt eine natürliche Person eine Verfassungsbeschwerde, so ist sie zwar nicht unmittelbar am Verfassungsleben beteiligt, gleichwohl sind die Verfassungsgerichte und nicht die Verwaltungsgerichte zuständig.

Genauer ist deshalb wohl die Formulierung, verfassungsrechtlich seien die Streitigkeiten, die aufgrund gesetzlicher Zuständigkeitsvorschriften den Verfassungsgerichten vorbehalten sind.[58]

> **KLAUSURHINWEIS**
> In einer Klausur treten hier regelmäßig keine Probleme auf. Wehrt sich der Bürger vor dem Verwaltungsgericht gegen eine Maßnahme der Verwaltung, genügt die kurze Feststellung, dass die Streitigkeit nichtverfassungsrechtlicher Art ist. Sollte dieses Merkmal hingegen doch einmal genauer zu untersuchen sein, ist der beste Weg, die beiden Überlegungen miteinander zu verbinden und zu formulieren: „Die Streitigkeit ist nichtverfassungsrechtlicher Art, wenn nicht unmittelbar am Verfassungsleben Beteiligte um Rechte und Pflichten streiten, die unmittelbar in der Verfassung geregelt sind, und die Streitigkeit zudem nicht den Verfassungsgerichten gesetzlich zugewiesen ist".

e) Abdrängende Sonderzuweisungen

53 Wie § 40 I 1 2. Hs. VwGO zu entnehmen ist, kann die Streitigkeit trotz grundsätzlicher Eröffnung des Verwaltungsrechtsweges einem anderen Gericht durch Bundesgesetz zugewiesen sein (sog. abdrängende Sonderzuweisungen). Unter „Bundesgesetz" sind allerdings nur formelle Bundesgesetze zu verstehen, es kann mithin nicht eine Rechtswegzuweisung durch Rechtsverordnungen oder Satzungen erfolgen.[59]

---

[56] *Hufen, VerwProzessR, § 11 Rn 49*
[57] *Wolff/Decker, VwGO, § 40 Rn 65; Hufen, VerwProzessR, § 11 Rn 49*
[58] *Schenke, VerwProzessR, Rn 129*
[59] *Schenke, VerwProzessR, Rn 135*

> **KLAUSURHINWEIS**
> Abdrängende **Sonderzuweisungen** dürfen im Gutachten erst geprüft werden, wenn vorher festgestellt wurde, dass der Verwaltungsrechtsweg gem. § 40 I 1 1. Hs. VwGO eröffnet ist. Denn „weggedrängt" werden kann von den Verwaltungsgerichten nur etwas, wofür sie eigentlich zuständig sind.[60]

aa) § 40 II 1 VwGO

Eine examensrelevante abdrängende Sonderzuweisung für den Bereich des Staatshaftungsrechts beinhaltet § 40 II 1 VwGO.

Gem. § 40 II 1 1. Hs. VwGO ist der ordentliche Rechtsweg, d.h. der Zivilrechtsweg für vermögensrechtliche Ansprüche aus Aufopferung für das gemeine Wohl und aus öffentlich-rechtlicher Verwahrung eröffnet. Aufopferung für das gemeine Wohl erfasst den Aufopferungsanspruch.[61] Hierbei handelt es sich um einen gewohnheitsrechtlich anerkannten Entschädigungsanspruch, wenn durch einen Hoheitsakt in die in Art. 2 II GG normierten Rechte eingegriffen wird und dadurch dem Betroffenen ein besonderes Opfer zugunsten der Allgemeinheit auferlegt wird.[62]

54 § 40 II 1 VwGO

Aufopferung

BEISPIEL (nach Baldus/Grzeszick/Wienhues, Staatshaftunsrecht, Rn 314): Im Rahmen einer polizeilichen Speichelprobe erleidet ein Teilnehmer eine schmerzhafte Entzündung der Zunge und Mundhöhle, verursacht durch eine Kontamination des Wattestäbchens. Der Betroffene ist mehrere Tage arbeitsunfähig und verlangt, da er selbständig tätig ist, von der Polizei Ersatz der Heilbehandlungskosten und des Verdienstausfalls.

Außerordentlich umstritten ist, ob diese abdrängende Sonderzuweisung auch für die Ansprüche aus enteignungsgleichem und enteignendem Eingriff gilt. Hierbei geht es um rechtmäßige und rechtswidrige Eingriffe in das Eigentum, die zu einem Entschädigungsanspruch des Betroffenen führen.[63] Die immer noch h.M. subsumiert diese Ansprüche unter § 40 II 1 1. Hs. VwGO, weil sie historisch aus dem Aufopferungsgedanken entstanden sind.[64]

BEISPIEL: Durch eine städtische Mülldeponie werden Vögel angelockt und verursachen auf den angrenzenden Feldern des Landwirts L einen erheblichen Ernteausfall. L verlangt von der Stadt eine Entschädigung.

Die von § 40 II 1 1. Hs. VwGO ebenfalls erfasste öffentlich-rechtliche Verwahrung liegt vor, wenn die Verwaltung eine Sache in Erfüllung öffentlicher Aufgaben in Obhut nimmt.[65]

Verwahrung

BEISPIEL (nach Wolff/Decker, VwGO, § 40 Rn 99): Ein PKW wird abgeschleppt und in den Polizeihof gebracht. Dort wird er durch grobes Verschulden eines Beamten beschädigt. Der Halter will Schadensersatz.

---

60 Hufen, VerwProzessR, § 11 Rn 53
61 Wolff/Decker, VwGO, § 40 Rn 78; Hufen, VerwProzessR, § 11 Rn 69
62 Schenke, VerwProzessR, Rn 145; eingehend zu dem Anspruch: Baldus/Grzeszick//Wienhues, Staatshaftungsrecht, Rn 314 ff.; Maurer, AllgVerwR, § 28 Rn 1 ff.
63 Eingehend zu diesen Ansprüchen: Baldus/Grzeszick//Wienhues, Staatshaftungsrecht, Rn 421 ff., 450 ff.; Maurer, AllgVerwR, § 27 Rn 87 ff., 107 ff.
64 Wolff/Decker, VwGO, § 40 Rn 84; a.A. Hufen, VerwProzessR, § 11 Rn 69
65 Hufen, VerwProzessR, § 11 Rn 70

Verletzung öff.-rechtlicher Pflichten

Schließlich ist der Zivilrechtsweg eröffnet, wenn es um Schadensersatzansprüche aus der Verletzung öffentlich-rechtlicher Pflichten geht. Dabei besteht eine Rückausnahme für den öffentlich-rechtlichen Vertrag, d.h. Ansprüche aus Verletzungen vertraglicher Pflichten sind bei den Verwaltungsgerichten geltend zu machen.[66] Wichtigster Anwendungsfall dieser abdrängenden Sonderzuweisung ist der Amtshaftungsanspruch aus § 839 I 1 BGB i.V.m. Art. 34 S. 1 GG.[67]

Da der Gesetzgeber den Zivilrechtsweg in § 40 II 1 1. Hs. VwGO nur im Zusammenhang mit dem Amtshaftungsanspruch anordnen wollte und ein solcher Anspruch nur im Verhältnis Bürger - Staat möglich ist, greift § 40 II 1 1. Hs. VwGO insgesamt nicht, wenn der Staat Ansprüche gegen den Bürger geltend macht. Dann bleibt es bei dem Verwaltungsrechtsweg nach § 40 I 1 VwGO.[68]

bb) § 23 I 1 EGGVG

§ 23 I 1 EGGVG

55 § 23 I 1 EGGVG weist die Überprüfung von sog. **Justizverwaltungsakten** den ordentlichen Gerichten zu. Bedeutsam ist die Norm insbes. bei einem Handeln der Polizei, die nicht nur gefahrenabwehrend (präventiv) nach dem Polizeirecht, sondern auch strafverfolgend (repressiv) tätig wird. In Zweifelsfällen erfolgt die Abgrenzung präventiv - repressiv durch eine Schwerpunktsetzung anhand des Anlasses und der Zielrichtung des behördlichen Handelns.[69]

> **BEISPIEL:** Beendet die Polizei eine Geiselnahme, wird es ihr einerseits um die Strafverfolgung des Täters gehen. Der Schwerpunkt dürfte jedoch darauf liegen, die Geiseln zu befreien und damit deren Leben zu schützen. Folglich handelt die Polizei hier primär präventiv, sodass § 23 I 1 EGGVG nicht einschlägig ist.

cc) Öffnungsklausel des § 40 I 2 VwGO

Öffnungsklausel des § 40 I 2 VwGO

56 Bedeutsam ist weiterhin die Öffnungsklausel des § 40 I 2 VwGO. Sie erlaubt dem Landesgesetzgeber die Schaffung abdrängender Sonderzuweisungen auf dem Gebiet des Landesrechts. Mit „Landesgesetz" sind hier ebenfalls nur formelle Landesgesetze gemeint.[70]

> **BEISPIELE:** In vielen Polizeigesetzen finden sich abdrängende Sonderzuweisungen für Entschädigungsansprüche, die infolge einer rechtmäßigen Inanspruchnahme als Nichtstörer entstanden sind.

> **MERKSATZ**
> Es muss im Rahmen des § 40 VwGO demnach ganz genau zitiert werden. § 40 I 1 VwGO ist die **Generalklausel**, § 40 I 2 VwGO enthält eine **Öffnungsklausel**, § 40 II 1 VwGO ist eine **abdrängende Sonderzuweisung**.

---

66 Hufen, VerwProzessR, § 11 Rn 72
67 Schenke, VerwProzessR, Rn 147
68 Schenke, VerwProzessR, Rn 146 f.
69 BVerwGE 47, 255, 264; Wolff/Decker, VwGO, § 40 Rn 73; Hufen, VerwProzessR, § 11 Rn 63
70 Schenke, VerwProzessR, Rn 135

> **KLAUSURHINWEIS**
> § 40 I 2, II 1 VwGO kann in einer Klausur aus dem Bereich des Staatshaftungsrechts durchaus einmal einschlägig sein, wenn die Fallfrage lautet: „Hat die Klage Erfolg?". Die Prüfung der Zulässigkeit der Klage richtet sich dann wegen der abdrängenden Sonderzuweisung nach der ZPO. Es dürfte sich jedoch in aller Regel nur um einen kurzen „Ausflug" in das Zivilrecht handeln, um in der Begründetheit sodann zum öffentlichen Recht zu kommen.
>
> Die Einschlägigkeit des § 23 I 1 EGGVG ist in einer öffentlich-rechtlichen Klausur hingegen wenig wahrscheinlich, weil dann nur noch Strafrecht zu prüfen ist.

2. Statthafte Klageart

> **KLAUSURHINWEIS**
> Die statthafte Klageart ist zu Beginn der Zulässigkeitsprüfung zu bestimmen, weil die weiteren Zulässigkeitsvoraussetzungen maßgeblich von ihr abhängen, z.B. §§ 68 ff. VwGO.

57

Entscheidend für die Bestimmung der statthaften Klageart ist gem. § 88 VwGO das Begehren des Klägers. Hingegen kommt es nicht auf den von ihm gestellten Antrag an. Folglich darf der Bearbeiter in einer Klausur nicht an den vom Kläger formulierten Anträgen „kleben", sondern muss dessen wirkliches Rechtsschutzziel ermitteln.[71]

Klägerisches Begehren maßgeblich

BEISPIEL: Die zuständige Behörde hebt die dem Kläger zuvor erteilte Baugenehmigung auf. Der Kläger erhebt daraufhin Klage mit dem wörtlichen Antrag, „die Behörde zu verpflichten, den Aufhebungsbescheid zurückzunehmen".

Hier könnte ein Verpflichtungsbegehren vorliegen mit der Konsequenz, dass die Verpflichtungsklage statthaft ist. Da der Kläger jedoch bereits die Baugenehmigung erhalten hat, ist es ausreichend, wenn das Verwaltungsgericht den behördlichen Aufhebungsbescheid seinerseits aufhebt. Dann lebt die ursprüngliche Baugenehmigung wieder auf, sodass der Kläger nicht den Erlass einer weiteren Baugenehmigung begehren muss. Daher liegt seinem Antrag ein Anfechtungsbegehren zugrunde, sodass die Anfechtungsklage statthaft ist.[72]

Die Anfechtungsklage ist gem. § 42 I 1. Fall VwGO statthaft, wenn der Kläger die Aufhebung eines Verwaltungsaktes begehrt. Dabei muss der Kläger nichts stets den ganzen Verwaltungsakt angreifen. § 113 I 1 VwGO zeigt mit der Verwendung des Wortes „soweit", dass der angegriffene Verwaltungsakt nur teilweise rechtswidrig sein kann und dann nur teilweise vom Verwaltungsgericht aufgehoben wird. Dann muss es dem Kläger aber auch möglich sein, den Verwaltungsakt lediglich teilweise anzufechten.[73] Voraussetzung für eine solche Teilanfechtung ist, dass der Verwaltungsakt objektiv teilbar ist. Das ist der Fall bei zahlenmäßig, örtlich, zeitlich, gegenständlich oder personell abgrenzbaren Entscheidungen.[74]

58 *Anfechtungsklage: (teilweise) Aufhebung eines Verwaltungsaktes*

---

[71] Wolff/Decker, VwGO, § 88 Rn 4
[72] Vgl. Wolff/Decker, VwGO, § 88 Rn 4; Hufen, VerwProzess, § 14 Rn 18
[73] Hufen, VerwProzessR, § 14 Rn 43
[74] Kopp/Schenke, VwGO, § 42 Rn 21; Hufen, VerwProzessR, § 14 Rn 43

BEISPIELE: Der Kläger greift einen Gebührenbescheid über 1.000 € nur in Höhe von 500,- € an, weil er seine Gebührenpflicht zwar grundsätzlich anerkennt, die Gebühren aber für zu hoch bemessen hält. Die Verwaltung erlässt eine Abrissverfügung für Haus und Garage, der Adressat wehrt sich nur gegen den Abriss des Hauses.

GEGENBEISPIELE (fehlende Teilbarkeit): Einbürgerung eines Ausländers, Verleihung der Ehrenbürgerschaft.

Inhalt des Verwaltungsaktes unerheblich

59 Ob es sich um einen befehlenden oder feststellenden, begünstigenden oder belastenden Verwaltungsakt handelt, ob er vom Adressaten oder von einem Dritten angegriffen wird, spielt gem. § 42 I 1. Fall VwGO für die Statthaftigkeit der Anfechtungsklage keine Rolle.[75]

BEISPIEL: Greift der Adressat (aus welchen Gründen auch immer) einen ihn begünstigenden Verwaltungsakt an, ändert das nichts an der Statthaftigkeit der Anfechtungsklage. Ihm fehlt „lediglich" die Klagebefugnis nach § 42 II VwGO.

Rechtmäßigkeit des Verwaltungsaktes unerheblich

Ebenfalls unerheblich ist es an dieser Stelle im Prüfungsaufbau, ob die Verwaltung in der Form des Verwaltungsaktes handeln durfte. Wählt die Behörde die falsche Form, ist dies keine Frage der Statthaftigkeit, sondern der Begründetheit der Klage.[76] Hat die Verwaltung äußerlich in der Form des Verwaltungsaktes gehandelt, muss sie sich daran auch festhalten lassen. Maßgebliche Kriterien sind die Bezeichnung des Handelns als „Bescheid" oder „Verfügung" und die Beifügung einer Rechtsbehelfsbelehrung.[77]

BEISPIEL: In der Stadthalle befindet sich eine Gaststätte, die von der Stadt an einen privaten Betreiber verpachtet wird. Kündigt die Stadt den Pachtvertrag, indem sie dem Pächter ein als „Bescheid" tituliertes Schreiben zuschickt, dem eine Rechtsbehelfsbelehrung angefügt ist, liegt ein Verwaltungsakt vor, der vom Pächter mit der Anfechtungsklage angegriffen werden kann, auch wenn die Stadt nicht per Verwaltungsakt handeln durfte, weil eine zivilrechtliche Rechtsbeziehung besteht.[78]

Tatsächliches Vorliegen des Verwaltungsaktes erforderlich

60 Andererseits ist es im Gegensatz zur Klagebefugnis nach § 42 II VwGO jedoch nicht ausreichend, dass der Kläger das Vorliegen eines Verwaltungsaktes lediglich behauptet. Er muss vielmehr tatsächlich vorliegen.[79]

BEISPIELE: Behördliche Hinweise auf die Rechtslage, Meinungsäußerungen eines Hoheitsträgers, das Handeln des „Hauptmann von Köpenick" sind keine Verwaltungsakte und daher nicht mit der Anfechtungsklage angreifbar, auch wenn der Kläger vom Gegenteil überzeugt ist.[80]

---

75 *Hufen, VerwProzessR, § 14 Rn 9*
76 *Hufen, VerwProzessR, § 14 Rn 2; Schenke, VerwProzessR, Rn 113; siehe auch Rn 49*
77 *BVerwG, DVBL 2005, 450, 451 = RA 2005, 236, 237; Wolff/Decker, VwVfG, § 35 Rn 4*
78 *Schenke, VerwProzessR, Rn 114*
79 *Hufen, VerwProzessR, § 14 Rn 2; Schenke, VerwProzessR, Rn 182*
80 *Schenke, VerwProzessR, Rn 191*

a) Verwaltungsakt

Liegt nicht bereits der äußeren Form nach ein Verwaltungsakt vor,[81] ist dessen Existenz anhand der Legaldefinition des § 35 VwVfG zu prüfen, die wegen des engen Zusammenhangs zwischen materiellem Verwaltungsrecht und Verwaltungsprozessrecht auch im Bereich der VwGO gilt.[82] Dabei ist richtigerweise § 35 VwVfG des Bundes anzuwenden, auch wenn eine Landesbehörde gehandelt hat.[83] Anderenfalls könnte der Landesgesetzgeber durch sein LVwVfG über den Gegenstand der bundesrechtlich normierten Anfechtungsklage verfügen, sodass ihr Anwendungsbereich von Bundesland zu Bundesland unterschiedlich sein könnte.

61 Legaldefinition des Verwaltungsaktes: § 35 VwVfG des Bundes

> **MERKSATZ**
> Im Rahmen der **Zulässigkeit** eines verwaltungsprozessualen Rechtsbehelfs ist stets das VwVfG des Bundes anzuwenden. In der **Begründetheit** greift hingegen das LVwVfG, wenn eine Landesbehörde gehandelt hat.

> **KLAUSURHINWEIS**
> Sind die Voraussetzungen des § 35 VwVfG eindeutig erfüllt, z.B. bei einem Versammlungsverbot, dann hat eine detaillierte Prüfung zu unterbleiben. Stattdessen ist nur knapp festzuhalten, dass ein Verwaltungsakt vorliegt.

Folgende Merkmale des Verwaltungsaktes bereiten besonders häufig Schwierigkeiten und werden deshalb nachfolgend erläutert: Behörde, Regelung, Einzelfall und Außenwirkung.[84]

aa) Behörde

Der Begriff der Behörde ist in § 1 IV VwVfG definiert. Diese Definition gilt auch im Rahmen des § 35 S. 1 VwVfG.[85]

62

> **DEFINITION**
> Nach § 1 IV VwVfG ist **Behörde** jede Stelle, die Aufgaben der öffentlichen Verwaltung wahrnimmt. Eine solche Stelle zeichnet sich dadurch aus, dass sie:
> - aufgrund gesetzlicher Anordnung besteht
> - von einem Wechsel der in ihr tätigen Personen unabhängig ist
> - eigenverantwortlich im eigenen Namen nach außen handelt und
> - Verwaltungstätigkeit ausübt, d.h. nicht Gesetze erlässt oder Recht spricht.[86]

Behörde

BEISPIELE: Bürgermeister als Behörde der Gemeinde, Regierungspräsidium bzw. Bezirksregierung als Behörde des Landes.

---

[81] Siehe Rn 59
[82] Kopp/Schenke, VwGO, Anh § 42 Rn 2
[83] Kopp/Schenke, VwGO, Anh § 42 Rn 2; Kahl, JURA 2001, 505, 506
[84] Detaillierte Darstellung aller Merkmale des Verwaltungsaktes im JURA INTENSIV Skript „Allgemeines Verwaltungsrecht".
[85] Kopp/Ramsauer, VwVfG, § 35 Rn 65; Wolff/Decker, VwVfG, § 35 Rn 30
[86] Kopp/Ramsauer, VwVfG, § 1 Rn 51; Kahl, JURA 2001, 505, 507

bb) Regelung

63 *Regelung*

DEFINITION
Regelung ist eine rechtsverbindliche Anordnung, die auf die Setzung einer Rechtsfolge gerichtet ist, d.h. es werden Rechte und/oder Pflichten begründet, geändert, aufgehoben oder verbindlich festgestellt oder die Vornahme einer solchen Handlung wird verbindlich abgelehnt.[87]

BEISPIELE: Die Begründung eines Rechts stellt die Erteilung einer Baugenehmigung dar, die Begründung einer Pflicht der Erlass eines Gebührenbescheids. Die verbindliche Feststellung eines Rechts ist die Anerkennung als Kriegsdienstverweigerer oder als Schwerbehinderter.

Objektiver Empfängerhorizont maßgeblich

Die Regelungswirkung grenzt den Verwaltungsakt von anderen behördlichen Handlungen ab. Diese gibt es in großer Zahl, sodass etliche Abgrenzungsprobleme auftreten können. Nachfolgend sollen die wichtigsten dargestellt werden, die im Rahmen einer Anfechtungsklage auftreten können. Dabei wird sich zeigen, dass stets maßgeblich ist, ob eine Auslegung des behördlichen Handelns aus dem objektiven Empfängerhorizont zu dem Ergebnis führt, dass die Behörde unmittelbar eine Rechtsfolge herbeiführen will.[88]

(1) Realakte

64 *Realakt*

DEFINITION
Realakte sind Verwaltungsmaßnahmen, die nicht auf einen Rechtserfolg, sondern auf einen tatsächlichen Erfolg gerichtet sind.[89]

BEISPIEL: Beseitigung eines Verkehrshindernisses durch einen Polizisten.

Probleme im Zusammenhang mit der Einordnung als Realakt oder als Verwaltungsakt können vor allem bei Maßnahmen in der Verwaltungsvollstreckung und bei Standardmaßnahmen auftreten.

(a) Verwaltungsvollstreckung

65 *Androhung und Festsetzung von Zwangsmitteln*

Für den Bereich der Verwaltungsvollstreckung ist zunächst klarzustellen, dass die Androhung und die Festsetzung von Zwangsmitteln unstreitig Verwaltungsakte sind.[90] Die Regelungswirkung der Androhung besteht darin, dass die Behörde sich verbindlich auf eines der zur Verfügung stehenden Zwangsmittel festlegt und in der Regel eine letzte Frist zur Erfüllung der auferlegten Pflicht setzt. Mit der Festsetzung stellt die Behörde verbindlich fest, dass der Adressat seine Pflicht nicht erfüllt hat und ordnet die Anwendung des Zwangsmittels an.

---

[87] BVerwGE 77, 268, 271; Maurer, AllgVerwR, § 9 Rn 6; Kahl, JURA 2001, 505, 508
[88] Vgl. Wolff/Decker, VwVfG, § 35 Rn 4; Remmert, JURA 2007, 736, 738
[89] Maurer, AllgVerwR, § 9 Rn 8, § 15 Rn 1
[90] BVerwG, NVwZ 1998, 393, 393; Kopp/Ramsauer, VwVfG, § 35 Rn 113; Kahl, JURA 2001, 505, 508

Rechtlich problematisch ist demgegenüber die Einordnung der Anwendung eines Zwangsmittels.

Anwendung der Zwangsmittel

BEISPIEL (nach BVerwGE 26, 161 „Schwabinger Krawalle"): In einem Lokal in der Stadt M kommt es zu einer Massenschlägerei. Die herbeigerufenen Polizisten können die Situation erst kontrollieren, nachdem sie massiv von ihren Schlagstöcken Gebrauch gemacht haben. Welche Rechtsnatur hat dieser Schlagstockeinsatz?

Der Schlagstockeinsatz ist eine polizeiliche Zwangsmittelanwendung in Gestalt des unmittelbaren Zwangs. In dieser Zwangsmittelanwendung wird z.T. eine konkludente Duldungsverfügung gesehen, d.h. der Betroffene wird unausgesprochen verpflichtet, die Anwendung des Zwangsmittels zu ertragen, sodass ein Verwaltungsakt vorliegt.[91] Hier wäre in dem Schlagstockeinsatz also der konkludente Befehl enthalten „dulde, dass ich dich schlage". Diese Sichtweise hat historische Gründe. Sie resultiert aus einer Zeit, zu welcher Rechtsschutz nur gegen Verwaltungsakte gewährt wurde. Es bestand daher das Bedürfnis, in die Zwangsmittelanwendung eine konkludente Duldungsverfügung hineinzuinterpretieren, damit der Betroffene sich dagegen rechtlich zur Wehr setzen konnte.[92] Ein solches Bedürfnis besteht heute jedoch nicht mehr, da die VwGO auch gegen tatsächliche Handlungen der Verwaltung Rechtsbehelfe in Gestalt der Leistungs- und Feststellungsklage vorsieht. Zudem wirft die Konstruktion einer konkludenten Duldungsverfügung Probleme auf, wenn die Zwangsmittelanwendung in Abwesenheit des Adressaten erfolgt, z.B. im Falle des Abschleppens eines Kfz. Dann kann die für die Existenz eines Verwaltungsaktes gem. §§ 41 I, 43 I VwVfG erforderliche Bekanntgabe kaum überzeugend begründet werden.[93] Schließlich sieht § 18 II VwVG vor, dass im gekürzten Verwaltungsvollstreckungsverfahren, dem sog. **Sofortvollzug**, gegen die Zwangsmittelanwendung die Rechtsmittel zulässig sind, die gegen Verwaltungsakte gegeben sind. Diese ausdrückliche Anordnung wäre überflüssig, wenn die Anwendung eines Zwangsmittels ohnehin stets ein Verwaltungsakt ist. Daher ist davon auszugehen, dass die Zwangsmittelanwendung einen Realakt darstellt.[94]

(b) Standardmaßnahmen

Ähnlich problematisch wie die Zwangsmittelanwendung ist die rechtliche Einordnung der polizeilichen Standardmaßnahmen. Die pauschale Annahme einer konkludenten Duldungsverfügung, die in jeder Standardmaßnahme enthalten ist, ist, wie gezeigt, unter Rechtsschutzgesichtspunkten nicht erforderlich und wirft bei fehlender Bekanntgabe Probleme auf. Stattdessen ist jede Standardmaßnahme separat zu begutachten, eine einheitliche Bewertung ist nicht möglich.[95]

66 Standardmaßnahmen

---

91 BVerwGE 26, 161, 164
92 Finger, JuS 2005, 116, 117
93 Finger, JuS 2005, 116, 117, 118
94 Erichsen/Ehlers-Ruffert, AllgVerwR, § 26 Rn 23; Finger, JuS 2005, 116, 117, 118; Kahl, JURA 2001, 505, 509
95 Kopp/Ramsauer, VwVfG, § 35 Rn 114

BEISPIELE: Platzverweis oder die Anordnung der Herausgabe einer Sache zum Zwecke ihrer Sicherstellung sind Verwaltungsakte, weil dem Adressaten der Maßnahme rechtsverbindlich eine Pflicht auferlegt wird.[96] Hingegen kann die verdeckt durchgeführte polizeiliche Beobachtung schon mangels Bekanntgabe kein Verwaltungsakt sein. Bei der Ingewahrsamnahme einer Person ist zu differenzieren: Die Aufforderung, zur Polizeidienststelle mitzukommen, ist ein Verwaltungsakt, da eine Pflicht auferlegt wird. Das tatsächliche Verbringen zum Polizeifahrzeug und die Fahrt zur Dienststelle sind Realakte.[97]

MERKSATZ

Jedenfalls in den Fällen, in denen ausdrücklich eine Pflicht begründet wird („dulde die Durchsuchung", „halte an"), liegt ein Verwaltungsakt vor, der dann per Realakt umgesetzt wird, indem beispielsweise die Durchsuchung tatsächlich erfolgt.

(2) Vorbereitende Verfahrenshandlungen und verbindliche Teilregelungen

Vorbereitende Verfahrenshandlungen ohne Regelungswirkung

67 Keine Verwaltungsakte sind Verfahrenshandlungen, welche die abschließende Entscheidung lediglich vorbereiten.

BEISPIELE: Ladung zur mündlichen Prüfung, Aufforderung, Angaben in einem Antrag zu konkretisieren.[98]

Verbindliche Teilregelungen mit Regelungswirkung

Ausnahmsweise gilt etwas anderes, wenn mit der Verfahrenshandlung bereits endgültige Rechtsfolgen verbunden sind.

BEISPIELE: Die Bewertung einer Klassenarbeit und die Einzelnoten im Abschlusszeugnis sind regelmäßig keine Verwaltungsakte, sondern nur die Gesamtnote, mit der über die Versetzung entschieden wird. Anders ist die Situation hingegen einzuschätzen, wenn mit einer Einzelnote endgültige Rechtsfolgen verbunden sind, z.B. die Zulassung zum Studium. Dann ist die Einzelnote ein Verwaltungsakt oder zumindest der separat anfechtbare Teil eines Verwaltungsaktes, nämlich der Gesamtnote.[99]

Vorbescheid und Teilgenehmigung

Keine vorbereitenden Verfahrenshandlungen, sondern verbindliche Teilregelungen sind darüber hinaus der Vorbescheid und die Teilgenehmigung. Der Vorbescheid ist aus dem Baurecht als Bauvorbescheid bekannt. Mit ihm wird über einzelne Genehmigungsvoraussetzungen abschließend und verbindlich entschieden, z.B. über die bauplanungsrechtliche Zulässigkeit eines geplanten Bauwerks. Die Teilgenehmigung ist demgegenüber ein Endbescheid, allerdings beschränkt auf einen sachlich abgrenzbaren Teil des gesamten Vorhabens, z.B. Genehmigung des Aushubs der Baugrube. Sowohl der Vorbescheid als auch die Teilgenehmigung sind Verwaltungsakte.[100]

---

96   *Kopp/Ramsauer, VwVfG,* § 35 Rn 114; *Finger, JuS* 2005, 116, 118
97   *Finger, JuS* 2005, 116, 117, 118
98   *Kopp/Ramsauer, VwVfG,* § 35 Rn 109; *Kahl, JURA* 2001, 505, 509
99   *OVG Münster, DVBl* 2001, 823, 823 f. = *RA* 2001, 325, 326 f.; *Wolff/Decker, VwVfG,* § 35 Rn 52; *Maurer, AllgVerwR,* § 9 Rn 9; *Kahl, JURA* 2001, 505, 509 f.
100 *Wolff/Decker, VwVfG,* § 35 Rn 47; *Maurer, AllgVerwR,* § 9 Rn 63 f.

cc) Einzelfall

Die Funktion des Merkmals „Einzelfall" ist es, den Verwaltungsakt von der Rechtsnorm, d.h. von einem Gesetz, abzugrenzen.[101] Ein Verwaltungsakt liegt vor, wenn die Regelung konkret-individuell, konkret-generell oder abstrakt-individuell ist. Eine Rechtsnorm, also ein Gesetz, ist hingegen abstrakt-generell.

68 Abgrenzung vom Gesetz

> **DEFINITION**
> **Konkret** ist eine Regelung, wenn sie sich auf einen bestimmten Lebenssachverhalt bezieht. Demgegenüber betreffen abstrakte Regelungen unendlich viele Sachverhalte.[102]
>
> **Individuell** ist eine Regelung, wenn sie sich an eine bestimmte Person richtet, sodass generelle Regelungen unendlich viele Personen als Adressaten haben.[103]

Konkrete, abstrakte, individuelle und generelle Regelung

Konkret-individuell bedeutet demnach, dass ein bestimmter Sachverhalt für eine bestimmte Person geregelt wird. Es liegt dann ein Verwaltungsakt i.S.v. § 35 S. 1 VwVfG vor.

69 Konkret-individuelle Regelung

BEISPIELE: Baugenehmigung, Gaststättenerlaubnis, Platzverweis.

Konkret-generell ist eine Regelung, wenn sie einen bestimmten Lebenssachverhalt für unendlich viele Personen betrifft. Es handelt sich um einen Verwaltungsakt in Gestalt einer Allgemeinverfügung gem. § 35 S. 2 VwVfG.[104] Die Allgemeinverfügung gibt es als adressatenbezogene, sachbezogene und benutzungsregelnde Allgemeinverfügung.

70 Konkret-generelle Regelung

Die adressatenbezogene Allgemeinverfügung nach § 35 S. 2 1. Fall VwVfG richtet sich an einen nach allgemeinen Merkmalen bestimmten oder bestimmbaren Personenkreis. Eine Unterscheidung zwischen einem „bestimmten" und einem bloß „bestimmbaren" Personenkreis ist kaum möglich und für die Annahme einer Allgemeinverfügung auch nicht erforderlich.[105] Allerdings soll das Merkmal „bestimmbar" verdeutlichen, dass die Abgrenzung zum Gesetz nicht danach erfolgt, ob der angesprochene Personenkreis zurzeit des behördlichen Handelns überschaubar ist. Entscheidend ist vielmehr die Konkretheit der Regelung. Das bedeutet, die adressatenbezogene Allgemeinverfügung regelt im Gegensatz zur Rechtsnorm einen ganz bestimmten Sachverhalt und grenzt dadurch den betroffenen Personenkreis von der Allgemeinheit ab.[106]

Adressatenbezogene Allgemeinverfügung

BEISPIELE: Verbot der Teilnahme an einer geplanten Versammlung, Verbot an die Gastwirte eines bestimmten Bezirks Alkohol auszuschenken, Handzeichen eines Verkehrspolizisten, Zeichen einer Verkehrsampel.

---

[101] Maurer, AllgVerwR, § 9 Rn 14; Kahl, JURA 2001, 505, 510
[102] Wolff/Decker, VwVfG, § 35 Rn 67
[103] Wolff/Decker, VwVfG, § 35 Rn 67
[104] Wolff/Decker, VwVfG, § 35 Rn 71; Kahl, JURA 2001, 505, 511
[105] Vgl. Knack-Henneke, VwVfG, § 35 Rn 126
[106] OVG Lüneburg, DVBL 2008, 987, 988 = RA 2008, 473, 475 f.; Kopp/Ramsauer, VwVfG, § 35 Rn 161; Erichsen/Ehlers-Ruffert, AllgVerwR, § 20 Rn 36; Kahl, JURA 2001, 505, 511

Sachbezogene Allgemeinverfügung/ dinglicher Verwaltungsakt

Die sachbezogene Allgemeinverfügung nach § 35 S. 2 2. Fall VwVfG betrifft die öffentlich-rechtliche Eigenschaft einer Sache. Sie bestimmt folglich den rechtlichen Zustand von Sachen, ist also nicht unmittelbar an eine Person gerichtet. Daher wird sie auch als dinglicher Verwaltungsakt bezeichnet.[107] Die Konkretheit der Regelung ergibt sich aus dem unmittelbaren Bezug zu einer bestimmten Sache.[108]

> **BEISPIELE:** Widmung einer Verkehrsfläche zu einer öffentlichen Straße gem. § 2 FStrG, Widmung eines Schwimmbades zur Nutzung durch die Allgemeinheit.

Benutzungsregelnde Allgemeinverfügung

Die benutzungsregelnde Allgemeinverfügung ist nach § 35 S. 2 3. Fall VwVfG ein Verwaltungsakt, der die Benutzung einer Sache durch die Allgemeinheit betrifft. Wie bei der sachbezogenen Allgemeinverfügung ergibt sich die erforderliche Konkretheit des Sachverhalts aus dem unmittelbaren Bezug zu einer bestimmten Sache, wohingegen der Adressatenkreis nicht individualisiert ist („Allgemeinheit").[109]

> **BEISPIEL:** Verkehrszeichen.

Abstrakt-individuelle Regelung

71 Abstrakt-individuell bedeutet schließlich, dass unendlich viele Sachverhalte für eine bestimmte Person geregelt werden. Es besteht im Ergebnis Einigkeit, dass in diesen Fällen ein Verwaltungsakt gem. § 35 S. 1 VwVfG vorliegt, weil der individuelle Bezug im Vordergrund steht.[110]

> **BEISPIEL** (nach OVG Münster OVGE 16, 289 „Kühlturmfall"): Das Unternehmen U betreibt ein Kraftwerk, zu dem ein Kühlturm gehört. Fällt die Außentemperatur unter null Grad, legt sich der aus dem Kühlturm aufsteigende Wasserdampf auf eine in der Nähe befindliche Straße und sorgt dort für Glatteisbildung. Daher erhält U von der zuständigen Behörde die Weisung, die Straße bei Temperaturen unter dem Gefrierpunkt zu streuen.

dd) Außenwirkung

Außenwirkung

72

> **DEFINITION**
> Auf **unmittelbare Rechtswirkung** nach außen ist eine hoheitliche Maßnahme gerichtet, wenn sie final Rechtsfolgen bei einem Rechtssubjekt erzeugt, das außerhalb des Rechtsträgers der handelnden Behörde steht.[111]

Verwaltungsinternum/ Rechtsreflexe

Das Definitionsmerkmal der Außenwirkung hat die Funktion, den Verwaltungsakt von den rein verwaltungsinternen Maßnahmen abzugrenzen.[112] Dabei ist zu betonen, dass es entscheidend auf die Zielrichtung des behördlichen Handelns ankommt. Die Außenwirkung muss nach dem Wortlaut des § 35 S. 1 VwVfG („gerichtet") von der Behörde gewollt sein. Lediglich mittelbare, zufällige Folgen eines hoheitlichen

---

107 Kopp/Ramsauer, VwVfG, § 35 Rn 165; Wolff/Decker, VwVfG, § 35 Rn 95
108 Kopp/Ramsauer, VwVfG, § 35 Rn 164; Kahl, JURA 2001, 505, 511
109 Erichsen/Ehlers-Ruffert, AllgVerwR, § 20 Rn 38; Maurer, AllgVerwR, § 9 Rn 32
110 Erichsen/Ehlers-Ruffert, AllgVerwR, § 20 Rn 34; Maurer, AllgVerwR, § 9 Rn 20; Kahl, JURA 2001, 505, 511
111 Knack-Henneke, VwVfG, § 35 Rn 35; Wolff/Decker, VwVfG, § 35 Rn 76; Erichsen/Ehlers-Ruffert, AllgVerwR, § 20 Rn 44
112 Knack-Henneke, VwVfG, § 35 Rn 35

Handelns können somit nicht als Verwaltungsakt qualifiziert werden.[113] Die Finalität der Maßnahme grenzt den Verwaltungsakt folglich auch von den bloßen Rechtsreflexen ab, die sich dadurch auszeichnen, dass ein behördliches Handeln ungewollt einer natürlichen oder juristischen Person einen Vor- oder Nachteil bringt.[114]

BEISPIEL: Zwei miteinander konkurrierende Gaststätten liegen in unmittelbarer Nachbarschaft. Die zuständige Behörde schließt eine Gaststätte wegen Verstößen gegen die Vorschriften des Gesundheitsrechts, sodass die andere Gaststätte jetzt mehr Kunden hat. Dieser Vorteil ist jedoch von der Behörde nicht bezweckt, also ein bloßer Rechtsreflex.

Neben der Regelungswirkung stellt die Außenwirkung einer hoheitlichen Maßnahme das Merkmal des Verwaltungsaktes dar, das die schwierigsten Abgrenzungsprobleme bereithält. Besonders bedeutsam sind in diesem Zusammenhang die Maßnahmen in Sonderstatusverhältnissen sowie aufsichtsrechtliche Maßnahmen.

(1) Sonderstatusverhältnisse

DEFINITION

Sonderstatusverhältnisse sind Rechtsverhältnisse, in denen eine Person zum Staat in eine besondere Rechtsbeziehung tritt, die auf beiden Seiten spezielle Rechte und Pflichten begründet, die über das gewöhnliche Bürger-Staat-Verhältnis hinausgehen.[115]

73 Sonderstatusverhältnisse

BEISPIELE: Beamte, Richter, Soldaten, Strafgefangene, Schüler und Studenten.[116]

Die besondere Rechtsbeziehung in einem Sonderstatusverhältnis zeigt sich exemplarisch bei Beamten und Richtern, die für den Staat dessen Hoheitsrechte ausüben. Damit machen sie Rechte geltend, die dem „gewöhnlichen" Bürger nicht zustehen. Auf der anderen Seite treffen beispielsweise den Strafgefangenen Pflichten, denen der Bürger nicht unterliegt. Die genannten Personengruppen besitzen also einen besonderen Status, der sich vom allgemeinen Status der Bürger abhebt.
Die Abgrenzungsprobleme hinsichtlich der Außenwirkung einer Maßnahme ergeben sich in den Sonderstatusverhältnissen aus dieser Nähebeziehung zwischen der betroffenen Person und dem Staat. Handlungen, die lediglich die sich aus einem Sonderstatusverhältnis ergebenden Rechte und Pflichten konkretisieren, verbleiben im verwaltungsinternen Bereich und haben somit keine Außenwirkung.

BEISPIEL: Der Vorgesetzte gibt einem Beamten auf, die Akten in einer bestimmten Reihenfolge zu bearbeiten.

---

113 BVerwGE 60, 144, 145 f.; OVG Koblenz, NVwZ-RR 2003, 223, 224 = RA 2003, 222, 223; Kopp/Ramsauer, VwVfG, § 35 Rn 126; Kahl, JURA 2001, 505, 512
114 Knack-Henneke, VwVfG, § 35 Rn 35
115 Kopp/Ramsauer, VwVfG, § 35 Rn 134; Wolff/Decker, VwVfG, § 35 Rn 78; Kahl, JURA 2001, 505, 513
116 Kopp/Ramsauer, VwVfG, § 35 Rn 134

Zielgerichtete Regelung der persönlichen Rechtsstellung

Demnach kommt es entscheidend darauf an, die Grenzen des Sonderstatusverhältnisses zu ermitteln. Dies geschieht wie folgt: Hoheitliche Maßnahmen, die lediglich eine organisationsinterne Regelung bezwecken, halten sich im Rahmen des Sonderstatusverhältnisses, haben also keine Außenwirkung. Geht es hingegen zielgerichtet darum, die persönliche Rechtsstellung des betroffenen Beamten, Schülers etc. zu bestätigen oder zu verändern, liegt Außenwirkung vor.[117]

BEISPIELE: Begründung und Beendigung eines Beamtenverhältnisses, Abordnung, Versetzung, Aufnahme eines Schülers in eine öffentliche Schule, Versetzung in die nächsthöhere Klasse, Abschlusszeugnis.[118]

MERKSATZ
Im Rahmen von **Sonderstatusverhältnissen** richtet sich die Abgrenzung des Verwaltungsaktes von verwaltungsinternen Maßnahmen danach, ob die hoheitliche Maßnahme darauf abzielt, die persönliche Rechtsstellung des Adressaten zu bestätigen oder zu verändern.

(2) Aufsichtsrechtliche Maßnahmen

74 Bei den aufsichtsrechtlichen Maßnahmen ist zwischen den Maßnahmen der Rechtsaufsicht und denjenigen der Fachaufsicht zu unterscheiden.

Rechtsaufsicht

Aufsichtsrechtliche Maßnahmen im Bereich der Rechtsaufsicht haben Außenwirkung und sind somit bei Vorliegen der weiteren Voraussetzungen des § 35 S. 1 VwVfG Verwaltungsakte.[119] Denn sie betreffen die Wahrnehmung einer Selbstverwaltungsaufgabe durch eine Selbstverwaltungseinrichtung. Damit greift die aufsichtsrechtliche Maßnahme stets in das Selbstverwaltungsrecht der betroffenen Selbstverwaltungseinrichtung ein. Letztere kann sich folglich gegen die Maßnahme unter Berufung auf ihr Selbstverwaltungsrecht zur Wehr setzen. Demnach steht ihr ein subjektiv-öffentliches Recht zur Verfügung, sodass sie der staatlichen Aufsichtsbehörde in ähnlicher Weise gegenübersteht wie dies sonst bei einem Bürger im Verhältnis zur Verwaltung der Fall ist.[120]

BEISPIEL: Die zuständige Kommunalaufsichtsbehörde hebt eine gemeindliche Satzung wegen eines Rechtsverstoßes auf.

MERKSATZ
Maßnahmen der **Rechtsaufsicht** haben immer Außenwirkung.

Fachaufsicht

Handlungen der Aufsichtsbehörden im Bereich der Fachaufsicht haben nach h.M. grundsätzlich keine Außenwirkung und sind daher keine Verwaltungsakte. Denn sie betreffen die Wahrnehmung von Auftragsangelegenheiten, also staatliche Aufgaben. Das Selbstverwaltungsrecht der betroffenen Selbstverwaltungseinrichtung ist somit nicht berührt. Folglich können sie der staatlichen Aufsichtsbehörde keine

---

117 Kopp/Ramsauer, VwVfG, § 35 Rn 135; Kahl, JURA 2001, 505, 513
118 Kopp/Ramsauer, VwVfG, § 35 Rn 136, 140
119 BVerwGE 52, 313, 316 f.; Kopp/Schenke, VwGO, Anh § 42 Rn 80; Kahl, JURA 2001, 505, 512
120 Kopp/Ramsauer, VwVfG, § 35 Rn 152

eigene Rechtsposition entgegenhalten, sodass sie wie eine Behörde in den staatlichen Verwaltungsaufbau integriert sind. In dieser Situation stellt die Selbstverwaltungseinrichtung lediglich den verlängerten Arm des Staates dar. Eine Ausnahme von diesem Grundsatz macht die h.M. nur, wenn die Fachaufsichtsbehörde überhaupt kein Weisungsrecht besitzt oder dessen Grenzen überschreitet und damit in den Selbstverwaltungsbereich der Selbstverwaltungseinrichtung eingreift sowie in dem Fall, dass der Selbstverwaltungseinrichtung durch das Gesetz auch bei der Wahrnehmung von Auftragsangelegenheiten eine eigene Rechtsposition zugewiesen wird. In diesen Konstellationen ist die Außenwirkung ausnahmsweise gegeben, weil die Selbstverwaltungseinrichtung ein subjektiv-öffentliches Recht besitzt und die Situation daher mit derjenigen bei der Rechtsaufsicht vergleichbar ist.[121]

BEISPIELE: Fachaufsichtliche Weisung bzgl. Einrichtung geschwindigkeitsbeschränkter Zonen durch eine Gemeinde gem. § 45 Ib 1 Nr. 5 StVO betrifft auch die gemeindliche Selbstverwaltungsgarantie in Form der Planungshoheit;[122] Art. 109 II 2 BayGO räumt den Gemeinden auch im Bereich der Fachaufsicht eine eigene Rechtsposition ein.[123]

MERKSATZ
Nach h.M. haben **fachaufsichtliche Maßnahmen** keine Außenwirkung, es sei denn, die Fachaufsichtsbehörde besitzt kein Weisungsrecht bzw. überschreitet dessen Grenzen und greift somit in das Selbstverwaltungsrecht der betroffenen Selbstverwaltungseinrichtung ein oder der Selbstverwaltungseinrichtung ist durch das Gesetz auch bei der Wahrnehmung von Auftragsangelegenheiten eine eigene Rechtsposition zugewiesen.

b) Keine Erledigung des Verwaltungsaktes

Die Statthaftigkeit der Anfechtungsklage setzt nicht nur voraus, dass ein Verwaltungsakt vorliegt. Dieser darf sich auch noch nicht erledigt haben. Das folgt aus § 113 I 4 VwGO. Nach dieser Vorschrift ist im Falle der Erledigung eines Verwaltungsaktes nicht die Anfechtungsklage, sondern die in § 113 I 4 VwGO normierte Fortsetzungsfeststellungsklage (FFK) statthaft.

75 Keine Erledigung

DEFINITION
Ein **Verwaltungsakt** hat sich **erledigt**, wenn er keinerlei Regelungswirkung mehr entfaltet, sodass seine Aufhebung sinnlos ist.[124]

Erledigung

Eine beispielhafte Aufzählung von Erledigungsgründen findet sich in § 43 II VwVfG (Rücknahme, Widerruf, anderweitige Aufhebung, Zeitablauf).[125]

---

121 BVerwG, DVBL 1995, 744, 745; VGH Mannheim, DVBL 1994, 348, 349; Kopp/Schenke, VwGO, Anh § 42 Rn 77 f.; Wolff/Decker, VwVfG, § 35 Rn 87
122 BVerwG, DVBL 1995, 744, 745; Kopp/Schenke, VwGO, Anh § 42 Rn 78
123 Kopp/Schenke, VwGO, Anh § 42 Rn 77; Wolff/Decker, VwVfG, § 35 Rn 87
124 BVerwG, NVwZ 1991, 570, 571; Kopp/Schenke, VwGO, § 113 Rn 102; Ogorek, JA 2002, 222, 224
125 Siehe zum Begriff der Erledigung auch Rn 233.

> **KLAUSURHINWEIS**
> Die Erledigung des Verwaltungsaktes ist im Rahmen der Anfechtungsklage nur anzusprechen, wenn sie nach den Sachverhaltsangaben ernsthaft in Betracht kommt.[126] Anderenfalls wird sie mit keinem Wort erwähnt.

MERKSATZ
Das Merkmal „**Erledigung**" grenzt die Anfechtungsklage von der FFK ab.

c) Sonderfälle

aa) Gegenstand der Anfechtungsklage, § 79 I, II VwGO

76 § 79 VwGO bestimmt, welcher Verwaltungsakt bzw. welche Verwaltungsakte den Gegenstand der Anfechtungsklage bilden. § 79 I Nr. 1 VwGO normiert die Regel, wohingegen § 79 I Nr. 2, II VwGO die Ausnahmen beschreibt.

Gegenstand der Anfechtungsklage, § 79 VwGO

(1) Grundsatz des § 79 I Nr. 1 VwGO

77 Gem. § 79 I Nr. 1 VwGO ist Gegenstand der Anfechtungsklage der ursprüngliche Verwaltungsakt in der Gestalt, die er durch den Widerspruchsbescheid gefunden hat. Ausgangs- und Widerspruchsbescheid bilden demnach eine prozessuale Einheit, wobei der Widerspruchsbescheid dem Ausgangsbescheid den maßgeblichen Inhalt gibt (sog. Einheitsklage). D.h. der Anfechtungsklage liegt zwar der ursprüngliche Verwaltungsakt zugrunde, aber mit dem Inhalt und der Begründung des Widerspruchsbescheids.[127] Der Widerspruchsbescheid ist somit „das letzte Wort der Verwaltung". Folglich hat eine Anfechtungsklage keinen Erfolg, wenn der ursprüngliche Verwaltungsakt zwar rechtswidrig ist, die Widerspruchsbehörde diesen Fehler aber beseitigt hat.[128]

Grundsatz: Einheitsklage

BEISPIEL: Widerspruchsbehörde holt im Widerspruchsverfahren die von der Ausgangsbehörde unterlassene Anhörung nach § 28 I VwVfG nach.

Umgekehrt ist die Anfechtungsklage erfolgreich, wenn der ursprüngliche Verwaltungsakt zwar rechtmäßig ist, der Widerspruchsbescheid jedoch Fehler aufweist. Da Ausgangs- und Widerspruchsbescheid eine prozessuale Einheit bilden, hebt das Gericht in dieser Situation nach h.M. beide Bescheide auf und nicht nur den Widerspruchsbescheid.[129]

BEISPIEL: Widerspruchsbehörde ändert die zutreffenden Ermessenserwägungen der Ausgangsbehörde ab, sodass sie jetzt fehlerhaft sind.[130]

Da im Fall des § 79 I Nr. 1 VwGO Ausgangs- und Widerspruchsbescheid belastend sind, wird der Betroffene regelmäßig beide Verwaltungsakte angreifen. Deshalb normiert § 79 I Nr. 1 VwGO die Regel.[131]

---

126 Schenke, VerwProzessR, Rn 247
127 Wolff/Decker, VwGO, § 79 Rn 8; Schenke, VerwProzessR, Rn 235
128 Wolff/Decker, VwGO, § 79 Rn 8
129 BVerwGE 19, 327, 330; Wolff/Decker, VwGO, § 79 Rn 8
130 Wolff/Decker, VwGO, § 79 Rn 8
131 Wolff/Decker, VwGO, § 79 Rn 7

MERKSATZ

Da Ausgangs- und Widerspruchsbescheid gem. § 79 I Nr. 1 VwGO eine prozessuale Einheit bilden, liegt keine objektive Klagehäufung gem. § 44 VwGO vor.

(2) Ausnahmen, § 79 I Nr. 2, II VwGO

MERKSATZ

Eine Erörterung des § 79 VwGO im Rahmen der statthaften Klageart ist nur zwingend geboten, wenn ein Ausnahmefall nach § 79 I Nr. 2, II VwGO vorliegt, nicht hingegen im Regelfall des § 79 I Nr. 1 VwGO.

(a) Erstmalige Beschwer, § 79 I Nr. 2 VwGO

Beinhaltet der Abhilfebescheid (vgl. § 72 VwGO) oder der Widerspruchsbescheid eine erstmalige Beschwer, ist er gem. § 79 I Nr. 2 VwGO alleiniger Gegenstand der Anfechtungsklage. Dies ist zwingend, d.h. die Anfechtungsklage kann sich nur gegen den Abhilfe- oder Widerspruchsbescheid richten, weil der Ausgangsbescheid begünstigend ist. Ist hingegen bereits der Ausgangsbescheid belastend und durch den Widerspruchsbescheid zu Lasten des Widerspruchsführers verschlechtert worden, ist der speziellere § 79 II VwGO einschlägig.[132]

78 Ausnahme des § 79 I Nr. 2 VwGO

§ 79 I Nr. 2 VwGO ist demnach gegeben, wenn ein Verwaltungsakt für den Adressaten begünstigend ist, auf den Widerspruch eines Dritten aber zum Nachteil des Adressaten abgeändert wird.

BEISPIEL: Baugenehmigung wird auf den Widerspruch eines Nachbarn durch den Widerspruchsbescheid aufgehoben.

KLAUSURHINWEIS

Im Fall des § 79 I Nr. 2 VwGO muss im Rahmen der Begründetheit der Anfechtungsklage, und zwar in der materiellen Rechtmäßigkeit des Abhilfe- oder Widerspruchsbescheids die Zulässigkeit und Begründetheit des Widerspruchs des Dritten geprüft werden.

(b) Zusätzliche selbständige Beschwer, § 79 II VwGO

Enthält der Widerspruchsbescheid eine zusätzliche selbständige Beschwer, kann er gem. § 79 II 1 VwGO alleiniger Gegenstand der Anfechtungsklage sein. Im Gegensatz zu § 79 I Nr. 2 VwGO ist die ausschließliche Anfechtung des Widerspruchsbescheids jedoch nicht zwingend, weil im Fall des § 79 II VwGO bereits der Ausgangsbescheid eine Belastung enthält, die durch den Widerspruchsbescheid „lediglich" gesteigert wird. Der Kläger kann also zwischen der Regel des § 79 I Nr. 1 VwGO (Anfechtung des Ausgangs- und Widerspruchsbescheids) und der Ausnahme des § 79 II 1 VwGO (alleinige Anfechtung des Widerspruchsbescheids) wählen.[133]

79 Ausnahme des § 79 II 1 VwGO

---
132 Wolff/Decker, VwGO, § 79 Rn 12
133 Wolff/Decker, VwGO, § 79 Rn 15

DAS HAUPTSACHEVERFAHREN

Zusätzliche selbstständige Beschwer

DEFINITION

Eine **zusätzliche selbständige Beschwer** i.S.v. § 79 II 1 VwGO liegt bei jeder nachteiligen Änderung des Ausgangsbescheids durch den Widerspruchsbescheid vor.[134]

BEISPIELE: Änderung des Entscheidungstenors (z.B. Lärmschutzanordnung wird durch Widerspruchsbescheid verschärft); Änderung der Sach- oder Rechtslage führt zur nachträglichen Rechtswidrigkeit des Verwaltungsaktes, wird aber von der Widerspruchsbehörde nicht beachtet.[135]

Der wichtigste Anwendungsfall des § 79 II 1 VwGO ist die sog. „**reformatio in peius**" bzw. Verböserung.

Reformatio in peius bzw. Verböserung

DEFINITION

Reformatio in peius bedeutet, dass allein der Adressat des belastenden Ausgangsbescheids Widerspruch einlegt und es dann durch den Widerspruchsbescheid zu einer weiteren Verschlechterung kommt.[136]

BEISPIEL: Durch den Ausgangsbescheid wird eine Gaststättenerlaubnis teilweise aufgehoben, im Widerspruchsbescheid erfolgt ihre komplette Aufhebung.

Kernproblem: Enttäuschtes Vertrauen

Kernproblem der Verböserung ist das enttäuschte Vertrauen des Widerspruchsführers. Er hat seinen Widerspruch in der Hoffnung erhoben, der belastende Ausgangsbescheid werde zu seinem Vorteil abgeändert oder aufgehoben, erhält aber durch den Widerspruchsbescheid Gegenteiliges. Vor diesem Hintergrund liegt keine reformatio in peius vor, wenn ein Dritter den Widerspruch mit dem Ziel einlegt, die Belastung des Adressaten des Ausgangsbescheids noch zu intensivieren, da dieser dann mit einer Verböserung rechnen muss, also kein schutzwürdiges Vertrauen entwickeln kann.

BEISPIEL: Mit dem Ausgangsbescheid wird der Teilabriss eines illegal errichteten Gebäudes angeordnet, auf den Widerspruch eines Nachbarn verfügt die Widerspruchsbehörde im Widerspruchsbescheid einen vollständigen Abriss.

Auch dieses Beispiel unterfällt im Übrigen § 79 II 1 VwGO und zeigt damit, dass die reformatio in peius zwar der wichtigste, aber nicht der einzige Anwendungsfall des § 79 II 1 VwGO ist.[137]

Ausnahme des § 79 II 2 VwGO

§ 79 II 2 VwGO ergänzt die von § 79 II 1 VwGO erfasste materielle Beschwer um eine durch den Widerspruchsbescheid verursachte formelle Beschwer.[138] Danach gilt als zusätzliche Beschwer auch die Verletzung einer wesentlichen Verfahrensvorschrift.

---

134 Kopp/Schenke, VwGO, § 79 Rn 11
135 Schenke, VerwProzessR, Rn 241 f.
136 Wolff/Decker, VwGO, § 73 Rn 32; Schenke, VerwProzessR, Rn 688-690
137 Zur formellen und materiellen Zulässigkeit der reformatio in peius siehe Rn 162 f.
138 Wolff/Decker, VwGO, § 79 Rn 14

> **DEFINITION**
> **Wesentliche Verfahrensvorschriften** i.S.v. § 79 II 2 VwGO sind Vorschriften bzgl. Zuständigkeit, Verfahren und Form mit Ausnahme lediglich intern wirkender Verwaltungsvorschriften.[139]

BEISPIELE: Entscheidung durch die unzuständige Widerspruchsbehörde, Verletzung der Anhörungspflicht aus § 71 VwGO, Verstoß gegen die Begründungspflicht nach § 73 III 1 VwGO.[140]

Zusätzlich muss der Widerspruchsbescheid auf diesem formellen Rechtsverstoß beruhen, d.h. der Verfahrensfehler muss für die inhaltliche Sachentscheidung kausal sein.[141] Mit dieser Voraussetzung verfolgt § 79 II 2 VwGO das gleiche Anliegen wie § 46 VwVfG, dass nur solche formellen Fehler zur Aufhebung eines Verwaltungsaktes führen, die sich auch inhaltlich auswirken. Folglich schließt § 79 II 2 VwGO als Sonderregelung die Anwendung des § 46 VwVfG aus.[142]

> **KLAUSURHINWEIS**
> Somit kann über das Vorliegen des „Beruhens" i.S.v. § 79 II 2 VwGO erst entschieden werden, nachdem die materielle Rechtmäßigkeit des Widerspruchsbescheids geprüft wurde. Das „Beruhen" ist daher, wie auch § 46 VwVfG, erst im Prüfungspunkt „Rechtsverletzung" im Rahmen der Begründetheit der Anfechtungsklage anzusprechen.[143]

bb) Inhalts- und Nebenbestimmungen
Besondere Schwierigkeiten bereitet die gerichtliche Überprüfung von Inhalts- und Nebenbestimmungen.

(1) Begriffsbestimmung und Abgrenzung

> **DEFINITION**
> **Nebenbestimmungen** i.S.v. § 36 VwVfG sind Ergänzungen zum Hauptinhalt des Verwaltungsaktes.[144]

80

Somit beziehen sich Nebenbestimmungen auf den Verwaltungsakt, dem sie beigefügt sind. Ohne ihn sind sie sinnlos, sodass sie mit seiner Existenz gleichsam stehen und fallen. Anders formuliert sind die Nebenbestimmungen zum Verwaltungsakt streng akzessorisch.[145]

---

139 Kopp/Schenke, VwGO, § 79 Rn 13; Wolff/Decker, VwGO § 79 Rn 14
140 Kopp/Schenke, VwGO, § 79 Rn 13; Schenke, VerwProzessR, Rn 243
141 Wolff/Decker, VwGO, § 79 Rn 14
142 Kopp/Schenke, VwGO, § 79 Rn 14
143 Siehe Rn 179
144 BVerwG, DÖV 1974, 563, 564; Pietzner/Ronellenfitsch, Assessorexamen, § 9 Rn 17
145 Kopp/Ramsauer, VwVfG, § 36 Rn 4. Detaillierte Erläuterung der einzelnen Nebenbestimmungen im JURA INTENSIV Skript „Allgemeines Verwaltungsrecht".

BEISPIELE: Erteilung der Fahrerlaubnis unter der Auflage, mittels regelmäßiger Blut- und Urinproben nachzuweisen, dass keine Betäubungsmittel und Medikamente konsumiert werden; Erteilung der Gaststättenerlaubnis unter der Auflage, eine bestimmte Person nicht als Betriebsleiter zu beschäftigen.[146]

Inhaltsbestimmungen

DEFINITION

Inhaltsbestimmungen legen fest, wie weit die Rechtsfolge des Verwaltungsaktes reicht.[147]

Sie beschreiben also den Inhalt des Verwaltungsaktes und sind damit sein integraler Bestandteil.

BEISPIEL: Wird eine Baugenehmigung für ein dreigeschossiges Wohnhaus beantragt, lässt die zuständige Behörde jedoch nur zwei Geschosse zu, handelt es sich bei dieser Festsetzung um eine Inhaltsbestimmung.[148]

Abweichung vom Antrag

81 Für die Abgrenzung der Inhalts- von der Nebenbestimmung kann zunächst darauf abgestellt werden, ob der Betroffene bei der Verwaltung einen genauen Antrag gestellt hat. Weicht die Behörde von dem Antrag ab, indem sie entweder weniger oder etwas anderes als beantragt gewährt, liegt eine Inhaltsbestimmung vor.[149]

BEISPIELE: Gastwirt G beantragt eine Verlängerung der Sperrzeit um zwei Stunden, die Behörde genehmigt jedoch nur eine Stunde; Bauherr B beantragt den Erlass einer Baugenehmigung für die Errichtung eines Veranstaltungsraums ohne Säulen, die Baugenehmigungsbehörde genehmigt den Raum jedoch aus Gründen der Standsicherheit nur mit Säulen.

Auslegung des einschlägigen Gesetzes

Fehlt es an einem Antrag, insbesondere im Bereich der Eingriffsverwaltung, oder ist der Antrag unklar gestellt, kommt es für die Abgrenzung auf die Auslegung der einschlägigen Rechtsvorschriften an.[150] Das bedeutet, es wird zunächst im Wege der Auslegung ermittelt, was der eigentliche Inhalt des Verwaltungsaktes ist. Sodann ist in einem zweiten Schritt zu prüfen, wie sich die umstrittene Belastung auf diesen so ermittelten Inhalt auswirkt. Berührt sie ihn, liegt eine Inhaltsbestimmung vor. Berührt sie ihn nicht, liegt eine Nebenbestimmung vor.

BEISPIEL: D ist Inhaber einer Gaststättenerlaubnis, wonach er sowohl im Keller als auch im Erdgeschoss eines Gebäudes eine Diskothek betreiben darf. Nachdem die zuständige Behörde bei einer Kontrolle vor Ort Missstände im Kellerbereich registriert hat, untersagt sie D per Verfügung die weitere Nutzung des Kellers. Handelt es sich um eine Inhalts- oder Nebenbestimmung?

---

146 *Wolff/Decker, VwVfG, § 36 Rn 3*
147 *Pietzner/Ronellenfitsch, Assessorexamen, § 9 Rn 18*
148 *Kopp/Ramsauer, VwVfG, § 36 Rn 5*
149 *Kopp/Ramsauer, VwVfG, § 36 Rn 5; Maurer, AllgVerwR, § 12 Rn 5*
150 *Vgl. Knack-Henneke, VwVfG, § 36 Rn 9*

Da es hier an einem Antrag des D fehlt, muss die Abgrenzung durch Auslegung des einschlägigen Gesetzes erfolgen. Maßgeblich ist das GastG. Durch Auslegung dieses Gesetzes ist festzustellen, was der Inhalt der dem D ursprünglich erteilten Gaststättenerlaubnis ist. Das ergibt sich aus § 3 I GastG. Danach bezieht sich die Gaststättenerlaubnis auch auf die Räume, in denen die Gaststätte betrieben werden darf. Wird die Nutzung dieser Räume nachträglich eingeschränkt oder verboten, ist folglich der Inhalt der Gaststättenerlaubnis tangiert. Bei der Maßnahme der Behörde gegenüber D handelt es sich somit um eine Inhaltsbestimmung.

Wahl der rechtmäßigen Maßnahme

Als letztes Abgrenzungsmerkmal kann die Vermutung formuliert werden, dass die Verwaltung im Zweifel die Maßnahme getroffen hat, die rechtmäßig ist.

BEISPIEL: Die zuständige Behörde verpflichtet Gastwirt G per „Inhaltsbestimmung" dazu, aus Lärmschutzgründen schallisolierende Fenster einzubauen. Zulässig ist eine solche Maßnahme gem. § 5 I Nr. 3 GastG jedoch nur als Auflage. Da nicht davon auszugehen ist, dass die Behörde eine evident rechtswidrige Inhaltsbestimmung treffen will, liegt eine Nebenbestimmung vor.

MERKSATZ
Für die Abgrenzung der Inhalts- von den Nebenbestimmungen ist primär maßgeblich, ob die Verwaltung von dem Antrag des Betroffenen abweicht. Sekundär ist durch Auslegung des einschlägigen Gesetzes der Inhalt des Verwaltungsaktes zu ermitteln und sodann zu prüfen, ob sich die umstrittene Belastung auf diesen Inhalt auswirkt. Schließlich ist in verbleibenden Zweifelsfällen davon auszugehen, dass die Verwaltung zu der Maßnahme gegriffen hat, die rechtmäßig ist.

KLAUSURHINWEIS
Prozessuale Probleme treten, wie noch zu zeigen ist, nur bei den Nebenbestimmungen auf. Daher ist die Abgrenzung Inhaltsbestimmung ←→ Nebenbestimmung in der Klausurbearbeitung besonders aufmerksam durchzuführen. Es stellt einen schweren Mangel dar, gleichsam „routinemäßig" die Streitfrage der Anfechtbarkeit von Nebenbestimmungen zu erörtern, ohne vorab geklärt zu haben, ob überhaupt eine Nebenbestimmung vorliegt.

(2) Rechtsschutz gegen Inhalts- und Nebenbestimmungen
Bzgl. des Rechtsschutzes ist zwischen den anfänglichen und den nachträglichen Inhalts- und Nebenbestimmungen zu unterscheiden.

(a) Anfängliche Inhaltsbestimmungen
Anfängliche Inhaltsbestimmungen bereiten keine prozessualen Schwierigkeiten. Da sie integraler Bestandteil des Verwaltungsaktes sind, indem sie dessen Regelungsgehalt festlegen, können sie nicht separat mit der Anfechtungsklage gem. § 42 I 1. Fall VwGO angegriffen werden.[151] Möglich ist nur eine Verpflichtungsklage gem. § 42 I 2. Fall VwGO, gerichtet auf die Verpflichtung des Klagegegners zum Erlass eines Verwaltungsaktes mit einem anderen Inhalt.

82 *Unstreitig Verpflichtungsklage*

---
151   Pietzner/Ronellenfitsch, Assessorexamen, § 9 Rn 18

(b) Anfängliche Nebenbestimmungen

83 Heftig umstritten ist die statthafte Klageart bei anfänglichen Nebenbestimmungen. In Betracht kommen eine Anfechtungsklage, gerichtet auf die separate Aufhebung der umstrittenen Nebenbestimmung, sowie eine Verpflichtungsklage auf Neuerlass des Verwaltungsaktes ohne bzw. mit einer anderen Nebenbestimmung.[152]

Anfechtungs- oder Verpflichtungsklage

Die zugrunde liegende Problematik wird bei einer Betrachtung der wechselseitigen Interessenlage deutlich. Aus der Sicht der Verwaltung bringt die Möglichkeit der Anfechtungsklage den Nachteil mit sich, dass die Teilanfechtung der Nebenbestimmung zu deren Teilaufhebung und damit zu einem verbleibenden Verwaltungsakt (sog. **Rest-Verwaltungsakt**) führen kann, der dem behördlichen Willen widerspricht. Möglicherweise hätte die Verwaltung den Verwaltungsakt niemals erlassen, wenn sie hätte voraussehen können, dass die beigefügte Nebenbestimmung separat aufgehoben wird. Andererseits hat die Verpflichtungsklage aus der Sicht des Betroffenen den Nachteil, dass sie zu einer Aufhebung des begünstigenden Verwaltungsaktes führt. Der Betroffene riskiert, dass die zuständige Behörde eine andere als die umstrittene Nebenbestimmung nicht will und deshalb den Neuerlass des Verwaltungsaktes gänzlich ablehnt.[153]

Grundsätzliches Problem: Interessenkollision

> **KLAUSURHINWEIS**
> Im Gutachten hat der Problemaufriss im Rahmen der statthaften Klageart wie üblich über die Darstellung des klägerischen Begehrens zu erfolgen. Dieses ist auf die Aufhebung der belastenden Nebenbestimmung gerichtet. Deshalb kommt als statthafte Klageart die Anfechtungsklage gem. § 42 I 1. Fall VwGO in Betracht. Das setzt voraus, dass es um die Aufhebung eines Verwaltungsaktes oder des separat anfechtbaren Teils eines Verwaltungsaktes geht.

Die damit angesprochene Frage nach der prozessualen Teilbarkeit der Nebenbestimmung vom Verwaltungsakt wird in Rechtsprechung und Literatur unterschiedlich beantwortet.

Eine im Schrifttum vertretene M.M. geht davon aus, dass bei allen Nebenbestimmungen nur die Verpflichtungsklage als statthafte Klageart in Betracht kommt.[154] Zur Begründung verweist sie darauf, dass alle Nebenbestimmungen unselbständige Bestandteile eines Verwaltungsaktes seien und daher nicht separat angefochten werden könnten.

M.M.: Stets Verpflichtungsklage

Nach einer zweiten Ansicht im Schrifttum hängt die statthafte Klageart von der Art der angegriffenen Nebenbestimmung ab. Gegen die Auflage und den Auflagenvorbehalt i.S.v. § 36 II Nr. 4, 5 VwVfG stünde die Anfechtungsklage zur Verfügung, bzgl. der anderen Nebenbestimmungen hingegen die Verpflichtungsklage.[155] Denn die unselbständigen Nebenbestimmungen wiesen schon nach dem Wortlaut des

M.M.: Differenzierung nach der Art der Nebenbestimmung

---

152 Kopp/Ramsauer, VwVfG, § 36 Rn 60; Erichsen/Ehlers-Ruffert, AllgVerwR, § 22 Rn 17
153 Schenke, VerwProzessR, Rn 297; Axer, JURA 2001, 748, 752
154 Fehn, DÖV 1988, 202, 207-211; Stadie, DVBL 1991, 613, 614-616
155 Kopp/Ramsauer, VwVfG, § 36 Rn 63; Axer, JURA 2001, 748, 752; Störmer, NWVBl. 1996, 169, 174

§ 36 II VwVfG („erlassen werden mit") eine so enge Beziehung zum Verwaltungsakt auf, dass eine separate Anfechtung ausscheide. Hingegen seien die Auflage und der Auflagenvorbehalt nur „verbunden mit" dem Verwaltungsakt. Sie beinhalteten folglich selbständige Regelungen, stellten selbst Verwaltungsakte dar und könnten deshalb auch selbständig angefochten werden.

Eine dritte Meinung in der Literatur differenziert nach der Art des Verwaltungsaktes. Stehe dessen Erlass im Ermessen der Verwaltung, sei nur eine Verpflichtungsklage möglich. Handele es sich dahingegen um einen gebundenen Verwaltungsakt, könnten die Nebenbestimmungen separat mit der Anfechtungsklage angegriffen werden.[156] Bei einem behördlichen Ermessen beruhten Verwaltungsakt und Nebenbestimmung nämlich auf einer einheitlichen behördlichen Ermessensentscheidung. Der damit verbundene Entscheidungsspielraum der Verwaltung werde aber missachtet, wenn in dieser Situation eine Teilanfechtung und Teilaufhebung einer Nebenbestimmung möglich sei. Letztlich werde der Verwaltung dann ein Rest-Verwaltungsakt aufgedrängt, den sie so nicht wollte.

M.M.: Differenzierung nach der Art des Verwaltungsaktes

Die h.M. hält schließlich bei allen Nebenbestimmungen die Anfechtungsklage für die grundsätzlich statthafte Klageart. Ob die Nebenbestimmung von dem Verwaltungsakt teilbar sei und folglich separat aufgehoben werden könne, sei keine Frage der Zulässigkeit, sondern der Begründetheit des eingelegten Rechtsbehelfs.[157] Damit differenziert die h.M. zwischen der prinzipiell gegebenen prozessualen Teilbarkeit einer Nebenbestimmung vom Verwaltungsakt und der noch näher zu untersuchenden materiellen Teilbarkeit. Sie stützt ihre Rechtsauffassung auf den Wortlaut des § 113 I 1 VwGO. Dieser lässt die Teilaufhebung eines Verwaltungsaktes zu („soweit"), wenn er nur zum Teil rechtswidrig ist. Dann müsse aber auch eine Teilanfechtung möglich sein. Anderenfalls wäre der Kläger gezwungen, einen Verwaltungsakt vollumfänglich anzugreifen, obwohl dieser nur teilweise rechtswidrig ist. Übertragen auf die hier zu untersuchende Situation bedeute dies, dass die Anfechtung einer Nebenbestimmung als Teil des Verwaltungsaktes zulässig sei. Für eine Differenzierung nach der Art der angegriffenen Nebenbestimmung biete der Wortlaut des § 113 I 1 VwGO keinen Anhaltspunkt.

H.M.: Grundsätzlich immer Anfechtungsklage

Eine Ausnahme von dem Grundsatz, dass alle Nebenbestimmungen mit der Anfechtungsklage separat angreifbar sind, möchte das BVerwG für den Fall machen, dass die isolierte Aufhebung der umstrittenen Nebenbestimmung offenkundig von vornherein ausscheidet.[158] Damit ist gemeint, dass bereits im Rahmen der statthaften Klageart eindeutig erkennbar ist, dass die Aufhebung der Nebenbestimmung zu einem rechtswidrigen Rest-Verwaltungsakt führt.[159] In diesem Fall soll nur eine Verpflichtungsklage zulässig sein.

---

156 Brenner, JuS 1996, 281, 286; Jahndorf, JA 1999, 676, 677, 679 f.
157 BVerwGE 112, 221, 224 = RA 2001, 249, 251; Erichsen/Ehlers-Ruffert, AllgVerwR, § 22 Rn 18 f.; Maurer, AllgVerwR, § 12 Rn 24 f.; Schenke, VerwProzessR, Rn 295; Schmidt, VBlBW 2004, 81, 83
158 BVerwGE 112, 221, 224 = RA 2001, 249, 251
159 Schmidt, VBlBW 2004, 81, 83; Sproll, NJW 2002, 3221, 3223

> **KLAUSURHINWEIS**
> Diese von der Rechtsprechung vertretene Ausnahme ist für eine Klausurbearbeitung unter mehreren Gesichtspunkten keine Option. Zum einen wird bestritten, dass die Rechtswidrigkeit des Rest-Verwaltungsaktes bei der Anfechtungsklage gegen eine Nebenbestimmung berücksichtigt werden darf.[160] Folglich müsste dieser Streit innerhalb des Meinungsstreits zur Anfechtbarkeit von Nebenbestimmungen zusätzlich dargestellt werden. Das würde die große Gefahr hervorrufen, dass die Klausurbearbeitung an dieser Stelle völlig unübersichtlich wird und damit nicht mehr nachvollziehbar ist. Zum anderen ist das Merkmal „offenkundig" mit erheblichen Unsicherheiten behaftet. Ggf. müsste die Rechtswidrigkeit des Rest-Verwaltungsaktes inzident geprüft werden, was jedoch die Darstellung ebenfalls dermaßen verkompliziert, dass ihr der Leser nicht mehr folgen kann. Zudem würde ein Teil der Prüfung der Begründetheit der Klage vorweggenommen werden.

> **MERKSATZ**
> Für den Klausurgebrauch ist die h.M. richtigerweise so zu verstehen, dass jede Nebenbestimmung separat anfechtbar ist.

Streitentscheid

Der Meinungsstreit über die Anfechtbarkeit von Nebenbestimmungen ist wie üblich anhand der anerkannten Auslegungsmethoden zu lösen.

Der Wortlaut des § 36 II VwVfG verdeutlicht, dass der Gesetzgeber zwischen den unselbständigen und den selbständigen Nebenbestimmungen differenziert. Die daraus von der zweiten Ansicht gezogene Schlussfolgerung, nur Auflage und Auflagenvorbehalt seien separat anfechtbar, ist jedoch nicht zwingend. Stattdessen lässt sich ebenso gut vertreten, dass mit der Differenzierung nur gezeigt werden soll, dass die unselbständigen Nebenbestimmungen enger mit dem Verwaltungsakt verbunden sind als die selbständigen Nebenbestimmungen, weil sie sich direkt auf seine Wirksamkeit auswirken. Eine Konsequenz für den Rechtsschutz muss mit dieser Feststellung nicht unbedingt verbunden sein.

Historische und systematische Auslegung bringen keine weiteren Erkenntnisse. Jedoch lässt die teleologische Auslegung einige Erwägungen zu. Zunächst ist dem Argument der dritten Ansicht, bei einem Ermessensverwaltungsakt missachte die Anfechtung der Nebenbestimmung den behördlichen Entscheidungsspielraum, entgegenzuhalten, dass der Verwaltung §§ 48, 49 VwVfG zur Verfügung stehen, um einen nicht gewollten Rest-Verwaltungsakt aufzuheben. Ferner kann sie alternativ versuchen, eine nunmehr rechtmäßige Nebenbestimmung beizufügen. Diese Möglichkeiten sind ausreichend, um dem behördlichen Willen Rechnung zu tragen.

Weiterhin ist zu bedenken, dass im Fall einer Nebenbestimmung, die dem Verwaltungsakt nachträglich beigefügt wird, unstreitig die Anfechtungsklage statthaft ist, und zwar unabhängig von der Art der Nebenbestimmung und der Art des Verwaltungsaktes.[161] Es ist nicht einsichtig, wieso bei anfänglichen Nebenbestimmungen etwas anderes gelten soll, zumal der Zeitpunkt der Beifügung der Nebenbestimmung durchaus zufällig sein kann.

---

160   Siehe Rn 176
161   Siehe Rn 84

Darüber hinaus zwingt die Verpflichtungsklage den Kläger, die bereits erlangte Begünstigung wieder aufs Spiel zu setzen. Ist die Verwaltung nämlich nicht gewillt, den Verwaltungsakt ohne die Nebenbestimmung zu erlassen, wird sie auf eine erfolgreiche Verpflichtungsklage derart reagieren, dass sie den Erlass des Verwaltungsaktes vollständig ablehnt. Damit führt die Verpflichtungsklage zu einer einseitigen Bevorzugung des behördlichen Willens.

Schließlich verursacht eine gegen alle Nebenbestimmungen statthafte Anfechtungsklage auch keine unzumutbaren Ergebnisse. Zwar kommt der Anfechtungsklage gem. § 80 I 1 VwGO aufschiebende Wirkung zu, sodass die angegriffene Nebenbestimmung nicht vollzogen werden darf. Der Kläger dürfte folglich den begünstigenden Verwaltungsakt ausnutzen, ohne die belastende Nebenbestimmung erfüllen zu müssen.

BEISPIEL: Wurde eine Fahrerlaubnis nur unter der Auflage erteilt, dass während der Fahrt eine Sehhilfe zu tragen ist, führt die separate Anfechtung dieser Auflage gem. § 80 I 1 VwGO an sich dazu, dass der Begünstigte nunmehr ohne Sehhilfe ein Kfz führen darf.

Diesem wenig sinnvollen Ergebnis kann die Verwaltung jedoch durch eine Anordnung der sofortigen Vollziehung der Nebenbestimmung nach § 80 II 1 Nr. 4 VwGO begegnen. Dann hat der Begünstigte die Nebenbestimmung trotz erhobener Anfechtungsklage zu beachten.

Damit kann als vorläufiges Fazit festgehalten werden, dass die h.M. sowohl dogmatisch gut vertretbar ist als auch praktikable Ergebnisse ermöglicht. Sie dürfte daher in einer Klausur vorzugswürdig sein.

Fraglich ist allerdings, ob die Beifügung einer aufschiebenden Bedingung zu einem Verwaltungsakt eine Sondersituation darstellt, die anders zu beurteilen ist.

Sondersituation: Aufschiebende Bedingung

BEISPIEL: Eine Baugenehmigung wird mit der Bedingung erteilt, dass noch Einstellplätze für Kfz geschaffen werden.[162]

Hier soll die Baugenehmigung nach dem Willen der Verwaltung erst wirksam werden, wenn der Bauherr die Bedingung erfüllt hat. Daraus ziehen einige Vertreter in Rechtsprechung und Literatur den Schluss, dass die separate Anfechtung einer aufschiebenden Bedingung ausscheide.[163] Die Anfechtungsklage sei nicht in der Lage, eine vorher nicht vorhandene uneingeschränkte Begünstigung herbeizuführen. Folglich könne die Aufhebung einer aufschiebenden Bedingung nicht die Wirksamkeit des Verwaltungsaktes bewirken, sodass nur über die Verpflichtungsklage effektiver Rechtsschutz erlangt werden könne.

Dieses Argument ließe sich jedoch in abgewandelter Form gegen alle Nebenbestimmungen in Stellung bringen. Auch bei einem Verwaltungsakt, der mit einer Auflage versehen ist, besaß der Betroffene nie eine uneingeschränkte Begünstigung.[164] Ferner ist nicht einsichtig, warum eine Anfechtungsklage nicht zu einer Erweiterung des Rechtskreises des Adressaten führen soll. Das gibt einerseits der Wortlaut des § 42 I 1. Fall VwGO nicht her. Andererseits ist es für die Anfechtung von

---

162 *Wolff/Decker, VwVfG,* § 36 Rn 33; *Maurer, AllgVerwR,* § 12 Rn 6
163 *OVG Berlin,* NVwZ 2001, 1059, 1060; *Hufen/Bickenbach,* JuS 2004, 867, 871
164 *Schenke, VerwProzessR,* Rn 297a

Nebenbestimmungen gerade typisch, dass die beschränkt eingeräumte Begünstigung durch ein prozessuales Vorgehen gegen die Beschränkung ausgedehnt werden kann.[165]

> **MERKSATZ**
> Als Gesamtergebnis kann festgehalten werden, dass es gute Gründe gibt, mit der h.M. bei jeder Nebenbestimmung die Anfechtungsklage für die statthafte Klageart zu halten.

(c) Nachträgliche Inhalts- und Nebenbestimmungen

Unstreitig Anfechtungsklage

84 Hier kann der Kläger unstreitig zur Anfechtungsklage greifen, unabhängig davon, ob es sich um eine Inhalts- oder Nebenbestimmung handelt bzw. welche Art der Nebenbestimmung respektive des Verwaltungsaktes vorliegt.[166] Denn die nachträgliche, selbständig ergehende Belastung ist als Verwaltungsakt zu qualifizieren. Ferner wird der Verwaltung durch eine erfolgreiche Anfechtungsklage nicht etwas aufgedrängt, was sie so nicht wollte, da sie zunächst eine uneingeschränkte Begünstigung erteilt hat. Schließlich ist es das gute Recht des Betroffenen, eine selbständig auferlegte Belastung separat angreifen zu können.

> **MERKSATZ**
> Damit ergibt sich hinsichtlich der statthaften Klageart bei Inhalts- und Nebenbestimmungen folgendes Gesamtergebnis:
>
> **Anfängliche Inhaltsbestimmungen** → unstreitig Verpflichtungsklage
> **Anfängliche Nebenbestimmungen** → strittig, nach h.M. Anfechtungsklage
> **Nachträgliche Inhalts-** und **Nebenbestimmungen** → unstreitig Anfechtungsklage

(d) Modifizierende Auflage

Modifizierende Auflage

85 Als besondere Konstellation im Kontext mit den Inhalts- und Nebenbestimmungen ist abschließend die modifizierende Auflage zu behandeln. Sie ist entgegen ihrer Bezeichnung keine Auflage i.S.v. § 36 II Nr. 4 VwVfG, weil dem Betroffenen keine zum Verwaltungsakt hinzutretende Pflicht auferlegt wird. Stattdessen zeichnet sich die modifizierende Auflage dadurch aus, dass der Betroffene nicht das erhält, was er beantragt hat, sondern etwas anderes, ein aliud. Es handelt sich also um die Ablehnung des ursprünglich gestellten Antrags verbunden mit der Gewährung einer anderen Begünstigung.[167] Vereinfacht formuliert antwortet die Verwaltung auf einen Antrag: „So nicht, dafür aber so".[168]

BEISPIELE: Erlass einer Baugenehmigung mit der „Auflage", ein Satteldach statt eines Flachdaches zu bauen; Erteilung einer Aufenthaltserlaubnis mit der „Auflage", kein selbständiges Gewerbe auszuüben.[169]

---

165 Vgl. Schenke, VerwProzessR, Rn 297a
166 Kopp/Schenke, VwGO, § 42 Rn 22; Axer, JURA 2001, 748, 752
167 Maurer, AllgVerwR, § 12 Rn 16; Hufen/Bickenbach, JuS 2004, 867, 869
168 Pietzner/Ronellenfitsch, Assessorexamen, § 9 Rn 22
169 Wolff/Decker, VwVfG, § 36 Rn 45

Ist der Adressat mit der behördlichen Entscheidung nicht einverstanden, bringt ihm eine Anfechtung der Ablehnung seines Antrags nichts, da er auf diesem Weg nicht in den Genuss der ursprünglich begehrten Begünstigung gelangt. Vielmehr muss der Betroffene nach nahezu einhelliger Rechtsauffassung eine Verpflichtungsklage auf Erlass des begehrten Verwaltungsaktes erheben.[170]

Verpflichtungsklage

> **KLAUSURHINWEIS**
> Die rechtliche Einordnung der modifizierenden Auflage ist durchaus umstritten. Im Schrifttum wird ihr die Daseinsberechtigung überwiegend abgesprochen. Die meisten Autoren halten sie für nichts anderes als eine anfängliche Inhaltsbestimmung.[171] Für die Klausurbearbeitung ist diese dogmatische Streitfrage jedoch bedeutungslos, da sowohl bei der modifizierenden Auflage als auch bei der anfänglichen Inhaltsbestimmung die Verpflichtungsklage statthaft ist.
>
> In einer Klausurbearbeitung sollte der Begriff der modifizierenden Auflage angesichts der damit verbundenen begrifflichen Unsicherheiten nur verwendet werden, wenn er im Klausursachverhalt verwendet wird oder die Behörde eine als solche bezeichnete „Auflage" erlassen hat, die bei genauer Subsumtion eine Inhaltsbestimmung darstellt. In diesen Situationen ist die modifizierende Auflage kurz inhaltlich zu erläutern, um sodann festzustellen, dass nur die Verpflichtungsklage als statthafte Klageart in Betracht kommt.

cc) Anfechtungsklage gegen nichtigen Verwaltungsakt

Eine Anfechtungsklage gegen einen nichtigen Verwaltungsakt scheint ausgeschlossen zu sein, weil ein unwirksamer Verwaltungsakt nicht aufgehoben werden kann, sodass der Anfechtungsklage der Gegenstand fehlt. Folglich müsste der Kläger zur Nichtigkeitsfeststellungsklage gem. § 43 I 2. Fall VwGO greifen.[172] Dagegen spricht jedoch unter systematischen Gesichtspunkten die Regelung des § 43 II 2 VwGO. Sie sieht eine Ausnahme von der Subsidiarität der Feststellungsklage vor, wenn es um die Nichtigkeit eines Verwaltungsaktes geht. Folglich geht der Gesetzgeber offenbar davon aus, dass auch im Falle der Nichtigkeit eines Verwaltungsaktes neben der Feststellungsklage noch eine andere Klageart in Betracht kommt. Wäre nur die Feststellungsklage einschlägig, hätte er nämlich keine Ausnahme von der Subsidiarität vorsehen müssen. Als andere Klageart kommt aber nur die Anfechtungsklage in Betracht.[173] Auch die historische Auslegung zeigt, dass der Gesetzgeber die Anfechtungsklage gegen einen nichtigen Verwaltungsakt für statthaft gehalten hat.[174] Schließlich würde die ausschließliche Statthaftigkeit der Nichtigkeitsfeststellungsklage den Kläger bei der Wahl der statthaften Klageart vor die oftmals schwierig zu beantwortende Frage stellen, ob der Verwaltungsakt „nur" rechtswidrig oder sogar nichtig ist. Folglich steht dem Kläger richtigerweise ein Wahlrecht zwischen der Nichtigkeitsfeststellungsklage und der Anfechtungsklage zu.[175]

86 Nichtiger Verwaltungsakt

---

170 BVerwGE 69, 37, 39; Maurer, AllgVerwR, § 12 Rn 16; Pietzner/Ronellenfitsch, Assessorexamen, § 9 Rn 23
171 Kopp/Ramsauer, VwVfG, § 36 Rn 35; Maurer, AllgVerwR, § 12 Rn 16
172 Hufen, VerwProzessR, § 14 Rn 11
173 Schenke, VerwProzessR, Rn 183
174 Wolff/Decker, VwGO, § 42 Rn 11
175 Wolff/Decker, VwGO, § 42 Rn 11; Schenke, VerwProzessR, Rn 183

Konsequenz der Statthaftigkeit der Anfechtungsklage ist, dass auch ein nichtiger Verwaltungsakt gem. § 113 I 1 VwGO aufzuheben ist. Dadurch wird der auch von einem nichtigen Verwaltungsakt ausgehende Rechtsschein der Wirksamkeit beseitigt.[176]

> **MERKSATZ**
> Bei einem **nichtigen Verwaltungsakt** kann der Kläger zwischen der Nichtigkeitsfeststellungsklage gem. § 43 I 2. Fall VwGO und der Anfechtungsklage wählen.

3. Klagebefugnis

87

> **KLAUSURHINWEIS**
> Die Klagebefugnis ist nach der statthaften Klageart zu prüfen, weil § 42 II VwGO wegen seines Wortlauts und seiner systematischen Stellung unmittelbar nur bei der Anfechtungs- und Verpflichtungsklage anwendbar ist. Die Prüfung vor den anderen Zulässigkeitsvoraussetzungen ist hingegen nicht zwingend, aber sehr üblich.

Sinn und Zweck: Ausschluss der Popularklage und der gesetzlichen Prozessstandschaft

Soweit gesetzlich nichts anderes bestimmt ist, ist die Anfechtungsklage gem. § 42 II 1. Fall VwGO nur zulässig, wenn der Kläger geltend macht, durch den Verwaltungsakt in seinen Rechten verletzt zu sein. Diese sog. Klagebefugnis dient einerseits dazu, Popularklagen auszuschließen, d.h. Klagen, mit denen ein Einzelner sich zum Hüter des Gemeinwohls zu machen versucht. Damit sollen die Gerichte entlastet und der Rechtsfriede gewahrt werden.[177] Andererseits schließt der Gesetzgeber mit dem Erfordernis der möglichen Verletzung eigener Rechte die sog. gewillkürte Prozessstandschaft aus, bei welcher der Kläger aufgrund einer rechtsgeschäftlichen Ermächtigung fremde Rechte im eigenen Namen ausübt.[178] Möglich ist hingegen wegen der Formulierung „soweit gesetzlich nichts anderes bestimmt ist ..." die gesetzliche Prozessstandschaft.[179]

BEISPIELE: Gesetzliche Prozessstandschafter sind der Insolvenzverwalter und Testamentsvollstrecker.[180]

a) In seinen Rechten

Subjektiv-öffentl. Recht/ Schutznormtheorie

88
§ 42 II VwGO verlangt eine mögliche Verletzung des Klägers „in seinen Rechten". Da er sich in einem Verwaltungsprozess gegen ein hoheitliches Handeln wehrt, müssen sich diese Rechte aus öffentlich-rechtlichen Vorschriften ergeben.[181] Es muss ihm ein sog. **subjektiv-öffentliches Recht** zustehen. Die Herleitung eines subjektiv-öffentlichen Rechts erfolgt am Maßstab der sog. **Schutznormtheorie**. Danach verbürgt eine öffentlich-rechtliche Vorschrift ein subjektives Recht, wenn sie zumindest auch dem Schutz von Individualinteressen dient und der Kläger zum geschützten Personenkreis gehört.[182] Ob das wiederum der Fall ist, ist durch Auslegung der

---

176 Schenke, VerwProzessR, Rn 183
177 Wolff/Decker, VwGO, § 42 Rn 75; Hufen, VerwProzessR, § 14 Rn 56
178 Kopp/Schenke, VwGO, § 42 Rn 60; Wolff/Decker, VwGO, § 42 Rn 76
179 Kopp/Schenke, VwGO, § 42 Rn 61; Wolff/Decker, VwGO, § 42 Rn 76
180 Kopp/Schenke, VwGO, § 42 Rn 61
181 Hufen, VerwProzessR, § 14 Rn 72
182 Hufen, VerwProzessR, § 14 Rn 73; Schenke, VerwProzessR, Rn 496 f.

Vorschrift (Wortlaut, Systematik, historischer Wille des Gesetzgebers, Sinn und Zweck) zu ermitteln.

BEISPIELE: Subjektiv-öffentliche Recht sind die Grundrechte und grundrechtsgleichen Rechte, die kommunale Selbstverwaltungsgarantie aus Art. 28 II 1 GG und die europäischen Grundfreiheiten.

Daneben können sich subjektiv-öffentliche Rechte auch aus Einzelakten ergeben.[183]

BEISPIELE: Verwaltungsakte wie Baugenehmigungen und Bauvorbescheide; öffentlich-rechtlicher Vertrag; Zusage; Zusicherung[184].

Subjektiv-öffentliche Rechte aus dem einfachen Recht gehen als die konkreteren Bestimmungen den Grundrechten und grundrechtsgleichen Rechten vor.[185] Subjektiv-öffentliche Rechte aus Einzelakten gehen wiederum den Rechten aus dem einfachen Recht vor.

> **MERKSATZ**
> In der Klagebefugnis ist in folgender **Reihenfolge** an **subjektiv-öffentliche Rechte** zu denken:
> - Einzelakte,
> - einfaches Recht
> - Grundrechte und
> - grundrechtsgleiche Rechte

Zu beachten ist, dass ein subjektiv-öffentliches Recht bereits dann vorliegt, wenn die jeweilige Vorschrift „zumindest auch" dem Schutz von Individualinteressen dient. Es ist also unschädlich, wenn die Vorschrift daneben auch dem Allgemeininteresse dient.[186]

BEISPIEL: Die polizeiliche Generalklausel schützt mit dem Merkmal „öffentliche Sicherheit" auch Individualrechtsgüter.[187] Wenn im konkreten Fall ein Individualrechtsgut bedroht ist, gewährt die Norm daher ein subjektiv-öffentliches Recht.[188] Unschädlich ist in diesem Zusammenhang, dass die öffentliche Sicherheit mit dem Schutz der gesamten Rechtsordnung sowie des Bestandes und Funktionierens des Staates und seiner Einrichtungen auch dem Allgemeininteresse dient.

Ein subjektiv-öffentliches Recht scheidet demnach aus, wenn eine gesetzliche Bestimmung ausschließlich dem Allgemeininteresse dient.

---

183   Wolff/Decker, VwGO, § 42 Rn 80
184   Näheres zum öffentlich-rechtlichen Vertrag, zur Zusage und Zusicherung im JURA INTENSIV Skript „Allgemeines Verwaltungsrecht".
185   Hufen, VerwProzessR, § 14 Rn 83
186   Vgl. Kopp/Schenke, VwGO, § 42 Rn 83
187   VGH Mannheim, NVwZ 1994, 1233, 1234; Schoch, JURA 2003, 177, 178
188   Kopp/Schenke, VwGO, § 42 Rn 113

BEISPIEL: Die Vorschriften des Kommunalaufsichtsrechts dienen ausschließlich dem öffentlichen Interesse an einer gesetzmäßigen Verwaltung der Gemeinde, vermitteln also keine subjektiv-öffentlichen Rechte.[189]

In einem solchen Fall ändert sich an der Bewertung auch dann nichts, wenn ein in der Vorschrift vorgesehenes Ermessen auf Null reduziert ist. Die Ermessensreduzierung auf Null sagt nichts über den subjektiv-öffentlichen Charakter einer Norm, sondern ist nur für ihre Rechtsfolge wichtig.

BEISPIEL: Auch wenn eine Gemeinde so rechtswidrig gehandelt hat, dass das Ermessen der zuständigen Kommunalaufsichtsbehörde auf Null reduziert ist, diese also tätig werden muss, folgt daraus kein subjektiv-öffentliches Recht für den Bürger.

MERKSATZ
Eine **Ermessensreduzierung auf Null** ist für die Herleitung eines subjektiv-öffentlichen Rechts uninteressant.

aa) Sog. Adressatentheorie

Adressat eines belastenden Verwaltungsaktes: Art. 2 I GG.

89 Die Klagebefugnis ist unproblematisch zu bejahen, wenn der Kläger eine natürliche Person oder eine juristische Person des Privatrechts ist und sich gegen einen an ihn adressierten belastenden Verwaltungsakt wehrt. In diesem Fall kommt stets eine Verletzung seines Grundrechts aus Art. 2 I GG in Betracht, da die in Art. 2 I GG verbürgte allgemeine Handlungsfreiheit jedes menschliche Verhalten vor staatlichen Eingriffen schützt.[190] Handelt es sich bei dem Kläger hingegen um eine juristische Person des öffentlichen Rechts, ist Art. 2 I GG nicht anwendbar, da sie als Grundrechtsverpflichtete nicht zugleich Grundrechtsberechtigte sein können.[191] Es muss dann nach einer anderweitigen subjektiven Rechtsposition gesucht werden.

BEISPIEL: Eine Gemeinde kann sich gegen eine an sie adressierte Maßnahme der Kommunalaufsichtsbehörde unter Berufung auf ihre Selbstverwaltungsgarantie aus Art. 28 II 1 GG wehren.

KLAUSURHINWEIS
Klagt der Adressat eines belastenden Verwaltungsaktes, ist in einer Klausur nur kurz festzuhalten, dass er möglicherweise in seinem Grundrecht aus Art. 2 I GG verletzt und somit klagebefugt ist.

Der Begriff „Adressatentheorie" sollte im Übrigen in einer Klausur nicht verwendet werden, da es sich hier streng genommen nicht um eine Theorie handelt. Zudem ist der Anwendungsbereich dieser „Theorie" umstritten.[192]
Weiterhin ist angesichts des unproblematischen Vorliegens der Klagebefugnis kein Wort über die Schutznormtheorie zu verlieren.

---
189 *Kopp/Schenke, VwGO, § 42 Rn 87; Schoch, JURA 2006, 188, 189*
190 *Schenke, VerwProzessR, Rn 510*
191 *Kopp/Schenke, VwGO, § 42 Rn 127; Hufen, VerwProzessR, § 14 Rn 60*
192 *Vgl. Wolff/Decker, VwGO, § 42 Rn 88; Hufen, VerwProzessR, § 14 Rn 60, 95*

> **MERKSATZ**
> Klagt der Adressat eines belastenden Verwaltungsaktes, ist die Schutznormtheorie nicht zu erwähnen geschweige denn zu erläutern. Der Begriff „Adressatentheorie" sollte nicht verwendet werden.

bb) Drittanfechtung

Probleme im Rahmen der Klagebefugnis treten auf, wenn die Anfechtungsklage nicht vom Adressaten des belastenden Verwaltungsaktes erhoben wird, sondern von einem Dritten.

90 Drittschützende Norm

BEISPIEL: Nachbar greift die dem Bauherrn erteilte Baugenehmigung an.

Die sog. Adressatentheorie greift hier nicht. Erforderlich ist vielmehr eine Norm, die auch den klagenden Dritten schützt, eine sog. drittschützende Norm. Sie wird, wie jedes subjektiv-öffentliche Recht, durch Anwendung der **Schutznormtheorie** ermittelt. Folglich muss die jeweilige Norm zumindest auch dem Schutz von Individualinteressen dienen und der anfechtende Dritte muss zum geschützten Personenkreis gehören.[193]

Hier hat die Schutznormtheorie ihren eigentlichen Anwendungsbereich. Drängt sich nämlich ein Dritter in die Rechtsbeziehung Verwaltung - Adressat, besteht in besonderem Maße die Gefahr einer Popularklage, sodass genau zu untersuchen ist, ob dem Dritten überhaupt eine Rechtsposition zusteht, die er per Anfechtungsklage geltend machen kann.

Die drittschützende Wirkung der einschlägigen Vorschrift kann an dieser Stelle im Prüfungsaufbau auch nicht offen gelassen werden, d.h. es genügt nicht bereits die bloße Möglichkeit, dass eine drittschützende Norm vorliegt.[194] Die „Geltendmachung" im. Sinne des § 42 II 1. Fall VwGO bezieht sich auf die Verletzung der Norm, nicht aber auf ihre drittschützende Wirkung. Diese muss in der Klagebefugnis abschließend geklärt werden. Anderenfalls würde § 42 II VwGO seiner Funktion, Popularklagen zu verhindern, weitgehend beraubt.

> **MERKSATZ**
> Die Frage, ob eine Vorschrift überhaupt **drittschützende Wirkung** entfaltet, muss bereits in der Klagebefugnis beantwortet werden. In der Begründetheit ist „lediglich" zu prüfen, ob sie auch verletzt ist.

> **KLAUSURHINWEIS**
> In einer Klausur genügt es für die Bejahung der Klagebefugnis bereits, wenn nur eine drittschützende Norm vorliegt, die möglicherweise verletzt ist. Die Darstellung der drittschützenden Wirkung weiterer Vorschriften ist nicht zwingend, aber durchaus sinnvoll, um sich dies i.R.d. Begründetheit zu ersparen. Bei einem solchen Vorgehen ist allerdings zu beachten, dass natürlich nur die drittschützende Wirkung solcher Vorschriften in der Klagebefugnis erörtert wird, die dann auch in der Begründetheit geprüft werden.

---

193 Siehe Rn 88
194 BVerwG, NVwZ 1993, 884, 884 f.; Kopp/Schenke, VwGO, § 42 Rn 66, 85; Kaplonek/Mittag, JA 2006, 664, 668

Nachfolgend werden die examensrelevantesten drittschützenden Vorschriften dargestellt.

(1) Drittschutz im Baurecht

91 Am häufigsten tritt die Drittanfechtung in Klausuren im Zusammenhang mit dem Baurecht auf.

BEISPIEL: Nachbar greift die dem Bauherrn erteilte Baugenehmigung an.

Generell und partiell drittschützende Normen

Hier ist innerhalb der Schutznormtheorie zu differenzieren. Bzgl. der Frage, ob die konkrete Vorschrift individualschützend ist, muss zwischen generell und partiell drittschützenden Normen unterschieden werden.[195] Generell drittschützend sind die Bestimmungen, die auch den Kläger schützen, der durch das umstrittene Bauwerk nicht spürbar betroffen ist. Partiell drittschützende Normen entfalten demgegenüber ihre drittschützende Wirkung nur zugunsten desjenigen, der durch das Bauvorhaben spürbar betroffen ist.

Nachbar

Bzgl. der Frage, ob der klagende Dritte zum geschützten Personenkreis gehört, muss genau untersucht werden, wie weit die drittschützende Wirkung einer Vorschrift in räumlicher Hinsicht reicht. Sie kann nur den unmittelbaren Nachbarn (sog. **Angrenzer**) erfassen oder einen größeren Personenkreis. Dies ist, wie stets, im Wege der Auslegung der Norm zu ermitteln.

Dinglich und obligatorisch Berechtigter

Schließlich ist hinsichtlich des geschützten Personenkreises im Baurecht fraglich, ob nur derjenige Nachbar geschützt ist, der Eigentümer des Nachbargrundstücks ist bzw. ein sonstiges dingliches Recht innehat (sog. **dinglich Berechtigter**) oder ob sich der Schutz auch auf Mieter und Pächter erstreckt (sog. **obligatorisch Berechtigte**). Die h.M. geht davon aus, dass nur der dinglich Berechtigte geschützt wird.[196] Zur Begründung verweist sie darauf, dass das Baurecht grundstücksbezogen und nicht personenbezogen ist. Das Grundstück wird aber repräsentiert durch den dinglich Berechtigten, der im Gegensatz zum obligatorisch Berechtigten eine engere, nämlich sachenrechtliche Beziehung zum Grundstück aufweist. Weiterhin könnte die Anerkennung einer Klagebefugnis der obligatorisch Berechtigten zu Folgeproblemen führen, wenn sich der obligatorisch und der dinglich Berechtigte uneins sind über die Klageerhebung.

Die Gegenauffassung billigt auch dem obligatorisch Berechtigten den Drittschutz zu, da es regelmäßig er ist, der tatsächlich den Auswirkungen des umstrittenen Bauvorhabens ausgesetzt ist.[197]

> **MERKSATZ**
> Da im Baurecht der Dritte stets als „Nachbar" bezeichnet wird, wird der Drittschutz hier auch „Nachbarrechtsschutz" genannt.

---

195 Stollmann, Öffentliches Baurecht, § 20 Rn 14-17; Schoch, JURA 2004, 317, 317
196 BVerwG, NJW 1989, 2766, 2766; Kopp/Schenke, VwGO, § 42 Rn 97
197 Seibel, BauR 2003, 1674, 1678 f.; Thews, NVwZ 1995, 224, 227, 228

Vor dem Hintergrund dieser allgemeinen Überlegungen zur Anwendung der Schutznormtheorie im Baurecht ist mit Blick auf die konkret drittschützenden Vorschriften zwischen dem Bauplanungsrecht und dem Bauordnungsrecht zu unterscheiden.

(a) Bauplanungsrecht

Im Bauplanungsrecht richtet sich der Drittschutz danach, ob das umstrittene Bauwerk im Bereich eines Bebauungsplans nach § 30 BauGB, im unbeplanten Innenbereich nach § 34 BauGB oder im Außenbereich nach § 35 BauGB realisiert werden soll.

Im Bereich eines Bebauungsplans nach § 30 BauGB ist in den Klausuren regelmäßig die Art der baulichen Nutzung problematisch, weil dort das größte Problempotential zu finden ist. Konkretisierende Regelungen zur Art der baulichen Nutzung enthalten §§ 1-15 BauNVO.

§§ 2-14 BauNVO sind generell drittschützend.[198] Das folgt aus der teleologischen Auslegung. Jeder Eigentümer muss sich an die Vorgaben des Bebauungsplans halten und kann dies deshalb auch von jedem anderen Eigentümer verlangen. Weicht nämlich erst einmal ein Eigentümer von den Vorgaben des Bebauungsplans ab, besteht die Gefahr, dass sich die anderen Eigentümer auch nicht mehr an den Bebauungsplan halten. Es droht eine schleichende Gebietsveränderung. §§ 2-14 BauNVO „schweißen" die Eigentümer der Grundstücke im Bereich eines Bebauungsplans daher zu einer sog. **bodenrechtlichen Schicksalsgemeinschaft** zusammen. Deshalb kommt es auch nicht darauf an, ob der klagende Eigentümer durch den Rechtsverstoß spürbar betroffen ist. Er kann im gesamten Bereich des Bebauungsplans dessen Einhaltung verlangen und besitzt deshalb einen sog. **Gebietserhaltungsanspruch**.

> **BEISPIEL:** B erhält eine Baugenehmigung für die Errichtung einer Vergnügungsstätte in einem allgemeinen Wohngebiet nach § 4 BauNVO. Hiergegen kann sich der in dem Baugebiet ansässige Grundstückseigentümer E mit dem Argument wehren, § 4 BauNVO sei verletzt, auch wenn sein Grundstück von demjenigen des B weit entfernt ist.

Sollte sich herausstellen, dass das Bauwerk nach den §§ 2-14 BauNVO zulässig ist, kann es gleichwohl wegen Verstoßes gegen § 15 I BauNVO unzulässig sein.

Da §§ 2-14 BauNVO den Eigentümern von Grundstücken einen Gebietserhaltungsanspruch einräumen, können sie auch verlangen, dass nur gebietsverträgliche Bauvorhaben i.S.v. § 15 I 1 BauNVO errichtet werden. Die Norm ist daher generell drittschützend.[199]

Gem. § 15 I 2 BauNVO ist ein an sich zulässiges Bauwerk ausnahmsweise unzulässig, wenn von ihm Belästigungen oder Störungen ausgehen können, die nach der Eigenart des Baugebiets im Baugebiet selbst oder in dessen Umgebung unzumutbar sind. Damit stellt die Norm klar, dass das Bauvorhaben auf die Umgebungsbebauung Rücksicht zu nehmen hat. Bei § 15 I 2 BauNVO handelt es sich deshalb um eine gesetzliche Ausprägung des Gebots der Rücksichtnahme.[200] Dieses vermittelt

---

198 VGH München, BayVBl. 2007, 334 = RA 2007, 299, 302; Kopp/Schenke, VwGO, § 42 Rn 99
199 BVerwG, NVwZ 2002, 1384, 1384 f.; VGH Mannheim, NVwZ-RR 2010, 45, 45 f.
200 BVerwG, NJW 1984, 138, 139; Pecher, JuS 1996, 887, 889

Drittschutz, wenn in qualifizierter und zugleich individualisierter Weise auf schutzwürdige Interessen eines erkennbar abgegrenzten Kreises Dritter Rücksicht zu nehmen ist.[201] D.h. geschützt ist derjenige, der durch das umstrittene Bauwerk spürbar in einer schutzwürdigen Rechtsposition beeinträchtigt ist. Das „qualifiziert" und „individualisiert" ihn, d.h. zeigt seine besondere Betroffenheit und hebt ihn von der Allgemeinheit ab. § 15 I 2 BauNVO ist demnach partiell drittschützend, weil es nur denjenigen schützt, der spürbar beeinträchtigt ist.[202]

BEISPIEL: In einem allgemeinen Wohngebiet eröffnet eine Gaststätte, die so klein ist, dass sie nur der Versorgung dieses Gebiets dient. Damit ist sie gem. § 4 II Nr. 2 BauNVO als Schank- und Speisewirtschaft grundsätzlich zulässig. Wenn von ihr jedoch unerträglicher Lärm ausgeht, kann sie gegen § 15 I 2 BauNVO verstoßen. Auf diese Lärmbelästigung können sich jedoch nur die Anwohner berufen, die sie auch erleiden. Nur ihnen vermittelt § 15 I 2 BauNVO Drittschutz. Die Bewohner des Baugebiets, die in einer größeren Entfernung von der Gaststätte wohnen und von dem Lärm nicht gestört werden, können sich demgegenüber nicht auf § 15 I 2 BauNVO berufen.

KLAUSURHINWEIS
Die Darstellung des **Gebots der Rücksichtnahme** erfolgt im Rahmen der Klagebefugnis in 2 Schritten.
1. Schritt: Der jeweiligen Vorschrift muss im Wege der Auslegung zu entnehmen sein, dass auf die Umgebungsbebauung Rücksicht zu nehmen ist. Das Gebot der Rücksichtnahme ist somit kein ungeschriebenes Recht, sondern muss an einem Tatbestandsmerkmal festgemacht werden.[203]
2. Schritt: Der Kläger muss durch das umstrittene Bauwerk spürbar betroffen sein. Das „qualifiziert" und „individualisiert" ihn, d.h. hebt ihn von der Allgemeinheit ab.
In der Begründetheit verlangt das Gebot der Rücksichtnahme eine umfassende Abwägung der widerstreitenden Interessen der Beteiligten. Zentrale Abwägungskriterien sind die berechtigten Interessen des Bauherrn, die Schutzwürdigkeit des Nachbarn, die Auswirkungen des Bauvorhabens und etwaige Vorbelastungen.[204]

§ 31 II BauGB i.V.m. Gebot der Rücksichtnahme: Partiell drittschützend

Die Gegennorm zu § 15 I BauNVO ist § 31 II BauGB. Sollte das geplante Vorhaben nach §§ 2-14 BauNVO unzulässig sein, kann es noch im Wege der Befreiung/des Dispenses nach § 31 II BauGB genehmigt werden. Auch hier greift das Gebot der Rücksichtnahme. Es lässt sich dem Passus „nachbarliche Interessen" entnehmen. Die inhaltliche Darstellung erfolgt wie gerade bei § 15 I 2 BauNVO gezeigt. Damit entfaltet § 31 II BauGB partiellen Drittschutz.[205]

---

201 Pecher, JuS 1996, 887, 889
202 Mampel, DVBl 2000, 1830, 1832; Muckel, JuS 2000, 132, 133 f.; Pecher, JuS 1996, 887, 889
203 Pecher, JuS 1996, 887, 889
204 Muckel, JuS 2000, 132, 134; Pecher, JuS 1996, 887, 889
205 BVerwG, NVwZ 1987, 409, 410; Pecher, JuS 1996, 887, 889

> **KLAUSURHINWEIS**
> Ganz wichtig für die Klausurbearbeitung ist die Erkenntnis, dass es auf die drittschützende Wirkung des § 31 II BauGB i.V.m. Gebot der Rücksichtnahme nur ankommt, wenn eine Befreiung von einer Vorschrift erteilt wird, die selbst nicht drittschützend ist. Geht es hingegen um die Befreiung von drittschützenden Normen, kommt es auf die drittschützende Wirkung des § 31 II BauGB nicht an.[206] Sie darf dann auch nicht erörtert werden. Das zeigen auch die denkbaren Ergebnisse der Prüfung des § 31 II BauGB. Liegen dessen Voraussetzungen für eine Befreiung nicht vor, bleibt es bei dem vorher festgestellten Verstoß gegen eine drittschützende Norm. Zusätzlicher Drittschutz über § 31 II BauGB ist dann nicht mehr erforderlich. Sind die Voraussetzungen des § 31 II BauGB hingegen erfüllt, ist das Bauwerk zu Recht im Wege der Befreiung genehmigt worden, also zulässig. Dann kann es aber keine Rechte des Nachbarn verletzen, sodass die drittschützende Wirkung des § 31 II BauGB auch in dieser Konstellation keine Rolle spielt.

> **MERKSATZ**
> Im Bereich eines Bebauungsplans sind die §§ 2-14 und § 15 I 1 BauNVO **generell drittschützend**. § 15 I 2 BauNVO als gesetzliche Ausprägung des Gebots der Rücksichtnahme und § 31 II BauGB i.V.m. Gebot der Rücksichtnahme sind **partiell drittschützend**.

Im Bereich des § 34 BauGB ist zwischen § 34 I BauGB und § 34 II BauGB zu differenzieren.

Unbeplanter Innenbereich, § 34 BauGB

§ 34 II BauGB nimmt Bezug auf die §§ 2-15 BauNVO sowie auf § 31 II BauGB. Daher richtet sich auch der Drittschutz nach diesen gerade dargestellten Vorschriften, ist also identisch mit demjenigen im Bereich des § 30 BauGB.[207]

§ 34 II BauGB

§ 34 I BauGB gewährt i.V.m. Gebot der Rücksichtnahme partiellen Drittschutz. Anknüpfungspunkt für das Gebot der Rücksichtnahme ist das Merkmal „einfügen".[208] Die inhaltliche Prüfung des Gebots der Rücksichtnahme erfolgt wie oben bereits dargestellt.[209]

§ 34 I BauGB i.V.m. Gebot der Rücksichtnahme: Partiell drittschützend

Einen Sonderfall stellt § 34 III BauGB dar. Die Vorschrift dürfte ein subjektiv-öffentliches Recht zugunsten der Nachbargemeinden darstellen, denen schädliche Auswirkungen auf ihre zentralen Versorgungsbereiche drohen.[210] Maßgebliches Kriterium für die Beurteilung dieser schädlichen Auswirkungen ist der den Nachbargemeinden drohende Kaufkraftabfluss, wenn das umstrittene Bauwerk errichtet wird.[211]

§ 34 III BauGB: Partiell drittschützend

---

206 Muckel, JuS 2000, 132, 133, 134
207 BVerwG, NJW 1994, 1546, 1547; Muckel, JuS 2000, 132, 133
208 BVerwG, NJW 1981, 1973, 1973; Kopp/Schenke, VwGO, § 42 Rn 100; Schoch, JURA 2004, 317, 322
209 Siehe Rn 92
210 Gatawis, NVwZ 2006, 272, 277; Reidt, NVwZ 2007, 664, 664
211 OVG Münster, NVwZ 2007, 727, 727; Gatawis, NVwZ 2006, 272, 275

BEISPIEL: Am Rande eines Stadt soll ein Einkaufszentrum errichtet werden. Die benachbarten Gemeinden befürchten einen Kaufkraftverlust, d.h. Umsatzverluste für ihre Geschäfte und eine damit möglicherweise verbundene „Verödung" ihrer Innenstädte.

Da § 34 III BauGB nur die Gemeinden schützt, denen schädliche Auswirkungen drohen, ist die Vorschrift nur partiell drittschützend.

> **MERKSATZ**
> Im unbeplanten Innenbereich ist der Drittschutz im Rahmen des § 34 II BauGB identisch mit demjenigen im Bereich eines Bebauungsplans. Des Weiteren gewähren § 34 I BauGB i.V.m. Gebot der Rücksichtnahme sowie § 34 III BauGB partiellen Drittschutz.

Außenbereich, § 35 BauGB

94 Im Außenbereich nach § 35 BauGB ist wie bei § 34 BauGB zwischen den einzelnen Absätzen zu differenzieren.

§ 35 I BauGB i.V.m. Gebot der Rücksichtnahme: Partiell drittschützend

Einerseits gewährt § 35 I BauGB i.V.m. Gebot der Rücksichtnahme Drittschutz. Anknüpfungspunkt für das Gebot der Rücksichtnahme ist das Merkmal „öffentliche Belange".[212] Damit soll sichergestellt werden, dass die in § 35 I BauGB aufgelisteten sog. **privilegierten Vorhaben**, die wegen ihrer Innenbereichsunverträglichkeit zwingend in den Außenbereich gehören, in ihrem Bestand effektiv geschützt sind. Das ist nur der Fall, wenn der Eigentümer dieser privilegierten Vorhaben das Recht hat, Einwirkungen auf seine Bauwerke abzuwehren.[213]

§ 35 II BauGB i.V.m. Gebot der Rücksichtnahme: Partiell drittschützend

Für die in § 35 II BauGB normierten „sonstigen Vorhaben" gelten die gleichen Erwägungen. Auch hier knüpft das Gebot der Rücksichtnahme an das Merkmal „öffentliche Belange" an.[214] Es gilt jedoch eine Besonderheit. Die sonstigen Vorhaben nach § 35 II BauGB sind wegen Beeinträchtigung der in § 35 III BauGB aufgeführten öffentlichen Belange häufig baurechtlich unzulässig. Dann ist es aber fraglich, ob der Eigentümer eines solchen rechtswidrigen Gebäudes überhaupt schutzwürdig ist. Das wird zumindest zu verneinen sein, wenn er dem Bauherrn einen Rechtsverstoß vorwirft, den er selbst begangen hat.[215]

> **KLAUSURHINWEIS**
> Die Schutzwürdigkeit des Nachbarn sollte im Rahmen der Klagebefugnis nur erörtert werden, wenn sie evident fehlt, d.h. der Nachbar dem Bauherrn einen Rechtsverstoß vorwirft, den er offensichtlich selbst begangen hat. Sollte dies nicht der Fall sein, was in der Klausur der Regelfall sein dürfte, gehören Ausführungen zur rechtlichen Zulässigkeit des Bauwerks des Nachbarn in die Begründetheit der Klage. Entweder ganz an den Anfang oder ganz ans Ende.

---

212 Kopp/Schenke, VwGO, § 42 Rn 101; Muckel, JuS 2000, 132, 133, 134
213 Vgl. Kopp/Schenke, VwGO, § 42 Rn 101
214 Muckel, JuS 2000, 132, 134
215 Kopp/Schenke, VwGO, § 42, Rn 89

> **MERKSATZ**
> Sobald in einem Klausursachverhalt nähere Angaben zum Bauwerk des Nachbarn enthalten sind, sollte der Bearbeiter misstrauisch werden und dieses Bauwerk auf seine baurechtliche Zulässigkeit überprüfen.

Schließlich gewährt noch § 35 III 1 Nr. 3 BauGB Drittschutz. Das Merkmal „schädliche Umwelteinwirkungen" ist in § 3 I BImSchG gesetzlich definiert. Dort wird ausdrücklich auf die Nachbarschaft Bezug genommen. Ihr dürfen keine schädlichen Umwelteinwirkungen drohen. Damit handelt es sich auch bei § 35 III 1 Nr. 3 BauGB i.V.m. § 3 I BImSchG um eine gesetzliche Ausprägung des Gebots der Rücksichtnahme und somit um eine partiell drittschützende Norm.[216]

§ 35 III 1 Nr. 3 BauGB i.V.m. § 3 I BImSchG: Partiell drittschützend, gesetzliche Ausprägung des Gebots der Rücksichtnahme

> **MERKSATZ**
> Im Außenbereich vermitteln § 35 I BauGB und § 35 II BauGB jeweils i.V.m. Gebot der Rücksichtnahme **partiellen Drittschutz**. § 35 III 1 Nr. 3 BauGB i.V.m. § 3 I BImSchG ist eine gesetzliche Ausprägung des Gebots der Rücksichtnahme und damit ebenfalls **partiell drittschützend**.

(b) Bauordnungsrecht

Die drittschützenden Bestimmungen des Bauordnungsrechts sind nicht so systematisch angeordnet wie diejenigen des Bauplanungsrechts und haben eine deutlich geringere Klausurrelevanz.

Bedeutsam sind hier die Abstandsflächenbestimmungen, wonach Gebäude grundsätzlich einen gewissen Abstand von anderen Gebäuden einhalten müssen. Diese Vorschriften verfolgen das Ziel, Belichtung, Besonnung und Belüftung des angrenzenden Grundstücks sicherzustellen und den Brandschutz zu gewährleisten. Die teleologische Auslegung zeigt somit ihren drittschützenden Gehalt.[217] Da die einzuhaltenden Abstandsflächen mathematisch genau ausgerechnet werden, handelt es sich um generell drittschützende Bestimmungen. Es kommt folglich für ihre drittschützende Wirkung nicht darauf an, ob der Nachbar überhaupt etwas von der Unterschreitung des gebotenen Abstandes zu seinem Gebäude bemerkt.[218]

Abstandsflächen: Generell drittschützend

BEISPIEL: Auch wenn ein Gebäude die erforderliche Abstandsfläche nur um 50 cm unterschreitet und der Nachbar davon nichts bemerkt, kann er den Rechtsverstoß erfolgreich rügen.

Da die Abstandsflächen nur gegenüber den Nachbarn eingehalten werden müssen, die unmittelbar an das Baugrundstück angrenzen, werden nur sie, die sog. Angrenzer, in räumlicher Hinsicht geschützt.[219]

Darüber hinaus sind folgende weitere bauordnungsrechtliche Bestimmungen drittschützend: die „allgemeinen Anforderungen" an ein Bauwerk, da sie mit dem Merkmal „öffentliche Sicherheit" auch dem Schutz der Individualrechtsgüter des Nachbarn

Brandschutz, Standsicherheit etc.

---

216 Pecher, JuS 1996, 887, 889
217 Muckel, JuS 2000, 132, 134
218 Kopp/Schenke, VwGO, § 42 Rn 102; Muckel, JuS 2000, 132, 134
219 Muckel, JuS 2000, 132, 134

dienen;[220] Brandschutzvorschriften;[221] die Bestimmungen zur Standsicherheit;[222] die Vorschriften, die vorschreiben, dass Stellplätze und Garagen die Umgebung nicht stören dürfen[223]. Diese Normen vermitteln allesamt einen partiellen Drittschutz.

> **MERKSATZ**
> Die Abstandsflächenbestimmungen sind **generell drittschützend**, die anderen nachbarschützenden Regelungen des Bauordnungsrechts sind **partiell drittschützend**.

(2) Drittschutz in anderen examensrelevanten Rechtsbereichen

Kommunalrecht 97 Im Kommunalrecht stellt sich die Frage nach dem drittschützenden Gehalt einer Norm vor allem im Zusammenhang mit der wirtschaftlichen Betätigung einer Gemeinde.

BEISPIEL: Die Stadt S eröffnet ein „Spaßbad" mit angeschlossenem umfangreichem Saunabereich. Unternehmer U, der in S bereits eine große Sauna betreibt, hält diese wirtschaftliche Betätigung der Stadt für unzulässig und möchte dagegen vor Gericht vorgehen.

Wegen der unterschiedlichen Vorstellungen des jeweiligen Landesgesetzgebers divergieren die Rechtsansichten hier von Bundesland zu Bundesland. Einige Oberverwaltungsgerichte sprechen der inzwischen bundesweit eingeführten sog. **Subsidiaritätsklausel** drittschützende Wirkung zu. Das folge bereits aus dem Wortlaut, wonach sich eine Gemeinde nur wirtschaftlich betätigen darf, wenn der mit dem Unternehmen verfolgte Zweck nicht ebenso gut und wirtschaftlich durch einen privaten Anbieter erfüllt wird oder erfüllt werden kann.[224] Demgegenüber ist das OVG Münster der Ansicht, die drittschützende Wirkung komme in dem Tatbestandsmerkmal des „öffentlichen Zwecks" zum Ausdruck, dem die kommunalen Unternehmen dienen müssen.[225] Andere Gerichte lehnen eine drittschützende Wirkung hingegen ab.[226]

> **MERKSATZ**
> Kommunalrecht ist Landesrecht. Deshalb kann die drittschützende Wirkung der im Kommunalrecht geregelten wirtschaftlichen Betätigung der Gemeinden von Bundesland zu Bundesland unterschiedlich beurteilt werden.[227]

Gaststättenrecht 98 Im Gaststättenrecht hat § 4 I 1 Nr. 3 GastG nachbarschützende Wirkung.[228] Das folgt aus der in § 3 I BImSchG enthaltenen Legaldefinition des Tatbestandsmerkmals

---

220 VGH Mannheim, NVwZ-RR 1992, 348, 349; Dürr, Baurecht Bad.-Württ., Rn 279
221 Kopp/Schenke, VwGO, § 42 Rn 102
222 Dürr, Baurecht Bad.-Württ., Rn 279
223 Kopp/Schenke, VwGO, § 42 Rn 102
224 VerfGH Koblenz, DVBL 2000, 992, 995-997; VGH Mannheim, NVwZ-RR 2006, 714, 715
225 OVG Münster, NVwZ 2003, 1520, 1521 = RA 2003, 651, 653 f.
226 OVG Lüneburg, NVwZ 2009, 258, 259, 260
227 Gute Darstellung bei Pünder/Dittmar, JURA 2005, 760 ff.
228 Kopp/Schenke, VwGO, § 42 Rn 108

„schädliche Umwelteinwirkungen", in der ausdrücklich auf die Nachbarschaft Bezug genommen wird. Weiterhin hat auch § 5 I Nr. 3 GastG bereits nach seinem Wortlaut („Nachbargrundstücke") drittschützende Wirkung.[229] Schließlich soll auch § 18 S. 2 GastG Drittschutz vermitteln, weil das öffentliche Bedürfnis für eine Sperrzeitverkürzung voraussetzt, dass keine schädlichen Umwelteinwirkungen i.S.v. § 3 I BImSchG hervorgerufen werden.[230] Daneben kann sich aus den aufgrund des § 18 GastG erlassenen Sperrzeitverordnungen ein Nachbarschutz ergeben.[231]

(3) Drittschützende Wirkung der Grundrechte

Fraglich ist, ob neben den einfach-gesetzlichen Bestimmungen auch die Grundrechte drittschützende Wirkung entfalten können. Hier gilt es zweierlei zu beachten: Soweit drittschützende Vorschriften im einfachen Recht vorhanden sind, gehen sie den Grundrechten als konkretere Bestimmungen vor.[232] Das gilt vor allem für das Baurecht. Hier ist der Drittschutz, insbesondere durch das Gebot der Rücksichtnahme, inzwischen so flächendeckend ausgebildet, dass es eines Rückgriffs auf Art. 14 I 1 GG nicht mehr bedarf.[233]

99 Vorrang des einfachen Rechts

Fehlt es an einem ausreichenden einfach-gesetzlichen Schutz, sind die Grundrechte zwar anwendbar. Es ist aber genau zu untersuchen, ob sie überhaupt beeinträchtigt sind.[234] Ein klassischer Eingriff scheidet aus, weil dem Dritten nicht unmittelbar eine Rechtspflicht auferlegt wird. Ein mittelbarer Eingriff setzt eine Intensität der Belastung voraus, die die sog. **Bagatellgrenze** überschreitet.

Problem: Liegt ein Eingriff vor?

BEISPIEL: Wehrt sich ein privater Konkurrent gegen die wirtschaftliche Betätigung einer Gemeinde,[235] könnte sich der Drittschutz für ihn aus Art. 12 I GG ergeben. Art. 12 I GG schützt aber nicht generell vor Konkurrenz, auch nicht vor Konkurrenz durch den Staat („Schutz der Konkurrenz, nicht Schutz vor Konkurrenz"). Deshalb ist ein Eingriff in die Berufsfreiheit nur ausnahmsweise für den Fall anzunehmen, dass der Staat einen Verdrängungswettbewerb initiiert, um eine totale Monopolisierung herbeizuführen.[236]

MERKSATZ

Drittschutz aus den **Grundrechten** kommt nur in Betracht, wenn es keine spezielleren einfach-gesetzlichen Vorschriften gibt und ein mittelbarer Eingriff in das Grundrecht vorliegt. Dabei kommt es auf den konkreten Einzelfall an, ob die für einen mittelbaren Eingriff geltende Bagatellgrenze überschritten ist.

cc) Klagebefugnis aus Europarecht

Die Klagebefugnis kann sich auch aus Vorschriften des Europarechts ergeben. Das setzt zunächst voraus, dass diese Normen in einem Verwaltungsprozess überhaupt anwendbar sind. Selbstverständlich ist dies nicht, da der EU-Vertrag und der AEU-Vertrag zwischen den Mitgliedstaaten der EU geschlossen wurden.

100 Unmittelbare innerstaatliche Anwendbarkeit der EU-Norm

---

229 Kopp/Schenke, VwGO, § 42 Rn 108
230 BVerwG, NVwZ 1997, 276, 276 f.; Kopp/Schenke, VwGO, § 42 Rn 108
231 BVerwG, NJW 1961, 1129, 1129; Kopp/Schenke, VwGO, § 42 Rn 108
232 Hufen, VerwProzessR, § 14 Rn 83; siehe auch Rn 88
233 BVerwG, NVwZ 1992, 977, 979; Ortloff, NVwZ 2003, 660, 664; Pecher, JuS 1996, 887, 889 f.
234 Zu den Voraussetzungen für einen Grundrechtseingriff siehe das JURA INTENSIV Skript „Grundrechte".
235 Siehe Rn 97
236 Papier, DVBl 2003, 686, 689; Rennert, JuS 2008, 211, 217

D.h. diese Verträge gelten zunächst nur für die Mitgliedstaaten. Damit die in ihnen enthaltenen Vorschriften auch in den Mitgliedstaaten anwendbar sind (sog. **unmittelbare innerstaatliche Anwendbarkeit**), müssen sie nach der Rechtsprechung des EuGH „inhaltlich unbedingt und hinreichend bestimmt" sein.[237] Inhaltlich unbedingt ist eine Vorschrift, wenn sie vorbehaltlos und ohne Bedingung anwendbar ist und keiner weiteren konkretisierenden Maßnahmen der Mitgliedstaaten oder der Organe der EU bedarf.[238]

> **BEISPIELE:** Die Grundfreiheiten sind inhaltlich unbedingt. Dagegen fehlt es an dieser Voraussetzung, wenn es dem Mitgliedstaat freigestellt ist, ob er eine Richtlinienvorschrift in sein nationales Recht umsetzt.

Hinreichend bestimmt ist eine Regelung, die unzweideutig eine Verpflichtung begründet, also rechtlich in sich abgeschlossen ist und daher von jedem Gericht bzw. jeder Behörde angewandt werden kann.[239]

> **BEISPIELE:** Auch hier können die Grundfreiheiten genannt werden. Sie sind so klar und genau formuliert, dass sie ohne Weiteres von den mitgliedstaatlichen Stellen angewendet werden können. Hingegen fehlt es an dieser Voraussetzung, wenn eine Richtlinie die Normierung von Ansprüchen verlangt, jedoch den Kreis der Begünstigten nicht bezeichnet.

> **MERKSATZ**
> Erste Voraussetzung für die Herleitung der Klagebefugnis aus einer Vorschrift des **Europarechts** ist, dass diese Bestimmung unmittelbar innerstaatlich anwendbar ist. Das setzt voraus, dass sie inhaltlich unbedingt und hinreichend bestimmt ist.

Individualschützende Wirkung

Neben ihrer unmittelbaren innerstaatlichen Anwendbarkeit muss die EU-Norm einen subjektiven Gehalt aufweisen, also den Kläger auch schützen, damit er sich auf sie berufen kann. Hier wird die Schutznormtheorie gleichsam extensiv angewendet. Es genügt bereits, wenn die EU-Vorschrift den Interessen Einzelner förderlich ist und sie begünstigt.[240]

> **BEISPIELE:** Grundfreiheiten; europarechtlich festgelegte Grenzwerte für bestimmte gesundheitsgefährdende Stoffe.[241]

> **MERKSATZ**
> Zweite Voraussetzung für die Herleitung der Klagebefugnis aus einer Vorschrift des Europarechts ist, dass sie den Interessen des Klägers förderlich ist und ihn begünstigt.

---

237 *EuGH, NJW 1982, 499, 500; Wolff/Decker, VwGO, § 42 Rn 108*
238 *Steinbarth, JURA 2005, 607, 607; Walzel/Becker, JURA 2007, 653, 657*
239 *Herrmann/Michl, JuS 2009, 1065, 1066; Walzel/Becker, JURA 2007, 653, 657*
240 *Wolff/Decker, VwGO, § 42 Rn 109; Kling, JURA 2005, 298, 298; Walzel/Becker, JURA 2007, 653, 658*
241 *Wolff/Decker, VwGO, § 42 Rn 109*

Soll sich die Klagebefugnis aus einer Richtlinienvorschrift ergeben, ist zu beachten, dass den Mitgliedstaaten gem. Art. 288 III AEUV eine Umsetzungsfrist zusteht. Daher kann eine Richtlinienvorschrift erst nach Ablauf der Umsetzungsfrist unmittelbar innerstaatlich anwendbar sein.[242]

Sonderfall: Richtlinien

Normen des Europarechts können wie deutsche Vorschriften auch drittschützend sein. Das setzt voraus, dass sie zumindest auch die Interessen Dritter schützen wollen.

Drittschützende Vorschriften im EU-Recht

BEISPIEL: Drittschützende Wirkung hat der unmittelbar innerstaatlich anwendbare Art. 108 III 3 AEU. Wird die Vorschrift verletzt, kann ein Konkurrent den Beihilfebescheid anfechten.[243]

> **KLAUSURHINWEIS**
> In einer Pflichtfachklausur dürfte es im Zusammenhang mit subjektiv-öffentlichen Rechten aus dem Europarecht in der Regel um die **Grundfreiheiten** gehen. Deren unmittelbare innerstaatliche Anwendbarkeit sowie subjektiver Gehalt ist allgemein anerkannt und muss deshalb nicht begründet werden. Es genügt ein Ergebnissatz.

b) Geltendmachung einer Rechtsverletzung

Die Klagebefugnis setzt gem. § 42 II VwGO neben der Existenz eines subjektiv-öffentlichen Rechts weiterhin voraus, dass der Kläger geltend macht, in diesem Recht verletzt zu sein. Dafür ist es ausreichend, dass der Kläger hinreichend substantiiert Tatsachen vorträgt, die es zumindest möglich erscheinen lassen, dass der angefochtene Verwaltungsakt das dem Kläger zukommende subjektiv-öffentliche Recht verletzt (sog. **Möglichkeitstheorie**).[244]

101 *Möglichkeitstheorie*

> **KLAUSURHINWEIS**
> An dieser Voraussetzung fehlt es nur, wenn eine Rechtsverletzung eindeutig ausscheidet. Das dürfte in einer Klausur kaum einmal der Fall sein. Daher genügt in einer Klausur die kurze Feststellung, dass das subjektiv-öffentliche Recht des Klägers möglicherweise verletzt ist.

c) Ausnahmen von der Klagebefugnis

Gem. § 42 II 1. Hs. VwGO ist eine Klagebefugnis nur erforderlich, „soweit gesetzlich nichts anderes bestimmt ist". Der Gesetzgeber kann also vom Erfordernis der Klagebefugnis absehen. Das gilt sowohl für den Bundesgesetzgeber als auch für den Landesgesetzgeber. Es handelt sich hier also um eine Öffnungsklausel, d.h. der Landesgesetzgeber darf in dem grundsätzlich abschließend bundesgesetzlich geregelten Prozessrecht gesetzgeberisch aktiv werden.[245] Jedoch gilt dies aus kompetenzrechtlichen Gründen nur für Klagen gegen seine Landesbehörden.[246]

102 *§ 42 II 1. Hs. VwGO: Ausnahmen von der Klagebefugnis*

---

242 Walzel/Becker, JURA 2007, 653, 657
243 Martin/Ehlers/Strohmayr, EuZW 2008, 745, 749; Ludwigs, JURA 2006, 41, 44; v. Welser, JA 2002, 240, 245
244 Kopp/Schenke, VwGO, § 42 Rn 175; Hufen, VerwProzessR, § 14 Rn 108
245 Schenke, VerwProzessR, Rn 533
246 BVerwG, NVwZ 1993, 891, 892; Kopp/Schenke, VwGO, § 42 Rn 180

Ferner bedarf es für das Absehen von der Klagebefugnis eines formellen Gesetzes, Rechtsverordnungen und Satzungen sind nicht ausreichend.[247]

BEISPIELE: § 12 HandwO; Rechtsbehelfe anerkannter Naturschutzverbände nach § 64 BNatSchG.[248]

4. Vorverfahren

103 KLAUSURHINWEIS
Da die §§ 68 ff. VwGO nach der amtlichen Überschrift des 8. Abschnitts der VwGO besondere Voraussetzungen für die Anfechtungs- und Verpflichtungsklage normieren, sind sie im Prüfungsaufbau erst nach der Bestimmung der statthaften Klageart zu prüfen.

a) Grundsätzliches Erfordernis des Vorverfahrens

Sinn und Zweck des Vorverfahrens

104 Gem. § 68 I 1 VwGO sind vor der Erhebung der Anfechtungsklage Recht- und Zweckmäßigkeit des Verwaltungsaktes in einem Vorverfahren nachzuprüfen.[249] Mit dieser Regelung verfolgt der Gesetzgeber mehrere Ziele. Einerseits geht es um eine Selbstkontrolle der Verwaltung, die ihre Entscheidung überdenken und ggf. korrigieren soll.[250] Andererseits sollen die Gerichte entlastet werden.[251] Denn wenn der Widerspruch keinen Erfolg hat, besteht die Möglichkeit, dass der Widerspruchsführer die Aussichtslosigkeit seines Ansinnens einsieht und auf die Erhebung einer verwaltungsgerichtlichen Klage verzichtet. Schließlich stellt das Vorverfahren für den Betroffenen einen zusätzlichen Rechtsbehelf neben der Klage dar, der kostengünstiger als das Klageverfahren ist und zudem eine Kontrolle der Zweckmäßigkeit des angegriffenen Verwaltungsaktes bietet.[252] Letzteres bedeutet, dass eine Ermessensentscheidung vollständig kontrolliert wird. Demgegenüber prüft das Verwaltungsgericht gem. § 114 S. 1 VwGO nur das Vorliegen eines Ermessensfehlers, übt das Ermessen also nicht selbst aus.

Ordnungsgemäße Durchführung des Vorverfahrens

Zu beachten ist, dass der Kläger das Vorverfahren nicht nur erfolglos, sondern auch ordnungsgemäß durchgeführt haben muss. Ist sein Widerspruch unzulässig, führt dies auch zur Unzulässigkeit seiner Anfechtungsklage.[253]

BEISPIEL: Hat der Kläger seinen Widerspruch nicht form- und fristgerecht nach § 70 I VwGO erhoben, ist auch die Anfechtungsklage unzulässig.

Nicht zurechnen lassen muss sich der Kläger natürlich Fehler, die ihre Ursache in der Sphäre der Verwaltung haben.[254]

---

247 Kopp/Schenke, VwGO, § 42 Rn 180
248 Schenke, VerwProzessR, Rn 533
249 Zur Darstellung des Widerspruchs als eigenständiger Rechtsbehelf siehe Rn 633 ff.
250 Hufen, VerwProzessR, § 5 Rn 2; Schenke, VerwProzessR, Rn 646
251 Schenke, VerwProzessR, Rn 646
252 Hufen, VerwProzessR, § 5 Rn 2
253 Schenke, VerwProzessR, Rn 651
254 Schenke, VerwProzessR, Rn 651

BEISPIEL: Über den Widerspruch entscheidet eine unzuständige Behörde.

Hier ist das Vorverfahren zwar auch nicht ordnungsgemäß durchgeführt worden, nur ist dies dem Widerspruchsführer nicht zuzurechnen. Der Fehler führt nicht zur Unzulässigkeit des Widerspruchs und der Klage, sondern zur Rechtswidrigkeit des Widerspruchsbescheids und erlaubt dessen isolierte Anfechtung gem. § 79 II 2 VwGO.[255]

b) Beschränkungen bzw. Erweiterung des Anwendungsbereichs des Vorverfahrens

Gem. § 68 I 2 VwGO bedarf es eines Vorverfahrens nicht, wenn ein Gesetz dies bestimmt. Mit dem Begriff „Gesetz" sind nicht nur Bundesgesetze gemeint, sondern auch Landesgesetze.[256] Das folgt aus der Überlegung, dass sich der Bund nicht selbst ausdrücklich dazu ermächtigen muss, von seinem eigenen Gesetz, der VwGO, abzuweichen. Das könnte er auch, ohne dies im § 68 I 2 VwGO zu normieren.[257]

105 „Gesetz" i.S.v. § 68 I 2 VwGO

Allerdings sind Rechtsverordnungen und Satzungen nicht ausreichend, um eine Einschränkung des Anwendungsbereichs des Vorverfahrens zu normieren. Es bedarf vielmehr eines formellen Gesetzes, das den Ausschluss des Vorverfahrens ausdrücklich anordnet.[258]

BEISPIELE: § 70 VwVfG (ggf. i.V.m. § 74 I 2 VwVfG).

Fraglich ist, ob der Landesgesetzgeber die Öffnungsklausel des § 68 I 2 VwGO dergestalt ausnutzen darf, dass er das Vorverfahren gänzlich abschafft. Dafür spricht der Wortlaut der Norm, der keine Einschränkung der Abweichungsbefugnis erkennen lässt.[259] Gegen ein solches Rechtsverständnis spricht, dass die Länder dann den Grundsatz des § 68 I 1 VwGO aushebeln können.[260]

Gem. § 68 I 2 Nr. 1 VwGO findet ein Vorverfahren weiterhin nicht statt, wenn der Verwaltungsakt von einer obersten Bundesbehörde oder von einer obersten Landesbehörde erlassen worden ist. Die oberste Behördenebene ist die Ministerialebene.[261]

106 Einschränkung des § 68 I 2 Nr. 1 VwGO

BEISPIELE: Bundesregierung, Landesregierung und die einzelnen Minister.

Auch hier muss jedoch gem. § 68 I 2 Nr. 1 VwGO ein Vorverfahren durchgeführt werden, wenn ein Gesetz dies vorschreibt.

BEISPIEL: § 54 II 2 BeamtStG.

Gem. § 68 I 2 Nr. 2 VwGO ist ein Vorverfahren weiterhin unstatthaft, wenn der Abhilfebescheid (vgl. § 72 VwGO) oder der Widerspruchsbescheid (vgl. § 73 I VwGO) erstmalig eine Beschwer enthält. Mit dieser Formulierung bezieht sich die Vorschrift auf die Bestimmung des Klagegegenstandes in § 79 I Nr. 2 VwGO.[262]

107 Einschränkung des § 68 I 2 Nr. 2 VwGO

---

255 Kopp/Schenke, VwGO Vorb § 68 Rn 8; Hufen, VerwProzessR, § 14 Rn 113
256 Schenke, VerwProzessR, Rn 659
257 Kopp/Schenke, VwGO, § 68 Rn 17
258 Kopp/Schenke, VwGO, § 68 Rn 17a
259 Pietzner/Ronellenfitsch, Assessorexamen, § 31 Rn 13; Beaucamp/Ringermuth, DVBL 2008, 426, 427 f.
260 Kopp/Schenke, VwGO, § 68 Rn 17a; Hufen, VerwProzessR, § 5 Rn 5; Holzner, DÖV 2008, 217, 224
261 Maurer, AllgVerwR, § 22, Rn 19, 37
262 Siehe Rn 78

BEISPIEL: Eine Baugenehmigung wird auf den Widerspruch des Nachbarn per Abhilfe- oder Widerspruchsbescheid aufgehoben.

Darüber hinaus ist § 68 I 2 Nr. 2 VwGO auch auf die Fälle des § 79 II VwGO anwendbar.[263] Denn der Grundgedanke des § 68 I 2 Nr. 2 VwGO ist, dass immer nur ein Vorverfahren durchzuführen ist.[264] Somit entfällt das Vorverfahren insbesondere auch bei einer reformatio in peius.[265]

Einschränkung des § 75 VwGO („Untätigkeitsklage")

108 Gem. § 75 S. 1 VwGO muss das Vorverfahren schließlich auch dann nicht erfolglos durchgeführt worden sein, wenn über den Widerspruch ohne zureichenden Grund in angemessener Frist sachlich nicht entschieden wurde. Mit dieser sog. **Untätigkeitsklage** soll verhindert werden, dass die Verwaltung den Bürger dauerhaft an einer Klageerhebung hindern kann, indem sie einfach untätig bleibt.[266]

Erste Voraussetzung der Untätigkeitsklage ist die fehlende Sachentscheidung der Verwaltung.

BEISPIELE: Sachstandsmitteilungen; die Weigerung, sich mit dem Widerspruch überhaupt zu befassen.[267]

Weiterhin muss eine angemessene Frist verstrichen sein. Diese wird von § 75 S. 2 VwGO für den Regelfall auf 3 Monate festgelegt. Länger kann die Frist sein, wenn ein sachlicher Grund dafür besteht.

BEISPIELE: Besonders schwierige Sachlage; schwebende Verhandlungen über eine gütliche Einigung; Notwendigkeit der Einholung von Stellungnahmen anderer Behörden; vorübergehende Überlastung der Behörde infolge einer Gesetzesänderung (nicht aber allgemeine Arbeitsüberlastung).[268]

Eine kürzere Frist ist gem. § 75 S. 2 VwGO wegen der besonderen Umstände des Falles möglich.

BEISPIEL: Dringliche Entscheidung über eine Prüfungsanfechtung, wenn ansonsten ein Schuljahr verloren zu gehen droht.[269]

Zu beachten ist, dass der maßgebliche Zeitpunkt für den Ablauf der Dreimonatsfrist derjenige der letzten mündlichen Verhandlung ist.[270] Folglich kommt es nicht auf den Zeitpunkt der Klageerhebung an. Sollte die Klage verfrüht erhoben worden sein, setzt das Gericht das Verfahren analog § 75 S. 3 VwGO bis zum Ablauf der Dreimonatsfrist aus.[271]

---

263 Kopp/Schenke, VwGO, § 68 Rn 20
264 Hufen, VerwProzessR, § 6 Rn 19
265 Hufen, VerwProzessR, § 6 Rn 19; siehe zum Begriff Rn 79.
266 Wolff/Decker, VwGO, § 75 Rn 1
267 Kopp/Schenke, VwGO, § 75 Rn 6
268 Kopp/Schenke, VwGO, § 75 Rn 13
269 Kopp/Schenke, VwGO, § 75 Rn 12
270 Schenke, VerwProzessR, Rn 717; siehe auch Rn 39.
271 Deckenbrock/Patzer, JURA 2003, 476, 481

Eine Erweiterung des Anwendungsbereichs des Vorverfahrens ergibt sich aus § 54 II 1 BeamtStG und § 126 II 1 BBG. Danach muss in beamtenrechtlichen Streitigkeiten stets ein Vorverfahren durchgeführt werden. Damit trägt der Gesetzgeber dem Umstand Rechnung, dass sich der Beamte und sein Dienstherr in einer besonderen Nähebeziehung befinden. Sie sollen ihre Streitigkeiten daher zunächst intern regeln, bevor sie den Klageweg beschreiten.

109 Erweiterung des § 54 II 1 BeamtStG bzw. § 126 II 1 BBG

KLAUSURHINWEIS
Da bei der Anfechtungsklage ohnehin ein Vorverfahren durchzuführen ist, haben § 54 II 1 BeamtStG und § 126 II 1 BBG hier keine besondere Bedeutung. Gleichwohl sollten sie der Vollständigkeit halber zitiert werden, wenn sie einschlägig sind, also „§ 54 II 1 BeamtStG i.V.m. § 68 I 1 VwGO".

c) Sonderfälle

aa) Heilung eines Verstoßes gegen die Widerspruchsfrist

Da das Vorverfahren nicht nur erfolglos, sondern auch ordnungsgemäß durchgeführt werden muss, führt ein Verstoß gegen die Widerspruchsfrist zur Unzulässigkeit der Anfechtungsklage.[272] Fraglich ist, ob ein solcher Fristverstoß dadurch geheilt werden kann, dass sich die Widerspruchsbehörde nicht auf den Fristverstoß beruft, sondern in der Sache über den Widerspruch entscheidet.[273]

110 Heilung eines Fristverstoßes

Die h.M. lässt dies grundsätzlich zu.[274] Die Widerspruchsbehörde habe die umfassende Sachherrschaft über den Streitstoff, sie sei die „Herrin des Vorverfahrens". Zudem diene die Widerspruchsfrist des § 70 I VwGO nur ihrem Schutz. Es stehe daher in ihrem Ermessen, ob sie sich auf den Fristverstoß berufe oder zur Sache entscheide. Ferner sei es ein übertriebener Formalismus, wenn die Widerspruchsbehörde an die Unanfechtbarkeit des Verwaltungsaktes gebunden wäre, die Ausgangsbehörde aber den gleichen Verwaltungsakt gem. §§ 48 I, 49 I VwVfG aufheben könne.

H.M.: Heilung grds. möglich

Demgegenüber hält die Gegenauffassung eine Heilung schon im Grundsatz für verfehlt.[275] § 70 I VwGO diene nicht dem Schutz der Widerspruchsbehörde, sondern dem öffentlichen Interesse an einer Vermeidung von unnötigen Prozessen. Daher habe die Widerspruchsbehörde hier gar keine Dispositionsbefugnis. Ferner habe der Gesetzgeber in § 70 II VwGO mit dem Verweis auf § 60 VwGO eine abschließende Regelung für den Fall getroffen, dass die Widerspruchsfrist versäumt wurde. Des Weiteren ließe sich auch überlegen, ob § 70 I VwGO nicht zumindest auch dem Schutz der Ausgangsbehörde dient. Sie bzw. ihr Rechtsträger wird letztlich verklagt, §§ 78 I Nr. 1, 79 I Nr. 1 VwGO. Ist eine Heilung des Fristverstoßes nicht möglich, kann sich die Ausgangsbehörde im Klageverfahren einfach darauf berufen, dass das Vorverfahren nicht ordnungsgemäß durchgeführt wurde und die Anfechtungsklage daher unzulässig ist. Wird eine Heilungsmöglichkeit hingegen bejaht, muss sich die Ausgangsbehörde inhaltlich mit der Klage auseinandersetzen. Schließlich ist fraglich, wie sich die h.M. mit Art. 3 I GG vereinbaren lässt. Die Widerspruchsbehörde wird kaum willkürlich darüber entscheiden dürfen, bei welchem Widerspruch sie sich auf den Fristverstoß beruft bzw. dies unterlässt.

M.M.: Heilung nicht möglich

---

272 Siehe Rn 104
273 Erläuterung der Fristberechnung erfolgt im Rahmen der Klagefrist, siehe Rn 113 ff.
274 BVerwGE 15, 306, 310; 64, 325, 330; Hufen, VerwProzessR, § 6 Rn 32
275 Kopp/Schenke, VwGO, § 70 Rn 9; Schoch, JURA 2003, 752, 755 f.

Keine Heilung bei bestandskräftiger Rechtsposition eines Dritten

111 Auch nach der h.M. ist jedoch keine Heilung eines Fristverstoßes möglich, wenn infolge des Fristablaufs ein Dritter eine bestandsgeschützte Rechtsposition erlangt hat.[276]

BEISPIEL: Bauherr B erhält eine Baugenehmigung. Nachbar N erhebt seinen Widerspruch erst nach Ablauf der Widerspruchsfrist.

Hier dient § 70 I VwGO nicht nur dem Schutz der Widerspruchsbehörde, sondern auch dem Schutz des Dritten. Zudem hat der Dritte eine Rechtsposition erlangt, die ihm nur wieder entzogen werden kann, wenn es dafür eine Ermächtigungsgrundlage gibt. §§ 68 ff. VwGO enthalten eine solche Ermächtigungsgrundlage jedoch nicht. Möglich ist nur eine Aufhebung des Verwaltungsaktes nach §§ 48, 49 VwVfG. Dafür ist aber nicht die Widerspruchsbehörde, sondern die Ausgangsbehörde zuständig.[277]

Keine Heilung bei beschränkter Prüfungskompetenz

Weiterhin ist eine Heilung des Fristverstoßes nicht möglich, wenn die Widerspruchsbehörde den Verwaltungsakt nicht umfassend überprüfen darf, sondern auf eine Rechtskontrolle beschränkt ist.[278] Hier fehlt der Widerspruchsbehörde die umfassende Sachherrschaft über den Streitstoff, weil die Prüfung der Zweckmäßigkeit des Verwaltungsaktes nur durch die Ausgangsbehörde erfolgt.

> **MERKSATZ**
> Ein **Verstoß gegen die Widerspruchsfrist** kann nach h.M. grundsätzlich dadurch geheilt werden, dass sich die Widerspruchsbehörde als „Herrin des Vorverfahrens" nicht auf diesen Fristverstoß beruft, sondern inhaltlich über den Widerspruch entscheidet. Das gilt jedoch nicht, wenn infolge des Fristablaufs ein Dritter eine bestandsgeschützte Rechtsposition erlangt hat oder der Prüfungsumfang der Widerspruchsbehörde auf eine Rechtskontrolle beschränkt ist.

bb) Entbehrlichkeit des Vorverfahrens bei Sacheinlassung des Beklagten

Entbehrlichkeit des Vorverfahrens bei Sacheinlassung

112 Umstritten ist darüber hinaus, ob ein gänzlich fehlendes Vorverfahren dadurch entbehrlich wird, dass der Beklagte dies nicht rügt, sondern sich inhaltlich auf die Klage einlässt und ihre Abweisung wegen Unbegründetheit beantragt.

BEISPIEL: A erhält einen belastenden Verwaltungsakt, erhebt jedoch keinen Widerspruch, sondern direkt Klage, weil er sich von einem Widerspruchsverfahren nichts verspricht. Die Beklagte beantragt Klageabweisung, weil sie die Klage für unbegründet hält. Das fehlende Vorverfahren rügt sie nicht.

H.M.: Vorverfahren entbehrlich

Die Rechtsprechung hält das Vorverfahren hier für entbehrlich, und zwar selbst dann, wenn der Beklagte die Unzulässigkeit der Klage rügt und sich nur hilfsweise inhaltlich auf die Klage einlässt.[279] Die sofortige Klage ersetze den Widerspruch und der Antrag auf Klageabweisung als unbegründet den Widerspruchsbescheid. Auf die Durchführung des Vorverfahrens zu bestehen sei ein überflüssiger Formalismus,

---

276 *Wolff/Decker, VwGO, § 70 Rn 16; Schenke, VerwProzessR, Rn 679*
277 *BVerwG, NJW 2000, 1512, 1515; Martini, JuS 2003, 266, 267*
278 *OVG Koblenz, AS 24, 74, 75 f.*
279 *BVerwG, NVwZ-RR 1995, 90, 90; NVwZ 1984, 507, 507*

weil sich aus dem Klageabweisungsantrag schon ergebe, dass der Widerspruch keinen Erfolg haben werde.

Diese Rechtsansicht ist mit der Gegenauffassung grundsätzlich abzulehnen.[280] Zum einen handelt es sich bei dem Vorverfahren um eine objektive Zulässigkeitsvoraussetzung, die nicht zur Disposition des Beklagten steht. Zum anderen ist die Sichtweise der Rechtsprechung inkonsequent. Sie behauptet stets, die Widerspruchsbehörde sei die „Herrin des Vorverfahrens". Am Klageverfahren ist die Widerspruchsbehörde aber nicht beteiligt, sondern die Ausgangsbehörde. Diese hat folglich gar nicht die Rechtsmacht, auf das Vorverfahren zu verzichten. Zumal damit eine Rechtsschutzebene, nämlich das Widerspruchsverfahren, übergangen wird.

M.M.: Vorverfahren nicht entbehrlich

Eine Ausnahme mag nur in Betracht kommen, wenn Ausgangs- und Widerspruchsbehörde identisch sind, vgl. § 73 I 2 Nrn. 2, 3 VwGO. Dann lässt sich tatsächlich vertreten, die Durchführung des Vorverfahrens sei eine bloße Förmelei.

Ausnahme: Identität von Ausgangs- und Widerspruchsbehörde

MERKSATZ
Richtigerweise ist die erfolglose Durchführung des Vorverfahrens nicht entbehrlich, wenn der Beklagte ihr Fehlen nicht rügt, sondern sich sachlich auf die Klage einlässt. Die Klage ist dann gleichwohl unzulässig und damit erfolglos. Eine Ausnahme gilt nur für den Fall, dass Ausgangs- und Widerspruchsbehörde identisch sind.

5. Klagefrist

KLAUSURHINWEIS 113
Da § 74 VwGO sich im 8. Abschnitt der VwGO befindet, ist die Klagefrist erst nach der Bestimmung der statthaften Klageart zu prüfen.

Gem. § 74 I 1 VwGO muss die Anfechtungsklage innerhalb eines Monats nach Zustellung des Widerspruchsbescheids erhoben werden. Ist gem. § 68 VwGO ein Widerspruchsbescheid nicht erforderlich,[281] so muss die Anfechtungsklage gem. § 74 I 2 VwGO innerhalb eines Monats nach Bekanntgabe des Verwaltungsaktes erhoben werden.

a) Bekanntgabe und Zustellung
Die Zustellung ist lediglich eine besonders formalisierte Form der Bekanntgabe, 114 sodass letztere der Grundbegriff ist.

DEFINITION
Bekanntgabe meint die Eröffnung des Verwaltungsaktes mit Wissen und Wollen der Behörde nach den dafür jeweils maßgeblichen Rechtsvorschriften.[282]

Bekanntgabe

---

280 Kopp/Schenke, VwGO, Vorb § 68 Rn 11; Wolff/Decker, VwGO, § 68 Rn 18
281 Siehe Rn 105 ff.
282 Kopp/Ramsauer, VwVfG, § 41 Rn 6; Wolff/Decker, VwVfG, § 41 Rn 6. Detaillierte Darstellung der Bekanntgabe, insbes. des § 41 II-IV VwVfG, sowie des Sonderfalls der Bekanntgabe von Verkehrszeichen im JURA INTENSIV Skript „Allgemeines Verwaltungsrecht".

Mit Wissen und Wollen der Behörde ist der Verwaltungsakt ergangen, wenn sein Erlass von der Behörde durch einen vertretungsberechtigten Amtswalter amtlich veranlasst wurde. Eine anderweitige Kenntnisnahme des Adressaten, etwa durch die private Mitteilung eines befreundeten Beamten oder durch Medienberichte über interne Vorgänge in der Verwaltung, ist folglich nicht ausreichend.[283] „Eröffnet" wurde der Inhalt des Verwaltungsaktes dem Adressaten analog § 130 BGB, wenn der Verwaltungsakt derart in seinen Machtbereich gelangt ist, dass er bei gewöhnlichem Verlauf und unter normalen Umständen die Möglichkeit der Kenntnisnahme hat.[284] Es kommt also nicht darauf an, ob der Adressat den Verwaltungsakt tatsächlich zur Kenntnis genommen hat.

BEISPIEL: Gelangt ein schriftlicher Verwaltungsakt durch einen behördlichen Boten in den Briefkasten des Adressaten, ist er zu dem Zeitpunkt bekannt gegeben, zu dem normalerweise mit der Leerung des Briefkastens zu rechnen ist. Unerheblich ist, ob der Adressat den Brief geöffnet und gelesen hat.[285]

Die Zustellung des Widerspruchsbescheids erfolgt gem. § 73 III 2 VwGO nach den Vorschriften des VwZG. Gemeint ist damit das VwZG des Bundes.[286] Folglich ist auf die Legaldefinition des § 2 I VwZG zurückzugreifen.

Zustellung

DEFINITION
Zustellung ist gem. § 2 I VwZG die Bekanntgabe eines schriftlichen oder elektronischen Dokuments in der im VwZG bestimmten Form.

Die besonderen Zustellungsvorschriften haben gem. § 41 V VwVfG Vorrang vor den Bekanntgabebestimmungen. Das gilt auch, wenn die Zustellung nicht gesetzlich zwingend vorgeschrieben ist, sondern von der Behörde freiwillig gewählt wurde. Daher kann eine rechtfehlerhafte und damit unwirksame Zustellung auch nicht in eine wirksame Bekanntgabe umgedeutet werden.[287]

aa) Zustellungsarten
Die Arten der Zustellung sind in §§ 3-5 VwZG normiert.

(1) Postzustellungsurkunde

Möglichkeit der Ersatzzustellung

115 § 3 VwZG gestattet die Zustellung durch die Post mit Zustellungsurkunde (PZU). Der Postbedienstete übergibt vor Ort das Schriftstück, beurkundet die Zustellung und leitet die Urkunde an die Behörde zurück.[288] Trifft er den Adressaten nicht an, kommt gem. § 3 II 1 VwZG i.V.m. §§ 177-182 ZPO eine Ersatzzustellung in Betracht. Das ist der bedeutsame Vorteil der PZU gegenüber dem eingeschriebenen Brief nach § 4 VwZG, bei dem eine Ersatzzustellung nicht möglich ist. Insbesondere die Ersatzzustellung in der Wohnung nach § 178 ZPO sowie die Zustellungsfiktion bei

---

283   Kopp/Ramsauer, VwVfG, § 41 Rn 7a f.; Wolff/Decker, VwVfG, § 41 Rn 6; Maurer, AllgVerwR, § 9 Rn 68
284   Kopp/Ramsauer, VwVfG, § 41 Rn 7c; Maurer, AllgVerwR, § 9 Rn 69
285   VGH Kassel, NJW 1968, 1979, 1980
286   Wolff/Decker, VwGO, § 73 Rn 56; Schenke, VerwProzessR, Rn 706
287   BFH, NJW 1995, 3207, 3207; Kintz, JuS 1997, 1115, 1115
288   Kopp/Ramsauer, VwVfG, § 41 Rn 62

verweigerter Annahme gem. § 179 VwZG erleichtern der Behörde die Zustellung erheblich.

(2) Einschreiben

In Klausuren äußerst gängig ist jedoch die Zustellung per Einschreiben gem. § 4 VwZG. Das Gesetz akzeptiert gem. § 4 I VwZG nur das Übergabe-Einschreiben sowie das Einschreiben mit Rückschein. Nicht ausreichend ist somit das Einwurf-Einschreiben.[289] Der ordnungsgemäße Zugang liegt vor, wenn die allgemeinen Geschäftsbedingungen des Postdienstleisters beachtet wurden, da dieser privatrechtlich handelt.[290] Das bedeutet beim Einschreiben, dass das Dokument nur dem Adressaten ausgehändigt werden darf, wenn die Option „eigenhändig" gewählt wurde. Ist dies nicht der Fall, ist auch die Zustellung an einen Ersatzempfänger möglich.[291] Dann ist die Zustellung auch bewirkt, wenn das Dokument den Empfänger später tatsächlich nicht erreicht.[292]

116 Übergabe-Einschreiben und Einschreiben mit Rückschein

> **BEISPIELE:** Ersatzempfänger sind der Ehepartner des Empfängers, sein Lebenspartner oder ein Familienmitglied.[293] Minderjährige jedoch nur, wenn sie so einsichtsfähig sind, dass die unverzügliche Weitergabe an den Empfänger erwartet werden kann.[294]

Zu beachten ist, dass die Zustellung an einen Ersatzempfänger keine Ersatzzustellung ist. Letztere ist gesetzlich in §§ 178 ff. ZPO normiert, wohingegen der Ersatzempfänger durch die allgemeinen Geschäftsbedingungen des Postdienstleisters festgelegt wird. Ferner ist eine Ersatzzustellung auch möglich, wenn überhaupt kein Empfänger anwesend ist. Unter Beachtung der Vorgaben der §§ 180, 181 ZPO sowie des § 3 II 2 VwZG gilt das Schriftstück als zugestellt. Bei einem Einschreiben kann in einer solchen Situation hingegen nur ein Benachrichtigungsschein in den Briefkasten oder das Postfach eingelegt werden. Der Zugang des Dokuments erfolgt dann erst, wenn der Empfänger es abholt, selbst wenn der die Abholung bewusst verzögert.[295] Wird das Schriftstück gar nicht abgeholt, ist es nicht zugegangen.[296] Etwas anderes gilt nur in den seltenen Fällen der treuwidrigen Zugangsvereitelung bzw. -verzögerung. Vereitelt oder verzögert der Empfänger die Zustellung oder sonstige Bekanntgabe unter Verstoß gegen Treu und Glauben, muss er sich so behandeln lassen, als sei die Bekanntgabe in dem Zeitpunkt erfolgt, in dem er bei pflichtgemäßem Verhalten das Schriftstück erhalten hätte.[297]

Unterschied Ersatzempfänger ↔ Ersatzzustellung

> **BEISPIELE:** Empfänger verweigert ohne berechtigten Grund die Annahme des Schriftstücks oder beseitigt den Namen von seinem Briefkasten.

Wählt die Behörde ein Einschreiben mit Rückschein, genügt gem. § 4 II 1 VwZG der Rückschein für den Nachweis der Zustellung. Als Zustellungsdatum gilt also

Drei-Tages-Fiktion nur beim Übergabe-Einschreiben

---

289 Kopp/Schenke, VwGO, § 73 Rn 22b
290 Kopp/Ramsauer, VwVfG, § 41 Rn 72; Kopp/Schenke, VwGO, § 73 Rn 22b
291 Kopp/Schenke, VwGO, § 73 Rn 22b
292 Kopp/Ramsauer, VwVfG, § 41 Rn 72
293 Kopp/Ramsauer, VwVfG, § 41 Rn 72
294 Pietzner/Ronellenfitsch, Assessorexamen, § 41 Rn 11
295 Pietzner/Ronellenfitsch, Assessorexamen, § 41 Rn 12
296 Kopp/Ramsauer, VwVfG, § 41 Rn 72
297 Kopp/Ramsauer, VwVfG, § 41 Rn 19; Kopp/Schenke, VwGO, § 57 Rn 7 f.

der Tag, der auf dem Rückschein steht. Nur „im Übrigen", d.h. bei einem Übergabe-Einschreiben gilt das Dokument gem. § 4 II 2 VwZG am dritten Tag nach der Aufgabe zur Post als zugestellt.

> **KLAUSURHINWEIS**
> Hat die Verwaltung in einer Klausur per Einschreiben zugestellt, handelt es sich grundsätzlich um ein **Übergabe-Einschreiben**. Ein **Einschreiben mit Rückschein** liegt nur vor, wenn dies ausdrücklich im Sachverhalt erwähnt wird.

§ 4 II 2 VwZG ist eine Spezialvorschrift gegenüber § 41 II VwVfG. Da es sich um eine gesetzliche Fiktion handelt („gilt"), ist die Drei-Tages-Frist auch maßgeblich, wenn das Dokument tatsächlich früher zugeht.[298]

> **BEISPIEL:** Gibt die Behörde den Verwaltungsakt am Montag bei der Post auf, gilt er am Donnerstag als bekannt gegeben, auch wenn er schon am Dienstag angekommen ist.

Geht der Brief tatsächlich später zu, ist hingegen nach § 4 II 2 VwZG auf den späteren Zeitpunkt abzustellen. Um dem Adressaten nicht Tür und Tor für Schutzbehauptungen zu öffnen, ist das pauschale Bestreiten des Zugangs nach h.M. nicht ausreichend, sondern es muss substanziiert ein atypischer Geschehensablauf vorgetragen werden.[299] Wie allerdings das Nichtereignis eines fehlenden Zugangs vom Adressaten substanziiert zu bestreiten ist, ist fraglich.[300]

(3) Empfangsbekenntnis

117 Schließlich kann die Zustellung auch durch die Behörde selbst gegen Empfangsbekenntnis erfolgen, § 5 VwZG. Die Vorschrift sieht drei Arten dieser Zustellung vor: Im Falle des § 5 I-III VwZG wird das Dokument in einem grundsätzlich verschlossenen Umschlag dem Empfänger durch einen zustellenden Bediensteten ausgehändigt. Der Empfänger unterschreibt das Empfangsbekenntnis, § 5 I 3 VwZG.

[Randnotiz: 3 Arten der Zustellung gegen Empfangsbekenntnis]

§ 5 IV VwZG lässt bei bestimmten, abschließend aufgezählten Adressaten eine andere Art der Übermittlung zu. Das Schriftstück wird mit „normaler" Post übermittelt. Beiliegend findet sich ein Empfangsbekenntnis, das der Adressat mit Datum unterschreibt und zurücksendet. Hintergrund dieser Regelung ist, dass der Gesetzgeber den in § 5 IV VwZG genannten Adressaten wegen ihrer beruflichen Stellung ein besonderes Vertrauen entgegenbringt.[301]

Schließlich gestattet § 5 V VwZG unter bestimmten Voraussetzungen eine elektronische Übermittlung.

bb) Adressat der Zustellung

118 Zuzustellen ist grundsätzlich an den Adressaten des Dokuments, im Fall des § 6 I VwZG an den gesetzlichen Vertreter oder Betreuer. Hat der Adressat eine andere Person bevollmächtigt, muss gem. § 7 I 2 VwZG an diese Person zugestellt werden, wenn sie schriftliche Vollmacht vorgelegt hat. Wird diese Vorgabe missachtet, ist die Zustellung unwirksam.[302]

[Randnotiz: Zwingende Bestimmung des § 7 I 2 VwZG]

---

298 Hebeler, DÖV 2006, 112, 112
299 VGH Mannheim, NJW 1986, 210, 210; Kopp/Schenke, VwGO, § 73 Rn 22b
300 Fundierte Kritik an der h.M. üben Hebeler, DÖV 2006, 112, 114 f.; Schoch, JURA 2011, 23, 29.
301 Kopp/Schenke, VwGO, § 73 Rn 22b
302 Kopp/Schenke, VwGO, § 73 Rn 22c

BEISPIEL: Der Widerspruchsführer hat einen Rechtsanwalt mandatiert, der seine Bevollmächtigung der Behörde schriftlich nachgewiesen hat. Wird der Widerspruchsbescheid gleichwohl dem Mandanten zugestellt, läuft die Klagefrist nicht.

Anders ist die Rechtslage im Falle einer einfachen Bekanntgabe. Hier geht § 41 I 2 VwVfG dem § 14 III 1 VwVfG als lex specialis vor.[303] Allerdings wird in der Regel die Ausübung des in § 41 I 2 VwVfG eingeräumten Ermessens dazu führen müssen, dass eine Bekanntgabe an den Bevollmächtigten zu erfolgen hat. Ein Ermessensfehler führt jedoch nicht zur Unwirksamkeit der Bekanntgabe, sondern nur dazu, dass die Rechtsbehelfsfristen nicht laufen.[304]

Verhältnis § 14 III 1 VwVfG <-> § 41 I 2 VwVfG

cc) Heilung von Zustellungsmängeln

Sind Zustellungsmängel aufgetreten, können sie unter den Voraussetzungen des § 8 VwZG geheilt werden.

119

> **DEFINITION**
> **Empfangsberechtigter** i.S.v. § 8 VwZG ist derjenige, an den die Zustellung nach dem Gesetz zu richten war.[305]

Empfangsberechtigter

> **DEFINITION**
> **Tatsächlich zugegangen** i.S.v. § 8 VwZG ist ein Dokument, wenn der Adressat die tatsächliche Möglichkeit erhalten hat, von seinem Inhalt Kenntnis zu nehmen.[306]

Tatsächlich zugegangen

BEISPIEL: Ist entgegen § 7 I 2 VwZG an den Mandanten zugestellt worden, legt dieser aber das Schreiben seinem Rechtsanwalt vor, tritt in diesem Moment die Heilung gem. § 8 VwZG ein. Der Rechtsanwalt ist gem. § 7 I 2 VwZG der Empfangsberechtigte und ihm ist das Schreiben nunmehr tatsächlich zugegangen.

§ 8 VwZG wird von der Rechtsprechung extensiv ausgelegt. Sie soll nicht nur Mängel des Zustellungsvorgangs, sondern auch Mängel des Zustellungsobjekts erfassen.[307]

BEISPIEL: Ein Verwaltungsakt wird nicht in Urschrift, Ausfertigung oder beglaubigter Abschrift, sondern nur als Fotokopie zugestellt.[308]

dd) Sonderfälle

(1) Bekanntgabe nach Treu und Glauben

Hat der Kläger nicht mit Wissen und Wollen der Behörde, also amtlich veranlasst, Kenntnis vom Verwaltungsakt erhalten, liegt keine Bekanntgabe vor, sodass auch keine Rechtsbehelfsfrist läuft. Die zufällige Kenntniserlangung auf anderem Wege ändert daran nichts.

120

Grds.: Ohne Bekanntgabe/ Zustellung läuft keine Frist

---

303 BVerwG, NVwZ 1998, 1292, 1293
304 Kopp/Ramsauer, VwVfG, § 41 Rn 35
305 Kopp/Schenke, VwGO, § 73 Rn 23a
306 Kopp/Schenke, VwGO, § 73 Rn 23a
307 Schenke, VerwProzessR, Rn 674c
308 Schenke, VerwProzessR, Rn 674c

BEISPIEL: A erfährt von einem Freund, der in der Stadtverwaltung arbeitet, dass ihm in der nächsten Woche ein belastender Verwaltungsakt bekannt gegeben werden soll. Diese Nachricht löst keine Frist aus.

Sonderfall: Baurecht

Jedoch gilt im Baurecht eine Besonderheit. Wegen des zwischen Bauherrn und Nachbarn bestehenden besonderen nachbarschaftlichen Gemeinschaftsverhältnisses muss sich der Nachbar so behandeln lassen, als sei ihm die Baugenehmigung amtlich bekannt gegeben worden, wenn er von der Baugenehmigung auf andere Weise zuverlässig Kenntnis erlangt hat oder wenn er von den Baumaßnahmen zuverlässig Kenntnis erlangt hat oder hätte erlangen müssen. Es kommt dann eine Verwirkung des Klagerechts in Betracht. Sie setzt zum einen voraus, dass ab diesem Zeitpunkt eine längere Zeit verstrichen ist (sog. **Zeitmoment**). Zum anderen müssen besondere Umstände hinzutreten, welche die verspätete Rechtsausübung als Verstoß gegen Treu und Glauben erscheinen lassen (sog. **Umstandsmoment**). Als Hilfestellung dient in diesem Zusammenhang § 58 II VwGO, d.h. eine Verwirkung kann in der Regel nicht vor Ablauf eines Jahres eintreten.[309]

BEISPIEL: Bauherr B wird seine Baugenehmigung am 10.10. bekannt gegeben, den Nachbarn hingegen nicht. Er beginnt am 15.10. mit den Bauarbeiten. Nachbar N bemerkt die Bauarbeiten sogleich, unternimmt aus Nachlässigkeit aber zunächst nichts, sondern legt erst am 12.12. Widerspruch ein.

Die Baugenehmigung gilt N gegenüber am 15.10. als bekannt gegeben. Wegen der Orientierung an § 58 II VwGO ist sein Widerspruch am 12.12. fristgerecht, es sei denn, er hat B oder der Baugenehmigungsbehörde zuvor signalisiert, von seinen Nachbarrechten nicht Gebrauch machen zu wollen.

> **KLAUSURHINWEIS**
> Im Gutachten ist dieses Problem regelmäßig bereits in dem Prüfungspunkt „**Erfolgloses Vorverfahren**" anzusprechen, da möglicherweise die Widerspruchsfrist nicht beachtet wurde. Entfällt das Widerspruchsverfahren aber gem. § 68 I 2 VwGO, dann tritt die Problematik bei der Klagefrist auf.

(2) Frist im Fall des § 75 VwGO

121   Die Klagefrist nach § 74 I VwGO läuft nicht, wenn die Verwaltung i.S.v. § 75 VwGO untätig geblieben ist, da es dann an dem fristauslösenden Ereignis der Zustellung des Widerspruchsbescheids bzw. der Bekanntgabe des Verwaltungsakts fehlt. Auch hier kommt nur eine Verwirkung unter den oben genannten Voraussetzungen in Betracht.[310] Folglich kommt eine Verwirkung vor Ablauf eines Jahres regelmäßig nicht in Betracht.[311]

---

309   *Kopp/Schenke, VwGO,* § 70 Rn 6h; *Stumpff, JA* 2010, 616, 618
310   Siehe Rn 120
311   *Schenke, VerwProzessR,* Rn 720 f.

b) Fristberechnung

Um festzustellen, ob die Monatsfrist des § 74 I VwGO gewahrt ist, bedarf es einer Fristberechnung. Sie richtet sich nach § 57 II VwGO i.V.m. § 222 I ZPO i.V.m. §§ 187 ff. BGB.

Die Frist beginnt gem. § 57 I VwGO mit der Zustellung des Widerspruchsbescheids. Daran ändert § 187 I BGB nach h.M. nichts.[312] Diese Vorschrift bezieht sich ausdrücklich nur auf die Berechnung der Frist und ordnet insoweit an, dass der Tag nicht mitgerechnet wird, in den das Ereignis (= die Zustellung des Widerspruchsbescheids) fällt.

Fristbeginn

BEISPIEL: Der Widerspruchsbescheid wird am 01.07. per PZU zugestellt. Damit beginnt auch die Klagefrist am 01.07. und nicht erst am 02.07.

Das Fristende bemisst sich nach § 188 II BGB. Danach endet die Monatsfrist des § 74 I VwGO mit Ablauf des Tages, der durch seine Zahl dem Tag entspricht, in den das Ereignis (= die Zustellung des Widerspruchsbescheids) fällt.

Fristende

BEISPIEL: Wird der Widerspruchsbescheid am 01.07. per PZU zugestellt, endet die Frist somit am 01.08 um 24.00 Uhr.

> **MERKSATZ**
> DIE **Klagefrist endet** am letzten Tag um 24.00 Uhr, nicht um 0.00 Uhr, weil damit schon der nächste Tag beginnt.[313]

Fehlt dieser für den Ablauf der Monatsfrist maßgebende Tag, so endet die Frist mit Ablauf des letzten Tages dieses Monats, § 188 III BGB. Damit trägt der Gesetzgeber dem Umstand Rechnung, dass nicht jeder Monat 31 Tage hat.

Sonderregel des § 188 III BGB

BEISPIEL: Die Zustellung des Widerspruchsbescheids erfolgt per PZU am 30.01. Die Klagefrist endet dann gem. § 188 III BGB am 28.02. bzw. in einem Schaltjahr am 29.02.

Fällt der letzte Tag der Frist auf einen Samstag, Sonntag oder allgemeinen Feiertag, so endet die Frist gem. § 222 II ZPO mit Ablauf des nächsten Werktages. Allgemeine Feiertage in diesem Sinne sind nur gesetzlich anerkannte Feiertage.[314] Sie sind in dem jeweiligen Landesfeiertagsgesetz normiert. Da die Zahl der Feiertage in den Bundesländern schwankt, ist das Recht am Ort desjenigen Gerichts maßgeblich, bei dem die Frist zu wahren ist.[315]

Fristablauf am Samstag, Sonntag oder Feiertag

BEISPIEL: Allerheiligen (01.11.) ist in Rheinland-Pfalz ein Feiertag, sodass sich die Frist bis auf den nächsten Werktag verlängert, wenn sie eigentlich an diesem Tag endet. Im angrenzenden Hessen handelt es sich hingegen um einen normalen Werktag.

---

[312] BGH, NJW 1984, 1358, 1358; Kopp/Schenke, VwGO, § 57 Rn 10; Proppe, JA 2001, 977, 977
[313] Vgl. Kopp/Schenke, VwGO, § 57 Rn 10a; Hufen, VerwProzessR, § 14 Rn 114
[314] Kopp/Schenke, VwGO, § 57 Rn 10a
[315] Kopp/Schenke, VwGO, § 57 Rn 10a

> **KLAUSURHINWEIS**
> In einer Klausur ist bei Fristproblemen unbedingt auf § 222 II ZPO zu achten. Die Vorschrift führt sehr häufig dazu, dass eine scheinbar abgelaufene Frist doch noch gewahrt wurde. Dabei ist zu beachten, dass der 24.12., 31.12. und Rosenmontag keine gesetzlichen Feiertage sind.

§ 222 II ZPO nicht analog beim Fristbeginn

Nicht, auch nicht analog anwendbar ist § 222 II ZPO auf den Fristbeginn.[316] Die Norm trägt dem Umstand Rechnung, dass an den genannten Tagen keine Rechtshandlungen gegenüber den Verwaltungsgerichten möglich sind. Diese Überlegung gilt jedoch nicht für die Bekanntgabe und Zustellung eines Verwaltungsaktes gegenüber dem Adressaten.

Fristablauf gegenüber Rechtsnachfolgern

123 Eine abgelaufene Frist wirkt auch gegen den Rechtsnachfolger des Adressaten des Verwaltungsaktes. Er nimmt die Verfahrensposition ein, die der Rechtsvorgänger im Zeitpunkt der Rechtsnachfolge innehatte.[317]

> **BEISPIEL:** W erhält einen negativen Widerspruchsbescheid, den er nicht innerhalb der Frist des § 74 I 1 VwGO angreift. Sodann stirbt W. Die Klagefrist ist auch gegenüber seinem Erben E abgelaufen.

c) Zeitpunkt der Klageerhebung

Anforderungen an Klageerhebung

124 Die Klagefrist wird gem. § 74 I VwGO durch die Erhebung der Klage gewahrt. Die Klage ist erhoben, wenn eine Klageschrift bei Gericht eingeht, die den Mindestanforderungen der §§ 81, 82 VwGO genügt.[318]

Klageerhebung beim unzuständigen Gericht

Wird die Klage beim unzuständigen Verwaltungsgericht erhoben, verweist es an das zuständige Verwaltungsgericht, § 83 S. 1 VwGO i.V.m. § 17a II 1 GVG. Für die Fristwahrung kommt es jedoch darauf an, ob die Klage wirklich bei dem unzuständigen Gericht erhoben werden sollte. Wenn dem so ist, wird die Klagefrist durch Klageerhebung beim unzuständigen Gericht gewahrt gem. § 83 S. 1 VwGO i.V.m. § 17b I 2 GVG.[319]

> **BEISPIEL:** Die Klage ist zu erheben beim Verwaltungsgericht Sigmaringen, der Kläger wirft sie aber aus Zeitnot an seinem Wohnort in Karlsruhe beim dortigen Verwaltungsgericht ein mit der Aufschrift „An das Verwaltungsgericht Karlsruhe". Die Klagefrist ist damit gewahrt.

Soll die Klage hingegen gar nicht bei dem unzuständigen Verwaltungsgericht erhoben werden, wahrt die dortige Klageeinreichung auch nicht die Frist. Die Klageschrift wird dann behandelt wie ein Postirrläufer. Für die Fristwahrung ist in diesem Fall entscheidend, ob die Klage rechtzeitig bei dem Gericht eingeht, das der Kläger tatsächlich anrufen wollte.[320]

---

316 *Kopp/Schenke, VwGO, § 57 Rn 10a*
317 *Kopp/Schenke, VwGO, § 74 Rn 6; Hufen, VerwProzessR, § 14 Rn 114*
318 *Kopp/Schenke, VwGO, § 74 Rn 8; Hufen, VerwProzessR, § 14 Rn 114*
319 *BVerwG, NJW 2002, 768, 768; Kopp/Schenke, VwGO, § 74 Rn 8*
320 *Kopp/Schenke, VwGO, § 74 Rn 8*

BEISPIEL: Hat der Kläger seine Klageschrift in dem vorangehenden Beispiel an das Verwaltungsgericht Sigmaringen adressiert, wird es beim Verwaltungsgericht Karlsruhe gar nicht geöffnet und mit einem Posteingangsstempel versehen, sondern direkt nach Sigmaringen weitergeleitet. Erst wenn es dort ankommt, wird die Klagefrist unterbrochen.

d) Fehlende oder fehlerhafte Rechtsbehelfsbelehrung

Hat der Kläger die Klagefrist nicht beachtet, kann seine Klage gleichwohl zulässig sein, wenn dem Verwaltungsakt keine oder eine fehlerhafte Rechtsbehelfsbelehrung beigefügt ist. Dann gilt nicht die Monatsfrist des § 74 I VwGO, sondern die Jahresfrist des § 58 II VwGO.

125 Rechtsbehelfsbelehrung

> **KLAUSURHINWEIS**
> § 58 VwGO ist in einer Klausur nur anzusprechen, wenn die Rechtsbehelfsbelehrung im Klausursachverhalt abgedruckt ist. Dann weist sie höchstwahrscheinlich einen Fehler auf. Ist dem Sachverhalt hingegen nichts zur Rechtsbehelfsbelehrung zu entnehmen, ist zu unterstellen, dass sie korrekt erfolgt ist.

Bzgl. des Inhalts der Rechtsbehelfsbelehrung ist zwischen den obligatorischen und den fakultativen Angaben zu differenzieren:

Obligatorisch sind die in § 58 I VwGO geforderten Angaben. Ist dieser Teil der Belehrung unterblieben oder falsch, führt das immer zur Jahresfrist des § 58 II VwGO.

Obligatorischer Inhalt

BEISPIEL: „Klassisch" ist der fehlerhafte Hinweis, die Klagefrist betrage 4 Wochen statt 1 Monat.

Fakultativ sind die Angaben, die über § 58 I VwGO hinausgehen. Sie führen nur zu einer fehlerhaften Rechtsbehelfsbelehrung und damit zur Jahresfrist, wenn sie geeignet sind, die Einlegung des Rechtsbehelfs nennenswert zu erschweren.[321]

Fakultativer Inhalt

BEISPIELE: Aus den „Soll"-Bestimmungen des § 82 I 2, 3 VwGO wird ein „Muss". Belehrung über das Erfordernis einer schriftlichen Klageerhebung, ohne auf die Möglichkeit der Erhebung zur Niederschrift nach § 81 I 2 VwGO hinzuweisen.[322]

> **MERKSATZ**
> Eine **fehlerhafte Rechtsbehelfsbelehrung** hat nichts mit der formellen Rechtmäßigkeit des Verwaltungsaktes zu tun, sie führt insbesondere nicht zu einem Formfehler. Einzige Konsequenz ist, dass die Jahresfrist des § 58 II VwGO gilt.

e) Wiedereinsetzung in den vorigen Stand

Hat der Kläger die Monatsfrist des § 74 I VwGO nicht gewahrt und ist auch die Rechtsbehelfsbelehrung fehlerfrei, kommt nur noch eine Wiedereinsetzung in den vorigen Stand gem. § 60 VwGO in Betracht, um die Unzulässigkeit der Klage abzuwenden.

---

321 Kopp/Schenke, VwGO, § 58 Rn 12
322 Kopp/Schenke, VwGO, § 58 Rn 12

aa) Fristversäumnis

Gesetzliche Frist **126** § 60 I VwGO verlangt zunächst, dass eine gesetzliche Frist versäumt wurde. Auf richterliche Fristen und Fristen, die eine Wiedereinsetzung ausschließen (sog. **Ausschlussfristen**) ist die Vorschrift somit nicht anwendbar.[323]

BEISPIELE: Ausschlussfristen finden sich in §§ 92 II 1, 126 II 1 VwGO.[324]

bb) Antrag und versäumte Rechtshandlung innerhalb der Antragsfrist

127 Gem. § 60 II 1 VwGO muss der Antrag auf Wiedereinsetzung binnen 2 Wochen bzw. eines Monats nach Wegfall des Hindernisses gestellt werden.

Hindernis

> **DEFINITION**
> **Hindernis** i.S.v. § 60 VwGO ist alles, was die Fristwahrung unmöglich macht bzw. die für die Fristwahrung erforderlichen Maßnahmen seitens des Betroffenen unzumutbar erscheinen lässt.[325]

BEISPIELE: Unkenntnis vom Fristbeginn, fehlende Beherrschung der deutschen Sprache.[326]

Prüfung von Amts wegen Innerhalb dieser Frist muss gem. § 60 II 3 VwGO auch die versäumte Rechtshandlung nachgeholt werden. Ist dies geschehen, bedarf es gem. § 60 II 4 VwGO keines ausdrücklichen Antrags auf Wiedereinsetzung. Hintergrund ist, dass insbesondere der anwaltlich nicht beratene Kläger kaum den Fachbegriff „Wiedereinsetzung" kennen, geschweige denn verwenden wird. Gleichwohl muss auch er in den Genuss einer Wiedereinsetzung kommen, wenn deren inhaltliche Voraussetzungen vorliegen. Aus § 60 II 4 VwGO folgt damit auch, dass die Wiedereinsetzung von Amts wegen zu prüfen ist.[327]

cc) Unverschuldete Fristversäumnis

128 Die Fristversäumnis muss gem. § 60 I VwGO schuldlos erfolgen.

Verschulden

> **DEFINITION**
> **Verschulden** i.S.v. § 60 I VwGO ist anzunehmen, wenn der Betroffene hinsichtlich der gebotenen Wahrung der Frist diejenige Sorgfalt außer Acht lässt, die für einen gewissenhaften und seine Rechte und Pflichten sachgemäß wahrnehmenden Prozessführenden geboten ist und die ihm nach den gesamten Umständen des konkreten Falles zuzumuten war.[328]

Es ist auf die Verhältnisse des Betroffenen abzustellen. Daher sind bei einem Rechtsanwalt höhere Anforderungen zu stellen als bei einem juristischen Laien, bei einer im Umgang mit Behörden und Gerichten erfahrenen Person höhere als bei einer unerfahrenen, unbeholfenen Person.[329]

---

[323] *Kopp/Schenke, VwGO, § 57 Rn 3; Wolff/Decker, VwGO, § 60 Rn 3 f.*
[324] *Kopp/Schenke, VwGO, § 60 Rn 4*
[325] *Kopp/Schenke, VwGO, § 60 Rn 8*
[326] *Kopp/Schenke, VwGO, § 60 Rn 8*
[327] *Kopp/Schenke, VwGO, § 60 Rn 24; Wolff/Decker, VwGO, § 60 Rn 14*
[328] *Wolff/Decker, VwGO, § 60 Rn 8*
[329] *Kopp/Schenke, VwGO, § 60 Rn 9*

BEISPIELE: Unverschuldet sind Verzögerungen bei der Briefbeförderung durch die Post, Fehler in der Sphäre des Gerichts wie fehlender oder fehlerhafte Nachtbriefkasten.[330] Bei einer vorübergehenden Wohnungsabwesenheit wegen Urlaubs oder Dienstreise müssen keine besonderen Vorkehrungen für mögliche Zustellungen getroffen werden, es sei denn, es liegen besondere Umstände vor (Betroffener drängt auf baldige Zustellung des Widerspruchsbescheids oder ihm war eine solche angekündigt worden; Betroffener ist häufig auf längeren Dienstreisen).[331]

Das Verschulden eines Bevollmächtigten muss sich der Kläger gem. § 173 S. 1 VwGO i.V.m. § 85 II ZPO zurechnen lassen. Bevollmächtigter wird im Regelfall ein Rechtsanwalt sein, bei einer Sozietät jeder Sozius.[332] Nicht bevollmächtigt ist das Büropersonal des Rechtsanwalts, da dieses den Kläger im Prozess nicht vertreten soll. Folglich kann ihm ein Verschulden des Büropersonals nicht zugerechnet werden.[333] Allerdings kommt ein Organisationsverschulden des Rechtsanwalts in Betracht. Dieses liegt vor, wenn er sein Büropersonal nicht sorgfältig ausgewählt und angeleitet hat oder seine Büroorganisation nicht zweckmäßig ist, insbesondere hinsichtlich der Fristen- und Terminüberwachung sowie Ausgangskontrolle.[334]

Verschulden eines Bevollmächtigten

BEISPIELE:[335] Kein eigenes Verschulden des Bevollmächtigten: Er muss nicht kontrollieren, ob ein ordnungsgemäß abgesandter Schriftsatz bei Gericht eingegangen ist; Arbeitsüberlastung entschuldigt einen Bevollmächtigten nur, wenn sie unvorhersehbar war, keine Abhilfe möglich ist und der Bevollmächtigte alles ihm Mögliche getan hat, um die Fristversäumnis zu vermeiden.
Eigenes Verschulden des Bevollmächtigten: Schriftsatz unkontrolliert unterzeichnet; keine Ausgangskontrolle eingerichtet.
Kein Organisationsverschulden: Übertragung der Berechnung von Fristen, die in der Kanzlei häufig vorkommen und keine besonderen Schwierigkeiten bereiten.
Organisationsverschulden: Fristgebundene Sachen werden nicht am Abend eines jeden Arbeitstages von einer dazu beauftragten Bürokraft überprüft; keine schriftliche Anweisung, dass beim Telefax-Versand eine Kontrolle des Sendeberichts zu erfolgen hat.

dd) Glaubhaftmachung

Gem. § 60 II 2 VwGO müssen die Tatsachen zur Begründung des Antrags glaubhaft gemacht werden. Die Glaubhaftmachung kann mit allen Beweismitteln und der Versicherung an Eides statt erfolgen, § 173 S. 1 VwGO i.V.m. § 294 ZPO. Es sind keine strengen Anforderungen zu stellen, ausreichend ist eine überwiegende Wahrscheinlichkeit.[336]

129 *Glaubhaftmachung = überwiegende Wahrscheinlichkeit*

BEISPIEL: Amtliche Auskunft der Post über die normalen Brieflaufzeiten.[337]

---

330 Kopp/Schenke, VwGO, § 60 Rn 18; Wolff/Decker, VwGO, § 60 Rn 9
331 Kopp/Schenke, VwGO, § 60 Rn 10; Wolff/Decker, VwGO, § 60 Rn 9
332 BGH, NJW 1995, 1841, 1841; Kopp/Schenke, VwGO, § 60 Rn 20
333 BGH, NJW 2004, 3491, 3492; Kopp/Schenke, VwGO, § 60 Rn 21
334 BGH, NJW 1992, 63, 64; Kopp/Schenke, VwGO, § 60 Rn 21
335 Kopp/Schenke, VwGO, § 60 Rn 20 f.; Wolff/Decker, VwGO § 60 Rn 11
336 Kopp/Schenke, VwGO, § 60 Rn 30
337 Kopp/Schenke, VwGO, § 60 Rn 30

Die Glaubhaftmachung muss nicht innerhalb der Antragsfrist des § 60 II 1 VwGO erfolgen („..oder im Verfahren über den Antrag…").

ee) Rechtsfolge

130 Hinsichtlich der Rechtsfolge ist zu differenzieren. Hat der Betroffene einen Antrag gestellt, muss gem. § 60 I VwGO die Wiedereinsetzung gewährt werden, es handelt sich also um eine gebundene Entscheidung. Fehlt ein Antrag, steht die Gewährung der Wiedereinsetzung gem. § 60 II 4 VwGO im behördlichen Ermessen. Denn ohne Antrag kann die Behörde nicht immer das Vorliegen der Gründe für eine Wiedereinsetzung erkennen, sodass ihr ein Entscheidungsspielraum zuzubilligen ist. Liegen diese Gründe allerdings eindeutig vor, reduziert sich das Ermessen auf Null.[338]

Mit der Wiedereinsetzung wird die bereits eingetretene Bestandskraft des Verwaltungsaktes durchbrochen.

> **KLAUSURHINWEIS**
> Daher ist es in einer Klausur nicht ungefährlich, von einer Heilung des Fristverstoßes zu sprechen. Besser dürfte die Formulierung sein, dass der Fristverstoß der Zulässigkeit der Klage nicht entgegensteht.

Zeitpunkt der Wiedereinsetzung

„Wiedereingesetzt" wird der Betroffene im Übrigen auf den Zeitpunkt, zu dem das Hindernis eingetreten ist. Daher bringt ihm eine Wiedereinsetzung nichts, wenn die Frist bereits zu diesem Zeitpunkt abgelaufen ist.

> **BEISPIEL:** A erhält am 01.08. einen Verwaltungsakt, die Klagefrist läuft am 01.09. ab. Er fährt in den Urlaub und verstirbt dort am 02.09, ohne vorher Klage erhoben zu haben. Seine Witwe und Alleinerbin F kehrt am 15.09. aus dem Urlaub zurück, legt umgehend Klage ein und entschuldigt den Fristverstoß mit dem Tod und der Überführung ihres Mannes.

Hier bringt F eine Wiedereinsetzung nichts. Sie rückt als Rechtsnachfolgerin in die Verfahrensposition des A ein.[339] Ihm gegenüber war die Klagefrist zurzeit des Eintritts des Hindernisses aber bereits abgelaufen. Dann kann für F nichts anderes gelten.

> **KLAUSURHINWEIS**
> Bei **Fristproblemen** gilt folgende Prüfungsreihenfolge:
> - Zunächst genaue Berechnung der Frist, insbesondere Beachtung des § 222 II ZPO.
> - Falls Frist nicht gewahrt ist, Prüfung eines Verstoßes gegen § 58 I VwGO.
> - Schließlich Prüfung des § 60 VwGO.

6. Klagegegner

Problembereiche

131 Die Anfechtungsklage muss sich gegen den richtigen Klagegegner/Beklagten richten. Strittig ist, ob der Klagegegner in § 78 VwGO normiert ist oder ob diese Vorschrift die sog. **Passivlegitimation** regelt. Die Passivlegitimation ist wiederum von der sog. **Aktivlegitimation** sowie der aktiven und passiven Prozessführungsbefugnis zu unterscheiden.

---

[338] Kopp/Schenke, VwGO, § 60 Rn 24
[339] Vgl. Rn 123

Marginalien:
§ 60 I VwGO: Gebundene Entscheidung.
§ 60 II 4 VwGO: Ermessen.

Die nachfolgende Darstellung wird sich diesen Fragen in 3 Schritten nähern. Zunächst erfolgt eine Erläuterung der Begrifflichkeiten (aktive und passive Prozessführungsbefugnis, Passivlegitimation und Aktivlegitimation). Im zweiten Schritt wird erläutert, welcher dieser Begriffe zu § 78 VwGO passt und was das für Auswirkungen im Prüfungsaufbau hat. Schließlich erfolgt als letzter Schritt eine Erklärung des Inhalts des § 78 VwGO.

a) Terminologie

Im Zusammenhang mit dem Klagegegner sind zu trennen: aktive und passive Prozessführungsbefugnis sowie Passivlegitimation und Aktivlegitimation.

132

> **DEFINITION**
>
> Die **aktive Prozessführungsbefugnis** ist die Befugnis des Klägers, im eigenen Namen über das im Prozess streitige Recht einen Rechtsstreit zu führen.[340]

Aktive Prozessführungsbefugnis

Die aktive Prozessführungsbefugnis ist damit richtigerweise identisch mit der Klagebefugnis nach § 42 II VwGO.[341] Sie spielt deshalb an dieser Stelle keine weitere Rolle.

> **DEFINITION**
>
> Die **passive Prozessführungsbefugnis** ist die Befugnis zur Führung des Prozesses auf der Beklagtenseite.[342]

Passive Prozessführungsbefugnis

Sie ist also identisch mit dem Klagegegner.

> **DEFINITION**
>
> Die **Passivlegitimation** bestimmt, wer Inhaber der umstrittenen Rechtsposition auf der Beklagtenseite ist.[343]

Passivlegitimation

Damit wir die materiell-rechtliche Fähigkeit des Beklagten bezeichnet, dem vom Kläger geltend gemachten Begehren stattzugeben.[344]

> **DEFINITION**
>
> Die **Aktivlegitimation** bedeutet, dass der Kläger aufgrund des materiellen Rechts die geltend gemachte Leistung, Unterlassung, Gestaltung oder Feststellung mit Wirkung gegenüber dem Beklagten verlangen kann.[345]

Aktivlegitimation

Die Aktivlegitimation ist das Ergebnis der Prüfung der Begründetheit einer Klage. Wenn die Klage begründet ist, bedeutet das nichts anderes, als dass dem Kläger der geltend gemachte Anspruch zusteht und er somit aktiv legitimiert ist.[346]

---

340 Kopp/Schenke, VwGO, Vorb § 40 Rn 23
341 Kopp/Schenke, VwGO, § 42 Rn 60; Schenke, VerwProzessR, Rn 540
342 Kopp/Schenke, VwGO, Vorb § 40 Rn 23; Hufen, VerwProzessR, § 12 Rn 29
343 Kopp/Schenke, VwGO, Vorb § 40 Rn 28; Hufen, VerwProzessR, § 12 Rn 29
344 Hufen, VerwProzessR, § 12 Rn 29
345 Kopp/Schenke, VwGO, Vorb § 40 Rn 28
346 Schenke, VerwProzessR, Rn 542

> **KLAUSURHINWEIS**
> Die aktive und passive Prozessführungsbefugnis gehören zur Zulässigkeit der Klage, weil sie nichts anderes sind als Klagebefugnis bzw. Klagegegner.[347] Aktivlegitimation und Passivlegitimation gehören demgegenüber zur Begründetheit der Klage.[348] Die Passivlegitimation ist ganz am Anfang der Begründetheitsprüfung anzusprechen, die Aktivlegitimation bildet das Ergebnis der Begründetheitsprüfung.

Aktive Prozessführungsbefugnis und Aktivlegitimation haben für eine Klausur allerdings keine Bedeutung und werden deshalb in der Klausurbearbeitung nicht erwähnt.

b) Prüfungsstandort des § 78 VwGO

133 Fraglich ist, an welcher Stelle § 78 VwGO im Prüfungsaufbau einzuordnen ist. Die h.m. sieht in der Vorschrift eine Normierung der Passivlegitimation und ordnet sie deshalb der Begründetheit der Klage zu.[349] Soweit diese Rechtsauffassung überhaupt begründet wird, wird vorgebracht, dass dem Kläger nicht die Bestimmung des richtigen Beklagten als Zulässigkeitsvoraussetzung auferlegt werden dürfe.

H.M.: Passivlegitimation

M.M.: Klagegegner

Dieses Argument verfängt jedoch nicht, da gem. § 78 I Nr. 1 2. Hs. VwGO für die Bezeichnung des Beklagten die Angabe der handelnden Behörde genügt. Weiterhin spricht die systematische Stellung des § 78 VwGO im 8. Abschnitt der VwGO, der sich ausschließlich der Zulässigkeit der Anfechtungs- und Verpflichtungsklage widmet, dafür, auch § 78 VwGO als Zulässigkeitsvoraussetzung zu qualifizieren. Schließlich besitzt der Bundesgesetzgeber auch gar nicht die Kompetenz, in der VwGO bundesrechtlich zu regeln, wer Inhaber einer Rechtsposition auf Beklagtenseite ist, wenn sich die Klage gegen ein Land, eine Stadt oder Gemeinde richtet. Daher ist § 78 VwGO richtigerweise als Regelung der passiven Prozessführungsbefugnis, also des Klagegegners zu qualifizieren.[350]

> **MERKSATZ**
> § 78 VwGO regelt den **Klagegegner** und nicht die **Passivlegitimation**.

> **KLAUSURHINWEIS**
> Da es sich hier um eine Frage des Prüfungsaufbaus handelt und dieser bekanntlich nicht begründet wird, findet in einer Klausur keine Darstellung des Meinungsstreits statt. Der Bearbeiter entscheidet sich schlichtweg für eine der beiden Rechtsansichten.
>
> Da § 78 VwGO nach der hier vertretenen Ansicht zur Zulässigkeit der Klage gehört, ist zu beachten, dass sie zwingend nach der statthaften Klageart zu prüfen ist. Wegen ihrer systematischen Stellung im 8. Abschnitt der VwGO gilt sie nämlich direkt nur für die Anfechtungs- und Verpflichtungsklage.

---

347 Schenke, VerwProzessR, Rn 539, 542
348 Schenke, VerwProzessR, Rn 542
349 BVerwG, NVwZ-RR 1990, 44, 44
350 Hufen, VerwProzessR, § 12 Rn 29 f.; Schenke, VerwProzessR, Rn 545 f.

c) Inhalt des § 78 VwGO

aa) § 78 I Nr. 1 VwGO (Rechtsträgerprinzip)

Gem. § 78 I Nr. 1 VwGO ist die Anfechtungsklage gegen den Bund, das Land oder die Körperschaft zu richten, deren Behörde den angefochtenen Verwaltungsakt erlassen hat. Wie § 78 II VwGO im Gegenschluss zu entnehmen ist, ist in § 78 I Nr. 1 VwGO mit „Behörde" die Ausgangsbehörde gemeint. Der Begriff „Körperschaft" ist etwas unpräzise. Gemeint sind alle juristischen Personen des öffentlichen Rechts, die sog. **Rechtsträger**. § 78 I Nr. 1 VwGO normiert daher das sog. Rechtsträgerprinzip.[351]

134 Rechtsträgerprinzip

> **DEFINITION**
> **Juristische Personen** des öffentlichen Rechts sind Personenvereinigungen und Vermögensmassen, denen durch Gesetz die Fähigkeit verliehen wurde, selbst Träger von Rechten und Pflichten zu sein und die öffentliche Aufgaben erfüllen.[352]

Juristische Personen des öffentlichen Rechts

Das bedeutet, niemand ist eine juristische Person des öffentlichen Rechts, weil er es sein will oder eine entsprechende Vereinbarung mit anderen Personen getroffen hat, sondern weil im Gesetz steht, dass er eine juristische Person des öffentlichen Rechts ist.

> **MERKSATZ**
> Die Qualifizierung bestimmter **Personenvereinigungen** und Vermögensmassen als juristische Personen des öffentlichen Rechts ist nicht auswendig zu lernen, sondern ergibt sich aus dem Gesetz.

Damit sind juristische Personen des öffentlichen Rechts zwar rechtsfähig, jedoch können sie nicht selbst handeln. Dafür bedürfen sie eines Organs, das für sie tätig wird. Dieses Organ ist bei den juristischen Personen des öffentlichen Rechts die Behörde.[353]

Abgrenzung zur Behörde

> **MERKSATZ**
> **Behörden** sind somit niemals selbst Träger von Rechten und Pflichten, sondern handeln für ihren Rechtsträger, die juristische Person des öffentlichen Rechts.

BEISPIEL: Die Gemeinde- oder Stadtverwaltung erlässt einen Verwaltungsakt. Sie handelt damit als Behörde, während die Rechtsträgerin die Gemeinde bzw. Stadt ist.

Die juristischen Personen des öffentlichen Rechts unterteilen sich in Körperschaften, Anstalten und Stiftungen.[354] Welche Organisationsform im konkreten Fall vorliegt, ergibt sich ebenfalls ausdrücklich aus dem Gesetz.

Körperschaft, Anstalt und Stiftung

---

351 Hufen, VerwProzessR, § 12 Rn 32
352 Maurer, AllgVerwR, § 21 Rn 4
353 Detterbeck, AllgVerwR, Rn 211; Maurer, AllgVerwR, § 21 Rn 19, 30, 32. Zum Behördenbegriff siehe Rn 62.
354 Detaillierte Darstellung im JURA INTENSIV Skript „Allgemeines Verwaltungsrecht".

BEISPIELE: Für die Gemeinden und Städte ist in den Gemeindeordnungen ausdrücklich angeordnet, dass sie Gebietskörperschaften sind. Das Gleiche gilt aufgrund der Landkreisordnung für die Landkreise. Anstalten sind aufgrund ausdrücklicher Anordnung die Studentenwerke, Sparkassen und Rundfunkanstalten.

Die Bestimmung des richtigen Beklagten verlangt demnach Kenntnisse der Verwaltungsorganisation, die von Bundesland zu Bundesland variiert. Es können jedoch folgende Grundsätze formuliert werden:
Handelt die Gemeinde- oder Stadtverwaltung (Bürgermeister oder Oberbürgermeister), ist stets die Gemeinde bzw. Stadt die Klagegegnerin.
Handelt die Kreisverwaltung (Landrat), ist Klagegegner grundsätzlich der Landkreis. Etwas anderes gilt nur ausnahmsweise im Fall der sog. **Organleihe**, wenn die Kreisverwaltung aufgrund ausdrücklicher gesetzlicher Anordnung für das Land tätig wird.[355] Dann ist Beklagter das Land.
Handelt ein Regierungspräsidium bzw. die Bezirksregierung, ist Klagegegner das Land.
Handelt die Kommunalaufsichtsbehörde, ist Klagegegner das Land.
Handelt der Polizeivollzugsdienst, ist Klagegegner ebenfalls das Land.

> **MERKSATZ**
> Für die **handelnde Behörde** und den dahinter stehenden **Rechtsträger** gelten folgende Begriffspaare:
> - Gemeinde-/Stadtverwaltung ➔ Gemeinde/Stadt.
> - Kreisverwaltung ➔ Landkreis. Ausnahme: Organleihe ➔ Land.
> - Regierungspräsidium/Bezirksregierung ➔ Land
> - Kommunalaufsichtsbehörde ➔ Land
> - Polizeivollzugsdienst ➔ Land

135 Einen Sonderfall stellt der Beliehene dar.

Beliehener

> **DEFINITION**
> **Beliehener** ist eine natürliche oder juristische Person des Privatrechts, der durch einen staatlichen Hoheitsakt die Kompetenz zur Wahrnehmung bestimmter Verwaltungsaufgaben im eigenen Namen übertragen wurde und die dabei unter staatlicher Aufsicht steht.[356]

Abgrenzung Beliehener/Verwaltungshelfer

Die Stellung als Beliehener folgt somit ausdrücklich aus dem Gesetz. Im Unterschied zum Beliehenen wird der sog. **Verwaltungshelfer** nicht im eigenen Namen tätig und hat keine selbständige Entscheidungsgewalt.[357]

---

[355] Zur Organleihe siehe das JURA INTENSIV Skript „Allgemeines Verwaltungsrecht".
[356] Knack-Meyer, VwVfG, § 1 Rn 17; Wolff/Decker, VwVfG, § 1-2 Rn 29, 30; Maurer, AllgVerwR, § 23 Rn 56, 58; Kahl, JURA 2001, 505, 507; Stelkens, NVwZ 2004, 304, 305
[357] Detaillierte Darstellung im JURA INTENSIV Skript „Allgemeines Verwaltungsrecht".

BEISPIELE: Beliehener ist der Sachverständige des TÜV. Verwaltungshelfer ist der Abschleppunternehmer.

Der Beliehene ist selbst Behörde im Sinne des § 1 IV VwVfG.[358] Er soll nach h.M. auch der Klagegegner sein, wohingegen nach der Gegenauffassung die Klage gegen den Rechtsträger zu richten ist, der die Beleihung vorgenommen hat.[359]
Der Verwaltungshelfer ist nicht selbst Behörde, sondern sein Handeln wird der Behörde zugerechnet, für die er tätig wird.[360] Der Rechtsträger dieser beauftragenden Behörde ist deshalb der Klagegegner.[361]

> **KLAUSURHINWEIS**
> Gem. § 78 I Nr. 1 2. Hs. VwGO genügt zur Bezeichnung des Beklagten die Angabe der Behörde. Das genügt in einer Klausur natürlich nicht. Es wird erwartet, dass der Rechtsträger bestimmt wird, der hinter dieser Behörde steht.

bb) § 78 I Nr. 2 (Behördenprinzip)

Sofern das Landesrecht dies bestimmt, ist gem. § 78 I Nr. 2 VwGO die Klage gegen die **Behörde** selbst zu richten, die den angefochtenen Verwaltungsakt erlassen hat (sog. Behördenprinzip). Folglich bedarf es einer ausdrücklichen Anordnung im Landesrecht, damit § 78 I Nr. 2 VwGO anwendbar ist.
Da eine Behörde nicht selbst Rechtsträgerin sein kann, handelt es sich bei § 78 I Nr. 2 VwGO um einen Fall der gesetzlichen Prozessstandschaft.[362] D.h. die Behörde darf ein fremdes Recht, nämlich das ihres Rechtsträgers, im eigenen Namen geltend machen.

136 Behördenprinzip

cc) Ausnahme des § 78 II VwGO

§ 78 II VwGO regelt den Fall, dass sich die Anfechtungsklage nur gegen den Widerspruchsbescheid richtet, weil dieser erstmalig eine Beschwer enthält. Die Vorschrift bezieht sich somit auf § 79 I Nr. 2 VwGO.[363]

137 Klagegegner: Rechtsträger der Widerspruchsbehörde

BEISPIEL: Auf den Widerspruch des Nachbarn N hebt die Widerspruchsbehörde die dem Bauherrn B erteilte Baugenehmigung auf. Klagegegner ist der Rechtsträger der Widerspruchsbehörde.

Gem. § 79 II 3 VwGO gilt § 78 II VwGO auch, wenn der Widerspruchsbescheid eine zusätzliche selbständige Beschwer enthält und deshalb alleiniger Gegenstand der Anfechtungsklage ist.

BEISPIEL: Reformatio in peius.[364]

---

358 *Knack-Meyer, VwVfG, § 1 Rn 18; Sellmann, NVwZ 2008, 817, 818; Stelkens, NVwZ 2004, 304, 305*
359 *Eingehend zum Streitstand: Stelkens, NVwZ 2004, 304, 306, 307*
360 *Kopp/Ramsauer, VwVfG, § 1 Rn 64*
361 *Kopp/Schenke, VwGO, § 78 Rn 3*
362 *Schenke, VerwProzessR, Rn 550*
363 *Siehe Rn 78*
364 *Kopp/Schenke, VwGO, § 78 Rn 12; Hufen, VerwProzessR, § 12 Rn 40. Siehe zur reformatio in peius Rn 79.*

Zu beachten ist, dass § 78 II VwGO nur einschlägig ist, wenn ausschließlich der Widerspruchsbescheid angegriffen wird. Richtet sich die Klage auch gegen den Ausgangsverwaltungsakt, bleibt es bei der Regel des § 78 I VwGO.[365]

BEISPIEL: Die Widerspruchsbehörde hat eine reformatio in peius vorgenommen. Der Betroffene greift jedoch nicht nur den Widerspruchsbescheid, sondern auch den Ausgangsbescheid an, weil auch dieser ihn belastet. Sein Klagegegner ist der Rechtsträger der Ausgangsbehörde.

7. Beteiligungs- und Prozessfähigkeit

138 KLAUSURHINWEIS
Da die Beteiligungs- und Prozessfähigkeit in den §§ 61, 62 VwGO und somit in dem Abschnitt „Allgemeine Verfahrensvorschriften" geregelt sind, können sie auch vor der statthaften Klageart geprüft werden, z.B. direkt nach dem Verwaltungsrechtsweg. Da allerdings auch die Beteiligungs- und Prozessfähigkeit des Klagegegners zu prüfen ist, ist es sinnvoll, §§ 61, 62 VwGO erst nach der Bestimmung des Klagegegners anzusprechen.

a) Beteiligungsfähigkeit

§ 61 Nr. 1 VwGO **139** Beteiligungsfähig sind nach § 61 Nr. 1 VwGO natürlich und juristische Personen. Mit letzteren sind diejenigen des Privatrechts und des öffentlichen Rechts gemeint.[366] Es spielt zudem keine Rolle, ob es sich um inländische oder ausländische juristische Personen handelt.[367]

§ 61 Nr. 2 VwGO § 61 Nr. 2 VwGO erfasst Vereinigungen, soweit ihnen ein Recht zustehen kann. In Abgrenzung zu § 61 Nr. 1 VwGO dürfen es keine juristischen Personen sein. Andererseits ist es aber erforderlich, dass eine feste, auf gewisse Dauer angelegte Organisationsstruktur vorliegt.[368] Zudem genügt es nach h.M. nicht, dass der Vereinigung irgendein Recht zusteht. Es muss ihr vielmehr gerade das Recht zustehen können, das Gegenstand des Rechtsstreits ist.[369]

BEISPIELE: BGB-Gesellschaft, nicht-rechtsfähiger Verein, Orts- oder Kreisverband einer Partei.[370]

§ 61 Nr. 3 VwGO Nach § 61 Nr. 3 VwGO sind Behörden beteiligungsfähig, sofern das Landesrecht dies bestimmt. Es bedarf also wie bei § 78 I Nr. 2 VwGO einer Ausführungsvorschrift im Landesrecht. Durch die landesrechtliche Regelung können richtigerweise nur Landesbehörden für beteiligungsfähig erklärt werden und keine Bundesbehörden.[371] Da Behörden nicht selbst Träger von Rechten und Pflichten sind,[372] handeln sie als

---

365 Kopp/Schenke, VwGO, § 78 Rn 13
366 Schenke, VerwProzessR, Rn 456. Zu den juristischen Personen des öffentlichen Rechts siehe Rn 134.
367 Hufen, VerwProzessR, § 12 Rn 20
368 Wolff/Decker, VwGO, § 61 Rn 8
369 Wolff/Decker, VwGO, § 61 Rn 8
370 Kopp/Schenke, VwGO, § 61 Rn 9
371 Kopp/Schenke, VwGO, § 61 Rn 13
372 Siehe Rn 134

Prozessstandschafter für die juristische Person des öffentlichen Rechts, der sie angehören. Sie machen also nicht eigene Rechte geltend, sondern die Rechte ihrer juristischen Person des öffentlichen Rechts.[373]

Nicht zu verwechseln ist die Beteiligungsfähigkeit i.S.v. § 61 VwGO mit der in § 63 VwGO beantworteten Frage, wer am Verfahren beteiligt ist. § 63 VwGO normiert nur, wer tatsächlich an dem Verwaltungsprozess teilnimmt. Das bedeutet noch lange nicht, dass die betreffende Person auch beteiligungsfähig ist.[374]

140 Abgrenzung § 61 VwGO/ § 63 VwGO

BEISPIEL: Wer eine Klage erhebt, ist gem. § 63 Nr. 1 VwGO Beteiligter des Prozesses, muss aber nicht zwingend nach § 61 VwGO beteiligungsfähig sein.

Die Beteiligteneigenschaft nach § 63 VwGO ist vor allem wichtig im Zusammenhang mit der Beiladung nach § 65 VwGO, weil sich die Rechtskraft einer gerichtlichen Entscheidung gem. § 121 Nr. 1 i.V.m. § 63 Nr. 3 VwGO auch auf den Beigeladenen erstreckt.[375]

b) Prozessfähigkeit
Die Prozessfähigkeit ist in § 62 VwGO normiert.

141

DEFINITION
Prozessfähigkeit ist die Fähigkeit, selbst oder durch einen Bevollmächtigten wirksam Prozesshandlungen vorzunehmen.[376]

Prozessfähigkeit

Damit ist nicht jeder, der beteiligungsfähig i.S.d § 61 VwGO ist, zugleich auch prozessfähig.

BEISPIEL: Ein Säugling ist zwar gem. § 61 Nr. 1 1. Fall VwGO beteiligungsfähig, jedoch nicht gem. § 62 VwGO prozessfähig.[377]

Zu beachten ist weiterhin, dass § 62 VwGO nicht wie § 61 VwGO zwischen juristischen Personen und Vereinigungen unterscheidet. Deshalb erfasst § 62 III VwGO mit dem Merkmal „Vereinigungen" auch die juristischen Personen.[378]

8. Weitere Zulässigkeitsvoraussetzungen

KLAUSURHINWEIS
Die nachfolgend dargestellten weiteren Zulässigkeitsvoraussetzungen sind in einer Klausur nur zu erörtern, wenn sie Probleme bereiten.

142

---

373 *Schenke, VerwProzessR, Rn 463*
374 *Schenke, VerwProzessR, Rn 448 f.*
375 *Siehe dazu auch Rn 157.*
376 *Schenke, VerwProzessR, Rn 477*
377 *Schenke, VerwProzessR, Rn 478*
378 *Kopp/Schenke, VwGO, § 62 Rn 14*

a) Ordnungsgemäße Klageerhebung

Sinn und Zweck: Klarstellung der Urheberschaft und des Rechtsverkehrswillens

143 Gem. § 81 I 1 VwGO ist die Klage schriftlich zu erheben. Sinn und Zweck dieser Regelung ist es, die Identität des Klägers festzustellen und klarzustellen, dass nicht der Entwurf eines Schriftsatzes in den Rechtsverkehr gelangt ist.[379] Dieser Zielrichtung genügt nicht nur der eigenhändig unterschriebene Schriftsatz. Ausreichend sind auch Telefax und Computerfax mit Wiedergabe der Unterschrift in der Kopie bzw. eingescannter Unterschrift.[380] In Ausnahmefällen ist das Gebot der Schriftlichkeit auch ohne Unterschrift gewahrt, wenn sich Urheberschaft und Rechtsverkehrswille eindeutig aus anderen Umständen ergeben.[381]

> **BEISPIELE:** Eine der Klage beigefügte Vollmacht ist handschriftlich unterzeichnet; Kläger gibt die Klageschrift persönlich bei Gericht ab und lässt sich darüber eine Bestätigung geben.[382]

Für elektronische Dokumente gilt die Sonderregel des § 55a VwGO.

Sonderregel des § 55a VwGO: Elektronisches Dokument

> **DEFINITION**
> **Elektronische Dokumente** sind solche, die mit den Mitteln der Datenverarbeitung erstellt und auf Datenträgern gespeichert werden können.[383]

Telefax, Computerfax und Funkfax sind demnach keine elektronischen Dokumente, weil sie vom Telefaxgerät des Empfängers lediglich in Papierform ausgedruckt werden.[384]
Eine elektronische Klageerhebung ist gem. § 55a I 1 VwGO erst zulässig, wenn Bund und Länder dies durch eine Rechtsverordnung für ihren Zuständigkeitsbereich ausdrücklich zugelassen haben.

Klageerhebung zur Niederschrift

Gem. § 81 I 2 VwGO kann die Klage beim Verwaltungsgericht auch zur Niederschrift erhoben werden. Das verlangt eine wörtliche Niederschrift, eine nochmalige Verlesung durch den Urkundsbeamten und eine Genehmigung durch den Kläger.[385]
Eine telefonische Klageerhebung ist nicht möglich.[386]

Rechtsfolge eines Verstoßes

Sind die Voraussetzungen des § 81 I VwGO nicht gewahrt, ist die Klage nicht erhoben. Eine Heilung des Fehlers muss innerhalb der Klagefrist des § 74 I VwGO erfolgen. Anderenfalls ist die Klage unzulässig.[387]

Mindestinhalte der Klageschrift

144 Im Gegensatz zu § 81 I VwGO, der die äußere Form regelt, bestimmt § 82 I VwGO die Mindestinhalte.[388] Bei § 82 I VwGO ist zwischen den notwendigen Inhalten i.S.v. § 82 I 1 VwGO („Muss-Vorschrift") und den nicht notwendigen Inhalten nach § 82 I 2, 3 VwGO („Soll-Vorschrift")zu differenzieren. Genügt die Klageschrift diesen Anforderungen nicht, hat das Gericht gem. § 82 II 1 VwGO einen Hinweis zu erteilen.

---

379 Schenke, VerwProzessR, Rn 71
380 Kopp/Schenke, VwGO, § 81 Rn 9
381 Kopp/Schenke, VwGO, § 81 Rn 6; Hufen, VerwProzessR, § 23 Rn 3
382 Kopp/Schenke, VwGO, § 81 Rn 6
383 Kopp/Schenke, VwGO, § 55a Rn 5
384 BVerwG, NJW 2006, 1989, 1990;Kopp/Schenke, VwGO, § 55a Rn 6
385 Hufen, VerwProzessR, § 23 Rn 4
386 Kopp/Schenke, VwGO, § 81 Rn 10
387 Hufen, VerwProzessR, § 23 Rn 4
388 Hufen, VerwProzessR, § 23 Rn 6

Ergänzt der Kläger gleichwohl seine Angaben nicht rechtzeitig, ist seine Klage bei einem Verstoß gegen die „Muss-Vorschrift" des § 82 I 1 VwGO unzulässig, wohingegen eine Verletzung der „Soll-Bestimmungen" des § 82 I 2, 3 VwGO folgenlos ist.[389]

b) Anderweitige Rechtshängigkeit und entgegenstehende Rechtskraft

Die Klage ist unzulässig gem. § 173 S. 1 VwGO i.V.m. § 17 I 2 GVG, wenn der Rechtsstreit bereits bei einem anderen Gericht anhängig ist. Entscheidend ist, ob es sich um den gleichen Streitgegenstand handelt. Der Streitgegenstand setzt sich zusammen aus dem Begehren des Klägers und dem zugrunde liegenden Sachverhalt (sog. **zweigliedriger Streitgegenstand**).[390] Folglich ist die Klage unzulässig, wenn der gleiche Gegenstand zwischen den gleichen Beteiligten bereits bei einem anderen Gericht umstritten ist.

Anderweitige Rechtshängigkeit

Ist der Rechtsstreit zwischen den Beteiligten bereits in einem früheren Verfahren rechtskräftig entschieden worden, kann er nicht erneut zum Gegenstand einer Klage gemacht werden. Die gem. § 121 VwGO eintretende materielle Rechtskraft steht dem entgegen.[391] Entscheidend ist auch hier, dass der Streitgegenstand der gleiche ist.

Entgegenstehende Rechtskraft

c) Rechtsschutzbedürfnis

Das Rechtsschutzbedürfnis, d.h. das berechtigte Interesse an einer gerichtlichen Klärung des Rechtsstreits, ist bei der Anfechtungsklage grundsätzlich gegeben.[392] Es fehlt nur ausnahmsweise in folgenden Konstellationen:
Die Anfechtungsklage ist offensichtlich missbräuchlich.

Rechtsmissbrauch

BEISPIELE: Anfechtungsklage gegen einen Verwaltungsakt, den der Kläger selbst beantragt hat; Kläger stimmt einer Grenzbebauung wirksam zu, klagt dann aber aus genau diesem Grund gegen die erteilte Baugenehmigung.[393]

Der Kläger hat sein Klagerecht verwirkt. Das setzt voraus, dass der Klageberechtigte sein Klagerecht lange Zeit nicht ausgeübt hat und der Prozessgegner darauf ein schutzwürdiges Vertrauen gründete.[394]

Verwirkung

> **KLAUSURHINWEIS**
> Wenn die Verwirkung offensichtlich ist, fehlt bereits die erforderliche Klagebefugnis.

Eine andere Klageart gewährt effektiveren Rechtsschutz.

Andere Klageart effektiver

BEISPIEL: Lehnt die Verwaltung den Erlass eines begünstigenden Verwaltungsaktes ab, fehlt einer gegen die Ablehnungsentscheidung gerichteten Anfechtungsklage das Rechtsschutzbedürfnis, weil eine Verpflichtungsklage effektiver ist.[395]

---

389 Wolff/Decker, VwGO, § 82 Rn 3
390 Wolff/Decker, VwGO, § 90, Rn 5; Hufen, VerwProzessR, § 10 Rn 9
391 Wolff/Decker, VwGO, § 121 Rn 15
392 Schenke, VerwProzessR, Rn 587
393 Hufen, VerwProzessR, § 23 Rn 16
394 Schenke, VerwProzessR, Rn 590; siehe auch Rn 120.
395 Schenke, VerwProzessR, Rn 594a

> **KLAUSURHINWEIS**
> Dieses Problem kann alternativ bereits im Rahmen der statthaften Klageart angesprochen werden, weil dort die Klageart zu ermitteln ist, die für den Kläger am effektivsten ist.[396]

d) Rechtsbehelfe gegen behördliche Verfahrenshandlungen

Grundsatz des § 44a S. 1 VwGO

147 Gem. § 44a S. 1 VwGO können Rechtsbehelfe gegen behördliche Verfahrenshandlungen nur gleichzeitig mit den gegen die Sachentscheidung zulässigen Rechtsbehelfen geltend gemacht werden.

> **KLAUSURHINWEIS**
> Es ist umstritten, ob § 44a VwGO eine selbständige Zulässigkeitsvoraussetzung ist oder ob es sich nur um eine Ausprägung des Rechtsschutzbedürfnisses handelt.[397] Da dies den Prüfungsaufbau berührt, wird der Meinungsstreit nicht erörtert, sondern der Klausurbearbeiter entscheidet sich schlichtweg für eine der beiden Varianten.

Verfahrenshandlungen

DEFINITION
Verfahrenshandlungen i.S.v. § 44a VwGO sind Entscheidungen, die eine Sachentscheidung in einem laufenden Verfahren ermöglichen, ohne selbst über den Verfahrensgegenstand zu entscheiden.[398]

BEISPIELE: Anhörung gem. § 28 VwVfG, Gewährung von Akteneinsicht, Erteilung des gemeindlichen Einvernehmens gem. § 36 I 1 BauGB.[399]

Derartige Verfahrenshandlungen können gem. § 44a S. 1 VwGO grundsätzlich nicht separat angegriffen bzw. eingefordert werden. Stattdessen muss der Betroffene die verfahrensabschließende Entscheidung abwarten, um sie sodann mit der Rüge anzugreifen, es liege ein Verfahrensfehler vor.

BEISPIEL: Wird ein Verfahrensbeteiligter vor Erlass eines belastenden Verwaltungsaktes nicht gem. § 28 I VwVfG angehört, so kann er dieses behördliche Verhalten nicht isoliert angreifen. Möglich ist nur eine Anfechtungsklage gegen den abschließenden Verwaltungsakt mit der Begründung, die gebotene Anhörung sei nicht erfolgt.[400]

Sinn und Zweck: Verfahrenseffizienz

Durch § 44a VwGO soll demnach verhindert werden, dass Verwaltungsverfahren durch Rechtsbehelfe verzögert werden, obwohl das Verfahren noch gar nicht abgeschlossen und somit noch offen ist, ob der Betroffene überhaupt durch das Ergebnis des Verfahrens inhaltlich beschwert wird.[401] Auf die Rechtsnatur der Verfahrenshandlung kommt es daher nach h.M. nicht an, d.h. es kann sich hierbei auch um einen Verwaltungsakt handeln.[402]

---

396 Vgl. Schenke, VerwProzessR, Rn 570, 594a
397 Zum Streitstand: Hufen, VerwProzessR, § 23 Rn 20; Schenke, VerwProzessR, Rn 566.
398 Wolff/Decker, VwGO, § 44a Rn 5
399 Wolff/Decker, VwGO, § 44a Rn 5
400 Schenke, VerwProzessR, Rn 566
401 Kopp/Schenke, VwGO, § 44a Rn 1
402 Kopp/Schenke, VwGO, § 44a Rn 3; Hufen, VerwProzessR, § 23 Rn 22

Besonders problematisch und examensrelevant ist in diesem Zusammenhang die Ersetzung eines versagten gemeindlichen Einvernehmens gem. § 36 II 3 BauGB.

148 Ersetzung des versagten Einvernehmens, § 36 II 3 BauGB

BEISPIEL: Die kleine kreisangehörige Gemeinde G versagt gem. § 36 II 1 BauGB gegenüber der zuständigen Kreisverwaltung ihr Einvernehmen zu einem in der Gemeinde geplanten Bauvorhaben. Die Kreisverwaltung ersetzt daraufhin gem. § 36 II 3 BauGB das versagte Einvernehmen und erteilt die Baugenehmigung. G fragt sich, ob sie nur die Baugenehmigung oder auch die Ersetzungsverfügung angreifen darf bzw. muss.

Nach einer Ansicht ist eine Anfechtungsklage gegen die Ersetzungsverfügung gem. § 44a S. 1 VwGO unzulässig.[403] G kann danach nur die erteilte Baugenehmigung angreifen. Im Rahmen dessen wird dann auch untersucht, ob die Ersetzung des versagten Einvernehmens rechtmäßig war. Zur Begründung verweisen die Vertreter dieser Rechtsansicht darauf, dass eine Erteilung des Einvernehmens durch die Gemeinde gem. § 44a S. 1 VwGO unstreitig nicht angegriffen werden kann. Dann müsse für die Ersetzung des versagten Einvernehmens das Gleiche gelten. Ferner werde durch die Anwendung des § 44a S. 1 VwGO das Nebeneinander mehrerer Rechtsbehelfsverfahren verhindert, bei denen es inhaltlich letztlich um dieselben Rechtsfragen geht.

Ansicht 1: § 44a S. 1 VwGO ist anwendbar

Die Gegenauffassung lehnt die Anwendung des § 44a VwGO in dieser Situation ab.[404] Danach kann und muss G die Ersetzungsverfügung anfechten, um zu verhindern, dass sie bestandskräftig wird. Begründen lässt sich diese Rechtsauffassung zum einen damit, dass die Verfahrenseffizienz nicht gefährdet ist, weil mit der Ersetzung des versagten Einvernehmens zugleich die Baugenehmigung als Sachentscheidung ergeht. Durch die isolierte Anfechtung der Ersetzungsverfügung kommt es also nicht zu einer Verzögerung des Baugenehmigungsverfahrens. Zum anderen ist fraglich, ob § 44a VwGO auf derartige Dreieckskonstellationen überhaupt zugeschnitten ist, sind doch die Adressaten der „Verfahrenshandlung" Ersetzung des versagten Einvernehmens (= die Gemeinde) und der „Sachentscheidung" Baugenehmigung (= der Bauherr) personenverschieden.

Ansicht 2: § 44a S. 1 VwGO ist nicht anwendbar

> **KLAUSURHINWEIS**
> Inhaltlich sind die Anfechtungsklagen gegen die Baugenehmigung und die Ersetzungsverfügung identisch, da jeweils zu prüfen ist, ob die Gemeinde ihr Einvernehmen zu Recht gem. § 36 II 1 BauGB versagt hat.

Ausnahmen gibt es gem. § 44a S. 2 VwGO, wenn die Verfahrenshandlungen vollstreckt werden können oder gegen einen Nichtbeteiligten ergehen.

149 Ausnahmen nach § 44a S. 2 VwGO

DEFINITION
Vollstreckbar sind alle **Verfahrenshandlungen**, welche die Behörde selbständig durchsetzen kann oder die sich auf unabhängig vom Verfahren bestehende Rechtspositionen beziehen.[405]

Vollstreckbare Verfahrenshandlungen

---

403   Kopp/Schenke, VwGO, § 42 Rn 138a; Fehling, JURA 2006, 369, 374 f.; Hellermann, JURA 2002, 589, 593 f.
404   OVG Lüneburg, NVwZ 1999, 1005, 1005; Ehlers, JURA 2008, 506, 510
405   Wolff/Decker, VwGO, § 44a Rn 11; Hufen, VerwProzessR, § 23 Rn 23

BEISPIELE: Anordnung einer Blutentnahme oder einer ärztlichen Untersuchung; Anordnung der Betretung eines Betriebsgeländes.[406]

Nichtbeteiligte sind alle natürlichen und juristischen Personen, die nicht Beteiligte i.S.v. § 13 I VwVfG sind.[407]

BEISPIELE: Zeugen, Sachverständige.

II. OBJEKTIVE KLAGEHÄUFUNG, § 44 VWGO

Objektive Klagehäufung

Gem. § 44 VwGO können mehrere Klagebegehren vom Kläger in einer Klage zusammen verfolgt werden, wenn sie sich gegen denselben Beklagten richten, im Zusammenhang stehen und dasselbe Gericht zuständig ist.

1. Voraussetzungen

Mehrere Begehren

150 Anwendungsvoraussetzung des § 44 VwGO ist, dass der Kläger mehrere Begehren verfolgt.

BEISPIELE: Der Kläger wehrt sich gegen die Aufhebung eine Subventionsbescheids und die Rückforderung der ausgezahlten Gelder. Ein Gastwirt klagt gegen die Aufhebung seiner Gaststättenerlaubnis und die Aufforderung nach § 52 VwVfG, die Erlaubnisurkunde herauszugeben.

Derselbe Beklagte

Sodann müssen sich die Begehren gegen denselben Beklagten richten, d.h. für alle Begehren muss der gleiche Klagegegner gegeben sein.[408]

BEISPIEL: Eine Gemeinde erlässt einen Bebauungsplan, die Kreisverwaltung als zuständige Baugenehmigungsbehörde erlässt eine Baugenehmigung. Der Kläger kann Bebauungsplan und Baugenehmigung nicht in einer Klage angreifen, weil sich seine Begehren nicht gegen denselben Beklagten richten (Gemeinde für den Bebauungsplan einerseits und Rechtsträger der Kreisverwaltung für die Baugenehmigung andererseits).

Weiterhin müssen die Begehren im Zusammenhang stehen.

Zusammenhang

DEFINITION
Ein **Zusammenhang** i.S.v. § 44 VwGO liegt vor, wenn die geltend gemachten Klagebegehren rein tatsächlich einem einheitlichen Lebensvorgang zuzurechnen sind.[409]

Damit ist dieses Merkmal sehr weit auszulegen. Es fehlt letztlich nur, wenn die verfolgten Begehren gar nichts miteinander zu tun haben.

---

406 *Wolff/Decker, VwGO, § 44a Rn 11; Hufen, VerwProzessR, § 23 Rn 23*
407 *Hufen, VerwProzessR, § 23 Rn 24*
408 *Vgl. zum Klagegegner Rn. 131 ff.*
409 *Wolff/Decker, VwGO, § 44 Rn 6*

BEISPIEL: Der Kläger wehrt sich gegen eine Abrissverfügung für sein Haus und gegen die Entziehung seiner Fahrerlaubnis.

In diesem Fall wird die Klage jedoch nicht abgewiesen, sondern es erfolgt nur eine Trennung der Verfahren gem. § 93 S. 2 VwGO.

> **KLAUSURHINWEIS**
> Im Gutachten wirkt sich eine Trennung der Verfahren so aus, dass nachfolgend auch die Begründetheitsprüfung der einzelnen Begehren komplett voneinander zu trennen ist.

Schließlich verlangt § 44 VwGO die Zuständigkeit desselben Gerichts. Die sachliche Zuständigkeit bestimmt sich nach §§ 45 ff. VwGO, die örtliche Zuständigkeit ist in § 52 VwGO geregelt. Sollte die Klage bzw. eines der Begehren bei einem unzuständigen Gericht erhoben werden, wird die Klage nicht abgewiesen, sondern es erfolgt gem. § 83 S. 1 VwGO i.V.m. § 17a II 1 GVG eine Verweisung an das zuständige Gericht.

Dasselbe Gericht

> **KLAUSURHINWEIS**
> In einer Klausur sind die Ortsnamen oftmals anonymisiert, sodass eine Prüfung der örtlichen Zuständigkeit des Gerichts nicht erfolgen kann. Es darf dann davon ausgegangen werden, dass die Klage beim örtlich zuständigen Gericht erhoben wird.
>
> Aus diesem Grund ist das zuständige Gericht in aller Regel auch in der Zulässigkeit nicht im Rahmen eines eigenen Prüfungspunkts zu thematisieren.

Keine Voraussetzung des § 44 VwGO ist, dass für alle Begehren dieselbe Klageart statthaft ist.[410] Es kann ohne Weiteres ein Anfechtungs- mit einem Verpflichtungs- und Leistungsbegehren verbunden werden.
§ 44 VwGO ist analog auch im vorläufigen Rechtsschutz anzuwenden.[411]

> **KLAUSURHINWEIS**
> Wegen der dargestellten Verweisungsbestimmung des § 83 S. 1 VwGO i.V.m. § 17a II 1 GVG sowie der Trennungsregelung des § 93 S. 2 VwGO handelt es sich bei § 44 VwGO nicht um eine Zulässigkeitsvoraussetzung. Bei Nichtvorliegen seiner Voraussetzungen sind die Begehren nicht unzulässig, sondern werden nur getrennt bzw. verwiesen. Daher ist § 44 VwGO zwischen der Zulässigkeit und der Begründetheit der Klage zu prüfen.

---

410 Hufen, VerwProzessR, § 13 Rn 14
411 Kopp/Schenke, VwGO, § 80 Rn 124, § 123 Rn 1

2. Arten der Klagehäufung

a) Kumulative Klagehäufung

151 | **Kumulative Klagehäufung**

DEFINITION
Die **kumulative Klagehäufung** zeichnet sich dadurch aus, dass mehrere Klagebegehren uneingeschränkt nebeneinander geltend gemacht werden.[412]

BEISPIEL: Der Kläger wehrt sich gegen eine Abrissverfügung für sein Haus und die damit verbundene Androhung der Ersatzvornahme.

> **KLAUSURHINWEIS**
> Bei einer kumulativen Klagehäufung bietet es sich regelmäßig an, die Zulässigkeit aller Begehren zusammen zu prüfen, um Zeit zu sparen. Innerhalb der einzelnen Zulässigkeitspunkte kann dann zwischen den Begehren differenziert werden. § 44 VwGO wird nach dieser gemeinsamen Zulässigkeitsprüfung angesprochen.
>
> Nur wenn die Zulässigkeitsprüfung für die einzelnen Begehren völlig unterschiedliche Schwerpunkte hat, sollten sie komplett getrennt geprüft werden.

b) Eventualklagehäufung

152 | **Eventualklagehäufung**

DEFINITION
Eine **Eventualklagehäufung** liegt vor, wenn neben dem Hauptantrag hilfsweise ein weiterer Antrag gestellt wird.[413]

Die Eventualklagehäufung ist wiederum in die eigentliche und uneigentliche Eventualklage zu unterteilen.

Eigentliche Eventualklage

DEFINITION
Bei der **eigentlichen Eventualklage** stellt der Kläger den Hilfsantrag für den Fall, dass er mit seinem Hauptantrag nicht in vollem Umfang Erfolg hat.[414]

BEISPIEL: Der Kläger begehrt mit seinem Hauptantrag eine Befreiung von der Hundesteuer und hilfsweise zumindest eine Ermäßigung.

Uneigentliche Eventualklage

DEFINITION
Bei der **uneigentlichen Eventualklage** stellt der Kläger den Hilfsantrag für den Fall, dass der Hauptantrag erfolgreich ist.[415]

---

412 *Wolff/Decker, VwGO, § 44 Rn 1; Schenke, VerwProzessR, Rn 75*
413 *Wolff/Decker, VwGO, § 44 Rn 1*
414 *Schenke, VerwProzessR, Rn 77*
415 *Schenke, VerwProzessR, Rn 77*

Der wichtigste Fall der uneigentlichen Eventualklage ist die Stufenklage.

BEISPIEL: § 113 I 2 VwGO ist ein gesetzlich geregelter Fall der Stufenklage.[416] Hier begehrt der Kläger für den Fall, dass die vorausgehende Anfechtungsklage erfolgreich ist, die Rückgängigmachung der Folgen des Vollzugs des Verwaltungsakts.

Der Hilfsantrag wird in dieser Situation auflösend bedingt gestellt. D.h. er wird gleichzeitig mit dem Hauptantrag rechtshängig gem. § 90 I VwGO. Sollte der Hauptantrag allerdings in vollem Umfang erfolglos bzw. erfolgreich sein, entfällt die Rechtshängigkeit des Hilfsantrages rückwirkend so, als sei er nie gestellt worden.[417]
Bei dieser Bedingung handelt es sich um eine zulässige innerprozessuale Bedingung.[418]

Stufenklage

> **KLAUSURHINWEIS**
> Da der Hilfsantrag unter der Bedingung des Erfolgs bzw. Misserfolgs des Hauptantrages steht, muss er zwingend nach diesem geprüft werden. Weiterhin darf die objektive Klagehäufung erst im Rahmen des Hilfsantrages angesprochen werden. Sollte nämlich die Rechtshängigkeit des Hilfsantrages wegen Erfolgs bzw. Misserfolgs des Hauptantrages rückwirkend entfallen, liegen nicht mehrere Begehren und somit keine objektive Klagehäufung vor.
>
> Es gilt somit folgende Prüfungsreihenfolge: Zulässigkeit des Hauptantrages, Begründetheit des Hauptantrages, Zulässigkeit des Hilfsantrages, § 44 VwGO, Begründetheit des Hilfsantrages.

c) Alternative Klagehäufung

> **DEFINITION**
> Eine **alternative Klagehäufung** zeichnet sich dadurch aus, dass das Gericht wahlweise über das eine oder das andere Klagebegehren entscheiden soll.[419]

153 *Alternative Klagehäufung*

BEISPIEL: Der Kläger hat zwei Bescheide erhalten und begehrt vom Gericht, einen der beiden aufzuheben.

Eine alternative Klagehäufung ist unzulässig, weil der Klageantrag nicht hinreichend bestimmt ist.[420] Daher handelt es sich genau betrachtet gar nicht um einen Fall der objektiven Klagehäufung. Die Klage scheitert vielmehr bereits an einem Verstoß gegen die Formvorschrift des § 82 I VwGO.[421]

---

416 *Kopp/Schenke, VwGO, § 113 Rn 80*
417 *Wolff/Decker, VwGO, § 44 Rn 1*
418 *Schenke, VerwProzessR, Rn 39, 77*
419 *Schenke, VerwProzessR, Rn 75*
420 *Schenke, VerwProzessR, Rn 75*
421 *Vgl. Schenke, VerwProzessR, Rn 75*

MERKSATZ

Bei der **kumulativen Klagehäufung** werden mehrere Begehren parallel nebeneinander verfolgt. § 44 VwGO wird zwischen der Zulässigkeit und der Begründetheit geprüft.

Bei der **Eventualklagehäufung** werden erst der Hauptantrag und dann der Hilfsantrag geprüft. § 44 VwGO ist im Rahmen des Hilfsantrages zwischen der Zulässigkeit und der Begründetheit zu prüfen.

Die alternative Klagehäufung ist gar keine Klagehäufung und unzulässig.

III. STREITGENOSSENSCHAFT, § 64 VwGO i.V.m. §§ 59 ff. ZPO

Subjektive Klagehäufung bzw. Streitgenossenschaft

154 | **DEFINITION**
Eine **Streitgenossenschaft** (auch „subjektive Klagehäufung" genannt) liegt vor, wenn es mehrere Kläger und/oder mehrere Beklagte gibt.[422]

Gem. § 64 VwGO gelten die Bestimmungen der §§ 59-63 ZPO entsprechend. Daher wird auch im Verwaltungsprozessrecht zwischen der einfachen und der notwendigen Streitgenossenschaft unterschieden.

Einfache Streitgenossenschaft

155 Die **einfache Streitgenossenschaft** ist in § 64 VwGO i.V.m. §§ 59, 60 ZPO geregelt. Sie stellt nur die organisatorische Verbindung mehrerer Klagen zu einem Verfahren dar.[423] Das Urteil kann einheitlich ergehen, muss es aber nicht. Die Streitgenossen bleiben hinsichtlich ihrer Prozesse selbständig und sind an Erklärungen sowie sonstige Prozesshandlungen der übrigen Streitgenossen nicht gebunden.[424]

BEISPIELE: Mehrere Nachbarklagen gegen eine Baugenehmigung; Klage mehrerer durch eine Allgemeinverfügung Betroffener.[425]

Liegen die Voraussetzungen der einfachen Streitgenossenschaft nicht vor, trennt das Gericht die Verfahren gem. § 93 S. 2 VwGO.[426]

KLAUSURHINWEIS

Wegen des § 93 S. 2 VwGO ist auch die **einfache Streitgenossenschaft** nicht in der Zulässigkeit zu prüfen. Sie gehört **zwischen die Zulässigkeit und Begründetheit** der Klage.

Bei der Erstellung der Lösungsskizze sollten die Streitgenossen einzeln geprüft werden, da die Klage des einen zulässig und begründet und die des anderen unzulässig oder unbegründet sein kann. Ist die Prüfung letztlich aber für alle Streitgenossen inhaltlich identisch, können sie bei der eigentlichen Niederschrift der Klausurlösung zusammengefasst werden.

---

422 *Schenke, VerwProzessR, Rn 474a*
423 *Hufen, VerwProzessR, § 12 Rn 17*
424 *Kopp/Schenke, VwGO, § 64 Rn 10; Wolff/Decker, VwGO, § 64 Rn 3*
425 *Kopp/Schenke, VwGO, § 64 Rn 8; Schenke, VerwProzessR, Rn 474a*
426 *Wolff/Decker, VwGO, § 64 Rn 3*

Die **notwendige Streitgenossenschaft** ist in § 64 VwGO i.V.m. § 62 ZPO geregelt. Bei ihr muss nochmals differenziert werden:
Es gibt einerseits die uneigentliche (bzw. unechte oder prozessuale) notwendige Streitgenossenschaft. Hier müssen die Streitgenossen zwar nicht notwendig zusammen klagen. Wenn sie dies aber tun, muss das Urteil notwendig einheitlich ergehen, sodass sie seine Rechtskraft auf die anderen Streitgenossen erstreckt.[427]

156 Notwendige Streitgenossenschaft

Uneigentliche notwendige Streitgenossenschaft

BEISPIELE: Gemeinde und Gemeindebeamter klagen gegen den Widerruf einer Beförderung durch die Kommunalaufsichtsbehörde; Staat klagt gegen OHG und deren Gesellschafter auf Rückzahlung einer Subvention.[428]

Folglich kann die Klage einzelner Streitgenossen unzulässig sein. Nur die Begründetheitsprüfung muss für alle einheitlich ausfallen.[429] Liegen die Voraussetzungen der uneigentlichen notwendigen Streitgenossenschaft nicht vor, trennt das Gericht die Verfahren gem. § 93 S. 2 VwGO.

> **KLAUSURHINWEIS**
> Für den Klausuraufbau gilt daher dasselbe wie für die einfache Streitgenossenschaft.

Andererseits gibt es die eigentliche (bzw. echte oder materiell-rechtliche) notwendige Streitgenossenschaft. Hier ist die Streitgenossenschaft i.S.v. § 62 ZPO „aus einem sonstigen Grund eine notwendige". Das bedeutet, die Streitgenossen können zwingend nur gemeinsam klagen bzw. verklagt werden.[430]

Eigentliche notwendige Streitgenossenschaft

BEISPIELE: Klage der Ehegatten auf Änderung des Familiennamens; Klage beider Eltern aus dem Elternrecht gegen die Entlassung ihres Kindes aus der Schule.[431]

> **KLAUSURHINWEIS**
> Die **eigentliche notwendige Streitgenossenschaft** muss bereits im Rahmen der **Klagebefugnis** angesprochen werden, da nur alle Streitgenossen zusammen klagen können. In dieser Konstellation stellt die Streitgenossenschaft also ausnahmsweise eine echte Zulässigkeitsvoraussetzung dar.

§ 64 VwGO ist analog auch im vorläufigen Rechtsschutz anzuwenden.[432]

> **MERKSATZ**
> Einfache Streitgenossenschaft sowie uneigentliche notwendige Streitgenossenschaft sind zwischen der Zulässigkeit und der Begründetheit zu prüfen. Die eigentliche notwendige Streitgenossenschaft ist in der Klagebefugnis zu erörtern.

---

427 *Wolff/Decker, VwGO,* § 64 Rn 4; *Schenke, VerwProzessR,* Rn 474a
428 *Kopp/Schenke, VwGO,* § 64 Rn 6
429 *Kopp/Schenke, VwGO,* § 64 Rn 12
430 *Kopp/Schenke, VwGO,* § 64 Rn 7
431 *Kopp/Schenke, VwGO,* § 64 Rn 7
432 *Kopp/Schenke, VwGO,* § 80 Rn 124, § 123 Rn 1

IV. BEILADUNG, § 65 VWGO

157 Gem. § 65 I VwGO kann das Gericht andere, deren rechtliche Interessen durch die Entscheidung berührt werden, beiladen (sog. **einfache Beiladung**). Gem. § 65 II VwGO muss das Gericht Dritte beiladen, wenn sie an dem streitigen Rechtsverhältnis derart beteiligt sind, dass die Entscheidung auch ihnen gegenüber nur einheitlich ergehen kann (notwendige Beiladung).

> **KLAUSURHINWEIS**
> Da die Beiladung durch das Gericht erfolgt, können Fehler nicht dem Kläger zum Nachteil gereichen. Daher ist auch die Beiladung zwischen der Zulässigkeit und der Begründetheit zu prüfen.

Im Unterschied zur Streitgenossenschaft beteiligt sich der Beigeladene an einem fremden Rechtsstreit, er ist nicht Hauptbeteiligter.[433]

Sinn und Zweck der Beiladung

Die Beiladung dient zum einen dem Rechtsschutz des Beigeladenen, indem sie ihm die prozessualen Handlungsmöglichkeiten des § 66 VwGO eröffnet.[434] Zum anderen wird der Dritte durch die Beiladung Beteiligter des Verfahrens gem. § 63 Nr. 3 VwGO. Damit erstreckt sich die materielle Rechtskraft des Urteils gem. § 121 Nr. 1 VwGO auch auf ihn. Diese Rechtskrafterstreckung dient der Prozessökonomie, indem sie Nachfolgeprozesse vermeidet.[435]

BEISPIEL: Der Nachbar erhebt Anfechtungsklage gegen eine dem Bauherrn erteilte Baugenehmigung. Klagegegner ist der Rechtsträger der Baugenehmigungsbehörde, der Bauherr ist beizuladen. Hebt das Verwaltungsgericht die angefochtene Baugenehmigung auf, wirkt diese Entscheidung auch gegenüber dem Bauherrn. Er kann daher beispielsweise gegen eine spätere Abrissverfügung nicht einwenden, sein Gebäude sei baurechtlich legal.

Einfache Beiladung

Eine Berührung rechtlicher Interessen i.S.v. § 65 I VwGO ist gegeben, wenn im Zeitpunkt der Beiladung die Möglichkeit besteht, dass sich die Rechtsposition des Dritten durch den Prozessausgang verbessern oder verschlechtern könnte.[436]

BEISPIEL: Beiladung des Nachbarn bei einer Anfechtungsklage des Bauherrn gegen eine ihm erteilte Abrissverfügung, auch wenn sie vom Nachbarn angeregt wurde. Denn die Abrissverfügung muss nicht zwingend wegen einer Verletzung der Nachbarrechte erlassen worden sein, es kann auch ein Verstoß gegen objektives Recht vorliegen.

Notwendige Beiladung

Die notwendige Beiladung setzt gem. § 65 II VwGO voraus, dass die gerichtliche Entscheidung dem Kläger und dem Dritten gegenüber nur einheitlich ergehen kann. Das bedeutet, mit dem Urteil werden zugleich unmittelbar Rechte des Dritten gestaltet, bestätigt, festgestellt, verändert oder aufgehoben.[437] Die Rechtsposition des Dritten wird also durch das Urteil immer tangiert, unabhängig davon, wie das Gericht entscheidet. Diese Voraussetzung ist i.d.R. bei Verwaltungsakten mit Drittwirkung erfüllt.

---

433 *Hufen, VerwProzessR,* § 12 Rn 16; *Schenke, VerwProzessR,* Rn 474a
434 *Hufen, VerwProzessR,* § 12 Rn 4
435 *Hufen, VerwProzessR,* § 12 Rn 4; *Schenke, VerwProzessR,* Rn 464
436 *Wolff/Decker, VwGO,* §§ 65, 66 Rn 4
437 *Wolff/Decker, VwGO,* §§ 65, 66 Rn 6; *Schenke, VerwProzessR,* Rn 470

BEISPIELE: Erhebt ein Nachbar eine Anfechtungsklage gegen eine Baugenehmigung, ist der Bauherr notwendig beizuladen; Subventionsempfänger ist notwendig beizuladen, wenn ein Konkurrent den Subventionsbescheid anficht.[438]

Da der Beigeladene am gerichtlichen Verfahren teilnehmen soll, ist beiladungsfähig nur, wer gem. § 61 VwGO beteiligungsfähig ist. Folglich ist in den Bundesländern, die § 61 Nr. 3 VwGO nicht umgesetzt haben, nicht die Behörde, sondern deren Rechtsträger beizuladen.

BEISPIEL: Beizuladen ist nicht der Bürgermeister, sondern als Rechtsträgerin die Gemeinde.

§ 65 VwGO ist auch im Verfahren des vorläufigen Rechtschutzes anzuwenden.[439]

V. BEGRÜNDETHEIT DER KLAGE

> **KLAUSURHINWEIS** 158
>
> Der **Obersatz** lautet in einer Klausur: „Die Klage ist begründet, soweit der Verwaltungsakt rechtswidrig und der Kläger dadurch in seinen Rechten verletzt ist, § 113 I 1 VwGO."
>
> Es sollte wie im Gesetzestext das Wort „**soweit**" und nicht, was häufig zu lesen ist, das Wort „wenn" verwendet werden, um zu zeigen, dass ein Verwaltungsakt nur teilweise rechtswidrig sein kann und dann auch nur teilweise aufgehoben wird.

Die Prüfung der Rechtmäßigkeit eines Verwaltungsaktes unterteilt sich in folgende Punkte: Ermächtigungsgrundlage, formelle Rechtmäßigkeit, materielle Rechtmäßigkeit.
Dieser Aufbau gilt nicht nur bei Verwaltungsakten, sondern immer, wenn nach der Rechtmäßigkeit eines behördlichen Handelns gefragt ist.
Eine Abweichung von diesem Prüfungsaufbau kann sich in Fällen der Drittanfechtung ergeben.

Aufbau einer Rechtmäßigkeitsprüfung

Sonderfall: Drittanfechtung

BEISPIEL: Nachbar greift die dem Bauherrn erteilte Baugenehmigung an.

Da der Dritte nicht Adressat des Verwaltungsaktes ist, kann er sich nicht auf Art. 2 I GG, sondern nur auf sog. **drittschützende Normen** berufen.[440] Folglich sind in der Begründetheit grundsätzlich nur diese drittschützenden Vorschriften zu prüfen. Ausnahmen gelten, wenn nach dem Klausursachverhalt ein Schwerpunkt bei einer rein objektiv-rechtlichen Norm liegt oder der Arbeitsauftrag zu einer umfassenden Begutachtung der Rechtslage zwingt.

BEISPIELE: Arbeitsauftrag lautet „erstellen Sie ein umfassendes Rechtsgutachten" oder „Begutachten Sie die Erfolgsaussichten der Klage unter allen rechtlichen Gesichtspunkten" oder „Nehmen Sie zu allen aufgeworfenen Rechtsfragen Stellung".

---

[438] Kopp/Schenke, VwGO, § 65 Rn 17
[439] Hufen, VerwProzessR, § 12 Rn 5
[440] Siehe Rn 90

In diesen Fällen bleibt es bei der grundsätzlichen Unterteilung in Ermächtigungsgrundlage, formelle und materielle Rechtmäßigkeit. Allerdings muss dann im abschließenden Prüfungspunkt „Rechtsverletzung" geklärt werden, ob der Kläger durch den rechtswidrigen Verwaltungsakt tatsächlich in eigenen subjektiven Rechten verletzt ist.

159   KLAUSURHINWEIS
Verfolgt der Kläger mehrere Begehren, gelten folgende Grundsätze: Die Prüfung der Zulässigkeit erfolgt möglichst für alle Begehren zusammen, um Zeit zu sparen. Es kann innerhalb der einzelnen Zulässigkeitspunkte zwischen den unterschiedlichen Begehren differenziert werden. Eine Grenze ist erreicht, wenn die Darstellung unübersichtlich wird. Dann ist die Zulässigkeit der Klage für jedes Begehren getrennt zu prüfen. Ferner ist die Zulässigkeitsprüfung bei einer Eventualklagehäufung getrennt durchzuführen.[441] Im Rahmen der Begründetheit sind die einzelnen Begehren hingegen stets getrennt zu prüfen, weil für sie in aller Regel unterschiedliche Ermächtigungsgrundlagen existieren, sodass die Tatbestandsvoraussetzungen voneinander abweichen.

1. Ggf. Passivlegitimation

Passivlegitimation und Rechtsträgerprinzip

160 Die Passivlegitimation gehört zur Begründetheit einer Klage. Sie bestimmt, wer Inhaber der umstrittenen Rechtsposition auf der Beklagtenseite ist.[442]

KLAUSURHINWEIS
Damit sind der Passivlegitimierte und der Rechtsträger der handelnden Behörde identisch. Der Rechtsträger wurde bereits im Rahmen der Zulässigkeit beim Prüfungspunkt „Klagegegner" bestimmt, wenn dort § 78 I Nr. 1 VwGO zur Anwendung kommt, da diese Vorschrift das sog. **Rechtsträgerprinzip** normiert.[443] In diesem Fall kann auf den Prüfungspunkt „Passivlegitimation" verzichtet werden, da inhaltlich nur die Ausführungen zum Klagegegner wiederholt würden. Wer hingegen in § 78 I Nr. 1 VwGO eine Regelung der Passivlegitimation erblickt,[444] kann umgekehrt auf den Prüfungspunkt „Klagegegner" verzichten.

Eine Bildung beider Prüfungspunkte (Klagegegner und Passivlegitimation) ist nur zwingend, wenn sich der Klagegegner nach dem **Behördenprinzip** des § 78 I Nr. 2 VwGO bestimmt. Dann wurde der Rechtsträger der zu verklagenden Behörde nicht im Prüfungspunkt „Klagegegner" bestimmt, sodass dies Rahmen der Passivlegitimation zu geschehen hat.

Wird die Passivlegitimation geprüft, muss sie in den Obersatz der Begründetheitsprüfung aufgenommen werden („…soweit sich die Klage gegen den richtigen Passivlegitimierten richtet, der Verwaltungsakt rechtswidrig…")

---

441   Siehe Rn 152
442   Siehe Rn 132
443   Siehe Rn 134
444   Siehe Rn 133

2. Ermächtigungsgrundlage

Das Erfordernis einer Ermächtigungsgrundlage[445] für den Erlass eines Verwaltungsaktes folgt aus der Lehre vom Vorbehalt des Gesetzes, Art. 20 III GG.[446] Wichtig ist, dass die konkrete Vorschrift die Behörde zu einem Handeln ermächtigt. Bloße Gebote und Verbote sind daher keine Ermächtigungsgrundlage.

161 Handlungsermächtigung

BEISPIEL: In einer sog. Kampfhundeverordnung ist festgelegt, dass bissige Hunde außerhalb der Wohnung des Halters einen Maulkorb tragen müssen. Der Wüterich W führt seinen extrem bissigen Schäferhund jedoch ohne einen solchen Maulkorb aus. Als er dem Polizisten P begegnet, fragt sich dieser, welche Ermächtigungsgrundlage ihm für ein Einschreiten gegen W zur Verfügung steht, da die Bissigkeit des Hundes stadtbekannt ist.

Abgrenzung von Ge- und Verboten

Die Kampfhundeverordnung legt zwar die Pflicht zum Tragen eines Maulkorbs fest, enthält jedoch keine Handlungsermächtigung für P. Es fehlt insbesondere an einer Rechtsfolge. Deshalb muss P auf die polizeiliche Generalklausel zurückgreifen. Im Zusammenhang mit dem Tatbestandsmerkmal „Gefahr für die öffentliche Sicherheit" ist dann auf den Verstoß gegen die Kampfhundeverordnung einzugehen.

> **MERKSATZ**
> Eine **Ermächtigungsgrundlage** zeichnet sich dadurch aus, dass sie eine Behörde zu einem Handeln ermächtigt. Bloße Ge- und Verbote beinhalten keine Handlungsermächtigung.

Ebenfalls keine Ermächtigungsgrundlagen sind Zuständigkeitsbestimmungen. Sie legen den Aufgabenkreis einer Behörde fest, ermächtigen sie jedoch nicht zu einem Handeln.

Abgrenzung von Zuständigkeitsbestimmungen

BEISPIEL: Die Polizei hat nach den Polizeigesetzen der Bundesländer einerseits die Aufgabe, Gefahren abzuwehren, und wird andererseits ermächtigt, Gefahren abzuwehren.

> **MERKSATZ**
> Die **Zuständigkeitsbestimmungen** sind strikt von den Ermächtigungsgrundlagen zu trennen. Vor allem kann aus dem Bestehen einer behördlichen Zuständigkeit nicht gefolgert werden, dass die Behörde auch über die erforderlichen Ermächtigungsgrundlagen verfügt, um ihre Aufgaben erfüllen zu können.

Besondere Schwierigkeiten treten im Zusammenhang mit der reformatio in peius (Verböserung) auf, deren Kernproblem das enttäuschte Vertrauen des Widerspruchsführers ist.[447]

162 Reformatio in peius

---

[445] Alternativbegriffe: „Eingriffsgrundlage" und „Rechtsgrundlage".
[446] Detaillierte Darstellung der Ermächtigungsgrundlage im JURA INTENSIV Skript „Allgemeines Verwaltungsrecht".
[447] Siehe Rn 79

Verfassungsmäßigkeit der reformatio in peius

Teilweise wird eine solche Verböserung bereits für verfassungswidrig gehalten, weil sie den Sinn des Widerspruchsverfahrens in sein Gegenteil verkehre.[448] Der Bürger müsse befürchten, durch ein Verfahren, das ihn eigentlich von der belastenden Wirkung eines Verwaltungsaktes befreien soll, schlechter gestellt zu werden. Das verstoße gegen die Rechtsschutzgarantie des Art. 19 IV 1 GG.

Dieser Argumentation kann jedoch entgegengehalten werden, dass das Widerspruchsverfahren auch der Selbstkontrolle der Verwaltung sowie der Entlastung der Gerichte dient. Es geht also nicht nur darum, dem Bürger Rechtsschutz zu gewähren. Weiterhin würde es der aus Art. 20 III GG folgenden Gesetzesbindung der Verwaltung widersprechen, wenn die Widerspruchsbehörde einen als rechtswidrig erkannten Verwaltungsakt nicht zulasten des Widerspruchsführers abändern darf. Daher ist die reformatio in peius im Einklang mit der h.M. als verfassungskonform anzusehen.[449]

> **MERKSATZ**
> Die **reformatio in peius** verstößt richtigerweise nicht gegen Art. 19 IV 1 GG.

Ermächtigungsgrundlage für die reformatio in peius

Darüber hinaus ist umstritten, welche Ermächtigungsgrundlage für eine Verböserung heranzuziehen ist. Da es sich um eine materiell-rechtliche Fragestellung handelt, sind die §§ 68 ff. VwGO jedenfalls nicht einschlägig, weil sie nur prozessuale Regelungen enthalten.[450]

Nach einer Ansicht sind §§ 48, 49 VwVfG (bzw. spezielle Aufhebungsvorschriften) anzuwenden.[451] Die Verböserung stelle gleichsam die Aufhebung des zwar belastenden, aber immer noch „günstigeren" ursprünglichen Verwaltungsaktes dar. Das Vertrauen des Widerspruchsführers darauf, dass er infolge seines Widerspruchs zumindest nicht noch weiter belastet wird, könne nur durch Anwendung der Vertrauensschutzregelungen der §§ 48, 49 VwVfG ausreichend beachtet werden.

Die Gegenauffassung wendet hingegen zurecht die Ermächtigungsgrundlage an, die auch für den Ausgangsbescheid gilt.[452] Sie verweist darauf, dass mit dem Widerspruch die behördliche Anwendung gerade dieser Norm gerügt wird. Es entspricht somit dem Begehren des Widerspruchsführers, wenn die Widerspruchsführer nochmals am Maßstab der Vorschrift subsumiert, welche die Ausgangsbehörde ihrer Entscheidung zugrunde gelegt hat. Folglich hat sich der Widerspruchsführer mit der Einlegung des Widerspruchs bewusst seines Vertrauens in den Bestand des Ausgangsbescheids begeben. Darüber hinaus sieht § 68 I 1 VwGO eine umfassende Prüfungskompetenz der Widerspruchsbehörde vor, sie ist somit nicht auf die Aufhebungstatbestände der §§ 48, 49 VwVfG beschränkt.

> **MERKSATZ**
> Ermächtigungsgrundlage für die reformatio in peius ist § 68 I 1 VwGO i.V.m. der Ermächtigungsgrundlage für den Ausgangsbescheid.

---

448 Hufen, VerwProzessR, § 9 Rn 17
449 Meister, JA 2002, 567, 569; Schildheuer, NVwZ 1996, 637, 637 ff.
450 BVerwGE 65, 313, 319; Meister, JA 2002, 567, 569
451 Kopp/Schenke, VwGO, § 68 Rn 10c
452 OVG Koblenz, NVwZ 1992, 386, 387; Meister, JA 2002, 567, 570

3. Formelle Rechtmäßigkeit[453]

a) Zuständige Behörde

Prozessual bedeutsam ist die Frage, ob die Widerspruchsbehörde auch für eine reformatio in peius zuständig ist. Das ist in §§ 68 ff. VwGO nicht geregelt. § 73 I, II VwGO bestimmt zwar die zuständige Widerspruchsbehörde, legt damit aber nicht fest, dass diese auch eine Verböserung vornehmen darf. Dafür könnte alternativ auch nur die Ausgangsbehörde zuständig sein.

163 Zuständigkeit für die reformatio in peius

Einigkeit besteht in diesem Zusammenhang darüber, dass die Widerspruchsbehörde nur die durch den Ausgangsbescheid verursachte Beschwer intensivieren, nicht aber eine gänzlich neue Beschwer schaffen darf.[454] Anderenfalls würde dem Widerspruchsführer eine Behörden- und Rechtsschutzebene entzogen, da er gegen den Widerspruchsbescheid gem. § 68 I 2 Nr. 2 VwGO nicht erneut Widerspruch einlegen kann.[455] Ferner ist die Entscheidungskompetenz der Widerspruchsbehörde durch das Begehren des Widerspruchsführers begrenzt. Sie muss sich im Rahmen der Entscheidung der Ausgangsbehörde halten, da nur diese vom Widerspruchsführer angefochten wurde. Eine scheinbare Ausnahme besteht, wenn der Widerspruchsbehörde ein sog. **Selbsteintrittsrecht** zusteht, d.h. sie tritt an die Stelle der Ausgangsbehörde und übt deren Befugnisse aus. Dann erlässt sie aber keinen Widerspruchsbescheid, sondern lediglich anlässlich des Widerspruchsverfahrens einen neuen Ausgangsbescheid, der auch mit einem Widerspruch anfechtbar ist.[456]

Intensivierung der Beschwer

BEISPIELE: Eine zulässige Intensivierung der Beschwer liegt vor, wenn einem Gastwirt durch den Ausgangsbescheid die Schaffung eines Notausgangs aufgegeben wird, mit dem Widerspruchsbescheid aber zwei Notausgänge gefordert werden. Demgegenüber ist es unzulässig, eine Nutzungsuntersagung im Widerspruchsverfahren in eine Abbruchverfügung zu ändern.[457]

Zusätzlich zu diesem Erfordernis muss die Widerspruchsbehörde entweder mit der Ausgangsbehörde identisch sein oder ihr gegenüber ein umfassendes Weisungsrecht besitzen.[458] Dafür spricht, dass die Widerspruchsbehörde im Falle der Behördenidentität von Anfang an die intensivere Belastung hätte verfügen können. Es ist letztlich unerheblich, ob dies in ihrer Eigenschaft als Widerspruchsbehörde oder als Ausgangsbehörde geschieht.

Behördenidentität oder umfassendes Weisungsrecht

BEISPIELE: Identität zwischen Ausgangs- und Widerspruchsbehörde besteht in den Fällen des § 73 I 2 Nrn. 2, 3 VwGO.

Besteht ein umfassendes Weisungsrecht der Widerspruchsbehörde, dann spielt es im Ergebnis keine Rolle, ob die Widerspruchsbehörde die Verböserung selbst vornimmt oder die Ausgangsbehörde im Wege des Aufsichtsrechts anweist, einen neuen, „schlechteren" Verwaltungsakt zu erlassen. An einem umfassenden Weisungsrecht

---

453 Detaillierte Darstellung der formellen Rechtmäßigkeit im JURA INTENSIV Skript „Allgemeines Verwaltungsrecht".
454 Kopp/Schenke, VwGO, § 68 Rn 10; Meister, JA 2002, 567, 567
455 Siehe Rn 107
456 Jaroschek, JA 1997, 668, 669; Meister, JA 2002, 567, 567
457 Kopp/Schenke, VwGO, § 68 Rn 10
458 Hufen, VerwProzessR, § 9 Rn 19; Meister, JA 2002, 567, 570 f.

fehlt es jedoch, wenn die Widerspruchsbehörde auf eine bloße Rechtskontrolle beschränkt ist, da in einer solchen Situation die Rechtsschutzfunktion des Vorverfahrens für den Bürger im Vordergrund steht.[459]

BEISPIEL: Ein begrenzter Prüfungsumfang besteht, wenn in einer Selbstverwaltungsangelegenheit einer Gemeinde ein Verwaltungsakt ergeht, z.B. ein Hausverbot für das gemeindliche Schwimmbad, und in Abweichung von § 73 I 2 Nr. 3 VwGO die Kommunalaufsichtsbehörde den Widerspruchsbescheid erlässt. Zum Schutz der Selbstverwaltungsgarantie der Gemeinde findet nur eine Kontrolle der Rechtmäßigkeit des Verwaltungsaktes statt.

> **MERKSATZ**
> Die **Widerspruchsbehörde** ist für eine reformatio in peius zuständig, wenn sie die durch den Ausgangsbescheid verursachte Beschwer intensiviert und entweder mit der Ausgangsbehörde identisch ist oder ihr gegenüber ein umfassendes Weisungsrecht besitzt.

b) Verfahren/Form

Anhörungsvorschrift des § 71 VwGO

164 Eine spezielle Anhörungsvorschrift findet sich in § 71 VwGO. Sie gebietet eine Anhörung auch im Fall der reformatio in peius.[460]

Formvorschrift des § 73 III 1 VwGO

Als spezielle Formvorschrift ist § 73 III 1 VwGO anzusehen. Ihm ist zu entnehmen, dass ein Widerspruchsbescheid schriftlich zu ergehen hat, da nur Schriftstücke zugestellt werden können.

4. Materielle Rechtmäßigkeit[461]

Tatbestand und Rechtsfolge

165 Im Rahmen der materiellen Rechtmäßigkeit ist zu prüfen, ob der Verwaltungsakt die Voraussetzungen der Ermächtigungsgrundlage erfüllt. Dafür müssen der Tatbestand und die Rechtsfolge der Ermächtigungsgrundlage geprüft werden. Folglich ist die Ermächtigungsgrundlage entsprechend aufzuteilen. Da sie stets als Konditionalsatz formuliert ist, geschieht dies nach dem „Wenn-Dann-Prinzip".[462]

BEISPIEL: Nach der polizeilichen Generalklausel kann die Polizei die notwendigen Maßnahmen treffen, um eine konkrete Gefahr für die öffentliche Sicherheit abzuwehren. Der Tatbestand (das „Wenn") ist die konkrete Gefahr für die öffentliche Sicherheit, die Rechtsfolge (das „Dann") ist die Befugnis, die notwendigen Maßnahmen treffen zu dürfen.

> **MERKSATZ**
> Tatbestand und Rechtfolge einer Ermächtigungsgrundlage sind nach dem **„Wenn-Dann-Prinzip"** voneinander zu trennen:
> „Wenn" = Tatbestand
> „Dann" = Rechtsfolge

---

459 *Pietzner/Ronellenfitsch, Assessorexamen,* § 40 Rn 21-27; *Meister,* JA 2002, 567, 570 f.
460 BVerwG, NVwZ 1999, 1218, 1219; *Wolff/Decker,* VwGO, § 71 Rn 5
461 Detaillierte Darstellung der materiellen Rechtmäßigkeit im JURA INTENSIV Skript „Allgemeines Verwaltungsrecht".
462 *Maurer,* AllgVerwR, § 7 Rn 2

> **KLAUSURHINWEIS**
> In einer Klausur müssen Tatbestand und Rechtsfolge korrekt voneinander getrennt werden können. Das wird auch bei unbekannten, „exotischen" Ermächtigungsgrundlagen erwartet. Dabei ist zu beachten, dass die Rechtsfolge oftmals am Anfang der Ermächtigungsgrundlage zu finden ist und dann erst der Tatbestand folgt.

a) Tatbestand der Ermächtigungsgrundlage

Die Tatbestandsvoraussetzungen sind naturgemäß abhängig von der konkreten Ermächtigungsgrundlage und entziehen sich damit in einem weiten Umfang einer abstrakten Betrachtung. Das hindert jedoch nicht daran, einige Rechtsfiguren näher zu beleuchten, die Probleme bei der Prüfung des Tatbestandes verursachen können: die unbestimmten Rechtsbegriffe und damit zusammenhängend der behördliche Beurteilungsspielraum.

166 Tatbestand

> **DEFINITION**
> **Unbestimmte Rechtsbegriffe** sind Tatbestandsmerkmale, die in ganz besonderem Maße auslegungsbedürftig sind.[463]

Unbestimmte Rechtsbegriffe

Das bedeutet, dass die Tatbestandsmerkmale der Ermächtigungsgrundlagen unterschiedlich konkret sein können. Es gibt ganz genau gefasste Merkmale, die keinerlei Zweifel aufkommen lassen.

BEISPIEL: Damit ein Bürgerbegehren erfolgreich sein kann, verlangen die Gemeindeordnungen, dass es von einer genau angegebenen Mindestanzahl von wahlberechtigten Einwohnern unterzeichnet wird. Hier ist der Wortlaut des Gesetzes so eindeutig, dass sich jede weitere Auslegung erübrigt.

Weiterhin sind Tatbestandsvoraussetzungen denkbar, die zwar nicht so genau, aber doch im konkreten Fall bestimmbar sind.

BEISPIELE: Merkmale wie „Einbruch der Dämmerung", „geschlossene Ortslage".[464]

Die unbestimmten Rechtsbegriffe hingegen sind sprachlich so weit gefasst, dass die Ermittlung ihres Bedeutungsgehalts eine besonders intensive Auslegung des Gesetzes erfordert.

BEISPIELE: „Unzuverlässigkeit" gem. § 35 I 1 GewO, „öffentliche Sicherheit oder Ordnung" nach der polizeilichen Generalklausel, „offenbar nicht beabsichtigte Härte" gem. § 31 II Nr. 3 BauGB.

Die Verwendung unbestimmter Rechtsbegriffe im Gesetz dient dazu, ein statisches Verhalten der Verwaltung zu verhindern. Ihr soll ein Entscheidungsspielraum gewährt werden, um im Interesse der Einzelfallgerechtigkeit auf konkrete Situationen angemessen reagieren zu können.[465]

---

463 Vgl. Wolff/Decker, VwGO, § 114 Rn 63; Schenke, VerwProzessR, Rn 748
464 Maurer, AllgVerwR, § 7 Rn 27
465 Schenke, VerwProzessR, Rn 748

Grundsatz: Volle gerichtliche Kontrolle

Die behördliche Auslegung und Anwendung unbestimmter Rechtsbegriffe ist nach ganz h.M. grundsätzlich in vollem Umfang gerichtlich überprüfbar. Es ist gerade die Aufgabe des Richters, die Tatbestandsvoraussetzungen einer Vorschrift auszulegen und darunter zu subsumieren. Eine generelle Beschränkung der gerichtlichen Kontrolle würde den Rechtsschutz entwerten und somit gegen die Rechtsschutzgarantie des Art. 19 IV 1 GG verstoßen.[466]

Ausnahme: Beurteilungsspielraum

Jedoch sind ausnahmsweise Konstellationen anerkannt, bei deren Vorliegen keine vollständige Prüfung durch den Richter erfolgt, die Verwaltung also einen nur begrenzt überprüfbaren Entscheidungsspielraum besitzt.[467] Überwiegend wird in diesem Zusammenhang von einem behördlichen Beurteilungsspielraum gesprochen, gebräuchlich sind aber auch die Begriffe „Einschätzungsprärogative" und „Vertretbarkeitskontrolle".[468]

> **MERKSATZ**
> Unbestimmte Rechtsbegriffe unterliegen prinzipiell einer **vollständigen gerichtlichen Überprüfung**. Nur in Ausnahmefällen besteht ein vom Gericht begrenzt kontrollierbarer Beurteilungsspielraum für die Verwaltung.

> **KLAUSURHINWEIS**
> Für eine Klausurbearbeitung spielt es keine Rolle, ob der Beurteilungsspielraum bei der Auslegung der Norm besteht oder erst für die Subsumtion (h.M.) anzuerkennen ist.[469]

Normative Ermächtigungslehre/ Fallgruppen

167 Ein solcher Beurteilungsspielraum liegt nur vor, wenn die Verwaltung durch das jeweilige Gesetz zu einer abschließenden Auslegung des unbestimmten Rechtsbegriffs ermächtigt wird (sog. **normative Ermächtigungslehre**).[470] Dies kann ausdrücklich geschehen, was jedoch im examensrelevanten Bereich nicht der Fall ist. Ferner kommt eine konkludente Ermächtigung in Betracht. Sie ist allgemein in Erwägung zu ziehen, wenn der unbestimmte Rechtsbegriff wegen der hohen Komplexität und der besonderen Dynamik der geregelten Materie so vage und seine Konkretisierung so schwierig ist, dass die gerichtliche Kontrolle an ihre Grenzen stößt.[471] Vor diesem Hintergrund sind in Rechtsprechung und Literatur folgende Fallgruppen eines Beurteilungsspielraums herausgearbeitet worden:

Prüfungsentscheidungen

Fallgruppe der Prüfungsentscheidungen und prüfungsähnlichen Entscheidungen.[472] Hintergrund ist zum einen, dass die konkrete Prüfungssituation (insbesondere bei mündlichen Prüfungen) vor Gericht nur begrenzt rekonstruiert werden kann. Zum anderen sind für die Bewertung einer Prüfungsleistung insbesondere die Einschätzungen und Erfahrungen des Prüfers und der Vergleich mit den Leistungen der anderen Prüflinge maßgeblich. Die gerichtliche Kontrolle hingegen bezieht sich auf den konkret zu entscheidenden Einzelfall. Wäre sie nicht begrenzt,

---

466 *Wolff/Decker, VwGO, § 114 Rn 60; Maurer, AllgVerwR, § 7 Rn 58 f.; Schenke, VerwProzessR, Rn 751*
467 *Wolff/Decker, VwGO, § 114 Rn 64; Schenke, VerwProzessR, Rn 755*
468 *Maurer, AllgVerwR, § 7 Rn 31*
469 *Vgl. Schenke, VerwProzessR, Rn 750*
470 *BVerwGE 100, 221, 225; Wolff/Decker, VwGO, § 114 Rn 73; Maurer, AllgVerwR, § 7 Rn 33, 35*
471 *BVerfGE 84, 34, 50; Maurer, AllgVerwR, § 7 Rn 36, 62*
472 *BVerfGE 84, 34, 51 f.; Wolff/Decker, VwGO, § 114 Rn 75; Schenke, VerwProzessR, Rn 763*

erhielte der anfechtende Prüfling eine vom Vergleichsrahmen unabhängige Bewertung. Er würde folglich gegenüber den anderen Prüflingen besser gestellt werden. Das verstieße aber gegen den Grundsatz der Chancengleichheit.

BEISPIELE: Juristische und medizinische Staatsprüfung, Abitur.[473]

Allerdings hat die Rechtsprechung bei dieser Fallgruppe Einschränkungen vorgenommen. Sie differenziert zwischen fachlich-wissenschaftlichen und prüfungsspezifischen Wertungen. Nur bei letzteren besteht ein Beurteilungsspielraum für die Verwaltung. Fachliche Fragestellungen hingegen hat das Gericht, notfalls mithilfe von Sachverständigen, vollständig zu klären.[474]

BEISPIELE: In erster Linie zählt zu den fachlich-wissenschaftlichen Wertungen die Frage, ob eine Antwort in einer Prüfung richtig oder falsch ist. Dabei ist dem Prüfling ein Antwortspielraum einzuräumen, d.h. eine mit gewichtigen Argumenten begründete und somit vertretbare Lösung darf vom Prüfer nicht als falsch bewertet werden.[475] Weiterhin kann vom Gericht überprüft werden, ob eine Prüfungsfrage zum Prüfungsstoff gehört.[476] Um prüfungsspezifische Wertungen handelt es sich demgegenüber, wenn es um die Einschätzung des Schwierigkeitsgrades einer Aufgabe, um die Überzeugungskraft der Argumentation, die Gewichtung der Fehler einer Bearbeitung bzw. die Benotung geht.[477]

Fallgruppe der beamtenrechtlichen Beurteilungen:[478] Sie sind vergleichbar mit prüfungsähnlichen Entscheidungen. Ferner fließen in die dienstliche Bewertung Gesichtspunkte ein wie der persönliche Kontakt zwischen dem Vorgesetzten und dem Beamten sowie Prognosen bezogen auf die künftige Entwicklung und das künftige Verhalten des Beamten. Diese Kriterien und ihre Handhabung sind objektiv nicht vollständig überprüfbar.

Beamtenrechtliche Beurteilungen

BEISPIELE: Dienstliche Beurteilung, Prüfung der Verfassungstreue eines Beamtenbewerbers, Entscheidung über den Aufstieg in eine höhere Laufbahngruppe.[479]

Fallgruppe der Prognoseentscheidungen:[480] Hier hat die Legislative der Verwaltung insbesondere aus politischen oder wirtschaftlichen Erwägungen einen Entscheidungsspielraum eingeräumt, der von der Rechtsprechung zu beachten ist.

Prognoseentscheidungen

BEISPIELE: Entscheidung der Gemeinde, ob sie sich privatwirtschaftlich betätigen soll; politische Entscheidung des Bundesverteidigungsministers über die Zulassung militärischer Tiefflüge; Aussetzung der Abschiebung nach § 60a I AufenthG zur Wahrung politischer Interessen.[481]

---

473 *Maurer, AllgVerwR, § 7 Rn 37 f.*
474 *BVerfGE 84, 34, 52 f.; Maurer, AllgVerwR, § 7 Rn 43; Kingreen, DÖV 2003, 1, 3*
475 *BVerfGE 84, 34, 55; Kingreen, DÖV 2003, 1, 3*
476 *Wolff/Decker, VwGO, § 114 Rn 76*
477 *BVerwGE 109, 211, 216; Kingreen, DÖV 2003, 1, 3*
478 *BVerwGE 97, 128, 129; Wolff/Decker, VwGO, § 114 Rn 78; Hufen, VerwProzessR, § 25 Rn 37*
479 *Maurer, AllgVerwR, § 7 Rn 39*
480 *Maurer, AllgVerwR, § 7 Rn 41 f.; Schenke, VerwProzessR, Rn 760*
481 *Wolff/Decker, VwGO, § 114 Rn 79; Schenke, VerwProzessR, Rn 761*

Weisungsfreie Ausschüsse

Fallgruppe der Entscheidungen wertender Art durch weisungsfreie, mit Sachverständigen und/oder Interessenvertretern besetzte Ausschüsse:[482] Hintergrund dieser Fallgruppe soll sein, dass der Gesetzgeber die Konkretisierung eines unbestimmten Rechtsbegriffs speziell einem sachverständigen, pluralistisch besetzten Organ zugewiesen hat. Unumstritten ist diese Argumentation jedoch nicht. Ihr wird entgegengehalten, dass gerade weisungsfreie Gremien, die weder vom Parlament noch von der Verwaltung kontrolliert werden, einer umfassenden gerichtlichen Überprüfung bedürfen. Daher lehnt eine M.M. diese Fallgruppe ab.[483]

BEISPIELE: Indizierung jugendgefährdender Schriften durch die Bundesprüfstelle, Erteilung eines Prädikats durch die Filmbewertungsstelle.[484]

> **MERKSATZ**
> **Beurteilungsspielräume** sind anerkannt bei Prüfungsentscheidungen, prüfungsähnlichen Entscheidungen, beamtenrechtlichen Beurteilungen, Prognoseentscheidungen sowie nach h.M. bei Entscheidungen wertender Art durch weisungsfreie, mit Sachverständigen und/oder Interessenvertretern besetzte Ausschüsse.

Umfang der gerichtlichen Kontrolle

168 Liegt eine der genannten Fallgruppen vor, ist die gerichtliche Prüfung auf folgende Gesichtspunkte beschränkt:

Sachverhaltsfehler

Kontrolle, ob der behördlichen Entscheidung ein unvollständiger oder unrichtiger Sachverhalt zugrunde liegt.[485]

BEISPIELE: In einer mündlichen Prüfung wird fälschlicherweise die richtige Antwort einem anderen Kandidaten zugerechnet;[486] die Sachverständigen der Bundesprüfstelle lesen einen Teil des Buches nicht, das sie sodann indizieren.

Verfahrensfehler

Kontrolle, ob ein Verfahrensfehler vorliegt.[487]

BEISPIELE: Kandidat ist nicht prüfungsfähig,[488] Prüfer ist voreingenommen,[489] Gemeinde holt vor der Entscheidung über eine privatwirtschaftliche Betätigung nicht die rechtlich gebotene Marktanalyse ein.

Verstoß gegen allgemeine Bewertungsgrundsätze

Kontrolle, ob die allgemein anerkannten Bewertungsgrundsätze beachtet wurden.[490]

---

482 BVerwGE 91, 211, 215 f.; Wolff/Decker, VwGO, § 114 Rn 84 f.; Schenke, VerwProzessR, Rn 758
483 Maurer, AllgVerwR, § 7 Rn 45; Schoch, JURA 2004, 612, 618
484 Hufen, VerwProzessR, § 25 Rn 38; Schenke, VerwProzessR, Rn 759
485 BVerfG, DVBL 2002, 1203, 1204 = RA 2002, 571, 573; Schenke, VerwProzessR, Rn 774
486 Schenke, VerwProzessR, Rn 775
487 Wolff/Decker, VwGO, § 114 Rn 67; Schenke, VerwProzessR, Rn 775
488 VGH Mannheim, DVBL 2003, 341, 341 f.
489 Hufen, VerwProzessR, § 25 Rn 36; Beaucamp/Seifert, NVwZ 2008, 261, 262
490 Wolff/Decker, VwGO, § 114 Rn 67 f.; Hufen, VerwProzessR, § 25 Rn 36

BEISPIEL: Nivellierung dienstlicher Beurteilungen, indem alle Bewerber um eine Beförderungsstelle mit der Spitzennote beurteilt werden;[491] unzulässig ist es zudem, die Eignung eines Bewerbers zu ermitteln, indem auf die Wertigkeit seines bisherigen Dienstpostens abgestellt wird.[492] „Schreibversehen" dürfen nicht zum Nachteil des Prüflings gewertet werden.[493]

Kontrolle, ob die behördliche Entscheidung willkürlich ist bzw. sachfremde Erwägungen vorliegen.[494] Es geht also um einen Verstoß gegen Art. 3 I GG.

Willkür/ sachfremde Erwägungen

BEISPIELE: Spöttische/ehrverletzende Kommentierung einer Prüfungsleistung („Sie sind der Dümmste, der mir je untergekommen ist");[495] Störung einer Prüfung durch Baulärm.[496] Dahingegen fehlt es an einer willkürlichen Entscheidung, wenn den anderen Prüflingen bei der mündlichen Prüfung die Ergebnisse der schriftlichen Prüfung schon bekannt waren.[497] Art. 3 I GG verlangt auch nicht, dass auf die mangelnde Beherrschung der deutschen Sprache Rücksicht zu nehmen ist.[498]

> **MERKSATZ**
> Im Falle eines Beurteilungsspielraums prüft das Verwaltungsgericht, ob die Verwaltung den Sachverhalt richtig ermittelt hat, die Verfahrenserfordernisse und allgemein anerkannten Bewertungsgrundsätze beachtet wurden sowie ob die behördliche Entscheidung willkürlich erging.

> **KLAUSURHINWEIS**
> In einer Klausur wird sich ein Verstoß gegen die allgemein anerkannten Bewertungsgrundsätze nicht immer trennscharf von den sachfremden Erwägungen abgrenzen lassen. Da beide Fehler gerichtlich feststellbar sind, ist dies jedoch unschädlich.

b) Rechtsfolge der Ermächtigungsgrundlage

Die mögliche Rechtsfolge einer Ermächtigungsgrundlage lässt sich im Gegensatz zu den Tatbestandsvoraussetzungen abstrakt darstellen. Es kommen in Betracht: Gebundene Entscheidung, „Regel"- bzw. „Soll"-Entscheidung sowie Ermessensentscheidung. Welche konkrete Rechtsfolge einschlägig ist, muss wie immer im Wege der Auslegung des Gesetzes ermittelt werden. Regelmäßig wird aber schon der Wortlaut der Ermächtigungsgrundlage Aufschluss geben.[499]

169 *Rechtsfolge*

---

491 Schenke, VerwProzessR, Rn 773
492 Kopp/Schenke, VwGO, § 114 Rn 30a
493 Kopp/Schenke, VwGO, § 114 Rn 31
494 Wolff/Decker, VwGO, § 114 Rn 67, 71; Schenke, VerwProzessR, Rn 776
495 Vgl. BVerwGE 70, 143, 151 f.; Kopp/Schenke, VwGO, § 114 Rn 44
496 BVerwG, NJW 1991, 442, 442 f.; Beaucamp/Seifert, NVwZ 2008, 261, 262
497 BVerwGE 87, 258, 261 f.; Kopp/Schenke, VwGO, § 114 Rn 44
498 OVG Münster, NJW 1991, 2586, 2588; Kopp/Schenke, VwGO, § 114 Rn 44
499 Vgl. Kopp/Ramsauer, VwVfG, § 40 Rn 41

aa) Gebundene Entscheidung

170 | **DEFINITION**
Die **gebundene Entscheidung** zeichnet sich dadurch aus, dass der Verwaltung kein Entscheidungsspielraum zusteht. Liegen die Tatbestandsvoraussetzungen der Ermächtigungsgrundlage vor, muss sie eine bestimmte, vom Gesetz festgelegte Rechtsfolge eintreten lassen.[500]

BEISPIELE: § 49a I 1 VwVfG, § 35 I 1 GewO.

bb) „Regel"- bzw. „Soll"-Entscheidung

171 | **MERKSATZ**
Verwendet das Gesetz die Begriffe **„Regel"** oder **„Soll**, bedeutet dies, dass grundsätzlich eine gebundene Entscheidung vorliegt, in atypischen Ausnahmefällen davon aber abgewichen werden darf.[501]

BEISPIEL: § 54 AufenthG.

cc) Ermessen

172 | **DEFINITION**
Der Behörde steht als Rechtsfolge ein **Ermessen** zu, wenn sie bei Verwirklichung des Tatbestandes zwischen mehreren Verhaltensweisen wählen darf, ihr also ein Entscheidungsspielraum zukommt.[502]

Das Ermessen kann sich darauf beziehen, ob die Behörde überhaupt tätig wird (sog. **Entschließungsermessen**), und/oder darauf, wie sie tätig wird (sog. **Auswahlermessen**).[503] Es ist die häufigste und examensrelevanteste Rechtsfolge. Zu erkennen ist ein behördliches Ermessen an der Verwendung von Begriffen wie „kann", „können", „darf" oder „ist befugt".[504]

BEISPIELE: §§ 48 I 1, 49 II 1 VwVfG, die polizeiliche Generalklausel, die Eingriffsbefugnisse im Bauordnungsrecht.

Sinn und Zweck des Ermessens ist die Gewährleistung von Einzelfallgerechtigkeit. Der Verwaltung soll es möglich sein, unter Berücksichtigung der gesetzlichen Zielvorstellungen einerseits und der Umstände des konkreten Einzelfalls andererseits eine angemessene und sachgerechte Lösung zu finden.[505]

---

500 *Vgl. Maurer, AllgVerwR, § 7 Rn 10*
501 *Kopp/Ramsauer, VwVfG, § 40 Rn 44; Maurer, AllgVerwR, § 7 Rn 11*
502 *Kopp/Ramsauer, VwVfG, § 40 Rn 3; Maurer, AllgVerwR, § 7 Rn 7*
503 *Wolff/Decker, VwGO, § 114 Rn 9; Maurer, AllgVerwR, § 7 Rn 7*
504 *Wolff/Decker, VwGO, § 114 Rn 6; Maurer, AllgVerwR, § 7 Rn 9*
505 *Maurer, AllgVerwR, § 7 Rn 13*

Konsequenz des behördlichen Entscheidungsspielraums ist gem. § 114 S. 1 VwGO eine Beschränkung der gerichtlichen Kontrolle. Die Gerichte dürfen nur das Vorliegen eines Ermessensfehlers prüfen. Trotz terminologischer Differenzen wird überwiegend zwischen folgenden Ermessensfehlern differenziert: Ermessensnichtgebrauch, Ermessensfehlgebrauch sowie Ermessensüberschreitung.[506]

> **KLAUSURHINWEIS**
> In einer Klausur ist nicht zwanghaft nach einem Ermessensfehler zu fahnden. Finden sich dafür keinerlei Anhaltspunkte im Sachverhalt, kann schlicht formuliert werden: „Das Ermessen wurde fehlerfrei ausgeübt."

(1) Ermessensnichtgebrauch

> **DEFINITION**
> Ein **Ermessensnichtgebrauch** liegt vor, wenn die Behörde das ihr zustehende Ermessen gar nicht ausgeübt hat.[507]

173 Ermessensnichtgebrauch

Der Ermessensnichtgebrauch ist in § 114 S. 1 VwGO nicht erwähnt, wird jedoch überwiegend als eigenständiger Ermessensfehler anerkannt. Alternative Bezeichnungen sind Ermessensunterschreitung und Ermessensausfall.

BEISPIEL: Die zuständige Behörde denkt, sie müsse bei Vorliegen von Rücknahmegründen den Verwaltungsakt nach § 48 VwVfG zwingend zurücknehmen.[508]

(2) Ermessensfehlgebrauch

> **DEFINITION**
> Ein **Ermessensfehlgebrauch** zeichnet sich nach § 114 S. 1 VwGO dadurch aus, dass die der Entscheidung der Behörde zugrunde liegenden Ermessenserwägungen nicht der Zielsetzung der Ermächtigungsgrundlage entsprechen.[509]

174 Ermessensfehlgebrauch

Alternativ wird der Ermessensfehlgebrauch auch als Ermessensmissbrauch bezeichnet. Er liegt vor, wenn sich die Verwaltung bei ihrer Entscheidung von sachfremden Erwägungen leiten ließ, wesentliche Gesichtspunkte übersehen hat oder ein Belang willkürlich falsch gewichtet wurde.[510]

---

506 Maurer, AllgVerwR, § 7 Rn 19-22; Schenke, VerwProzessR, Rn 737
507 Kopp/Ramsauer, VwVfG, § 40 Rn 59; Schenke, VerwProzessR, Rn 742
508 Wolff/Decker, VwGO § 114 Rn 16
509 BVerwGE 104, 154, 157 f.; Wolff/Decker, VwGO, § 114 Rn 33
510 Wolff/Decker, VwGO, § 114 Rn 33; Schenke, VerwProzessR, Rn 744, 746

BEISPIELE: Eine sachfremde Erwägung ist gegeben, wenn eine Abschleppmaßnahme angeordnet wird, um dem Abschleppunternehmen Aufträge zu verschaffen,[511] oder wenn eine Versammlung aufgelöst wird, um die Kundgabe bestimmter politischer Meinungen zu behindern.[512] Wesentliche Gesichtspunkte wurden übersehen, wenn bei einer Ausweisungsentscheidung die familiären Bindungen an Deutschland nicht berücksichtigt werden.[513] Gleiches gilt, wenn die Behörde von einem unrichtig oder unvollständig ermittelten Sachverhalt ausging.[514]

Begründet die Verwaltung ihre Ermessensausübung mehrfach und sind ein oder mehrere Gründe fehlerhaft, so liegt gleichwohl kein Ermessensfehlgebrauch vor, wenn eine Ermessenserwägung fehlerfrei ist und für sich betrachtet die behördliche Entscheidung tragen kann. Anders ist jedoch zu entscheiden, wenn nach dem behördlichen Willen nur alle Gründe gemeinsam den Erlass der hoheitlichen Maßnahme rechtfertigen können.[515]

BEISPIEL (nach Wolff/Decker, VwGO, § 114 Rn 19): A möchte in einem allgemeinen Wohngebiet eine Tankstelle errichten. Dies lehnt die Baugenehmigungsbehörde zum einen mit dem Hinweis ab, dass es bereits zwei Tankstellen in dem Gebiet gebe und eine dritte den Gebietscharakter beeinträchtige. Ferner sei der Betrieb einer dritten Tankstelle unwirtschaftlich, sodass A vor dem wirtschaftlichen Ruin bewahrt werden müsse. Diese letzte Erwägung ist fehlerhaft, da es nicht Aufgabe des Baurechts ist, den Wettbewerb zu steuern. Die erste Erwägung hingegen ist fehlerfrei. Da sie allein die Entscheidung zu tragen vermag, hat die Baugenehmigungsbehörde ihr Ermessen insgesamt betrachtet nicht fehlerhaft ausgeübt.

(3) Ermessensüberschreitung

Ermessensüberschreitung   **175**

DEFINITION
Die **Ermessensüberschreitung** ist nach § 114 S. 1 VwGO dadurch gekennzeichnet, dass die Verwaltung die Grenzen ihres Ermessensspielraums übertritt.

Es dürfte sich hier um den für die Klausuren wichtigsten Ermessensfehler handeln. Er liegt einerseits vor, wenn die Behörde eine Rechtsfolge wählt, die sich nicht mehr innerhalb der ausdrücklichen Grenzen der Ermächtigungsgrundlage hält, oder die das Gesetz schlicht nicht vorsieht.[516]

BEISPIEL: Die einschlägige Ermächtigungsgrundlage gestattet es, ein Zwangsgeld bis zu 5.000 € zu verhängen. Festgesetzt wird aber ein Zwangsgeld von 10.000 €.

Andererseits verursacht auch ein Verstoß gegen höherrangiges Recht eine Ermessensüberschreitung.[517]

---

511 Wolff/Decker, VwGO, § 114 Rn 34
512 Maurer, AllgVerwR, § 7 Rn 22
513 Wolff/Decker, VwGO, § 114 Rn 35
514 Kopp/Ramsauer, VwVfG, § 40 Rn 62; Schenke, VerwProzessR, Rn 744 f.
515 Wolff/Decker, VwGO, § 114 Rn 19
516 Wolff/Decker, VwGO, § 114 Rn 21
517 Wolff/Decker, VwGO, § 114 Rn 21; Maurer, AllgVerwR, § 7 Rn 23

> **KLAUSURHINWEIS**
> An dieser Stelle einer Klausur kann es bei entsprechenden Anhaltspunkten insbesondere zu einer Prüfung der Grundrechte kommen. Auch kann der Bestimmtheitsgrundsatz gem. § 37 I VwVfG durchaus einmal Probleme bereiten. Er verlangt, dass eine behördliche Maßnahme so klar und unzweideutig ist, dass der Betroffene sein Verhalten danach ausrichten kann.[518] Daran fehlt es beispielsweise bei einer städtischen Satzung, die es verbietet, sich im Stadtgebiet nach der Art eines Landstreichers aufzuhalten.

Grundrechte/ Bestimmtheitsgrundsatz

Darüber hinaus kann sich eine Ermessensüberschreitung aus der Missachtung einer Ermessensreduzierung auf Null sowie aus einem Verstoß gegen das Verhältnismäßigkeitsprinzip ergeben.[519]

c) Sonderfall: Anfängliche Nebenbestimmungen

Wie bereits dargestellt, ist bei einer anfänglichen Nebenbestimmung die Anfechtungsklage die statthafte Klageart.[520] Im Rahmen der Begründetheit ist zunächst die Rechtmäßigkeit der Nebenbestimmung zu erörtern.[521] Sollte diese festgestellt werden, ist der Rechtsbehelf unbegründet und somit erfolglos. Ist die Nebenbestimmung hingegen rechtswidrig, muss weiter geprüft werden, welche Auswirkungen dieses Ergebnis auf den Rest-Verwaltungsakt hat. Ist der Rest-Verwaltungsakt rechtmäßig, dann kann die rechtswidrige Nebenbestimmung ohne Weiteres aufgehoben werden. Strittig ist hingegen, wie zu verfahren ist, wenn die Aufhebung der Nebenbestimmung zu einem rechtswidrigen Rest-Verwaltungsakt führt.

176 *Rechtmäßigkeit der Nebenbestimmung und ggf. des Rest-Verwaltungsaktes*

BEISPIEL (nach Hufen/Bickenbach, JuS 2004, 966, 967): Bauherr B beantragt eine Baugenehmigung für die Errichtung eines Wohnhauses. Bei der Bauplanung hat er jedoch den Brandschutz nicht ausreichend beachtet. Daher wird ihm die Baugenehmigung mit der aufschiebenden Bedingung erteilt, dass bestimmte Brandschutzmaßnahmen getroffen werden müssen. B greift diese Nebenbestimmung separat an. Im Rahmen der gerichtlichen Überprüfung stellt sich heraus, dass die Bedingung von einer unzuständigen Behörde erlassen wurde. Hebt das Verwaltungsgericht sie deshalb auf?

Die Aufhebung der rechtswidrigen Nebenbestimmung hat zur Folge, dass auch der Rest-Verwaltungsakt, die Baugenehmigung, rechtswidrig wird, weil das Gebäude den Anforderungen des Brandschutzes nicht genügt und somit gegen das Bauordnungsrecht verstößt. Darf das Verwaltungsgericht gleichwohl die rechtswidrige Nebenbestimmung gem. § 113 I 1 VwGO aufheben, obwohl es dadurch den rechtswidrigen Rest-Verwaltungsakt erst erzeugt (sog. **materielle Teilbarkeit der Nebenbestimmung vom Verwaltungsakt**)?

Materielle Teilbarkeit der Nebenbestimmung vom Rest-Verwaltungsakt

Die h.M. lehnt dies ab.[522] Sie verweist zum einen auf das in Art. 20 III GG verankerte Rechtsstaatsprinzip. Die darin zum Ausdruck kommende Bindung der Gerichte an Recht und Gesetz verwehre es dem Verwaltungsgericht, einen rechtswidrigen Zustand herbeizuführen. Des Weiteren könne nur so den Bedürfnissen der

H.M.: Teilbarkeit fehlt

---

518 VGH Mannheim, VBlBW 2008, 134, 135 f.; Kopp/Ramsauer, VwVfG, § 37 Rn 5
519 Kopp/Ramsauer, VwVfG, § 40 Rn 65; Wolff/Decker, VwGO, § 114 Rn 20, 27
520 Siehe Rn 83
521 Detaillierte Darstellung im JURA INTENSIV Skript „Allgemeines Verwaltungsrecht".
522 BVerwG, NVwZ 1984, 366, 366 f.; Kopp/Schenke, VwGO, § 42 Rn 24

Verwaltungspraxis Rechnung getragen werden, indem verhindert werde, dass der Kläger den rechtswidrigen Rest-Verwaltungsakt ausnutze und dadurch, wie in dem Beispiel, unzumutbare Zustände verursache.

M.M.: Teilbarkeit liegt vor

Demgegenüber geht eine Gegenansicht in der Literatur davon aus, dass eine rechtswidrige Nebenbestimmung auch in einer solchen Situation aufzuheben ist.[523] Sie beruft sich darauf, dass die h.M. das gem. § 88 VwGO maßgebliche klägerische Begehren missachte. Streitgegenstand sei nur die angegriffene Nebenbestimmung und nicht der Rest-Verwaltungsakt. Daher komme es auf dessen Rechtswidrigkeit auch nicht an. Ferner sei es Sache der Verwaltung, auf den rechtswidrigen Rest-Verwaltungsakt zu reagieren, indem sie ihn entweder gem. §§ 48, 49 VwVfG aufhebe oder die Rechtswidrigkeit durch den nachträglichen Erlass einer rechtmäßigen Nebenbestimmung beseitige.

Unter Zugrundelegung der h.M. ergibt sich in der Klausurbearbeitung ein Folgeproblem. Da die Nebenbestimmung rechtswidrig ist, kann die Klage nicht einfach für unbegründet erklärt werden. Stattdessen ist das klägerische Begehren dahin auszulegen, dass die Verpflichtung des Klagegegners zum Erlass einer rechtmäßigen Nebenbestimmung verlangt wird, sofern sich die Rechtswidrigkeit des Rest-Verwaltungsaktes auf diesem Weg beseitigen lässt. Ist das nicht möglich, muss der Kläger nach der h.M. richtigerweise die Verpflichtung zum Erlass eines vollständig anderen Verwaltungsaktes fordern.[524] Die demnach letztlich statthafte Verpflichtungsklage bringt unter Zugrundelegung der h.M. die gegenläufigen Interessen in einen angemessenen Ausgleich. Der Kläger erhält eine neue Nebenbestimmung oder einen neuen Verwaltungsakt. Die Verwaltung hat die Möglichkeit, die rechtswidrige Nebenbestimmung zeitgleich durch eine rechtmäßige zu ersetzen oder einen gänzlich neuen rechtmäßigen Verwaltungsakt zu verfügen, sodass der Kläger nicht zwischenzeitlich in den Genuss einer rechtswidrigen Begünstigung gelangt.

> **KLAUSURHINWEIS**
> Im Prüfungsaufbau würde die Verpflichtungsklage nach dem Feststellen des Scheiterns der Anfechtungsklage wie üblich getrennt nach Zulässigkeit und Begründetheit erörtert werden.

Zu beachten ist, dass die Verpflichtungsklage erst nach der Prüfung der Begründetheit der Anfechtungsklage diskutiert werden kann. Keinesfalls kommt eine Darstellung im Rahmen der statthaften Klageart in Betracht. Das würde den Umfang dieses Prüfungspunktes sprengen. Es müsste dann innerhalb der Darstellung des Meinungsstreits zur separaten Anfechtung von Nebenbestimmungen inzident die Rechtswidrigkeit des Rest-Verwaltungsaktes dargelegt und zusätzlich die obige Streitfrage erörtert werden. Ein solches Vorgehen würde den Leser der Klausur vollständig überfordern.

---

523 Erichsen/Ehlers-Ruffert, AllgVerwR, § 22 Rn 20; Axer, JURA 2001, 748, 753; Hufen/Bickenbach, JuS 2004, 966, 967 f.; Störmer, NWVBl. 1996, 169, 174
524 Kopp/Schenke, VwGO, § 42 Rn 25

> **MERKSATZ**
> Die h.M. lehnt unter Berufung auf Art. 20 III GG die Aufhebung einer Nebenbestimmung ab, wenn sie zu einem rechtswidrigen Rest-Verwaltungsakt führt. Stattdessen soll dann über die Verpflichtungsklage Rechtsschutz gewährt werden. Die Gegenansicht bejaht die separate Aufhebung einer Nebenbestimmung auch in dieser Konstellation unter Verweis auf §§ 48, 49 VwVfG sowie die Maßgeblichkeit des klägerischen Begehrens, § 88 VwGO.

5. Rechtsverletzung

Gem. § 113 I 1 VwGO muss der Kläger durch den rechtswidrigen Verwaltungsakt auch in seinen Rechten verletzt sein, damit seine Anfechtungsklage begründet ist. Das ist grundsätzlich unproblematisch, wenn er Adressat des rechtswidrigen Verwaltungsaktes ist, weil er dann zumindest in Art. 2 I GG verletzt ist.

177 Anfechtungsklage des Adressaten

Probleme können auftreten, wenn eine Drittanfechtungsklage vorliegt. Werden nicht nur die drittschützenden Normen geprüft, sondern auch objektive Vorschriften im Rahmen des „klassischen" Aufbaus (Ermächtigungsgrundlage, formelle und materielle Rechtmäßigkeit), muss im Prüfungspunkt „Rechtsverletzung" erörtert werden, ob die verletzte Vorschrift zugunsten des Klägers drittschützend ist.[525]

Drittanfechtungsklage

> **MERKSATZ**
> Hat der Adressat des rechtwidrigen Verwaltungsaktes die Anfechtungsklage erhoben, genügt grundsätzlich die kurze Feststellung, dass er dadurch in eigenen Rechten verletzt ist. Handelt es sich um eine Drittanfechtungsklage, muss geklärt werden, ob eine drittschützende Norm verletzt ist, wenn sich nicht die Begründetheitsprüfung ohnehin auf die drittschützenden Vorschriften beschränkt.

a) § 46 VwVfG

Einen Sonderfall stellt § 46 VwVfG dar.[526] Die Vorschrift verfolgt das Ziel, den inhaltlich richtigen Verwaltungsakt in seinem Bestand zu schützen. Es wäre wenig sinnvoll, einen Verwaltungsakt wegen der in § 46 VwVfG genannten formellen Mängel aufzuheben, den die Behörde sofort wieder fehlerfrei neu erlassen könnte bzw. müsste. Damit ist die Vorschrift Ausfluss des Grundsatzes der Verfahrensökonomie.[527]

178 Sonderfall des § 46 VwVfG

> **MERKSATZ**
> An § 46 VwVfG ist in einer Klausur stets zu denken, wenn der Verwaltungsakt formell rechtswidrig und materiell rechtmäßig ist.

Entscheidende Voraussetzung des § 46 VwVfG ist, dass der formelle Mangel die Entscheidung in der Sache nicht beeinflussen darf.

---

525 Siehe Rn 158
526 Detaillierte Darstellung der Vorschrift im JURA INTENSIV Skript „Allgemeines Verwaltungsrecht".
527 Kopp/Ramsauer, VwVfG, § 46 Rn 4; Maurer, AllgVerwR, § 10 Rn 42

Beeinflussung der Sachentscheidung

> **DEFINITION**
> Der **formelle Fehler** hat die **Sachentscheidung nicht beeinflusst**, wenn nicht einmal die konkrete Möglichkeit besteht, dass die Behörde ohne den Fehler anders entschieden hätte.[528]

Ist hingegen nicht auszuschließen, dass der Verwaltungsakt ohne den formellen Mangel mit einem anderen Inhalt erlassen worden wäre, ist § 46 VwVfG nicht einschlägig.[529] Die Anforderungen an die Unbeachtlichkeit des Fehlers sind demnach streng. Vor diesem Hintergrund lässt sich die Beachtlichkeit der einzelnen Fehler wie folgt systematisieren:

Formverstöße haben regelmäßig keinen Einfluss auf die Sachentscheidung und dürften somit in den meisten Konstellationen unbeachtlich sein.[530]

BEISPIEL: Die vergessene Unterschrift hat keinerlei Einfluss auf die Sachentscheidung.

Differenzierung: Gebundene und Ermessensentscheidung

Anders ist es bei Verstößen gegen das Verfahren und die örtliche Zuständigkeit. Hier ist zwischen gebundenen Entscheidungen[531] und Ermessensentscheidungen[532] zu differenzieren:

Bei einer gebundenen Entscheidung ist der Fehler unbeachtlich. Denn bei Vorliegen der Tatbestandsvoraussetzungen der Rechtsgrundlage muss die Verwaltung eine vom Gesetzgeber festgelegte Rechtsfolge wählen, sodass sich ein Mangel im Rahmen der formellen Rechtmäßigkeit auf diese Entscheidung nicht auswirken kann.[533] Folglich muss dasselbe bei einer Ermessensreduzierung auf Null[534] gelten, da dann letztlich auch eine gebundene Entscheidung vorliegt.[535]

Bei Ermessensentscheidungen ist demgegenüber regelmäßig nicht auszuschließen, dass die örtlich zuständige Behörde ihr Ermessen anders ausgeübt hätte als die tatsächlich handelnde Behörde. Gleiches gilt bei einem Verfahrensfehler. Folglich sind diese Mängel bei einer Ermessensentscheidung in aller Regel beachtlich.[536] Da die Verwaltung auch bei einem unbestimmten Rechtsbegriff mit Beurteilungsspielraum[537] mehrere Handlungsmöglichkeiten besitzt, sind Verstöße gegen das Verfahren und die örtliche Zuständigkeit auch in diesem Fall prinzipiell beachtlich.[538] Diese Überlegungen entbinden jedoch nicht von einer genauen Prüfung des konkreten Einzelfalls.

---

528 *Kopp/Ramsauer, VwVfG, § 46 Rn 27*
529 *Wolff/Decker, VwVfG, § 46 Rn 12; Erichsen/Ehlers-Pünder, AllgVerwR, § 13 Rn 64*
530 *Knack-Meyer, VwVfG, § 46 Rn 30; Erichsen/Ehlers-Pünder, AllgVerwR, § 13 Rn 64*
531 *Dazu Rn 170*
532 *Dazu Rn 172*
533 *Kopp/Ramsauer, VwVfG, § 46 Rn 30; Erichsen/Ehlers-Pünder, AllgVerwR, § 13 Rn 64*
534 *Dazu Rn 175*
535 *Kopp/Ramsauer, VwVfG, § 46 Rn 30; Erichsen/Ehlers-Pünder, AllgVerwR, § 13 Rn 64*
536 *BVerwGE 61, 45, 50; Kopp/Ramsauer, VwVfG, § 46 Rn 32*
537 *Dazu Rn 166*
538 *Kopp/Ramsauer, VwVfG, § 46 Rn 33; Erichsen/Ehlers-Pünder, AllgVerwR, § 13 Rn 64*

BEISPIEL: Wirkt ein nach § 20 VwVfG ausgeschlossener Amtsträger an einer Ermessensentscheidung mit, ist der Fehler grundsätzlich beachtlich. Anders ist jedoch zu entscheiden, wenn dieser Amtsträger mit Blick auf die Entscheidung eine Weisung erteilt, die nicht befolgt wird. Oder aber wenn der betreffende fehlerhafte Verfahrensabschnitt ohne den Amtsträger wiederholt wird.[539]

> **MERKSATZ**
> **Formfehler** sind regelmäßig **unbeachtlich**, können sich also nicht auf die Sachentscheidung ausgewirkt haben. Bei gebundenen Entscheidungen sowie einer Ermessensreduzierung auf Null gilt das auch für das Verfahren und die örtliche Zuständigkeit. Bei Ermessensentscheidungen und Beurteilungsspielräumen sind demgegenüber Verstöße gegen das Verfahren und die örtliche Zuständigkeit in aller Regel beachtlich.

> **KLAUSURHINWEIS**
> Die gerade vorgenommene Differenzierung anhand der Rechtsfolge der Ermächtigungsgrundlage führt in einer Klausur zumeist zur korrekten Lösung, entbindet jedoch wie gezeigt nicht von der Pflicht, auf Besonderheiten des konkreten Einzelfalls zu achten.

> **DEFINITION**
> **Offensichtlich** ist die **fehlende Kausalität des formellen Fehlers für die Sachentscheidung**, wenn sie ohne Weiteres erkennbar ist, d.h. sich mit Hilfe von Akten, Protokollen oder sonstigen Unterlagen objektiv eindeutig nachweisen lässt.[540]

Offensichtlich

Hintergrund dieser Definition ist, dass es Sache der Verwaltung ist zu beweisen, dass der formelle Mangel den Inhalt der Entscheidung nicht beeinflusst hat. Dies kann nicht unter Rückgriff auf die subjektiven Einstellungen des einzelnen Amtswalters geschehen, da das Gericht diese nicht überprüfen kann. Folglich sind objektive Beweismittel geboten.

> **KLAUSURHINWEIS**
> Da die Sachverhalte in der Ersten Prüfung unstreitig sind, dürfte dem Merkmal dort keine große Bedeutung zukommen.

b) § 79 II 2 VwGO

§ 79 II 2 VwGO enthält eine § 46 VwVfG verdrängende Sonderregel für den Fall, dass sich der Betroffene gegen einen Widerspruchsbescheid wehrt, der auf einem formellen Rechtsverstoß beruht.[541] Die Vorschrift funktioniert im Wesentlichen wie § 46 VwVfG, nur dass hier geregelt ist, wann der Fehler beachtlich ist. Das ist der Fall, wenn die Möglichkeit besteht, dass sich der formelle Mangel auf das Ergebnis des

179 *Verhältnis des § 46 VwVfG zu § 79 II 2 VwGO*

---

539 BVerwGE 75, 214, 228; Kopp/Ramsauer, VwVfG, § 46 Rn 34
540 Kopp/Ramsauer, VwVfG, § 46 Rn 36; Wolff/Decker, VwVfG, § 46 Rn 15
541 Kopp/Schenke, VwGO, § 79 Rn 14

Widerspruchsbescheids ausgewirkt hat.[542] In diesem Zusammenhang kann wie bei § 46 VwVfG zwischen gebundenen Entscheidungen und Ermessensentscheidungen differenziert werden.

BEISPIELE: Widerspruchsbescheid wird von unzuständiger Widerspruchsbehörde erlassen, Mitwirkung eines ausgeschlossenen Amtsträgers.[543]

6. Maßgeblicher Zeitpunkt für die Beurteilung der Sach- und Rechtslage und das Nachschieben von Gründen

Maßgeblicher Zeitpunkt für Beurteilung der Sach- und Rechtslage

180 Ändert sich im Laufe eines Verwaltungsverfahrens oder Verwaltungsprozesses die Sach- oder Rechtslage, wirft das die Frage auf, auf welchen Zeitpunkt das Gericht bei seiner Entscheidung abzustellen hat (maßgeblicher Zeitpunkt für die Beurteilung der Sach- und Rechtslage).

BEISPIELE: Bauherr B errichtet illegal ein Bauwerk und erhält dafür eine Beseitigungsverfügung, gegen die er sich gerichtlich zur Wehr setzt. Während des gerichtlichen Verfahrens wird ein Bebauungsplan erlassen, durch den das Gebäude nunmehr legal ist.

> **KLAUSURHINWEIS**
> In der Klausur erfolgt die Darstellung des Problems direkt bei dem jeweiligen Merkmal des Tatbestandes oder der Rechtsfolge. Geht es also wie in dem Beispiel um die Unzuverlässigkeit einer Person, ist die Berücksichtigungsfähigkeit nachträglicher tatsächlicher Änderungen im Rahmen dieses Tatbestandsmerkmals zu erörtern. Daher findet sich der „maßgebliche Zeitpunkt für die Beurteilung der Sach- und Rechtslage" in einer Klausur auch nicht als eigenständiger Gliederungspunkt.

Bei dieser Problematik ist es wichtig, vorab die Terminologie zu klären sowie zwischen der Zulässigkeit und der Begründetheit eines Rechtsbehelfs zu unterscheiden.

a) Terminologie

Letzte Behördenentscheidung/ letzte mündliche Verhandlung

181 Als maßgebliche Zeitpunkte kommen der Zeitpunkt der letzten Behördenentscheidung sowie der Zeitpunkt der letzten mündlichen Verhandlung vor dem Verwaltungsgericht in Betracht. Mit der letzten Behördenentscheidung ist regelmäßig der Widerspruchsbescheid gemeint, d.h. sein Erlasszeitpunkt ist maßgeblich. Sollte ein Widerspruchsverfahren z.B. wegen § 68 I 2 VwGO nicht stattgefunden haben, kommt es auf den Zeitpunkt des Erlasses des Ausgangsbescheids an.

Mit dem Zeitpunkt der letzten mündlichen Verhandlung ist der Zeitpunkt der Entscheidung des Gerichts in der letzten Instanz gemeint.[544] Für Änderungen der Sachlage bedeutet dies, dass sie bis zur Entscheidung des Berufungsgerichts berücksichtigt werden, da hier letztmals eine Überprüfung des zugrunde liegenden Sachverhalts erfolgt, vgl. §§ 128, 137 VwGO.[545] Rechtsfragen hingegen werden auch noch von dem Revisionsgericht geklärt, sodass Änderungen der Rechtslage bis zur Entscheidung des Revisionsgerichts zu berücksichtigen sind.

---

542 *Kopp/Schenke, VwGO, § 79 Rn 14*
543 *Kopp/Schenke, VwGO, § 79 Rn 13*
544 *Wolff/Decker, VwGO, § 113 Rn 37*
545 *Kopp/Schenke, VwGO, § 113 Rn 35*

b) Zulässigkeitsvoraussetzungen

Im Zusammenhang mit den Zulässigkeitsvoraussetzungen eines Rechtsbehelfs ist auf den Zeitpunkt der letzten mündlichen Verhandlung abzustellen. Somit kann eine anfangs unzulässige Klage im Laufe des Verfahrens noch zulässig werden bzw. der umgekehrte Fall auftreten.[546]

182 Zeitpunkt für die Zulässigkeit

BEISPIEL: Ein Prozessunfähiger wird während des Verfahrens prozessfähig. Die Frist des § 75 S. 2 VwGO ist zwar zurzeit der Klageerhebung noch nicht abgelaufen, jedoch im Zeitpunkt der gerichtlichen Entscheidung verstrichen.[547]

c) Begründetheit eines Rechtsbehelfs

Hinsichtlich der Begründetheit eines Rechtsbehelfs stellt sich die Sachlage komplizierter dar.

183 Zeitpunkt für die Begründetheit

Primär kommt es darauf an, ob der Gesetzgeber eine ausdrückliche Regelung getroffen hat. Dann ist natürlich der im Gesetz genannte Zeitpunkt maßgeblich.[548]

BEISPIEL: § 77 I 1 AsylVfG.

Solche ausdrücklichen Regelungen sind allerdings selten. Fehlen sie, ist der maßgebliche Zeitpunkt abhängig von der jeweils statthaften Klageart unter Berücksichtigung der Wertungen des materiellen Rechts.[549] Was das für die Anfechtungsklage zur Folge hat, ist grundsätzlich umstritten.

aa) Ausgangsstreit

Nach einer Ansicht kommt es für die Begründetheit der Anfechtungsklage auf die Sach- und Rechtslage im Zeitpunkt der letzten mündlichen Verhandlung an.[550] Zur Begründung wird einerseits auf den Wortlaut des § 113 I 1 VwGO verwiesen. Danach kommt es für die Begründetheit der Anfechtungsklage darauf an, ob der Verwaltungsakt rechtswidrig „ist". Die Verwendung des Präsens, im bewussten Gegensatz zu § 113 I 4 VwGO, zeige, dass der Zeitpunkt der gerichtlichen Entscheidung maßgeblich sei. Weiterhin reklamiert diese Rechtsansicht Gesichtspunkte der Prozessökonomie und Rechtsschutzeffektivität für sich. Dürften nachträgliche Änderungen der Sach- und Rechtslage nicht berücksichtigt werden, müsse neben der Anfechtungsklage, mit welcher die ursprüngliche Rechtswidrigkeit des Verwaltungsaktes geltend gemacht werde, zusätzlich noch eine Verpflichtungsklage auf Aufhebung des Verwaltungsaktes erhoben werden.

184 M.M.: Zeitpunkt der letzten mündlichen Verhandlung

Nach der h.M. ist der Zeitpunkt der letzten Behördenentscheidung maßgeblich.[551] Dafür spricht, dass es bei der Anfechtungsklage um die Kontrolle der Rechtmäßigkeit des behördlichen Handelns geht. Folglich komme es auch auf den Zeitpunkt an, in dem die Behörde gehandelt hat. Spätere Änderungen der Sach- und Rechtslage konnte sie nicht berücksichtigen, müsse sich diese also auch nicht entgegenhalten lassen, sodass sie nicht zur Begründetheit der Anfechtungsklage führen könnten.

H.M.: Zeitpunkt der letzten Behördenentscheidung

---

546 Siehe Rn 39
547 Kopp/Schenke, VwGO, § 75 Rn 11
548 Hufen, VerwProzessR, § 24 Rn 7
549 Hufen, VerwProzessR, § 24 Rn 7
550 Kopp/Schenke, VwGO, § 113 Rn 35-37
551 BVerwG, NJW 1993, 1729, 1730; Wolff/Decker, VwGO, § 113 Rn 38; Hufen, VerwProzessR, § 24 Rn 8

Daher sei es auch nicht Sache der Gerichte, nachträgliche Änderungen zu berücksichtigen. Stattdessen müsse die Verwaltung darauf reagieren, indem sie den Verwaltungsakt ggf. gem. §§ 48, 49 VwVfG aufhebe.

bb) Ausnahmen

185 In bestimmten Konstellationen besteht der oben beschriebene Meinungsstreit nicht, d.h. auch die h.M. hält den Zeitpunkt der letzten mündlichen Verhandlung für maßgeblich.
Das ist zum einen bei Dauer-Verwaltungsakten der Fall.[552]

Dauer-Verwaltungsakt

> **DEFINITION**
> Ein **Dauer-Verwaltungsakt** zeichnet sich dadurch aus, dass er sich nicht in einem einmaligen Ge- oder Verbot oder in einer einmaligen Gestaltung der Sach- oder Rechtslage erschöpft, sondern ein auf Dauer angelegtes Rechtsverhältnis zur Entstehung bringt oder inhaltlich verändert.[553]

BEISPIELE: Dauer-Verwaltungsakte sind Verkehrszeichen, die Pflicht zur Führung eines Fahrtenbuchs sowie die bauordnungsrechtliche Nutzungsuntersagung.[554] Hier wird dem Adressaten nicht einmalig, sondern dauerhaft eine Pflicht auferlegt. In ein Fahrtenbuch muss jede noch so kurze Fahrt mit dem betreffenden Kfz eingetragen werden, die Nutzungsuntersagung verbietet während ihres Geltungszeitraums fortdauernd die Benutzung der baulichen Anlage.

Gerade weil Dauer-Verwaltungsakte den Betroffenen nicht nur einmalig, sondern fortdauernd belasten, müssen sie während der gesamten Dauer ihrer Existenz gerechtfertigt sein. Mit ihnen werden gleichsam fortlaufend Entscheidungen getroffen, die dann auch nach der jeweils aktuellen Sach- und Rechtslage zu beurteilen sind.[555]

Noch nicht vollzogene Verwaltungsakte

Eine weitere Ausnahme gilt bei Verwaltungsakten, die mit einer Substanzbeeinträchtigung verbunden sind. Aus Gründen der Verhältnismäßigkeit sollen sie nicht vollstreckt werden können, wenn sie infolge einer zwischenzeitlichen Änderung der Sach- oder Rechtslage nunmehr rechtswidrig sind.[556]

BEISPIEL: Bauherr B hat illegal ein Wohngebäude errichtet und erhält daraufhin eine rechtmäßige Beseitigungsverfügung. Hiergegen erhebt er erfolglos Widerspruch und dann Anfechtungsklage. Während des Verwaltungsprozesses wird der maßgebliche Bebauungsplan so geändert, dass das Wohngebäude des B jetzt legal ist. Das muss vom Verwaltungsgericht berücksichtigt werden. Es wäre unverhältnismäßig, den Abriss eines Gebäudes zu bestätigen, das sogleich legal wieder errichtet werden könnte.

---

552 *Wolff/Decker, VwGO, § 113 Rn 40; Hufen, VerwProzessR, § 24 Rn 9*
553 *Kopp/Schenke, VwGO, § 113 Rn 43*
554 *Kopp/Schenke, VwGO, § 113 Rn 43*
555 *Hufen, VerwProzessR, § 24 Rn 9*
556 *Hufen, VerwProzessR, § 24 Rn 10*

cc) Gegenausnahmen

Darüber hinaus gibt es Konstellationen, bei denen trotz des Vorliegens eines Dauer-Verwaltungsaktes auf den Zeitpunkt der letzten Behördenentscheidung abzustellen ist. Das hängt mit den bereits erwähnten Wertungen des materiellen Rechts zusammen.[557] D.h. der Gesetzgeber bringt zum Ausdruck, dass bei bestimmten Dauer-Verwaltungsakten nachträgliche Änderungen der Sach- und Rechtslage im Verwaltungsprozess unbeachtlich sind und nur in einem neuen Verwaltungsverfahren vorgetragen werden können.

186 Letzte Behördenentscheidung trotz Dauer-Verwaltungsakt

BEISPIELE: Die Untersagung der Gewerbeausübung wegen Unzuverlässigkeit gem. § 35 I 1 GewO ist ein Dauer-Verwaltungsakt, weil dem Betroffenen die Gewerbeausübung fortdauernd untersagt wird. Ändert sich nachträglich die Sachlage, sodass die Unzuverlässigkeit nicht mehr besteht, muss der Betroffene gem. § 35 VI 1 GewO einen Antrag an die zuständige Behörde richten, ihm die Gewerbeausübung wieder zu gestatten. Mit dieser Regelung ist die gesetzgeberische Wertung verbunden, dass die nachträglich eingetretenen Tatsachen im Rahmen einer Anfechtungsklage gegen die Gewerbeuntersagung nicht berücksichtigt werden dürfen. Anderenfalls wäre das spezielle Wiedergestattungsverfahren nach § 35 VI 1 GewO sowie die „Wohlverhaltensfrist" des § 35 VI 2 GewO überflüssig. Folglich kommt es für die Unzuverlässigkeit des Betroffenen auf den Zeitpunkt der letzten Behördenentscheidung an.[558]

Wird einer Person die Fahrerlaubnis entzogen, weil sie betrunken ein Fahrzeug im Verkehr geführt hat, kann sie im verwaltungsgerichtlichen Verfahren nicht vortragen, dass sie nunmehr „trocken" ist. Entscheidend ist allein der Zeitpunkt der letzten Behördenentscheidung. Die jetzt bestehende Alkoholabstinenz muss der Betroffene im Rahmen eines Verfahrens auf Neuerteilung der Fahrerlaubnis nachweisen.

MERKSATZ
Für die Zulässigkeit der Anfechtungsklage ist der Zeitpunkt der **letzten mündlichen Verhandlung** entscheidend.
Für die Begründetheit der Anfechtungsklage kommt es nach h.M. grundsätzlich auf den Zeitpunkt der **letzten Behördenentscheidung** an.

Ausnahmsweise ist der Zeitpunkt der letzten mündlichen Verhandlung maßgeblich, wenn es um einen Dauer-Verwaltungsakt oder einen Verwaltungsakt geht, der noch nicht vollzogen ist. Für Dauer-Verwaltungsakte gilt wiederum eine Gegenausnahme, d.h. der Zeitpunkt der letzten Behördenentscheidung ist maßgeblich, wenn sich aus dem Gesetz ergibt, dass nachträgliche Änderungen nur in einem neuen Verwaltungsverfahren berücksichtigt werden dürfen.

---

557   Siehe Rn 183
558   BVerwG, NVwZ 1997, 278, 280; Kopp/Schenke, VwGO, § 113 Rn 44; Hufen, VerwProzessR, § 24 Rn 11

d) Abgrenzung zum Nachschieben von Gründen

187 Von der Frage nach dem maßgeblichen Zeitpunkt für die Beurteilung der Sach- und Rechtslage deutlich zu trennen ist das sog. Nachschieben von Gründen. Hier hat sich die Sach- und Rechtslage nachträglich nicht verändert, sondern es geht darum, ob die Verwaltung eine fehlerhafte Begründung ihres Verwaltungsaktes noch nach Erhebung der Klage mit heilender Wirkung durch Sach- bzw. Rechtserwägungen ergänzen bzw. ersetzen darf, die bereits bei Erlass des Verwaltungsaktes vorgelegen haben.[559]

Maßgebliche Sach- und Rechtslage

Nachschieben von Gründen

Von diesen beiden Konstellationen zu trennen ist wiederum das Nachholen der Begründung gem. § 45 I Nr. 2, II VwVfG. In diesem Fall fehlt eine Begründung des Verwaltungsaktes vollständig oder genügt nicht den Erfordernissen des § 39 I VwVfG. Das kann zur formellen Rechtswidrigkeit des Verwaltungsaktes führen. Beim Nachschieben von Gründen geht es hingegen um die materielle Rechtmäßigkeit des Verwaltungsaktes.[560] Deshalb lässt sich § 45 VwVfG für dieses Problem auch nichts entnehmen.

Nachholen der Begründung

> **BEISPIEL** (nach Schenke, VerwProzessR, Rn 812): Es ergeht eine Beseitigungsverfügung für ein illegal errichtetes Wohngebäude. Die zuständige Behörde hat das ihr eröffnete Ermessen zwar fehlerfrei ausgeübt, ihre Ermessensentscheidung aber nicht entsprechend § 39 I 3 VwVfG begründet. Will sie diese Begründung noch nachholen, richtet sich die Zulässigkeit dieses Vorgehens nach § 45 I Nr. 2, II VwVfG. Hingegen geht es um die Problematik des Nachschiebens von Gründen, wenn die Beseitigungsverfügung zwar formell ordnungsgemäß begründet ist, diese Gründe inhaltlich jedoch nicht ausreichend, insbesondere ermessensfehlerhaft sind, und die Verwaltung sich jetzt fragt, ob sie während des gerichtlichen Verfahrens fehlerfreie Erwägungen nachschieben darf. Schließlich ist der Problemkreis des maßgeblichen Zeitpunkts für die Beurteilung der Sach- und Rechtslage eröffnet, wenn sich die baurechtliche Situation nachträglich ändert, sodass das Wohngebäude nunmehr legal ist und daher entschieden werden muss, auf welchen Zeitpunkt für die Beurteilung der Beseitigungsverfügung abzustellen ist.

> **KLAUSURHINWEIS**
> Das Nachschieben von Gründen ist wie der maßgebliche Zeitpunkt für die Beurteilung der Sach- und Rechtslage bei dem konkreten Merkmal des Tatbestandes oder der Rechtsfolge zu erörtern.[561] Demgegenüber ist das Nachholen der Begründung ausschließlich in der formellen Rechtmäßigkeit des Verwaltungsaktes im Prüfungspunkt „Form" anzusprechen.

> **MERKSATZ**
> **Nachholen der Begründung:** Formell fehlerhafter Verwaltungsakt wird geheilt.
> **Nachschieben von Gründen:** Materiell fehlerhafter Verwaltungsakt soll durch nachgeschobene Erwägungen geheilt werden, die bereits bei Erlass des Verwaltungsaktes vorlagen. Hierzu gehört auch der Austausch der Ermächtigungsgrundlage.
> **Maßgeblicher Zeitpunkt für die Beurteilung der Sach- und Rechtslage:** Sind nach der letzten Behördenentscheidung eintretende Änderungen der Sach- oder Rechtslage noch zu berücksichtigen?

---

559 *Hufen, VerwProzessR, § 24 Rn 19; Schenke, VerwProzessR, Rn 811*
560 *Schenke, VerwProzessR, Rn 811*
561 *Vgl. Rn 180*

188 Die Problematik des Nachschiebens von Gründen wird verständlich, wenn man sich die beiderseitige Interessenlage vor Augen hält. Der Kläger trifft infolge des Nachschiebens auf eine neue rechtliche Situation, die er im Zeitpunkt der Klageerhebung nicht voraussehen konnte. Das könnte gegen das Gebot des fairen Verfahrens verstoßen.[562] Andererseits muss das Gericht gem. § 86 I VwGO die Sach- und Rechtslage von Amts wegen ermitteln, was dafür spricht, auch nachgeschobene Gründe zu berücksichtigen.[563] Ferner scheint es unter prozessökonomischen Gesichtspunkten wenig sinnvoll zu sein, eine sachlich richtige Entscheidung nur deshalb aufzuheben, weil die zutreffende Begründung erst im Laufe des gerichtlichen Verfahrens dargelegt wurde.

Ausgangsproblematik des Nachschiebens von Gründen

Keine Lösung dieser Interessenkollision bietet § 114 S. 2 VwGO. Die Vorschrift beinhaltet eine prozessuale Regelung, während es hier um die materielle Rechtmäßigkeit des Verwaltungsaktes geht. Daher kann § 114 S. 2 VwGO das Nachschieben von Gründen nicht generell für zulässig erklären.[564] Stattdessen ist das Nachschieben von Gründen nur unter folgenden Voraussetzungen zulässig, um einen angemessenen Ausgleich der widerstreitenden Interessen zu gewährleisten:
Die nachgeschobenen Gründe müssen, wie bereits oben dargestellt,[565] bereits im Zeitpunkt des Erlasses des Verwaltungsaktes vorgelegen haben.
Durch die nachgeschobenen Gründe darf der Verwaltungsakt nicht in seinem Wesen verändert werden.[566]

Zulässigkeitsvoraussetzungen des Nachschiebens

BEISPIELE: Eine Wesensänderung liegt vor, wenn der Tenor des Verwaltungsaktes verändert wird, wenn der zugrunde liegende Sachverhalt ausgewechselt wird oder wenn eine gebundene Entscheidung durch eine Ermessensentscheidung ersetzt wird. Im zuletzt genannten Fall entzieht die Verwaltung nämlich dem Kläger eine Ermessensebene, da entweder die Ausgangs- oder die Widerspruchsbehörde nicht am Verwaltungsprozess beteiligt ist und somit ihr Ermessen nicht ausüben konnte. Eine Ausnahme besteht hier nur, wenn Ausgangs- und Widerspruchsbehörde identisch sind oder das Ermessen auf Null reduziert ist. Umgekehrt ist der Wechsel von einer Ermessensentscheidung zu einer gebundenen Entscheidung keine Wesensänderung des Verwaltungsaktes, weil dann keine Ermessensebene entzogen wird[567]

Weiterhin darf der Kläger durch das nachträgliche Vorbringen der Verwaltung nicht unzumutbar in seiner prozessualen Stellung beeinträchtigt werden. D.h. er muss ausreichend Möglichkeit zur Stellungnahme sowie zur prozessualen Reaktion auf die neue Situation haben.[568]

BEISPIEL: Eine mögliche Reaktion des Klägers besteht darin, den Rechtsstreit für erledigt zu erklären, wenn er aufgrund der nachgeschobenen Gründe die Aussichtslosigkeit seiner Klage erkennt.

---

562 *Hufen*, VerwProzessR, § 24 Rn 19
563 *Wolff/Decker*, VwGO, § 113 Rn 51; *Hufen*, VerwProzessR, § 24 Rn 20
564 *Pietzner/Ronellenfitsch*, Assessorexamen, § 38 Rn 15 f.; *Schenke*, VerwProzessR, Rn 816
565 Siehe Rn 187
566 *Wolff/Decker*, VwGO, § 113 Rn 53; *Pietzner/Ronellenfitsch*, Assessorexamen, § 38 Rn 11 f.
567 *Wolff/Decker*, VwGO, § 113 Rn 55; *Bader*, JuS 2006, 199, 201
568 *Wolff/Decker*, VwGO, § 113 Rn 56; *Bader*, JuS 2006, 199, 201

Schließlich ist für den Fall des Nachschiebens von Ermessenserwägungen noch § 114 S. 2 VwGO zu beachten. Die Vorschrift gestattet nach ihrem Wortlaut nur das Ergänzen der Ermessenserwägungen. Folglich ist es unzulässig, wenn die Verwaltung im gerichtlichen Verfahren erstmals ihr Ermessen ausübt oder ihre Ermessenserwägungen komplett auswechselt.[569] § 114 S. 2 VwGO verdeutlicht ferner, dass das Ergänzen der Ermessenserwägungen keine Klageänderung darstellt und auch kein erneutes Vorverfahren stattfinden muss, damit die Widerspruchsbehörde ebenfalls gem. § 68 I 1 VwGO ihr Ermessen ausüben kann.[570]

> **MERKSATZ**
> Das **Nachschieben von Gründen** ist zulässig, wenn die nachgeschobenen Gründe bereits im Zeitpunkt des Erlasses des Verwaltungsaktes vorlagen, der Verwaltungsakt durch das Nachschieben nicht in seinem Wesen verändert wird, der Kläger nicht unzumutbar in seiner Rechtsverteidigung beeinträchtigt wird und § 114 S. 2 VwGO gewahrt ist.

D. Klausurfall: „Moschee im Gewerbegebiet"[571]

189 M beabsichtigt, eine Moschee im Geltungsbereich eines Gewerbegebiets zu errichten. Die Moschee soll Raum für die täglichen Gebete der ca. 120 Gemeindemitglieder bieten. Sie weist nach den Planunterlagen 2 Gebetsräume zu je 63 qm, 2 Büros, einen Multifunktionsraum sowie Technik- und Nassräume auf. Geplant ist zudem ein ca. 7m hohes Minarett, von dem allerdings kein Gebetsruf erfolgen soll. Innerhalb des Gewerbegebiets befinden sich bereits eine Kirche, ein Gebetshaus der Zeugen Jehovas, ein Seniorenzentrum sowie gewerbliche Bauten. Diese Bauwerke sind alle über die K.-Straße erschlossen, obwohl der Bebauungsplan hier ein Zu- und Ausfahrtverbot vorsieht. Auch die Moschee soll über die K.-Straße erschlossen werden.
Auf der gegenüberliegenden Seite der K.-Straße befindet sich ein unbeplanter Bereich, der durch Wohnbebauung gekennzeichnet ist. Das Zu- und Ausfahrtverbot dient nach der Begründung des Bebauungsplans dem Schutz dieser Wohnbebauung. M beantragt einen bauplanungsrechtlichen Bauvorbescheid für die Moschee, den er auch von der Baugenehmigungsbehörde erhält.
Gegen diesen Bauvorbescheid erhebt Grundstückseigentümer E, der auf der gegenüberliegenden Straßenseite ca. 100m von der geplanten Moschee entfernt lebt, Widerspruch. Er rügt, die K.-Straße könne kein weiteres Verkehrsaufkommen verkraften. Bereits jetzt seien die vorhandenen Parkplätze aufgrund der schon bestehenden Bebauung nicht in der Lage, den Parksuchverkehr aufzunehmen. Dadurch komme es zu erheblichen Lärmimmissionen in dem Wohngebiet. Durch den Bau der Moschee würde sich diese Belastung noch verstärken. Zudem verlöre das Gebiet damit seinen Charakter als Gewerbegebiet. Schließlich werde ihm gegenüber das Rücksichtnahmegebot missachtet.

---

569 Pietzner/Ronellenfitsch, Assessorexamen, § 38 Rn 12; Schenke, VerwProzessR, Rn 817-819
570 Pietzner/Ronellenfitsch, Assessorexamen, § 38 Rn 16
571 Nach OVG Koblenz, BauR 2010, 60, 60 ff. = RA 2009, 632, 632 ff.

Die zuständige Widerspruchsbehörde folgt dem Vorbringen des E und hebt den Bauvorbescheid in ihrem Widerspruchsbescheid auf, nachdem sie M zuvor angehört hat.

Gegen diesen Widerspruchsbescheid klagt M vor dem zuständigen Verwaltungsgericht. Er trägt vor, die Moschee sei ihrer Art nach in einem Gewerbegebiet ausnahmsweise zulässig. Das Zu- und Ausfahrtverbot sei infolge der bisherigen Genehmigungspraxis der Verwaltung funktionslos geworden. Zudem könne die Moschee nur über die K.-Straße erschlossen werden. Schließlich handele es sich um eine relativ kleine Gemeinde mit lediglich regionalem Einzug. Daher sei auch nur mit einem geringen Zufahrtverkehr zu der Moschee zu rechnen. In diesem Zusammenhang weist M darauf hin, dass nach den islamischen Glaubensregeln nur die Teilnahme am Freitagsgebet verpflichtend sei. Es sei daher - auch wegen beruflicher Verpflichtungen - nicht zu erwarten, dass stets alle Gemeindemitglieder an den Gebeten in der Moschee teilnehmen.

Hat die Klage des M Aussicht auf Erfolg?

Bearbeitervermerk:
Eine landesrechtliche Bestimmung i.S.v. §§ 61 Nr. 3, 78 I Nr. 2 VwGO existiert nicht.
Die maßgeblichen landesrechtlichen Vorschriften haben folgenden Inhalt:
§ 70 I 1 Landesbauordnung (LBauO):
„Die Baugenehmigung ist zu erteilen, wenn dem Vorhaben keine baurechtlichen oder sonstigen öffentlich-rechtlichen Vorschriften entgegenstehen."
§ 72 LBauO:
„Vor Einreichung des Bauantrags kann die Bauherrin oder der Bauherr zu einzelnen Fragen des Vorhabens einen schriftlichen Bescheid (Bauvorbescheid) beantragen. Der Bauvorbescheid gilt vier Jahre, wenn er nicht kürzer befristet ist. § 70 gilt entsprechend."

LÖSUNG

Die verwaltungsgerichtliche Klage des M gegen den Widerspruchsbescheid hat Erfolg, soweit sie zulässig und begründet ist.

A. Zulässigkeit der Klage

I. VERWALTUNGSRECHTSWEG

Die vor dem Verwaltungsgericht erhobene Klage ist nur zulässig, wenn der Verwaltungsrechtsweg eröffnet ist. Mangels aufdrängender Sonderzuweisungen richtet sich dies nach der Generalklausel des § 40 I 1 VwGO. Danach muss eine öffentlich-rechtliche Streitigkeit nichtverfassungsrechtlicher Art vorliegen. Öffentlich-rechtlich ist die Streitigkeit, wenn sie durch ein Über-/Unterordnungsverhältnis gekennzeichnet ist, in dem der Staat einseitig gegenüber dem Bürger verbindliche Regelungen trifft (Subordinationstheorie). Hier hat die Widerspruchsbehörde mit dem Widerspruchsbescheid den Bauvorbescheid des M einseitig hoheitlich aufgehoben, sodass zwischen den Beteiligten ein Über-/Unterordnungsverhältnis besteht. Folglich liegt eine öffentlich-rechtliche Streitigkeit vor, die auch nichtverfassungsrechtlicher Art ist. Somit sind die Voraussetzungen des § 40 I 1 VwGO erfüllt. Eine abdrängende Sonderzuweisung existiert nicht.

Der Verwaltungsrechtsweg ist gem. § 40 I 1 VwGO eröffnet.

II. STATTHAFTE KLAGEART

Die statthafte Klageart richtet sich gem. § 88 VwGO nach dem Begehren des Klägers. M greift den Widerspruchsbescheid an, mit dem sein Bauvorbescheid aufgehoben wurde. Für dieses Begehren könnte die Anfechtungsklage gem. § 42 I 1. Fall VwGO die statthafte Klageart darstellen. Das setzt voraus, dass der Kläger die Aufhebung eines Verwaltungsaktes begehrt. Der angefochtene Widerspruchsbescheid erfüllt alle Merkmale des § 35 S. 1 VwVfG und ist somit ein Verwaltungsakt. Gleichwohl ist fraglich, ob er isoliert angegriffen werden kann.

Nach der Grundregel des § 79 I Nr. 1 VwGO ist Gegenstand der Anfechtungsklage der ursprüngliche Verwaltungsakt in der Gestalt, die er durch den Widerspruchsbescheid gefunden hat. D.h. Ausgangs- und Widerspruchsbescheid bilden eine prozessuale Einheit, wobei der Widerspruchsbescheid als „letztes Wort der Verwaltung" dem Verwaltungsakt den für die gerichtliche Kontrolle maßgeblichen Inhalt gibt (sog. **Einheitsklage**). Von diesem Grundsatz normiert § 79 I Nr. 2 VwGO für den Fall eine Ausnahme, dass der Widerspruchsbescheid erstmalig eine Beschwer enthält. Er ist dann zwingend alleiniger Gegenstand der Anfechtungsklage.

Da der Bauvorbescheid als ursprünglicher Verwaltungsakt für M begünstigend ist, kann sich seine Anfechtungsklage nur gegen den belastenden Widerspruchsbescheid richten. Dieser ist folglich gem. § 79 I Nr. 2 VwGO zulässiger Gegenstand der Anfechtungsklage des M.

Demnach ist die Anfechtungsklage gem. § 42 I 1. Fall VwGO die statthafte Klageart.

III. KLAGEBEFUGNIS

M muss klagebefugt sein. Das setzt gem. § 42 II VwGO voraus, dass er geltend machen kann, durch den angegriffenen Verwaltungsakt in eigenen Rechten verletzt zu sein. Der Widerspruchsbescheid nimmt M sein subjektiv-öffentliches Recht aus dem Bauvorbescheid, sodass er möglicherweise in eigenen Rechten verletzt ist. Folglich ist M klagebefugt.

IV. VORVERFAHREN

Ein Vorverfahren gegen den angegriffenen Widerspruchsbescheid hat M nicht eingeleitet. Das ist gem. § 68 I 2 Nr. 2 VwGO aber auch nicht erforderlich. Folglich steht die fehlende Durchführung des Vorverfahrens der Zulässigkeit der Klage nicht entgegen.

V. FRIST

Die Klagefrist ist eingehalten.

VI. KLAGEGEGNER

Die Anfechtungsklage ist gem. § 78 I Nr. 1, II VwGO gegen den Rechtsträger der Widerspruchsbehörde zu richten.

VII. BETEILIGUNGS- UND PROZESSFÄHIGKEIT

Die Beteiligungs- und Prozessfähigkeit des M folgt aus §§ 61 Nr. 1 1. Fall, 62 I Nr. 1 VwGO, für den Klagegegner ergibt sie sich aus §§ 61 Nr. 1 2. Fall, 62 III VwGO.

Rechtliche Bedenken hinsichtlich der übrigen Zulässigkeitsvoraussetzungen bestehen nicht.

Somit ist die Anfechtungsklage des M zulässig.

B. Beiladung
K ist gem. § 65 II VwGO notwendig beizuladen.

C. Begründetheit der Klage
Die Anfechtungsklage ist gem. §§ 113 I 1, 115 VwGO begründet, soweit der angegriffene Widerspruchsbescheid rechtswidrig und der Kläger dadurch in seinen Rechten verletzt ist.

I. ERMÄCHTIGUNGSGRUNDLAGE FÜR DEN WIDERSPRUCHSBESCHEID
Ermächtigungsgrundlage für den Widerspruchsbescheid ist § 68 I 1 VwGO i.V.m. §§ 70 I 1, 72 S. 3 LBauO

II. FORMELLE RECHTMÄSSIGKEIT DES WIDERSPRUCHSBESCHEIDS
Der Widerspruchsbescheid muss formell rechtmäßig sein.

1. Zuständigkeit
Der Widerspruchsbescheid wurde von der zuständigen Widerspruchsbehörde erlassen.

2. Verfahren
Die spezielle Anhörungsvorschrift des § 71 VwGO wurde beachtet.

3. Form
§ 73 III 1 VwGO ist zu entnehmen, dass ein Widerspruchsbescheid schriftlich zu ergehen hat. Das ist hier geschehen. Andere Formfehler sind nicht ersichtlich.
Der Widerspruchsbescheid ist formell rechtmäßig.

III. MATERIELLE RECHTMÄSSIGKEIT DES WIDERSPRUCHSBESCHEIDS
Der Widerspruchsbescheid muss auch materiell rechtmäßig sein. Das ist der Fall, wenn die Voraussetzungen seiner Ermächtigungsgrundlage, also des § 68 I 1 VwGO i.V.m. §§ 70 I 1, 72 S. 3 LBauO, vorliegen. In diesem Zusammenhang ist zu beachten, dass der Widerspruchsbescheid auf den Widerspruch des Beigeladenen erging. Folglich ist die mit dem Widerspruchsbescheid erfolgte Aufhebung des Bauvorbescheids nur rechtmäßig, wenn der Widerspruch des Beigeladenen zulässig und begründet war.

> **KLAUSURHINWEIS**
> Ergeht ein Abhilfe- oder Widerspruchsbescheid auf den Widerspruch eines Dritten, sind dessen Zulässigkeit und Begründetheit im Rahmen der materiellen Rechtmäßigkeit des Abhilfe- bzw. Widerspruchsbescheids zu prüfen.

1. Zulässigkeit des Widerspruchs des Beigeladenen
Für den Widerspruch des Beigeladenen gegen den Bauvorbescheid ist der Verwaltungsrechtsweg analog § 40 I 1 VwGO eröffnet. Da der Widerspruch zudem Zulässigkeitsvoraussetzung für die im Hauptsacheverfahren zu erhebende Anfechtungsklage ist, ist er auch statthaft. Von der Beachtung der Anforderungen des § 70 I VwGO an Form und Frist des Widerspruchs ist auszugehen.

> **KLAUSURHINWEIS**
> Da diese Zulässigkeitsvoraussetzungen unproblematisch sind, ist es vertretbar, sie ganz kurz abzuhandeln

Fraglich ist jedoch, ob der Beigeladene analog § 42 II VwGO widerspruchsbefugt ist. Da er nicht Adressat des angefochtenen Bauvorbescheids ist, muss er sich auf eine drittschützende Norm berufen können. Maßstab für die drittschützende Wirkung einer Norm ist die Schutznormtheorie. Danach vermittelt eine Vorschrift Drittschutz, wenn sie zumindest auch dem Schutz von Individualinteressen dient und der anfechtende Dritte zum geschützten Personenkreis gehört.

Verstöße gegen das Bauordnungsrecht oder sonstige öffentlich-rechtliche Vorschriften außerhalb des Baurechts (z.B. Straßenrecht) kommen nicht in Betracht, sondern nur eine Missachtung des maßgeblichen Bauplanungsrechts. Diesbezüglich ist die Besonderheit zu beachten, dass der Kläger und der Beigeladene nicht in dem gleichen bauplanungsrechtlichen Gebiet leben. Es handelt sich um einen sog. **grenzüberschreitenden Nutzungskonflikt**. In einer solchen Situation richtet sich der Drittschutz nach der Vorschrift, die für das umstrittene Bauwerk gilt. Weiterhin muss diese Norm auch Personen schützen, die jenseits der Grenzen des Gebiets leben.

Da die Moschee im Bereich eines Bebauungsplans errichtet werden soll, richtet sich der Drittschutz nach § 30 BauGB i.V.m. der BauNVO. Konkret strittig ist nur, ob die Moschee ihrer Art nach in dem Gewerbegebiet zulässig ist. Folglich kommt es auf die drittschützende Wirkung des § 8 BauNVO an.

Die §§ 2-14 BauNVO erzeugen zwischen den Grundstückseigentümern im Bereich eines Bebauungsplans eine sog. **bau- und bodenrechtliche Schicksalsgemeinschaft**. D.h. jeder Eigentümer muss sich an die Festsetzungen des Bebauungsplans halten und kann dies deshalb auch von jedem anderen Eigentümer fordern. Er kann letztlich verlangen, dass das Baugebiet so erhalten bleibt, wie es der Bebauungsplan vorsieht (sog. **Gebietserhaltungsanspruch**). Damit sind die §§ 2-14 BauNVO generell drittschützend. Der Beigeladene liegt mit seinem Grundstück jedoch nicht im Bereich des Bebauungsplans. Somit ist er nicht Teil dieser Schicksalsgemeinschaft, sodass die Festsetzungen des Bebauungsplans ihn grundsätzlich nicht schützen.[572] Daher kann er nicht rügen, das Gewerbegebiet verlöre durch den Bau der Moschee seinen Gebietscharakter.

Eine Ausnahme von dieser begrenzten drittschützenden Wirkung der Festsetzungen des Bebauungsplans liegt jedoch vor, wenn der Bebauungsplan ausweislich seiner Begründung einzelnen seiner Festsetzungen ausdrücklich grenzüberschreitende Schutzwirkung zuweist. So verhält es sich hier bzgl. des Zu- und Ausfahrtverbots, das für die K.-Straße gilt. Dieses dient laut Planbegründung dem Schutz der gegenüberliegenden Wohnbebauung, zu der auch der Beigeladene gehört. Folglich vermittelt ihm diese Festsetzung Drittschutz. Sie könnte auch verletzt sein, indem die Moschee über die K.-Straße erschlossen wurde.

> **KLAUSURHINWEIS**
> Nicht zu prüfen ist der Einwand des Klägers, das Zu- und Ausfahrtverbot sei funktionslos geworden. Das bedarf einer genaueren rechtlichen Prüfung und gehört daher in die Begründetheit des Widerspruchs.

---

572 Vgl. BVerwG, NVwZ 2008, 427, 428

Darüber hinaus rügt der Beigeladene, durch den Bau der Moschee könne es zu erheblichen Lärmimmissionen kommen. Damit kommt ein Verstoß gegen § 15 I 2 BauNVO in Betracht.

> **KLAUSURHINWEIS**
> Es ist an sich ausreichend, wenn im Rahmen der Widerspruchs-, Antrags- oder Klagebefugnis die drittschützende Wirkung einer Norm dargelegt wird. Der drittschützende Gehalt weitere Normen ist nicht zwingend zu erörtern, allerdings erspart man sich dann die Herleitung der drittschützenden Wirkung in der Begründetheit, kann dort also direkt den Rechtsverstoß prüfen.
>
> Jedoch darf im Rahmen der Widerspruchs-, Antrags- oder Klagebefugnis natürlich nicht die drittschützende Wirkung von Normen untersucht werden, die in der Begründetheit gar nicht angesprochen werden.

Die Norm verdeutlicht bereits im Wortlaut, dass ein Bauwerk im Bereich eines Bebauungsplans Rücksicht auf die Umgebungsbebauung zu nehmen hat. Bei § 15 I 2 BauNVO handelt es sich deshalb um eine gesetzliche Ausprägung des Gebots der Rücksichtnahme. Dieses vermittelt Drittschutz, wenn in qualifizierter und zugleich individualisierter Weise auf schutzwürdige Interessen eines erkennbar abgegrenzten Kreises Dritter Rücksicht zu nehmen ist. D.h. geschützt ist derjenige, der durch das umstrittene Bauwerk spürbar in einer schutzwürdigen Rechtsposition beeinträchtigt ist. Das „qualifiziert" und „individualisiert" ihn, d.h. zeigt seine besondere Betroffenheit und hebt ihn von der Allgemeinheit ab. Damit ist § 15 I 2 BauNVO eine partiell drittschützende Norm. Darüber hinaus schützt die Vorschrift auch Bauwerke in der Umgebung des Baugebiets, gewährt mithin grenzüberschreitenden Schutz.[573]

Die unzumutbaren Belästigungen oder Störungen i.S.v. § 15 I 2 BauNVO folgen aus den drohenden Lärmimmissionen infolge des gesteigerten Verkehrsaufkommens bei Inbetriebnahme der Moschee. Diese Immissionen treffen den Beigeladenen aufgrund der räumlichen Nähe seines Grundstücks zur geplanten Moschee auch stärker als die Allgemeinheit. Das verdeutlicht seine spürbare Betroffenheit, die ihn von der Allgemeinheit abhebt. Demnach schützt § 15 I 2 BauNVO als partiell drittschützende Norm den Beigeladenen und ist auch möglicherweise verletzt.

Folglich ist der Beigeladene widerspruchsbefugt analog § 42 II VwGO.

Sein Widerspruch war somit zulässig.

2. Begründetheit des Widerspruchs des Beigeladenen

Der Anfechtungswiderspruch des Beigeladenen ist begründet, soweit der angegriffene Bauvorbescheid rechtswidrig und der Beigeladene dadurch in seinen Rechten verletzt ist oder soweit der Verwaltungsakt zweckwidrig und der Widerspruchsführer dadurch in seinen schutzwürdigen Interessen verletzt ist, § 68 I 1 VwGO i.V.m. § 113 I 1 VwGO analog.

Da es sich um den Widerspruch eines Dritten handelt, kann er nur begründet sein, wenn der Bauvorbescheid den Beigeladenen in einer ihn schützenden Norm verletzt.

---

573 BVerwG, NVwZ 2008, 427, 428

> **KLAUSURHINWEIS**
> Da der Kläger im Falle einer Drittanfechtung nur Verstöße gegen drittschützende Vorschriften rügen kann, ist es an sich ökonomisch und sachlich richtig, allein einen Verstoß gegen diese Bestimmungen zu prüfen. Etwas anderes gilt jedoch, wenn der Arbeitsauftrag zu einer umfassenden Begutachtung der Rechtslage zwingt oder bei einer rein objektiv-rechtlichen Norm ein Klausurschwerpunkt liegt. In diesem Fall sollte der „klassische" Anfechtungsaufbau (Ermächtigungsgrundlage, formelle und materielle Rechtmäßigkeit, Rechtsverletzung) bevorzugt werden, da er die Möglichkeit bietet, alle Klausurprobleme zu diskutieren. Jedoch muss im Falle der Rechtswidrigkeit des angegriffenen Verwaltungsaktes im Prüfungspunkt „Rechtsverletzung" geklärt werden, ob die verletzte Rechtsvorschrift auch tatsächlich drittschützend ist.

a) Zu- und Ausfahrtverbot des Bebauungsplans

Der erteilte Bauvorbescheid verstößt gegen das den Beigeladenen schützende Zu- und Ausfahrtverbot, das der Bebauungsplan für die K.-Straße vorsieht. Der Kläger rügt jedoch, dieses sei funktionslos geworden.

Da die Festsetzungen eines rechtsförmlich als Satzung erlassenen Bebauungsplans grundsätzlich zu beachten sind, tritt ihre Funktionslosigkeit nur ausnahmsweise ein. Erforderlich ist, dass die tatsächlichen Verhältnisse ihre Verwirklichung auf unabsehbare Zeit ausschließen und dies so offensichtlich ist, dass ein in ihre Fortgeltung gesetztes Vertrauen keinen Schutz verdient.[574] Das folgt hier aus dem Umstand, dass alle Bauwerke, auf die sich diese Festsetzung bezieht, über die K.-Straße erschlossen sind. Der mit dem Verbot angestrebte Zweck, die K.-Straße von dem mit dem Gewerbegebiet verbundenen Kfz-Verkehr freizuhalten, kann daher dauerhaft nicht mehr erreicht werden.

Somit ist das im Bebauungsplan festgesetzte Zu- und Ausfahrtverbot für die K.-Straße funktionslos geworden. Folglich kann der erteilte Bauvorbescheid hiergegen nicht verstoßen und dadurch Rechte des Beigeladenen verletzen.

b) Verstoß gegen § 15 I 2 BauNVO

Der Bauvorbescheid könnte gegen die drittschützende Bestimmung des § 15 I 2 BauNVO verstoßen. Nach dieser Vorschrift sind an sich zulässige Bauwerke ausnahmsweise unzulässig, wenn von ihnen unzumutbare Belästigungen oder Störungen ausgehen.

Die geplante Moschee ist in dem Gewerbegebiet gem. § 8 III Nr. 2 BauNVO als Anlage für kirchliche Zwecke ausnahmsweise zulässig. Es besteht insoweit kein Grund, sie anders zu behandeln als die bereits existierende Kirche und das Gebetshaus der Zeugen Jehovas.

---

574 OVG Koblenz, BauR 2010, 60, 61 = RA 2009, 632, 634 f.

> **KLAUSURHINWEIS**
> Obwohl der Fall einer Drittanfechtung vorliegt, muss hier zwingend vorweg mit § 8 BauNVO eine Norm geprüft werden, die für den Beigeladenen nicht drittschützend ist. Denn § 15 I 2 BauNVO ist nur anzusprechen, wenn das Bauwerk gem. §§ 2-14 BauNVO zulässig ist. Sollte es hingegen unzulässig sein, ist § 31 II BauGB zu erörtern.

Jedoch könnte eine unzumutbare Belästigung oder Störung von der Moschee ausgehen. Das in diesem Merkmal verankerte Gebot der Rücksichtnahme verlangt eine umfassende Interessenabwägung. Einzustellen sind die berechtigten Interessen des Bauherrn, die Schutzwürdigkeit des Nachbarn, die Auswirkungen des Vorhabens sowie eventuelle Vorbelastungen.

Für das Anliegen des Beigeladenen könnte sprechen, dass die ohnehin bestehende Verkehrsbelastung mit Inbetriebnahme der Moschee weiter steigt und der bereits existierende Parksuchverkehr zu erheblichen Lärmimmissionen in dem Wohngebiet führt.

Andererseits ist die Gemeinde mit 120 Mitgliedern klein, sodass auch der Verkehr zu der Moschee überschaubar sein dürfte, zumal nicht anzunehmen ist, dass jedes Gemeindemitglied einzeln mit einem Kfz zur Moschee fährt. Weiterhin ist nur das Freitagsgebet verpflichtend, sodass nicht alle Gläubigen an allen Gebeten teilnehmen, zumal das ihre beruflichen Verpflichtungen nicht zulassen. Darüber hinaus ist der besonders laute Gebetsruf vom Minarett nicht vorgesehen. Schließlich ist die Ausstrahlungswirkung des Grundrechts aus Art. 4 I, II GG zu beachten, das ebenfalls für die Moschee streitet. In Anbetracht dessen und der bestehenden Lärmvorbelastung ist davon auszugehen, dass keine unzumutbare Belästigung oder Störung von der Moschee ausgehen wird.

Folglich liegt kein Verstoß gegen § 15 I 2 BauNVO vor, sodass der Beigeladene nicht in einer ihn schützenden Norm verletzt ist. Sein Widerspruch war demnach unbegründet, der Widerspruchsbescheid ist mithin materiell rechtswidrig.

Daher ist die Anfechtungsklage des M zulässig und begründet und hat somit Erfolg.

2. Teil – Verpflichtungsklage

A. Einleitung

_{Beziehung zu anderen Klagearten}

190 Die Darstellung der in § 42 I 2. Fall VwGO normierten Verpflichtungsklage im Anschluss an die Anfechtungsklage bietet sich an, weil es bei beiden Klagearten um einen Verwaltungsakt geht. Daher ist ihr Prüfungsaufbau in der Zulässigkeit auch identisch.

Die Ausführungen zur Begründetheit der Verpflichtungsklage sind hilfreich bei der Leistungsklage und teilweise auch bei der Fortsetzungsfeststellungsklage. Daher wird die Verpflichtungsklage vor diesen beiden Klagearten dargestellt.

B. Prüfungsschema: Aufbau der Verpflichtungsklage

PRÜFUNGSSCHEMA

I. Zulässigkeit der Klage
 1. Verwaltungsrechtsweg
 2. Statthafte Klageart
 3. Klagebefugnis
 4. Vorverfahren
 5. Klagefrist
 6. Klagegegner
 7. Beteiligungs- und Prozessfähigkeit
 8. Weitere Zulässigkeitsvoraussetzungen
    a) Ordnungsgemäße Klageerhebung
    b) Rechtshängigkeit und Rechtskraft
    c) Rechtsschutzbedürfnis
    d) Rechtsbehelfe gegen behördliche Verfahrenshandlungen
II. Objektive Klagehäufung
III. Streitgenossenschaft
IV. Beiladung
V. Begründetheit der Klage
 1. Ggf. Passivlegitimation
 2. Anspruchsgrundlage
 3. Anspruchsvoraussetzungen
    a) Formelle Anspruchsvoraussetzungen
    b) Materielle Anspruchsvoraussetzungen

C. Systematik und Vertiefung

I. ZULÄSSIGKEIT DER KLAGE

191 Da die Prüfungspunkte bei der Anfechtungs- und Verpflichtungsklage identisch sind und sich auch der Inhalt der Prüfung in weiten Teilen gleicht, werden nachfolgend nur die Besonderheiten der Verpflichtungsklage dargestellt.

1. Verwaltungsrechtsweg

Hinsichtlich der Eröffnung des Verwaltungsrechtsweges gibt es in der Regel keine Besonderheiten gegenüber der Anfechtungsklage. Da es auch bei der Verpflichtungsklage um einen Verwaltungsakt geht, kann das Vorliegen einer öffentlich-rechtlichen Streitigkeit im Sinne des § 40 I 1 VwGO grundsätzlich mit der Subordinationstheorie begründet werden.[575]

192 Verpflichtungsklage: Subordinationstheorie

Probleme treten jedoch auf, wenn es um eine staatliche Leistungserbringung geht, deren Details zivilrechtlich vereinbart wurden. Dann ist auf die sog. **Zweistufentheorie** zurückzugreifen. Deren klausurrelevante Anwendungsfälle sind die Vergabe von Subventionen sowie der Zugang zu öffentlichen Einrichtungen.

193 Zweistufentheorie

> **DEFINITION**
> **Subventionen** sind staatliche Geldleistungen an eine Privatperson zur Verwirklichung eines bestimmten öffentlichen Zwecks ohne marktgerechte Gegenleistung.[576]

Subvention

BEISPIEL: Unternehmer U erhält für die Umstrukturierung seines Betriebs und damit für die Sicherung von Arbeitsplätzen von der zuständigen Behörde einen Geldbetrag zu deutlich günstigeren Konditionen, als er sie von einem privaten Kreditinstitut eingeräumt bekäme.

> **DEFINITION**
> **Öffentliche Einrichtungen** sind alle staatlichen Anlagen oder Veranstaltungen, die nach ihrem Widmungsakt einem bestimmten öffentlichen Zweck dienen.[577]

Öffentliche Einrichtungen

BEISPIELE: Städtisches Hallenbad, öffentliches Volksfest, gemeindlicher Kindergarten.[578]

Die Qualifizierung als öffentliche Einrichtung wirft Fragen auf, wenn die Einrichtung privatisiert wurde.

BEISPIELE: Stadthallen GmbH, Schwimmbäder AG.

Eine solche Einrichtung ist solange noch als öffentliche Einrichtung anzusehen, wie der Staat alle oder die Mehrheit der Anteile an der privaten Betreibergesellschaft hält.[579] Wegen der Zwischenschaltung der juristisch selbständigen Betreibergesellschaft wird der Staat jedoch nicht selbst den Zugang zu der Einrichtung gewähren können. Stattdessen wird der Kläger begehren müssen, dass der Staat seinen Einfluss auf die private Betreibergesellschaft nutzt, damit diese ihm den Zugang gewährt (sog. **öffentlich-rechtlicher Verschaffungsanspruch**).[580] Diese Einwirkung auf die private Betreibergesellschaft ist kein Verwaltungsakt und kann daher nur mit der Leistungsklage eingeklagt werden.[581]

Öffentlich-rechtlicher Verschaffungsanspruch

---
575 Siehe Rn 49
576 Maurer, AllgVerwR, § 17 Rn 5-9a
577 Vgl. Kopp/Schenke, VwGO, § 40 Rn 16
578 Kopp/Schenke, VwGO, § 40 Rn 16; Hufen, VerwProzessR, § 11 Rn 32
579 Kopp/Schenke, VwGO, § 40 Rn 16; Kahl/Weißenberger, JURA 2009, 194, 195, 196
580 Hufen, VerwProzessR, § 11 Rn 34; Hufen, AllgVerwR, § 3 Rn 26
581 Hufen, VerwProzessR, § 11 Rn 34

Differenzierung "OB" ↔ "WIE"

Die Zweistufentheorie verlangt in diesen Fällen eine differenzierte Betrachtung. Geht es um den Zugang zu der öffentlichen Einrichtung bzw. um die grundsätzliche Vergabe der Subvention ("OB"), handelt es sich stets um eine öffentlich-rechtliche Streitigkeit. Demgegenüber kann die konkrete Ausgestaltung des Benutzungsverhältnisses der öffentlichen Einrichtung bzw. können die Einzelheiten der Auszahlung und Tilgung der Subvention ("WIE") öffentlich-rechtlich oder privatrechtlich geregelt werden.[582] Sollte allerdings das "WIE" auch öffentlich-rechtlich geregelt sein, ist die Zweistufentheorie für die Herleitung einer öffentlich-rechtlichen Streitigkeit uninteressant. Dann liegt nämlich eindeutig ein Über-/Unterordnungsverhältnis vor, sodass bereits die Subordinationstheorie zum Ziel führt.[583]

BEISPIEL: Auch die Bedingungen für die Nutzung der Stadthalle werden per Verwaltungsakt festgelegt.

Gleichfalls kein Anwendungsfall der Zweistufentheorie liegt vor, wenn der Kläger seine Klage gegen die private Betreibergesellschaft einer öffentlichen Einrichtung richtet. Dann handelt es sich um eine privatrechtliche Streitigkeit, es sei denn, die private Betreibergesellschaft hat die Stellung eines Beliehenen.[584]

2. Statthafte Klageart

Versagungsgegenklage und Untätigkeitsklage

194 Gem. § 42 I 2. Fall VwGO ist die Verpflichtungsklage statthaft, wenn der Kläger die Verurteilung zum Erlass eines abgelehnten oder unterlassenen Verwaltungsaktes begehrt. Ist Anlass für die Klageerhebung die Ablehnung des Verwaltungsaktes, wird die Verpflichtungsklage als Versagungsgegenklage bezeichnet.[585] Hat die Verwaltung hingegen auf das Begehren des Klägers gar nicht reagiert, also unterlassen, spricht man von einer Untätigkeitsklage.[586]

MERKSATZ
Wichtiger als diese Unterscheidung ist die Feststellung, dass das Verwaltungsgericht nicht selbst den begehrten Verwaltungsakt erlässt. Das kann aus Gründen der Gewaltenteilung nur die Verwaltung. Daher auch der Begriff "Verpflichtungsklage", nämlich Verpflichtung der Verwaltung durch das Gericht zum Erlass eines Verwaltungsaktes.

Die Verpflichtungsklage kann inhaltlich beschränkt werden, d.h. der Kläger kann den Erlass eines Teils eines Verwaltungsaktes begehren, wenn die angestrebte Leistung teilbar ist.[587]

BEISPIEL: Klage auf Leistungsbescheid über einen Teilbetrag.[588]

---

582 Kopp/Schenke, VwGO, § 40 Rn 16, 20
583 Hufen, VerwProzessR, § 11 Rn 34
584 Kopp/Schenke, VwGO, § 40 Rn 16; Hufen, VerwProzessR, § 11 Rn 34. Zum Beliehenen siehe die detaillierte Darstellung im JURA INTENSIV Skript „Allgemeines Verwaltungsrecht".
585 Wolff/Decker, VwGO, § 42 Rn 60; Hufen, VerwProzessR, § 15 Rn 4
586 Wolff/Decker, VwGO, § 42 Rn 60; Hufen, VerwProzessR, § 15 Rn 5
587 Wolff/Decker, VwGO, § 42 Rn 70; Hufen, VerwProzessR, § 15 Rn 14
588 Wolff/Decker, VwGO, § 42 Rn 70

Keine Voraussetzung für die Statthaftigkeit der Verpflichtungsklage ist, entgegen anderslautender Ansichten,[589] dass der Kläger einen begünstigenden Verwaltungsakt begehrt, da § 42 I 2. Fall VwGO dies schlichtweg nicht fordert.[590] Stattdessen wird einer Klage auf Erlass eines nicht begünstigenden Verwaltungsaktes in aller Regel „nur" die Klagebefugnis bzw. das Rechtsschutzbedürfnis fehlen.

Inhalt des Verwaltungsaktes unerheblich

Weiterhin hat die Verpflichtungsklage ein „kassatorisches Element". Das bedeutet, die im Falle der Versagungsgegenklage vorausgegangenen ablehnenden Bescheide der Verwaltung werden automatisch mit aufgehoben, wenn die Verpflichtungsklage erfolgreich ist. Sie müssen nicht separat mit der Anfechtungsklage angegriffen werden.[591]

„Kassatorisches Element"

BEISPIEL: Bauherr B hat erfolglos die Erteilung einer Baugenehmigung beantragt. Seine daraufhin erhobene Verpflichtungsklage ist erfolgreich. Das Verwaltungsgericht wird dann aussprechen, dass die Beklagte „unter Aufhebung des Ablehnungsbescheids vom … sowie des Widerspruchsbescheids vom …" verpflichtet wird, dem Kläger die beantragte Baugenehmigung zu erteilen.

a) Verwaltungsakt

Bzgl. der einzelnen Merkmale des Verwaltungsaktes wird auf die Erläuterungen i.R.d. Anfechtungsklage verwiesen.[592] Zusätzliche Probleme im Zusammenhang mit der Verpflichtungsklage können auftreten, wenn der Kläger Geldleistungen oder Auskünfte begehrt oder ein mehrstufiger Verwaltungsakt vorliegt. Fragliche Merkmale des Verwaltungsaktes sind dann die Regelung (Geldleistungen und Auskünfte) bzw. die Außenwirkung (mehrstufiger Verwaltungsakt).

195

aa) Geldleistungen

Häufig gewährt der Staat seinen Bürgern finanzielle Unterstützung.

196 *Geldleistungen/ Subventionen*

BEISPIEL: Subventionen.

Fraglich ist, ob es sich hierbei um einen Verwaltungsakt handelt. Die Auszahlung des Geldbetrages als solche ist eine rein tatsächliche Handlung, sodass die Regelungswirkung fehlt, also ein Realakt vorliegt. Möglicherweise ist aber die der Auszahlung vorausgehende behördliche Entscheidung, die Geldleistung überhaupt zu gewähren, ein Verwaltungsakt. Das kann zumindest nicht für jeden Fall angenommen werden, weil die Verwaltung intern stets eine Entscheidung trifft, bevor sie tätig wird, sodass sich immer das Vorliegen eines Verwaltungsaktes konstruieren ließe und es Realakte somit gar nicht geben könnte.[593] Stattdessen ist primär das der Geldleistung zugrunde liegende Gesetz heranzuziehen und im Wege der Auslegung zu ermitteln, ob es ein Handeln der Verwaltung per Verwaltungsakt vorsieht. So ordnet § 48 III 4 VwVfG an, dass der auszugleichende Vermögensnachteil durch die zuständige Behörde festgesetzt wird. Das bedeutet, vor der Auszahlung muss über den Ausgleichsanspruch dem Grunde und der Höhe nach verbindlich entschieden werden.

---

589 Hufen, VerwProzessR, § 15 Rn 2
590 Wolff/Decker, VwGO, § 42 Rn 62, 64
591 Kopp/Schenke, VwGO, § 42 Rn 29
592 Siehe Rn 61 ff.
593 Vgl. Kopp/Schenke, VwGO, Anh § 42 Rn 37; Ehlers, JURA 2006, 351, 354; Remmert, JURA 2007, 736, 738

Diese Entscheidung hat folglich Regelungswirkung und ist demnach ein Verwaltungsakt.[594]

Weiterhin ist die einer Geldleistung vorausgehende verwaltungsinterne Entscheidung ein Verwaltungsakt, wenn sein Erlass erforderlich ist, um einen Rechtsgrund für die Zahlung zu schaffen. Das zeigt das erwähnte Beispiel der Subvention. Ihre Vergabe an eine bestimmte Person ist im Gesetz regelmäßig nicht zwingend vorgesehen.[595] Folglich kann der Empfänger die Subvention nur dauerhaft behalten, wenn ein Rechtsgrund für ihre Gewährung und Auszahlung besteht. Dieser Rechtsgrund wird durch den Subventionsbewilligungsbescheid gelegt, der ein Verwaltungsakt ist.[596]

> **MERKSATZ**
> Bei staatlichen Geldleistungen ist der Auszahlungsvorgang selbst ein Realakt. Die vorausgehende behördeninterne Entscheidung, ob ausgezahlt werden soll, hat Regelungswirkung, wenn das einschlägige Gesetz dies anordnet oder wenn noch ein Rechtsgrund geschaffen werden muss, damit der Empfänger das Geld behalten darf.

bb) Auskünfte

197 Ein ähnliches Rechtsproblem wie bei den Geldleistungen stellt sich bei der Erteilung von Auskünften durch die Verwaltung.

> **BEISPIEL** (nach BVerwGE 31, 301): Nachbar N zeigt den Bauherrn B bei der zuständigen Behörde mit der Behauptung an, B habe auf seinem Grundstück illegal mehrere Gebäude errichtet. Im Zuge der daraufhin eingeleiteten Ermittlungen stellt sich heraus, dass dies nicht zutrifft. Der erboste B verlangt nunmehr von der Behörde, ihm den Namen des Informanten zu nennen, was jedoch abgelehnt wird. Welche Rechtsnatur hat diese Entscheidung?

Rechtsnatur einer Auskunft

Wie bei den staatlichen Geldleistungen ist die Auskunft selbst ein Realakt, wohingegen die vorausgehende Entscheidung über die Auskunftserteilung ein Verwaltungsakt sein könnte.[597] Das kann aus den oben genannten Gründen zumindest nicht immer der Fall sein. Nach einer vertretenen Rechtsansicht soll jedoch die behördliche Ablehnung der Auskunft stets Regelungswirkung haben, weil sie eine verbindliche Entscheidung beinhalte.[598] Würde diese Überlegung zutreffen, müsste konsequenterweise dasselbe für eine positive Entscheidung gelten, sodass letztlich doch immer ein Verwaltungsakt vorliegt.[599] Die h.M. stellt deshalb darauf ab, ob der Schwerpunkt des behördlichen Handelns in der Entscheidung über die Erteilung der Auskunft oder in der tatsächlichen Auskunft liegt. Dabei soll die erste Konstellation, also ein Verwaltungsakt, stets vorliegen, wenn die Auskunftserteilung im behördlichen Ermessen steht, weil dann eine Abwägung der widerstreitenden Interessen erfolgen muss, die Regelungswirkung hat. Ferner sei auch bei gebundenen Entscheidungen das Merkmal der Regelung zu bejahen, wenn ein komplexer Sachverhalt

---

594   *Knack-Meyer, VwVfG*, § 48 Rn 117; *Kopp/Ramsauer, VwVfG*, § 48 Rn 144
595   *Vgl. Maurer, AllgVerwR*, § 6 Rn 20
596   *Maurer, AllgVerwR*, § 17 Rn 12
597   *Kahl, JURA* 2001, 505, 509
598   *BVerwGE* 84, 375, 376; *Stelkens/Bonk/Sachs, VwVfG*, § 35 Rn 56 f.
599   *Kopp/Schenke, VwGO*, Anh § 42 Rn 40

subsumiert oder Ausschlussgründe geprüft werden müssen.[600] Im oben gebildeten Beispiel ist unter Zugrundelegung dieser Rechtsauffassung der Schwerpunkt in der Entscheidung über die Erteilung der Auskunft zu sehen, weil die Behörde zwischen dem Informationsinteresse des B und dem Geheimhaltungsinteresse des N abwägen muss.[601] Folglich stellt die Verweigerung der Auskunft einen Verwaltungsakt dar.

Daran ist zu kritisieren, dass die Vornahme von tatsächlichen Handlungen zumeist im Ermessen der Verwaltung steht, sodass sich regelmäßig die Existenz eines Verwaltungsaktes konstruieren ließe. Hinsichtlich der gebundenen Entscheidungen ist fraglich, wann die Subsumtion unter die Tatbestandsvoraussetzungen so komplex ist, dass der daraus folgenden behördlichen Entscheidung eine Regelungswirkung zukommt.[602] Letztlich führt die Anwendung der h.M. zu schwer vorhersehbaren Ergebnissen oder ihre Vertreter gehen doch davon aus, dass der Auskunftserteilung immer ein Verwaltungsakt zugrunde liegt. Daher ist es vorzugswürdig, wie bei den staatlichen Geldleistungen darauf abzustellen, ob dem zugrunde liegenden Gesetz im Wege der Auslegung zu entnehmen ist, dass die Behörde über die Auskunftserteilung durch Verwaltungsakt zu entscheiden hat.[603]

BEISPIELE: § 6 II Umweltinformationsgesetz (UIG) enthält eine Modifikation der §§ 68 ff. VwGO. Diese Vorschriften erfassen unmittelbar nur Anfechtungs- und Verpflichtungsklagen. Somit geht der Gesetzgeber davon aus, dass die Entscheidung über eine Auskunft nach dem UIG ein Verwaltungsakt ist.[604] Das Gleiche gilt für Auskünfte nach dem Informationsfreiheitsgesetz (IFG), wie § 9 IV 1 IFG zu entnehmen ist.[605]

cc) Mehrstufiger Verwaltungsakt

Abgrenzungsprobleme können sich weiterhin ergeben, wenn ein Verwaltungsakt von einer Behörde (sog. **Erlassbehörde**) erst erlassen werden darf, nachdem sie zuvor eine oder mehrere andere Behörden (sog. **Mitwirkungsbehörde**) am Verwaltungsverfahren beteiligt hat. Dabei ist jedoch zu differenzieren: Ist die Entscheidung der Mitwirkungsbehörde für die Erlassbehörde nicht bindend, z.B. weil ihr nur ein Anhörungsrecht zusteht, fehlt es schon an der für einen Verwaltungsakt erforderlichen Regelungswirkung.[606] Auf die möglicherweise ebenfalls fehlende Außenwirkung kommt es dann gar nicht mehr an. Die Außenwirkung eines Mitwirkungsaktes ist demnach nur zu problematisieren, wenn ihm Bindungswirkung zukommt. Nur in diesem Fall spricht man von einem mehrstufigen Verwaltungsakt.

198

> **DEFINITION**
> Der **mehrstufige Verwaltungsakt** zeichnet sich dadurch aus, dass für den Erlass eines Verwaltungsaktes die Zustimmung einer anderen Behörde zwingend erforderlich ist.[607]

Mehrstufiger Verwaltungsakt

---

600 BVerwGE 31, 301, 306 f.; Kahl, JURA 2001, 505, 509
601 Vgl. BVerwGE 31, 301, 306 f.
602 Kopp/Schenke, VwGO, Anh § 42 Rn 37 f.; Ehlers, JURA 2006, 351, 354
603 Kopp/Schenke, VwGO, Anh § 42 Rn 37; Ehlers, JURA 2006, 351, 354
604 Ehlers, JURA 2006, 351, 354; Remmert, JURA 2007, 736, 739
605 Remmert, JURA 2007, 736, 739
606 Kopp/Schenke, VwGO, Anh § 42 Rn 81; Kahl, JURA 2001, 505, 512
607 Kopp/Schenke, VwGO, Anh § 42 Rn 82; Kahl, JURA 2001, 505, 512

BEISPIEL: Nach § 9 II FStrG darf u.a. eine Baugenehmigung für ein Bauwerk, das in einer Entfernung bis zu 100 Meter von einer Bundesautobahn errichtet werden soll, erst erteilt werden, nachdem die oberste Landesstraßenbaubehörde dem Vorhaben zugestimmt hat.

Dem erforderlichen Mitwirkungsakt fehlt regelmäßig die Außenwirkung, weil er nur im Innenverhältnis zur Erlassbehörde Rechtswirkungen entfaltet. Anders ist die Rechtslage hingegen zu beurteilen, wenn die Mitwirkungsbehörde ihre Entscheidung direkt dem letztlich betroffenen Bürger mitteilt. Dann richtet sie sich final an eine Person, die außerhalb der Verwaltung steht, sodass ein Verwaltungsakt vorliegt.[608] Ferner kommt der Mitwirkungshandlung ausnahmsweise Außenwirkung zu, wenn die Mitwirkungsbehörde bestimmte Gesichtspunkte selbständig und alleine prüft.[609] In diesem Fall stellt die Mitteilung der Entscheidung durch die Erlassbehörde gegenüber dem Bürger, also der eigentliche „Außenakt", nur noch eine Formalie dar.

BEISPIELE: Eine alleinige Prüfungskompetenz der Mitwirkungsbehörde liegt bei § 9 VIII FStrG vor, wonach nur die mitwirkende oberste Landesstraßenbaubehörde und nicht die Erlassbehörde im Einzelfall Ausnahmen von § 9 I, IV, VI FStrG zulassen kann.[610] Dass es sich bei dieser Mitwirkungshandlung ausnahmsweise um einen Verwaltungsakt handelt, deutet zudem § 9 VIII 2 FStrG an, der den Erlass von Auflagen und Bedingungen im Zusammenhang mit der Erteilung der Ausnahme gestattet. Auflagen und Bedingungen sind Nebenbestimmungen, die gem. § 36 VwVfG als Annex zu einem Verwaltungsakt erlassen werden.
Demgegenüber stellt das gemeindliche Einvernehmen nach § 36 I 1 BauGB nach h.M. keinen Verwaltungsakt dar, weil die Gemeinde nicht selbst gegenüber dem Bürger nach außen handelt und die Baugenehmigungsbehörde als Erlassbehörde selbst eine umfassende Prüfung der baurechtlichen Vorschriften vornimmt.[611]

MERKSATZ
Beim mehrstufigen Verwaltungsakt kommt der erforderlichen internen Zustimmung grundsätzlich keine Außenwirkung zu, sie ist somit nicht selbst ein Verwaltungsakt. Ausnahmen bestehen nur, wenn die Mitwirkungsbehörde ihre Entscheidung direkt dem betroffenen Bürger bekannt gibt oder bestimmte Gesichtspunkte selbständig und alleine prüft.

Hat die interne Mitwirkungshandlung keine Außenwirkung, darf und muss der Adressat nur den letztlich von der Erlassbehörde verfügten Verwaltungsakt angreifen. Das angerufene Verwaltungsgericht prüft dann inzident, ob die interne Zustimmung zu Recht verweigert wurde. Ist das nicht der Fall und liegen zudem die weiteren Voraussetzungen für den Erlass des begehrten Verwaltungsaktes vor, ersetzt das Verwaltungsgericht mit seiner stattgebenden Entscheidung zugleich die versagte interne Zustimmung.[612] Eine Klage, die sich nur gegen die interne Entscheidung der Mitwirkungsbehörde richtet, ist in dieser Situation mangels Rechtsschutzbedürfnisses unzulässig, vgl. § 44a VwGO.

---

608 Kopp/Schenke, VwGO, Anh § 42 Rn 82 f.
609 BVerwGE 26, 31, 39; Maurer, AllgVerwR, § 9 Rn 28; Kahl, JURA 2001, 505, 512
610 BVerwGE 16, 301, 303; Kopp/Schenke, VwGO, Anh § 42 Rn 83
611 BVerwGE 22, 342, 345; Maurer, AllgVerwR, § 9 Rn 28; Kahl, JURA 2001, 505, 512
612 BVerwG, NVwZ-RR 2003, 719, 719 f.; Maurer, AllgVerwR, § 9 Rn 28

Stellt die verweigerte Zustimmung hingegen ausnahmsweise einen Verwaltungsakt dar, muss sie separat eingeklagt werden. Eine konkludente Ersetzung durch das Verwaltungsgericht ist nicht möglich, weil es infolge des Grundsatzes der Gewaltenteilung nicht befugt ist, selbst einen Verwaltungsakt zu erlassen. Das kann dazu führen, dass der betroffene Bürger mehrfach klagen muss, wenn neben der internen Mitwirkungshandlung auch der letztlich begehrte Verwaltungsakt verweigert wird. Das widerspricht der Prozessökonomie sowie der Effektivität des Rechtsschutzes und dürfte im Endeffekt der Grund dafür sein, dass die Rechtsprechung einer internen Mitwirkungshandlung nur ausnahmsweise Außenwirkung zubilligt.[613]

b) Keine Erledigung

Die Verpflichtungsklage ist nur statthaft, wenn sich der geltend gemachte Anspruch auf Erlass des Verwaltungsaktes nicht erledigt hat. Das grenzt die Verpflichtungsklage von der Fortsetzungsfeststellungsklage (FFK) ab.[614] **199**

> **DEFINITION**
> Ein **Anspruch** hat sich **erledigt**, wenn er gegenstandslos geworden ist, d.h. seine Erfüllung für den Kläger sinnlos ist.[615]

Erledigung eines Anspruchs

BEISPIEL: Die Verwaltung verweigert dem Kläger die begehrte Baugenehmigung, woraufhin dieser Verpflichtungsklage erhebt. Während des laufenden gerichtlichen Verfahrens erlässt die Verwaltung die Baugenehmigung. Damit hat sich das klägerische Begehren erledigt.

> **KLAUSURHINWEIS**
> Die Erledigung ist nur anzusprechen, wenn sie ernsthaft in Betracht kommt. Anderenfalls wird sie mit keinem Wort erwähnt.

> **MERKSATZ**
> Das Merkmal „**Erledigung**" grenzt die Verpflichtungsklage von der FFK ab.

c) Sonderfälle

aa) Konkurrentenklage

(1) Positive und negative Konkurrentenklage, Mitbewerberklage

Die Konkurrentenklage ist keine eigene Klageart, sondern beschreibt nur eine bestimmte prozessuale Situation. Zu unterscheiden sind: positive Konkurrentenklage, negative Konkurrentenklage, Mitbewerberklage. **200**

Konkurrentenklage: Terminologie

---

613 Kopp/Schenke, VwGO, Anh § 42 Rn 82
614 Wolff/Decker, VwGO, § 42 Rn 65
615 OVG Münster, NVwZ-RR 1991, 223, 224; Pietzner/Ronellenfitsch, Assessorexamen, § 27 Rn 19

Positive bzw. offensive Konkurrentenklage

> **DEFINITION**
>
> Eine **positive Konkurrentenklage**, auch offensive Konkurrentenklage genannt, zeichnet sich dadurch aus, dass der Kläger dieselbe Begünstigung wie der Konkurrent erstrebt, ohne diesen verdrängen zu wollen.[616]

Wird diese Begünstigung durch einen Verwaltungsakt erteilt, ist die Verpflichtungsklage die statthafte Klageart, anderenfalls die allgemeine Leistungsklage.[617]

BEISPIEL: Kläger will eine Subvention, die vor ihm bereits sein Konkurrent erhalten hat.

Negative bzw. defensive Konkurrentenklage

> **DEFINITION**
>
> Im Fall der **negativen** bzw. defensiven **Konkurrentenklage** greift der Kläger die seinem Konkurrenten gewährte Begünstigung an, ohne diese für sich selbst zu fordern.[618]

Statthafte Klageart ist in dieser Situation die Anfechtungsklage.[619]

BEISPIEL: Kläger greift die einem Konkurrenten erteilte Taxikonzession an.

Mitbewerberklage

> **DEFINITION**
>
> Für die **Mitbewerberklage** ist typisch, dass der Kläger eine Begünstigung begehrt, die ein Konkurrent erhalten hat.[620]

BEISPIELE: Kläger ist Schausteller und begehrt einen Standplatz auf einem Volksfest, obwohl bereits alle Plätze vergeben sind; Kläger begehrt eine Subvention, das Kontingent ist aber schon erschöpft.

Fraglich ist, ob bei einer Mitbewerberklage die alleinige Erhebung der Verpflichtungsklage ausreichend ist. Teilweise wird zusätzlich verlangt, der Kläger müsse zunächst die dem Konkurrenten gewährte Begünstigung per Anfechtungsklage angreifen, damit diese überhaupt wieder „frei ist", um sie dann ihm gewähren zu können. Es sei also eine Kombination von Anfechtungs- und Verpflichtungsklage (in objektiver Klagehäufung) erforderlich.[621] Dagegen spricht jedoch, dass der Kläger oftmals gar nicht genau weiß, wer seine Konkurrenten sind, und er häufig auch nicht darüber informiert ist, inwieweit bei diesen die rechtlichen Voraussetzungen für die Erteilung der Begünstigung vorliegen. Aus Kostengründen kann ihm auch nicht zugemutet werden, alle vergebenen Begünstigungen „ins Blaue hinein" anzugreifen. Darüber hinaus ist die Verwaltung über §§ 48, 49 VwVfG durchaus in der Lage, einem Verpflichtungsurteil Geltung zu verschaffen, ohne dass es zusätzlich einer Anfechtungsklage bedarf. Somit ist bei einer Mitbewerberklage grundsätzlich die Verpflichtungsklage die statthafte Klageart.[622]

---

616 *Kopp/Schenke, VwGO, § 42 Rn 47*
617 *Kopp/Schenke, VwGO, § 42 Rn 47*
618 *Kopp/Schenke, VwGO, § 42 Rn 46; Wolff/Decker, VwGO, § 42 Rn 14*
619 *Kopp/Schenke, VwGO, § 42 Rn 46*
620 *Kopp/Schenke, VwGO, § 42 Rn 48; Wolff/Decker, VwGO, § 42 Rn 16*
621 *OVG Lüneburg, NVwZ-RR 2010, 208, 208; Aulehner, JA 2004, 791, 791 f.*
622 *Kopp/Schenke, VwGO, § 42 Rn 48; Hufen, VerwProzessR, § 15 Rn 7*

Eine Ausnahme von diesem Grundsatz ist allerdings zu machen, wenn dem Kläger der Verwaltungsakt bekannt gegeben wird, durch den der Konkurrent die Begünstigung erhält. Dann muss er zusätzlich eine Anfechtungsklage erheben, um zu verhindern, dass der Verwaltungsakt bestandskräftig wird. Ferner ist das Prozessrisiko infolge der Individualisierung des anzugreifenden Verwaltungsaktes zumutbar.[623]

MERKSATZ

Im Falle der Mitbewerberklage ist grundsätzlich die **Verpflichtungsklage** ausreichend. Die Anfechtungsklage ist zusätzlich nur erforderlich, wenn dem Kläger der anzufechtende Verwaltungsakt bekannt gegeben wird.

(2) Beamtenrechtliche Konkurrentenklage

Eine Sonderstellung innerhalb der Mitbewerberklagen nimmt die beamtenrechtliche Konkurrentenklage ein.

BEISPIEL: Mehrere Beamte bewerben sich um einen Beförderungsposten. Der Beamte K wird schließlich ausgewählt und ernannt. Der Beamte B, der sich ebenfalls beworben hat, greift diese Ernennung mit dem Ziel an, selbst ernannt zu werden.

Die alleinige Erhebung einer Verpflichtungsklage würde im Erfolgsfall die Verwaltung zwingen, die bereits vorgenommene Ernennung rückgängig zu machen, um sodann den Kläger zu ernennen. Jedoch kann eine beamtenrechtliche Ernennung nur unter sehr engen Voraussetzungen zurückgenommen werden, vgl. § 12 BeamtStG, § 14 BBG. Eine erfolgreiche Konkurrentenklage erfüllt diese Voraussetzungen nicht. Folglich würde bei einer bloßen Verpflichtungsklage von der Verwaltung etwas verlangt, was sie nicht erfüllen kann. Damit gibt es infolge der Ernennung keine zu besetzende Stelle mehr, sodass auch § 49 I BHO der alleinigen Erhebung einer Verpflichtungsklage entgegensteht, da nach dieser Vorschrift ein Amt nur verliehen werden kann, wenn eine entsprechende Planstelle zur Verfügung steht. Daher muss neben einer Verpflichtungsklage auch eine Anfechtungsklage gegen die Ernennung des Konkurrenten erhoben werden, um die Planstelle wieder „frei zu räumen".[624]

Kombination von Anfechtungs- und Verpflichtungsklage

Fraglich ist allerdings, ob eine bereits vollzogene Ernennung überhaupt noch angegriffen werden kann. Das wird teilweise mit der Begründung angenommen, dass das Verwaltungsgericht, anders als die Verwaltung, hinsichtlich der Aufhebung der Ernennung nicht auf die im Beamtenrecht genannten Aufhebungsgründe beschränkt sei. Zudem würde ein Ausschluss der Anfechtungsmöglichkeit gegen Art. 19 IV 1, 33 II GG verstoßen.[625]

M.M.: Auch vollzogene Ernennung ist anfechtbar

Die h.M. tritt dieser Argumentation für den Fall entgegen, dass die Rücknahmevoraussetzungen des § 12 BeamtStG bzw. § 14 BBG nicht vorliegen.[626] Sie räumt den Gerichten keine weitergehende Befugnis zur Aufhebung einer beamtenrechtlichen Ernennung als dem Dienstherrn selbst ein, weil § 12 BeamtStG bzw. § 14 BBG abschließend sei. Da Auswahlfehler im Ernennungsverfahren nicht zu den Rücknahmegründen zählen, könne auch das Gericht eine vollzogene Ernennung nicht aufheben.

H.M.: Vollzogene Ernennung grds. nicht anfechtbar

---

623 Kopp/Schenke, VwGO, § 42 Rn 48; Guckelberger, JURA 2007, 598, 606
624 v. Roetteken, ZBR 2011, 73, 76
625 Laubinger, ZBR 2010, 289, 293-296
626 BVerwGE 80, 127, 130; Lehmhöfer, ZBR 2003, 14, 14-16; Wernsmann, DVBL 2005, 276, 281-283

Weiterhin widerspricht es dem aus Art. 33 V GG folgenden Grundsatz der Ämterstabilität, wenn für die Dauer eines eventuell langwierigen Rechtsstreits eine Planstelle nicht neu besetzt werden darf bzw. unklar ist, ob die getroffene Personalentscheidung Bestand hat. Ein solcher Schwebezustand beeinträchtigt die Funktionsfähigkeit der Verwaltung. Zudem ist es auch dem klagenden Konkurrenten nicht zuzumuten, ein langwieriges Gerichtsverfahren abwarten zu müssen, ohne sich beruflich weiterentwickeln zu können. Deshalb ist es gerade mit Blick auf Art. 19 IV 1 GG sinnvoll, den gebotenen Rechtsschutz auf das vorläufige Rechtsschutzverfahren zu verlagern. D.h. der Dienstherr ist verpflichtet, die erfolglosen Bewerber vorab (in der Praxis: 2 Wochen vor der Ernennung) von der beabsichtigten Ernennung des Konkurrenten in Kenntnis zu setzen, damit sie im Wege des vorläufigen Rechtsschutzes die Stellenbesetzung unterbinden können. Um effektiven Rechtsschutz zu gewährleisten, muss das vorläufige Rechtsschutzverfahren nach Prüfungsumfang und Prüfungstiefe dem Hauptsacheverfahren entsprechen. Folglich hat der Antrag im vorläufigen Rechtsschutz bereits Erfolg, wenn die Auswahlentscheidung fehlerhaft ist und eine Ernennung des Konkurrenten bei fehlerfreier Auswahl möglich erscheint.[627]

> **KLAUSURHINWEIS**
> Die Einordnung dieser Problematik im Prüfungspunkt „statthafte Klageart" ist nicht unstritig. Teilweise wird sie erst im Rahmen der Klagebefugnis oder des Rechtsschutzbedürfnisses erörtert oder als Element der Begründetheit der Klage aufgefasst.[628] Da es sich hierbei um ein Aufbauproblem handelt, wird es in einer Klausur nicht erörtert.

Anfechtbarkeit im Falle des Rechtsmissbrauchs

Auch die h.M. lässt jedoch eine Ausnahme vom Grundsatz der Ämterstabilität und somit eine Anfechtung einer bereits vollzogenen Ernennung zu, wenn die Verwaltung den Rechtsschutz des Konkurrenten vereitelt. Das ist der Fall, wenn sie die unterlegenen Bewerber nicht vorab von der beabsichtigten Ernennung informiert, angekündigte Rechtsbehelfe der Konkurrenten (wozu auch die Verfassungsbeschwerde gehört) nicht abwartet oder gar unter Missachtung einer gerichtlichen Untersagung die Stelle besetzt. In diesen Konstellationen tritt der Grundsatz der Ämterstabilität zurück, da es der Dienstherr ansonsten in der Hand hätte, die Rechte der unterlegenen Bewerber aus Art. 19 IV 1, 33 II GG durch eine vorzeitige Ernennung auszuschalten.[629]

> **MERKSATZ**
> Eine bereits vollzogene beamtenrechtliche Ernennung ist prinzipiell nach h.M. nicht mehr anfechtbar wegen des Grundsatzes der Ämterstabilität. Der gebotene Rechtsschutz wird durch Gewährung von vorläufigem Rechtsschutz geleistet. Eine Ausnahme gilt, wenn die Verwaltung den vorläufigen Rechtsschutz durch vorzeitige Ernennung vereitelt. Dann kann die vollzogene Ernennung mit einer Kombination von Anfechtungs- und Verpflichtungsklage angegriffen werden.

---

627 BVerwG, NVwZ 2011, 358, 361; Schenke, NVwZ 2011, 321, 325; v. Roetteken, ZBR 2011, 73, 79
628 Vgl. Kopp/Schenke, VwGO, § 42 Rn 49; Kirsch, JURA 2010, 487, 491; Munding, DVBL 2011, 1512, 1518 f.
629 BVerwG, NVwZ 2011, 358, 361 f.;Kopp/Schenke, VwGO, § 42 Rn 49; Munding, DVBL 2011, 1512, 1518

Ungeklärt ist bisher geblieben, wie der vorläufige Rechtsschutz zu gewährleisten ist. In diesem Zusammenhang ist zunächst festzuhalten, dass die negative Mitteilung an die unterlegenen Bewerber sowie die Ernennung selbständige Verwaltungsakte sind.[630] Daran anknüpfend geht eine Rechtsansicht davon aus, es müsse die Negativmitteilung als belastender Verwaltungsakt angefochten werden. Die mit Widerspruch und Anfechtungsklage gem. § 80 I VwGO verbundene aufschiebende Wirkung verhindere den Vollzug dieses Verwaltungsaktes. Der Vollzug der Negativmitteilung bestehe aber in der Ernennung des Konkurrenten. Folglich sei vorläufiger Rechtsschutz über §§ 80 V 1, 80a VwGO zu gewähren.[631] 202 Folgeprobleme beim vorläufigen Rechtsschutz

Die Gegenansicht führt aus, der unterlegene Bewerber wolle nicht nur die Ernennung des Konkurrenten verhindern, sondern selbst ernannt werden. Es liege also nicht nur ein Anfechtungsbegehren, sondern auch ein Verpflichtungsbegehren vor. Weiterhin sei die Negativmitteilung selbst nicht vollziehbar. Daher müsse der vorläufige Rechtsschutz über § 123 I 1 VwGO bewerkstelligt werden, gerichtet auf die vorläufige Untersagung der Stellenbesetzung.[632]

bb) Klage auf Aufhebung eines Verwaltungsaktes

Die Verpflichtungsklage ist statthaft, wenn der Kläger die Aufhebung eines Verwaltungsaktes gem. §§ 48, 49 VwVfG begehrt. Allerdings wird i.d.R. das erforderliche Rechtsschutzbedürfnis für eine solche Klage fehlen, da der einfachere und leichtere Weg die Erhebung einer Anfechtungsklage gegen den Aufhebungsbescheid ist.[633] 203 Aufhebung eines Verwaltungsaktes

> **KLAUSURHINWEIS**
>
> Da in einer Klausur nicht irgendeine, sondern die rechtsschutzintensivste Klageart zu ermitteln ist, scheidet die Verpflichtungsklage in dieser Situation grundsätzlich aus. Eine Ausnahme ist zu machen, wenn der anzugreifende Verwaltungsakt bereits unanfechtbar ist, eine Anfechtungsklage wegen Ablaufs der Rechtsbehelfsfristen also unzulässig ist. Dann ist die Verpflichtungsklage ausnahmsweise die statthafte Klageart.[634]

cc) Klage auf Erlass des Widerspruchsbescheids

Da der Widerspruchsbescheid ein Verwaltungsakt ist, kann die Verpflichtung zu seinem Erlass an sich Gegenstand einer Verpflichtungsklage sein. Fraglich ist allein, ob die erforderliche Klagebefugnis bzw. das erforderliche Rechtsschutzbedürfnis vorliegt, weil es § 75 S. 1 VwGO gestattet, direkt Klage zu erheben, wenn über einen Widerspruch in angemessener Frist nicht entschieden wird. Das ist zumindest anzunehmen, wenn ein begünstigender Verwaltungsakt durch einen Dritten per Widerspruch angefochten wird und die Verwaltung über diesen Widerspruch nicht entscheidet, da dann auch die Rechtsstellung des Begünstigten ungeklärt bleibt.[635] 204 Widerspruchsbescheid als Klagegegenstand

---

630 VGH Kassel, LKRZ 2011, 469, 469 f.;Munding, DVBL 2011, 1512, 1517
631 VG Frankfurt a.M., LKRZ 2011, 345, 346 f.; Munding, DVBL 2011, 1512, 1517
632 OVG Lüneburg, NVwZ 2011, 891, 892;VGH Kassel, LKRZ 2011, 469, 469 f.
633 Wolff/Decker, VwGO, § 42 Rn 74; Hufen, VerwProzessR, § 15 Rn 8
634 Vgl. Wolff/Decker, VwGO, § 42 Rn 74
635 Schenke, VerwProzessR, Rn 262

BEISPIEL: Nachbar N legt gegen die dem Bauherrn B erteilte Baugenehmigung Widerspruch ein, der von der Verwaltung nicht beschieden wird. Hier kann B Verpflichtungsklage auf Erlass des Widerspruchsbescheids erheben, um klären zu lassen, ob er seine Bauarbeiten fortsetzen darf.[636]

dd) Klage auf Erlass von Nebenbestimmungen

Selbständige Nebenbestimmungen

205 Eine Verpflichtungsklage kann schließlich darauf gerichtet sein, die Verwaltung zum Erlass einer Nebenbestimmung zu zwingen.[637] Unstreitig ist dies bei der Auflage und dem Auflagenvorbehalt gem. § 36 II Nrn. 4, 5 VwVfG möglich (sog. **selbständige Nebenbestimmungen**).[638]

BEISPIEL: Klage auf Erlass nachträglicher Lärmschutzauflagen.

Unselbständige Nebenbestimmungen

Bzgl. der sog. **unselbständigen Nebenbestimmungen** (Befristung, Bedingung und Widerrufsvorbehalt, § 36 II Nrn. 1-3 VwVfG) geht die h.M. ebenfalls von der Möglichkeit einer Verpflichtungsklage aus, wenn der Kläger ein subjektives Recht auf Ergänzung des Verwaltungsaktes hat.[639] Problematisch ist dann also so sehr die Statthaftigkeit der Klage, sondern die Klagebefugnis.

3. Klagebefugnis

Möglicher Anspruch erforderlich

206 Gem. § 42 II 2. Fall VwGO ist die Verpflichtungsklage nur zulässig, wenn der Kläger geltend macht, durch die Ablehnung oder Unterlassung des begehrten Verwaltungsaktes in seinen Rechten verletzt zu sein. Somit verläuft die Prüfung ähnlich wie bei der Anfechtungsklage, d.h. dem Kläger muss ein eigenes subjektiv-öffentliches Recht zustehen, das möglicherweise verletzt ist.[640] Da der Kläger mit der Verpflichtungsklage aber den Erlass eines Verwaltungsaktes begehrt, muss ihm ein möglicher Anspruch auf diesen Verwaltungsakt zustehen.[641]

Adressatentheorie greift nicht

Die Adressatentheorie gilt nicht, insbesondere ist der Adressat eines Ablehnungsbescheids nicht schon wegen der damit verbundenen Belastung klagebefugt. Anderenfalls könnte er einen Phantasieantrag bei der Verwaltung stellen, um durch dessen Ablehnung mit der Klagebefugnis „belohnt" zu werden.[642]

> **MERKSATZ**
> Im Gegensatz zur Anfechtungsklage genügt bei der Verpflichtungsklage nicht die Auferlegung einer Belastung durch einen Verwaltungsakt, sondern der Kläger muss einen möglichen **Anspruch auf den Erlass eines Verwaltungsaktes** haben.

Schutznormtheorie

Ob eine Norm Anspruchsqualität hat, wird anhand der Schutznormtheorie ermittelt. Danach verbürgt eine öffentlich-rechtliche Vorschrift ein subjektives Recht, wenn sie zumindest auch dem Schutz von Individualinteressen dient und der Kläger zum

---

636   Wolff/Decker, VwGO, § 42 Rn 73
637   Zur Anfechtung von Nebenbestimmungen siehe Rn 80 ff., 176 ff.
638   Wolff/Decker, VwGO, § 42 Rn 71; Hufen, VerwProzessR, § 15 Rn 12
639   Wolff/Decker, VwGO, § 42 Rn 72; a.A. Hufen, VerwProzessR, § 15 Rn 13
640   Hufen, VerwProzessR, § 15 Rn 16
641   Wolff/Decker, VwGO, § 42 Rn 126
642   Wolff/Decker, VwGO, § 42 Rn 128; Hufen, VerwProzessR, § 15 Rn 17

geschützten Personenkreis gehört. Ob das wiederum der Fall ist, ist durch Auslegung der Vorschrift (Wortlaut, Systematik, historischer Wille des Gesetzgebers, Sinn und Zweck) zu ermitteln.[643]

> **KLAUSURHINWEIS**
> Die Rechtsprechung ist bei der Annahme eines möglichen Anspruchs großzügig. Es soll für die Klagebefugnis ausreichend sein, wenn die Zuordnung des Rechts zum Kläger nicht offensichtlich und eindeutig ausgeschlossen ist.[644] In der Klausur bietet es sich jedoch an, das subjektive Recht schon in der Klagebefugnis möglichst genau zu bezeichnen, um die Begründetheitsprüfung von den entsprechenden Ausführungen zu entlasten.[645]

Ein möglicher Anspruch kann sich zunächst ergeben aus einem Verwaltungsakt, einem öffentlich-rechtlichen Vertrag oder einer Zusicherung.[646]

Anspruch aus Verwaltungsakt, öff.-rechtlichem Vertrag, Zusicherung

BEISPIELE: Behörde verpflichtet sich vertraglich gegen dem Bauherrn B, ihm eine Baugenehmigung zu erteilen; Verwaltung verspricht Gastwirt G schriftlich, die Gaststättenerlaubnis nicht aufzuheben.

Weiterhin können sich Ansprüche auf Erlass eines Verwaltungsaktes aus dem einfachen Recht ergeben.

Ansprüche aus einfachem Recht

BEISPIEL: Die Landesbauordnungen sehen einen gebundenen Anspruch auf Erteilung einer Baugenehmigung vor, wenn das geplante Bauvorhaben alle baurechtlichen und sonstigen öffentlich-rechtlichen Anforderungen wahrt. § 48 III 1 VwVfG normiert einen Entschädigungsanspruch.

In seltenen Fällen kann sich ein Anspruch schließlich direkt aus den Grundrechten ergeben. Wegen der Wesentlichkeitstheorie ist es grundsätzlich Sache des einfachen Gesetzgebers, Ansprüche auf Erlass eines Verwaltungsaktes zu normieren. Folglich ist primär das einfache Recht daraufhin zu untersuchen, ob es Anspruchsqualität hat. Die Grundrechte kommen nur subsidiär zur Anwendung und gewähren i.d.R. nur durch Art. 3 I GG einen Anspruch auf Gleichbehandlung.[647]

Ansprüche aus den Grundrechten

BEISPIELE: Anspruch auf Gewährung einer Subvention, die vorher bereits andere Antragsteller erhalten haben. Anspruch auf gerechte Verteilung der Studienplätze.

Sollte eine Anspruchsnorm als Rechtsfolge ein behördliches Ermessen vorsehen, besteht nur ein Anspruch auf ermessensfehlerfreie Entscheidung. Eine eventuell vorliegende Ermessensreduzierung auf null hat für die Anspruchsqualität der Vorschrift keine Bedeutung, sondern nur für die Frage, ob die Norm einen gebundenen Anspruch oder einen Anspruch auf ermessensfehlerfreie Entscheidung gewährt. Entscheidend für die Anspruchsqualität ist somit auch bei Ermessensvorschriften die Schutznormtheorie.

Anspruch auf ermessensfehlerfreie Entscheidung

---

643 Siehe Rn 88
644 BVerwGE 44, 1, 3
645 Vgl. *Wolff/Decker*, VwGO, § 42 Rn 128
646 *Wolff/Decker*, VwGO, § 42 Rn 135
647 *Wolff/Decker*, VwGO, § 42 Rn 134; *Hufen*, VerwProzessR, § 15 Rn 22

Folglich gibt es auch keinen allgemeinen Anspruch auf ermessensfehlerfreie Entscheidung.[648]

BEISPIEL: Die Vorschriften des Kommunalaufsichtsrechts dienen allein dem Allgemeininteresse. Folglich gibt es keinen Anspruch auf ein Einschreiten der Kommunalaufsichtsbehörde, selbst wenn eine Gemeinde so rechtswidrig gehandelt hat, dass das bestehende Ermessen der Kommunalaufsichtsbehörde auf null reduziert ist.[649]

MERKSATZ
Eine **Ermessensreduzierung auf null** ist für die Anspruchsqualität einer Vorschrift völlig uninteressant. Letztere bestimmt sich ausschließlich am Maßstab der Schutznormtheorie.

KLAUSURHINWEIS
Die Ermessensreduzierung auf null ist daher im Prüfungspunkt „Klagebefugnis" keinesfalls vollständig zu prüfen. Es ist ausreichend festzustellen, dass sie nicht evident ausgeschlossen ist.

a) Anspruch auf behördliches Einschreiten gegen Dritte

207 Begehrt der Kläger den Erlass eines belastenden Verwaltungsaktes gegenüber einem Dritten, muss ihm ein entsprechender Anspruch zustehen. Auch dies richtet sich nach der Schutznormtheorie. Folgende Konstellationen sind besonders examensrelevant:

Maßnahmen gegen Bauherrn

Kläger begehrt ein Einschreiten der Baugenehmigungsbehörde. Je nach dem Willen des Klägers kann es um eine Baueinstellungsverfügung, Abrissanordnung oder Ähnliches gehen. Die entsprechenden Ermächtigungsgrundlagen gestatten ein behördliches Einschreiten, wenn ein Bauwerk gegen baurechtliche Vorschriften verstößt. Zu diesen baurechtlichen Vorschriften gehören auch die drittschützenden Bestimmungen des Baurechts.[650] Verstößt das konkrete Bauvorhaben gegen eine drittschützende Norm, bei der auch der Kläger zum geschützten Personenkreis gehört, wandeln sich die Ermächtigungsgrundlagen in Anspruchsgrundlagen zugunsten des Klägers, allerdings nur gerichtet auf eine ermessensfehlerfreie Entscheidung.[651]

BEISPIEL: Bauherr B hat ohne Baugenehmigung gebaut und die Abstandsflächen gegenüber Nachbar N missachtet. Da die Abstandsflächenregelungen für N drittschützend sind,[652] kann er von der Verwaltung verlangen, ermessensfehlerfrei über ein Einschreiten gegen B zu entscheiden.

Polizeiliches Einschreiten

Die zweite examensrelevante Konstellation betrifft das Polizeirecht. Dieses sieht keinen ausdrücklichen Anspruch auf ein Einschreiten der Polizei vor. Jedoch gehören zum Schutzgut der öffentlichen Sicherheit auch die Individualrechtsgüter. Wenn im konkreten Fall ein Individualrechtsgut bedroht ist, wandelt sich die

---

648 Hufen, VerwProzessR, § 15 Rn 26
649 Schoch, JURA 2006, 188, 189
650 Zu den drittschützenden Vorschriften im Baurecht siehe Rn 91 ff.
651 Wolff/Decker, VwGO, § 42 Rn 131
652 Siehe Rn 95

entsprechende Ermächtigungsgrundlage in einen Anspruch auf ermessensfehlerfreie Entscheidung.[653]

BEISPIEL: Das Opfer (O) einer Geiselnahme kann der Polizei seinen Aufenthaltsort mitteilen. Wegen der akuten Gefahr für die Individualrechtsgüter aus Art. 2 II 1, 2 GG hat O aufgrund der polizeilichen Generalklausel einen (angesichts der Gefahrenlage gebundenen) Anspruch auf ein polizeiliches Einschreiten.

b) Anspruch auf Aufhebung von Verwaltungsakten
Wenn ein belastender Verwaltungsakt bereits unanfechtbar und eine Anfechtungsklage somit unzulässig ist, ist es ausnahmsweise sinnvoll, eine Verpflichtungsklage auf Aufhebung des Verwaltungsaktes zu erheben. Das verlangt in der Klagebefugnis die Existenz eines möglichen Anspruchs des Klägers auf Aufhebung des Verwaltungsaktes. Als Anspruchsgrundlagen kommen §§ 48 I 1, 49 I VwVfG in Betracht. Diese Vorschriften ermöglichen die Aufhebung eines rechtswidrigen bzw. rechtmäßigen, nicht begünstigenden Verwaltungsaktes. Sie dienen auch dem Interesse des Adressaten des Verwaltungsaktes und gewähren ihm daher einen Anspruch auf ermessensfehlerfreie Entscheidung.[654]

208 Anspruch aus §§ 48 I 1, 49 I VwVfG

4. Vorverfahren
Gem. § 68 II VwGO ist die erfolglose Durchführung eines Vorverfahrens für die Verpflichtungsklage Zulässigkeitsvoraussetzung, wenn der Antrag auf Vornahme des Verwaltungsaktes abgelehnt wurde. Folglich ist ein Vorverfahren nur bei einer Versagungsgegenklage durchzuführen.[655] Bei einer Untätigkeitsklage greift hingegen § 75 VwGO.[656]
Inhaltlich kann auf die Ausführungen zur Anfechtungsklage verwiesen werden.[657]

209 Nur bei Versagungsgegenklage

5. Klagefrist
Eine Klagefrist ist gem. § 74 II VwGO bei der Verpflichtungsklage nur einzuhalten, wenn der Antrag auf Vornahme des Verwaltungsaktes abgelehnt worden ist. Somit gilt die Klagefrist nur für die Versagungsgegenklage.[658] Im Falle der Untätigkeitsklage greift § 75 VwGO, sodass keine Frist läuft, sondern nur eine Verwirkung in Betracht kommt.[659]

210 Nur bei Versagungsgegenklage

6. Klagegegner
Es gelten die Ausführungen zur Anfechtungsklage.[660]

211

7. Beteiligungs- und Prozessfähigkeit
Es gelten die Ausführungen zur Anfechtungsklage.[661]

212

---

653 BVerwGE 37, 112, 113 f.; Wolff/Decker, VwGO, § 42 Rn 132
654 BVerwG, NVwZ 2010, 652, 654; Ludwigs, DVBL 2008, 1164, 1165
655 Hufen, VerwProzessR, § 15 Rn 27
656 Siehe dazu Rn 108
657 Siehe Rn 103 ff.
658 Hufen, VerwProzessR, § 15 Rn 29
659 Siehe Rn 120
660 Siehe Rn 131 ff.
661 Siehe Rn 138 ff.

8. Weitere Zulässigkeitsvoraussetzungen

Fehlendes Rechtsschutzbedürfnis

213 Die weiteren Zulässigkeitsvoraussetzungen der Verpflichtungsklage sind weitgehend identisch mit denjenigen der Anfechtungsklage.[662] Spezielle Probleme können sich jedoch beim Rechtsschutzbedürfnis ergeben. Dabei geht es weniger darum, dass der Kläger einen Antrag bei der Verwaltung auf Erlass des Verwaltungsaktes gestellt haben muss, bevor er die Verpflichtungsklage erhebt.[663] Das Erfordernis der Durchführung eines Vorverfahrens zwingt ihn ohnehin dazu.

Jedoch mangelt es am Rechtsschutzbedürfnis, wenn die Klage den Kläger auch im Erfolgsfall seinem Ziel nicht näher bringt, weil dieses nicht erreichbar ist oder weil ein Erfolg der Klage ohne jede praktische Bedeutung ist.[664]

> **BEISPIELE:** Klage auf Notenverbesserung, die keinerlei praktische Bedeutung hat; Verpflichtungsklage auf Anerkennung als Wehrdienstverweigerer, obwohl bereits feststeht, dass der Kläger gesundheitlich untauglich für den Wehrdienst ist; Verpflichtungsklage auf Erteilung einer Baugenehmigung, obwohl der Kläger offensichtlich keine zivilrechtlichen Rechte an dem Grundstück hat.[665]

II. OBJEKTIVE KLAGEHÄUFUNG, STREITGENOSSENSCHAFT, BEILADUNG

Es gelten die Ausführungen zur Anfechtungsklage.[666]

III. BEGRÜNDETHEIT DER KLAGE

> **KLAUSURHINWEIS**
>
> **214** Der **Obersatz** lautet in einer Klausur: „Die Klage ist begründet, soweit die Ablehnung/Unterlassung des begehrten Verwaltungsaktes rechtswidrig, der Kläger dadurch in seinen Rechten verletzt und die Sache spruchreif ist, § 113 V 1 VwGO. Das ist der Fall, soweit der behauptete Anspruch tatsächlich besteht".[667]

Die gesetzliche Formulierung in § 113 V 1 VwGO ist ungenau. Da der Kläger von der Behörde etwas will, nämlich den Erlass eines Verwaltungsaktes, kommt es nicht darauf an, ob die Verwaltung rechtswidrig gehandelt hat, sondern ob der Kläger einen Anspruch auf den begehrten Verwaltungsakt hat.[668]

1. Ggf. Passivlegitimation

Es gelten die Ausführungen zur Anfechtungsklage.[669]

2. Anspruchsgrundlage

Anspruchsgrundlage

215 In der Anspruchsgrundlage ist der Rechtsgrund zu nennen, aus dem sich der Anspruch auf den begehrten Verwaltungsakt ergeben kann.

---

662 Siehe Rn 142 ff.
663 So aber Hufen, VerwProzessR, § 15 Rn 30
664 Hufen, VerwProzessR, § 23 Rn 13; Schenke, VerwProzessR, Rn 591
665 Hufen, VerwProzessR, § 23 Rn 13; Schenke, VerwProzessR, Rn 591
666 Siehe Rn 150 ff., 154 ff., 157
667 Vgl. Hufen, VerwProzessR, § 26 Rn 1; Spilker/Sternberg, JURA 2012, 67, 69
668 Vgl. Wolff/Decker, VwGO, § 113 Rn 131
669 Siehe Rn 160

Ein Anspruch kann sich ergeben aus: Verwaltungsakt, öffentlich-rechtlichem Vertrag, Zusicherung, einfachem Recht und ausnahmsweise aus den Grundrechten.[670]

> **KLAUSURHINWEIS**
> Es wird hier also die mögliche Anspruchsgrundlage genannt, die bereits im Rahmen der Klagebefugnis ermittelt wurde.[671]

3. Anspruchsvoraussetzungen

a) Formelle Anspruchsvoraussetzungen

Die formellen Anspruchsvoraussetzungen tragen zwar ähnliche Überschriften wie die Prüfungspunkte im Rahmen der formellen Rechtmäßigkeit eines Verwaltungsaktes. Sie haben jedoch nicht den gleichen Inhalt, weil es nicht darum geht, die Rechtmäßigkeit des behördlichen Handelns zu kontrollieren, sondern zu prüfen, ob der Kläger alle Voraussetzungen erfüllt, um den begehrten Verwaltungsakt zu erhalten. **216**

Unterschied formelle Rechtmäßigkeit ↔ formelle Anspruchsvoraussetzungen

> **MERKSATZ**
> Es darf nicht einfach das Wissen von der Anfechtungsklage übertragen werden. Vielmehr ist strikt zwischen der Prüfung der Rechtmäßigkeit eines behördlichen Handelns und dem Bestehen eines Anspruchs zu unterscheiden.

aa) Zuständige Behörde
Zuständige Behörde ist die Behörde, die für den Erlass des begehrten Verwaltungsaktes zuständig ist. **217**

bb) Verfahren
§ 28 VwVfG ist nicht anwendbar, weil er einen Verwaltungsakt voraussetzt, der in Rechte eines Beteiligten eingreift, § 28 I VwVfG. Ferner erlässt die Verwaltung einen begünstigenden Verwaltungsakt regelmäßig nur, wenn der Adressat zuvor einen Antrag gestellt hat. Im Rahmen der Antragstellung hat er die Möglichkeit, sich zur Sache zu äußern, sodass er damit gleichsam angehört wurde. **218**

§ 28 VwVfG nicht anwendbar

Examensrelevant ist jedoch § 36 BauGB, der in bestimmten Konstellationen ein gemeindliches Einvernehmen, d.h. die Zustimmung der Gemeinde fordert, bevor über die Zulässigkeit eines Bauvorhabens entschieden wird.[672]

Gemeindliches Einvernehmen, § 36 BauGB

cc) Formgerechter Antrag
Auch hier kommt es nicht darauf an, ob die Verwaltung bei ihrer Entscheidung die einschlägigen Formvorschriften beachtet hat, sondern ob der Kläger den begehrten Verwaltungsakt in der richtigen Form beantragt hat. Regelmäßig existieren jedoch keine besonderen gesetzlichen Formvorschriften für den Antrag. **219**

---

670 Hufen, VerwProzessR, § 26 Rn 7-14
671 Siehe Rn 206
672 Vgl. Wolff/Decker, VwGO, § 113 Rn 139

> **KLAUSURHINWEIS**
> In der Regel ist bei den Prüfungspunkten „Verfahren" und „formgerechter Antrag" nichts zu prüfen, weil es keine gesetzliche Anforderungen gibt. Dann bleiben diese beiden Prüfungspunkte in einer Klausur weg. Es bietet sich in diesem Fall auch an, nicht zwischen formellen und materiellen Anspruchsvoraussetzungen zu unterscheiden, sondern nur die Überschrift „Anspruchsvoraussetzungen" zu bilden, dort kurz zu klären, ob ein Antrag bei der zuständigen Behörde gestellt wurde, um sodann die materiellen Anspruchsvoraussetzungen zu prüfen.

b) Materielle Anspruchsvoraussetzungen

Tatbestand und Rechtsfolge

220 Im Rahmen der materiellen Anspruchsvoraussetzungen ist zu prüfen, ob die Anforderungen der Anspruchsgrundlage erfüllt sind. Es ist wie bei der Anfechtungsklage zwischen Tatbestand und Rechtsfolge zu differenzieren („wenn-dann-Prinzip").[673]

aa) Tatbestand

Tatbestandsvoraussetzungen

221 Die Tatbestandsvoraussetzungen sind naturgemäß abhängig von der konkreten Anspruchsgrundlage.[674] Insbesondere können wie bei der Anfechtungsklage Probleme im Zusammenhang mit unbestimmten Rechtsbegriffen und Beurteilungsspielräumen auftreten.[675]

bb) Rechtsfolge

222 Als Rechtsfolge kommen wie bei der Anfechtungsklage eine gebundene Entscheidung, eine Regel- bzw. Soll-Entscheidung sowie Ermessen in Betracht.[676]
Am günstigsten ist für den Kläger eine gebundene Entscheidung, weil die Verwaltung dann bei Vorliegen der Tatbestandsvoraussetzungen gezwungen ist, den begehrten Verwaltungsakt zu erlassen und das Gericht sie genau dazu verpflichten wird.

> **BEISPIELE:** Wenn ein Bauvorhaben im Einklang mit dem Baurecht errichtet werden soll, muss die Baugenehmigung nach den einschlägigen Vorschriften der Landesbauordnungen erteilt werden. Wenn ein Gastwirt alle gesetzlichen Anforderungen erfüllt, muss ihm die gewünschte Gaststättenerlaubnis gewährt werden.

Die häufigste Rechtsfolge ist das behördliche Ermessen. In diesem Fall steht dem Kläger grundsätzlich nur ein Anspruch auf ermessensfehlerfreie Entscheidung zu. Dabei sind folgende Konstellationen zu unterscheiden:

Ermessensreduzierung auf null

223 Das Ermessen hat sich auf null reduziert, d.h. der Entscheidungsspielraum der Verwaltung ist so sehr verengt, dass nur noch eine Entscheidung ermessensfehlerfrei ist.[677] Da die Behörde in diesem Fall zu einer ganz bestimmten Handlung verpflichtet ist, handelt es sich letztlich um eine gebundene Entscheidung. Wann eine Ermessensreduzierung auf Null vorliegt, hängt von den Umständen des Einzelfalles ab. Als Kriterien können herangezogen werden: Die Wertigkeit des bedrohten Rechtsguts,

---

673 Siehe Rn 165
674 Wolff/Decker, VwGO, § 113 Rn 140
675 Siehe Rn 166 ff.
676 Siehe Rn 169 ff.
677 Kopp/Ramsauer, VwVfG, § 40 Rn 30; Mauer, AllgVerwR, § 7 Rn 24

das Ausmaß des drohenden Schadens, die Beeinträchtigung drittschützender Vorschriften, die Verantwortung der Verwaltung oder des Betroffenen für die Situation sowie die Ausstrahlungswirkung des höherrangigen Rechts, vornehmlich der Grundrechte und des EU-Rechts.[678] Dem Kläger steht in dieser Situation ein gebundener Anspruch zu, sodass er vollständig obsiegt.

In der zweiten Konstellation ist das Ermessen nicht auf null reduziert, es bleibt also bei dem Anspruch auf ermessensfehlerfreie Entscheidung. In diesem Fall ergeht ein Bescheidungsurteil gem. § 113 V 2 VwGO, weil die Spruchreife fehlt.[679]

224 Ermessen nicht auf null reduziert

> **DEFINITION**
> Spruchreife bedeutet, dass das Gericht abschließend darüber entscheiden kann, ob die Verwaltung zum Erlass des Verwaltungsaktes verpflichtet ist.[680]

Spruchreife

An der Spruchreife fehlt es, wenn der Verwaltung noch ein Entscheidungsspielraum zusteht, wie dies beim Ermessen der Fall ist. Gleiches gilt, wenn der Behörde bei einem Tatbestandsmerkmal ein Beurteilungsspielraum zukommt.[681] Dann kann das Verwaltungsgericht nicht abschließend über den Erlass des Verwaltungsaktes entscheiden. Hat der Kläger behauptet, ihm stünde ein gebundener Anspruch zu, unterliegt er mit seiner Klage teilweise.[682]

In der dritten und letzten Konstellation ist das Ermessen nicht auf null reduziert und wurde von der Behörde bereits fehlerfrei ausgeübt. In diesem Fall ist der Anspruch des Klägers auf ermessensfehlerfreie Entscheidung gleichsam durch Erfüllung erloschen, weil die Behörde bereits ermessensfehlerfrei entschieden hat. Sollte der Behörde bei ihrer Entscheidung hingegen ein Ermessensfehler unterlaufen sein, ergeht ein Bescheidungsurteil gem. § 113 V 2 VwGO.

225 Ermessen nicht auf null reduziert und fehlerfrei ausgeübt

BEISPIEL: §§ 48 I, 49 I 1 VwVfG gewähren einen Anspruch auf ermessensfehlerfreie Entscheidung über die Aufhebung eines Verwaltungsaktes, auch wenn er bereits bestandskräftig ist.[683] Jedoch übt die Verwaltung ihr Ermessen in der Regel rechtmäßig aus, wenn sie die Aufhebung des Verwaltungsaktes wegen dessen Bestandskraft ablehnt (Schutz der Rechtssicherheit). Etwas anderes gilt, wenn auch vergleichbare Verwaltungsakte aufgehoben wurden (Selbstbindung der Verwaltung), der Verwaltungsakt offensichtlich rechtswidrig ist oder die Aufrechterhaltung des Verwaltungsaktes gegen die guten Sitten verstößt.[684]

---

678 Wolff/Decker, VwGO, § 114 Rn 29; Maurer, AllgVerwR, § 7 Rn 24 f. Detaillierte Darstellung im JURA INTENSIV Skript „Allgemeines Verwaltungsrecht".
679 Hufen, VerwProzessR, § 26 Rn 24
680 Wolff/Decker, VwGO, § 113 Rn 144; Hufen, VerwProzessR, § 26 Rn 16
681 Wolff/Decker, VwGO, § 113 Rn 146; Hufen, VerwProzessR, § 26 Rn 18-23
682 Wolff/Decker, VwGO, § 113 Rn 148; Hufen, VerwProzessR, § 26 Rn 24
683 Siehe Rn 208
684 Vgl. BVerwG, NVwZ 2010, 652, 655 f.

> **KLAUSURHINWEIS**
> Der Prüfungspunkt „Spruchreife" taucht im Prüfungsaufbau nicht auf, weil die Spruchreife automatisch im Rahmen der materiellen Anspruchsvoraussetzungen geprüft wird. Das entspricht auch dem Obersatz am Anfang der Begründetheitsprüfung. Wenn formuliert wird „das ist der Fall, soweit der behauptete Anspruch tatsächlich besteht", dann bedeutet das, dass alle Voraussetzungen des § 113 V 1 VwGO erfüllt sind und damit auch die Spruchreife, soweit die Anspruchsvoraussetzungen erfüllt sind.

4. Maßgeblicher Zeitpunkt für die Beurteilung der Sach- und Rechtslage und das Nachschieben von Gründen

Grundsatz: Zeitpunkt der letzten mündlichen Verhandlung

226 Maßgeblicher Zeitpunkt für die Beurteilung der Begründetheit einer Verpflichtungsklage ist grundsätzlich der Zeitpunkt der letzten mündlichen Verhandlung, weil es im Gegensatz zur Anfechtungsklage primär nicht um die Kontrolle der Rechtmäßigkeit eines behördlichen Handelns geht, sondern um das Bestehen eines Anspruchs. Es gibt seitens des Gerichts keinen Grund, einen inzwischen bestehenden Anspruch abzulehnen.[685]

Ausnahme: Gesetz legt anderen Zeitpunkt fest

Eine Ausnahme gilt, wenn dem Gesetz zu entnehmen ist, dass ein anderer Zeitpunkt maßgeblich sein soll.

> **BEISPIEL:** Verlangt das einschlägige Gesetz für den Erlass eines begünstigenden Verwaltungsaktes das Bestehen einer Prüfung, kommt es auf den Prüfungstermin an. Der Kläger kann nicht vortragen, er verfüge inzwischen über das erforderliche Wissen.

Bzgl. der Abgrenzung zu dem Problem des Nachschiebens von Gründen gelten die Ausführungen im Rahmen der Anfechtungsklage.[686]

SACHVERHALT

D. Klausurfall: „Geförderte Hundezucht"

227 Der Landtag des Bundeslandes B erlässt ein Gesetz zur Förderung der Zucht deutscher Schäferhunde (SchäferhundeG). Hintergrund ist, dass die Landespolizei auf diese Hunde angewiesen ist, ihre Zucht aber immer mehr abnimmt. Daher sieht das SchäferhundeG vor, dass die in B ansässigen Züchter deutscher Schäferhunde zinsgünstige staatliche Fördermittel erhalten können, die in ihrer Gesamtsumme jedoch begrenzt sind. Vergabekriterien sind die Qualität der Zucht, belegt insbesondere durch die bisher gewonnenen Zuchtpreise, sowie die Anzahl der früher und aktuell gezüchteten Hunde. Zudem ist bedeutsam, wie lange der Antragsteller seine Zucht bereits betreibt. Aus Gründen der Chancengleichheit wird ein Zeitraum festgelegt, in welchem die Förderanträge gestellt werden müssen.
Zuständig für die Vergabeentscheidung sind die Landratsämter sowie in kreisfreien Städten die Oberbürgermeister. Die Landratsämter handeln in diesem Fall als untere Behörde der allgemeinen Landesverwaltung.
Die Einzelheiten der Förderung (Dauer, Verzinsung, Rückzahlungsmodalitäten) werden in Darlehensverträgen geregelt.

---

[685] Wolff/Decker, VwGO, § 113 Rn 156 f.; Schenke, VerwProzessR, Rn 849
[686] Siehe Rn 187

Züchter Z bewirbt sich fristgerecht bei dem für ihn zuständigen Landratsamt. Sein Antrag wird jedoch mit der Begründung abgelehnt, alle zur Verfügung stehenden Fördergelder seien bereits vergeben. Außerdem sei im Landratsamt bekannt, dass Z ein „Raser" sei, der sich nicht an die zulässige Höchstgeschwindigkeit halte. Solche Personen dürften nicht auch noch staatlich gefördert werden. Zudem ist Z dem zuständigen Sachbearbeiter nach mehrfachen, recht unerfreulichen Telefonaten nicht gerade sympathisch.

Z legt gegen diese Entscheidung Widerspruch ein, der aber unter Hinweis auf die Begründung des Ausgangsbescheids zurückgewiesen wird. Der Widerspruchsbescheid wird von der Widerspruchsbehörde am 29.08. als eingeschriebener Brief (Übergabe-Einschreiben) bei der Post aufgegeben und geht Z am 30.08. zu. Nach reiflicher Überlegung beschließt Z, sich vor Gericht gegen die behördliche Entscheidung zu wehren. Er erhebt daher am 04.10., einem Dienstag, Klage beim zuständigen Verwaltungsgericht. Die unterschriebene Klageschrift übermittelt er mittels Telefax. Sein Antrag ist darauf gerichtet, die an ihn adressierten ablehnenden Bescheide aufzuheben und die Beklagte zu verpflichten, ihm einen Förderbescheid zu erteilen.

Im gerichtlichen Verfahren ergänzt der Vertreter des Landratsamtes die Begründung des Ausgangs- und Widerspruchsbescheids dahingehend, dass Z zwar ein langjähriger, erfahrener Züchter sei. Die bei der Vergabe der Fördermittel zum Zuge gekommenen Bewerber erfüllten dieses Kriterium jedoch ebenfalls, hätten darüber hinaus aber einen größeren Bestand an gezüchteten Hunden und bisher eine herausragende Zuchtqualität erreicht. Das seien die maßgeblichen Gesichtspunkte gewesen, ihnen und nicht Z die Fördermittel zukommen zu lassen.

Hat die Klage des Z vor dem Verwaltungsgericht Erfolg?

Bearbeitervermerk:
Im Bundesland B sind die Landratsämter als staatliche Behörden zu qualifizieren, wenn sie als untere Behörden der allgemeinen Landesverwaltung tätig werden.
Eine landesrechtliche Bestimmung i.S.v. §§ 61 Nr. 3, 78 I Nr. 2 VwGO existiert nicht.
Von der Vereinbarkeit des SchäferhundeG mit höherrangigem Recht ist auszugehen.

Die verwaltungsgerichtliche Klage des Z hat Erfolg, soweit sie zulässig und begründet ist.

LÖSUNG

A. Zulässigkeit der Klage

I. VERWALTUNGSRECHTSWEG

Die vor dem Verwaltungsgericht erhobene Klage ist nur zulässig, wenn der Verwaltungsrechtsweg eröffnet ist. Mangels aufdrängender Sonderzuweisungen richtet sich dies nach der Generalklausel des § 40 I 1 VwGO. Danach muss eine öffentlich-rechtliche Streitigkeit nichtverfassungsrechtlicher Art vorliegen.

Der öffentlich-rechtliche Charakter der Streitigkeit könnte angesichts des Umstands, dass die Einzelheiten der Förderung in privatrechtlichen Darlehensverträgen geregelt sind, zweifelhaft sein. Er lässt sich jedoch mithilfe der sog. Zweistufentheorie herleiten, wenn es sich bei der staatlichen Förderung um eine Subvention handelt.

Subventionen sind staatliche Geldleistungen an eine Privatperson zur Verwirklichung eines bestimmten öffentlichen Zwecks ohne marktgerechte Gegenleistung. Mit der in Rede stehenden staatlichen Förderung soll die Zucht deutscher Schäferhunde gefördert werden, damit der Landespolizei eine ausreichende Anzahl von Diensthunden zur Verfügung steht. Die Züchter erhalten zu diesem Zweck zinsgünstige staatliche Fördermittel. Damit stehen ihnen staatliche Geldmittel zur Verfügung, die sie zu günstigeren Konditionen als am privaten Kapitalmarkt erhalten. Folglich ist die streitgegenständliche staatliche Förderung eine Subvention. Die Entscheidung über deren Vergabe (das „OB") richtet sich stets nach dem öffentlichen Recht, wohingegen die Ausgestaltung der Vergabebedingungen (das „WIE") öffentlich-rechtlich oder privatrechtlich erfolgen kann. Da hier um das „OB" gestritten wird, liegt mithin eine öffentlich-rechtliche Streitigkeit vor. Diese ist auch nichtverfassungsrechtlicher Art, sodass die Voraussetzungen des § 40 I 1 VwGO erfüllt sind. Eine abdrängende Sonderzuweisung existiert nicht.
Der Verwaltungsrechtsweg ist gem. § 40 I 1 VwGO eröffnet.

> **KLAUSURHINWEIS**
> Die Anwendung der modifizierten Subjektstheorie scheint zwar nahe zu liegen, weil die streitentscheidenden Normen des SchäferhundeG nur einen Hoheitsträger verpflichten, also öffentlich-rechtlicher Natur sind. Damit lassen sich jedoch die zivilrechtlichen Detailregelungen in den Darlehensverträgen nicht erfassen. Aus diesem Grund ist auch die Subordinationstheorie nicht der optimale Weg, um das Vorliegen einer öffentlich-rechtlichen Streitigkeit zu begründen.

II. STATTHAFTE KLAGEART

Die statthafte Klageart richtet sich gem. § 88 VwGO nach dem Begehren des Klägers. Z begehrt wortwörtlich, die an ihn adressierten ablehnenden Bescheide aufzuheben und die Beklagte zu verpflichten, ihm einen Förderbescheid zu erteilen. Die statthafte Klageart zur Verfolgung dieser Begehren könnte die Verpflichtungsklage gem. § 42 I 2. Fall VwGO sein, wenn der Förderbescheid ein Verwaltungsakt i.S.v. § 35 S. 1 VwVfG ist. Da die von Z letztlich gewollte Auszahlung der Fördersumme ein tatsächliches Handeln ist, bereitet das Definitionsmerkmal „Regelung" Schwierigkeiten. Eine Regelung ist eine rechtsverbindliche Anordnung, die auf die Setzung einer Rechtsfolge gerichtet ist, d.h. es werden Rechte und/oder Pflichten begründet, geändert, aufgehoben oder verbindlich festgestellt oder die Vornahme einer solchen Handlung wird verbindlich abgelehnt.
Das SchäferhundeG sieht nicht vor, dass jeder Antragsteller eine staatliche Förderung erhält. Vielmehr erfolgt eine Auswahlentscheidung zwischen den Bewerbern. Folglich bedürfen die Bewerber eines Subventionsbescheids, damit sie die Auszahlung der Fördersumme verlangen können und diese auch dauerhaft behalten dürfen. Der Subventionsbescheid ist somit der Rechtsgrund für die Zahlung. Darin liegt seine Regelungswirkung, sodass es sich um einen Verwaltungsakt gem. § 35 S. 1 VwVfG handelt. Somit ist bzgl. des begehrten Förderbescheids die Verpflichtungsklage gem. § 42 I 2. Fall VwGO die statthafte Klageart.
Sollte die Verpflichtungsklage in Gestalt der hier einschlägigen Versagungsgegenklage erfolgreich sein, hebt das Gericht die vorausgegangenen ablehnenden

Bescheide der Verwaltung automatisch mit auf. Die Verpflichtungsklage hat insoweit ein „kassatorisches Element". Einer zusätzlichen Anfechtung der an Z adressierten ablehnenden Bescheide bedarf es daher nicht.
Jedoch könnte gleichwohl die zusätzliche Erhebung einer Anfechtungsklage gem. § 42 I 1. Fall VwGO geboten sein. Die zur Verfügung stehenden Fördermittel sind bereits vollständig an andere Züchter vergeben worden, sodass keine Gelder mehr vorhanden ist, welche der Beklagte dem Z im Falle des Erfolgs seiner Verpflichtungsklage noch auszahlen kann (Situation der sog. **Mitbewerberklage**). Daher muss Z eventuell zusätzlich die seinen Konkurrenten gewährten Begünstigungen per Anfechtungsklage angreifen, damit diese überhaupt wieder „frei sind", um sie dann ihm gewähren zu können. Dagegen spricht jedoch, dass Z gar nicht genau weiß, wer seine Konkurrenten sind, und er auch nicht darüber informiert ist, inwieweit bei diesen die rechtlichen Voraussetzungen für die Gewährung der Subvention vorliegen. Aus Kostengründen kann ihm auch nicht zugemutet werden, alle Subventionsbescheide, die die anderen Züchter erhalten haben, „ins Blaue hinein" anzugreifen. Darüber hinaus ist die Verwaltung in Gestalt der §§ 48, 49 VwVfG durchaus in der Lage, einem Verpflichtungsurteil Geltung zu verschaffen, ohne dass es zusätzlich einer Anfechtungsklage bedarf.
Demnach ist die Verpflichtungsklage in Gestalt der Versagungsgegenklage die statthafte Klageart.

III. KLAGEBEFUGNIS

Z muss klagebefugt sein. Das setzt gem. § 42 II VwGO voraus, dass er geltend machen kann, durch die Ablehnung des begehrten Verwaltungsaktes in eigenen Rechten verletzt zu sein. Das bedeutet, Z muss ein möglicher Anspruch auf diesen Verwaltungsakt zustehen. Ein solcher Anspruch kann sich hier aus dem SchäferhundeG ergeben. Somit ist Z klagebefugt.

IV. VORVERFAHREN

Das gem. § 68 I, II VwGO gebotene Vorverfahren hat Z erfolglos durchgeführt.

V. KLAGEFRIST

Z muss seine Verpflichtungsklage fristgerecht erhoben haben. Die Klagefrist beginnt gem. § 74 I 1, II VwGO mit der Zustellung des Widerspruchsbescheids. Nach § 73 III 2 VwGO wird dieser nach den Vorschriften des VwZG des Bundes zugestellt. Gem. § 4 II 2 VwZG gilt eine Übergabe-Einschreiben drei Tage nach der Aufgabe zur Post als zugestellt, sofern es nicht tatsächlich später zugeht (sog. **Dreitagesfiktion**). Der Widerspruchsbescheid wurde als Übergabe-Einschreiben am 29.08. zur Post gegeben, sodass er am 01.09. als zugestellt gilt. Tatsächlich hat Z den Widerspruchsbescheid jedoch schon am 30.08. erhalten. § 4 II 2 VwZG sieht jedoch nur für den Fall eines Zugangs nach Ablauf der Dreitagesfiktion vor, dass es auf den Zeitpunkt des tatsächlichen Zugangs ankommt. Folglich spielt ein Zugang vor Ablauf der Dreitagesfiktion keine Rolle. Demnach ist der 01.09. der maßgebliche Tag für die Zustellung des Widerspruchsbescheids.
Da es sich bei der Klagefrist um eine prozessuale Frist handelt, bestimmt sich die Fristberechnung nach § 57 II VwGO i.V.m. § 222 ZPO i.V.m. §§ 187 ff. BGB. Gem. § 188 II BGB endet die Frist an sich am 01.10. Da dieser Tag jedoch ein Samstag ist und

Montag, der 03.10., ein allgemeiner, bundesweit einheitlicher Feiertag ist, endet die Klagefrist gem. § 222 II ZPO am 04.10.
Z hat daher seine Verpflichtungsklage fristgerecht erhoben.

VI. KLAGEGEGNER
Die Verpflichtungsklage ist gem. § 78 I Nr. 1 VwGO gegen den Rechtsträger der handelnden Behörde zu richten. Hier hat das zuständige Landratsamt den Antrag des Z abgelehnt, sodass der entsprechende Landkreis der Klagegegner sein könnte. Jedoch ist das Landratsamt als untere Behörde der allgemeinen Landesverwaltung und damit als staatliche Behörde tätig geworden. Es liegt damit ein Fall der Organleihe vor, sodass die Klage gegen das Land zu richten ist.[687]

VII. BETEILIGUNGS- UND PROZESSFÄHIGKEIT
Die Beteiligungs- und Prozessfähigkeit des Z folgt aus §§ 61 Nr. 1 1. Fall, 62 I Nr. 1 VwGO, für das Land als Klagegegner ergibt sie sich aus §§ 61 Nr. 1 2. Fall, 62 III VwGO. Es wird vertreten durch das Landratsamt als handelnde Behörde.

VIII. ORDNUNGSGEMÄSSE KLAGEERHEBUNG
Gem. § 81 I VwGO ist die Klage schriftlich oder zur Niederschrift des Urkundsbeamten der Geschäftsstelle zu erheben. Eine Klageerhebung per Telefax ist jedoch gem. § 173 S. 1 VwGO i.V.m. §§ 253 IV, 130 Nr. 6 ZPO zulässig, wenn, wie hier, eine Wiedergabe der Unterschrift in Kopie erfolgt.
Rechtliche Bedenken hinsichtlich der übrigen Zulässigkeitsvoraussetzungen bestehen nicht.
Somit ist die Verpflichtungsklage des Z zulässig.

B. Begründetheit der Klage
Die Verpflichtungsklage ist gem. § 113 V 1 VwGO begründet, soweit die Ablehnung der Subvention rechtwidrig, der Kläger dadurch in seinen Rechten verletzt und die Sache spruchreif ist. Das ist der Fall, soweit der behauptete Anspruch tatsächlich besteht.

I. ANSPRUCHSGRUNDLAGE
Der von Z geltend gemachte Anspruch auf Erteilung einer Subvention kann sich aus dem SchäferhundeG ergeben.

II. ANSPRUCHSVORAUSSETZUNGEN
Z erfüllt die formellen Anspruchsvoraussetzungen, indem er die Subvention bei der zuständigen Behörde beantragt hat.
Fraglich ist, ob auch die materiellen Anspruchsvoraussetzungen vorliegen.

1. Tatbestand
Z züchtet deutsche Schäferhunde im Bundesland B und hat fristgerecht seinen Förderantrag gestellt, sodass er die Tatbestandsvoraussetzungen für eine Förderung nach dem SchäferhundeG erfüllt.

---

[687] Detaillierte Ausführungen zur Organleihe im JURA INTENSIV Skript „Allgemeines Verwaltungsrecht".

2. Rechtsfolge

Als Rechtsfolge vermittelt das SchäferhundeG keinen gebundenen Anspruch. Stattdessen muss eine Auswahl zwischen den Antragstellern erfolgen, sodass ihnen nur ein Anspruch auf ermessensfehlerfreie Entscheidung zusteht.

Möglicherweise ist dieser auch Z zustehende Anspruch jedoch dadurch erloschen, dass das zuständige Landratsamt bereits eine fehlerfreie Auswahlentscheidung getroffen hat. Daran bestehen allerdings Zweifel. Das Landratsamt hat Z die begehrte Förderung im Ausgangsbescheid unter anderem mit dem Argument versagt, er sei ein behördenbekannter „Raser". Ferner hegt der zuständige Sachbearbeiter eine persönliche Abneigung gegen Z. Beide Gesichtspunkte stellen im Zusammenhang mit der Subventionsentscheidung sachfremde Erwägungen dar, sodass sie zu einem Ermessensfehler in Form des Ermessensfehlgebrauchs führen. Zutreffend ist hingegen zwar das behördliche Argument, die zur Verfügung stehenden Fördergelder seien bereits vergeben. In seiner Pauschalität vermag es die Vergabeentscheidung zum Nachteil des Z jedoch nicht zu begründen, sodass es die fehlerhaften Ermessenserwägungen nicht kompensieren kann. Etwas anderes mag sich aber dadurch ergeben, dass das Landratsamt die Begründung seiner ablehnenden Entscheidung im gerichtlichen Verfahren ergänzt. Das setzt voraus, dass ein solches Nachschieben von Gründen überhaupt zulässig ist. Dafür spricht zum einen der in § 86 I VwGO normierte gerichtliche Amtsermittlungsgrundsatz, der es gebietet, auch nachgeschobene Gründe zu berücksichtigen. Zum anderen ist es unter prozessökonomischen Gesichtspunkten wenig sinnvoll, eine inhaltlich richtige Entscheidung nur deshalb aufzuheben, weil die zutreffende Begründung erst im Verlauf des gerichtlichen Verfahrens dargelegt wurde. Um jedoch auch die Interessen des Klägers angemessen zu berücksichtigen, der infolge des Nachschiebens auf eine neue rechtliche Situation trifft, darf die Behörde neue Begründungsansätze nur unter folgenden Voraussetzungen in den Verwaltungsprozess einführen:

Die nachgeschobenen Gründe müssen bereits im Zeitpunkt der behördlichen Ablehnungsentscheidung vorgelegen haben. Das grenzt ab von dem Problem des maßgeblichen Zeitpunkts für die Beurteilung der Sach- und Rechtslage, bei dem sich die Sach- oder Rechtslage nachträglich verändert. Hier hätte das Landratsamt die nachträglich vorgebrachten Argumente von Anfang an darlegen können.

Weiterhin dürfen die nachgeschobenen Gründe die Behördenentscheidung nicht in ihrem Wesen verändern. Dies würde die Verteidigungsmöglichkeiten des Klägers unzumutbar verkürzen, kann er doch die nachträglich vorgebrachten Gründe nicht im Rahmen eines Widerspruchsverfahrens überprüfen lassen. Die vom Landratsamt nachgeschobene Begründung liefert neue Argumente für die Richtigkeit der getroffenen Auswahlentscheidung, berührt deren Wesen jedoch nicht.

Darüber hinaus wird Z durch das nachträgliche Vorbringen der Verwaltung nicht unzumutbar in seiner prozessualen Stellung beeinträchtigt, kann er doch im Laufe des gerichtlichen Verfahrens dazu Stellung nehmen oder die Klage zurücknehmen.

Da es um nachgeschobene Ermessenserwägungen geht, muss schließlich die Regelung des § 114 S. 2 VwGO beachtet werden. Danach dürfen Ermessenserwägungen im gerichtlichen Verfahren nur ergänzt werden. Unzulässig ist es folglich, wenn die Verwaltung ihr Ermessen im gerichtlichen Verfahren erstmals ausübt oder ihre Ermessenserwägungen komplett auswechselt. Beides ist hier nicht der Fall. Das Landratsamt hat seine, zwar unzulänglichen, aber durchaus existierenden Ermessenserwägungen lediglich ergänzt.

Demnach sind die nachgeschobenen Gründe für die behördliche Auswahlentscheidung vom Gericht zu berücksichtigen.

Inhaltlich macht das Landratsamt geltend, Z sei zwar ein langjähriger, erfahrener Züchter. Die bei der Vergabe der Fördermittel zum Zuge gekommenen Bewerber erfüllten dieses Kriterium jedoch ebenfalls, hätten darüber hinaus aber einen größeren Bestand an gezüchteten Hunden und bisher eine herausragende Zuchtqualität erreicht. Diese Erwägungen sind an den Kriterien orientiert, die das SchäferhundeG für die Auswahlentscheidung vorgibt. Sie waren auch maßgeblich für die Auswahlentscheidung und vermögen diese daher unabhängig von den aufgezeigten fehlerhaften Erwägungen zu tragen.

Somit ist der Anspruch des Z auf eine ermessensfehlerfreie Auswahlentscheidung dadurch erloschen, dass das Landratsamt sein Ermessen infolge des zulässigen Nachschiebens von Gründen bereits fehlerfrei ausgeübt hat.

Daher ist die Verpflichtungsklage des Z zulässig aber unbegründet und somit erfolglos.

3. Teil – Fortsetzungsfeststellungsklage

A. Einleitung

228 Die Darstellung der Fortsetzungsfeststellungsklage (FFK) an dieser Stelle bietet sich an, weil die FFK die Fortsetzung einer erledigten Anfechtungs- oder Verpflichtungsklage ist. Daher sind die Zulässigkeitsvoraussetzungen dieser Klagen ähnlich, die Begründetheitsprüfung ist nahezu identisch.

Verhältnis zur Anfechtungs- und Verpflichtungsklage

B. Prüfungsschema: Aufbau der Fortsetzungsfeststellungsklage

PRÜFUNGSSCHEMA

I. Zulässigkeit der Klage
  1. Verwaltungsrechtsweg
  2. Statthafte Klageart
  3. Fortsetzungsfeststellungsinteresse
  4. Klagebefugnis
  5. Vorverfahren
  6. Klagefrist
  7. Klagegegner
  8. Beteiligungs- und Prozessfähigkeit
  9. Weitere Zulässigkeitsvoraussetzungen
     a) Ordnungsgemäße Klageerhebung
     b) Rechtshängigkeit und Rechtskraft
     c) Rechtsschutzbedürfnis
     d) Rechtsbehelfe gegen behördliche Verfahrenshandlungen
II. Objektive Klagehäufung
III. Streitgenossenschaft
IV. Beiladung
V. Begründetheit der Klage
  Siehe Anfechtungs- und Verpflichtungsklage.

C. Systematik und Vertiefung

I. ZULÄSSIGKEIT DER KLAGE

Da die FFK die Fortsetzung einer Anfechtungs- oder Verpflichtungsklage ist, sind die Prüfungspunkte in der Zulässigkeit ähnlich. Deshalb werden nachfolgend nur die Besonderheiten der FFK dargestellt. **229**

1. Verwaltungsrechtsweg
Es gelten die Ausführungen zur Anfechtungs- und Verpflichtungsklage.[688] **230**

2. Statthafte Klageart
Gem. § 113 I 4 VwGO ist die FFK statthaft, wenn sich der Verwaltungsakt vorher durch Zurücknahme oder anders erledigt hat. **231**

a) Verwaltungsakt
Es gelten die Ausführungen zur Anfechtungs- und Verpflichtungsklage.[689] **232**

b) Erledigung

> **DEFINITION**
> Ein **Verwaltungsakt** ist **erledigt**, wenn er keinerlei Rechtswirkungen mehr entfaltet, sodass seine Aufhebung sinnlos ist.[690] **233**

Erledigung

Mögliche Erledigungsgründe finden sich in § 43 II VwVfG (Rücknahme, Widerruf, anderweitige Aufhebung, Zeitablauf).

BEISPIELE: Verwaltungsakt wird aufgehoben; festgehaltene Person wird freigelassen; Beamte verlassen nach einer Durchsuchung wieder die Räumlichkeiten.[691]

In Zweifelsfällen ist genau zu untersuchen, ob von dem umstrittenen Verwaltungsakt noch Rechtswirkungen ausgehen, und sei es nur im Rahmen eines späteren Kostenerstattungsverfahrens. Insbesondere führt der Vollzug eines Verwaltungsaktes regelmäßig nicht zu seiner Erledigung. Das folgt aus § 113 I 2 VwGO, der für den Fall des Vollzugs eines Verwaltungsaktes eine mit der Anfechtungsklage verbundene Klage auf Rückgängigmachung der Vollzugsfolgen vorsieht.[692] Würde mit dem Vollzug des Verwaltungsaktes stets dessen Erledigung eintreten, müsste sich die Regelung des § 113 I 2 VwGO systematisch nicht hinter der Anfechtungsklage, sondern hinter der FFK befinden.

---

688 *Siehe Rn 40 ff., 192 f.*
689 *Siehe Rn 61 ff.; 195 ff.*
690 *BVerwG, NVwZ 1991, 570, 571; Kopp/Schenke, VwGO, § 113 Rn 102; Ogorek, JA 2002, 222, 224*
691 *Kopp/Schenke, VwGO, § 113 Rn 103*
692 *Vgl. Wolff/Decker, VwGO, § 113 Rn 59 f.*

BEISPIELE: Keine Erledigung durch Vollstreckung eines Verwaltungsaktes, wenn dieser noch Rechtsgrund für den Erlass eines späteren Kostenbescheids ist.[693] Keine Erledigung, wenn von einer Erlaubnis Gebrauch gemacht wird, da sie weiterhin die Rechtmäßigkeit des entsprechenden Verhaltens bescheinigt.[694]

c) Zeitpunkt der Erledigung

234 Gem. § 113 I 4 VwGO muss sich der Verwaltungsakt „vorher" erledigt haben.

„Vorher"

> **DEFINITION**
> „**Vorher**" bedeutet, dass sich der Verwaltungsakt nach Klageerhebung und vor Erlass des Urteils erledigt haben muss.[695]

Das folgt aus der systematischen Stellung des § 113 I 4 VwGO im 10. Abschnitt der VwGO. „Urteile und andere Entscheidungen" können erst ergehen, nachdem die Klage erhoben wurde.[696]

Probleme bereitet deshalb eine Erledigung vor Klageerhebung.

Problem: Erledigung vor Klageerhebung

BEISPIEL: Ein polizeilicher Platzverweis, für 2 Stunden einen bestimmten Ort nicht aufzusuchen, ist erledigt, bevor der Betroffene Klage erheben kann.

§ 113 I 4 VwGO analog

235 In Betracht kommt eine analoge Anwendung des § 113 I 4 VwGO. Das setzt voraus, dass die Analogievoraussetzungen erfüllt sind, also eine planwidrige Regelungslücke bei vergleichbarer Interessenlage gegeben ist.

Regelungslücke

Umstritten ist die Existenz einer Regelungslücke. An ihr würde es fehlen, wenn in dieser prozessualen Situation eine der ausdrücklich normierten Klagearten einschlägig ist. Das wird teilweise mit Blick auf die Feststellungsklage gem. § 43 I VwGO angenommen.[697] Diese ist gerichtet auf die Feststellung des Bestehens oder Nichtbestehens eines Rechtsverhältnisses oder der Nichtigkeit eines Verwaltungsaktes. Damit passt sie aber bereits nicht zum maßgeblichen Begehren des Klägers. Dieser will nicht die Nichtigkeit eines Verwaltungsaktes oder dessen Nichtbestehen festgestellt wissen, sondern seine Rechtswidrigkeit.[698] Weiterhin hat der Gesetzgeber mit § 113 I 4 VwGO eine Spezialregelung für den Fall geschaffen, dass es um die Rechtswidrigkeit eines erledigten Verwaltungsaktes geht. Das spricht dafür, Begehren, die einen Kontext zu diesem Anwendungsbereich aufweisen, der Regelung des § 113 I 4 VwGO zuzuordnen.[699] Schließlich wäre fraglich, warum es § 113 I 4 VwGO überhaupt gibt, wenn die Feststellung der Rechtswidrigkeit eines Verwaltungsaktes grundsätzlich auch über § 43 I VwGO erreicht werden kann. Folglich existiert im Falle einer Erledigung vor Klageerhebung eine Regelungslücke.

Planwidrigkeit

Wäre diese Regelungslücke vom Gesetzgeber gewollt, würde das bedeuten, dass es nach seinem Willen gegen Verwaltungsakte, die sich vor Klageerhebung erledigen, keinen Rechtsschutz gibt. Das verstieße jedoch gegen die Rechtsweggarantie des

---

693 Kopp/Schenke, VwGO, § 113 Rn 102; Wolff/Decker, VwGO, § 113 Rn 94
694 Kopp/Schenke, VwGO, § 113 Rn 105; Wolff/Decker, VwGO, § 113 Rn 93
695 Kopp/Schenke, VwGO, § 113 Rn 95; Hufen, VerwProzessR, § 18 Rn 42
696 Ehlers, JURA 2001, 415, 417
697 Clausing, JuS 2000, 688, 689; Wehr, DVBl 2001, 785, 787
698 Ingold, JA 2009, 711, 714
699 Schoot, JURA 2009, 382, 383 f.

Art. 19 IV 1 GG. Daher ist die Regelungslücke auch planwidrig.[700]
Schließlich ist auch die Interessenlage des geregelten (= **Erledigung nach Klageerhebung**) und des nicht geregelten Sachverhalts (= **Erledigung vor Klageerhebung**) vergleichbar, weil der Kläger unabhängig vom Zeitpunkt der Erledigung in gleichem Maße schutzwürdig ist. Zudem kann der Erledigungszeitpunkt zufällig sein.[701] Somit ist § 113 I 4 VwGO bei der Erledigung eines Verwaltungsaktes vor Klageerhebung analog anzuwenden.[702]

Vergleichbare Interessenlage

d) Anfechtungssituation

§ 113 I 4 VwGO erfasst unmittelbar nur die Erledigung einer Anfechtungssituation, d.h. ohne die Erledigung müsste die Anfechtungsklage die statthafte Klageart sein.[703] Das folgt zum einen aus dem Wortlaut der Norm („der Verwaltungsakt rechtswidrig gewesen ist"). Zum anderen ergibt sich dies aus der systematischen Stellung im § 113 I VwGO, der sich ausweislich des § 113 I 1 VwGO mit einer Anfechtungssituation beschäftigt.

236 Anfechtungssituation

Jedoch ist es auch möglich, dass sich eine Verpflichtungsklage erledigt.

237 Verpflichtungssituation

BEISPIEL („Weihnachtsmarkt"): A begehrt einen Platz auf dem Weihnachtsmarkt, um dort Waffeln zu verkaufen. Sein Antrag wird abgelehnt, er führt daraufhin erfolglos ein Vorverfahren durch und erhebt sodann Verpflichtungsklage. Bevor über diese entschieden werden kann, ist der Weihnachtsmarkt bereits vorüber.

§ 113 I 4 VwGO ist in dieser Situation analog anzuwenden.[704] Gegen einen Rückgriff auf die Feststellungsklage spricht bereits, dass dann die Gefahr besteht, dass im Falle einer Erledigung nach Klageerhebung die besonderen Zulässigkeitsvoraussetzungen für die Verpflichtungsklage gem. §§ 68 ff. VwGO unterlaufen werden könnten, weil sie für die Feststellungsklage nicht gelten. Die Planwidrigkeit der Regelungslücke folgt aus dem Verstoß gegen Art. 19 IV 1 GG, der ohne Gewährung eines Rechtsschutzes bei einer erledigten Verpflichtungsklage gegeben wäre. Die vergleichbare Interessenlage zeigt sich daran, dass es für den Kläger letztlich keinen Unterschied macht, ob eine Belastung durch einen erledigten Verwaltungsakt oder durch die Versagung bzw. Unterlassung eines begünstigenden Verwaltungsaktes eintritt.

KLAUSURHINWEIS
Hat sich eine Verpflichtungssituation erledigt, sollte in einer Klausur mit dem Prüfungspunkt „Anfechtungssituation" begonnen werden. Denn die weitere Statthaftigkeitsvoraussetzung der Erledigung muss dann ebenfalls angepasst werden. D.h. es kann sich kein Verwaltungsakt erledigt haben, sondern es muss der Anspruch auf den Erlass eines Verwaltungsaktes erledigt sein. Das ist der Fall, wenn der behauptete Anspruch gegenstandslos geworden ist, sodass seine Erfüllung dem Kläger nichts mehr bringt.[705]

---

700 OVG Koblenz, NJW 1982, 1301, 1302; Erichsen, JURA 1989, 49, 50
701 Schenke, VerwProzessR, Rn 325
702 Kopp/Schenke, VwGO, § 113 Rn 99; Ehlers, JURA 2007, 179, 185
703 Wolff/Decker, VwGO, § 113 Rn 99
704 Hufen, VerwProzessR, § 18 Rn 43
705 OVG Münster, NVwZ-RR 1991, 223, 224; Pietzner/Ronellenfitsch, Assessorexamen, § 27 Rn 19

> **MERKSATZ**
> Die Anforderungen des § 91 VwGO müssen nicht beachtet werden, auch wenn bei einer Erledigung nach Klageerhebung die Anfechtungs- oder Verpflichtungsklage in eine FFK geändert wird. Denn der Übergang vom Anfechtungs- oder Verpflichtungsantrag zu einem Feststellungsantrag stellt eine nach § 113 I 4 VwGO stets zulässige Klageänderung dar.

§ 113 I 4 VwGO doppelt analog

Sollte sich die Verpflichtungssituation auch noch vor Klageerhebung erledigt haben, ist eine sog. **doppelte Analogie** des § 113 I 4 VwGO erforderlich.

BEISPIEL: In dem obigen „Weihnachtsmarkt-Fall" zieht sich schon das Vorverfahren so lange hin, dass der Weihnachtsmarkt zwischenzeitlich vorüber ist.

Grenzen der analogen Anwendung

238 Keine analoge Anwendung des § 113 I 4 VwGO ist hingegen angezeigt, wenn sich ein behördliches Handeln oder Unterlassen erledigt hat, das kein Verwaltungsakt ist.[706]

BEISPIELE: Polizei beendet die Observation einer Person; Leistungsklage auf Erteilung einer behördlichen Auskunft, die der Kläger zwischenzeitlich auf anderem Wege erlangt hat.

Denn § 113 I 4 VwGO ist auf einen Verwaltungsakt bezogen. Ferner fehlt es an einer Regelungslücke, weil in diesen Fällen auf die Feststellungsklage gem. § 43 I VwGO zurückgegriffen werden kann.

> **MERKSATZ**
> Alles in allem kommt ist bzgl. der Statthaftigkeit der FFK danach zu differenzieren, ob sich eine Anfechtungs- oder Verpflichtungssituation erledigt hat und ob die Erledigung vor oder nach Klageerhebung eingetreten ist. Folgende Konstellationen sind demnach möglich:
> Erledigte **Anfechtungs**situation **nach** Klageerhebung → § 113 I 4 VwGO direkt.
> Erledigte **Anfechtungs**situation **vor** Klageerhebung → § 113 I 4 VwGO analog.
> Erledigte **Verpflichtungs**situation **nach** Klageerhebung → § 113 I 4 VwGO analog.
> Erledigte **Verpflichtungs**situation **vor** Klageerhebung → § 113 I 4 VwGO doppelt analog.

3. Fortsetzungsfeststellungsinteresse

239 § 113 I 4 VwGO verlangt als besondere Zulässigkeitsvoraussetzung, dass der Kläger ein berechtigtes Interesse an der Feststellung der Rechtswidrigkeit des Verwaltungsaktes hat.

> **KLAUSURHINWEIS**
> Diese Voraussetzung kann auch erst am Ende der Zulässigkeitsprüfung als Extra-Punkt angesprochen werden.

---

706   Wolff/Decker, VwGO, § 113 Rn 103; Schenke, VerwProzessR, Rn 337

Hintergrund dieser Anforderung ist, dass es einer besonderen Begründung dafür bedarf, dass sich ein Verwaltungsgericht mit einer Streitfrage beschäftigen soll, obwohl sich die Belastung erledigt hat.[707]

Sinn und Zweck

> **DEFINITION**
> Ein **berechtigtes Interesse** i.S.v. § 113 I 4 VwGO ist jedes schutzwürdige Interesse rechtlicher, wirtschaftlicher oder ideeller Art.[708]

Berechtigtes Interesse

Diese recht allgemeine Definition haben Rechtsprechung und Literatur durch die Bildung von Fallgruppen konkretisiert.

a) Wiederholungsgefahr

Wiederholungsgefahr bedeutet die hinreichend konkrete Wahrscheinlichkeit, dass sich sowohl der Lebenssachverhalt als auch das behördliche Vorgehen gegenüber dem Kläger in absehbarer Zeit wiederholen können.[709] Die bloße abstrakte Möglichkeit einer Wiederholung des Geschehens ist folglich nicht ausreichend, andererseits muss eine Wiederholung aber auch nicht sicher feststehen.

240 *Wiederholungsgefahr*

BEISPIELE: Ankündigung eines Versammlungsverbots für ähnliche Demonstrationen; Ablehnung eines Antrags auf Zulassung zu einer Veranstaltung, die regelmäßig stattfindet und die der Kläger auch zukünftig besuchen möchte.[710]

Diese Fallgruppe ist anerkannt, weil eine Behörde im Falle des Erfolgs der FFK bei gleicher Sach- und Rechtslage keinen neuen Verwaltungsakt mit der gleichen Rechtsfolge erlassen darf. Erklärt die Verwaltung zweifelsfrei, dass es keine Wiederholung ihres Handelns geben wird, fehlt das Fortsetzungsfeststellungsinteresse.[711]

b) Präjudizinteresse

Diese Fallgruppe kommt in Betracht, wenn dem Kläger infolge des rechtswidrigen Verhaltens der Verwaltung ein Schadensersatz- oder Entschädigungsanspruch vor den Zivilgerichten zustehen könnte. Ist nämlich im Verwaltungsprozess rechtskräftig festgestellt worden, dass sich die Verwaltung rechtswidrig verhalten hat, ist das Zivilgericht nach § 121 VwGO an diese Feststellung gebunden.[712] Dem Kläger sollen also die „Früchte" des bisher geführten Verwaltungsprozesses erhalten bleiben, ihm soll nicht zugemutet werden, in einem Schadensersatz-/Entschädigungsprozess vor den Zivilgerichten von vorn anzufangen. Daraus folgt zugleich die wichtigste Einschränkung dieser Fallgruppe. Sie ist nicht anwendbar, wenn sich der Verwaltungsakt vor Klageerhebung erledigt hat. In diesem Fall muss der Betroffene direkt Klage vor den Zivilgerichten erheben, welche die Rechtswidrigkeit des behördlichen Verhaltens als Vorfrage gem. § 17 II 1 GVG zu klären haben.[713]

241 *Präjudizinteresse*

---

707 Wolff/Decker, VwGO, § 113 Rn 108
708 Kopp/Schenke, VwGO, § 113 Rn 129; Ehlers, JURA 2001, 415, 421
709 BVerwG, NVwZ 1990, 360, 360; Wolff/Decker, VwGO, § 113 Rn 110; Ogorek, JA 2002, 222, 226
710 Wolff/Decker, VwGO, § 113 Rn 110; Hufen, VerwProzessR, § 18 Rn 48
711 Wolff/Decker, VwGO, § 113 Rn 111; Hufen, VerwProzessR, § 18 Rn 49
712 BVerwGE 9, 196, 198; Hufen, VerwProzessR, § 18 Rn 51
713 Ehlers, JURA 2001, 415, 421; Schenke, JuS 2007, 697, 700

Weiterhin muss der zivilrechtliche Schadensersatz-/Entschädigungsanspruch anhängig oder mit hinreichender Wahrscheinlichkeit zu erwarten sein.[714] Schließlich darf dieser Anspruch nicht offensichtlich, d.h. ohne eine ins Einzelne gehende Prüfung, aussichtslos sein.[715]

BEISPIELE: Ein Schaden für den Kläger ist nicht einmal ansatzweise erkennbar; der Schadensersatz-/Entschädigungsanspruch ist eindeutig verjährt.

c) Rehabilitationsinteresse

Rehailitationsinteresse

242 Ein Rehabilitationsinteresse liegt vor, wenn von der ursprünglichen Maßnahme eine diskriminierende Wirkung ausgeht, die auch nach der Erledigung fortwirkt.[716] Es geht also um die Wiederherstellung des guten Rufs des Klägers.

BEISPIELE: Inhaftierung; Behandlung als Störer während einer Demonstration; polizeiliche Durchsuchung von Wohnungen.[717]

d) Schwerwiegender Grundrechtseingriff, der sich typischerweise kurzfristig erledigt

Grundrechtseingriff

243 Nach einer in Rechtsprechung und Literatur vertretenen Ansicht lösen auch Grundrechtseingriffe, die sich typischerweise kurzfristig erledigen, das Fortsetzungsfeststellungsinteresse aus.[718] Hintergrund ist die Gewährung effektiven Rechtsschutzes i.S.v. Art. 19 IV 1 GG. Es muss möglich sein, Hoheitsakte gerichtlich überprüfen zu lassen, die sich so schnell erledigen, dass sie nicht mehr mit der Anfechtungs- oder Verpflichtungsklage angegriffen werden können. Um jedoch zu verhindern, dass diese Fallgruppe ihre Konturen verliert, ist zu fordern, dass es sich um einen schwerwiegenden Grundrechtseingriff handelt. Das bedeutet insbesondere, dass Eingriffe in die durch Art. 2 I GG geschützte allgemeine Handlungsfreiheit nicht ausreichen, da das Fortsetzungsfeststellungsinteresse anderenfalls neben der Klagebefugnis keine eigenständige Bedeutung hätte.[719]

BEISPIELE: Hausdurchsuchungen; Verbot oder Auflösung einer Versammlung.

> **KLAUSURHINWEIS**
> Es wird bestritten, dass es sich hier um eine eigenständige Fallgruppe des Fortsetzungsfeststellungsinteresses handelt. Stattdessen soll es sich um einen Unterfall des Rehabilitationsinteresses handeln.[720] In einer Klausur ist diese terminologisch-dogmatische Frage nicht zu erörtern, sondern der Bearbeiter entscheidet sich einfach für oder gegen die Existenz dieser Fallgruppe.

---

714 Kopp/Schenke, VwGO, § 113 Rn 136
715 Kopp/Schenke, VwGO, § 113 Rn 136; Wolff/Decker, VwGO, § 113 Rn 115
716 Wolff/Decker, VwGO, § 113 Rn 112; Hufen, VerwProzessR, § 18 Rn 50
717 Kopp/Schenke, VwGO, § 113 Rn 142; Wolff/Decker, VwGO, § 113 Rn 112
718 BVerfGE 96, 27, 39 f.; Kopp/Schenke, VwGO, § 113 Rn 145; Ehlers, JURA 2001, 415, 422
719 BVerfG, DVBl 2004, 822, 824; Kopp/Schenke, VwGO, § 113 Rn 146
720 Ehlers, JURA 2001, 415, 422; Rozek, JuS 2002, 470, 472

4. Klagebefugnis

Auch bei der FFK besteht das Bedürfnis, Popularklagen zu verhindern. Deshalb ist eine analoge Anwendung des § 42 II VwGO geboten.[721] Inhaltlich kann auf die Ausführungen zur Anfechtungs- und Verpflichtungsklage verwiesen werden.[722]

244 § 42 II VwGO analog

5. Vorverfahren

Fraglich ist, ob die erfolglose, ordnungsgemäße Durchführung eines Vorverfahrens zu den Zulässigkeitsvoraussetzungen der FFK zählt, da die §§ 68 ff. VwGO ausweislich der amtlichen Überschrift des 8. Abschnitts der VwGO nur für Anfechtungs- und Verpflichtungsklagen gelten. Das ist unstrittig der Fall, wenn eine spezielle gesetzliche Regelung dies anordnet. Hinsichtlich der inhaltlichen Anforderungen an das Vorverfahren gelten die Ausführungen zur Anfechtungs- und Verpflichtungsklage.[723]

245 Vorverfahren spezialgesetzlich angeordnet

BEISPIELE: § 54 II 1 BeamtStG (für Landesbeamte), § 126 II 1 BBG (für Bundesbeamte).

Weiterhin sind §§ 68 ff. VwGO analog zu beachten, wenn sich der Verwaltungsakt bzw. der Anspruch auf den Erlass eines Verwaltungsaktes nach Klageerhebung erledigt hat und der Verwaltungsakt bzw. die behördliche Ablehnung des geltend gemachten Anspruchs im Zeitpunkt der Erledigung bereits bestandskräftig ist. Dann war schon die ursprüngliche Anfechtungs- oder Verpflichtungsklage unzulässig, sodass dies auch für die daran anknüpfende FFK gelten muss.[724]

Erledigung nach Klageerhebung

BEISPIEL („Unternehmenssubvention"): Unternehmer U begehrt die Bewilligung einer Subvention für sein Unternehmen, die ihm verwehrt wird. Er legt verspätet Widerspruch ein, der wegen des Fristverstoßes zurückgewiesen wird. Daraufhin erhebt er Verpflichtungsklage, die er in eine FFK ändert, nachdem er seinen Betrieb dauerhaft aufgegeben hat.

Hier war bereits die Verpflichtungsklage infolge Ablaufs der Widerspruchsfrist unzulässig. Es gibt keinen sachlichen Grund, den U wegen der (zufälligen) Erledigung besser zu stellen, die FFK also für zulässig zu halten.

> **MERKSATZ**
> Ist ein Verwaltungsakt im Zeitpunkt seiner Erledigung bestandskräftig, kommt jeder Rechtsschutz zu spät.

Erledigt sich der Verwaltungsakt bzw. der Anspruch auf den Erlass eines Verwaltungsaktes vor Klageerhebung, kommt es auf den genauen Zeitpunkt der Erledigung an. Probleme treten nur auf, wenn sich der Verwaltungsakt innerhalb der Widerspruchsfrist oder während des Vorverfahrens erledigt. Erledigt er sich hingegen zu einem späteren Zeitpunkt, muss fristgerecht Widerspruch erhoben worden sein, um die Bestandskraft des Verwaltungsaktes zu verhindern.

Erledigung vor Klageerhebung

---

721 Wolff/Decker, VwGO, § 113 Rn 119; Hufen, VerwProzessR, § 18 Rn 54
722 Siehe Rn 87 ff., 206 ff.
723 Siehe Rn 103 ff., 209
724 Kopp/Schenke, VwGO, § 113 Rn 126; Ehlers, JURA 2001, 415, 420

BEISPIEL („Gebäudeabriss"): Bauherr B erhält am 15.8. eine Abrissverfügung für ein Gebäude, das infolge eines Unwetters und daran anschließenden Brandes am 20.10. vollständig zerstört wird. B hatte bisher gegen die Abrissverfügung nichts unternommen, möchte nun aber eine FFK erheben.

Die ohne die Erledigung statthafte Anfechtungsklage des B wäre wegen der eingetretenen Bestandskraft unzulässig. Daher kann für die daran anknüpfende FFK nichts anderes gelten.

> **MERKSATZ**
> Die Notwendigkeit der ordnungsgemäßen Durchführung eines Vorverfahrens ist bei der FFK nur strittig, wenn sich der Verwaltungsakt bzw. der Anspruch auf den Erlass eines Verwaltungsaktes innerhalb der Widerspruchsfrist oder während des Vorverfahrens erledigt und das Vorverfahren nicht spezialgesetzlich gefordert wird.

M.M.: Vorverfahren stets erforderlich

Nach einer Rechtsansicht ist auch in diesen strittigen Situationen ein Vorverfahren durchzuführen.[725] Das ergebe sich bereits daraus, dass die FFK eine verlängerte Anfechtungs- oder Verpflichtungsklage sei. Ferner sei ein wesentliches Ziel des Vorverfahrens, die Selbstkontrolle der Verwaltung, immer noch zu erreichen. Die Behörde könne feststellen, rechtswidrig gehandelt zu haben. Wie sich aus § 44 V VwVfG ergebe, sei die Behörde befugt, derartige Feststellungen zu treffen.

H.M.: Widerspruch unstatthaft bzw. Einstellung des Vorverfahrens

Die h.M. lehnt dies zurecht ab.[726] Sie verweist darauf, dass die beiden anderen Zwecke des Vorverfahrens nicht mehr zu erreichen sind.[727] Zum einen stellt das Vorverfahren in diesen Situationen keine zusätzliche Rechtsschutzinstanz für den Betroffenen dar, weil das von ihm verfolgte Ziel, die Aufhebung bzw. der Erlass des Verwaltungsaktes, nicht mehr zu erreichen ist. Zum anderen werden die Gerichte nicht entlastet, da der Betroffene eine gerichtliche Feststellung der Rechtswidrigkeit des behördlichen Handelns benötigt, um es zukünftig verhindern zu können. Denn nur die gerichtliche Feststellung entwickelt gem. § 121 VwGO Rechtskraftwirkung. Somit ist die erfolglose, ordnungsgemäße Durchführung des Vorverfahrens in diesen strittigen Situationen nicht Voraussetzung für die Zulässigkeit der FFK.

6. Klagefrist

Klagefrist spezialgesetzlich gefordert

246 Wegen der systematischen Stellung der in § 74 VwGO normierten Klagefrist im 8. Abschnitt der VwGO ist fraglich, ob sie für die FFK Geltung beansprucht. Das ist unstrittig der Fall, wenn eine spezielle gesetzliche Regelung dies anordnet. Hinsichtlich der inhaltlichen Anforderungen des § 74 VwGO gelten die Ausführungen zur Anfechtungs- und Verpflichtungsklage.[728]

---

725 Kopp/Schenke, VwGO, § 113 Rn 127; Schenke, JuS 2007, 697, 700
726 Hufen, VerwProzessR, § 18 Rn 55; Ingold, JA 2009, 711, 714
727 Zu den Zielen des Vorverfahrens siehe Rn 104.
728 Siehe Rn 113 ff., 210

BEISPIELE: § 54 II 1 BeamtStG (für Landesbeamte), § 126 II 1 BBG (für Bundesbeamte). Die Vorschriften verweisen, entgegen ihres missverständlichen Wortlauts („ist ein Vorverfahren ... durchzuführen") nicht nur auf die §§ 68-73 VwGO, sondern nach dem Willen des Gesetzgebers auf den gesamten 8. Abschnitt der VwGO, also auch auf § 74 VwGO.[729]

Weiterhin ist § 74 I, II VwGO analog zu beachten, wenn sich der Verwaltungsakt bzw. der Anspruch auf den Erlass eines Verwaltungsaktes nach Klageerhebung erledigt hat, da er anderenfalls im Zeitpunkt der Erledigung bereits bestandskräftig ist. Dann war schon die ursprüngliche Anfechtungs- oder Verpflichtungsklage unzulässig, sodass dies auch für die daran anknüpfende FFK gelten muss.[730]

Erledigung nach Klageerhebung

BEISPIEL: In dem obigen Beispiel „Unternehmenssubvention"[731] legt Unternehmer U zwar fristgerecht Widerspruch ein, erhebt aber nach Zurückweisung des Widerspruchs zu spät die Verpflichtungsklage. Nach Betriebsaufgabe will er die Verpflichtungsklage nunmehr auf eine FFK umstellen.

Hier war bereits die Verpflichtungsklage infolge Ablaufs der Klagefrist nach § 74 I 1, II VwGO unzulässig. Es gibt keinen sachlichen Grund, den U wegen der (zufälligen) Erledigung besser zu stellen, die FFK also für zulässig zu halten.

> **MERKSATZ**
> Es gilt wie beim Vorverfahren der Grundsatz: Ist ein Verwaltungsakt im Zeitpunkt seiner Erledigung bestandskräftig, kommt jeder Rechtsschutz zu spät.

Erledigt sich der Verwaltungsakt bzw. der Anspruch auf den Erlass eines Verwaltungsaktes vor Klageerhebung, kommt es auf den genauen Zeitpunkt der Erledigung an. Probleme treten nur auf, wenn sich der Verwaltungsakt innerhalb der Widerspruchsfrist, während des Vorverfahrens oder innerhalb der Klagefrist erledigt. Erledigt er sich hingegen zu einem späteren Zeitpunkt, muss fristgerecht Klage erhoben worden sein, um die Bestandskraft des Verwaltungsaktes zu verhindern.[732]

Erledigung vor Klageerhebung

BEISPIEL: In dem obigen Beispiel „Gebäudeabriss"[733] hat Bauherr B gegen die Abrissverfügung rechtzeitig Widerspruch erhoben. Den negativen Widerspruchsbescheid erhält er am 20.7. Am 20.9. wird das Gebäude durch ein Unwetter zerstört. Bis zu diesem Zeitpunkt hat B noch keine Anfechtungsklage erhoben. Er will stattdessen jetzt eine FFK erheben.

Die ohne die Erledigung statthafte Anfechtungsklage des B wäre wegen der eingetretenen Bestandskraft unzulässig. Daher kann für die daran anknüpfende FFK nichts anderes gelten.

---

729 *Terhechte*, NVwZ 2010, 996, 997 f.
730 *Kopp/Schenke*, VwGO, § 113 Rn 128; *Wolff/Decker*, VwGO, § 113 Rn 122
731 Siehe Rn 245
732 Vgl. *Wolff/Decker*, VwGO, § 113 Rn 122
733 Siehe Rn 245

> **MERKSATZ**
> Die Klagefrist bereitet bei der FFK nur Probleme, wenn sich der Verwaltungsakt bzw. der Anspruch auf den Erlass eines Verwaltungsaktes innerhalb der Widerspruchsfrist, während des Vorverfahrens oder innerhalb der Klagefrist erledigt und die Beachtung der Klagefrist nicht spezialgesetzlich gefordert wird.

M.M.: § 74 VwGO analog

Nach einer Ansicht ist in diesen strittigen Situationen § 74 VwGO analog anzuwenden.[734] Genau betrachtet ist § 74 I 2, II VwGO analog anzuwenden, wenn die Erledigung innerhalb der Widerspruchsfrist oder während des Vorverfahrens eintritt, weil dann nach h.M. kein Widerspruchsbescheid mehr ergeht.[735] Hingegen greift § 74 I 1, II VwGO analog bei einer Erledigung innerhalb der Klagefrist, da dann zuvor ein Widerspruchsbescheid ergangen sein muss. Zur Begründung wird auf die enge Verwandtschaft der FFK mit der Anfechtungs- und Verpflichtungsklage verwiesen. Zudem müsse auch bei der FFK im Interesse der Allgemeinheit irgendwann Rechtssicherheit eintreten.

H.M.: Keine Klagefrist, nur Verwirkung

Die h.M. lehnt eine analoge Anwendung des § 74 VwGO ab.[736] Rechtssicherheit in Form von Bestandskraft ist wegen der Erledigung nicht möglich. Es gibt nichts mehr, was bestandskräftig werden kann. Daher ist die Interessenlage bei einer Anfechtungs- und Verpflichtungsklage einerseits sowie bei einer FFK andererseits nicht vergleichbar, sodass eine Analogievoraussetzung fehlt. Ein ausreichender Schutz der Rechtssicherheit wird durch den Grundsatz der Verwirkung gewährleistet, der auch hier gilt.[737] Zudem dürfte es dem Kläger schwerfallen, das erforderliche Fortsetzungsfeststellungsinteresse zu begründen, wenn er seine Klage erst sehr spät erhebt.

Tritt die Erledigung innerhalb der Widerspruchsfrist oder während des Vorverfahrens ein, dürfte der Meinungsstreit in einer Klausur kaum einmal zu entscheiden sein. Einerseits ist eine Verwirkung sehr selten. Andererseits ist auch bei analoger Anwendung des § 74 I 2, II VwGO die Klagefrist kaum einmal abgelaufen. Denn die Verwaltung kann im Zeitpunkt des Erlasses des Verwaltungsaktes regelmäßig nicht absehen, wann sich dieser erledigt. Daher wird sie den Betroffenen in ihrer Rechtsbehelfsbelehrung auf den Widerspruch verweisen. Da dieser aber wie gezeigt nicht statthaft ist, ist die Rechtsbehelfsbelehrung fehlerhaft. Folglich steht dem Kläger die Jahresfrist des § 58 II VwGO zur Verfügung, die in einer Klausur kaum einmal abgelaufen sein dürfte.

Relevant werden kann der Meinungsstreit hingegen bei einer Erledigung innerhalb der Klagefrist. Hier ist nach der M.M. § 74 I 1 VwGO analog anzuwenden und die Rechtsbehelfsbelehrung (Klageerhebung innerhalb eines Monats ab Zustellung des Widerspruchsbescheids) wird auch in aller Regel korrekt sein, sodass nach der M.M. nur eine Monatsfrist gilt.

> **MERKSATZ**
> Tritt Erledigung innerhalb der Widerspruchsfrist, während des Vorverfahrens oder innerhalb der der Klagefrist ein, ist nach der vorzugswürdigen h.M. keine Klagefrist zu beachten, sondern es gilt der Grundsatz der Verwirkung.

---

734 Schenke, JuS 2007, 697, 700
735 Siehe Rn 245
736 BVerwG, NVwZ 2000, 63, 64; Ehlers, JURA 2001, 415, 422; Ogorek, JA 2002, 222, 225
737 Siehe zur Verwirkung Rn 120.

7. Klagegegner

Da ohne Erledigung eine Anfechtungs- oder Verpflichtungsklage statthaft wäre, bestimmt sich der Klagegegner analog § 78 VwGO.[738] Inhaltlich gelten die Ausführungen zur Anfechtungs- und Verpflichtungsklage.[739]

247

8. Beteiligungs- und Prozessfähigkeit

Es gelten die Ausführungen zur Anfechtungs- und Verpflichtungsklage.[740] Zu beachten ist, dass §§ 61, 62 VwGO im 7. Abschnitt der VwGO stehen und daher auch bei der FFK direkt anwendbar sind.

248

9. Weitere Zulässigkeitsvoraussetzungen

Es gelten die Ausführungen zur Anfechtungs- und Verpflichtungsklage.[741]

249

II. OBJEKTIVE KLAGEHÄUFUNG, STREITGENOSSENSCHAFT, BEILADUNG

Es gelten die Ausführungen zur Anfechtungsklage.[742]

III. BEGRÜNDETHEIT DER KLAGE

Der Obersatz ist identisch mit dem Obersatz der Klageart, die vor der Erledigung statthaft war. Er wird lediglich, wegen der Erledigung, in die Vergangenheitsform gesetzt.

> **KLAUSURHINWEIS**
>
> Somit lautet der Obersatz in einer Anfechtungssituation: „Die Klage ist begründet, soweit der Verwaltungsakt rechtswidrig war und der Kläger dadurch in seinen Rechten verletzt wurde."[743]
>
> In einer Verpflichtungssituation lautet der Obersatz: „Die Klage ist begründet, soweit die Ablehnung/Unterlassung des begehrten Verwaltungsaktes rechtswidrig war, der Kläger dadurch in seinen Rechten verletzt wurde und die Sache spruchreif war. Das ist der Fall, soweit der behauptete Anspruch tatsächlich bestand."

250

1. Prüfungsaufbau

Der Prüfungsaufbau ist folglich identisch mit demjenigen der Anfechtungs- und Verpflichtungsklage.[744]

251

2. Maßgeblicher Zeitpunkt

Der maßgebliche Zeitpunkt für die Beurteilung der Sach- und Rechtslage, also der Begründetheit der FFK, richtet sich primär nach dem Klageantrag.[745] Ist diesem, was der Regelfall sein dürfte, kein genauer Zeitpunkt zu entnehmen, kommt es nach h.M. auf den Zeitpunkt der Erledigung an.[746] Die M.M. schlägt eine Differenzierung

252 Maßgeblicher Zeitpunkt für Beurteilung der Sach- und Rechtslage

---

738 Ehlers, JURA 2002, 345, 348
739 Siehe Rn 131 ff., 211
740 Siehe Rn 138 ff., 212
741 Siehe Rn 142 ff., 213
742 Siehe Rn 150 ff., 154 ff., 157
743 Wolff/Decker, VwGO, § 113 Rn 125, 129; Hufen, VerwProzessR, § 29 Rn 13, 16; Ingold, JA 2009, 711, 713
744 Siehe Rn 158 ff., 214 ff.
745 Kopp/Schenke, VwGO, § 113 Rn 124, 147
746 Wolff/Decker, VwGO, § 113 Rn 126

Nachschieben von Gründen

in Anlehnung an die ursprüngliche Klageart vor. Danach soll es bei Anfechtungssituationen auf den Zeitpunkt der letzten Behördenentscheidung ankommen, wohingegen bei Verpflichtungssituationen der Zeitpunkt der Erledigung maßgeblich sei.[747] Bzgl. der Abgrenzung zu dem Problem des Nachschiebens von Gründen gelten die Ausführungen im Rahmen der Anfechtungsklage.[748]

SACHVERHALT

D. Klausurfall: „Glühweinstand auf dem Weihnachtsmarkt"

253 In der Gemeinde G soll in der Zeit vom 27.11. bis 23.12. der jährliche Weihnachtsmarkt stattfinden, der von der Gemeinde organisiert wird. Die in der Gemeinde lebende F möchte dort mit einem Glühweinstand vertreten sein. Sie stellt am 10.08. bei der Gemeindeverwaltung einen Antrag auf Zulassung und Zuweisung eines Standplatzes. Die Gemeindeverwaltung entscheidet über derartige Anträge stets per Bescheid. Sie lehnt das Ansinnen der F am 15.10. ab. Darauf legt F am 25.10. Widerspruch ein, über den jedoch bis zum Ende des Weihnachtsmarktes am 23.12. nicht entschieden wird. Da F im nächsten Jahr wieder versuchen möchte, einen Standplatz auf dem Weihnachtsmarkt zu erhalten, erhebt sie am 28.12. Klage bei dem zuständigen Verwaltungsgericht, ohne den Erlass des Widerspruchsbescheids abzuwarten. Sie möchte feststellen lassen, dass ihr ein Anspruch auf Zulassung zu dem Weihnachtsmarkt zustand. Zudem will sie die Gemeinde im Anschluss an den Verwaltungsprozess vor einem Zivilgericht auf Ersatz des entgangenen Gewinns aus dem Glühweinverkauf verklagen.

Der zuständige Beamte in der Gemeindeverwaltung hält die Klage bereits für unzulässig. Hat er Recht?

Abwandlung:
Sachverhalt wie im Ausgangsfall, nur ergeht am 27.11. ein negativer Widerspruchsbescheid, zugestellt mit Postzustellungsurkunde am 28.11. F erhebt am 29.12. Klage bei dem zuständigen Verwaltungsgericht mit dem Antrag festzustellen, dass ihr ein Anspruch auf Zulassung zu dem Weihnachtsmarkt zustand. Die Gemeinde rügt, die Klage sei unzulässig. Stimmt das?

Bearbeitervermerk:
Eine landesrechtliche Bestimmung i.S.v. §§ 61 Nr. 3, 78 I Nr. 2 VwGO existiert nicht.
Die maßgebliche Vorschrift der Gemeindeordnung (GemO) hat folgenden Inhalt:
„Die Einwohner der Gemeinde sind im Rahmen des geltenden Rechts berechtigt, die öffentlichen Einrichtungen der Gemeinde zu benutzen."

---

[747] Hufen, VerwProzessR, § 24 Rn 16
[748] Siehe Rn 187

Der Beamte hat Recht, wenn eine der Zulässigkeitsvoraussetzungen der Klage nicht vorliegt.

LÖSUNG

I. VERWALTUNGSRECHTSWEG
Für die vor dem Verwaltungsgericht erhobene Klage muss der Verwaltungsrechtsweg eröffnet sein. Mangels aufdrängender Sonderzuweisungen richtet sich dies nach der Generalklausel des § 40 I 1 VwGO. Danach muss eine öffentlich-rechtliche Streitigkeit nichtverfassungsrechtlicher Art vorliegen. Öffentlich-rechtlich ist die Streitigkeit, wenn sie durch ein Über-/Unterordnungsverhältnis gekennzeichnet ist, in dem der Staat einseitig gegenüber dem Bürger verbindliche Regelungen trifft (Subordinationstheorie). Hier entscheidet die Gemeindeverwaltung über die Standplatzvergabe per Bescheid und somit einseitig hoheitlich. Folglich liegt eine öffentlich-rechtliche Streitigkeit vor, die auch nichtverfassungsrechtlicher Art ist. Somit sind die Voraussetzungen des § 40 I 1 VwGO erfüllt. Eine abdrängende Sonderzuweisung existiert nicht.

Der Verwaltungsrechtsweg ist gem. § 40 I 1 VwGO eröffnet.

> **KLAUSURHINWEIS**
> Da die Standplätze per Bescheid vergeben werden, also das „OB" und „WIE" öffentlich-rechtlich geregelt sind, kommt es auf die sog. Zweistufentheorie nicht an.

II. STATTHAFTE KLAGEART
Die statthafte Klageart richtet sich gem. § 88 VwGO nach dem Begehren des Klägers. F möchte gerichtlich feststellen lassen, dass sie einen Anspruch auf Zulassung zu dem Weihnachtsmarkt hatte. Für dieses Begehren könnte die Fortsetzungsfeststellungsklage (FFK) gem. § 113 I 4 VwGO die statthafte Klageart darstellen. Das setzt voraus, dass der Kläger die Feststellung der Rechtswidrigkeit eines Verwaltungsaktes begehrt, der sich „vorher" erledigt hat.

1. Anfechtungssituation
Mit diesen Voraussetzungen knüpft die FFK an eine ursprünglich erhobene Anfechtungsklage gem. § 42 I 1. Fall VwGO an. Das ergibt sich auch aus der systematischen Stellung der FFK in § 113 I VwGO, der sich ausweislich des § 113 I 1 VwGO mit einer Anfechtungsklage beschäftigt. Folglich muss bis zur Erledigung des Verwaltungsaktes eine Anfechtungssituation bestanden haben. F ging es ursprünglich jedoch nicht darum, einen Verwaltungsakt aufheben zu lassen. Sie begehrte die Zulassung zum Weihnachtsmarkt und damit den Erlass eines begünstigenden Verwaltungsaktes. Folglich lag ihrer Klage ursprünglich keine Anfechtungs-, sondern eine Verpflichtungssituation i.S.v. § 42 I 2. Fall VwGO zugrunde. Demnach kann § 113 I 4 VwGO direkt nicht zum Zuge kommen.

In Betracht kommt jedoch eine analoge Anwendung der Norm. Das setzt das Bestehen einer planwidrigen Regelungslücke sowie einer vergleichbaren Interessenlage zwischen dem geregelten und dem ungeregelten Sachverhalt voraus.

An einer Regelungslücke mangelt es, wenn die gerichtliche Durchsetzung des Klagebegehrens der F mittels einer der in der VwGO ausdrücklich normierten Klagearten möglich ist. Als solche kommt hier nur die Feststellungsklage gem. § 43 I VwGO in Betracht. Gegen ihre Anwendung spricht jedoch, dass dann die Gefahr besteht, dass im Falle einer Erledigung nach Klageerhebung die besonderen Zulässigkeitsvoraussetzungen für die Verpflichtungsklage gem. §§ 68 ff. VwGO unterlaufen werden könnten, weil sie für die Feststellungsklage nicht gelten. Somit besteht eine Regelungslücke.

Deren Planwidrigkeit folgt aus dem Verstoß gegen Art. 19 IV 1 GG, der ohne Gewährung eines Rechtsschutzes bei einer erledigten Verpflichtungsklage gegeben wäre. Die vergleichbare Interessenlage zeigt sich daran, dass es für die Klägerin letztlich keinen Unterschied macht, ob eine Belastung durch einen erledigten Verwaltungsakt oder durch die Versagung bzw. Unterlassung eines begünstigenden Verwaltungsaktes eintritt.

Somit ist § 113 I 4 VwGO analog anzuwenden.

2. Erledigung
Weiterhin muss eine Erledigung eingetreten sein. Da keine Anfechtungs-, sondern eine Verpflichtungssituation vorliegt, muss sich nicht ein Verwaltungsakt, sondern der Anspruch auf den Erlass eines Verwaltungsaktes erledigt haben. Das ist der Fall, wenn der behauptete Anspruch gegenstandslos geworden ist, sodass seine Erfüllung dem Kläger nichts mehr bringt.
Der Weihnachtsmarkt, zu dem F die Zulassung begehrte, ist bereits vorüber, sodass ihr eine Erfüllung des behaupteten Zugangsanspruchs nichts mehr bringt. Folglich ist eine Erledigung ihres Anspruchs eingetreten.

3. Zeitpunkt der Erledigung
Schließlich muss die Erledigung „vorher" i.S.v. § 113 I 4 VwGO eingetreten sein. Dieses Merkmal der FFK ist wegen der systematischen Stellung des § 113 I 4 VwGO im 10. Abschnitt der VwGO („Urteile und andere Entscheidungen") so auszulegen, dass es nach Klageerhebung und vor Erlass des Urteils zur Erledigung kommen muss. Hier ist die Erledigung jedoch mit Ablauf des Weihnachtsmarktes am 23.12. und damit während des noch laufenden Widerspruchsverfahrens, also vor der Klageerhebung, eingetreten. Das könnte zu einer erneuten Ausdehnung des Anwendungsbereichs des § 113 I 4 VwGO durch Bildung einer weiteren Analogie führen.

Bzgl. der Regelungslücke ist wiederum fraglich, ob die in § 43 I VwGO normierte Feststellungsklage einschlägig ist. Möglicherweise war das Begehren der F auf das Bestehen eines Rechtsverhältnisses i.S.v. § 43 I VwGO, nämlich eines Zugangsanspruchs gegenüber der Gemeinde, gerichtet. Dagegen spricht jedoch, dass der Gesetzgeber zwischen den Merkmalen Rechtsverhältnis und Verwaltungsakt differenziert, sodass es sich um wesensverschiedene Gegenstände handeln dürfte. Das spricht dafür, dass auch der Streit um das Bestehen eines Anspruchs auf den Erlass eines Verwaltungsaktes nicht als Streit um das Bestehen eines Rechtsverhältnisses i.S.v. § 43 I VwGO qualifiziert werden kann. Weiterhin hat der Gesetzgeber mit

§ 113 I 4 VwGO eine Spezialregelung für den Fall geschaffen, dass es um die Rechtswidrigkeit eines erledigten Verwaltungsaktes geht. Das spricht dafür, Begehren, die einen Kontext zu diesem Anwendungsbereich aufweisen, der Regelung des § 113 I 4 VwGO zuzuordnen. Daher ist von dem Bestehen einer Regelungslücke auszugehen. Die Planwidrigkeit der Regelungslücke folgt erneut aus einem drohenden Verstoß gegen Art. 19 IV 1 GG. Wäre die Regelungslücke gewollt, gäbe es in all den Fällen, in denen sich ein Anspruch auf den Erlass eines Verwaltungsaktes vor Klageerhebung erledigt, keinen Rechtsschutz. Das ist mit Art. 19 IV 1 GG unvereinbar.

Die vergleichbare Interessenlage folgt schließlich aus dem Umstand, dass der Kläger unabhängig vom Zeitpunkt der Erledigung in gleichem Maße schutzwürdig ist. Zudem kann der Erledigungszeitpunkt zufällig sein.

Somit ist die FFK in doppelt analoger Anwendung des § 113 I 4 VwGO die statthafte Klageart.

III. FORTSETZUNGSFESTSTELLUNGSINTERESSE
Analog § 113 I 4 VwGO muss F ein berechtigtes Interesse an der Feststellung haben, dass die Gemeinde verpflichtet war, ihr einen Standplatz auf dem Weihnachtsmarkt zuzuweisen.
Das berechtigte Interesse i.S.v. § 113 I 4 VwGO umfasst grundsätzlich jedes schutzwürdige Interesse rechtlicher, wirtschaftlicher oder ideeller Art. Eine Konkretisierung dieser Definition ist durch die Herausbildung von Fallgruppen erfolgt. Hier könnte die Fallgruppe des sog. **Präjudizinteresses** in Betracht kommen. Sie zeichnet sich dadurch aus, dass der Kläger zunächst die verwaltungsgerichtliche Feststellung der Rechtswidrigkeit des behördlichen Verhaltens begehrt, um sodann Schadensersatz- oder Entschädigungsansprüche vor den Zivilgerichten geltend zu machen. Das Zivilgericht ist gem. § 121 VwGO an die verwaltungsgerichtliche Entscheidung gebunden. Hintergrund dieser Fallgruppe ist, dass dem Kläger nicht zugemutet werden soll, in einem Schadensersatz-/Entschädigungsprozess vor den Zivilgerichten von vorn anzufangen, nachdem er bereits einen Verwaltungsprozess angestrengt hat. Daraus folgt aber zugleich eine Einschränkung dieser Fallgruppe. Sie ist nicht anwendbar, wenn sich der Verwaltungsakt vor Klageerhebung erledigt hat. In diesem Fall muss der Betroffene direkt Klage vor den Zivilgerichten erheben, welche die Rechtswidrigkeit des behördlichen Verhaltens als Vorfrage gem. § 17 II 1 GVG zu klären haben. Da zum Zeitpunkt der Beendigung des Weihnachtsmarktes am 23.12. noch das Widerspruchsverfahren im Gange war, hat sich der von F behauptete Zugangsanspruch bereits vor Klageerhebung erledigt. Folglich kann sie sich nicht auf ein Präjudizinteresse berufen.
Eventuell ist aber die weitere Fallgruppe der Wiederholungsgefahr einschlägig. Wiederholungsgefahr bedeutet die hinreichend konkrete Wahrscheinlichkeit, dass sich sowohl der Lebenssachverhalt als auch das behördliche Vorgehen gegenüber dem Kläger in absehbarer Zeit wiederholen können. Der Weihnachtsmarkt in G findet jährlich statt. F möchte sich auch im nächsten Jahr um einen dortigen Standplatz bewerben. Dabei droht ihr eine erneute Verweigerung des Zugangs. Somit liegt eine Wiederholungsgefahr vor, sodass F das erforderliche Fortsetzungsfeststellungsinteresse aufweist.

IV. KLAGEBEFUGNIS

Analog § 42 II VwGO muss F klagebefugt sein. Das setzt voraus, dass sie geltend machen kann, durch die Ablehnung des begehrten Verwaltungsaktes in eigenen Rechten verletzt zu sein. Das bedeutet, F muss ein möglicher Anspruch auf diesen Verwaltungsakt zustehen. Ein solcher Anspruch kann sich aus der GemO ergeben. Somit ist F klagebefugt.

V. VORVERFAHREN

Da kein Widerspruchsbescheid ergangen ist, hat F das von ihr eingeleitete Vorverfahren nicht erfolglos durchgeführt. Fraglich ist jedoch, ob dies überhaupt Zulässigkeitsvoraussetzung für eine FFK ist. Nach der amtlichen Überschrift des 8. Abschnitts der VwGO beanspruchen die §§ 68 ff. VwGO nur bei Anfechtungs- und Verpflichtungsklagen Geltung.

In diesem Zusammenhang kommt es entscheidend darauf an, wann sich der behauptete Anspruch auf den Erlass des Verwaltungsaktes erledigt hat. Tritt die Erledigung erst nach Klageerhebung ein, muss ein Vorverfahren ordnungsgemäß durchgeführt worden sein. Anderenfalls wäre die behördliche Ablehnung des Verwaltungsaktes im Zeitpunkt der Erledigung schon bestandskräftig und damit nicht mehr gerichtlich überprüfbar. Hat sich der Anspruch auf den Verwaltungsakt hingegen - wie hier - bereits während des noch andauernden Widerspruchsverfahrens erledigt, ist strittig, ob es erfolglos beendet werden muss.

Teilweise wird dies mit dem Argument verlangt, bei der FFK handele es sich um eine verlängerte Anfechtungs- oder Verpflichtungsklage, sodass auch die §§ 68 ff. VwGO zu beachten seien. Ferner sei ein wesentliches Ziel des Vorverfahrens, die Selbstkontrolle der Verwaltung, immer noch zu erreichen. Die Behörde könne feststellen, rechtswidrig gehandelt zu haben. Wie sich aus § 44 V VwVfG ergebe, sei die Behörde befugt, derartige Feststellungen zu treffen.

Dieser Argumentation lässt sich entgegenhalten, dass die beiden anderen Zwecke des Vorverfahrens nicht mehr zu erreichen sind. Zum einen stellt das Vorverfahren in diesen Situationen keine zusätzliche Rechtsschutzinstanz für den Betroffenen dar, weil das von ihm verfolgte Ziel, die Aufhebung bzw. der Erlass des Verwaltungsaktes, nicht mehr zu erreichen ist. Zum anderen werden die Gerichte nicht entlastet, da der Betroffene eine gerichtliche Feststellung der Rechtswidrigkeit des behördlichen Handelns benötigt, um es zukünftig verhindern zu können. Denn nur die gerichtliche Feststellung entwickelt gem. § 121 VwGO Rechtskraftwirkung. Daher ist davon auszugehen, dass im Falle einer Erledigung während des Vorverfahrens dasselbe einzustellen ist, sodass kein Widerspruchsbescheid mehr ergeht.

Demnach durfte F ihre Klage erheben, ohne einen Widerspruchsbescheid abwarten zu müssen.

VI. KLAGEFRIST
Möglicherweise hat F die maßgebliche Klagefrist nicht beachtet. Das wirft die Frage auf, ob die Erhebung einer FFK überhaupt einer Fristbindung unterliegt und, wenn dem so ist, wie lang die Frist ist. In Betracht kommt eine analoge Anwendung des § 74 I, II VwGO. Diese ist unstrittig, wenn sich der behauptete Anspruch auf den Erlass des begehrten Verwaltungsaktes erst nach Klageerhebung erledigt. Anderenfalls wäre die behördliche Ablehnung des Verwaltungsaktes im Zeitpunkt der Erledigung schon bestandskräftig und damit nicht mehr gerichtlich überprüfbar. Tritt hingegen wie hier eine Erledigung während des Vorverfahrens ein, ist die analoge Anwendung des § 74 I, II VwGO umstritten.

Soweit sie gefordert wird, muss wegen des Fehlens eines Widerspruchsbescheids auf § 74 I 2, II VwGO analog abgestellt werden. Da der Ablehnungsbescheid der F am 15.10. bekannt gegeben wurde, sie jedoch erst am 28.12. Klage erhoben hat, könnte die Monatsfrist verstrichen sein. Allerdings ist zu beachten, dass die Gemeindeverwaltung im Zeitpunkt ihrer Entscheidung nicht wissen kann, wie lange ein von F eingeleitetes Widerspruchsverfahren dauern wird. D.h. die Gemeindeverwaltung wird F in dem Ablehnungsbescheid vom 15.10. darüber belehrt haben, dass der zulässige Rechtsbehelf gegen diesen Bescheid der Widerspruch ist. Das ist aber falsch, muss doch analog § 74 I 2, II VwGO innerhalb eines Monats die Klage erhoben werden. Diese fehlerhafte Rechtsbehelfsbelehrung führt gem. § 58 II 1 VwGO zu einer Jahresfrist, die F gewahrt hat.

Die Gegenauffassung lehnt die analoge Anwendung des § 74 VwGO ab und greift stattdessen auf den Grundsatz der Verwirkung zurück. Für eine solche ist aber nichts ersichtlich.

Folglich steht eine Klagefrist nach allen vertretenen Rechtsansichten der Zulässigkeit der Klage der F nicht entgegen.

VII. KLAGEGEGNER
Die FFK ist analog § 78 I Nr. 1 VwGO gegen die Gemeinde zu richten.

VIII. BETEILIGUNGS- UND PROZESSFÄHIGKEIT
Die Beteiligungs- und Prozessfähigkeit der F folgt aus §§ 61 Nr. 1 1. Fall, 62 I Nr. 1 VwGO, für die Gemeinde ergibt sie sich aus §§ 61 Nr. 1 2. Fall, 62 III VwGO.
Rechtliche Bedenken hinsichtlich der übrigen Zulässigkeitsvoraussetzungen bestehen nicht.
Somit ist die FFK der F zulässig.

LÖSUNG ABWANDLUNG

Die Rechtsauffassung der Gemeinde ist zutreffend, wenn eine der Zulässigkeitsvoraussetzungen der Klage nicht vorliegt.
Im Wesentlichen kann auf die Ausführungen zum Ausgangsfall verwiesen werden. Insbesondere hat F das Vorverfahren erfolglos durchgeführt, was hier zwingend geboten war.

Problematisch ist allein die Klagefrist. Der negative Widerspruchsbescheid wurde mit Postzustellungsurkunde am 28.11. zugestellt, sodass mit der Klageerhebung am 29.12. die Monatsfrist des § 74 I VwGO nicht gewahrt ist. Allerdings hat sich der Anspruch auf den Erlass eines Verwaltungsaktes innerhalb der Klagefrist erledigt, und zwar mit dem Ende des Weihnachtsmarktes am 23.12. In dieser Situation ist es fraglich, ob § 74 I, II VwGO analog anzuwenden ist.

Soweit dies gefordert wird, muss infolge des ergangenen Widerspruchsbescheids auf § 74 I 1, II VwGO analog abgestellt werden. Die dort normierte Monatsfrist ist mit der Erhebung der Klage am 29.12. nicht mehr gewahrt, sodass die FFK unzulässig ist. Lehnt man hingegen die analoge Anwendung des § 74 VwGO ab, gilt nur der Grundsatz der Verwirkung, für dessen Missachtung aber nichts ersichtlich ist.

Für die analoge Anwendung des § 74 I 1, II VwGO in dieser Situation spricht die enge Verwandtschaft der FFK mit der Anfechtungs- und Verpflichtungsklage verwiesen. Zudem muss auch bei der FFK im Interesse der Allgemeinheit irgendwann Rechtssicherheit eintreten. Andererseits ist aber zu bedenken, dass Rechtssicherheit in Form von Bestandskraft gerade wegen der Erledigung nicht möglich ist. Es gibt nichts mehr, was bestandskräftig werden kann. Daher ist die Interessenlage bei einer Anfechtungs- und Verpflichtungsklage einerseits sowie bei einer FFK andererseits nicht vergleichbar, sodass eine Analogievoraussetzung fehlt. Ein ausreichender Schutz der Rechtssicherheit wird durch den Grundsatz der Verwirkung gewährleistet. Zudem dürfte es dem Kläger schwerfallen, das erforderliche Fortsetzungsfeststellungsinteresse zu begründen, wenn er seine Klage erst sehr spät erhebt.

Daher ist eine analoge Anwendung des § 74 I 1, II VwGO abzulehnen, sodass die abgelaufene Klagefrist der Zulässigkeit der FFK nicht entgegensteht.

KLAUSURHINWEIS
Nähere Erläuterungen zur Fristberechnung sind bei den vorliegenden Sachverhaltsangaben wohl überflüssig. Insbesondere beginnt die Klagefrist bei einer Zustellung mittels Postzustellungsurkunde an dem Tag, an dem die Zustellung tatsächlich erfolgt. Eine sog. Drei-Tages-Fiktion wie bei einem Übergabe-Einschreiben gem. § 4 II 2 VwZG gibt es nicht. Weiterhin liefert der Sachverhalt keine Anhaltspunkte für eine fehlerhafte oder gänzlich fehlende Rechtsbehelfsbelehrung.

Rechtliche Bedenken hinsichtlich der übrigen Zulässigkeitsvoraussetzungen bestehen nicht.

Somit ist die FFK der F zulässig, die Rechtsauffassung der Gemeinde ist folglich unzutreffend.

4. Teil – Allgemeine Leistungsklage

A. Einleitung

Die gesetzlich nicht geregelte allgemeine Leistungsklage weist einerseits eine enge Beziehung zur Verpflichtungsklage auf, weil es auch bei ihr um die Geltendmachung eines Anspruchs gegen die Verwaltung geht. Andererseits hat sie keinen Verwaltungsakt zum Gegenstand. Deshalb bietet es sich an, die allgemeine Leistungsklage erst nach den „verwaltungsaktbezogenen" Klagearten darzustellen.

254 Verhältnis zur Anfechtungs- und Verpflichtungsklage sowie zur FFK

B. Prüfungsschema: Aufbau der allgemeinen Leistungsklage

PRÜFUNGSSCHEMA

I. Zulässigkeit der Klage
   1. Verwaltungsrechtsweg
   2. Statthafte Klageart
   3. Klagebefugnis
   4. Vorverfahren
   5. Klagefrist
   6. Klagegegner
   7. Beteiligungs- und Prozessfähigkeit
   8. Weitere Zulässigkeitsvoraussetzungen
      a) Ordnungsgemäße Klageerhebung
      b) Rechtshängigkeit und Rechtskraft
      c) Rechtsschutzbedürfnis
      d) Rechtsbehelfe gegen behördliche Verfahrenshandlungen
II. Objektive Klagehäufung
III. Streitgenossenschaft
IV. Beiladung
V. Begründetheit der Klage
   1. Ggf. Passivlegitimation
   2. Anspruchsgrundlage
   3. Anspruchsvoraussetzungen
      a) Formelle Anspruchsvoraussetzungen
      b) Materielle Anspruchsvoraussetzungen

C. Systematik und Vertiefung

I. ZULÄSSIGKEIT DER KLAGE

Da die allgemeine Leistungsklage eng mit der Verpflichtungsklage verwandt ist, werden nachfolgend nur ihre Besonderheiten dargestellt.

255

1. Verwaltungsrechtsweg

Schwierigkeiten im Rahmen des Verwaltungsrechtsweges treten des Öfteren bei der Anwendung der Generalklausel des § 40 I 1 VwGO auf. Neben den bereits dargestellten Abgrenzungstheorien[749] ist die Zweistufentheorie relevant, wenn der

256 Zweistufentheorie

---

749 Siehe Rn 46 ff.

Kläger den Zugang zu einer öffentlichen Einrichtung begehrt, die von einer staatlich beherrschten privaten Gesellschaft betrieben wird. In dieser Situation muss er mit der Leistungsklage vom Staat verlangen, auf die private Betreibergesellschaft einzuwirken, damit diese ihm den Zugang gewährt.[750]

Sachzusammenhang

257 Darüber hinaus kommt dem Sachzusammenhang als Abgrenzungsmethode im Kontext mit der Leistungsklage eine besondere Bedeutung zu. Danach kommt es darauf an, ob die umstrittene Maßnahme in einem engen Zusammenhang mit einer öffentlich-rechtlichen Tätigkeit oder mit einem privatrechtlichen Handeln steht.[751] Klausurrelevant sind insbesondere die Ausübung des Hausrechts in öffentlichen Gebäuden, Informationen und Warnungen von Hoheitsträgern, staatliche Immissionen sowie Streitigkeiten um einen öffentlich-rechtlichen Vertrag.

a) Hausrecht in öffentlichen Gebäuden

Unstreitige Situationen

258 Öffentliche Gebäude sind Gebäude, die nach ihrer Widmung einem bestimmten öffentlichen Zweck dienen.[752] Wird in einem solchen Gebäude ein Hausverbot ausgesprochen, liegt unproblematisch eine öffentlich-rechtliche Streitigkeit vor, wenn eindeutig per Verwaltungsakt gehandelt wird oder eine öffentlich-rechtliche Norm zugrunde liegt.[753]

> **BEISPIELE:** Art. 40 II 1 GG sieht als öffentlich-rechtliche Norm ein Hausrecht des Bundestagspräsidenten vor. Ein eindeutiger Hoheitsakt liegt vor, wenn das Hausverbot in Form eines Bescheides, versehen mit einer Rechtsbehelfsbelehrung, ergeht.

Ansicht 1: Zweck des Aufenthalts entscheidend

Jenseits dieser unstreitigen Situationen ist fraglich, wie das Hausrecht in einem öffentlichen Gebäude einzuordnen ist. Nach einer Ansicht kommt es auf den Zweck des Betretens an.[754] Gehe es um ein privatrechtliches Anliegen, seien die Zivilgerichte für Streitigkeiten rund um die Ausübung des Hausrechts zuständig. Werde das Gebäude hingegen für Verwaltungsangelegenheiten benutzt, liege eine öffentlich-rechtliche Streitigkeit vor.

Ansicht 2: Zweck des Hausrechts entscheidend

Gegen diesen Abgrenzungsvorschlag spricht jedoch, dass nicht das Motiv des Betroffenen, sondern sein Verhalten die Ausübung des Hausrechts auslöst. Weiterhin ist die Motivforschung kein sonderlich zuverlässiges Mittel, um den Rechtsweg zu bestimmen. Sie versagt insbesondere, wenn der Betroffene sowohl private als auch öffentliche Zwecke verfolgt.

> **BEISPIEL:** Ein Obdachloser betritt das Rathaus, um sich aufzuwärmen und um im Sozialamt vorzusprechen.

Daher ist richtigerweise davon auszugehen, dass die Wahrnehmung des Hausrechts in öffentlichen Gebäuden stets dem öffentlichen Recht unterfällt, weil es dazu dient, die Erfüllung der öffentlichen Aufgaben der Verwaltung zu sichern.[755]

---

750 Siehe Rn 193
751 Schenke, VerwProzessR, Rn 111a
752 Erichsen/Ehlers-Papier, AllgVerwR, § 39 Rn 1, 14
753 Kopp/Schenke, VwGO, § 40 Rn 22
754 BVerwGE 35, 103, 106 f.;VGH Mannheim, NJW 1994, 2500, 2501
755 OVG Münster, NVwZ-RR 1989, 316, 316 f.; Hufen, VerwProzessR, § 11 Rn 38; Beaucamp, JA 2003, 231, 233

b) Informationen und Warnungen von Hoheitsträgern

Informiert oder warnt eine staatliche Stelle vor einer Person oder einem Produkt, liegt eine öffentlich-rechtliche Streitigkeit vor, wenn diese Information oder Warnung von einem Hoheitsträger in Erfüllung öffentlicher Aufgaben herrührt.[756]

259 Entscheidend: Erfüllung öffentlicher Aufgaben

BEISPIELE: Minister warnt vor Jugendsekte; Rechtsanwaltskammer kritisiert eines ihrer Mitglieder; rufschädigende Äußerungen eines Amtsträgers, die dieser in amtlicher Eigenschaft abgegeben hat.[757]

Diese Kriterien gelten auch, wenn es um den Zugang zu staatlichen Informationen oder Auskünften geht.[758]

Folglich ist eine Streitigkeit privatrechtlich, wenn eine Äußerung nicht in amtlicher Eigenschaft erfolgt oder nur gelegentlich einer nach dem öffentlichen Recht zu beurteilenden Tätigkeit.[759]

BEISPIEL: Bürgermeister äußert sich auf einer privaten Geburtstagsfeier negativ über die Produkte eines ortsansässigen Fabrikanten.

c) Staatliche Immissionen

Bei staatlichen Immissionen ist die Rechtslage vergleichbar mit derjenigen bei Informationen und Warnungen. Entscheidend ist, ob ein öffentlicher Zweck verfolgt wird und die Erfüllung dieses öffentlichen Zwecks die Störung verursacht.[760]

260 Entscheidend: Erfüllung eines öffentlichen Zwecks

BEISPIELE: Lärm durch Feuerwehrsirene; Lärm von Kinderspielplätzen und Bolzplätzen; Gestank einer städtischen Kläranlage; störend helle Straßenleuchte.[761]

Somit liegt eine zivilrechtliche Streitigkeit vor, wenn die Störung in keinem Zusammenhang mit dem öffentlichen Zweck steht.

BEISPIELE: Laub weht von einem Behördengrundstück auf ein Nachbargrundstück; Lärm einer defekten Heizung in einer Schule stört die Nachbarn.[762]

Darüber hinaus sind Immissionen zivilrechtlich, wenn ein Hoheitsträger eine öffentliche Einrichtung einem Privaten zur Nutzung überlassen hat. Der Abwehranspruch gegen die störende Privatperson ist vor den Zivilgerichten durchzusetzen. Öffentlich-rechtlich ist jedoch der Anspruch gegen den Hoheitsträger, auf den Privaten einzuwirken, damit dieser seine störenden Aktivitäten unterlässt.[763]

---

756 Wolff/Decker, VwGO, § 40 Rn 36; Hufen, VerwProzessR, § 11 Rn 40
757 Kopp/Schenke, VwGO, § 40 Rn 28; Hufen, VerwProzessR, § 11 Rn 40
758 Hufen, VerwProzessR, § 11 Rn 40
759 Kopp/Schenke, VwGO, § 40 Rn 28a
760 Wolff/Decker, VwGO, § 40 Rn 37; Hufen, VerwProzessR, § 11 Rn 39
761 Kopp/Schenke, VwGO, § 40 Rn 29; Hufen, VerwProzessR, § 11 Rn 39
762 Wolff/Decker, VwGO, § 40 Rn 37; Hufen, VerwProzessR, § 11 Rn 39
763 Wolff/Decker, VwGO, § 40 Rn 38; Hufen, VerwProzessR, § 11 Rn 39

BEISPIEL: Klage gegen den Lärm vom Tennisplatz einer Schule, der außerhalb des Schulbetriebs einem privaten Verein überlassen wird.[764]

Sonderprobleme bei Religionsgesellschaften

261 Besondere Probleme können auftreten, wenn Religionsgesellschaften an einem Rechtsstreit beteiligt sind. Das gilt allerdings nur, wenn sie gem. Art. 140 GG i.V.m. Art. 137 V GG Körperschaften des öffentlichen Rechts sind wie die großen christlichen Kirchen. Sind sie hingegen privatrechtlich organisiert, kommt von vornherein nur der Zivilrechtsweg in Betracht.[765]

Ist eine Religionsgesellschaft eine Körperschaft des öffentlichen Rechts, ist wie folgt zu differenzieren:

Interne Streitigkeiten der Religionsgesellschaften

Rein interne Streitigkeiten der Religionsgesellschaft sind der staatlichen Gerichtsbarkeit wegen Art. 140 GG i.V.m. Art. 137 III WRV komplett entzogen, es existiert nur ein Rechtsweg zu den Kirchengerichten.[766]

BEISPIELE: Übertragung, Suspendierung und Beendigung geistlicher Ämter; kirchliches Hausverbot wegen Störung des Gottesdienstes.[767]

Streitigkeiten mit Außenwirkung

Hat eine kirchliche Maßnahme Außenwirkung, ist der Rechtsweg zu den staatlichen Gerichten eröffnet. Die Streitigkeit um eine solche Maßnahme ist öffentlich-rechtlich, wenn sie unmittelbar den Körperschaftsstatus der Religionsgesellschaft betrifft oder die öffentliche Zweckbindung der von ihr gewidmeten Sachen.[768]

BEISPIELE: Streit, ob eine Religionsgesellschaft die Voraussetzungen für die Verleihung des Körperschaftsstatus erfüllt; Streitigkeiten im Zusammenhang mit der Kirchensteuer; Streit über Nutzungsrechte an kirchlichen Friedhöfen.[769]

Kirchliches Glockengeläut

Eine besonders umstrittene und klausurrelevante kirchliche Maßnahme mit Außenwirkung stellt das Glockengeläut dar. Nach h.M. ist zu differenzieren: handelt es sich um liturgisches/sakrales Läuten, soll eine öffentlich-rechtliche Streitigkeit vorliegen, weil die Kirchenglocke im Rahmen ihrer öffentlich-rechtlichen Zweckbindung eingesetzt wird. Gegen das profane/weltliche Zeitschlagen ist hingegen der Zivilrechtsweg zu beschreiten, da dies mit der öffentlich-rechtlichen Organisation der Religionsgesellschaft in keinem Zusammenhang steht.[770]

Die Gegenauffassungen weisen derartige Streitigkeiten entweder vollständig den Zivilgerichten[771] oder den Verwaltungsgerichten[772] zu.

---

764 *OLG Köln, NVwZ 1989, 290, 290*
765 *Huber, JA 2005, 119, 121*
766 *Wolff/Decker, VwGO, § 40 Rn 34*
767 *Wolff/Decker, VwGO, § 40 Rn 34*
768 *Wolff/Decker, VwGO, § 40 Rn 35*
769 *Wolff/Decker, VwGO, § 40 Rn 35; Hufen, VerwProzessR, § 11 Rn 47*
770 *BVerwG, NJW 1994, 956, 956; Wolff/Decker, VwGO, § 40 Rn 35*
771 *Lorenz, NJW 1996, 1855, 1856*
772 *Hufen, VerwProzessR, § 11 Rn 47; Huber, JA 2005, 119, 119 f.*

d) Öffentlich-rechtlicher Vertrag

Erhebt der Kläger eine Klage auf Abschluss eines Vertrages oder klagt er aus einem abgeschlossenen Vertrag, muss im Rahmen des Verwaltungsrechtsweges geklärt werden, ob ein öffentlich-rechtlicher oder ein zivilrechtlicher Vertrag vorliegt. Gem. § 54 S. 1 VwVfG ist entscheidend, ob der Vertrag auf dem Gebiet des öffentlichen Rechts geschlossen wurde. D.h. es kommt nicht auf den Parteiwillen, sondern auf den Vertragsgegenstand an.

262

> **DEFINITION**
> Ein **Vertrag** ist dann **öffentlich-rechtlich**, wenn der Vertragsgegenstand dem öffentlichen Recht zuzurechnen ist. Dies ist der Fall, wenn er sich auf einen Sachbereich bezieht, der nach öffentlich-rechtlichen Regeln zu beurteilen ist.[773]

Öffentlich-rechtlicher Vertrag

Dabei lassen sich grundsätzlich folgende Fallgruppen unterscheiden:[774]
Ein Vertrag ist zunächst dann öffentlich-rechtlich, wenn er dem Vollzug einer öffentlich-rechtlichen Norm dient. Das bedeutet, so wie der Verwaltungsakt seine öffentlich-rechtliche Rechtsgrundlage konkretisiert, indem er sie auf den konkreten Einzelfall anwendet, muss auch der Vertrag eine öffentlich-rechtliche Norm konkretisieren.

Konkretisierung einer öffentlich-rechtlichen Norm

BEISPIELE: Die Parteien einigen sich über die Erteilung eines baurechtlichen Dispenses und konkretisieren damit § 31 II BauGB. Demgegenüber vollzieht ein Kaufvertrag zwischen einer Gemeinde und einem privaten Verkäufer mit § 433 BGB eine privatrechtliche Norm.

Weiterhin ist ein Vertrag auch dann als öffentlich-rechtlich zu qualifizieren, wenn mindestens eine der vereinbarten Vertragspflichten zwingend nur von einem Träger hoheitlicher Gewalt erfüllt werden kann.

Pflichtiger zwingend Hoheitsträger

BEISPIELE: Verpflichtet sich eine Gemeinde vertraglich zur Erteilung einer straßenrechtlichen Sondernutzungserlaubnis oder zur Erteilung einer Baugenehmigung, so kann diese Vertragspflicht nur durch Erlass eines Verwaltungsaktes und somit nur durch eine Behörde erfüllt werden.
Demgegenüber verpflichten sich Gemeinde und privater Verkäufer beim Abschluss eines Kaufvertrages zu Leistungen (Zahlung des Kaufpreises gegen Übereignung der Sache), die jedermann erbringen kann.

Schließlich liegt ein öffentlich-rechtlicher Vertrag auch dann vor, wenn ein unmittelbarer Sachzusammenhang zwischen dem Vertragsinhalt und der Erfüllung einer öffentlichen Aufgabe besteht. Nicht ausreichend ist es jedoch, wenn der Vertrag zwar mittelbar der Wahrnehmung öffentlicher Aufgaben dient, die Aufgabenerfüllung aber nur vorbereitet.[775]

Sachzusammenhang

---

773 GmS-OGB, BVerwGE 74, 368, 379 = BGHZ 97, 312, 312
774 Vgl. Maurer, AllgVerwR, § 14 Rn 11
775 Kopp/Ramsauer, VwVfG, § 54 Rn 38 f.

BEISPIELE: Wenn sich Gemeinde und Bürger über die Überlassung einer Grabstelle auf dem gemeindlichen Friedhof für einen bestimmten Zeitraum einigen, dient dieser Vertrag unmittelbar der nach überwiegender Ansicht öffentlichen Aufgabe der Totenbestattung.[776]

Demgegenüber bereitet ein Kaufvertrag über Arbeitsmaterial (Kopierpapier, Fahrzeuge) für die Verwaltung nur mittelbar die Erfüllung einer öffentlichen Aufgabe mittels des erworbenen Materials vor.

> **MERKSATZ**
> Ein Vertrag ist öffentlich-rechtlich, wenn er eine öffentlich-rechtliche Vorschrift konkretisiert oder eine der Vertragspflichten zwingend nur von einem Hoheitsträger erfüllt werden kann oder wenn der Vertragsinhalt in einem unmittelbaren Sachzusammenhang mit der Erfüllung einer öffentlichen Aufgabe steht.

2. Statthafte Klageart

Gesetzlich nicht normiert

263 Die allgemeine Leistungsklage ist nicht ausdrücklich normiert, jedoch allgemein anerkannt. Sie wird von der VwGO als gegeben vorausgesetzt, wie exemplarisch §§ 43 II 1, 111 S. 1, 113 IV VwGO zeigen.[777]

Verhältnis zur Verpflichtungsklage

Die allgemeine Leistungsklage ist statthaft, wenn der Kläger eine Leistung begehrt, die nicht im Erlass eines Verwaltungsaktes besteht.[778] Will der Kläger den Erlass eines Verwaltungsaktes erreichen, ist die Verpflichtungsklage gem. § 42 I 2. Fall VwGO einschlägig. Sie ist somit gegenüber der Leistungsklage die speziellere Klageart.[779] Folglich kommt dem Verwaltungsakt auch hier entscheidende Bedeutung zu.[780]

Unterfall: Unterlassungsklage

Die vom Kläger begehrte Leistung kann auch in einem Unterlassen bestehen. Dann ist die Unterlassungsklage als Unterform der allgemeinen Leistungsklage statthaft.[781]

BEISPIEL: Kläger will erreichen, dass sich eine Behörde nicht mehr negativ über ihn äußert. Anwohner begehrt die Einstellung des Spielbetriebs auf einem Bolzplatz.

Leistungsklage Staat → Bürger

Der Anwendungsbereich der allgemeinen Leistungsklage ist somit sehr weit. Sie ist insbesondere nicht begrenzt auf Klagen des Bürgers gegen den Staat. Die umgekehrte Situation ist auch denkbar.[782]

BEISPIEL: Klage auf Rückzahlung zuviel gezahlter Subventionen.

Leistungsklage im innerstaatlichen Bereich

Schließlich ist eine Leistungsklage auch denkbar zwischen staatlichen Hoheitsträgern.[783]

---

776   *BVerwGE 84, 236, 236*
777   *Wolff/Decker, VwGO, Anhang zu § 43 VwGO Rn 1, 26*
778   *Wolff/Decker, VwGO, Anhang zu § 43 VwGO Rn 6; Hufen, VerwProzessR, § 17 Rn 1*
779   *Kopp/Schenke, VwGO, § 42 Rn 13; Wolff/Decker, VwGO, Anhang zu § 43 VwGO Rn 8*
780   *Siehe zum Verwaltungsakt Rn 195 ff.*
781   *Wolff/Decker, VwGO, Anhang zu § 43 VwGO Rn 26; Hufen, VerwProzessR, § 16 Rn 1*
782   *Schenke, VerwProzessR, Rn 351*
783   *Wolff/Decker, VwGO, Anhang zu § 43 VwGO Rn 5*

BEISPIEL: Gemeinde G nimmt Stadt S aus einem zwischen ihnen geschlossenen öffentlich-rechtlichen Vertrag auf Zahlung einer Geldsumme in Anspruch.

a) Kommunalverfassungsstreit

Einen besonderen Anwendungsbereich der allgemeinen Leistungsklage stellt der Kommunalverfassungsstreit (KVS) dar. Beim KVS streiten sich Organe oder Organteile einer kommunalen Selbstverwaltungskörperschaft um die ihnen zustehenden Kompetenzen.[784] Der Streit kann zwischen den Gemeindeorganen bestehen (sog. **Interorganstreit**) oder innerhalb eines Gemeindeorgans (sog. **Intraorganstreit**).[785]

264 Inter- und Intraorganstreit

BEISPIELE: Gemeinderat bzw. Gemeindevertretung fühlt sich vom Bürgermeister zu einem bestimmten Thema nicht ausreichend informiert und verlangt weitere Auskünfte (Interorganstreit). Mitglied im Gemeinderat bzw. in der Gemeindevertretung verlangt vom Vorsitzenden die Abnahme eines im Sitzungsraum angebrachten Kreuzes (Intraorganstreit).

> **MERKSATZ**
> Der KVS hat trotz der irreführenden Bezeichnung nichts mit einem Verfassungsstreit zu tun, weil schon keine Verfassungsorgane daran beteiligt sind.

Derartige Streitigkeiten können auch innerhalb anderer Selbstverwaltungseinrichtungen auftreten. Es kann dann zwar nicht von einem „Kommunal"-Verfassungsstreit gesprochen werden, sondern es ist der neutrale Oberbegriff „Organstreit" oder „Innenrechtsstreit" zu verwenden.[786] Die rechtlichen Probleme sind jedoch vergleichbar, d.h. die nachfolgenden Ausführungen zum KVS können übertragen werden.

Organstreitverfahren jenseits des KVS

BEISPIELE: Streitigkeiten innerhalb der Handwerkskammer, der Rechtsanwaltskammer oder der Universität.

Der KVS ist eine Ausnahme vom grundsätzlichen Verbot des Insichprozesses. Danach werden innerhalb einer juristischen Person des öffentlichen Rechts grundsätzlich keine Rechtsstreitigkeiten geführt, weil dies die Einheit der Verwaltung gefährdet.[787] Beim KVS funktioniert jedoch die verwaltungsinterne Streitschlichtungsmethode der Weisung nicht, weil sich die Beteiligten nicht einem Weisungsverhältnis gegenüberstehen. Daher bedarf es einer gerichtlichen Streitbeilegung.

Grundsatz: Verbot des Insichprozesses

Die VwGO ist allerdings auf solche Innenrechtsstreitigkeiten an sich nicht zugeschnitten, sondern hat traditionell einen Rechtsstreit zwischen Bürger und Staat vor Augen.[788] Gleichwohl stellt der KVS keine Klageart sui generis dar, weil die bestehenden Klagearten so angepasst werden können, dass sie auch auf Innenrechtsstreitigkeiten anwendbar sind.[789]

265 Keine Klageart sui generis

---

[784] OVG Koblenz, AS 9, 335, 337; Erichsen/Biermann, JURA 1997, 157, 158
[785] Hufen, VerwProzessR, § 21 Rn 1
[786] Kopp/Schenke, VwGO, Vorb § 40 Rn 6; Wolff/Decker, VwGO, Anhang zu § 43 VwGO Rn 39
[787] Hufen, VerwProzessR, § 21 Rn 1
[788] Wolff/Decker, VwGO, Anhang zu § 43 VwGO Rn 39
[789] Hufen, VerwProzessR, § 21 Rn 9

Problematisch:
VA-Merkmal
„Außenwirkung"

Bzgl. der verwaltungsaktbezogenen Klagearten (Anfechtungsklage, Verpflichtungsklage, Fortsetzungsfeststellungsklage) ist das Merkmal „Außenwirkung" i.S.v. § 35 S. 1 VwVfG stets fraglich. Teilweise wird die Außenwirkung auch bei Innenrechtsstreitigkeiten angenommen, wenn durch die angegriffene Maßnahme in ein subjektiv-öffentliches Recht des Klägers eingegriffen wird.[790] Zur Begründung wird auf die Situation bei den Sonderstatusverhältnissen[791] verwiesen. Dort hat eine Maßnahme auch Außenwirkung, wenn sie einen Beamten oder Richter in seiner persönlichen Rechtsstellung, also in einem subjektiven Recht betrifft. Dieser Argumentation kann jedoch entgegengehalten werden, dass die Situation beim KVS anders gelagert ist als in einem Sonderstatusverhältnis. Beim KVS tritt der Kläger nicht als natürliche Person auf, sondern in seiner hoheitlichen Funktion. Zudem rügt der Kläger beim KVS seine Rechte als Organ oder Organteil und nicht „natürliche" Rechtspositionen. Schließlich bedarf es auch nicht der Herleitung einer Außenrechtsbeziehung, um dem Kläger effektiven Rechtsschutz zu gewähren. Daher ist mit der h.M. grundsätzlich davon auszugehen, dass bei einem KVS die umstrittene Maßnahme keine Außenwirkung hat.[792]

Eine Ausnahme von diesem Grundsatz ist aber möglicherweise zu machen, wenn eine Maßnahme den Kläger nicht nur in seiner Funktion als Organ bzw. Organteil betrifft, sondern auf die dahinterstehende natürliche Person durchgreift.

BEISPIEL: Verhängung eines Ordnungsgeldes gegen ein Mitglied des Gemeinderates bzw. der Gemeindevertretung.

Hier ließe sich die Außenwirkung mit dem Argument vertreten, der Betroffene sei in seiner persönlichen Rechtsstellung berührt, weil er das Ordnungsgeld selbst zu bezahlen habe.[793] Dem lässt sich jedoch entgegnen, dass der Kläger auch in dieser Situation nicht als natürliche Person, sondern in seiner hoheitlichen Funktion klagt. Ferner ist die Annahme eines Eingriffs in seine persönliche Rechtsstellung nicht erforderlich, um effektiven Rechtsschutz zu gewähren, da der Kläger durch seine Organrechte ausreichend geschützt wird. Daher ist die Außenwirkung richtigerweise abzulehnen.[794]

MERKSATZ

Die **verwaltungsaktbezogenen Klagearten** (Anfechtungsklage, Verpflichtungsklage, Fortsetzungsfeststellungsklage) scheiden beim KVS aus, weil die Außenwirkung fehlt. Das gilt richtigerweise auch für Sanktionsmaßnahmen wie ein Ordnungsgeld.

Damit verbleiben beim KVS als statthafte Klagearten die allgemeine Leistungsklage und die Feststellungsklage gem. § 43 I VwGO. Die Leistungsklage ist einschlägig, wenn der Kläger ein Handeln, Dulden oder Unterlassen begehrt.

---

790 Hufen, VerwProzessR, § 21 Rn 10; Schenke, VerwProzessR, Rn 228
791 Siehe Rn 73
792 OVG Koblenz, AS 9, 335, 338; Wolff/Decker, VwGO, Anhang zu § 43 VwGO Rn 43; Schoch, JURA 2008, 826, 833
793 OVG Münster, NWVBl 2010, 237, 238 = RA 2010, 423, 425
794 Kopp/Ramsauer, VwVfG, § 35 Rn 147

BEISPIELE: Klage auf Unterlassung oder Widerruf einer missbilligenden Äußerung im Gemeinderat bzw. in der Gemeindevertretung; Klage auf Aufnahme eines Gegenstandes auf die Tagesordnung.[795]

Abzulehnen ist hingegen die sog. „kassatorische" Leistungsklage. Sie wird vereinzelt ins Feld geführt, wenn sich die Klage gegen einen Beschluss des Gemeinderates bzw. der Gemeindevertretung richtet. Dieser müsse auch im Rahmen eines KVS „kassiert" werden können, sodass die Leistungsklage entsprechend zu modifizieren sei.[796] Diese Rechtsauffassung verkennt, dass ein Leistungsurteil nicht rechtsgestaltend „kassiert", sondern nur zu einer Leistung verurteilen kann.[797] Ferner ist ein ausreichender Rechtsschutz über die Feststellungsklage möglich.

„Kassatorische" Leistungsklage

b) Vorbeugende Unterlassungsklage

266 Vorbeugender Rechtsschutz zeichnet sich dadurch aus, dass der Kläger eine Belastung nicht abwarten will, sondern im Vorfeld einer behördlichen Entscheidung Rechtsschutz sucht.[798]

Rechtsschutz bevor Behörde handelt

BEISPIELE: Fabrikant F will verhindern, dass eine Behörde eine Warnung über die von ihm hergestellten Produkte herausgibt. Klage eines Beamten gegen eine drohende Umsetzung innerhalb der Verwaltung.[799]

Besondere rechtliche Probleme bereitet der vorbeugende Rechtsschutz mit Blick auf die statthafte Klageart nicht. Die verwaltungsaktbezogenen Klagearten (Anfechtungsklage, Verpflichtungsklage, Fortsetzungsfeststellungsklage) scheiden aus, weil ihre Zulässigkeitsvoraussetzungen an ein bereits erfolgtes behördliches Handeln anknüpfen (insbesondere §§ 68 ff. VwGO). Daher kommen für den vorbeugenden Rechtsschutz nur die Leistungsklage in Gestalt der Unterlassungsklage sowie ausnahmsweise die gem. § 43 II 1 VwGO subsidiäre Feststellungsklage in Betracht.[800]

Einschränkende Voraussetzung für die Statthaftigkeit der Unterlassungsklage ist allerdings, dass sich die drohende Handlung der Behörde so konkret abzeichnen muss, dass sie Gegenstand eines Unterlassungsurteils sein kann.[801] Es kann also nicht „ins Blaue hinein" ein staatliches Unterlassen verlangt werden.

BEISPIEL: Der Kläger kann nicht verlangen, „jegliche belastende staatliche Maßnahmen" ihm gegenüber zukünftig zu unterlassen.

Von der Statthaftigkeit zu trennen ist die Frage, ob es des vorläufigen Rechtsschutzes überhaupt bedarf. Die VwGO ist nämlich grundsätzlich auf repressiven Rechtsschutz ausgerichtet, d.h. erst handelt die Verwaltung, dann wehrt sich der Betroffene. Der Kläger muss deshalb ein besonderes Interesse geltend machen können, um der Behörde präventiv eine Handlung untersagen zu lassen. Das betrifft jedoch nicht die

Abgrenzung Statthaftigkeit vom Rechtsschutzbedürfnis

---

795 Hufen, VerwProzessR, § 21 Rn 11
796 VGH München, BayVBl. 1976, 753, 754
797 Hufen, VerwProzessR, § 21 Rn 11
798 Hummel, JuS 2011, 317, 317; Peine, JURA 1983, 285, 287 f.
799 Wolff/Decker, VwGO, Anhang zu § 43 VwGO Rn 31
800 Hufen, VerwProzessR, § 16 Rn 9 f.; Ehlers, JURA 2006, 351, 354
801 Wolff/Decker, VwGO, Anhang zu § 43 VwGO Rn 30; Hufen, VerwProzessR, § 16 Rn 9

Statthaftigkeit der Unterlassungsklage, sondern das erforderliche Rechtsschutzbedürfnis und ist folglich dort zu erörtern.

Abgrenzung vorbeugender ↔ vorläufiger Rechtsschutz

Des Weiteren ist der vorbeugende Rechtsschutz regelmäßig so eilig, dass er nicht im Wege der Klage, sondern des vorläufigen Rechtsschutzes begehrt wird. Gleichwohl sind vorbeugender und vorläufiger Rechtsschutz nicht identisch.[802]

c) Normerlassklage

267 Eine Normerlassklage liegt vor, wenn der Kläger den Erlass oder die Ergänzung einer Rechtsnorm begehrt.[803]

> **BEISPIEL:** Klage auf Erlass oder Änderung der Friedhofssatzung; Klage auf Änderung einer Gebührenordnung.

Erlass eines Parlamentsgesetzes

Eine Normerlassklage ist nach einhelliger Rechtsauffassung unzulässig, wenn sie sich auf ein Parlamentsgesetz bezieht.[804] Zum einen ist bei genauer Betrachtung bereits der Verwaltungsrechtsweg nicht eröffnet, weil es sich um eine verfassungsrechtliche Streitigkeit handelt. Zum anderen existiert für ein solches Begehren keine statthafte Klageart, weil das Verwaltungsgericht wegen des Grundsatzes der Gewaltenteilung ein Parlament nicht zu einem Normerlass zwingen kann. Das ist Sache der Verfassungsgerichte (BVerfG und LVerfG) im Rahmen der verfassungsprozessualen Rechtsbehelfe.

Erlass untergesetzlicher Normen

Streiten die Beteiligten hingegen um untergesetzliche, materielle Rechtsnormen (Rechtsverordnungen und Satzungen), gehen die Rechtsauffassungen auseinander. Teilweise wird auch bei diesen Gesetzen die Statthaftigkeit einer Normerlassklage abgelehnt.[805] § 47 VwGO entfalte hier eine Sperrwirkung. Danach kann nur unter einschränkenden Voraussetzungen gegen eine untergesetzliche Norm vorgegangen werden, und das auch nur beim OVG bzw. VGH. Damit sei es nicht zu vereinbaren, bei einem (einfachen) Verwaltungsgericht auf Normerlass klagen zu können. Weiterhin sei es, jenseits des § 47 I Nr. 1 VwGO, Sache des Landesgesetzgebers, eine Normenkontrolle einzuführen, § 47 I Nr. 2 VwGO. Das müsse erst recht für eine Normerlassklage gelten. Schließlich verstoße eine gerichtlich festgestellte Pflicht zum Normerlass gegen das Gewaltenteilungsprinzip, weil der Entscheidungsspielraum des Normgebers missachtet werde. Steht letzterem ein Selbstverwaltungsrecht zu, ist ferner die Satzungsautonomie verletzt.

Die h.M. fechten diese Einwände nicht an, sie hält eine Normerlassklage bei untergesetzlichen Vorschriften für statthaft.[806] § 47 VwGO entfalte nur für die Normenkontrolle eine Sperrwirkung, nicht für den Normerlass, weil bei diesem nicht zwingend in gleichem Maße in den Entscheidungsspielraum des Normgebers eingegriffen werde. Der Entscheidungsspielraum des Normgebers könne durch eine Art Bescheidungsurteil[807] gewahrt werden. Das Gewaltenteilungsprinzip werde nicht verletzt,

---

802   Zur Abgrenzung siehe Rn 319 ff.
803   Hufen, VerwProzessR, § 20 Rn 1
804   BVerfGE 70, 35, 55; Schenke, VerwProzessR, Rn 347
805   Schenke, VerwProzessR, Rn 347, 1083
806   Hufen, VerwProzessR, § 20 Rn 3; Sodan, NVwZ 2000, 601, 608 f.
807   Siehe dazu Rn 224

weil es bei untergesetzlichen Normen um ein Handeln der Exekutive geht. Diese unterliegt aber umfassend einer Kontrolle durch die Judikative. Darüber hinaus ist es oftmals vom Zufall abhängig, ob die Verwaltung per Allgemeinverfügung i.S.v. § 35 S. 2 VwVfG handelt, bei der unstreitig Rechtsschutz in Form der Verpflichtungsklage besteht, oder durch Gesetz.

> **MERKSATZ**
> Eine Klage auf Erlass oder Ergänzung eines Parlamentsgesetzes ist wegen Verstoßes gegen das Gewaltenteilungsprinzip unzulässig. Eine Klage auf Erlass oder Ergänzung einer untergesetzlichen Norm ist hingegen nach der zutreffenden h.M. möglich.

268 Fraglich ist weiterhin, mittels welcher Klageart der Rechtsschutz bei untergesetzlichen Vorschriften zu gewähren ist.

Nach einer Mindermeinung ist § 47 VwGO analog anzuwenden.[808] Dagegen spricht jedoch schon das Fehlen einer planwidrigen Regelungslücke, da ausreichender Rechtsschutz durch die Feststellungs- und Leistungsklage gewährt wird. Zudem stellt § 47 VwGO schon wegen der Zuständigkeitszuweisung an das OVG bzw. den VGH eine Ausnahmebestimmung dar, ist also nicht analogiefähig.[809]

M.M.: § 47 VwGO analog

Die h.M. geht von der Statthaftigkeit der Feststellungsklage gem. § 43 I VwGO aus.[810] Sie will auf diesem Weg den Entscheidungsspielraum des Gesetzgebers respektieren, da ein Feststellungsurteil nicht vollstreckbar ist. Es bleibe dem Gesetzgeber überlassen, wie er eine Rechtsverletzung des Klägers behebt. Weiterhin sei die alternativ in Betracht kommende allgemeine Leistungsklage auf Einzelakte beschränkt. Dem widerspricht eine weitere Mindermeinung. Sie hält die allgemeine Leistungsklage für statthaft.[811] Dass diese auf Einzelakte beschränkt sei, könne der VwGO nicht entnommen werden. Sie ist vielmehr eine Auffangklage für alle Formen hoheitlichen Handelns, die nicht Verwaltungsakt sind. Des Weiteren spricht die in § 43 II 1 VwGO verankerte Subsidiarität gegen die Feststellungsklage. Dem Gestaltungsspielraum des Gesetzgebers kann schließlich dadurch Genüge getan werden, dass die Leistungsklage im Erfolgsfall nur mit einer Art Bescheidungsurteil entsprochen wird.

H.M.: Feststellungsklage

M.M.: Leistungsklage

> **KLAUSURHINWEIS**
> Die Entscheidung dieser Streitfrage hat keine „existenzielle" Bedeutung für den weiteren Prüfungsablauf, weil die Zulässigkeitsvoraussetzungen bei der Feststellungsklage und bei der allgemeinen Leistungsklage ähnlich sind und es in der Begründetheit ohnehin bei beiden Klagearten darum geht zu prüfen, ob der behauptete Anspruch auf Erlass bzw. Ergänzung der Rechtsnorm besteht.

---

808 Vgl. VGH München, BayVBl. 1980, 209, 211
809 Hufen, VerwProzessR, § 21 Rn 9
810 BVerwG, NVwZ 2008, 423, 424; Sodan, NVwZ 2000, 601, 608 f.
811 Hufen, VerwProzessR, § 20 Rn 8

3. Klagebefugnis

§ 42 II VwGO analog

269 § 42 II VwGO ist im Rahmen der allgemeinen Leistungsklage analog anzuwenden, um auch hier Popularklagen auszuschließen, einem Grundanliegen der VwGO.[812] Erforderlich ist somit die mögliche Verletzung des Klägers in einem subjektiv-öffentlichen Recht.

Leistungsanspruch

Für die allgemeine Leistungsklage bedeutet dies, dass ihm ein möglicher Anspruch auf die begehrte Leistung zustehen muss.[813] Es gelten insoweit die gleichen Maßstäbe wie für die Verpflichtungsklage.[814]

> **BEISPIELE:** Ansprüche können sich aus öffentlich-rechtlichem Vertrag, einfachem Recht und (ausnahmsweise) aus den Grundrechten ergeben. Besonders examensrelevant im Zusammenhang mit der Leistungsklage ist der ungeschriebene Folgenbeseitigungsanspruch (FBA).

Unterlassungsanspruch

Ist die Leistungsklage in Gestalt der Unterlassungsklage einschlägig, muss der Kläger behaupten, dass der Akt, dessen Unterlassung er begehrt, ihn möglicherweise in seinen Rechten verletzt. D.h. ihm muss ein möglicher Unterlassungsanspruch zustehen.[815]

> **BEISPIEL:** Der examensrelevanteste Unterlassungsanspruch ist der ungeschriebene öffentlich-rechtliche Unterlassungsanspruch.

a) Kommunalverfassungsstreit

Organrechte bzw. organschaftliche Mitwirkungsrechte

270 Beim Kommunalverfassungsstreit (KVS)[816] tritt der Kläger nicht als natürliche Person, sondern in seiner hoheitlichen Funktion auf, also z.B. als Bürgermeister oder Mitglied des Gemeinderates bzw. der Gemeindevertretung. Das hat zur Folge, dass er die Verletzung von Rechten behaupten muss, die ihm in seiner Eigenschaft als Organ oder Organteil der Gemeinde zustehen. Diese Rechte werden als „Organrechte", „organschaftliche Mitwirkungsrechte" oder „Wahrnehmungszuständigkeiten" bezeichnet.[817] Entscheidend für die Klagebefugnis ist, dass die Mitwirkungsrechte dem klagenden Organ bzw. Organteil die Befugnis einräumen, die Einhaltung dieses Rechts auch von dem beklagten Organ zu verlangen (sog. **Kontrastorgantheorie**).[818]

> **BEISPIELE:** Die klausurrelevantesten Mitwirkungsrechte dürften diejenigen der Mitglieder im Gemeinderat bzw. in der Gemeindevertretung sein, d.h. Antrags-, Rede-, Abstimmungs-, Frage-, und Teilnahmerecht.[819]

> **KLAUSURHINWEIS**
> Die sog. **Kontrastorgantheorie** ändert nichts daran, dass auch beim KVS im Wege der Auslegung zu ermitteln ist, ob eine Vorschrift zumindest auch dem Schutz des Klägers gegenüber dem Beklagten dient.

---

812 *Kopp/Schenke, VwGO, § 42 Rn 62*
813 *Wolff/Decker, VwGO, Anhang zu § 43 VwGO Rn 19; Hufen, VerwProzessR, § 17 Rn 8*
814 *Siehe Rn 206*
815 *Wolff/Decker, VwGO, Anhang zu § 43 VwGO Rn 34; Schenke, VerwProzessR, Rn 503*
816 *Siehe Rn 264 f.*
817 *Wolff/Decker, VwGO, Anhang zu § 43 VwGO Rn 46; Hufen, VerwProzessR, § 21 Rn 17; Erichsen/Biermann, JURA 1997, 157, 159 f.*
818 *Wolff/Decker, VwGO, Anhang zu § 43 VwGO Rn 40, 46; Ogorek, JuS 2009, 511, 514*
819 *Hufen, VerwProzessR, § 21 Rn 18*

Heftig umstritten ist, ob sich der Kläger im KVS auch auf die Grundrechte berufen kann. Das wird teilweise mit dem Argument angenommen, auch in seiner Funktion als kommunales Organ bzw. Organteil bleibe der Kläger Träger von Grundrechten, müsse sich darauf also berufen können.[820] Dagegen ist einzuwenden, dass dies nicht bedeutet, dass die Grundrechte im Rahmen eines KVS geltend gemacht werden können. Dem Kläger bleibt es unbenommen, einen Rechtsstreit als natürliche Person anzustrengen und sich dort auf die Grundrechte zu berufen. Des Weiteren ist der Kläger durch die Organrechte ausreichend geschützt, sodass er des zusätzlichen Grundrechtsschutzes nicht bedarf. Daher ist davon auszugehen, dass die Verletzung von Grundrechten im KVS nicht geltend gemacht werden kann.[821]

Strittig: Berufung auf die Grundrechte

b) Normerlassklage

Bei der Normerlassklage[822] muss dem Kläger ein möglicher Anspruch auf Erlass oder Ergänzung einer Rechtsnorm zustehen. Ein solcher Anspruch existiert im Regelfall nicht, weil Gesetze nicht im Interesse des Einzelnen, sondern der Allgemeinheit erlassen werden.

271 *Anspruch auf Normerlass*

BEISPIEL: Ausdrücklich ausgeschlossen ist durch § 1 III 2 BauGB ein Anspruch auf die Aufstellung von Bauleitplänen.

Ausnahmsweise kann sich aber ein Anspruch ergeben aus einem öffentlich-rechtlichen Vertrag, einer Zusage oder aus den Grundrechten (selten).

BEISPIELE: Gemeinde verpflichtet sich durch Vertrag gegenüber dem Kläger, eine Satzung zu ändern. Kläger behauptet, er sei unter Missachtung des Art. 3 I GG von einer Leistung ausgeschlossen, die in einer gemeindlichen Satzung vorgesehen ist.

> **MERKSATZ**
> Klausurrelevant dürften vor allem der öffentlich-rechtliche Vertrag, dessen Wirksamkeit im Rahmen der Begründetheit zu prüfen ist, und Art. 3 I GG sein.

4. Vorverfahren

Ein Vorverfahren gem. §§ 68 ff. VwGO ist vor Erhebung der allgemeinen Leistungsklage grundsätzlich nicht durchzuführen, weil der 8. Abschnitt der bei nur für Anfechtungs- und Verpflichtungsklagen zur Anwendung gelangt. Etwas anderes gilt nur, wenn das Vorverfahren spezialgesetzlich gefordert wird.[823]

272 *Grds. kein Vorverfahren*

BEISPIELE: Die relevantesten Ausnahmen sind § 54 II 1 BeamtStG (für Landesbeamte) und § 126 II 1 BBG (für Bundesbeamte).

Ausn.: § 54 II 1 BeamtStG/ § 126 II 1 BBG

5. Klagefrist

Wegen der systematischen Stellung im 8. Abschnitt der VwGO ist § 74 VwGO auf die allgemeine Leistungsklage grundsätzlich nicht anwendbar, auch nicht analog,

273 *Grds.: Keine Klagefrist, nur Verwirkung*

---

820 Wolff/Decker, VwGO, Anhang zu § 43 VwGO Rn 49; Hufen, VerwProzessR, § 21 Rn 20
821 Bauer/Krause, JuS 1996, 512, 513; Erichsen/Biermann, JURA 1997, 157, 159 f.
822 Siehe Rn 267
823 Hufen, VerwProzessR, § 16, Rn 13, § 17 Rn 9

sodass keine Klagefrist läuft. Es kommt dann nur eine Verwirkung des Klagerechts in Betracht.[824] Die Verwirkung wurde bereits an anderer Stelle beschrieben.[825]

Ausn.: § 54 II 1 BeamtStG/ § 126 II 1 BBG

Die Klagefrist des § 74 VwGO ist jedoch ausnahmsweise anwendbar, wenn dies spezialgesetzlich gefordert wird.

BEISPIELE: § 54 II 1 BeamtStG und § 126 II 1 BBG.

6. Klagegegner

Grds.: Rechtsträgerprinzip

274 § 78 VwGO ist wegen seiner systematischen Stellung im 8. Abschnitt der VwGO nicht, auch nicht analog anwendbar. Es gilt das Rechtsträgerprinzip, d.h. Klagegegner ist die Person, gegenüber der der Kläger das von ihm geltend gemachte Recht behauptet.[826]

> **KLAUSURHINWEIS**
> Da § 78 I Nr. 1 VwGO eine gesetzliche Ausprägung des Rechtsträgerprinzips ist, gilt inhaltlich nichts anderes als bei der Anfechtungs- und Verpflichtungsklage.[827]

Ausn.: § 54 II 1 BeamtStG/ § 126 II 1 BBG

§ 78 VwGO ist ausnahmsweise anwendbar, wenn dies spezialgesetzlich gefordert wird.

BEISPIELE: § 54 II 1 BeamtStG und § 126 II 1 BBG, die entgegen ihres missverständlichen Wortlauts auf den gesamten 8. Abschnitt der VwGO und damit auch auf § 78 VwGO verweisen.[828]

Sonderfall: KVS

Einen Sonderfall stellt der Kommunalverfassungsstreit (KVS) dar. Weil Kläger und Beklagter demselben Rechtsträger, nämlich der Gemeinde angehören, ist das Rechtsträgerprinzip untauglich. Es wäre schon nicht klar, wie die gerichtliche Kostenentscheidung vollstreckt werden sollte. Stattdessen ist die Klage gegen das Organ bzw. den Organteil zu richten, von dem die umstrittene Maßnahme stammt.[829]

BEISPIELE: Klage eines Mitglieds gegen den Gemeinderat bzw. die Gemeindevertretung wegen Ausschlusses der Öffentlichkeit von der Sitzung; Klage des Gemeinderates bzw. der Gemeindevertretung gegen den Bürgermeister bzw. Gemeindevorstand auf Erteilung einer Auskunft.

7. Beteiligungs- und Prozessfähigkeit

275 Es gelten die Ausführungen zur Anfechtungs- und Verpflichtungsklage.[830] Zu beachten ist, dass §§ 61, 62 VwGO im 7. Abschnitt der VwGO stehen und daher auch bei der allgemeinen Leistungsklage direkt anwendbar sind.

Sonderfall: KVS

Einen Sonderfall stellt auch hier der Kommunalverfassungsstreit (KVS) dar. Da Kläger und Beklagter nicht als natürliche Personen, sondern in ihrer hoheitlichen

---

824 Schenke, VerwProzessR, Rn 704
825 Siehe Rn 120, 146
826 Schenke, VerwProzessR, Rn 554-555
827 Siehe Rn 134 f., 211
828 Terhechte, NVwZ 2010, 996, 997 f.; siehe auch Rn 246
829 Wolff/Decker, VwGO, Anhang zu § 43 VwGO Rn 54; Schenke, VerwProzessR, Rn 555a
830 Siehe Rn 138 ff., 212

Funktion auftreten, ist fraglich, ob §§ 61, 62 VwGO direkt oder analog anzuwenden sind. Die Rechtsansichten hierzu variieren zwischen § 61 Nr. 1 VwGO, § 61 Nr. 2 VwGO und § 61 Nr. 2 VwGO analog bzw. § 62 I VwGO, § 62 III VwGO und § 62 III VwGO analog.[831] Im Ergebnis sind Beteiligungs- und Prozessfähigkeit jedenfalls allgemein anerkannt, da es den Kommunalorganen möglich sein muss, die ihnen zustehenden Organrechte gerichtlich durchzusetzen. Anderenfalls wäre ihre effektive Wahrnehmung nicht möglich.[832]

8. Weitere Zulässigkeitsvoraussetzungen

Die weiteren Zulässigkeitsvoraussetzungen der allgemeinen Leistungsklage sind weitgehend identisch mit denjenigen der Anfechtungs- und Verpflichtungsklage.[833] Spezielle Probleme können sich jedoch beim Rechtsschutzbedürfnis ergeben.

Rechtsschutzbedürfnis

276

Handelt es sich um eine Unterlassungsklage, fehlt das Rechtsschutzbedürfnis, wenn die zuständige Behörde rechtsverbindlich verspricht, dass es in Zukunft zu den vom Kläger gerügten Beeinträchtigungen nicht mehr kommen wird.[834]

Unterlassungsklage: keine Wiederholungsgefahr

BEISPIEL: Anwohner A klagt auf Unterlassung der Nutzung einer städtischen Feuerwehrsirene, obwohl die Stadt ihm dies bereits verbindlich und schriftlich zugesagt hat.

Umstritten ist, ob der Kläger vor Erhebung der allgemeinen Leistungsklage einen Antrag an die Behörde gerichtet haben muss, ihm die begehrte Leistung zu gewähren. Das wird teilweise mit dem Argument gefordert, der leichtere und schnellere Weg, das Rechtsschutzziel zu erreichen, sei es, erst die Verwaltung zu kontaktieren.[835] Die Gegenauffassung lehnt dies mit Hinweis auf § 156 VwGO ab.[836] Danach fallen die Prozesskosten dem Kläger zur Last, wenn der Beklagte durch sein Verhalten keine Veranlassung zur Klage gegeben hat und den Anspruch nach Klageerhebung sofort anerkennt. Das ist gerade der Fall, dass der Kläger den Beklagten nicht vorab mit seinem Anspruch konfrontiert, sondern direkt klagt. Der Gesetzgeber ordnet in dieser Situation jedoch nicht die Unzulässigkeit der Klage an, sondern lediglich kostenrechtliche Nachteile für den Kläger.

Vorheriger Antrag an die Behörde

> **KLAUSURHINWEIS**
>
> In einer Klausur dürfte der Meinungsstreit kaum einmal zu entscheiden sein, weil die Verwaltung regelmäßig Klageabweisung wegen Unbegründetheit der Klage beantragt. Dann wäre es eine bloße Förmelei, den Kläger zu einem vorherigen Antrag bei der Verwaltung zu zwingen, da der Klageabweisungsantrag zeigt, dass die Verwaltung seinem Begehren nicht entsprechen wird.
>
> Bei der Anfechtungs- und Verpflichtungsklage spielt dieses Problem keine Rolle, weil sich der Kläger wegen des Erfordernisses eines erfolglos durchgeführten Vorverfahrens ohnehin vor Klageerhebung an die Verwaltung wenden muss.

---

831   Zum Meinungsstand: Erichsen/Biermann, JURA 1997, 157, 158 f.; Schoch, JuS 1987, 783, 786, 787.
832   Wolff/Decker, VwGO, Anhang zu § 43 VwGO Rn 52; Erichsen/Biermann, JURA 1997, 157, 158 f.
833   Siehe Rn 142 ff., 213
834   OVG Koblenz, NVwZ-RR 2004, 344, 345; Hufen, VerwProzessR, § 16 Rn 15
835   Wolff/Decker, VwGO, Anhang zu § 43 VwGO Rn 22; Hufen, VerwProzessR, § 17 Rn 11
836   Schenke, VerwProzessR, Rn 363; Ehlers, JURA 2008, 506, 511

Leistungsklage Staat -> Bürger	**277** Ebenfalls strittig ist, ob das Rechtsschutzbedürfnis für eine Klage der Verwaltung gegen den Bürger fehlt, wenn die Verwaltung ihren Anspruch einseitig-hoheitlich durch Verwaltungsakt durchsetzen kann.
BEISPIEL: Staatliche Geldforderungen im Bereich des Kommunalabgabenrechts.
H.M.: Wahlfreiheit der Verwaltung	Die h.M. hält eine solche Klage jedenfalls dann für zulässig, wenn der Bürger den Verwaltungsakt ohnehin angreifen wird.[837] Da es dann in jedem Fall zu einem gerichtlichen Verfahren komme, sei es unerheblich, ob dieses vom Bürger durch Erhebung einer Anfechtungsklage oder durch die Verwaltung durch Erhebung einer allgemeinen Leistungsklage eingeleitet werde. Der Verwaltung stehe somit eine Wahlfreiheit zwischen Leistungsklage und Erlass eines Verwaltungsaktes zu.
M.M.: Leistungsklage unzulässig, Verwaltungsakt zwingend	Die Gegenauffassung hält hingegen den Erlass eines Verwaltungsaktes für zwingend, da es sich um den einfacheren und schnelleren Weg handele, das verfolgte Ziel zu erreichen.[838] Den Verwaltungsakt könne die Verwaltung aus eigener Machtvollkommenheit erlassen, sei also nicht auf gerichtliche Hilfe angewiesen. Damit könne sie sich auch einen Titel schaffen, der im Wege der Verwaltungsvollstreckung vollzogen werden kann (sog. „**Selbsttitulierungsrecht**"). Des Weiteren gelten für die Anfechtungsklage strengere Zulässigkeitsvoraussetzungen als für die Leistungsklage (insbesondere Beachtung der Widerspruchs- und Klagefrist), die durch eine Wahlfreiheit unterlaufen werden können.
Vorbeugender Rechtsschutz: qualifiziertes Rechtsschutzbedürfnis	**278** Abschließend bereitet das Rechtsschutzbedürfnis beim vorbeugenden Rechtsschutz Schwierigkeiten.[839] Da die VwGO grundsätzlich auf repressiven, nachträglichen Rechtsschutz ausgerichtet ist, der vorbeugende Rechtsschutz erheblich den Handlungsbereich der Exekutive beschneidet und der vorläufige Rechtsschutz nach §§ 47 VI, 80 V, 80a, 123 I VwGO an sich ausreichenden Schutz vor vollendeten Tatsachen bietet, muss für die Inanspruchnahme vorbeugenden Rechtsschutzes ein besonderes Bedürfnis bestehen (sog. **qualifiziertes Rechtsschutzbedürfnis**).[840] Letzteres ist anzunehmen, wenn gravierende Eingriffe in Rechte des Klägers drohen, ihm ein weiteres Abwarten unzumutbar ist und die Beeinträchtigung durch nachträglichen Rechtsschutz nicht verhindert bzw. vollständig beseitigt werden kann.[841]
BEISPIELE: Klage gegen drohenden Erlass eines Verwaltungsaktes, dessen Missachtung eine Straftat oder Ordnungswidrigkeit darstellt.[842] Klage gegen drohende negative Äußerungen einer Behörde über ein Produkt.

II. OBJEKTIVE KLAGEHÄUFUNG, STREITGENOSSENSCHAFT, BEILADUNG
Es gelten die Ausführungen zur Anfechtungsklage entsprechend.[843]

---

837 BVerwGE 24, 225, 227; Wolff/Decker, VwGO, Anhang zu § 43 VwGO Rn 23
838 Hufen, VerwProzessR, § 17 Rn 11; Ehlers, JURA 2006, 351, 357
839 Siehe zum vorbeugenden Rechtsschutz Rn 266.
840 Hufen, VerwProzessR, § 16 Rn 17; Ehlers, JURA 2006, 351, 356
841 Hufen, VerwProzessR, § 16 Rn 17; Ehlers, JURA 2006, 351, 356
842 BVerwG, NVwZ 1988, 430, 431; VGH Kassel, NVwZ 1988, 445, 446; Wolff/Decker, VwGO, Anhang zu § 43 VwGO Rn 33
843 Siehe Rn 150 ff., 154 ff., 157

III. BEGRÜNDETHEIT DER KLAGE

> **KLAUSURHINWEIS** 279
> Der **Obersatz** lautet in einer Klausur: „Die Klage ist begründet, soweit der behauptete Anspruch in der Person des Klägers tatsächlich besteht."[844]

Damit ist der Prüfungsaufbau identisch mit demjenigen der Verpflichtungsklage, auch bzgl. des maßgeblichen Zeitpunkts für die Beurteilung der Sach- und Rechtslage sowie des Nachschiebens von Gründen.[845] Besonders examensrelevant sind der Folgenbeseitigungsanspruch (FBA) und der öffentlich-rechtliche Unterlassungsanspruch.[846]

Aufbau identisch mit Verpflichtungsklage

Fehlt es an der Spruchreife, kann also das Gericht nicht abschließend über das Bestehen des Anspruchs entscheiden, ergeht ein Bescheidungsurteil analog § 113 V 2 VwGO. Die Behörde wird zum Tätigwerden unter Beachtung der Rechtsauffassung des Gerichts verurteilt.[847]

Bescheidungsurteil

BEISPIEL: Verpflichtung der Verwaltung zur Neubewertung einer Klausur.[848]

Bzgl. des Kommunalverfassungsstreits (KVS) ist zu beachten, dass im Rahmen der Begründetheit nur die in der Klagebefugnis ermittelten Organrechte geprüft werden, es findet also keine objektive Rechtskontrolle statt.[849] Anderenfalls könnte sich der Kläger zum Hüter des Allgemeinwohls aufschwingen.

KVS: nur Organrechte

D. Klausurfall: „Querulanten & Co."

SACHVERHALT

Querulant Q wohnt in der Gemeinde G und liegt fortdauernd im Clinch mit seiner Umwelt. Aktuell beschäftigen ihn folgende „Aufreger-Themen":
Er ärgert sich über das Glockengeläut der katholischen Kirche in seiner Nachbarschaft, das ihn insbesondere am Wochenende aus dem Schlaf reißt. Q verlangt von der Kirchengemeinde eine zeitliche Beschränkung des Glockengeläuts, was diese aber ablehnt.
Weiterhin ist ihm zu Ohren gekommen, es solle in unmittelbarer Nachbarschaft zu seinem Wohnhaus ein gemeindlicher Kindergarten eröffnet werden. Eine Nachfrage bei der Gemeindeverwaltung bestätigt dies. Das erzürnt Q außerordentlich, da er Kindergeschrei als sehr störend empfindet. Genau deshalb hatte er sich im Zuge der Errichtung seines Wohngebäudes von der Gemeinde die Zusage geben lassen, dass in der Nähe seines Wohnhauses keine Einrichtung zur Unterbringung oder Betreuung von Kindern errichtet wird. Obwohl es an einer endgültigen Entscheidung der Gemeindeverwaltung noch fehlt, möchte er schon im Vorfeld erreichen, dass der Gemeinde die Errichtung des Kindergartens untersagt wird.

280

---

844 Wolff/Decker, VwGO, Anhang zu § 43 VwGO Rn 25; Hufen, VerwProzessR, § 28 Rn 2
845 Siehe Rn 215 ff.
846 Auflistung weiterer möglicher Ansprüche: Hufen, VerwProzessR, § 28 Rn 3 ff.
847 Hufen, VerwProzessR, § 28 Rn 18; Würtenberger, VerwProzessR, Rn 394
848 Hufen, VerwProzessR, § 28 Rn 18
849 Erichsen/Biermann, JURA 1997, 157, 162; Schoch, JURA 2008, 826, 838

Darüber hinaus hatte Q mit der Gemeinde einen Vertrag darüber geschlossen, dass ein ihm gehörendes Grundstück in einen Bebauungsplan mit einbezogen wird. Diesen Vertrag will die Gemeinde jetzt aber nicht mehr erfüllen, weil sie ihn für unwirksam hält. Q sieht dies selbstredend anders und pocht auf die Erfüllung der Vertragspflichten.

Schließlich hat der Bürgermeister von G den Q im Rahmen einer Neujahrsansprache als „Streithansel" tituliert. Q ist über diese Äußerung empört und fordert den Bürgermeister auf, sie zurücknehmen und in Zukunft nicht nochmals zu tätigen darf, was der aber ablehnt.

Q ist zwar von der inhaltlichen Richtigkeit seiner Anliegen überzeugt und will diese gerichtlich durchsetzen. Er ist aber unsicher, bei welchen Gerichten er aufzutreten hat und ob er zum jetzigen Zeitpunkt bereits klagen darf. Deshalb möchte er zunächst nur die Zulässigkeit einer etwaigen Klage geklärt wissen.

Bearbeitervermerk:
Die katholische Kirche ist eine Körperschaft des öffentlichen Rechts.
Eine landesrechtliche Bestimmung i.S.v. §§ 61 Nr. 3, 78 I Nr. 2 VwGO existiert nicht.

LÖSUNG

Q kann seine Anliegen mittels einer Klage vor dem Verwaltungsgericht verfolgen, wenn die dafür bestehenden Zulässigkeitsvoraussetzungen vorliegen.

I. VERWALTUNGSRECHTSWEG

Für eine vor dem Verwaltungsgericht erhobene Klage muss der Verwaltungsrechtsweg eröffnet sein. Mangels aufdrängender Sonderzuweisungen richtet sich dies nach der Generalklausel des § 40 I 1 VwGO. Danach muss eine öffentlich-rechtliche Streitigkeit nichtverfassungsrechtlicher Art vorliegen. Der öffentlich-rechtliche Charakter der Streitigkeit könnte sich aus dem Sachzusammenhang ergeben. Danach kommt es darauf an, ob die umstrittene Maßnahme in einem engen Zusammenhang mit einer öffentlich-rechtlichen Tätigkeit oder mit einem privatrechtlichen Handeln steht, wobei zwischen den einzelnen Begehren des Q zu differenzieren ist.

1. Glockengeläut

Für die Einordnung des Streits um das kirchliche Glockengeläut ist auf die besonderen Bestimmungen des Art. 140 GG i.V.m. Art. 137 WRV Rücksicht zu nehmen. Gem. Art. 140 GG i.V.m. Art. 137 III 1 WRV ordnen und verwalten die Religionsgesellschaften ihre Angelegenheiten selbständig. Daraus folgt, dass der Rechtsweg zu den staatlichen Gerichten für rein innerkirchliche Angelegenheiten wie z.B. die Übertragung geistlicher Ämter gar nicht eröffnet ist. In diesen Konstellationen sind ausschließlich die Kirchengerichte zuständig.

Handelt es sich hingegen um kirchliche Maßnahmen mit Außenwirkung wie das Glockengeläut, ist der Rechtsweg zu den staatlichen Gerichten eröffnet. Ist die betreffende Religionsgemeinschaft privatrechtlich organisiert, können zu ihr nur zivilrechtliche Beziehungen bestehen, sodass der Zivilrechtsweg beschritten werden muss. Ist sie hingegen wie hier gem. Art. 140 GG i.V.m. Art. 137 V WRV eine Körperschaft des öffentlichen Rechts, bereitet die Einordnung etwaiger Streitigkeiten Probleme. Man könnte der Auffassung sein, auch in dieser Konstellation müsse immer

der Zivilrechtsweg beschritten werden. Dafür könnte sprechen, dass die Religionsgemeinschaft möglicherweise nur bei Wahrnehmung ihrer eigenen (inneren) Angelegenheiten hoheitlich handelt. In der Außenbeziehung zu Dritten könnte dies hingegen abzulehnen sein, würden die Kirchen anderenfalls doch wie die mittelbare Staatsverwaltung behandelt werden. Zudem unterliegen Außenstehende wegen der negativen Glaubensfreiheit nicht der öffentlich-rechtlichen Bestimmungsbefugnis der Kirche, sondern begegnen ihr auf der Ebene der Gleichordnung, was gleichfalls gegen eine öffentlich-rechtliche Rechtsbeziehung sprechen könnte.
Andererseits dienen die Glocken in einer Kirche der Aufgabenwahrnehmung dieser öffentlich-rechtlichen Körperschaft und sind daher als sog. **"res sacrae"** öffentliche Sachen. Das könnte dafür sprechen, dass der Glockengebrauch stets öffentlich-rechtlich zu qualifizieren ist.
Dagegen ist jedoch einzuwenden, dass dies zwar zutreffen mag, wenn die Kirchenglocken widmungsgemäß, d.h. für das sakrale/liturgische Geläut genutzt werden. Beim weltlichen/profanen Stundengeläut ist dies hingegen nicht der Fall. Dann ist das Läuten der Kirchenglocken nicht anders zu behandeln als die Lärmimmissionen, die von einer privaten Einrichtung ausgehen.
Demnach kann Q nur gegen das sakrale/liturgische Glockengeläut vor den Verwaltungsgerichten vorgehen. Das weltliche/profane Stundengeläut muss er bei den Zivilgerichten angreifen.

> **KLAUSURHINWEIS**
> Das Verwaltungsgericht wird eine gleichwohl erhobene Klage gegen das weltliche/profane Stundengeläut gem. § 173 S. 1 VwGO i.V.m. § 17a II 1 GVG an das zuständige Zivilgericht verweisen.

2. Gemeindlicher Kindergarten
Hinsichtlich des geplanten Kindergartens stört sich Q an den zu erwartenden Lärmimmissionen. Entscheidend für deren Einordnung ist, ob mit der störenden Einrichtung ein öffentlicher Zweck verfolgt wird und die Erfüllung dieses öffentlichen Zwecks die Störung verursacht. Der gemeindliche Kindergarten dient dem öffentlichen Zweck der Kinderbetreuung, stellt also eine öffentliche Einrichtung dar. In Erfüllung dieses Zwecks entstehen die Lärmbeeinträchtigungen durch das Kindergeschrei, sodass ein enger Zusammenhang zum öffentlichen Recht besteht. Der Streit um die Lärmimmissionen ist somit öffentlich-rechtlich.

3. Vertrag zwischen der Gemeinde und Q
Für die von Q geforderte Einbeziehung seines Grundstücks in den Bebauungsplan ist die Wirksamkeit des zwischen ihm und der Gemeinde abgeschlossenen Vertrages maßgeblich. Daher kommt es für die Einordnung dieser Streitigkeit auf die Rechtsnatur des Vertrages an. Dafür ist wiederum gem. § 54 S. 1 VwVfG entscheidend, ob der Vertragsgegenstand öffentlich-rechtlich oder zivilrechtlich ist. Öffentlich-rechtlich ist der Vertragsgegenstand, wenn der Vertrag dem Vollzug einer öffentlich-rechtlichen Norm dient. Die Ausdehnung des Geltungsbereichs eines Bebauungsplans richtet sich nach den Bestimmungen des Bauplanungsrechts. Demnach vollzieht der Vertrag öffentlich-rechtliche Normen und ist somit selbst öffentlich-rechtlich.

4. Äußerung des Bürgermeisters
Der Bürgermeister hat die streitgegenständliche Äußerung („Streithansel") im Rahmen einer Neujahrsansprache getätigt. Mit dieser Ansprache kommt er seinen öffentlichen Aufgaben als Bürgermeister nach. Daher besteht ein enger Zusammenhang mit seiner öffentlich-rechtlichen Amtstätigkeit.
Somit ist der Streit um weltliche/profane Stundengeläut zivilrechtlich, alle anderen Streitigkeiten sind öffentlich-rechtlich und auch nichtverfassungsrechtlicher Art, sodass diesbezüglich die Voraussetzungen des § 40 I 1 VwGO erfüllt sind. Eine abdrängende Sonderzuweisung existiert nicht.
Der Verwaltungsrechtsweg ist im bezeichneten Umfang gem. § 40 I 1 VwGO eröffnet.

> **KLAUSURHINWEIS**
> Die **modifizierte Subjektstheorie** führt nicht zum Ziel, weil für die Begehren des Q keine streitentscheidenden Normen ersichtlich sind.[850] Ferner sind die gemeindlichen Maßnahmen, die Q begehrt bzw. angreift, nicht typisch hoheitliche Handlungen, sodass auch die **Subordinationstheorie** nicht weiterhilft.

II. STATTHAFTE KLAGEART
Die statthafte Klageart richtet sich gem. § 88 VwGO nach dem Begehren des Klägers. Auch hier ist zwischen den verschiedenen Klagezielen des Q zu unterscheiden.

1. Glockengeläut und Äußerung des Bürgermeisters
Q begehrt zum einen die Unterbindung des kirchlichen Glockengeläuts. Für dieses Ansinnen könnte die allgemeine Leistungsklage in Gestalt der Unterlassungsklage die statthafte Klageart darstellen. Sie ist nicht ausdrücklich normiert, wird aber von der VwGO als gegeben vorausgesetzt, vgl. §§ 43 II 1, 111 S. 1, 113 IV VwGO. Statthaft ist diese Klageart, wenn der Kläger eine Leistung begehrt, die nicht im Erlass eines Verwaltungsaktes besteht. Das Glockengeläut ist nicht auf die verbindliche Setzung einer Rechtsfolge gerichtet, sodass es keine Regelungswirkung hat. Folglich ist es kein Verwaltungsakt i.S.v. § 35 S. 1 VwVfG. Da das Nichtbetätigen der Kirchenglocken zudem ein Unterlassen darstellt, ist die allgemeine Leistungsklage in Gestalt der Unterlassungsklage die statthafte Klageart. Bzgl. der darüber hinaus angegriffenen Äußerung des Bürgermeisters fehlt es ebenfalls an der Regelungswirkung. Für den von Q begehrten Widerruf ist daher die allgemeine Leistungsklage statthaft, wohingegen das gleichfalls verlangte zukünftige Unterlassen dieser Äußerung mit der Unterlassungsklage zu verfolgen ist.

2. Gemeindlicher Kindergarten
Die von Q angegriffene Errichtung des gemeindlichen Kindergartens stellt mangels Regelungswirkung keinen Verwaltungsakt dar, sodass auch insoweit die allgemeine Leistungsklage in Gestalt der Unterlassungsklage als statthafte Klageart in Betracht kommt. Jedoch hat die Gemeinde noch nicht endgültig über die Errichtung des Kindergartens entschieden. Q will der Gemeinde somit ein Verhalten untersagen lassen, das in der Zukunft liegt. Er begehrt folglich vorbeugenden Rechtsschutz. Das ist mit der Unterlassungsklage möglich, wenn sich die drohende Handlung der Behörde so konkret abzeichnet, dass sie Gegenstand eines Unterlassungsurteils sein kann. Die Nachfrage des Q hat ergeben, dass die Gemeinde tatsächlich die Errichtung eines

---
850 Siehe die Ausführungen zur Klagebefugnis.

Kindergartens in seiner Nachbarschaft beabsichtigt. Somit kann Q bereits im Vorfeld der endgültigen Entscheidung um gerichtlichen Rechtsschutz in Gestalt der vorbeugenden Unterlassungsklage nachsuchen.

3. Ausdehnung des Bebauungsplans
Schließlich verlangt Q die räumliche Ausdehnung des Bebauungsplans. Der Bebauungsplan wird gem. § 10 I BauGB als Satzung beschlossen, ist also ein Gesetz. Damit begehrt Q die Ergänzung einer untergesetzlichen, materiellen Rechtsnorm (sog. **Normerlassklage**).

Fraglich ist, ob er dies überhaupt durch Klageerhebung bei einem Verwaltungsgericht erreichen kann. Dagegen könnte die Regelung des § 47 VwGO sprechen. Sie normiert einschränkende Voraussetzungen für die Überprüfung einer untergesetzlichen Norm und weist diese Überprüfung zudem ausschließlich dem OVG bzw. VGH zu. Folglich könnte § 47 VwGO in diesem Zusammenhang eine Sperrwirkung zukommen, sodass es nicht möglich ist, bei einem (einfachen) Verwaltungsgericht auf Normerlass zu klagen. Des Weiteren ließe sich argumentieren, jenseits des § 47 I Nr. 1 VwGO sei es gem. § 47 I Nr. 2 VwGO Sache des Landesgesetzgebers, eine Normenkontrolle einzuführen. Das müsse erst recht für eine Normerlassklage gelten. Ferner könnte eine gerichtlich festgestellte Pflicht zum Normerlass gegen das Gewaltenteilungsprinzip verstoßen, indem der Entscheidungsspielraum des Normgebers missachtet wird.

Dieser Argumentation lässt sich entgegenhalten, dass der Entscheidungsspielraum der Gemeinde als Normgeber durch eine Art Bescheidungsurteil gewahrt werden kann. Daraus folgt zugleich, dass die Verpflichtung zum Normerlass nicht im gleichen Maße in den gemeindlichen Entscheidungsspielraum eingreift wie eine Normenkontrolle. Daher entfaltet § 47 VwGO auch keine Sperrwirkung. Darüber hinaus geht es bei untergesetzlichen Normen um ein Handeln der Exekutive, die einer umfassenden Kontrolle durch die Judikative unterliegt. Auch aus diesem Grund verletzt eine Normerlassklage nicht das Gewaltenteilungsprinzip. Schließlich ist es oftmals vom Zufall abhängig, ob die Verwaltung per Allgemeinverfügung i.S.v. § 35 S. 2 VwVfG handelt, bei der unstreitig Rechtsschutz in Form der Verpflichtungsklage besteht, oder durch eine untergesetzliche Rechtsnorm.

Folglich kann Q sein Begehren mit einer Klage vor dem Verwaltungsgericht verfolgen. Da es um eine Rechtsnorm geht, ist möglicherweise § 47 VwGO analog anzuwenden. Jedoch handelt es sich bei dieser Vorschrift schon wegen der Zuständigkeitszuweisung an das OVG bzw. den VGH um eine Ausnahmebestimmung, die somit nicht analogiefähig ist. Ferner stehen mit der Feststellungs- und Leistungsklage andere Klagearten zur Verfügung, sodass es an der für eine Analogie erforderlichen planwidrigen Regelungslücke fehlt. Eine analoge Anwendung des § 47 VwGO scheidet demnach aus.

Für die Heranziehung der Feststellungsklage könnte sprechen, dass Feststellungsurteile nicht vollstreckbar sind und daher der Entscheidungsspielraum des Normgebers mit dieser Klageart am besten gewahrt werden kann. Das ist bei Annahme einer Leistungsklage allerdings auch möglich, indem im Erfolgsfalle nur eine Art Bescheidungsurteil ergeht. Zudem spricht ihre in § 43 II 1 VwGO normierte Subsidiarität gegen die Feststellungsklage und für die Leistungsklage. Darüber hinaus ist die Leistungsklage die Auffangklage für alle Formen hoheitlichen Handelns, die nicht Verwaltungsakt sind. Somit ist davon auszugehen, dass Q sein Normerlassbegehren mit einer allgemeinen Leistungsklage zu verfolgen hat.

Als Gesamtfazit kann festgehalten werden, dass für alle Begehren des Q die allgemeine Leistungsklage, teilweise in der Ausprägung als Unterlassungsklage, die statthafte Klageart ist.

III. KLAGEBEFUGNIS
Um auch bei der allgemeinen Leistungsklage Popularklagen zu verhindern, muss der Kläger analog § 42 II VwGO klagebefugt sein. Das setzt voraus, dass er geltend machen kann, durch das behördliche Verhalten in eigenen Rechten verletzt zu sein. Das bedeutet, Q muss ein möglicher Anspruch zustehen.

Hinsichtlich des kirchlichen Glockengeläuts kann sich dieser Anspruch aus dem gewohnheitsrechtlich anerkannten öffentlich-rechtlichen Unterlassungsanspruch ergeben.[851] Gleiches gilt für das zukünftige Unterlassen der Äußerung „Streithansel" durch den Bürgermeister, wohingegen für den Widerruf dieser Äußerung der gewohnheitsrechtlich anerkannte Folgenbeseitigungsanspruch (FBA) in Betracht kommt.[852]

Die begehrte vorbeugende Untersagung der Errichtung des Kindergartens kann Q auf die ihm von der Gemeinde gegebene Zusage stützen, keine Einrichtung zur Unterbringung oder Betreuung von Kindern in der Nähe seines Wohnhauses zu errichten.

Schließlich kann Q für sein Begehren, den Bebauungsplan räumlich auszudehnen, den mit der Gemeinde geschlossenen öffentlich-rechtlichen Vertrag ins Feld führen. Dieser Vertrag kollidiert jedoch mit der Bestimmung des § 1 III 2 BauGB, wonach ein Anspruch auf die Aufstellung von Bebauungsplänen nicht durch Vertrag begründet werden kann. Das gilt gem. § 1 VIII BauGB auch für die Änderung eines Bebauungsplans. Der Verstoß gegen § 1 III 2 BauGB führt gem. § 59 I VwVfG i.V.m. § 134 BGB zur Nichtigkeit des öffentlich-rechtlichen Vertrages. Daher kann Q aus diesem Vertrag keine Ansprüche gegen die Gemeinde ableiten. Da anderweitige Anspruchsgrundlagen nicht ersichtlich sind, fehlt ihm insoweit die erforderliche Klagebefugnis.

Somit liegt für die Klage des Q gegen das Glockengeläut, die Äußerung des Bürgermeisters und den geplanten Kindergarten die Klagebefugnis vor, wohingegen sie hinsichtlich der Ausdehnung des Bebauungsplans fehlt.

> **KLAUSURHINWEIS**
> Ob die Zusage der Gemeinde bzgl. der Nichterrichtung eines Kindergartens rechtlich wirksam ist, spielt hier noch keine Rolle, sondern ist eine Frage der Begründetheit der Klage.
>
> Demgegenüber ist die Nichtigkeit des öffentlich-rechtlichen Vertrages so evident, dass sie bereits an dieser Stelle im Prüfungsaufbau festgestellt werden kann.

IV. KLAGEGEGNER
Nach dem Rechtsträgerprinzip ist die allgemeine Leistungsklage bzgl. der Errichtung des Kindergartens und der Äußerung des Bürgermeisters gegen die Gemeinde zu richten. Hinsichtlich des sakralen/liturgischen Glockengeläuts ist richtiger Klagegegner die konkrete Untergliederung der Kirche, die über das Glockengeläut verfügungsberechtigt ist,[853] hier also die jeweilige Kirchengemeinde.

---

[851] VGH Mannheim, NJW 1986, 340, 340; Ossenbühl, StaatshaftungsR, S. 297
[852] Baldus/Grzeszick/Wienhues, StaatshaftungsR, Rn 19, 42
[853] Huber, JA 2005, 119, 120

V. BETEILIGUNGS- UND PROZESSFÄHIGKEIT

Die Beteiligungs- und Prozessfähigkeit des Q folgt aus §§ 61 Nr. 1 1. Fall, 62 I Nr. 1 VwGO, für die Gemeinde und die Kirchengemeinde ergibt sie sich aus §§ 61 Nr. 1 2. Fall, 62 III VwGO.

VI. RECHTSSCHUTZBEDÜRFNIS

Das erforderliche Rechtsschutzbedürfnis für die Leistungsklage bzw. Unterlassungsklage bzgl. des Glockengeläuts und der Äußerung des Bürgermeisters liegt vor, insbesondere hat Q vor der Klageerhebung die Erfüllung seiner behaupteten Ansprüche angemahnt.

Bzgl. der vorbeugenden Unterlassungsklage ist zu beachten, dass die VwGO grundsätzlich auf repressiven, nachträglichen Rechtsschutz ausgerichtet ist, der vorbeugende Rechtsschutz zudem erheblich den Handlungsbereich der Exekutive beschneidet und der vorläufige Rechtsschutz nach §§ 47 VI, 80 V, 80a, 123 I VwGO an sich ausreichenden Schutz vor vollendeten Tatsachen bietet. Deshalb muss für die Inanspruchnahme vorbeugenden Rechtsschutzes ein besonderes Bedürfnis bestehen (sog. **qualifiziertes Rechtsschutzbedürfnis**). Das ist der Fall, wenn gravierende Eingriffe in Rechte des Klägers drohen, ihm ein weiteres Abwarten unzumutbar ist und die Beeinträchtigung durch nachträglichen Rechtsschutz nicht verhindert bzw. vollständig beseitigt werden kann. Q kann gegen die endgültige Entscheidung, den Kindergarten zu errichten, sowie gegen die Bauarbeiten vorgehen, sobald diese begonnen haben. Vorher drohen ihm auch keine irreparablen, unzumutbaren Rechtsnachteile. Daher kann er auf den repressiven Rechtsschutz verwiesen werden, sodass ihm das erforderliche qualifizierte Rechtsschutzbedürfnis fehlt. Folglich ist seine Unterlassungsklage gegen den Kindergarten unzulässig.
Rechtliche Bedenken hinsichtlich der übrigen Zulässigkeitsvoraussetzungen bestehen nicht.

Somit ist eine verwaltungsgerichtliche Klage gegen das sakrale/liturgische Glockengeläut sowie die Äußerung des Bürgermeisters zulässig. Gegen das weltliche/profane Stundengeläut muss sich Q vor den Zivilgerichten wehren. Die verwaltungsgerichtliche Klage gegen die Errichtung des Kindergartens und die Klage auf räumliche Ausdehnung des Bebauungsplans ist hingegen unzulässig.

> **KLAUSURHINWEIS**
> Wären die Erfolgsaussichten einer Klage des Q vollständig zu überprüfen, müsste nach der Zulässigkeit der Klage und vor der Begründetheitsprüfung auf § 44 VwGO eingegangen werden. Dessen Voraussetzungen liegen bzgl. der Klage auf räumliche Ausdehnung des Bebauungsplans und gegen die Äußerung des Bürgermeisters sowie die Errichtung des Kindergartens vor. Getrennt davon muss Q seine Klage gegen das sakrale/liturgische Glockengeläut erheben, weil Klagegegner nicht die Gemeinde, sondern die Kirchengemeinde ist.

5. Teil – Feststellungsklage

A. Einleitung

Weiter Anwendungsbereich und subsidiär

281 Die Feststellungsklage ist gem. § 43 II 1 VwGO subsidiär gegenüber den anderen Klagearten. Ferner gilt sie einigen Autoren als die schwerste Klageart, weil der Begriff des Rechtsverhältnisses i.S.v. § 43 I VwGO sehr weit gefasst ist, diese Klage mithin unterschiedlichste Fallgestaltungen erfasst.[854] Schließlich ist die Feststellungsklage in Klausuren relativ selten anzutreffen. All dies lässt es geraten erscheinen, die Feststellungsklage als letzte Klageart darzustellen.

B. Prüfungsschema: Aufbau der Feststellungsklage

PRÜFUNGSSCHEMA

I. Zulässigkeit der Klage
   1. Verwaltungsrechtsweg
   2. Statthafte Klageart
   3. Feststellungsinteresse
   4. Klagebefugnis
   5. Vorverfahren
   6. Klagefrist
   7. Klagegegner
   8. Beteiligungs- und Prozessfähigkeit
   9. Weitere Zulässigkeitsvoraussetzungen
      a) Ordnungsgemäße Klageerhebung
      b) Rechtshängigkeit und Rechtskraft
      c) Rechtsschutzbedürfnis
      d) Rechtsbehelfe gegen behördliche Verfahrenshandlungen
II. Objektive Klagehäufung
III. Streitgenossenschaft
IV. Beiladung
V. Begründetheit der Klage
   1. Ggf. Passivlegitimation
   2. Ermächtigungsgrundlage
   3. Formelle Rechtmäßigkeit
      a) Zuständige Behörde
      b) Verfahren
      c) Form
   4. Materielle Rechtmäßigkeit
      a) Tatbestand der Ermächtigungsgrundlage
      b) Rechtsfolge der Ermächtigungsgrundlage

---

854 Hufen, VerwProzessR, § 18 Rn 1 f.

C. Systematik und Vertiefung

I. ZULÄSSIGKEIT DER KLAGE
Wie bei der Fortsetzungsfeststellungsklage und der allgemeinen Leistungsklage werden nachfolgend nur die Besonderheiten dargestellt, die bei der Prüfung der Zulässigkeit einer Feststellungsklage zu beachten sind.

1. Verwaltungsrechtsweg
Es gelten die Ausführungen zur allgemeinen Leistungsklage.[855]

2. Statthafte Klageart
Die Feststellungsklage ist gem. § 43 I VwGO statthaft, wenn der Kläger die Feststellung des Bestehens oder Nichtbestehens eines Rechtsverhältnisses oder der Nichtigkeit eines Verwaltungsaktes begehrt.

282 Gegenstand: Rechtsverhältnis oder Verwaltungsakt

a) Bestehen oder Nichtbestehen eines Rechtsverhältnisses
Die Klage bzgl. des Bestehens oder Nichtbestehens eines Rechtsverhältnisses wird allgemeine Feststellungsklage genannt.[856]

283 Allgemeine Feststellungsklage

Die auf die Feststellung des Bestehens eines Rechtsverhältnisses zielende Klage bezeichnet man als positive, die auf das Nichtbestehen des Rechtsverhältnisses gerichtete Klage als negative Feststellungsklage.[857]

Positive oder negative Feststellungsklage

> **DEFINITION**
> Unter **Rechtsverhältnis** sind die aus einem konkreten Sachverhalt aufgrund einer öffentlich-rechtlichen Norm sich ergebenden rechtlichen Beziehungen einer Person zu einer anderen Person oder zu einer Sache zu verstehen.[858]

Rechtsverhältnis

Das Erfordernis eines konkreten Sachverhalts grenzt die Feststellungsklage von der abstrakten Normenkontrolle und § 47 VwGO ab. Mit einer Feststellungsklage kann nicht unmittelbar die Feststellung der Nichtigkeit bzw. Unwirksamkeit einer Rechtsnorm begehrt werden, weil diese keinen konkreten Sachverhalt darstellt. Möglich ist aber die Feststellung, ob sich aus einer Vorschrift für den Kläger Rechte oder Pflichten ergeben. Damit kann inzident die Gültigkeit eines Gesetzes überprüft werden, indem der Kläger behauptet, eine bestimmte Pflicht bestehe für ihn nicht, weil das zugrunde liegende Gesetz unwirksam sei. Kollisionsprobleme mit der abstrakten Normenkontrolle und der Normenkontrolle nach § 47 VwGO treten nicht auf, weil diese Verfahren auf die unmittelbare (prinzipale) Überprüfung einer Norm ausgerichtet sind.[859]

Konkreter Sachverhalt

---

855 Siehe Rn 256 ff.
856 Wolff/Decker, VwGO, § 43 Rn 3; Hufen, VerwProzessR, § 18 Rn 1
857 Hufen, VerwProzessR, § 18 Rn 3; Schenke, VerwProzessR, Rn 377
858 BVerwG, NJW 1996, 2046, 2046;Kopp/Schenke, VwGO, § 43 Rn 11
859 Hufen, VerwProzessR, § 18 Rn 8; Schenke, VerwProzessR, Rn 1076

BEISPIELE: Ein hinreichend konkreter Sachverhalt liegt vor bei einem Streit um eine Erlaubnispflicht wie die Eintragungspflicht in die Handwerksrolle oder die Nichtmitgliedschaft in einer öffentlich-rechtlichen Körperschaft.[860] Dagegen fehlt es an einem hinreichend konkreten Rechtsverhältnis, wenn um die Gültigkeit einer Vorschrift gestritten wird, die auf keinen der Verfahrensbeteiligten Auswirkungen hat.[861]

> **KLAUSURHINWEIS**
> Hält das Verwaltungsgericht eine formelle, nachkonstitutionelle Vorschrift, die dem Rechtsverhältnis zugrunde liegt, für unwirksam, muss es das Verfahren aussetzen und die Vorschrift gem. Art. 100 I GG dem BVerfG bzw. dem LVerfG vorlegen. Alle anderen Vorschriften kann das Verwaltungsgericht hingegen selbständig verwerfen.

Die Möglichkeit, eine Rechtsnorm im Wege der Feststellungsklage inzident überprüfen zu lassen, hat nach h.M. auch Auswirkungen auf die Zulässigkeit einer Verfassungsbeschwerde gegen ein Gesetz. Da die Verfassungsbeschwerde subsidiär zu den fachgerichtlichen Rechtsbehelfen ist, ist sie nach h.M. unzulässig, wenn das angegriffene Gesetz inzident im Rahmen einer Feststellungsklage überprüft werden kann.[862]

Öffentlich-rechtliche Norm

Das Erfordernis einer öffentlich-rechtlichen Norm, die dem Sachverhalt zugrunde liegen muss, grenzt die verwaltungsprozessuale Feststellungsklage von der zivilprozessualen Feststellungsklage gem. § 256 ZPO ab.

Rechtliche Beziehungen

Das abschließende Definitionselement der rechtlichen Beziehung zwischen Personen oder einer Person und einer Sache grenzt das Rechtsverhältnis von den nicht feststellungsfähigen Vorfragen und unselbständigen Teilen eines Rechtsverhältnisses ab.[863]

BEISPIELE: Nicht feststellungsfähig sind Eigenschaften einer Person wie deren Zuverlässigkeit oder Eignung, die Leistungsfähigkeit eines Busfahrers oder Eigenschaften einer Sache wie die Bebaubarkeit eines Grundstücks.[864]

> **MERKSATZ**
> Die Feststellungsklage ist keine allgemeine „Auskunftsklage" über die Rechtslage ohne konkreten Anlass. Erforderlich ist stets ein „Auslöser", der dazu führt, dass eine Rechtsnorm im konkreten Fall Wirkungen gegenüber dem Kläger hat.[865]

aa) Erledigtes Rechtsverhältnis

284 Der Wortlaut des § 43 I VwGO verlangt nicht, dass das Rechtsverhältnis aktuell noch bestehen muss. Die Feststellungsklage kann folglich auch in der Vergangenheit liegende, erledigte Rechtsverhältnisse zum Gegenstand haben.[866]

---

860 Schenke, VerwProzessR, Rn 1076
861 Hufen, VerwProzessR, § 18 Rn 11
862 Detaillierte Darstellung des Problems im JURA INTENSIV Skript „Grundrechte".
863 Kopp/Schenke, VwGO, § 43 Rn 13
864 Kopp/Schenke, VwGO, § 43 Rn 13; Hufen, VerwProzessR, § 18 Rn 10
865 Hufen, VerwProzessR, § 18 Rn 11
866 Wolff/Decker, VwGO, § 43 Rn 18

BEISPIEL: Bürger B begehrt die Feststellung, dass ein Gemeindebeamter nicht berechtigt war, ihn ihm Rahmen eines Wortgefechts zu beleidigen.

Allerdings muss sich das erledigte Rechtsverhältnis noch auf die Gegenwart auswirken, da anderenfalls kein Bedürfnis an einer gerichtlichen Kontrolle besteht. Hier werden die von der Fortsetzungsfeststellungsklage bekannten Fallgruppen (Wiederholungsgefahr, Rehabilitationsinteresse, kurzfristig erledigter Grundrechtseingriff, Präjudizinteresse)[867] entsprechend herangezogen.[868]

Fallgruppen der FFK

> **KLAUSURHINWEIS**
> Diese Fallgruppen müssen nicht zwingend bereits im Rahmen der statthaften Klageart geprüft werden. Alternativ ist eine Erörterung beim Prüfungspunkt „Feststellungsinteresse" möglich.

bb) Zukünftiges Rechtsverhältnis

Gegenstand einer Feststellungsklage können auch Rechtsverhältnisse sein, die in der Zukunft liegen. Dann ist aber genau zu untersuchen, ob die Rechtsbeziehungen bereits hinreichend konkret sind. Der zukünftige Eintritt des Sachverhalts, der ein Rechtsverhältnis begründen wird, muss gewiss oder zumindest sehr wahrscheinlich sein.[869]

285 Zukünftiges Rechtsverhältnis

BEISPIEL: Beamter will mit einer Feststellungsklage klären lassen, welche Versorgungsansprüche seine Ehefrau im Falle seines Todes hat.[870]

> **MERKSATZ**
> Die Feststellungsklage bzgl. eines zukünftigen Rechtsverhältnisses ist von der vorbeugenden Feststellungsklage zu trennen. Bei letzterer geht es um ein gegenwärtiges Rechtsverhältnis, nämlich um das Bestehen eines Anspruchs des Bürgers auf Unterlassung eines rechtswidrigen hoheitlichen Handelns.[871]

cc) Kommunalverfassungsstreit

Wegen der Weite des Merkmals „Rechtsverhältnis" ist die Feststellungsklage nicht auf Außenrechtsstreitigkeiten beschränkt, sondern kommt auch bei Innenrechtsstreitigkeiten, insbesondere beim Kommunalverfassungsstreit[872] in Betracht.[873]

286 Feststellungsklage bei Innenrechtsstreitigkeiten

BEISPIEL: Klage auf Feststellung der Rechtswidrigkeit des Ausschlusses eines Mitglieds von einer Sitzung des Gemeinderates bzw. der Gemeindevertretung.

---

867 Siehe Rn 240 ff.
868 Kopp/Schenke, VwGO, § 43 Rn 25; Wolff/Decker, VwGO, § 43 Rn 38; Ehlers, JURA 2007, 179, 187
869 Kopp/Schenke, VwGO, § 43 Rn 18; Wolff/Decker, VwGO, § 43 Rn 20
870 Schenke, VerwProzessR, Rn 407
871 Schenke, VerwProzessR, Rn 408; a.A. Wolff/Decker, VwGO, § 43 Rn 20, die vorbeugende Feststellungsklage und zukünftiges Rechtsverhältnis für identisch halten.
872 Siehe Rn 264 f.
873 Kopp/Schenke, VwGO, § 43 Rn 11; Hufen, VerwProzessR, § 21 Rn 12

b) Nichtigkeit eines Verwaltungsaktes

287 Gem. § 43 I 2. Fall VwGO kann der Kläger mit der Feststellungsklage auch die Feststellung der Nichtigkeit eines Verwaltungsaktes begehren. Voraussetzung für die Statthaftigkeit dieser sog. **Nichtigkeitsfeststellungsklage** ist, dass ein dem Kläger gegenüber bekannt gegebener Verwaltungsakt vorliegt und der Kläger Tatsachen vorträgt, die für eine Nichtigkeit des Verwaltungsaktes sprechen.[874]

> **KLAUSURHINWEIS**
> Ob der Verwaltungsakt tatsächlich nichtig ist, wird erst in der Begründetheit der Klage geprüft.[875]

Ist der Verwaltungsakt nicht wirksam bekannt gegeben, ist er bei genauer Betrachtung nicht nichtig, sondern unwirksam. Es handelt sich um einen sog. „**Nichtakt**". Hier ist nicht die Nichtigkeitsfeststellungsklage, sondern die allgemeine Feststellungsklage statthaft.[876]

Da die Nichtigkeit eines Verwaltungsaktes oftmals nur schwer festzustellen ist, kann der Kläger alternativ zur Nichtigkeitsfeststellungsklage auch zur Anfechtungsklage greifen. Davon geht offenbar auch der Gesetzgeber aus, wie der Regelung des § 43 II 2 VwGO zu entnehmen ist. Die dort normierte Ausnahme vom Subsidiaritätsprinzip des § 43 II 1 VwGO bzgl. der Nichtigkeitsfeststellungsklage ist nur nachvollziehbar, wenn im Falle der Nichtigkeit eines Verwaltungsaktes auch eine andere Klageart in Betracht kommt. Wäre stets nur die Nichtigkeitsfeststellungsklage statthaft, wäre die Anforderung des § 43 II 1 VwGO immer gewahrt, sodass es der Ausnahme des § 43 II 2 VwGO nicht bedürfte. Die alternativ in Betracht kommende Klageart kann nur die Anfechtungsklage sein.[877] Ist der Verwaltungsakt tatsächlich nichtig, wird er im Rahmen der Anfechtungsklage richtigerweise aufgehoben, um den Rechtsschein der Wirksamkeit zu beseitigen.[878]

c) Subsidiarität

288 Gem. § 43 II 1 VwGO kann die Feststellung nicht begehrt werden, soweit der Kläger seine Rechte durch Gestaltungs- oder Leistungsklage verfolgen kann oder hätte verfolgen können.

> **DEFINITION**
> Eine **Gestaltungsklage** ist eine Klage, die auf unmittelbare Rechtsgestaltung gerichtet ist, d.h. durch das Urteil selbst wird ein Rechtsverhältnis begründet, geändert oder aufgehoben.[879]

Die „klassische" Gestaltungsklage ist die Anfechtungsklage.[880] Ist sie begründet, hebt das Gericht gem. § 113 I 1 VwGO den angegriffenen Verwaltungsakt und ggf. den Widerspruchsbescheid auf und ändert damit die Rechtslage, weil auch der Verwaltungsakt mit seiner Regelungswirkung die Rechtslage geändert hat. Hingegen ist die

---

874 Wolff/Decker, VwGO, § 43 Rn 44; Hufen, VerwProzessR, § 18 Rn 28
875 Schenke, VerwProzessR, Rn 413
876 Wolff/Decker, VwGO, § 43 Rn 46; Ehlers, JURA 2007, 179, 184
877 Kopp/Schenke, VwGO, § 43 Rn 20; Ehlers, JURA 2007, 179, 184
878 Kopp/Schenke, VwGO, § 42 Rn 3
879 Hufen, VerwProzessR, § 13 Rn 11; Pietzner/Ronellenfitsch, Assessorexamen, § 9 Rn 1
880 Hufen, VerwProzessR, § 13 Rn 11; Pietzner/Ronellenfitsch, Assessorexamen, § 9 Rn 1

Verpflichtungsklage keine Gestaltungsklage. Das folgt schon aus ihrer Bezeichnung. Das Gericht verpflichtet die Verwaltung, den streitgegenständlichen Verwaltungsakt zu erlassen. Die Rechtslage ändert sich also erst, wenn die Verwaltung dieser Verpflichtung nachkommt. Daher fällt die Verpflichtungsklage in § 43 II 1 VwGO unter den Begriff „Leistungsklage".[881] Das ist auch durchaus nachvollziehbar, ist doch die Verpflichtungsklage nur eine spezielle Ausprägung der Leistungsklage.[882]

MERKSATZ
„Gestaltungsklage" i.S.v. § 43 II 1 VwGO meint in erster Linie die Anfechtungsklage, mit „Leistungsklage" sind die Verpflichtungs- und allgemeine Leistungsklage gemeint.

Demnach folgt aus § 43 II 1 VwGO, dass die Feststellungsklage gegenüber der Anfechtungs-, Verpflichtungs- und allgemeinen Leistungsklage subsidiär ist (sog. **Subsidiaritätsgrundsatz**).[883] Hintergrund dieser Regelung ist zum einen, dass diese Klagearten rechtsschutzintensiver sind als die Feststellungsklage.[884] Leistungsurteile sind im Gegensatz zu Feststellungsurteilen vollstreckbar, weil sie eine ganz bestimmte Handlungs-, Duldungs- oder Unterlassungspflicht auferlegen. Die Gestaltungsklage löst den Konflikt endgültig, indem das Gestaltungsurteil die Rechtslage unmittelbar ändert, also keiner weiteren Vollstreckung bedarf.

Sinn und Zweck des § 43 II 1 VwGO

BEISPIEL: Begehrt der Kläger eine behördliche Genehmigung, erhebt aber eine Feststellungsklage, würde im Erfolgsfall lediglich festgestellt werden, dass die Verwaltung zur Erteilung der Genehmigung verpflichtet ist. Verweigert sie diese gleichwohl, müsste der Kläger nochmals klagen. Effektiver als dieses Vorgehen ist die direkte Erhebung einer Verpflichtungsklage.

Zum anderen stellt § 43 II 1 VwGO sicher, dass die besonderen Zulässigkeitsvoraussetzungen der §§ 68 ff. VwGO nicht unterlaufen werden.[885]

MERKSATZ
Der in § 43 II 1 VwGO normierte Subsidiaritätsgrundsatz stellt sicher, dass die besonderen Anforderungen der §§ 68 ff. VwGO nicht unterlaufen werden und der Kläger die für ihn rechtsschutzintensivste Klageart wählt.

KLAUSURHINWEIS
Aus diesem Sinn und Zweck folgt für den Prüfungsaufbau, dass die Feststellungsklage erst angesprochen wird, wenn die anderen Klagearten als unstatthaft abgelehnt wurden.[886]

---

[881] Wolff/Decker, VwGO, § 43 Rn 58
[882] Siehe Rn 263
[883] Kopp/Schenke, VwGO, Art. 43 Rn 26
[884] Wolff/Decker, VwGO, § 43 Rn 56; Hufen, VerwProzessR, § 18 Rn 5
[885] Kopp/Schenke, VwGO, § 43 Rn 26; Wolff/Decker, VwGO, § 43 Rn 56
[886] Hufen, VerwProzessR, § 18 Rn 5

Verhältnis Feststellungsklage ⟷ FFK

Wichtig ist an dieser Stelle im Übrigen nur, ob eine andere Klageart statthaft ist. Ob ihre weiteren Zulässigkeitsvoraussetzungen wie erfolgloses Vorverfahren oder Klagefrist erfüllt sind, spielt hingegen keine Rolle.[887]

> **KLAUSURHINWEIS**
> § 43 II 1 VwGO muss nicht zwingend im Rahmen der statthaften Klageart erörtert werden. Möglich ist es auch, den Subsidiaritätsgrundsatz als besondere Zulässigkeitsvoraussetzung separat zu prüfen.

Die Fortsetzungsfeststellungsklage gem. § 113 I 4 VwGO geht der Feststellungsklage ebenfalls vor, weil sie hinsichtlich der Feststellung der Rechtswidrigkeit eines Verwaltungsaktes spezieller ist.[888]

aa) Ausnahmen von der Subsidiarität

§ 43 II 2 VwGO

289 Eine Ausnahme von dem Subsidiaritätsgrundsatz gilt gem. § 43 II 2 VwGO für die Nichtigkeitsfeststellungsklage.[889]

Feststellungsklage rechtsschutzintensiver

Eine weitere ungeschriebene Ausnahme ist anzuerkennen, wenn die Feststellungsklage rechtsschutzintensiver ist als eine Gestaltungs- oder Leistungsklage und die besonderen Zulässigkeitsvoraussetzungen der §§ 68 ff. VwGO nicht unterlaufen werden.[890] § 43 II 1 VwGO greift dann nach seinem oben dargelegten Sinn und Zweck nicht ein.

> **BEISPIEL:** M möchte als überzeugter Moslem zum islamischen Opferfest ein Lamm ohne Betäubung schlachten (Schächten). Die dafür nach dem TierSchG erforderliche Genehmigung wird ihm, wie in den Vorjahren, verweigert. M erhebt Klage auf die Feststellung, dass er keiner Genehmigung bedürfe, weil die zugrunde liegende Vorschrift aus dem TierSchG wegen Verstoßes gegen Art. 4 I, II GG verfassungswidrig sei.
>
> Alternativ könnte M eine Verpflichtungsklage auf Erteilung der Genehmigung erheben. Sollte aber die Feststellungsklage erfolgreich sein, muss M die Genehmigung in Zukunft nicht mehr erstreiten, sodass die Feststellungsklage rechtsschutzintensiver ist als die Verpflichtungsklage. Ferner werden auch die §§ 68 ff. VwGO in dieser Situation nicht unterlaufen.

„Ehrenmanntheorie"

Die Rechtsprechung will noch eine dritte Ausnahme vom Subsidiaritätsgrundsatz anerkennen. § 43 II 1 VwGO soll im Verhältnis zur Leistungsklage nicht einschlägig sein, wenn sich die Klage gegen einen Hoheitsträger richtet.[891] Zur Begründung verweist die Rechtsprechung auf den Sinn und Zweck des § 43 II 1 VwGO. §§ 68 ff. VwGO würden in dieser Situation nicht unterlaufen, weil sie auch bei der Leistungsklage nicht anzuwenden sind. Die mangelnde Vollstreckbarkeit des Feststellungsurteils sei unschädlich, weil sich ein Hoheitsträger wegen Art. 20 III GG auch an Feststellungsurteile halte (sog. „**Ehrenmanntheorie**"). Gegen letzteres spricht jedoch § 172 VwGO. Der Vorschrift ist zu entnehmen, dass der Gesetzgeber damit rechnet,

---

887 Schenke, VerwProzessR, Rn 418
888 Kopp/Schenke, VwGO, § 43 Rn 5
889 Siehe Rn 287
890 BVerwG, NVwZ 2002, 1505, 1506; Kopp/Schenke, VwGO, § 43 Rn 29
891 BVerwG, NJW 2000, 3584, 3584 f.

dass die Verwaltung nicht jede Gerichtsentscheidung beachtet. Weiterhin lässt die Rechtsprechung § 43 II 1 VwGO im Verhältnis zur Leistungsklage ins Leere laufen, weil sich eine Klage im öffentlichen Recht immer gegen einen Hoheitsträger richtet. Daher ist die Ansicht der Rechtsprechung abzulehnen.[892]

Weitere Konsequenz ist, dass entgegen der Rechtsprechung der vorbeugende Rechtsschutz[893] nicht durch die Feststellungsklage, sondern durch die vorrangige allgemeine Leistungsklage in Gestalt der Unterlassungsklage zu gewährleisten ist.[894] Gleiches muss für die Normerlassklage[895] gelten.[896]

Vorbeugender Rechtsschutz und Normerlassklage

MERKSATZ
Der **Subsidiaritätsgrundsatz des § 43 II 2 VwGO** gilt ausnahmsweise nicht, wenn die Feststellungsklage rechtsschutzintensiver ist als eine Gestaltungs- oder Leistungsklage und §§ 68 ff. VwGO nicht unterlaufen werden sowie im Fall des § 43 II 2 VwGO.

bb) Allgemeine Gestaltungsklage

Anknüpfend an die in § 43 II 1 VwGO verwendete Formulierung „Gestaltungsklage" wird die Rechtsansicht vertreten, es gebe eine allgemeine Gestaltungsklage.[897] So wie die Verpflichtungsklage nur eine Ausprägung der ungeschriebenen, allgemeinen Leistungsklage sei, sei die Anfechtungsklage eine Ausprägung der allgemeinen Gestaltungsklage. Zur Anwendung gelange diese Klageart, wenn die Aufhebung eines Hoheitsaktes begehrt werde, der kein Verwaltungsakt und kein Gesetz ist. Der examensrelevanteste Anwendungsfall soll der Kommunalverfassungsstreit (KVS) sein.[898]

290 *Anknüpfungspunkt: „Gestaltungsklage", § 43 II 1 VwGO*

BEISPIEL: Mitglied des Gemeinderates bzw. der Gemeindevertretung greift einen Beschluss des Gemeinderates bzw. der Gemeindevertretung an und begehrt dessen Aufhebung.

Gerade dieses Beispiel zeigt aber, dass es einer allgemeinen Gestaltungsklage nicht bedarf. Hoheitsakte, die nicht Verwaltungsakte sind, sind im Falle ihrer Rechtswidrigkeit sogleich nichtig. Es gibt also nichts zu gestalten, d.h. aufzuheben. Ausreichend ist die allgemeine Feststellungsklage, mit der festgestellt wird, dass der Hoheitsakt unwirksam ist. Weiterhin stellen Gestaltungsurteile erhebliche Eingriffe in den Handlungsbereich der Exekutive dar, die deshalb einer ausdrücklichen gesetzlichen Regelung bedürfen, was bzgl. der allgemeinen Gestaltungsklage nicht der Fall ist. Schließlich ist die Formulierung „Gestaltungsklage" in § 43 II 1 VwGO auch dann sinnvoll, wenn eine allgemeine Gestaltungsklage abgelehnt wird, weil es mit der Vollstreckungsabwehrklage gem. § 167 I 1 VwGO i.V.m. § 767 ZPO und der Drittwiderspruchsklage gem. § 167 I 1 VwGO i.V.m. § 771 ZPO tatsächlich weitere Gestaltungsklagen neben der Anfechtungsklage gibt. Somit ist mit der h.M. davon auszugehen, dass es die allgemeine Gestaltungsklage nicht gibt.[899]

H.M.: Keine allgemeine Gestaltungsklage

---

892 Kopp/Schenke, VwGO, § 43 Rn 28; Ehlers, JURA 2007, 179, 186
893 Siehe Rn 266
894 Wolff/Decker, VwGO, § 43 Rn 64; Hufen, VerwProzessR, § 18 Rn 22
895 Siehe Rn 267
896 Hufen, VerwProzessR, § 18 Rn 23
897 Hufen, VerwProzessR, § 21 Rn 14; Pietzner/Ronellenfitsch, Assessorexamen, § 9 Rn 2 ff.
898 Zum KVS siehe Rn 264 f.
899 Kopp/Schenke, VwGO, Vorb § 40 Rn 8b; Ogorek, JuS 2009, 511, 513; Schoch, JuS 1987, 783, 789

3. Feststellungsinteresse

291 Die Feststellungsklage ist gem. § 43 I VwGO nur zulässig, wenn der Kläger ein berechtigtes Interesse an der baldigen Feststellung hat. Mit diesem Erfordernis soll verhindert werden, dass die Gerichte zu bloßen Auskunfts- und Gutachterstellen in Rechtsfragen werden.[900]

Berechtigtes Interesse

> **DEFINITION**
> Das **berechtigte Interesse** i.S.v. § 43 I VwGO umfasst jedes schutzwürdige Interesse rechtlicher, wirtschaftlicher oder ideeller Art.[901]

Dieses schutzwürdige Interesse muss gegenüber dem Beklagten bestehen und durch die beantragte Feststellung des Gerichts gesichert oder gefördert werden, d.h. zwischen den Beteiligten muss ein konkreter Klärungsbedarf bestehen.[902]

BEISPIELE: Kläger und Beklagter streiten darüber, ob eine bestimmte Tätigkeit des Klägers erlaubnispflichtig ist. Kläger droht eine Strafanzeige oder ein Ordnungswidrigkeitenverfahren.[903] Wirtschaftliches Interesse einer Vereinigung an der Feststellung der Befugnis zur Ausstellung von Spendenbescheinigungen.[904]

Erledigtes Rechtsverhältnis

Handelt es sich um ein in der Vergangenheit liegendes, erledigtes Rechtsverhältnis, sind die von der Fortsetzungsfeststellungsklage bekannten Fallgruppen entsprechend anzuwenden.[905]

Zukünftiges Rechtsverhältnis

Geht es bei der Feststellungsklage um ein zukünftiges Rechtsverhältnis, ist wegen des Erfordernisses der „baldigen Feststellung" ein berechtigtes Interesse nur anzuerkennen, wenn bereits ein überschaubarer Sachverhalt vorliegt, der im Zeitpunkt des Urteils offene und klärungsbedürftige Fragen aufwirft oder wenn eine Verschlechterung oder Wiederholung in unmittelbarer Zukunft droht.[906]

Feststellungsklage Staat → Bürger

Erhebt eine Behörde ausnahmsweise eine Feststellungsklage gegen einen Bürger, gelten dieselben Überlegungen wie bei einer Leistungsklage der Verwaltung gegen den Bürger.[907] D.h. die h.M. geht trotz der Möglichkeit, einen Verwaltungsakt zu erlassen, von einem Feststellungsinteresse aus, wenn der Adressat den Verwaltungsakt ohnehin angreifen wird.[908]

Nichtigkeitsfeststellungsklage

Das berechtigte Interesse muss auch bei einer Nichtigkeitsfeststellungsklage vorliegen. Strittig ist, ob es fehlt, wenn der Kläger vor der Erhebung der Klage keinen Antrag bei der Verwaltung gem. § 44 V VwVfG gestellt hat. Gegen eine Antragspflicht spricht, dass dadurch faktisch ein „Vorverfahren" durchgeführt werden muss, obwohl der Gesetzgeber ein solches gem. § 68 I, II VwGO nur bei der Anfechtungs- und Verpflichtungsklage fordert.[909]

---

900 Wolff/Decker, VwGO, § 43 Rn 21; Hufen, VerwProzessR, § 18 Rn 12
901 Kopp/Schenke, VwGO, § 43 Rn 23; Ehlers, JURA 2007, 179, 186
902 Hufen, VerwProzessR, § 18 Rn 14
903 Kopp/Schenke, VwGO, § 43 Rn 24
904 BFH, NVwZ 2000, 967, 967
905 Siehe Rn 240 ff.
906 Hufen, VerwProzessR, § 18 Rn 15; Ehlers, JURA 2007, 179, 187
907 Siehe Rn 277
908 Kopp/Schenke, VwGO, § 43 Rn 24
909 Schenke, VerwProzessR, Rn 576

4. Klagebefugnis

Fraglich ist, ob § 42 II VwGO im Rahmen der allgemeinen Feststellungsklage analog anzuwenden ist. Die h.M. verlangt dies, weil § 42 II VwGO einen allgemeinen Rechtsgedanken des Verwaltungsprozessrechts verkörpere, den Ausschluss der Popularklage. Dieser Rechtsgedanke komme auch bei der Feststellungsklage zum Tragen.[910] Die Gegenauffassung lehnt eine analoge Anwendung des § 42 II VwGO grundsätzlich ab, weil es an einer planwidrigen Regelungslücke fehle. Die systematische Stellung des § 43 VwGO hinter § 42 VwGO zeige deutlich, dass dem Gesetzgeber das Instrument der Klagebefugnis bekannt war. Gleichwohl habe er es nur für die Anfechtungs- und Verpflichtungsklage vorgesehen. Die Funktion der Klagebefugnis werde stattdessen vom Feststellungsinteresse übernommen. Letzteres habe im Übrigen bei einer analogen Anwendung des § 42 II VwGO fast keinen Anwendungsbereich mehr, weil die Voraussetzungen des § 42 II VwGO strenger sind als die Anforderungen an das Feststellungsinteresse.[911]

Jedoch ist § 42 II VwGO nach fast einhelliger Meinung auch im Rahmen der Feststellungsklage analog anzuwenden, wenn ein Kommunalverfassungsstreit vorliegt. Nur so kann verhindert werden, dass sich ein Gemeindeorgan oder Organteil zum „Hüter des Gemeinwohls" aufschwingt und Entscheidungen juristisch zu Fall bringt, die er politisch nicht verhindern konnte.[912] Darüber hinaus ist die analoge Anwendung des § 42 II VwGO auch bei der Nichtigkeitsfeststellungsklage unstreitig.[913]

292 H.M.: § 42 II VwGO ist analog anzuwenden

M.M.: Keine analoge Anwendung des § 42 II VwGO

Unstreitige Fälle

> **KLAUSURHINWEIS**
> In einer Klausur ist der Streit um die analoge Anwendung des § 42 II VwGO kaum einmal zu entscheiden, weil der Kläger regelmäßig klagebefugt sein dürfte.

5. Vorverfahren

Ein Vorverfahren ist wegen der systematischen Stellung der §§ 68 ff. VwGO im 8. Abschnitt der VwGO grundsätzlich nicht statthaft. Eine Ausnahme gilt, wenn Spezialvorschriften wie § 54 II 1 BeamtStG und § 126 II 1 BBG dies verlangen.[914] Es gelten die Ausführungen zur allgemeinen Leistungsklage entsprechend.[915]

6. Klagefrist

Es gelten die Ausführungen zur allgemeinen Leistungsklage.[916]

7. Klagegegner

Es gelten die Ausführungen zur allgemeinen Leistungsklage.[917]

8. Beteiligungs- und Prozessfähigkeit

Es gelten die Ausführungen zur allgemeinen Leistungsklage.[918]

---

[910] BVerwG, NVwZ 2008, 423, 424; Ehlers, JURA 2007, 179, 188
[911] Kopp/Schenke, VwGO, § 42 Rn 63; Hufen, VerwProzessR, § 18 Rn 17
[912] BVerwG, NVwZ 1989, 470, 470; OVG Koblenz, NVwZ 1985, 283, 283; Hufen, VerwProzessR, § 18 Rn 17
[913] BVerwG, NVwZ 1991, 470, 471; Hufen, VerwProzessR, § 18 Rn 31
[914] Hufen, VerwProzessR, § 18 Rn 18, 33
[915] Siehe Rn 272
[916] Siehe Rn 273
[917] Siehe Rn 274
[918] Siehe Rn 275

9. Weitere Zulässigkeitsvoraussetzungen

Es gelten die Ausführungen zur Anfechtungsklage.[919]

II. OBJEKTIVE KLAGEHÄUFUNG, STREITGENOSSENSCHAFT, BEILADUNG

Es gelten die Ausführungen zur Anfechtungsklage.[920]

III. BEGRÜNDETHEIT DER KLAGE

293 Der Obersatz ist abhängig davon, welche Feststellungsklage vorliegt.

1. Bestehen/Nichtbestehen eines Rechtsverhältnisses

294 **KLAUSURHINWEIS**
Bei einer **positiven** Feststellungsklage lautet der **Obersatz**: „Die Klage ist begründet, soweit das umstrittene Rechtsverhältnis besteht".[921]
Bei der **negativen** Feststellungsklage lautet der **Obersatz**: „Die Klage ist begründet, soweit das umstrittene Rechtsverhältnis nicht besteht."[922]

Allgemeine Feststellungsklage: grds. Rechtmäßigkeitsprüfung

Bei der positiven und negativen Feststellungsklage kommt es in der Regel zu einer Prüfung der Rechtmäßigkeit des behördlichen Handels, weil zumeist darum gestritten wird, ob die Verwaltung zu einem bestimmten Verhalten befugt ist. Der Prüfungsaufbau gleicht dann demjenigen der Anfechtungsklage (Ermächtigungsgrundlage, formelle und materielle Rechtmäßigkeit), nur dass der Prüfungspunkt „Rechtsverletzung" entfällt.[923]

Ausn.: Anspruchsaufbau

Ausnahmsweise kommt der Anspruchsaufbau zum Zuge, wie er von der Verpflichtungs- und Leistungsklage bekannt ist,[924] wenn der Kläger die Feststellung begehrt, dass ihm ein Anspruch auf Vornahme eines behördlichen Handelns, das kein Verwaltungsakt ist (dann Fortsetzungsfeststellungsklage), zustand.

BEISPIEL: Der Kläger begehrt die Feststellung, dass die Verwaltung ihm eine bestimmte Auskunft, die er zwischenzeitlich anderweitig eingeholt hat, hätte erteilen müssen.

KVS: nur Organrechte

Bzgl. des Kommunalverfassungsstreits (KVS) gelten die Ausführungen zur Leistungsklage entsprechend.[925] Gerade wenn der KVS in Gestalt der Feststellungsklage auftritt, ist besonders zu beachten, dass nur die in der Klagebefugnis ermittelten Organrechte geprüft werden, es findet also keine objektive Rechtskontrolle statt.[926] Anderenfalls könnte sich der Kläger zum Hüter des Allgemeinwohls aufschwingen.

BEISPIEL: Der Kläger macht geltend, dass der Vorsitzende ihn zu Unrecht aus einer Sitzung des Gemeinderates bzw. der Gemeindevertretung entfernt hat. Ferner rügt er objektive Rechtsverstöße. Letztere spielen im Rahmen der Begründetheitsprüfung keine Rolle, sondern können höchstens in einem Hilfsgutachten berücksichtigt werden.

---

919 Siehe Rn 142 ff.
920 Siehe Rn 150 ff., 154 ff., 157
921 Hufen, VerwProzessR, § 29 Rn 3; Schenke, VerwProzessR, Rn 870
922 Hufen, VerwProzessR, § 29 Rn 3; Schenke, VerwProzessR, Rn 870
923 Wolff/Decker, VwGO, § 43 Rn 4
924 Siehe Rn 215 ff.
925 Siehe Rn 279
926 Hufen, VerwProzessR, § 29 Rn 4; Erichsen/Biermann, JURA 1997, 157, 162; Schoch, JURA 2008, 826, 838

2. Nichtigkeitsfeststellungsklage

> **KLAUSURHINWEIS**
> Bei der Nichtigkeitsfeststellungsklage lautet der **Obersatz**: „Die Klage ist begründet, soweit der Verwaltungsakt nichtig ist".[927]

295 Nichtigkeitsfeststellungsklage

Bei der Nichtigkeitsfeststellungsklage ist § 44 VwVfG zu prüfen,[928] sodass die Prüfung nur sehr kurz ausfällt.

3. Maßgeblicher Zeitpunkt

Der maßgebliche Zeitpunkt für die Beurteilung der Sach- und Rechtslage richtet sich nach dem Begehren des Klägers. Geht es ihm um die Feststellung des Bestehens oder Nichtbestehens eines gegenwärtigen Rechtsverhältnisses, ist der Zeitpunkt der letzten mündlichen Verhandlung entscheidend.[929] Liegt das streitige Rechtsverhältnis in der Vergangenheit, hat es sich also erledigt, ist die Lage in diesem Zeitpunkt maßgeblich.[930]

296 Maßgeblicher Zeitpunkt für Beurteilung der Sach- und Rechtslage

BEISPIEL: Bürger B wurde vom 1.5.-31.5. von der Polizei observiert. Begehrt er die Feststellung, dass die Observation rechtswidrig war, kommt es auf die Sach- und Rechtslage in diesem Zeitraum an.

Für die Nichtigkeitsfeststellungsklage gelten die gleichen Regeln wie für die Anfechtungsklage.[931]

Bzgl. der Abgrenzung zu dem Problem des Nachschiebens von Gründen gelten die Ausführungen im Rahmen der Anfechtungsklage.[932]

Nachschieben von Gründen

D. Klausurfall: „Auseinandersetzungen in der Gemeindevertretung"

SACHVERHALT

A ist fraktionsloses Mitglied in der Gemeindevertretung der Gemeinde G. Er begehrt die Aufhebung eines Beschlusses der Gemeindevertretung, weil er den Beschluss für rechtswidrig hält. Der Bürgermeister (B) als Vorsitzender der Gemeindevertretung habe die Redezeit unzulässig verkürzt. Ihm (A) sei im Verhältnis zu den Fraktionen in der Gemeindevertretung nur die Hälfte der Redezeit eingeräumt worden. Weiterhin habe mit dem Gemeindevertreter P ein Abgeordneter an dem Beschluss mitgewirkt, der Eigeninteressen verfolge und deshalb befangen war. P hätte folglich von der Abstimmung ausgeschlossen werden müssen.

297

B tritt der von A erhobenen verwaltungsgerichtlichen Klage im Namen der Gemeindevertretung entgegen. Er hält die Klage bereits für unzulässig, da die Sitzung der Gemeindevertretung vorüber ist und der streitgegenständliche Beschluss eine Willenserklärung der Gemeinde betraf, die inzwischen unwiderruflich abgegeben wurde. Weiterhin habe sich A primär an die Kommunalaufsichtsbehörde zu halten, um sein Begehren durchzusetzen.

---

927 Hufen, VerwProzessR, § 29 Rn 11; Schenke, VerwProzessR, Rn 870
928 Hufen, VerwProzessR, § 29 Rn 11
929 Wolff/Decker, VwGO, § 43 Rn 2; Hufen, VerwProzessR, § 24 Rn 16
930 Hufen, VerwProzessR, § 24 Rn 16
931 Wolff/Decker, VwGO, § 43 Rn 2
932 Siehe Rn 187

A erwidert auf diese Einwände, die Willenserklärung der Gemeinde sei unmittelbar nach der Beschlussfassung abgegeben worden, sodass er sie gar nicht gerichtlich habe verhindern können. Zudem sei es ihm nicht zumutbar, sich an die Kommunalaufsichtsbehörde zu wenden.
Hat die Klage des A Erfolg?

Bearbeitervermerk:
Die Begriffe „Gemeindevertretung" und „Gemeinderat" sind Synonyme.
Eine landesrechtliche Bestimmung i.S.v. §§ 61 Nr. 3, 78 I Nr. 2 VwGO existiert nicht.
Die maßgeblichen landesrechtlichen Vorschriften haben folgenden Inhalt:
§ 22 Gemeindeordnung (GemO):
„(1) Gemeindevertreter und alle Bürger und Einwohner, die ein Ehrenamt ausüben, sowie hauptamtliche Bürgermeister und Beigeordnete dürfen nicht beratend und entscheidend mitwirken, wenn die Entscheidung ihnen selbst einen unmittelbaren Vorteil oder Nachteil bringen kann."

....

„(6) Eine Entscheidung ist unwirksam, wenn sie unter Mitwirkung einer nach Abs. 1 ausgeschlossenen Person ergangen ist oder wenn eine mitwirkungsberechtigte Person ohne einen Ausschließungsgrund nach Abs. 1 von der Beratung oder Entscheidung ausgeschlossen wurde."
§ 35 GemO:
„Die Gemeindevertreter üben ihr Amt unentgeltlich nach freier, nur durch die Rücksicht auf das Gemeinwohl bestimmter Gewissensüberzeugung aus; sie sind an Weisungen oder Aufträge ihrer Wähler nicht gebunden."
§ 42 GemO:
„(1) Der Bürgermeister ist Vorsitzender der Gemeindevertretung und Leiter der Gemeindeverwaltung. Er vertritt die Gemeinde.
(2) Der Bürgermeister bereitet die Sitzungen der Gemeindevertretung und der Ausschüsse vor und vollzieht die Beschlüsse."
§ 60 GemO:
„Die Gemeindevertretung regelt ihre inneren Angelegenheiten durch eine Geschäftsordnung."
Nach der Geschäftsordnung der Gemeindevertretung von G ist der Vorsitzende berechtigt, die Redezeit zu einzelnen Tagesordnungspunkten zu beschränken.

LÖSUNG

Die verwaltungsgerichtliche Klage des A hat Erfolg, soweit sie zulässig und begründet ist.

A. Zulässigkeit der Klage

I. VERWALTUNGSRECHTSWEG
Die vor dem Verwaltungsgericht erhobene Klage ist nur zulässig, wenn der Verwaltungsrechtsweg eröffnet ist. Mangels aufdrängender Sonderzuweisungen richtet sich dies nach der Generalklausel des § 40 I 1 VwGO. Danach muss eine öffentlich-rechtliche Streitigkeit nichtverfassungsrechtlicher Art vorliegen. Öffentlich-rechtlich ist die Streitigkeit, wenn die streitentscheidende Norm eine solche des öffentlichen

Rechts ist, d.h. wenn sie ausschließlich einen Hoheitsträger in seiner Eigenschaft als Hoheitsträger berechtigt oder verpflichtet (modifizierte Subjektstheorie bzw. Sonderrechtslehre). Streitentscheidend sind Bestimmungen der GemO, die mit der Gemeinde und ihren Organen Hoheitsträger berechtigen und verpflichten. Folglich handelt es sich um Normen des öffentlichen Rechts, sodass eine öffentlich-rechtliche Streitigkeit vorliegt. Diese ist auch nichtverfassungsrechtlicher Art. Somit sind die Voraussetzungen des § 40 I 1 VwGO erfüllt. Eine abdrängende Sonderzuweisung existiert nicht.
Der Verwaltungsrechtsweg ist gem. § 40 I 1 VwGO eröffnet.

II. STATTHAFTE KLAGEART

Die statthafte Klageart richtet sich gem. § 88 VwGO nach dem Begehren des Klägers. A begehrt die Aufhebung des Beschlusses der Gemeindevertretung. Für dieses Begehren könnte die Anfechtungsklage gem. § 42 I 1. Fall VwGO die statthafte Klageart darstellen. Das setzt voraus, dass der Kläger die Aufhebung eines Verwaltungsaktes i.S.v. § 35 S. 1 VwVfG begehrt.

Fraglich ist jedoch zum einen, ob die erforderliche Außenwirkung gegeben ist. Auf unmittelbare Rechtswirkung nach außen ist eine hoheitliche Maßnahme gerichtet, wenn sie final Rechtsfolgen bei einem Rechtssubjekt erzeugt, das außerhalb des Rechtsträgers der handelnden Behörde steht. Der Kläger als Gemeindevertreter und der Bürgermeister sowie die gesamte Gemeindevertretung sind Teil der Gemeindeverwaltung von G. Der Rechtsstreit spielt sich folglich verwaltungsintern ab. Es handelt sich um einen sog. **Kommunalverfassungsstreit** (KVS), der sich dadurch auszeichnet, dass sich Organe oder Organteile einer kommunalen Selbstverwaltungskörperschaft um die ihnen zustehenden Kompetenzen streiten. Da sich der Streit innerhalb eines Gemeindeorgans abspielt, liegt ein KVS in Gestalt des sog. **Intraorganstreits** vor. Gleichwohl könnte man der Ansicht sein, dass eine Außenwirkung i.S.v. § 35 S. 1 VwVfG vorliegt. Zur Begründung ließe sich auf die Situation bei den Sonderstatusverhältnissen verweisen. Dort hat eine Maßnahme auch Außenwirkung, wenn sie einen Beamten oder Richter in seiner persönlichen Rechtsstellung, also in einem subjektiven Recht betrifft. Dieser Argumentation kann jedoch entgegengehalten werden, dass die Situation beim KVS anders gelagert ist als in einem Sonderstatusverhältnis. Beim KVS tritt der Kläger nicht als natürliche Person auf, sondern in seiner hoheitlichen Funktion. Zudem rügt der Kläger beim KVS seine Rechte als Organ oder Organteil und nicht „natürliche" Rechtspositionen. Schließlich bedarf es auch nicht der Herleitung einer Außenrechtsbeziehung, um dem Kläger effektiven Rechtsschutz zu gewähren. Folglich entfaltet der Beschluss der Gemeindevertretung gegenüber A keine Außenwirkung.

Darüber hinaus ist fraglich, ob der Beschluss der Gemeindevertretung die Maßnahme einer Behörde gem. § 35 S. 1 VwVfG ist. Nach der Legaldefinition des § 1 IV VwVfG ist Behörde jede Stelle, die Aufgaben der öffentlichen Verwaltung wahrnimmt. Konkret bedeutet dies u.a., dass sie eigenverantwortlich im eigenen Namen nach außen handelt. Der Beschluss der Gemeindevertretung betraf die Abgabe einer Willenserklärung. Diese Erklärung erfolgt nach außen gem. § 42 I 2, II GemO durch den Bürgermeister und nicht durch die Gemeindevertretung. Somit ist der Beschluss der Gemeindevertretung auch mangels Behördeneigenschaft kein Verwaltungsakt. Demnach scheidet die Anfechtungsklage als statthafte Klageart aus.

Möglicherweise gelangt in dieser Situation die allgemeine Gestaltungsklage zur Anwendung. Ihre Existenz lässt sich eventuell aus der Formulierung „Gestaltungsklage" in § 43 II 1 VwGO ableiten. Vergleichbar mit dem Verhältnis Verpflichtungsklage - allgemeine Leistungsklage wäre die Anfechtungsklage nur eine positivrechtliche Ausprägung der allgemeinen Gestaltungsklage. Deren Anwendungsbereich wäre dann eröffnet, wenn es - wie hier - um die Aufhebung einer hoheitlichen Maßnahme geht, die kein Verwaltungsakt ist.

Gegen diese Überlegung spricht jedoch, dass Hoheitsakte, die nicht Verwaltungsakte sind, im Falle ihrer Rechtswidrigkeit sogleich nichtig sind. Es gibt also nichts zu gestalten, d.h. aufzuheben. Weiterhin stellen Gestaltungsurteile erhebliche Eingriffe in den Handlungsbereich der Exekutive dar, die deshalb einer ausdrücklichen gesetzlichen Regelung bedürfen, was bzgl. der allgemeinen Gestaltungsklage nicht der Fall ist. Schließlich gibt es mit der Vollstreckungsabwehrklage gem. § 167 I 1 VwGO i.V.m. § 767 ZPO und der Drittwiderspruchsklage gem. § 167 I 1 VwGO i.V.m. § 771 ZPO weitere Gestaltungsklagen neben der Anfechtungsklage, sodass die Formulierung „Gestaltungsklage" in § 43 II 1 VwGO auch dann sinnvoll ist, wenn eine allgemeine Gestaltungsklage abgelehnt wird.

Demnach scheidet auch die allgemeine Gestaltungsklage als statthafte Klageart aus. Somit verbleiben als anerkannte Klagearten der VwGO, die dem Klagebegehren des A entsprechen könnten, die Feststellungsklage gem. § 43 I VwGO und die allgemeine Leistungsklage. Sie sind zwar, wie die gesamte VwGO, von ihrer Grundkonzeption auf Außenrechtsstreitigkeiten ausgerichtet. Jedoch können ihre Voraussetzungen so modifiziert werden, dass sie auch Innenrechtsstreitigkeiten wie den KVS erfassen. Daher bedarf es auch nicht der Konstruktion einer Klageart sui generis für den KVS, wie dies früher vertreten wurde.

Die allgemeine Leistungsklage könnte hier so modifiziert werden, dass sie auf Aufhebung des Beschlusses der Gemeindevertretung gerichtet ist (sog. **kassatorische Leistungsklage**). Das würde aber verkennen, dass ein Leistungsurteil nicht rechtsgestaltend „kassiert", sondern nur zu einer Leistung verurteilen kann.

Demnach kommt nur noch die Feststellungsklage als statthafte Klageart in Betracht. Dann muss der Kläger gem. § 43 I 1. Fall VwGO die Feststellung des Bestehens oder Nichtbestehens eines Rechtsverhältnisses begehren. Unter Rechtsverhältnis sind die aus einem konkreten Sachverhalt aufgrund einer öffentlich-rechtlichen Norm sich ergebenden rechtlichen Beziehungen einer Person zu einer anderen Person oder zu einer Sache zu verstehen. Den konkreten Sachverhalt stellen die Vorgänge auf der Sitzung der Gemeindevertretung dar, d.h. die Redezeitbegrenzung sowie die Mitwirkung des P. Daraus resultieren auf der Grundlage öffentlich-rechtlicher Normen in Gestalt der Bestimmungen der GemO rechtliche Beziehungen zu Personen dergestalt, dass durch diese Vorgänge subjektiv-öffentliche Rechte des Klägers beeinträchtigt sein könnten, sodass der Beschluss der Gemeindevertretung möglicherweise nichtig ist. Mithin liegt ein Rechtsverhältnis im Sinne des § 43 I VwGO vor, dessen Nichtbestehen der Kläger festgestellt haben möchte (sog. **negative Feststellungsklage**).

Problematisch ist allerdings, dass der streitgegenständliche Beschluss der Gemeindevertretung eine Willenserklärung der Gemeinde betraf, die inzwischen unwiderruflich abgegeben wurde. Damit hat sich das Rechtsverhältnis erledigt. Allerdings verlangt der Wortlaut des § 43 I VwGO nicht, dass das Rechtsverhältnis aktuell noch bestehen muss. Die Feststellungsklage kann folglich auch in der Vergangenheit liegende, erledigte Rechtsverhältnisse zum Gegenstand haben.

Da schließlich auch der Subsidiaritätsgrundsatz des § 43 II 1 VwGO gewahrt ist, ist die Feststellungsklage gem. § 43 I VwGO die statthafte Klageart.

> **KLAUSURHINWEIS**
> Da eine **Klageart sui generis** beim KVS nicht mehr vertreten wird, ist ihre Darstellung in der Klausur nicht zwingend.

III. KLAGEBEFUGNIS

A muss eventuell klagebefugt sein. Die analoge Anwendung des § 42 II VwGO ist im Rahmen der Feststellungsklage wegen des besonderen Erfordernisses des Feststellungsinteresses zwar grundsätzlich umstritten. Eine Ausnahme gilt jedoch beim KVS. Hier besteht in besonderem Maße die Gefahr, dass sich ein Gemeindeorgan oder Organteil zum „Hüter des Gemeinwohls" aufschwingt und Entscheidungen juristisch zu Fall bringen möchte, die er politisch nicht verhindern konnte. Um also zu verhindern, dass der KVS zu einem objektiven Beanstandungsverfahren mutiert, ist die analoge Anwendung des § 42 II VwGO in dieser prozessualen Situation geboten. Folglich muss A geltend machen, durch die Vorgänge im Zusammenhang mit dem Beschluss der Gemeindevertretung in eigenen Rechten verletzt zu sein. In diesem Zusammenhang ist zu beachten, dass der Kläger beim KVS nicht als natürliche Person, sondern in seiner hoheitlichen Eigenschaft als Gemeindevertreter auftritt. Das hat zur Folge, dass er die Verletzung von Rechten behaupten muss, die ihm in seiner Eigenschaft als Organ oder Organteil der Gemeinde zustehen (sog. **Organrechte**). Entscheidend für die Klagebefugnis ist, dass die Mitwirkungsrechte dem Kläger die Befugnis einräumen, die Einhaltung dieser Rechte auch von dem beklagten Organ zu verlangen (sog. **Kontrastorgantheorie**).

Bzgl. der Verkürzung der Redezeit könnte A in seinen Organrechten aus § 35 GemO verletzt sein. Das in § 35 GemO verankerte sog. **freie Mandat** verbürgt dem einzelnen Gemeindevertreter insbesondere ein Rede-, Antrags- und Abstimmungsrecht, um seine Position im demokratischen Willensbildungsprozess in der Gemeindevertretung zu festigen. Ohne diese grundlegenden Rechte könnte A sein Mandat nicht effektiv wahrnehmen. Diese Rechte sind ihm vom Gesetzgeber auch gerade deshalb eingeräumt worden, um sie gegenüber der Gemeindevertretung und ihrem Vorsitzenden durchsetzen zu können. Folglich kann die Verkürzung der Redezeit den Kläger in seinem Organrecht aus § 35 GemO verletzen.

Hingegen steht ihm sein Grundrecht aus Art. 5 I 1 1. Fall GG richtigerweise nicht zur Verfügung. Das wäre nur der Fall, wenn A nicht in seiner hoheitlichen Funktion als Gemeindevertreter, sondern als natürliche Person die Klage erheben würde. Zudem ist er durch sein Organrecht aus § 35 GemO so ausreichend geschützt, dass es des Rückgriffs auf die Grundrechte nicht bedarf.

Die Mitwirkung des P am Beschluss der Gemeindevertretung könnte gegen § 22 GemO verstoßen. Fraglich ist, ob diese Norm dem Kläger ein Organrecht gewährt. Dafür könnte unter teleologischen Gesichtspunkten sprechen, dass sich die anerkannten Organrechte der Gemeindevertreter auf Teilnahme, Beratung und Abstimmung nicht von dem Abstimmungsergebnis und seinem Zustandekommen trennen lassen, sodass der Erfolgswert der Stimme eines Gemeindevertreters davor geschützt ist, durch die rechtswidrige Teilnahme eines anderen Gemeindevertreters beeinträchtigt zu werden.[933] Andererseits ist dem Wortlaut des § 22 GemO nicht zu entnehmen, dass es um den Schutz des Stimmgewichts der Gemeindevertreter geht, bei denen kein Interessenwiderstreit vorliegt. Vielmehr hat die Norm zum Ziel, eine unvoreingenommene, nicht durch unsachliche Motive bestimmte Beschlussfassung der Gemeindevertretung sicherzustellen, um das Vertrauen der Bürger in eine „saubere" Kommunalverwaltung zu stärken. Demnach verfolgt die Bestimmung ein öffentliches Interesse. Dass durch ihre Anwendung eine Erhöhung des Stimmgewichts der Gemeindevertreter bewirkt wird, bei denen kein Interessenwiderstreit vorliegt, ist lediglich ein Rechtsreflex, d.h. eine nicht beabsichtigte Nebenfolge der Gesetzesanwendung. Daher vermittelt § 22 GemO kein Organrecht.[934]

Die Klagebefugnis des A folgt somit nur aus einer möglichen Verletzung seines Organrechts aus § 35 GemO.

IV. FESTSTELLUNGSINTERESSE

Gem. § 43 I VwGO ist die Feststellungsklage nur zulässig, wenn der Kläger ein berechtigtes Interesse an der baldigen Feststellung hat. Damit ist jedes schutzwürdige Interesse rechtlicher, wirtschaftlicher oder ideeller Art gemeint. A kann ein rechtliches Interesse aus § 35 GemO herleiten, der ihm wie gezeigt ein Organrecht einräumt.

Problematisch ist jedoch, dass sich das streitgegenständliche Rechtsverhältnis zwischenzeitlich erledigt hat, indem die Gemeinde die beschlossene Willenserklärung unwiderruflich abgegeben hat. In dieser Situation besteht ein Bedürfnis an einer gerichtlichen Kontrolle nur, wenn sich das erledigte Rechtsverhältnis noch auf die Gegenwart auswirkt. Das ist der Fall, wenn eine der entsprechend anwendbaren Fallgruppen der Fortsetzungsfeststellungsklage vorliegt. Die Willenserklärung der Gemeinde wurde unmittelbar nach der Beschlussfassung abgegeben. A konnte dies also gar nicht durch Einlegung eines Rechtsbehelfs verhindern. Folglich speist sich sein Feststellungsinteresse aus dem Gebot des effektiven Rechtsschutzes, wonach kurzfristig erledigte Eingriffe in Organrechte gerichtlich überprüfbar sein müssen. Demnach weist A das erforderliche Feststellungsinteresse auf.

V. KLAGEGEGNER

Der Klagegegner bestimmt sich bei der Feststellungsklage grundsätzlich nach dem Rechtsträgerprinzip. Da beim KVS jedoch Kläger und Beklagter demselben Rechtsträger, der Gemeinde, angehören, gilt hier eine Ausnahme. Zu verklagen ist das Organ bzw. der Organteil, von dem die umstrittene Maßnahme stammt. Daher muss A seine Klage gegen den Bürgermeister richten, der die Redezeit verkürzt hat.

---

933 Erichsen/Biermann, JURA 1997, 157, 160; Schoch, JuS 1987, 783, 791 f.
934 OVG Koblenz, NVwZ 1985, 283, 283 f.

VI. BETEILIGUNGS- UND PROZESSFÄHIGKEIT
Die an dem gerichtlichen Verfahren Beteiligten müssen beteiligungs- und prozessfähig sein. Da Kläger und Beklagter beim KVS nicht als natürliche Personen, sondern in ihrer hoheitlichen Funktion auftreten, ist fraglich, ob §§ 61, 62 VwGO direkt oder analog anzuwenden sind. Die Rechtsansichten hierzu variieren zwischen § 61 Nr. 1 VwGO, § 61 Nr. 2 VwGO und § 61 Nr. 2 VwGO analog bzw. § 62 I VwGO, § 62 III VwGO und § 62 III VwGO analog. Im Ergebnis sind Beteiligungs- und Prozessfähigkeit jedenfalls allgemein anerkannt, da es den Kommunalorganen möglich sein muss, die ihnen zustehenden Organrechte gerichtlich durchzusetzen. Anderenfalls wäre ihre effektive Wahrnehmung nicht möglich. Folglich sind A und der Bürgermeister beteiligungs- und prozessfähig.

VII. RECHTSSCHUTZBEDÜRFNIS
Für die Klage des A muss das Rechtsschutzbedürfnis gegeben sein. Es darf insbesondere keinen schnelleren, einfacheren und kostengünstigeren Weg geben, auf dem das Rechtsschutzziel ebenfalls erreichbar ist. Möglicherweise hätte sich A, wie von B gefordert, erst an die Kommunalaufsichtsbehörde wenden müssen, bevor er Klage bei Gericht erhebt. Da jedoch die Kommunalaufsichtsbehörde nur im öffentlichen Interesse tätig wird, kann A nicht verlangen, dass sie einschreitet. Er kann sein Rechtsschutzziel folglich auf diesem Weg nicht ebenso effektiv verfolgen wie mit der erhobenen Klage. Somit liegt das erforderliche Rechtsschutzbedürfnis für die Klage des A vor.

Rechtliche Bedenken hinsichtlich der übrigen Zulässigkeitsvoraussetzungen bestehen nicht.

Mithin ist die Klage des A zulässig.

B. Begründetheit der Klage
Die Feststellungsklage ist begründet, soweit das umstrittene Rechtsverhältnis nicht besteht. Um zu verhindern, dass sich der Kläger beim KVS zum Hüter des Allgemeinwohls aufschwingt, kommt es nur auf die Verletzung seiner Organrechte an.

> **KLAUSURHINWEIS**
> Folglich spielt ein möglicher Verstoß gegen § 22 GemO i.R.d. Begründetheit keine Rolle.

I. ERMÄCHTIGUNGSGRUNDLAGE FÜR DIE REDEZEITBESCHRÄNKUNG
Ermächtigungsgrundlage für die Verkürzung der Redezeit ist § 60 GemO i.V.m. der Geschäftsordnung der Gemeindevertretung (GO). Hierbei handelt es sich nicht um eine derart wesentliche Angelegenheit, dass die Einzelheiten durch den Parlamentsgesetzgeber festgelegt werden müssten. Folglich ist es zulässig, die Detailregelungen in der GO zu treffen.

II. FORMELLE RECHTMÄSSIGKEIT DER REDEZEITBESCHRÄNKUNG
Mit dem Vorsitzenden der Gemeindevertretung hat die zuständige Stelle gehandelt. Verfahrens- und Formfehler sind nicht ersichtlich. Folglich ist die Redezeitverkürzung formell rechtmäßig.

III. MATERIELLE RECHTMÄSSIGKEIT DER REDEZEITBESCHRÄNKUNG

Materiell ist die Redezeitbeschränkung rechtmäßig, wenn die Voraussetzungen der Ermächtigungsgrundlage gewahrt sind.

§ 15 GO enthält keine Tatbestandsvoraussetzungen, sondern stellt die Entscheidung über die Beschränkung der Redezeit in das Ermessen des Vorsitzenden. Dieser muss also seine Entscheidung ermessensfehlerfrei getroffen haben. Als Ermessensfehler kommt nur eine Ermessensüberschreitung in Gestalt der Verletzung des Verhältnismäßigkeitsprinzips in Betracht. Dafür könnte sprechen, dass dem Kläger im Verhältnis zu den Fraktionen nur die Hälfte der Redezeit zugestanden wurde, sodass die Maßnahme eventuell unangemessen ist. Allerdings spiegelt sich in der Größe einer Fraktion letztlich der Wählerwille wider. Es ist daher sachgerecht, nach Maßgabe der Fraktionsstärke zu differenzieren. Eine Gleichbehandlung des Klägers mit den Fraktionen würde eine überproportionale Steigerung seiner Mitgliedschaftsrechte gegenüber den anderen Gemeindevertretern bedeuten. Daher ist es angemessen, ihm nur die Hälfte der Redezeit einzuräumen. Der Vorsitzende hat sein Ermessen somit rechtmäßig ausgeübt, sodass die Redezeitbeschränkung materiell rechtmäßig ist.

Die Feststellungsklage des A ist zulässig, aber unbegründet und hat folglich keinen Erfolg.

> **KLAUSURHINWEIS**
> Lehnt man die Anwendbarkeit des Verhältnismäßigkeitsprinzips ab, weil nicht das klassische Staat-Bürger-Verhältnis vorliegt, ist gleichwohl die Angemessenheit der Redezeitverkürzung zu diskutieren. Denn diese erfolgt nicht im rechtsfreien Raum, sondern muss die Organrechte des Klägers beachten. Letzteres ist nur der Fall, wenn diese Organrechte nicht mehr als unbedingt erforderlich begrenzt werden.

6. Teil – Prinzipale Normenkontrolle, § 47 VwGO

A. Einleitung

Sonderstellung innerhalb der Hauptsacheverfahren

298 Die Normenkontrolle nach § 47 VwGO nimmt innerhalb der Hauptsacheverfahren der VwGO eine Sonderstellung ein, weil sie nicht Einzelentscheidungen der Verwaltung zum Gegenstand hat, sondern materielle Gesetze. Gesetze können zwar auch im Rahmen der anderen Klagearten inzident überprüft werden (sog. **inzidente Normenkontrolle**).

> **BEISPIEL:** Nachbar N greift die dem Bauherrn B erteilte Baugenehmigung mit dem Argument an, der zugrunde liegende Bebauungsplan sei unwirksam. Das Verwaltungsgericht prüft im Rahmen der Anfechtungsklage inzident die Wirksamkeit des Bebauungsplans.

Inter partes <-> inter omnes

Bei § 47 VwGO bildet jedoch die Wirksamkeit des materiellen Gesetzes den ausschließlichen Gegenstand des Verfahrens. Neben der Verfassungsbeschwerde ist § 47 VwGO die einzige Möglichkeit für den Bürger, ein Gesetz direkt anzugreifen. Die Entscheidung des Gerichts über die Wirksamkeit der Norm wirkt im Gegensatz zur inzidenten Kontrolle nicht nur zwischen den Beteiligten des Rechtsstreits (inter partes), sondern hat gem. § 47 V 2 VwGO allgemeine Geltung (inter omnes).

Die genaue Bezeichnung der Normenkontrolle nach § 47 VwGO ist strittig. Da in diesem Verfahren die angegriffenen Gesetze abstrakt überprüft werden, also kein zu entscheidender Ausgangsrechtsstreit zugrunde liegt, wird teilweise von einer „abstrakten Normenkontrolle" gesprochen.[935] Damit besteht aber die Gefahr der Verwechselung mit der abstrakten Normenkontrolle gem. Art. 93 I Nr. 2 GG. Deshalb wird hier der Begriff „prinzipale Normenkontrolle" verwendet.[936]

Terminologie: prinzipale Normenkontrolle

KLAUSURHINWEIS
In einer Klausur sollte nicht der Begriff „Klage", sondern der Begriff „Antrag" verwendet werden, weil auch der Gesetzgeber in § 47 VwGO diesen Begriff benutzt.

B. Prüfungsschema: Aufbau der prinzipalen Normenkontrolle

PRÜFUNGSSCHEMA

I. Zulässigkeit des Antrags
  1. Verwaltungsrechtsweg
  2. Statthaftigkeit des Antrags
  3. Antragbefugnis
  4. Antragsfrist
  5. Antragsgegner
  6. Beteiligungs- und Prozessfähigkeit
  7. Weitere Zulässigkeitsvoraussetzungen
     a) Ordnungsgemäße Klageerhebung
     b) Rechtshängigkeit und Rechtskraft
     c) Rechtsschutzbedürfnis
     d) Rechtsbehelfe gegen behördliche Verfahrenshandlungen
II. Objektive Antragshäufung
III. Streitgenossenschaft
IV. Beiladung
V. Begründetheit des Antrags
  1. Ggf. Passivlegitimation
  2. Ermächtigungsgrundlage
  3. Formelle Rechtmäßigkeit
     a) Zuständige Behörde
     b) Verfahren
     c) Form
  4. Materielle Rechtmäßigkeit
     a) Tatbestand der Ermächtigungsgrundlage
     b) Rechtsfolge der Ermächtigungsgrundlage

---

935 *Wolff/Decker, VwGO, § 47 Rn 1*
936 *Kopp/Schenke, VwGO, § 47 Rn 1*

C. Systematik und Vertiefung

299 > **KLAUSURHINWEIS**
> Da der Gesetzgeber in § 47 VwGO von einem „Antrag" spricht, lautet der **Obersatz**: Der Antrag hat Erfolg, soweit er zulässig und begründet ist".

I. ZULÄSSIGKEIT DES ANTRAGS

Wie bei der Fortsetzungsfeststellungsklage, der allgemeinen Leistungsklage und der Feststellungsklage werden nachfolgend nur die Besonderheiten dargestellt, die bei der Prüfung der Zulässigkeit eines Normenkontrollantrags nach § 47 VwGO zu beachten sind.

1. Verwaltungsrechtsweg

300 Mit der Formulierung „das Oberverwaltungsgericht entscheidet im Rahmen seiner Gerichtsbarkeit" macht § 47 I VwGO deutlich, dass der Verwaltungsrechtsweg eröffnet sein muss. Dafür genügt es jedoch nicht, dass die angegriffene Rechtsvorschrift eine öffentlich-rechtliche Norm ist. Entscheidend ist vielmehr, dass für ihren Vollzug der Verwaltungsrechtsweg eröffnet ist. Dadurch soll verhindert werden, dass das Oberverwaltungsgericht (OVG) bzw. der Verwaltungsgerichtshof (VGH) die Gericht anderer Rechtszweige für Streitigkeiten präjudiziert, für die diese im konkreten Streitfall zuständig sind.[937]

„im Rahmen seiner Gerichtsbarkeit"

> **BEISPIEL:** Eine städtische Rechtsverordnung verbietet das Füttern von Wildtauben und verwilderten Haustauben und sieht für eine Zuwiderhandlung ein Bußgeld vor. Rentner R verstößt gegen das Verbot und erhält deshalb einen Bußgeldbescheid. Er möchte den Bußgeldbescheid angreifen sowie die Verordnung abstrakt überprüfen lassen, weil er sie insgesamt für rechtswidrig hält.
>
> Gegen den Bußgeldbescheid muss R mit einem Einspruch gem. § 67 OWiG vorgehen, über den gem. § 68 I OWiG das Amtsgericht entscheidet. Die Rechtsverordnung als Ganzes kann er unter den Voraussetzungen des § 47 I Nr. 2 VwGO angreifen, nicht jedoch die Bußgeldvorschrift, weil für deren Vollzug nicht der Verwaltungsrechtsweg eröffnet ist. Die Bußgeldvorschrift kann nur das Amtsgericht selbst inzident überprüfen und, im Falle ihrer Rechtswidrigkeit, unangewendet lassen.

Inhaltlich ist der Verwaltungsrechtsweg so zu prüfen, wie dies auch bei den anderen Klagearten geschieht.[938]

2. Statthaftigkeit des Antrags

301 Der Antrag auf Normenkontrolle ist gem. § 47 I Nr. 1 VwGO statthaft, wenn es um die Gültigkeit von Satzungen, die nach den Vorschriften des BauGB erlassen wurden, sowie von Rechtsverordnungen aufgrund des § 246 II BauGB geht. Weiterhin ist er gem. § 47 I Nr. 2 VwGO möglich, wenn eine landesrechtliche Bestimmung vorsieht, dass auch andere im Rang unter dem Landesgesetz stehende Rechtsvorschriften angegriffen werden können.

---

[937] Kopp/Schenke, VwGO, § 47 Rn 17; Wolff/Decker, VwGO, § 43 Rn 18
[938] Siehe Rn 40 ff., 192 f., 256 ff.

Allgemeine Voraussetzung ist, dass die streitgegenständliche Norm bereits existent, d.h. erlassen ist. Erlassen ist die Norm, wenn sie bekannt gegeben bzw. verkündet wurde, ihr Inkrafttreten ist nicht erforderlich, weil mit der Bekanntgabe bzw. Verkündung das Rechtsetzungsverfahren abgeschlossen ist.[939] Damit scheidet eine vorbeugende Normenkontrolle nach § 47 VwGO aus. Möglich ist sie nur in Gestalt einer vorbeugenden Unterlassungs- oder Feststellungsklage.[940]

Vorbeugende Normenkontrolle

Ist die angegriffene Vorschrift außer Kraft getreten, ist die Normenkontrolle gleichwohl statthaft, wenn die Rechtsnorm noch Auswirkungen auf Rechtsbeziehungen in der Gegenwart hat.[941] Die von der Fortsetzungsfeststellungsklage bekannten Fallgruppen (Wiederholungsgefahr, Präjudizinteresse, Rehabilitationsinteresse, typischerweise kurzfristig erledigter Grundrechtseingriff)[942] gelten entsprechend.[943]

Außer Kraft getretene Norm

BEISPIEL: Aufgrund einer Gebührensatzung erhält A einen Gebührenbescheid. A greift die Satzung und den Bescheid an. Während der noch laufenden Gerichtsverfahren wird die Satzung aufgehoben. Damit ist sie zwar außer Kraft getreten, jedoch weiterhin für die Rechtmäßigkeit des Gebührenbescheids bedeutsam und somit tauglicher Gegenstand einer Normenkontrolle nach § 47 I VwGO.[944]

KLAUSURHINWEIS
Die Voraussetzungen, um eine außer Kraft getretene Vorschrift angreifen zu dürfen, müssen nicht zwingend an dieser Stelle im Prüfungsaufbau erörtert werden. Alternativ kann die Darstellung im Prüfungspunkt „Antragsbefugnis" oder „Rechtsschutzbedürfnis" erfolgen.[945]

a) Satzungen nach dem BauGB, § 47 I Nr. 1 VwGO

§ 47 I Nr. 1 VwGO gewährleistet einen bundesweit einheitlichen Rechtsschutz gegen Satzungen nach dem BauGB.

302 *Satzungen nach BauGB*

BEISPIELE: Der klausurrelevanteste Anwendungsfall des § 47 I Nr. 1 VwGO ist der Bebauungsplan, der gem. § 10 I BauGB als Satzung ergeht. Weiterhin relevant sind die Veränderungssperre gem. §§ 14, 16 I BauGB sowie die Innen- und Außenbereichssatzungen gem. §§ 34 IV, 35 VI BauGB.

Den Satzungen gleichgestellt sind Rechtsverordnungen in den Stadtstaaten gem. § 246 II BauGB.

Rechtsverordnungen gem. § 246 II BauGB

Problematisch ist die Rechtslage bei dem Flächennutzungsplan. Dieser ist gem. § 1 II BauGB ein vorbereitender Bauleitplan und wirkt daher grundsätzlich nur verwaltungsintern, indem er Vorgaben für den verbindlichen Bebauungsplan formuliert, die dieser gem. § 8 II 1 BauGB umzusetzen hat. Folglich ist der Flächennutzungsplan

Sonderfall: Flächennutzungsplan

---

939 *Wolff/Decker, VwGO,* § 47 Rn 16; *Hufen, VerwProzessR,* § 19 Rn 17
940 Siehe Rn 266, 278, 289
941 *Kopp/Schenke, VwGO,* § 47 Rn 26
942 Siehe Rn 240 ff.
943 *Kopp/Schenke, VwGO,* § 47 Rn 90
944 Vgl. *Wolff/Decker, VwGO,* § 47 Rn 17
945 *Wolff/Decker, VwGO,* § 47 Rn 17

keine Satzung und somit kein statthafter Antragsgegenstand gem. § 47 I Nr. 1 VwGO.[946] Eine Ausnahme gilt jedoch, wenn einzelne Darstellungen des Flächennutzungsplans kraft Gesetzes Außenwirkung haben.

BEISPIEL: Gem. § 35 III 3 BauGB sind privilegierte Vorhaben i.S.v. § 35 I Nr. 2-6 BauGB in der Regel unzulässig, wenn sie nach dem Flächennutzungsplan an einer anderen Stelle errichtet werden sollen. Das gilt vor allem für Windkraftanlagen nach i.S.v. § 35 I Nr. 5 BauGB, die der Bauherr außerhalb der durch den Flächennutzungsplan dafür festgelegten Vorrangflächen bauen will.

Diese, aber auch nur diese „außenwirksamen" Darstellungen eines Flächennutzungsplans können direkt angegriffen werden. Strittig ist nur, wie dies zu geschehen hat. Eine Ansicht will § 47 I Nr. 2 VwGO heranziehen, weil der Flächennutzungsplan keine Satzung ist und somit nur als „andere Rechtsvorschrift" qualifiziert werden könne.[947] Die h.M. geht hingegen von einer analogen Anwendung des § 47 I Nr. 1 VwGO aus.[948] Die planwidrige Regelungslücke folge daraus, dass die Flächennutzungspläne zurzeit des Erlasses des § 47 VwGO durchweg keine Außenwirkung hatten. Der Gesetzgeber konnte sich somit damals einer gesetzlich angeordneten Außenwirkung wie in § 35 III 3 BauGB nicht bewusst sein. Die vergleichbare Interessenlage des geregelten mit dem nicht geregelten Sachverhalt ergebe sich aus dem Zweck des § 47 I Nr. 1 BauGB, bei Satzungen nach dem BauGB einen bundesweit einheitlichen Rechtsschutz zu gewährleisten. Wirke eine Darstellung in einem Flächennutzungsplan kraft gesetzlicher Anordnung wie eine Festsetzung in einem Bebauungsplan, müsse sich genauso behandelt werden. Eine Anwendung des § 47 I Nr. 2 VwGO gefährde hingegen das Ziel eines bundesweit einheitlichen Rechtsschutzes, weil die Geltung dieser Vorschrift von einem Handeln des jeweiligen Landesgesetzgebers abhängig ist.

MERKSATZ
Darstellungen in einem Flächennutzungsplan sind als bloßes Innenrecht grundsätzlich nicht tauglicher Gegenstand einer Normenkontrolle nach § 47 I VwGO. Eine Ausnahme gilt nur für diejenigen Darstellungen, die kraft Gesetzes Außenwirkung haben. Sie können analog § 47 I Nr. 1 VwGO direkt angegriffen werden.

b) Andere im Rang unter dem Landesrecht stehende Rechtsvorschriften, § 47 I Nr. 2 VwGO

Rechtsvorschriften

303

DEFINITION
Rechtsvorschriften i.S.v. § 47 I Nr. 2 VwGO sind alle abstrakt-generellen Regelungen mit Außenwirkung oder mit einer vergleichbaren Regelungswirkung.[949]

---

946 BVerwG, NVwZ 1991, 262, 262 f.; Hufen, VerwProzessR, § 19 Rn 12
947 OVG Koblenz, NVwZ 2006, 1442, 1442 f.
948 BVerwG, NVwZ 2007, 1081, 1081 ff. = RA 2007, 500, 502-506; Hufen, JuS 2008, 926, 928
949 Wolff/Decker, VwGO, § 47 Rn 12; Hufen, VerwProzessR, § 19 Rn 14

BEISPIELE: Rechtsverordnungen und Satzungen[950]. Geschäftsordnungen des Gemeinderates bzw. der Gemeindevertretung, weil sie zwar keine Außenwirkung gegenüber dem Bürger haben, aber die Mitwirkungsrechte der Ratsmitglieder bzw. Gemeindevertreter bestimmen.[951] Hingegen sind norminterpretierende und ermessenslenkende Verwaltungsvorschriften keine Rechtsvorschriften; strittig ist dies bzgl. der normkonkretisierenden Verwaltungsvorschriften.[952]

> **DEFINITION**
> „**Im Rang unter dem Landesgesetz**" stehen die Rechtsnormen des Landesrechts, die nicht als förmliches Landesgesetz erlassen wurden.[953]

„im Rang unter dem Landesgesetz"

Damit kommt es nur darauf an, wer das Gesetz erlassen hat und nicht, auf welcher Rechtsgrundlage es basiert. Folglich sind auch Rechtsverordnungen und Satzungen überprüfbar, die auf einer bundesrechtlichen Ermächtigungsgrundlage beruhen.[954]

BEISPIELE: Erfasst sind insbesondere alle Rechtsverordnungen und Satzungen des Landes, der Landkreise sowie der Städte und Gemeinden, auch wenn sie auf einer bundesgesetzlichen Ermächtigungsgrundlage beruhen.[955] Dagegen sind vor allem das gesamte Bundesrecht, Landesverfassung und formelle Landesgesetze sowie das EU-Recht kein tauglicher Antragsgegenstand.[956]

Der Anwendungsbereich des § 47 I Nr. 2 VwGO ist zudem nur eröffnet, sofern das Landesrecht dies bestimmt. Entsprechende Ausführungsvorschriften existieren in den meisten Bundesländern. Derzeit haben nur Berlin, Hamburg und Nordrhein-Westfalen keinen Gebrauch von § 47 I Nr. 2 VwGO gemacht.

Landesrechtliche Ausführungsvorschrift

3. Antragsbefugnis
Gem. § 47 II 1 VwGO kann der Normenkontrollantrag von jeder natürlichen und juristischen Person, die geltend macht, durch die Rechtsvorschrift oder deren Anwendung in ihren Rechten verletzt zu sein oder in absehbarer Zeit verletzt zu werden, sowie von jeder Behörde gestellt werden.

a) Mögliche Rechtsverletzung
Die Anforderungen des § 47 II 1 VwGO sind vergleichbar mit denjenigen des § 42 II VwGO, sodass bzgl. der Herleitung eines subjektiven Rechts auf die dortigen Ausführungen verwiesen werden kann.[957] Folglich ist der Adressat einer Rechtsnorm i.S.v. § 47 I VwGO ohne Weiteres antragsbefugt, wohingegen bei Dritten eine genaue Prüfung anhand der Schutznormtheorie zu erfolgen hat.[958]

304 Vergleich mit § 42 II VwGO

---

950 Wolff/Decker, VwGO, § 47 Rn 12
951 Wolff/Decker, VwGO, § 47 Rn 14; Hufen, VerwProzessR, § 19 Rn 14
952 Kopp/Schenke, VwGO, § 47 Rn 29-32; Hufen, VerwProzessR, § 19 Rn 14. Detaillierte Darstellung der Verwaltungsvorschriften im JURA INTENSIV Skript „Allgemeines Verwaltungsrecht".
953 Wolff/Decker, VwGO, § 47 Rn 11; Hufen, VerwProzessR, § 19 Rn 15
954 Kopp/Schenke, VwGO, § 47 Rn 25; Hufen, VerwProzessR, § 19 Rn 15
955 Kopp/Schenke, VwGO, § 47 Rn 25
956 Kopp/Schenke, VwGO, § 47 Rn 28
957 Siehe Rn 88 ff.
958 Kopp/Schenke, VwGO, § 47 Rn 46 f.; Wolff/Decker, VwGO, § 47 Rn 28-30; Hufen, VerwProzessR, § 19 Rn 20

BEISPIEL: Legt eine Rechtsverordnung fest, dass in bestimmten Gebieten einer Gemeinde aus Gründen der Gefahrenabwehr offene Lagerfeuer verboten sind, ist derjenige, der in einem solchen Gebiet ein offenes Lagerfeuer plant, Adressat der Maßnahme und damit wegen einer möglichen Verletzung des Art. 2 I GG antragsbefugt.

Rechtsverletzung in absehbarer Zeit

Im Gegensatz zu § 42 II VwGO genügt es allerdings, wenn die Möglichkeit der Rechtsverletzung erst in absehbarer Zeit zu erwarten ist. Das bedeutet, dass der Nachteil bei regulärem Ablauf der Entwicklungen mit großer Wahrscheinlichkeit eintreten wird bzw. vorauszusehen ist.[959]

BEISPIEL: Der Eigentümer von Bäumen kann sich gegen eine Baumschutzsatzung wehren, auch wenn er im Moment gar nicht plant, einen Baum zu fällen.[960]

Subjektiv-öffentliches Recht aus § 1 VII BauGB

305 Die klausurrelevanteste einfach-gesetzliche drittschützende Norm dürfte § 1 VII BauGB sein, die das sog. **Abwägungsgebot** normiert. Die Vorschrift verlangt die Berücksichtigung privater Belange, sodass sich bereits aus ihrem Wortlaut ihr individualschützender Gehalt ergibt.[961] Voraussetzung ist jedoch, dass der Antragsteller einen privaten Belang geltend machen kann, der in der Abwägung zu berücksichtigen ist (sog. **abwägungserheblicher Belang**).[962] Abwägungserheblich sind alle Belange, die bei der Aufstellung des Bauleitplans erkennbar, makelfrei und mehr als geringfügig sind.[963] Im Einzelnen bedeutet dies: Belange, welche die Gemeinde zurzeit der Aufstellung des Bauleitplans nicht erkennen kann, muss sie auch nicht beachten.

BEISPIEL: Der Antragsteller ist erst nach Erlass des umstrittenen Bebauungsplans zugezogen, rügt aber, dass die Gemeinde seine Interessen im Rahmen der Abwägung nicht berücksichtigt hat.

Nicht schutzwürdig und daher ebenfalls unbeachtlich sind die Interessen von Personen, die sich baurechtswidrig verhalten haben. Ihre Belange sind „makelbehaftet".

BEISPIEL: Der Antragsteller rügt die Gefährdung seiner baulichen Anlage, die aber von ihm vollständig illegal errichtet wurde.

Schließlich sind als „geringfügig" bloße wirtschaftliche Interessen und Chancen, Annehmlichkeiten und Rechtsreflexe zu qualifizieren.[964]

BEISPIELE: Interesse an der Erhaltung der deutschen Landschaft; Freihalten einer schönen Aussicht; Interesse am Schutz vor Konkurrenzbetrieben.[965]

---

959   Kopp/Schenke, VwGO, § 47 Rn 60; Hufen, VerwProzessR, § 19 Rn 25
960   Hufen, VerwProzessR, § 19 Rn 25
961   BVerwG, NJW 1999, 592, 593; Schenke, VerwProzessR, Rn 894
962   Kopp/Schenke, VwGO, § 47 Rn 71; Decker, JA 2010, 653, 655
963   BVerwG, NVwZ 2000, 1413, 1414; Kopp/Schenke, VwGO, § 47 Rn 71; v. Komorowski/Kupfer, VBlBW 2003, 100, 101
964   Hufen, VerwProzessR, § 19 Rn 27
965   Kopp/Schenke, VwGO, § 47 Rn 74; Hufen, VerwProzessR, § 19 Rn 27

Zu beachten ist, dass § 1 VII BauGB alle privaten Belange erfasst, die abwägungserheblich sind. Damit sind auch die abwägungserheblichen Interessen der obligatorisch Berechtigten wie Mieter und Pächter geschützt, innerhalb wie außerhalb des Geltungsbereichs des Bauleitplans. Sie können somit auch antragsbefugt im Sinne des § 47 II VwGO sein.[966] Damit stellt sich die Situation hier anders dar als bei der Drittanfechtung einer Baugenehmigung. Dort soll nach h.M. nur der dinglich Berechtigte, i.d.R. also der Eigentümer, klagebefugt sein.[967]

Antragsbefugnis obligatorisch Berechtigter

BEISPIEL: Der Mieter eines Gebäudes, das unmittelbar neben einem geplanten Industriegebiet liegt, kann als abwägungserheblichen Belang drohende Lärm- oder Geruchsbeeinträchtigungen geltend machen.

b) Behördenprivileg

Behörden können gem. § 47 II 1 VwGO einen Antrag stellen, ohne behaupten zu müssen, in eigenen Rechten verletzt zu sein (sog. Behördenprivileg). Da sie nicht Träger von Rechten und Pflichten sind, sondern nur für einen Rechtsträger handeln, wäre dies auch gar nicht möglich.

306 *Behörden sind nicht Rechtsträger*

Um zu verhindern, dass Behörden eine von ihnen als unwirksam erkannte Norm anwenden, räumt ihnen der Gesetzgeber die Möglichkeit ein, sich direkt an das OVG bzw. den VGH zu wenden, um die Norm überprüfen zu lassen. Zwecks Begrenzung des Kreises der Antragsteller wird das Antragsrecht jedoch nur den Behörden zugebilligt, welche die streitige Norm anzuwenden bzw. zu beachten haben.[968]

BEISPIEL: Baugenehmigungsbehörde kann Bebauungsplan angreifen, den sie anzuwenden hat; hingegen kann die Baugenehmigungsbehörde der Stadt Hamburg nicht einen Bebauungsplan der Stadt München angreifen.

Nicht zu verwechseln ist das Behördenprivileg mit der Antragsbefugnis juristischer Personen des öffentlichen Rechts. Letztere müssen eine Rechtsverletzung behaupten können. Wichtig ist, dass es sich um eigene Rechte der juristischen Person des öffentlichen Rechts handeln muss.

Behördenprivileg ↔ Antragsbefugnis einer jur. Person des öff. Rechts

BEISPIEL: Eine Gemeinde kann ihre Planungshoheit als abwägungserheblichen Belang geltend machen, wenn der angegriffene Bebauungsplan einer Nachbargemeinde ein großflächiges Einkaufszentrum ermöglicht, wodurch die konkreten Planungsabsichten der Gemeinde durchkreuzt werden.[969] Demgegenüber kann die Gemeinde einen Bebauungsplan nicht mit dem Argument angreifen, die Gesundheit ihrer Einwohner würde gefährdet; das müssen die Einwohner selbst geltend machen.[970]

---

966 BVerwG, NVwZ 2000, 806, 806; Kopp/Schenke, VwGO, § 47 Rn 70
967 Siehe Rn 91
968 BVerwG, NVwZ 1990, 57, 57; Hufen, VerwProzessR, § 19 Rn 33; Dürr, JuS 2007, 521, 522
969 Wolff/Decker, VwGO, § 47 Rn 39
970 Hufen, VerwProzessR, § 19 Rn 31

4. Antragsfrist

307 Gem. § 47 II 1 VwGO ist der Antrag innerhalb eines Jahres nach Bekanntmachung der Rechtsvorschrift zu stellen. Für die Fristberechnung gelten die Ausführungen zur Anfechtungsklage entsprechend.[971] Strittig ist, ob eine Wiedereinsetzung in den vorigen Stand im Falle einer Fristversäumnis möglich ist. Das wird wohl überwiegend mit dem Argument abgelehnt, bei der Antragsfrist handele es sich um eine echte Ausschlussfrist, sodass § 60 VwGO nicht anwendbar sei.[972]

Jahresfrist

Jahresfrist nicht bei inzidenter Kontrolle

Die Antragsfrist gilt nur für die abstrakte Überprüfung einer Rechtsnorm im Rahmen des § 47 VwGO, nicht hingegen für die inzidente Kontrolle im Rahmen einer verwaltungsgerichtlichen Klage.[973]

Beispiel: In der Stadt S verbietet eine Rechtsverordnung seit 3 Jahren das Füttern von Wildtauben und verwilderten Haustauben. Als Bürger B gleichwohl Tauben füttert, untersagt ihm dies der Polizeibeamte P unter Hinweis auf die Rechtverordnung. B begehrt jetzt die Feststellung, dass dieses Verbot rechtswidrig ist. Im Rahmen seiner Klage gegen das Verbot kann er trotz Ablaufs der Frist des § 47 II 1 VwGO rügen, die Rechtsverordnung sei unwirksam.

5. Antragsgegner

Rechtsträgerprinzip

308 Der Normenkontrollantrag ist gem. § 47 II 2 VwGO gegen die Körperschaft, Anstalt oder Stiftung zu richten, welche die Rechtsvorschrift erlassen hat. Es gilt somit das sog. **Rechtsträgerprinzip**.[974] Folglich kann auf die Ausführungen zum Klagegegner im Rahmen der Anfechtungsklage verwiesen werden.[975] Wichtig ist, dass eine Gemeinde auch dann selbst Antragsgegnerin ist, wenn sie eine Rechtsverordnung im Bereich der Aufgaben erlässt, die ihr vom Staat übertragen wurden (sog. **übertragener Wirkungskreis**).[976]

BEISPIEL: Erlässt eine Gemeinde eine Rechtsverordnung im Bereich des Polizeirechts, ist sie und nicht das Land Antragsgegnerin, auch wenn es sich hier um eine staatliche Aufgabe handelt.

6. Beteiligungs- und Prozessfähigkeit

Spezialregelung in § 47 II 1 VwGO

309 § 47 II 1 VwGO ist gegenüber § 61 VwGO lex specialis. Damit sind Behörden auch in den Bundesländern beteiligungsfähig, die von § 61 Nr. 3 VwGO keinen Gebrauch gemacht haben.[977] Im Übrigen gelten die Ausführungen zur Beteiligungs- und Prozessfähigkeit im Rahmen der Anfechtungsklage entsprechend.[978]

---

971 *Siehe Rn 122 f.*
972 *Kopp/Schenke, VwGO, § 47 Rn 83 mwN.*
973 *Kopp/Schenke, VwGO, § 47 Rn 83; Ehlers, JURA 2005, 171, 176*
974 *Wolff/Decker, VwGO, § 47 Rn 24*
975 *Siehe Rn 131 ff.*
976 *Wolff/Decker, VwGO, § 47 Rn 24; Hufen, VerwProzessR, § 19 Rn 9*
977 *Wolff/Decker, VwGO, § 47 Rn 21 f.; Hufen, VerwProzessR, § 19 Rn 9*
978 *Siehe Rn 138 ff.*

7. Weitere Zulässigkeitsvoraussetzungen

Bzgl. der weiteren Zulässigkeitsvoraussetzungen gelten im Wesentlichen die Ausführungen zur Anfechtungsklage entsprechend.[979] 310
Besonderheiten können sich mit Blick auf das Rechtsschutzbedürfnis ergeben. Es fehlt nach h.M., wenn der Antragsteller die angegriffene Norm selbst abändern oder aufheben kann.[980]

Rechtsschutzbedürfnis

> **BEISPIEL:** Der Normenkontrollantrag einer Gemeinde richtet sich gegen einen von ihr selbst erlassenen Bebauungsplan.

Dahingegen besteht das Rechtsschutzbedürfnis, wenn eine Aufsichtsbehörde den Antrag stellt, die das Gesetz genehmigt hat oder es mit ihren aufsichtsrechtlichen Mitteln aufheben kann.[981] Die Verweigerung der Genehmigung bzw. der Gebrauch der aufsichtsrechtlichen Mittel führt regelmäßig auch zu einem Rechtsstreit. In dessen Verlauf kann die umstrittene Rechtsnorm jedoch nur inzident und mit Wirkung inter partes überprüft werden, wohingegen die Normenkontrolle zur allgemeingültigen Klärung der strittigen Rechtsfragen führt.

> **BEISPIEL:** Die Möglichkeit der Kommunalaufsichtsbehörde, eine gemeindliche Satzung zu beanstanden und aufzuheben, berührt nicht ihr Recht, einen Antrag gem. § 47 VwGO zu stellen.

Aus dem Vorstehenden folgt zugleich, dass die inzidente Überprüfung einer Vorschrift im Rahmen einer Klage gegen einen Vollzugsakt den Kläger nicht daran hindert, die Norm abstrakt mit der Normenkontrolle anzugreifen.[982]

> **BEISPIEL:** Ein Bebauungsplan kann inzident im Rahmen einer Anfechtungsklage gegen eine Baugenehmigung überprüft werden. Der Kläger kann den Bebauungsplan gleichwohl auch abstrakt gem. § 47 I Nr. 1 VwGO angreifen.

Schließlich fehlt das Rechtsschutzbedürfnis, wenn die Unwirksamkeit der angegriffenen Norm die Rechtsstellung des Antragstellers nicht verbessern kann.[983] Diese Ausnahmesituation ist jedoch äußerst selten. Sie wird letztlich wohl nur vorliegen, wenn aufgrund der angegriffenen Norm ein inzwischen unanfechtbarer Verwaltungsakt ergangen ist, mit weiteren Verwaltungsakten nicht zu rechnen ist und die Unwirksamerklärung der Vorschrift eine Vollstreckung des Verwaltungsaktes nicht verhindert, weil alle Vollstreckungsmaßnahmen abgeschlossen sind oder es sich um einen feststellenden oder rechtsgestaltenden Verwaltungsakt handelt, der nicht vollstreckbar ist.[984]

---

979 Siehe Rn 142 ff.
980 BVerwG, NVwZ 1989, 654, 655; Kopp/Schenke, VwGO, § 47 Rn 94
981 Kopp/Schenke, VwGO, § 47 Rn 94; Hufen, VerwProzessR, § 19 Rn 36
982 Kopp/Schenke, VwGO, § 47 Rn 91; Wolff/Decker, VwGO, § 47 Rn 81
983 BVerwG, NVwZ 2002, 1126, 1127; Wolff/Decker, VwGO, § 47 Rn 80
984 Kopp/Schenke, VwGO, § 47 Rn 92

BEISPIEL: Der Antragsteller will ein bestimmtes Bauvorhaben verhindern, greift aber nur den zugrunde liegenden Bebauungsplan und nicht die Baugenehmigung an, sodass sie unanfechtbar wird. Sollte der Normenkontrollantrag gegen den Bebauungsplan erfolgreich sein, berührt dies die Wirksamkeit der Baugenehmigung gem. § 47 V 3 i.V.m. § 183 VwGO nicht. Gleichwohl lässt dies das Rechtsschutzbedürfnis noch nicht entfallen, weil zum einen die Möglichkeit besteht, dass die Baugenehmigungsbehörde den erfolgreichen Normenkontrollantrag zum Anlass nimmt, die Baugenehmigung gem. § 48 VwVfG zurückzunehmen. Zum anderen verhindert der Antragsteller auf diesem Weg zumindest, dass weitere Bauwerke wie das umstrittene Bauvorhaben entstehen. Daher kann das Rechtsschutzbedürfnis in dieser Situation nur abgelehnt werden, wenn das umstrittene Bauvorhaben auch im Falle der Unwirksamkeit des Bebauungsplans zulässig ist und feststeht, dass weitere Bauwerke dieser Art gar nicht errichtet werden sollen.[985]

II. OBJEKTIVE ANTRAGSHÄUFUNG, STREITGENOSSENSCHAFT, BEILADUNG

311 Für die objektive und subjektive Antragshäufung sowie die Beiladung gelten die Ausführungen zur Anfechtungsklage entsprechend.[986] Terminologisch ist zu beachten, dass es „Antragshäufung" und nicht „Klagehäufung" heißt, weil § 47 VwGO von einem „Antrag" spricht. Daher ist § 44 VwGO, der den Begriff „Klage" verwendet, analog anzuwenden.

Eine Beiladung ist gem. § 47 II 4 i.V.m. § 65 I VwGO möglich. Somit handelt es sich immer nur um eine einfache Beiladung.[987]

III. BEGRÜNDETHEIT DES ANTRAGS

312   **KLAUSURHINWEIS**
Der **Obersatz** lautet in einer Klausur: „Der Antrag ist begründet, soweit das angegriffene Gesetz gegen höherrangiges Recht verstößt und dieser Rechtsverstoß zu seiner Unwirksamkeit führt".

Rechtswidrigkeit heißt nicht zwingend Unwirksamkeit

Die einschränkende Formulierung im zweiten Teilsatz soll verdeutlichen, dass nicht jeder Rechtsverstoß zwingend zur Unwirksamkeit einer Norm führt, da bestimmte Rechtsverstöße unbeachtlich oder geheilt worden sein können.

BEISPIEL: Klausurrelevant sind vor allem Rechtsverstöße eines Bauleitplans. Diese können gem. §§ 214 I-III, 215 I BauGB unbeachtlich sein oder gem. § 214 IV BauGB geheilt werden.

Objektives Rechtsbeanstandungsverfahren

Der Prüfungsaufbau erfolgt wie bei einer Anfechtungsklage, nur dass es nicht um einen Verwaltungsakt, sondern um ein Gesetz geht. Folglich sind verwaltungsaktbezogene Anforderungen wie §§ 28, 37, 39 VwVfG nicht zu prüfen. Ferner handelt es sich bei § 47 VwGO um ein objektives Rechtsbeanstandungsverfahren, d.h. auf eine Verletzung des Klägers in eigenen subjektiven Rechten kommt es nicht an.[988] Denn § 47 VwGO enthält mit dem Erfordernis der Antragsbefugnis zwar

---

985   Kopp/Schenke, VwGO, § 47 Rn 93; Wolff/Decker, VwGO, § 43 Rn 80; Hufen, VerwProzessR, § 19 Rn 37
986   Siehe Rn 150 ff., 154 ff., 157
987   Hufen, VerwProzessR, § 19 Rn 10
988   Wolff/Decker, VwGO, § 47 Rn 3 f., 57; Schenke, VerwProzessR, Rn 873

eine Parallelvorschrift zu § 42 II VwGO, es fehlt jedoch an einer Entsprechung zu § 113 I 1 VwGO. Vielmehr verlangt § 47 V 2 VwGO gerade keine Verletzung des Antragstellers in eigenen Rechten. Zudem kann der Antrag auch von einer Behörde gestellt werden, die aber gar nicht in eigenen Rechten verletzt sein kann, weil sie nicht Rechtsträgerin ist.

MERKSATZ
Wer die Hürde „Zulässigkeit" übersprungen hat, erhält in der Begründetheit eine Komplettprüfung der Norm, unabhängig von einer eigenen Rechtsbetroffenheit.

KLAUSURHINWEIS
Es ergibt sich somit für die Klausur folgender Prüfungsaufbau: Ermächtigungsgrundlage für die Norm, formelle und materielle Rechtmäßigkeit der Norm.[989] Der Prüfungspunkt „Rechtsverletzung" entfällt.

Die klausurrelevantesten Vorgaben für die Rechtmäßigkeit einer Norm finden sich im EU-Recht, im GG, im BauGB, in den Gemeindeordnungen sowie in den Polizeigesetzen der Bundesländer.

Relevante Vorgaben für Rechtmäßigkeitsprüfung

313 Gelangt das OVG bzw. der VGH zu der Überzeugung, dass die Rechtsvorschrift ungültig ist, so wird die Norm gem. § 47 V 2 VwGO für unwirksam erklärt. Mit dieser Formulierung will der Gesetzgeber sowohl die Fälle der endgültigen Nichtigkeit einer Norm als auch ihrer schwebenden Unwirksamkeit erfassen. Eine schwebende Unwirksamkeit besteht, wenn der festgestellte Rechtsverstoß noch geheilt werden kann.[990]

Unwirksam, nicht nichtig

MERKSATZ
In einer Klausur wird von „**Unwirksamkeit**" und nicht von „Nichtigkeit" gesprochen, weil der Gesetzgeber dies in § 47 V 2 VwGO so verlangt.

Der maßgebliche Zeitpunkt für die Beurteilung der Sach- und Rechtslage ist der Zeitpunkt der letzten mündlichen Verhandlung bzw. im Fall des § 47 V 1 2. Fall VwGO der Zeitpunkt des Beschlusses.[991] Das folgt daraus, dass eine Norm wie ein Dauer-Verwaltungsakt[992] fortlaufend Rechtswirkungen entfaltet und somit auch fortlaufend rechtmäßig sein muss. Ferner verwendet der Gesetzgeber in § 47 V 2 VwGO den Präsens („ist"), was ebenfalls dafür spricht, dass der Zeitpunkt der gerichtlichen Entscheidung maßgeblich ist.

Maßgeblicher Zeitpunkt für Beurteilung der Sach- und Rechtslage

Bzgl. der Abgrenzung zu dem Problem des Nachschiebens von Gründen gelten die Ausführungen im Rahmen der Anfechtungsklage.[993]

Nachschieben von Gründen

---

989 Vgl. Rn 161 ff.
990 Wolff/Decker, VwGO, § 47 Rn 58
991 Hufen, VerwProzessR, § 24 Rn 17, § 30 Rn 1
992 Siehe Rn 185
993 Siehe Rn 187

VORLÄUFIGER RECHTSSCHUTZ

1. Teil – Abgrenzung vom Hauptsacheverfahren

Ausprägung des Art. 19 IV 1 GG

314 Mit der Regelung des vorläufigen Rechtsschutzes genügt die VwGO der verfassungsrechtlichen Garantie effektiven Rechtsschutzes aus Art. 19 IV 1 GG.[994] Denn es gibt Fälle, in denen der „Normalfall" - das Hauptsacheverfahren nach §§ 40 ff. VwGO - nicht ausreicht, um dem Rechtsschutzsuchenden zu helfen. Dies ist in der Regel dann der Fall, wenn er auf eine schnelle - wenn auch nur vorläufige - Entscheidung angewiesen ist, um nicht gravierende, möglicherweise unumkehrbare Rechtsbeeinträchtigungen hinnehmen zu müssen oder gar einen Rechtsverlust zu erleiden.

> **BEISPIEL:** Obwohl er die Baugenehmigung des Bauherrn angefochten hat, muss der Nachbar erleben, dass der Bauherr einfach weiterbaut. Hier stellt sich die Frage, ob und wie er erreichen kann, dass die Bauarbeiten sofort (wenn auch nur vorläufig) gestoppt werden, bis geklärt ist, ob die Baugenehmigung zu Recht erteilt wurde oder nicht.

„Vorläufiger" und „einstweiliger" Rechtsschutz

> **MERKSATZ**
> Statt „vorläufiger" Rechtsschutz heißt es vielfach auch „einstweiliger" Rechtsschutz, ohne dass damit eine andere Bedeutung verbunden wäre. Selbst die VwGO verwendet beide Begriffe (z.B. heißt es „vorläufiger" Rechtsschutz in § 146 IV VwGO, aber „einstweilige" Anordnung in § 123 VwGO). Dieses Skript folgt der Wortwahl der VwGO, spricht also von „vorläufigem" Rechtsschutz, wozu auch die „einstweilige" Anordnung gehört.

A. Besonderes Eilinteresse

Vorläufiger Rechtsschutz = Eilrechtsschutz

315 Wie das obige Beispiel schon zeigt: Im vorläufigen Rechtsschutz hat es der Antragsteller eilig. Dadurch unterscheidet sich das vorläufige Rechtsschutzverfahren von der Hauptsache. Die Durchführung eines Klageverfahrens in der Hauptsache dauert vor den Verwaltungsgerichten einige Jahre.[995] Nicht selten fehlt dem Rechtsschutzsuchenden die Zeit, ein solches Verfahren abzuwarten.

> **MERKSATZ**
> Wird aus dem Begehren des Antragstellers ein **besonderes Eilinteresse** deutlich, begehrt er vorläufigen Rechtsschutz.

In Prüfungsaufgaben wird dieses Eilinteresse vielfach ausdrücklich erwähnt sein.

---

[994] BVerfGE 35, 263, 274; BVerfG, NJW 2008, 1369, 1371; Schoch, JURA 2002, 37, 38; Brühl, JuS 1995, 627, 627
[995] Brühl, JuS 1995, 627, 627 nennt in erster Instanz „ein bis zwei Jahre", mit Rechtsmittelinstanzen „nicht selten sechs Jahre und mehr" als realistisch. Diese Perspektive dürfte sich seit 1995 sicherlich nicht verkürzt haben.

BEISPIELE: Lauten die Fallfragen etwa „Hat der Antrag auf Gewährung vorläufigen Rechtsschutzes Erfolg?" oder „Wie wird das Gericht über den Eilantrag des X entscheiden?", so liegt eindeutig ein vorläufiger Rechtsschutzantrag vor.

Dies muss aber nicht immer der Fall sein. Da nach § 88 VwGO, welcher über § 122 I VwGO im vorläufigen Rechtsschutz entsprechend gilt, nicht am Wortlaut des Antrags zu haften ist, sondern das wahre Begehren ermittelt werden muss, kann der Antragsteller auch konkludent zum Ausdruck bringen, dass er vorläufigen Rechtsschutz begehrt.

316 Konkludentes Eilbegehren

BEISPIELE: Lautet die Fallfrage: „X möchte wissen, wie er möglichst schnell zum Erfolg kommen kann" ist ebenso an vorläufigen Rechtsschutz zu denken wie bei „X möchte wissen, wie er gerichtlich erreichen kann, dass Y seine Bauarbeiten sofort stoppt."

> **MERKSATZ**
> Vokabeln wie „schnell", „eilig", „sofort" und dergleichen im Begehren des Antragstellers indizieren einen vorläufigen Rechtsschutzantrag.

B. Antragsverfahren

Einen weiteren Anhaltspunkt zur Abgrenzung von Hauptsache- und vorläufigem Rechtsschutzverfahren können die Begrifflichkeiten bieten. Im Hauptsacheverfahren spricht man von „Kläger" und „Beklagter", im vorläufigen Rechtsschutzverfahren vom „Antragsteller" und „Antragsgegner" (vgl. §§ 80 V, 80a, 123 I, 47 VI VwGO: „auf Antrag..."). Natürlich ist letztlich nicht maßgeblich, wie der Klausursteller die Parteien bezeichnet, es wäre aber schon eine sehr ungewöhnliche Falschbezeichnung, wenn in einer Examensklausur zum vorläufigen Rechtsschutz vom „Kläger" gesprochen würde. Deshalb kann es durchaus als Indiz gelten, dass im Zweifelsfall ein Hauptsacheverfahren vorliegt, wenn der Sachverhalt von „Klage" und „Kläger" spricht, hingegen ein vorläufiges Rechtsschutzverfahren, wenn von „Antragsteller" und „Antrag" die Rede ist.

317 Vokabular beachten

> **MERKSATZ**
> Der Begriff **„Antrag"** zieht sich durch den gesamten vorläufigen Rechtsschutz. So heißt es z.B. auch „Antragsbefugnis" statt „Klagebefugnis", „Antragsbegehren" statt „Klagebegehren" usw.

Dadurch soll verdeutlicht werden, dass es sich beim Begehren im vorläufigen Rechtsschutz eben nicht um eine Klage handelt, sondern ein eigenes, von der Hauptsache zu unterscheidendes Verfahren betrieben wird.

> **KLAUSURHINWEIS**
> Deshalb sind auch die Vorschriften des Hauptsacheverfahrens, die von „Klage" sprechen, z.B. §§ 42 ff. VwGO, im vorläufigen Rechtsschutz nur Kraft Verweises oder analog anwendbar.

C. Beschlussverfahren

Entscheidungsform: Beschluss

318 Über eine Klage in der Hauptsache wird - von Ausnahmen abgesehen[996] - durch Urteil entschieden, § 107 VwGO. Im vorläufigen Rechtsschutz ergeht hingegen immer ein Beschluss. § 123 IV VwGO regelt dies ausdrücklich für einen Antrag nach § 123 I VwGO, und wegen eines Umkehrschlusses zu § 123 V VwGO gilt für Verfahren nach §§ 80, 80a VwGO nichts anderes. Für § 47 VI VwGO ist die Entscheidungsform Beschluss zwar nicht ausdrücklich geregelt, durch die Formulierung „einstweilige Anordnung" wird aber auf § 123 VwGO Bezug genommen, sodass auch dort stets ein Beschluss ergeht.[997]

Die Entscheidungsform spielt vor allem im 2. Staatsexamen eine Rolle, wenn etwa die Gerichtsentscheidung zu entwerfen ist. Sie ist ferner für die Rechtsmittel von Bedeutung: Gegen Urteile sind Berufung und Revision statthaft, §§ 124, 132 ff. VwGO, gegen Beschlüsse Beschwerden, §§ 146 ff. VwGO.

D. Vorläufiger und vorbeugender Rechtsschutz

Abgrenzung: Vorbeugender und vorläufiger Rechtsschutz

319 Gerade Anfängern bereitet die Differenzierung zwischen vorläufigem und vorbeugendem Rechtsschutz angesichts der Ähnlichkeit der Begriffe nicht selten Probleme. Fehler hierbei sind jedoch vermeidbar, da vorläufiger und vorbeugender Rechtsschutz sich im Grunde leicht unterscheiden lassen:

- Vorläufiger Rechtsschutz ist - wie oben ausgeführt - durch ein besonderes Eilinteresse des Rechtsschutzsuchenden geprägt.

    BEISPIEL: Z ist als Kronzeuge in einem Mafiaprozess aufgetreten und verlangt nun die Aufnahme in ein Zeugenschutzprogramm. Die Sache duldet keinen Aufschub, da er bereits Morddrohungen erhalten hat.

- Vorbeugender Rechtsschutz ist der Gegenbegriff zum repressiven Rechtsschutz. Der Rechtsschutzsuchende will eine Belastung also nicht erst abwarten, sondern bereits im Vorfeld eine bevorstehende Entscheidung oder ein zukünftiges Ereignis abwehren.[998]

    BEISPIEL: X hat gehört, dass gegen ihn eine Abrissverfügung erlassen werden soll. Er wendet sich an das VG mit dem Antrag, der Behörde den Erlass einer solchen zu verbieten.

Vorläufiger vorbeugender Rechtsschutz

320 Nicht selten wird beides der Fall sein. Man spricht dann von „vorläufigem vorbeugendem Rechtsschutz".

BEISPIEL: Landwirt L hat in der Zeitung gelesen, dass die Bundeswehr ein Manöver mit Panzern auf seinem Acker durchführen will (zukünftiges Ereignis). Da das Manöver in der nächsten Woche beginnen soll (besondere Eile), wendet er sich an das Verwaltungsgericht, um Manöverschäden auf seinem Grund und Boden noch zu verhindern.

---

996 Hauptbeispiel ist der Gerichtsbescheid nach § 84 VwGO; vgl. ferner z.B. § 93a II VwGO.
997 Statt aller: Kopp/Schenke, VwGO, § 47 Rn 159
998 Hummel, JuS 2011, 317, 317; Dreier, JA 1987, 415, 417; Peine, JURA 1983, 285, 287

MERKSATZ

Sobald ein Eilinteresse besteht, handelt es sich um ein vorläufiges Rechtsschutzbegehren und nicht mehr um eine Klage in der Hauptsache.

Es kommt für die Abgrenzung zwischen Hauptsache- und vorläufigem Rechtsschutzverfahren m.a.W. allein auf das Bestehen oder Nichtbestehen eines Eilinteresses an. Ob der Kläger eine gegenwärtige oder zukünftige Belastung bekämpfen will, ist hierfür irrelevant. Sofern sich für den vorläufigen Rechtsschutz Besonderheiten daraus ergeben, dass sich der Antragsteller gegen ein zukünftiges Ereignis wendet, werden diese nachfolgend bei den jeweiligen Antragsarten behandelt.

BEISPIEL: Um die Manöverschäden zu verhindern, kann der Landwirt einen Antrag auf Erlass einer Sicherungsanordnung nach § 123 I 1 VwGO stellen. Problematisch hierbei könnte sein, ob es zulässig ist, im vorläufigen Rechtsschutz die Hauptsache faktisch vorwegzunehmen, indem man das Manöver untersagt. Auf diese Frage wird in diesem Skript im Rahmen des § 123 I VwGO eingegangen.

Fehlt es an einem Eilinteresse, ist vorbeugender Rechtsschutz demgegenüber reiner Hauptsacherechtsschutz. Statthaft sind dann die Hauptsacheklagearten der VwGO.

321 Vorbeugender Rechtsschutz in der Hauptsache

BEISPIELE: Möchte der verbeamtete 62jährige Kläger festgestellt haben, dass er nicht mit 65 Jahren in das Rentenalter eintreten wird, wäre dafür eine (vorbeugende) Feststellungsklage nach § 43 I VwGO statthaft. Möchte Anwohner A verhindern, dass die Gemeinde nebenan eine Kläranlage baut, die sich noch im Planungsstadium befindet, wäre eine (vorbeugende) allgemeine Leistungsklage auf Unterlassen zu erheben.

Soweit sich aus dem vorbeugenden Charakter des Begehrens Besonderheiten für die Hauptsache ergeben, sind diese oben bei der Hauptsache dargestellt.[999] An dieser Stelle sei nur kurz darauf hingewiesen, dass der Hauptsacherechtsschutz nach der VwGO repressiv ausgestaltet ist und dies in aller Regel auch genügt, um dem Kläger effektiven Rechtsschutz zu gewähren. Vorbeugender Rechtsschutz in der Hauptsache ist daher vielfach gar nicht notwendig und deshalb mangels Rechtsschutzinteresses auch nicht zulässig. Vielmehr geht man im Verwaltungsprozess davon aus, dass es dem Betroffenen normalerweise zuzumuten ist, ein Ereignis oder eine Entscheidung zunächst abzuwarten und dann gegen sie vorzugehen.

322

BEISPIEL: Dem fleißigen Beamten wird man zumuten können, zunächst das gesetzliche Rentenalter zu erreichen, bevor man sich mit ihm über eine darüber hinausgehende Fortsetzung seines Dienstes streitet. Der Anwohner muss sich fragen lassen, warum er jetzt schon gegen eine noch im Planungsstadium befindliche Kläranlage klagt, deren Bau sich u.U. ohnehin nicht realisieren lassen wird.

Man wird schon lange überlegen müssen, um einen Fall konstruieren zu können, in dem es einerseits an einem Eilinteresse fehlt (deshalb Hauptsacheverfahren), gleichzeitig aber repressiver Rechtsschutz nicht effektiv möglich wäre (deshalb vorbeugender Rechtsschutz).

---

999 Siehe Rn 266

BEISPIEL: Die Stadt S kündigt an, anlässlich eines im nächsten Jahr bevorstehenden Stadtjubiläums ein großes Straßenfest veranstalten zu wollen, bei dem die X-Straße gesperrt werden soll. Anwohner A möchte dies verhindern. Hier wäre an eine vorbeugende Leistungsklage des A auf Unterlassen zu denken. Eilrechtsschutz wäre nicht angezeigt, da bis zum nächsten Jahr noch genug Zeit bliebe und sich im Übrigen das Problem der Vorwegnahme der Hauptsache stellte, und repressiver Rechtsschutz schiede aus, da noch nichts passiert ist.

2. Teil – Überblick: Die vorläufigen Rechtsschutzarten

Grobeinteilung: Aussetzungs- und Anordnungsverfahren

323 In der VwGO lassen sich zwei große Verfahrensarten des vorläufigen Rechtsschutzes unterscheiden: Das Aussetzungsverfahren nach §§ 80 V 1, 80a VwGO und das Anordnungsverfahren nach § 123 I VwGO, zu dem auch der Sonderfall des § 47 VI VwGO zählt. Daneben gibt es noch den in Praxis und Examen wenig bedeutsamen Antrag nach § 113 III 2 VwGO. Unzulässig ist hingegen ein Rückgriff auf die vorläufigen Rechtsschutzarten der ZPO. Zwar verweist § 173 S. 1 VwGO auf die ZPO, jedoch wird dieser Verweis für den Bereich des vorläufigen Rechtsschutzes durch den spezielleren § 123 III VwGO verdrängt, der nur wenige Vorschriften aus dem Recht des Arrestes und der einstweiligen Verfügung für anwendbar erklärt.[1000]

Vorrang des Aussetzungsverfahrens

324 Für die Abgrenzung der vorläufigen Rechtsschutzarten untereinander ist § 123 V VwGO ausschlaggebend. Soweit Rechtsbehelfe nach den §§ 80 V 1, 80a III VwGO statthaft sind, tritt § 123 I VwGO zurück. Das Aussetzungsverfahren genießt also Vorrang vor dem Anordnungsverfahren.[1001]

MERKSATZ
Zuerst ist immer zu überlegen, ob ein Antrag nach §§ 80 V 1, 80a III VwGO statthaft ist.

Kein Wahlrecht bei den Antragsarten

325 Das Aussetzungsverfahren ist für den Antragsteller wesentlich günstiger, schon weil er dort im Gegensatz zum Anordnungsverfahren nur behaupten und nicht glaubhaft machen muss, vgl. § 123 III VwGO i.V.m. §§ 920 II, 294 I ZPO. Er würde sich also kaum freiwillig das Anordnungsverfahren aussuchen. § 123 V VwGO lässt ihm diese Wahl aber ohnehin nicht. Ein Anordnungsantrag ist unzulässig, wenn (auch) ein Aussetzungsantrag in Betracht kommt.

BEISPIEL (nach OVG Schleswig, NVwZ-RR 2001, 205, 206): Die Behörde genehmigt einem Strandanlieger das Ausbringen von Sand. Befürchtet der Nachbar Verwehungen, muss er im Wege des Drittrechtsschutzes nach § 80a III 1, I Nr. 2 VwGO die Aussetzung der Vollziehung der Genehmigung beantragen. Ein Antrag nach § 123 I VwGO auf Verpflichtung der Behörde zum Einschreiten gegen das Sandausbringen ist wegen § 123 V VwGO unzulässig.

1000 Hummel, JuS 2011, 317, 318
1001 OVG Schleswig, NVwZ-RR 2001, 205, 206; VGH Kassel, NVwZ 1987, 987, 988

A. Das Aussetzungsverfahren

Das Aussetzungsverfahren nach §§ 80 V 1, 80a III VwGO dient dazu, die aufschiebende Wirkung eines Anfechtungswiderspruchs oder einer Anfechtungsklage (wieder) zu erlangen, wenn diese nach § 80 II 1 Nr. 1-4 VwGO ausnahmsweise nicht besteht.[1002] Anfechten kann man nur belastende, nicht erledigte Verwaltungsakte. Deshalb hat sich folgende Formel herausgebildet:

326 Aussetzungsverfahren

> **MERKSATZ**
> Das **Aussetzungsverfahren** nach §§ 80 V 1, 80a III VwGO ist einschlägig, wenn der drohende Vollzug eines belastenden, nicht erledigten Verwaltungsakts abgewendet werden soll.[1003]

Nicht selten liest man auch die Formulierung, dass ein Antrag nach §§ 80 V 1, 80a VwGO statthaft ist, wenn in der Hauptsache eine Anfechtungsklage zu erheben ist.[1004] Diese Formulierung ist als Faustformel durchaus tauglich. Lediglich in einem Ausnahmefall kann auch bei einer Verpflichtungsklage in der Hauptsache ein Aussetzungsverfahren statthaft sein kann.[1005]

327 Faustformel: Anfechtungsklage = §§ 80 V, 80a VwGO

> **KLAUSURHINWEIS**
> Um keinen Fehler zu riskieren, sollte man dennoch die o.g. Formel zu Papier bringen, auch wenn im Groben eine Orientierung an der Hauptsache zu empfehlen sein mag.

Liegt ein Aussetzungsverfahren vor, so ist innerhalb desselben die Unterscheidung zwischen Anträgen nach § 80 V 1 VwGO und § 80a VwGO denkbar einfach: § 80a VwGO regelt die Fälle der Drittbeteiligung, wobei „Dritter" jeder ist, der nicht Erlassbehörde oder Adressat des Verwaltungsakts ist. Für § 80 V 1 VwGO verbleiben danach die Fälle im Zweipersonenverhältnis zwischen Erlassbehörde und Adressat.

328 § 80 V 1 VwGO und § 80a VwGO

> **MERKSATZ**
> Im **Zweipersonenverhältnis** ist § 80 V 1 VwGO einschlägig, im **Dreipersonenverhältnis** § 80a VwGO.

Innerhalb des § 80 V 1 VwGO unterscheidet man dann noch die Anträge auf Anordnung der aufschiebenden Wirkung (in den Fällen des § 80 II 1 Nr. 1-3 VwGO), Wiederherstellung der aufschiebenden Wirkung (im Fall des § 80 II 1 Nr. 4 VwGO) sowie auf Feststellung der aufschiebenden Wirkung analog § 80 V 1 VwGO (in den Fällen des „faktischen Vollzuges"). Bei § 80a VwGO gilt es elementar danach zu unterscheiden, ob der Dritte belastet (so bei § 80a I VwGO) oder begünstigt (so bei § 80a II VwGO) worden ist. Innerhalb der Drittbelastungsfälle differenziert § 80a I VwGO weiter danach, ob der Drittrechtsbehelf aufschiebende Wirkung entfaltet (so bei § 80a I Nr. 1 VwGO) oder nicht (so bei § 80a I Nr. 2 VwGO).[1006]

329 Die einzelnen Antragsarten des Aussetzungsverfahrens

1002 Siehe Rn 349 ff.
1003 Koehl, BayVBl. 2007, 540, 541; Proppe, JA 2004, 324, 324; Schoch, JURA 2002, 37, 40
1004 BVerfGE 51, 268, 279; Brühl, JuS 1995, 627, 627
1005 Siehe Rn 346
1006 Siehe Rn 444 ff.

B. Das Anordnungsverfahren

Anordnungsverfahren

330 Aus dem eingangs erwähnten Vorrang des Aussetzungsverfahrens ergibt sich bereits die Statthaftigkeit des Anordnungsverfahrens:

> **MERKSATZ**
> Das **Anordnungsverfahren** ist einschlägig, wenn es nicht darum geht, den drohenden Vollzug eines belastenden, nicht erledigten Verwaltungsakts abzuwenden.

Übertragen auf die o.g. Faustformel bedeutet dies, dass das Aussetzungsverfahren einschlägig ist, wenn in der Hauptsache keine Anfechtungsklage zu erheben ist.

§ 123 I VwGO und § 47 VI VwGO

331 Innerhalb des Aussetzungsverfahrens gibt es - wie erwähnt - die Anträge nach § 123 I VwGO und § 47 VI VwGO. Auch hier mag die Orientierung an der Klageart in der Hauptsache helfen. Ein Antrag nach § 123 I VwGO ist statthaft, wenn in der Hauptsache eine Verpflichtungsklage, Feststellungsklage oder allgemeine Leistungsklage zu erheben ist.[1007] Für den in Prüfungsaufgaben wenig bedeutsamen Sonderfall des § 47 VI VwGO verbleibt danach der Fall, in dem es in der Hauptsache um eine Normenkontrolle nach § 47 I VwGO geht.

Sicherungs- und Regelungsanordnung

332 Innerhalb des § 123 I VwGO unterscheidet man schließlich noch die Sicherungsanordnung des § 123 I 1 VwGO, die auf den Erhalt des status quo gerichtet ist, und die Regelungsanordnung des § 123 I 2 VwGO, die auf die Erweiterung des status quo zielt.[1008]

333 Theoretisch könnte man nach alledem noch fragen, welche vorläufige Rechtsschutzart der Fortsetzungsfeststellungsklage gem. § 113 I 4 VwGO entspricht. Tatsächlich gibt es solche Fälle jedoch nicht, denn bei einer Fortsetzungsfeststellungsklage hat sich der streitgegenständliche Verwaltungsakt bereits erledigt (§§ 113 I 4 VwGO i.V.m. 43 II VwVfG). Mangels Fortdauer der Beschwer kann das für einen vorläufigen Rechtsschutzantrag notwendige Eilinteresse[1009] also gar nicht (mehr) bestehen. Daher gilt:

> **MERKSATZ**
> Bei Fortsetzungsfeststellungsklagen in der Hauptsache gibt es keinen vorläufigen Rechtsschutz.[1010]

1007 *Proppe, JA 2004, 324, 324; Brühl, JuS 1995, 627, 627*
1008 *Siehe Rn 492*
1009 *Siehe Rn 315*
1010 *OVG Koblenz, NVwZ 1995, 572, 572; Schoch, JURA 2002, 37, 39*

3. Teil – Die Anträge nach § 80 V 1 VwGO

A. Einleitung

Nach § 80 I 1 VwGO entfalten Widerspruch und Anfechtungsklage aufschiebende Wirkung. Dieser sog. **„Suspensiveffekt"** schützt den Widerspruchsführer bzw. Kläger während des laufenden Rechtsbehelfsverfahrens bereits vor Nachteilen durch den angefochtenen Verwaltungsakt. Deshalb bedarf es bei Anfechtungswiderspruch und -klage grundsätzlich gar keines vorläufigen Rechtsschutzes – ein Eilinteresse besteht nicht.

334 Grundsatz: Suspensiveffekt des § 80 I 1 VwGO

BEISPIEL: Bauherr B hat Widerspruch gegen eine Abrissverfügung erhoben. Damit ist er bereits geschützt, er muss während des Widerspruchsverfahrens weder selbst abreißen, noch befürchten, dass die Behörde den Verwaltungsakt im Wege der Ersatzvornahme vollstreckt. Er steht durch den Suspensiveffekt des § 80 I 1 VwGO so, als sei er nicht beschwert.

Allerdings regelt § 80 II 1 VwGO vier Fälle, in denen trotz Vorliegens der o.g. Voraussetzungen kein Suspensiveffekt eintritt.

335 Ausnahmen des § 80 II 1 VwGO

BEISPIEL: Die Stadtverwaltung hat einen Abgabenbescheid erlassen, gegen den der Widerspruch des Betroffenen gem. § 80 II 1 Nr. 1 VwGO keine aufschiebende Wirkung entfaltet. Noch während des laufenden Widerspruchsverfahrens könnte die Behörde somit das Geld zwangsweise beitreiben.

Was genau unter den in § 80 II 1 Nr. 1-4 VwGO geregelten Fällen zu verstehen ist, wird unten bei der Statthaftigkeit des Antrags nach § 80 V 1 VwGO näher erläutert.[1011] Gemeinsam ist ihnen jedenfalls, dass der Gesetzgeber das staatlich-öffentliche Interesse am sofortigen Vollzug des Verwaltungsakts dort ausnahmsweise höher bewertet als das Suspensivinteresse des Betroffenen (§ 80 II 1 Nr. 1-3 VwGO) bzw. der Behörde die Möglichkeit eröffnet, ihrerseits eine solche Wertung durch die Anordnung der sofortigen Vollziehung des Verwaltungsakts im Einzelfall vorzunehmen (§ 80 II 1 Nr. 4 VwGO).

Nun kann es allerdings sein, dass die abstrakt-generelle Wertung des Gesetzgebers aus § 80 II 1 Nr. 1-3 VwGO im Einzelfall doch nicht zutrifft oder die Behörde nach § 80 II 1 Nr. 4 VwGO zu Unrecht die sofortige Vollziehung des Verwaltungsakts angeordnet hat, m.a.W. das Suspensivinteresse des Betroffenen das staatlich-öffentliche Interesse am sofortigen Vollzug des Verwaltungsakts doch überwiegt. Dann kommt der Antrag nach § 80 V 1 VwGO ins Spiel: Er stellt dem Betroffenen einen gerichtlichen Rechtsbehelf zur Verfügung, um entgegen § 80 II 1 Nr. 1-4 VwGO doch aufschiebende Wirkung zu erlangen.

336 § 80 V 1 VwGO als Korrektiv zu § 80 II 1 Nr. 1-4 VwGO

1011 Siehe Rn 348 ff.

BEISPIEL: Die Behörde hat die sofortige Vollziehung einer Abrissverfügung angeordnet. Obwohl der Bauherr Widerspruch eingelegt hat, droht die Behörde mit Zwangsabriss. Dies ist zunächst möglich, weil der Widerspruch gem. § 80 II 1 Nr. 4 VwGO keinen Suspensiveffekt entfaltet. Hat jedoch ein Antrag des Bauherrn nach § 80 V 1 2. Hs. VwGO Erfolg, wird das Gericht die aufschiebende Wirkung wiederherstellen, und er ist durch den dann (wieder) bestehenden Suspensiveffekt des § 80 I VwGO einstweilen vor der Vollziehung der Abrissverfügung geschützt.

MERKSATZ

Schützt der **Suspensiveffekt** des § 80 I 1 VwGO den Betroffenen nicht vor Nachteilen durch den angefochtenen Verwaltungsakt, weil ein Fall des § 80 II 1 Nr. 1-4 VwGO vorliegt, kann er im Eilverfahren nach § 80 V 1 VwGO gerichtliche Hilfe beantragen.

B. Prüfungsschema: Antrag nach § 80 V 1 VwGO

PRÜFUNGSSCHEMA

337

I. **Zulässigkeit des Antrags**
 1. **Verwaltungsrechtsweg**
 2. **Statthafte Antragsart**
 3. **Antragsbefugnis**
 4. **Form und Frist**
 5. **Richtiger Antragsgegner**
 6. **Beteiligungs- und Prozessfähigkeit**
 7. **Allgemeines Rechtsschutzinteresse**
    a) **Rechtsbehelf in der Hauptsache erhoben**
    b) **Nicht offensichtlich unzulässig**
    c) **Keine aufschiebende Wirkung**
    d) **Vorheriger Antrag an die Behörde**
II. **Objektive Antragshäufung, Streitgenossenschaft, Beiladung**
III. **Begründetheit des Antrags**
 1. **Formelle Rechtswidrigkeit der Anordnung der sofortigen Vollziehung**
    a) **Zuständigkeit**
    b) **Verfahren**
    c) **Form**
 2. **Interessenabwägung**
    a) **Erfolgsaussichten in der Hauptsache**
    b) **Konkrete Folgenlastabwägung im Einzelfall**
    c) **Abstrakte Wertung des Gesetzgebers**

Wie bei jedem Prüfungsschema ist auch dieses je nach Einzelfall zu modifizieren. **338** Abweichungen
Folgende Abweichungen sind besonders zu bedenken:

- Der Prüfungspunkt „**Form und Frist**" entfällt in aller Regel, da in Prüfungsklausuren normalerweise vorgegeben ist, dass die Formalien in Ordnung sind und der Antrag nach § 80 V 1 VwGO nur in absoluten Ausnahmefällen fristgebunden ist.
- Im **allgemeinen Rechtsschutzinteresse** wird Punkt 4. nur in den Fällen des § 80 II 1 Nr. 1 VwGO geprüft, ansonsten entfällt er kommentarlos.
- Die **Beteiligungs- und Prozessfähigkeit**[1012] zu prüfen ist optional, da in aller Regel unproblematisch.
- Die **formelle Rechtmäßigkeit der Anordnung der sofortigen Vollziehung**[1013] kann und muss nur in den Fällen des § 80 II 1 Nr. 4 VwGO geprüft werden.
- Die **Interessenabwägung** gestaltet sich in den Fällen des § 80 II 1 Nr. 1 VwGO[1014] und bei unionsrechtlichem Einschlag[1015] völlig anders als hier dargestellt.
- Die allgemeine Abwägung nach Folgenlast[1016] und das Abstellen auf die gesetzliche Wertung[1017] entfallen, wenn die Interessenabwägung nach den Erfolgsaussichten der Hauptsache bereits ein eindeutiges Ergebnis liefert.

C. Systematik und Vertiefung

Nachfolgend wird auf die besonderen Probleme bei der Prüfung des Antrags nach § 80 V 1 VwGO eingegangen. Soweit dessen Zulässigkeits- oder Begründetheitsprüfung identisch mit der Hauptsache ist, wird hingegen auf diese verwiesen.

I. ZULÄSSIGKEIT

1. Verwaltungsrechtsweg

Die Eröffnung des Verwaltungsrechtswegs ist als erster Punkt der Zulässigkeit zu **339** Rechtsweg wie
prüfen. An dieser Stelle - vor der Statthaftigkeit - steht im Gutachten noch nicht fest, in der Haupt-
ob es sich überhaupt um einen Hauptsache- oder Eilantrag handelt (geschweige sache prüfen
denn um welche Klage- oder Antragsart genau). Vielmehr gilt:

> **KLAUSURHINWEIS**
> Bei der Prüfung des Verwaltungsrechtswegs gibt es keinerlei Unterschiede zwischen vorläufigem Rechtsschutz und Hauptsacheverfahren.

Auch § 173 S. 1 VwGO i.V.m. § 17a II GVG gelten im vorläufigen Rechtsschutz, sodass bei Nichteröffnung des Verwaltungsrechtswegs an das zuständige Gericht des zulässigen Rechtswegs zu verweisen ist.[1018]

2. Statthafte Antragsart

Die statthafte Antragsart richtet sich auch im vorläufigen Rechtsschutz nach dem **340** Statthaftigkeit:
Antragsbegehren, § 88 VwGO. Zwar ist § 88 VwGO wegen seiner systematischen Über § 122 VwGO
gilt § 88 VwGO

1012 Siehe Rn 138 ff.
1013 Siehe Rn 404 ff.
1014 Siehe Rn 395
1015 Siehe Rn 429 ff.
1016 Siehe Rn 398 f.
1017 Siehe Rn 400
1018 OVG Greifswald, NVwZ 2001, 446, 447; Schoch, JURA 2002, 318, 321

Stellung im 8. Abschnitt der VwGO und seines Wortlauts („Klagebegehren") nicht unmittelbar im vorläufigen Rechtsschutzverfahren anwendbar; jedoch verweist § 122 I VwGO für Beschlüsse auf § 88 VwGO, und im vorläufigen Rechtsschutzverfahren ergeht gem. § 123 IV VwGO immer ein Beschluss.[1019]

> **MERKSATZ**
> Die statthafte Antragsart im vorläufigen Rechtsschutz bestimmt sich nach dem Begehren des Antragstellers, §§ 88, 122 VwGO.

Abgrenzung zur Hauptsache

341 Einleitend sollte nach dieser Feststellung kurz zum Hauptsacheverfahren abgegrenzt werden. Wie oben bereits ausführlich dargestellt,[1020] zeichnet sich das vorläufige Rechtsschutzverfahren dadurch aus, dass im Begehren des Antragstellers ein besonderes Eilinteresse hervortritt. Dieses ist normalerweise so evident, dass es in wenigen Sätzen abgehandelt werden kann.

BEISPIEL: „Schnelle Hilfe gegen den Abriss"
Der Antragsteller ist Adressat einer Abrissverfügung, die mit der Anordnung der sofortigen Vollziehung nach § 80 II 1 Nr. 4 VwGO versehen wurde. Er bittet das Gericht um „schnelle Hilfe", um nicht während der von ihm erhobenen Anfechtungsklage befürchten zu müssen, dass die Behörde die Abrissverfügung im Wege der Ersatzvornahme vollzieht, nachdem er eine entsprechende Androhung erhalten hat. Hier würde es genügen, knapp zu formulieren: „Die statthafte Antragsart bestimmt sich nach dem Begehren des Antragstellers, § 88 i.V.m. § 122 VwGO. Hier begehrt der Antragsteller „schnelle Hilfe", um während der laufenden Anfechtungsklage vom Vollzug der gegen ihn ergangenen Abrissverfügung verschont zu bleiben. Sein Begehren ist also von einem besonderen Eilinteresse gekennzeichnet, das er nur im vorläufigen Rechtsschutz befriedigen kann. Somit ist ein vorläufiger Rechtsschutzantrag statthaft. [...]"

Ist die Fallfrage gar ausdrücklich auf den vorläufigen Rechtsschutz bezogen, ist auf die Abgrenzung zum Hauptsacheverfahren überhaupt nicht einzugehen.

BEISPIELE: Die Fallfrage lautet: „Hat der vorläufige Rechtsschutzantrag des X Erfolg?" oder „Wie wird das Gericht über den vorläufigen Rechtsschutzantrag des X entscheiden?"

Abgrenzung zu anderen Anträgen im vorl. Rechtsschutz

342 **KLAUSURHINWEIS**
In diesen Fällen ist nach dem Obersatz sofort mit der **Abgrenzung der Antragsarten** innerhalb des vorläufigen Rechtsschutzes zu beginnen. Diese vollzieht sich für einen Antrag nach § 80 V 1 VwGO in **drei Schritten**:
- Abgrenzung vom Anordnungsverfahren nach §§ 123 I, 47 VI VwGO
- Abgrenzung von Drittbeteiligungsfällen nach § 80a VwGO
- Abgrenzung der Anträge innerhalb des § 80 V 1 VwGO

1019 Siehe Rn 318
1020 Siehe Rn 315

a) Abgrenzung vom Anordnungsverfahren nach §§ 123 I, 47 VI VwGO

Wie bereits oben ausführlich dargelegt,[1021] ist gem. § 123 V VwGO das Anordnungsverfahren der §§ 80 V 1, 80a VwGO vorrangig gegenüber dem Anordnungsverfahren der §§ 123 I, 47 VI VwGO. Das Aussetzungsverfahren dient dazu, den Vollzug eines belastenden Verwaltungsakts in den Fällen zu verhindern, in denen Widerspruch und Anfechtungsklage entgegen § 80 I VwGO wegen § 80 II 1 VwGO keine aufschiebende Wirkung entfalten.[1022]

343 Vorrang des Aussetzungsverfahrens

> **MERKSATZ**
> Innerhalb des vorläufigen Rechtsschutzes sind das Aussetzungsverfahren nach §§ 80 V 1, 80a VwGO und das Antragsverfahren nach §§ 123 I, 47 VI VwGO zu unterscheiden, wobei ersteres gem. § 123 V VwGO Vorrang genießt. Ein Aussetzungsantrag nach §§ 80 V 1, 80a VwGO ist statthaft, sofern der Vollzug eines belastenden, nicht erledigten Verwaltungsakts droht.[1023]

aa) Verwaltungsakt

Dass nur ein Verwaltungsakt Gegenstand eines Verfahrens nach § 80 V 1 VwGO sein kann, ergibt sich schon aus dem Wortlaut des § 80 VwGO, am deutlichsten vielleicht aus § 80 II 1 Nr. 4 VwGO, wonach die Behörde, die „den Verwaltungsakt" erlassen hat, dessen sofortige Vollziehung anordnen kann. Ferner ist nach § 80 III VwGO die Anordnung der sofortigen Vollziehung „des Verwaltungsakts" besonders zu begründen usw.

344 § 35 S. 1 VwVfG ggf. inzidenter prüfen

> **KLAUSURHINWEIS**
> Bestehen Zweifel am Vorliegen eines Verwaltungsakts, sind die Merkmale des § 35 S. 1 VwVfG ggf. inzidenter im Detail zu prüfen. Liegen sie unproblematisch vor, genügt ein Ergebnissatz.[1024]

BEISPIEL: Im obigen Beispiel „Schnelle Hilfe gegen den Abriss" könnte wie folgt formuliert werden: „[...] Im vorläufigen Rechtsschutz sind das Aussetzungsverfahren der §§ 80 V 1, 80a VwGO einerseits und das Anordnungsverfahren der §§ 123 I, 47 VI VwGO andererseits zu unterscheiden, wobei das Aussetzungsverfahren wegen § 123 V VwGO Vorrang genießt. Hier könnte ein Aussetzungsantrag nach § 80 V 1 VwGO in Betracht kommen. Ein solcher ist statthaft, wenn der drohende Vollzug eines belastenden, nicht erledigten Verwaltungsakts abgewehrt werden soll. Die streitgegenständliche Abrissverfügung stellt einen belastenden Verwaltungsakt i.S.v. § 35 S. 1 VwVfG dar, der sich auch nicht nach § 43 II VwVfG erledigt hat. Fraglich bleibt, ob dessen Vollziehung droht. [...]"

bb) Belastend

Belastend ist ein Verwaltungsakt, wenn er einen rechtlich erheblichen Nachteil begründet. Dies ist hauptsächlich bei Ge- oder Verboten der Fall. Die Belastung kann aber auch in einer ungünstigen Feststellung oder Rechtsgestaltung liegen.[1025] Dies war früher streitig, ist nunmehr aber in § 80 I 2 VwGO ausdrücklich geregelt.

345 Zufügung eines Nachteils

1021 Siehe Rn 324 f.
1022 Siehe Rn 326
1023 Hummel, JuS 2011, 317, 318; Schoch, JURA 2002, 37, 40
1024 Vgl. Koehl, BayVBl. 2007, 540, 541: „liegt auf der Hand und braucht nicht näher vertieft zu werden".
1025 Hummel, JuS 2011, 317, 318

BEISPIELE: Feststellung, dass R Mitglied der Rechtsanwaltskammer ist (Belastung: Beitragspflicht). Widmung einer Kläranlage (Belastung: Emissionen). Aberkennung der Ehrenbürgerschaft (Belastung: Statusverlust).

Sonderfall im Ausländerrecht

346 An dieser Stelle zeigt sich die Schwäche der oben[1026] erwähnten Faustformel, wonach die Statthaftigkeit eines Aussetzungsantrags voraussetzt, dass in der Hauptsache eine Anfechtungsklage statthaft ist. Wird kein Nachteil zugefügt, sondern lediglich eine Vergünstigung nicht gewährt, ist in der Hauptsache eine Verpflichtungsklage nach § 42 I 2. Fall VwGO zu erheben.

BEISPIELE: Nichtgewährung einer Gaststättenkonzession. Ablehnung einer Subventionsbewilligung. Nichterlass einer Baugenehmigung.

Nach der Faustformel wäre also nicht das Aussetzungs-, sondern das Anordnungsverfahren statthaft. Dabei bleibt es in den vorgenannten Beispielen auch. Es kann jedoch sein, dass die Nichtgewährung eines Vorteils zugleich die Zufügung eines Nachteils bedeutet, wenn mit ihr von Gesetzes wegen unmittelbar der Verlust einer Rechtsposition einher geht. Dies genügt für eine Belastung im o.g. Sinn mit der Folge, dass es im vorläufigen Rechtsschutz beim Aussetzungsverfahren bleibt, obwohl in der Hauptsache eine Verpflichtungsklage zu erheben ist.[1027]

BEISPIEL: Der Antrag des Ausländers A auf Verlängerung seines Aufenthaltstitels wird abgelehnt. In der Hauptsache würde er sich in diesem Fall wohl für eine Verpflichtungsklage auf Erlass eines Verlängerungsbescheids entscheiden, da diese ihm wesentlich weitergehenden Rechtsschutz vermittelte als eine Anfechtungsklage gegen die Ablehnung seines Antrags. Für Zwecke der Aufnahme oder Ausübung einer Erwerbstätigkeit gilt sein Aufenthaltstitel jedoch nach § 84 II 1 AufenthG als fortbestehend, solange der eingelegte Rechtsbehelf aufschiebende Wirkung hat. Zwar hätte eine Anfechtungsklage gegen die Ablehnung seines Antrags wegen §§ 80 II 1 Nr. 3 VwGO i.V.m. 84 I Nr. 1 AufenthG nicht von selbst aufschiebende Wirkung, er müsste diese also im vorläufigen Rechtsschutz nach § 80 V 1 1. Hs. VwGO anordnen lassen. Dies wäre nötig, aber auch ausreichend, um nach § 84 II 2 AufenthG vorläufig in Deutschland bleiben zu dürfen. Ungeachtet der Möglichkeit, in der Hauptsache eine Verpflichtungsklage erheben zu können, liefe der vorläufige Rechtsschutz also über den gem. § 123 V VwGO vorrangigen § 80 V 1 1. Hs. VwGO.

Nicht hierher gehören allerdings die Fälle, in denen die Nichtgewährung des Vorteils nur mittelbar oder nur faktisch zugleich einen Nachteil bedeutet.

BEISPIEL: Verschlechterte Wettbewerbsposition eines Unternehmers infolge Ablehnung einer Subventionsgewährung. Weitere Mietzinsverpflichtungen nach Ablehnung der Baugenehmigung für ein Eigenheim. Weitere Arbeitslosigkeit nach Ablehnung einer Gaststättenkonzession.

1026 *Siehe Rn 327*
1027 *VGH Mannheim, NVwZ-RR 1995, 295, 296; Schoch, JURA 2002, 37, 40*

> **MERKSATZ**
> Der oben geschilderte Fall zu § 84 AufenthG ist das einzige prüfungsrelevante Beispiel zur Statthaftigkeit eines Antrags nach § 80 V 1 VwGO bei gleichzeitiger Statthaftigkeit einer Verpflichtungsklage in der Hauptsache.[1028] Von dieser exotischen Konstellation abgesehen kann deshalb beruhigt von der Faustformel „Anfechtungsklage = Aussetzungsverfahren" Gebrauch gemacht werden.

cc) Nicht erledigt
Nach Erledigung des Verwaltungsakts, § 43 II VwVfG, gibt es keine Beschwer mehr.[1029] Deshalb kann es auch keine diese suspendierende aufschiebende Wirkung nach § 80 I VwGO mehr geben, die nach § 80 V 1 VwGO gerichtlich angeordnet oder wiederhergestellt werden könnte. Deshalb gibt es keinen vorläufigen Rechtsschutz nach Erledigung des Verwaltungsakts.[1030]

347 Kein Suspensiveffekt nach Erledigung

> **KLAUSURHINWEIS**
> Die Nichterledigung ist zwar Statthaftigkeitsvoraussetzung, wird i.d.R. aber evident und daher nicht oder nur in einem kurzen Ergebnissatz zu erwähnen sein.

dd) Drohende Vollziehung
Weitaus breiteren Raum als die Prüfung, ob überhaupt ein belastender, nicht erledigter Verwaltungsakt vorliegt, nimmt in vorläufigen Rechtsschutzaufgaben normalerweise die Prüfung ein, ob und ggf. wonach dessen Vollziehung droht. Wie einleitend bereits ausgeführt, ist wegen des Suspensiveffekts nach § 80 I VwGO grundsätzlich nicht zu befürchten, dass die Behörde den Verwaltungsakt während eines laufenden Widerspruchs- oder Klageverfahrens vollzieht.[1031] Jedoch ist dies anders, wenn nach § 80 II 1 Nr. 1-4 VwGO ausnahmsweise keine aufschiebende Wirkung besteht oder der Sonderfall des sog. **„faktischen Vollzuges"** vorliegt.

348 Fälle des § 80 II 1 Nr. 1-4 VwGO prüfen

(1) Öffentliche Abgaben und Kosten, § 80 II 1 Nr. 1 VwGO
Unter „Abgaben" in diesem Sinne sind nur solche zu verstehen, mit denen der Staat fest rechnet, die er m.a.W. im Haushalt eingeplant hat,[1032] und deren Höhe gesetzlich von vornherein festgeschrieben ist. Es ist nämlich nur dann billig, den Suspensiveffekt des § 80 I 1 VwGO entfallen zu lassen, wenn der Staat ohne die sofortige Zahlung der Abgaben und Kosten mittellos gestellt und dadurch an der Erledigung seiner Aufgaben gehindert würde. Zu Abgaben in diesem Sinne gehören vor allem Steuern, Gebühren und Beiträge.[1033]

349 Steuern, Gebühren, Beiträge

> **BEISPIELE:** Erschließungsbeiträge, Abwassergebühren, Schulgeld, Versorgungsbeiträge. Steuern gehören natürlich nur hierher, soweit überhaupt der Verwaltungsrechtsweg eröffnet ist, was wegen § 33 FGO nur für Gemeindesteuern (Gewerbesteuer, Hundesteuer etc.) der Fall ist.

1028 Dazu Hummel, JuS 2011, 317, 319 mwN.
1029 Zur Erledigung siehe Rn 233.
1030 OVG Koblenz, NVwZ 1995, 572, 572; Schoch, JURA 2002, 37, 39
1031 Siehe Rn 334
1032 VGH München, NVwZ-RR 1992, 320, 321; OVG Berlin, NVwZ 1987, 61, 62; OVG Koblenz, NVwZ 1987, 64, 65; Gern, VBlBW 1991, 130, 132
1033 Erichsen, JURA 1984, 414, 419; Kloepfer, JZ 1983, 742, 748

Auch „Kosten" sind danach nur solche, die von vornherein als Einnahmen in den Haushalt eingeplant wurden und die der Höhe nach gesetzlich feststehen.

BEISPIEL: Auslagen nach § 10 VwKostG.

Nicht: Abschleppkosten etc.

350 Deshalb gehören - entgegen einer m.M.,[1034] die sich auf den Wortlaut („Kosten") beruft - z.B. Kostenbescheide nach der Durchführung von Zwangsvollstreckungsmaßnahmen (Ersatzvornahme, unmittelbarer Zwang, unmittelbare Ausführung) nicht hierher.[1035] Diese sind weder haushaltsmäßig eingeplant, noch ist ihre Höhe gesetzlich festgelegt.

BEISPIELE: Abschleppkosten, Kosten für den Zwangsabriss eine Hauses, Kosten für das zwangsweise Einschläfern eines tollwütigen Hundes usw.

Verhältnis von Sach- und Kostenentscheidung

351 Streitig ist, ob auch Kostenentscheidungen in Verwaltungsakten und Widerspruchsbescheiden unter § 80 II 1 Nr. 1 VwGO fallen, wenn sie neben einer Sachentscheidung ergehen. Nach einer Ansicht soll dies nicht der Fall sein, sondern nur, wenn sie selbstständig - also in einem eigenen Bescheid - ergehen.[1036] Dagegen spricht jedoch, dass es eine rein formelle Frage ist, ob die Behörde die Kosten im Sachbescheid oder in einem eigenen Bescheid anfordert. Die h.M. wendet daher § 80 II 1 Nr. 1 VwGO unabhängig von der Frage an, ob die Kosten im Sachbescheid oder separat erhoben werden.[1037]

BEISPIEL: In einem Verwaltungsakt werden eine Subvention zurückgefordert und zugleich Telefonkosten nach § 10 I Nr. 1 VwKostG geltend gemacht. Widerspruch und Klage gegen diesen Bescheid hätten nach h.M. nur hinsichtlich der Rückforderung der Subvention, wegen § 80 II 1 Nr. 1 VwGO aber nicht hinsichtlich der Telefonkosten aufschiebende Wirkung.

(2) Unaufschiebbare Maßnahmen von Polizeivollzugsbeamten, § 80 II 1 Nr. 2 VwGO

Definitionen

352 „Polizeivollzugsbeamte" in diesem Sinne sind nur Polizisten des Bundes und des Landes im engeren (institutionellen) Sinne, also nicht etwa Ordnungsbeamte der Städte und Gemeinden, Soldaten, Politessen oder gar private Ordnungskräfte als Verwaltungshelfer.[1038]
„Unaufschiebbar" sind so gut wie alle polizeilichen Maßnahmen der Gefahrenabwehr, da die Polizei in aller Regel nur zur Gefahrenabwehr im Eilfall zuständig ist.

BEISPIELE: Auflösung einer Versammlung; Platzverweis; Identitätsfeststellung; Aufforderung zum Entfernen eines Pkw aus dem Halteverbot. Gegenbeispiele lassen sich eigentlich nur bei Kompetenzüberschreitung finden, wenn also ein Polizist sich Verfügungen anmaßt, die nicht eilig sind.

1034 *VGH München, NVwZ-RR 1994, 471, 472; NVwZ-RR 1994, 618, 619; VGH Mannheim, NVwZ 1985, 202, 203*
1035 *OVG Berlin, NVwZ-RR 1995, 575, 575; VGH Mannheim, NVwZ-RR 1991, 512, 512; Götz, NVwZ 1987, 858, 864*
1036 *OVG Bautzen, SächsVBl. 1996, 70, 71*
1037 *OVG Weimar, NVwZ-RR 2004, 393, 394; OVG Berlin, NVwZ-RR 1995, 433, 434; VGH Kassel, NVwZ-RR 1998, 463, 463; OVG Münster, NWVBl. 2003, 479, 480; Emrich, NVwZ 2000, 163, 165*
1038 *Kotulla, Die Verwaltung 33 [2000], 521, 530*

Doch Vorsicht: „Unaufschiebbare" Maßnahmen von Polizeivollzugsbeamten erledigen sich in aller Regel kurzfristig, und da nach Erledigung kein vorläufiger Rechtsschutz mehr statthaft ist,[1039] kommt § 80 II 1 Nr. 2 VwGO in praxi kaum Bedeutung zu.

BEISPIELE: Bei Versammlungsauflösung, Platzverweis, Identitätsfeststellung, Wegfahrgebot usw. wird der Betroffene kaum das Gericht erreichen können, ohne allein schon durch das Entfernen vom Ort des Geschehens eine Erledigung herbeizuführen.

§ 80 II 1 Nr. 2 VwGO findet allerdings analoge Anwendung auf Verkehrszeichen.[1040] Darin liegt nach dem zuvor Gesagten sogar der Hauptanwendungsfall des § 80 II 1 Nr. 2 VwGO in Praxis und Examen. Dass gegen Verkehrszeichen nicht mit Suspensiveffekt Widerspruch eingelegt und Klage erhoben werden kann, ist im Hinblick auf die notwendige Sicherheit des Straßenverkehrs evident. Gleichwohl werden sie von § 80 II 1 VwGO nicht erfasst. Es liegt also eine planwidrige Regelungslücke vor. Auch ist die Interessenlage von geregeltem und ungeregeltem Fall vergleichbar, da es keinen Unterschied macht, ob etwa ein Polizist an der Kreuzung „Halt" gebietet oder ein Stoppschild. Streitig ist die analoge Anwendung, wenn die Regelung nicht der Sicherheit im Straßenverkehr dient, z.B. bei Parkuhren[1041] oder Smog-Alarm[1042]. In beiden Fällen sollte man sich wegen des vergleichbaren Eilinteresses jedoch auch dafür entscheiden.

353 Analogie bei Verkehrszeichen

BEISPIEL: Auch in einer Parkuhr kommt das Gebot zum Ausdruck, das Fahrzeug nach Ablauf der Höchstparkdauer zu entfernen. Warum sollte dieses Gebot anders gehandhabt werden als die ausdrückliche Aufforderung eines Polizisten?

(3) Andere durch Gesetz vorgeschriebene Fälle, § 80 II 1 Nr. 3 VwGO

§ 80 II 1 Nr. 3 VwGO ist die Öffnungsklausel für andere gesetzliche Regelungen über das Entfallen der aufschiebenden Wirkung. „Gesetz" meint dabei ein Gesetz im formellen Sinn, also ein Parlamentsgesetz, nicht etwa Rechtsverordnungen oder Satzungen.[1043] Dies gilt zunächst für Bundesgesetze.

354 Öffnungsklausel

BEISPIELE: § 84 I AufenthG; § 212a I BauGB; § 54 IV BeamtStG.

§ 80 II 1 Nr. 3 VwGO erstreckt sich aber auch auf Landesgesetze, wenn der zu vollstreckende Verwaltungsakt auf Landesrecht beruht.

BEISPIEL: Die Länder haben vielfach die aufschiebende Wirkung gegen Maßnahmen in der Zwangsvollstreckung ausgeschlossen, vgl. z.B. § 112 JustizG NRW.

Nach § 80 II 2 VwGO können die Länder darüber hinaus durch Landesgesetz die aufschiebende Wirkung entfallen lassen, soweit sie Bundesrecht vollstrecken.

1039 Siehe Rn 347
1040 St. Rspr. seit BVerwG, NJW 1978, 656, 656; ebenso VGH Mannheim, VBlBW 1995, 237, 238; OVG Bremen, NVwZ-RR 1991, 217, 219; OVG Lüneburg, GewArch 1992, 357, 358; Brühl, JuS 1995, 627, 629
1041 Dafür z.B. BVerwG NVwZ 1988, 623, 624; dagegen z.B. Kopp/Schenke, VwGO, § 80 Rn 64
1042 Dafür z.B. Jacobs, NVwZ 1987, 100, 105; Jarass, NVwZ 1987, 95, 98; dagegen z.B. Schoch/Schneider/Bier-Schoch, VwGO, § 80 Rn 123
1043 Brühl, JuS 1995, 627, 630

BEISPIEL: Ein Ausländer soll nach §§ 53 ff. AufenhG ausgewiesen werden. In diesem Fall greift § 80 II 1 Nr. 3 VwGO nicht, weil die Ausweisung auf Bundesrecht beruht, wohl aber § 80 II 2 VwGO, weil sie die Vollstreckung der Ausreisepflicht darstellt.

(4) Anordnung der sofortigen Vollziehung, § 80 II 1 Nr. 4 VwGO

Anordnung der sofortigen Vollziehung

355 In § 80 II 1 Nr. 1-3 VwGO lässt der Gesetzgeber selbst Ausnahmen vom Suspensiveffekt des § 80 I 1 VwGO zu. In § 80 II 1 Nr. 4 VwGO hingegen ermächtigt er die Behörde, dies durch eine Anordnung der sofortigen Vollziehung zu tun, soweit es im Einzelfall wegen eines besonderen öffentlichen Interesses oder im überwiegenden Interesse eines Beteiligten geboten ist.

BEISPIEL: Anlässlich einer Versammlung drohen Krawallen. Die Behörde ordnet die sofortige Vollziehung des Versammlungsverbots an, um zu verhindern, dass der Veranstalter mit Widerspruch oder Klage die Gültigkeit des Verbots über den Veranstaltungstermin hinaus suspendiert.

356 Für das Entfallen des Suspensiveffekts nach § 80 II 1 Nr. 4 VwGO kommt es nicht darauf an, dass tatsächlich ein solches überwiegendes Vollzugsinteresse vorliegt. Auch die Einhaltung der formellen Voraussetzungen (z.B. der Begründungspflicht des § 80 III VwGO) spielen insoweit keine Rolle. Ihre Nichteinhaltung ist vielmehr im Aussetzungsverfahren nach §§ 80 V 1, 80a VwGO zu rügen, das gerade voraussetzt, dass der Suspensiveffekt zunächst einmal entfallen ist. Erforderlich ist vielmehr nur, dass die Behörde die Anordnung der sofortigen Vollziehung unmissverständlich – am besten wörtlich – trifft.

BEISPIEL: „Die sofortige Vollziehung dieses Bescheides wird angeordnet". Ebenfalls zulässig, da auch unmissverständlich (und juristisch sogar zutreffender als der Gesetzeswortlaut)[1044] wäre: „Die sofortige Vollziehbarkeit dieses Bescheides wird angeordnet."

Bestimmtheitsgebot besonders streng

357 Der Betroffene muss schließlich in jedem Moment genau wissen, ob er einen Verwaltungsakt trotz eingelegten Rechtsbehelfs befolgen muss oder nicht. Unklarheiten gehen hier zu Lasten des Verwenders.

> **MERKSATZ**
> Völlig ausgeschlossen sind daher z.B. konkludente Vollziehungsanordnungen.[1045]

Zulässig (u.U. sogar geboten) ist hingegen eine Beschränkung der Vollziehungsanordnung auf einen Teil des Verwaltungsakts oder eine Nebenbestimmung.

BEISPIEL: Sind mit einer Baugenehmigung zwei Auflagen verbunden, und hält die Behörde nur die Erfüllung der einen für dringlich, so kann sie die Anordnung der sofortigen Vollziehung auf diese beschränken. Legt der Bauherr dann umfassend Widerspruch ein, suspendiert dieser (nur, aber immerhin) die andere Auflage.

1044 Schoch/Schneider/Bier-Schoch, VwGO, § 80 Rn 242
1045 VGH Mannheim, NVwZ 1995, 813, 813

(5) Faktischer Vollzug

Es kann schließlich auch vorkommen, dass zwar kein Fall von § 80 II 1 VwGO vorliegt, die Behörde aber trotz bestehender aufschiebender Wirkung (also rechtswidrig) Anstalten macht, den Verwaltungsakt zu vollziehen.

358 Faktischer Vollzug

BEISPIEL: Der Antragsteller hat gegen einen Bescheid, der ihm nachts das Posaunespielen verbietet, mit aufschiebender Wirkung Widerspruch eingelegt. Trotzdem erhält er einen Bescheid, der ihm für jedes weitere Posaunespielen zur Nachtzeit ein Zwangsgeld androht.

Man spricht in diesen Fällen von „faktischem Vollzug".[1046] Ausdrücklich geregelt ist dieser Fall in den §§ 80, 80a VwGO nicht. Streitig ist, wie dem Antragsteller dann zu helfen ist.

- Die h.M. wendet beim faktischen Vollzug § 80 V 1 VwGO analog an, wobei der Antrag auf „Feststellung" des Bestehens der aufschiebenden Wirkung zu richten ist.[1047] Das Gericht kann nichts „Anordnen" oder „Wiederherstellen", was ohnehin besteht. Stellt das Gericht jedoch fest, dass aufschiebende Wirkung besteht, wird die Behörde ihren Rechtsirrtum erkennen und von der weiteren Vollziehung des Verwaltungsakts ablassen.

359 H.M.: § 80 V 1 VwGO analog

- Eine m.M. verneint hingegen eine planwidrige Regelungslücke für eine Analogie zu § 80 V 1 VwGO. Vielmehr greife die Sicherungsanordnung nach § 123 I 1 VwGO ein.[1048] Diese ist - was der m.M. zuzugeben ist - auf den Erhalt des status quo gerichtet. Eben dieser droht sich in den Fällen des faktischen Vollzuges zu verschlechtern.

360 M.M.: § 123 I 1 VwGO

BEISPIEL: Der Antragsteller müsste im o.g. Beispiel entweder das Posaunespielen einstellen oder damit rechnen, dass Zwangsgelder gegen ihn festgesetzt werden.

Diese Ansicht macht ferner geltend, dass eine Feststellung nach § 80 V 1 VwGO nicht vollstreckbar - und deshalb gegen eine hartnäckig weiterhin vollziehende Behörde nicht effektiv - wäre, wohingegen Beschlüsse nach § 123 I VwGO gem. § 172 VwGO mit Zwangsgeldern bis 10.000 € durchgesetzt werden können.

Dennoch sprechen die besseren Argumente für die h.M., denn die m.M. verkennt zunächst, dass es sich beim Aussetzungsverfahren nach §§ 80 V, 80a VwGO und dem Anordnungsverfahren nach § 123 I VwGO um zwei völlig verschiedene Verfahrensarten handelt, die sich in ihren Voraussetzungen und in ihren Rechtsfolgen grundlegend unterscheiden. Lücken im einen Verfahrens können somit nicht durch Anwendung von Normen des anderen Verfahrens geschlossen werden. Droht die Vollziehung eines belastenden Verwaltungsakts, ist Rechtsschutz ausschließlich nach §§ 80 V, 80a VwGO zu gewähren. Hat man sich m.a.W. einmal für das Aussetzungsverfahren entschieden, ist der Rückgriff auf § 123 I VwGO durch § 123 V VwGO vollständig gesperrt. Eine Regelungslücke für die analoge Anwendung des § 80 V 1 VwGO bei „faktischem Vollzug" besteht also ungeachtet dessen, was in § 123 I VwGO geregelt sein mag.

361 Stellungnahme

1046 Zum Begriff Kirste, DÖV 2001, 397, 397 f.
1047 VGH München, NJW 2006, 2282, 2283; VGH Mannheim, NVwZ 1998, 152, 153; VG Köln, NWVBl. 2008, 36, 37; Erbguth, JA 2008, 357, 360; Proppe, JA 2004, 324, 327; Schoch, JURA 2002, 37, 40
1048 OVG Bremen, NVwZ 1986, 59, 61; Czermak, NJW 1974, 1722, 1722

Dies verdeutlicht auch folgende Überlegung: Im Verfahren nach § 80 V 1 VwGO muss der Antragsteller die für ihn günstigen Tatsachen nur behaupten, im Verfahren nach § 123 I VwGO hingegen gem. § 123 III VwGO i.V.m. §§ 920 II, 294 ZPO glaubhaft machen. In der Glaubhaftmachungslast liegt eine wesentliche Erschwernis im Verhältnis zum bloßen Behauptenmüssen (man denke nur an die Strafbewährung nach § 156 StGB). Soll jemand, dem von Gesetzes wegen aufschiebende Wirkung zusteht, mit der m.M. nur den schlechteren Rechtsbehelf des § 123 I VwGO ergreifen können, weil die Behörde den Suspensiveffekt missachtet, wohingegen jemand, dem von Gesetzes wegen keine aufschiebende Wirkung zusteht und der diese erst nach § 80 V 1 VwGO zu erreichen versucht, der günstigere Rechtsbehelf offen steht? Dann würde eine materiell-rechtlich bessere Stellung prozessual schlechter behandelt - ein vom Gesetzgeber offensichtlich nicht gewolltes Ergebnis.

Und auch das Argument der fehlenden Vollstreckbarkeit einer Feststellung analog § 80 V 1 VwGO lässt sich entkräften, denn in einem Rechtsstaat ist zu erwarten, dass die Behörden sich von selbst an gerichtliche Feststellungen halten, es einer Vollstreckung also gar nicht bedarf.[1049] Und selbst wenn dies im Einzelfall nicht der Fall sein sollte, hätte der Betroffene eine Reihe von Alternativmöglichkeiten: Er könnte bspw. die Aufsichtsbehörde unterrichten, eine Dienst- oder Fachaufsichtsbeschwerde wegen Amtsmissbrauchs einlegen oder Schadensersatzansprüche stellen.

b) Abgrenzung zu Drittbeteiligungsfällen nach § 80a VwGO

Zwei oder drei Personen?

362 Für Verwaltungsakte mit „Doppelwirkung", die neben der Begünstigung des Adressaten die Belastung eines Dritten oder neben der Belastung des Adressaten die Begünstigung eines Dritten bewirken, enthält § 80a VwGO Spezialregelungen zu § 80 V 1 VwGO. Dessen Anwendbarkeit ist deshalb dadurch bedingt, dass es sich lediglich um ein Zweipersonenverhältnis zwischen der Erlassbehörde und dem Adressaten des Verwaltungsakts handelt. „Dritter" i.S.v. § 80a VwGO ist m.a.W. jeder, der nicht Rechtsträger der erlassenden Behörde und nicht Adressat des streitgegenständlichen Verwaltungsakts ist, mag er auch in einer Nähebeziehung zum Adressaten oder zur Erlassbehörde stehen.

> **BEISPIELE:** Der Nachbar im Baunachbarrecht. Der Konkurrent im Subventionsrechtsstreit. Die Ehefrau des ausgewiesenen Ausländers.

363 KLAUSURHINWEIS

Ob zwei oder drei Personen involviert sind, ist allerdings in aller Regel so offensichtlich, dass breite Ausführungen dazu im Gutachten entbehrlich sind. Vielmehr hätte man einen Antrag nach § 80 V 1 VwGO bei Drittbeteiligung gar nicht erst erwogen, sondern direkt mit der Prüfung von § 80a VwGO begonnen. Das Vorliegen eines „Zweipersonenverhältnisses" ist daher in den meisten Fällen eher eine wie selbstverständlich zu behandelnde Vorfrage als ein erwähnenswerter Gliederungspunkt im Gutachten.

Nur ausnahmsweise wird es vorkommen, dass man zwischen § 80 V 1 VwGO und § 80a VwGO ausdrücklich abgrenzen muss, weil problematisch ist, ob der Antragsteller nun „Dritter" ist oder nicht.

1049 Proppe, JA 2004, 324, 328

BEISPIEL: Antragsteller ist ein Gesellschafter, Adressatin die GbR. In diesem Fall hinge die Dritteigenschaft des Gesellschafters davon ab, ob man der GbR selbst Teilrechtsfähigkeit zuspricht (dann ja) oder nicht.

c) Abgrenzung der einzelnen Anträge des § 80 V 1 VwGO

Durch die Prüfung der Vollziehbarkeit des Verwaltungsakts nach § 80 II 1 Nr. 1-4 VwGO wird zugleich die genaue Antragsart innerhalb des § 80 V 1 VwGO bestimmt. Von „Anordnung" der aufschiebenden Wirkung spricht § 80 V 1 1. Hs. VwGO in den Fällen des § 80 II 1 Nr. 1-3 VwGO, während es nach § 80 V 1 2. Hs. VwGO in den Fällen des § 80 II 1 Nr. 4 VwGO „Wiederherstellung" heißt. Der Hintergrund dieser unterschiedlichen Formulierung ist ganz einfach: In den Fällen des § 80 II 1 Nr. 1-3 VwGO entfällt die aufschiebende Wirkung schon von Gesetzes wegen. Diese kann folglich vom Gericht (erstmals) „angeordnet" werden. Bei § 80 II 1 Nr. 4 VwGO entfalten Widerspruch und Anfechtungsklage hingegen von Gesetzes wegen zunächst durchaus aufschiebende Wirkung, nur dass die Behörde diese dem Betroffenen durch die Anordnung der sofortigen Vollziehung des Verwaltungsakts genommen hat. In dieser Situation kann das Gericht die gesetzliche Ausgangslage „wiederherstellen".

364 „Anordnung" und „Wiederherstellung"

> **MERKSATZ**
> Entfällt die **aufschiebende Wirkung** nach § 80 II 1 Nr. 1-3 VwGO, ist gem. § 80 V 1 1. Hs. VwGO ein Antrag auf „Anordnung" der aufschiebenden Wirkung statthaft, entfällt sie nach § 80 II 1 Nr. 4 VwGO ist nach § 80 V 1 2. Hs. VwGO ihre „Wiederherstellung" zu beantragen.

Zum Sonderfall des faktischen Vollzuges wurde bereits oben[1050] ausgeführt, dass der Antrag hier nach § 80 V 1 VwGO analog auf „Feststellung" des Bestehens der aufschiebenden Wirkung lauten muss.[1051] Das Gericht kann und muss nichts „anordnen" oder „wiederherstellen", was ohnehin besteht. Hingegen ist die Feststellung der Rechtslage sinnvoll, um die rechtsirrig vollziehende Behörde auf ihren Fehler hinzuweisen.

365 „Feststellung"

> **MERKSATZ**
> Beim **„faktischen Vollzug"** wird analog § 80 V 1 VwGO die „Feststellung" des Bestehens der aufschiebenden Wirkung beantragt.

Die Unterscheidung zwischen Anordnung, Wiederherstellung und Feststellung der aufschiebenden Wirkung ist indes nicht nur sprachlicher Natur. Das Verfahren nach § 80 V 1 1. Hs. VwGO wird in Zulässigkeit und Begründetheit partiell anders geprüft als das Verfahren nach § 80 V 1 2. Hs. VwGO, und dieses wiederum völlig anders als das Feststellungsverfahren analog § 80 V 1 VwGO. Auf diese Besonderheiten wird im Folgenden einzugehen sein.[1052]

366 Erhebliche Auswirkungen auf den Prüfungsaufbau

1050 Siehe Rn 358
1051 Statt aller: Proppe, JA 2004, 324, 328
1052 Siehe Rn 386; Rn 402; Rn 432

> **KLAUSURHINWEIS**
> Welcher Fall des § 80 V 1 VwGO genau vorliegt, ist in einem Ergebnissatz am Ende der Statthaftigkeitsprüfung festzuhalten.

3. Antragsbefugnis

Einleitung knapp halten

367 Zur Vermeidung von Popularanträgen ist analog § 42 II VwGO eine Antragsbefugnis zu prüfen. Dies ist in der Literatur völlig unstreitig[1053] und ständige Rspr. aller Fachgerichte.[1054]

> **KLAUSURHINWEIS**
> Es wäre daher verfehlt, an dieser Stelle breit auf die Analogievoraussetzungen einzugehen. Vielmehr sollte in einem kurzen Obersatz eine Antragsbefugnis analog § 42 II VwGO zur Vermeidung von Popularanträgen gefordert und sodann ohne weiteren Kommentar mit Definition und Subsumtion begonnen werden.

Antragsbefugnis = Klagebefugnis

368 Die Antragsbefugnis setzt - ebenso wie bei der Anfechtungsklage in der Hauptsache - voraus, dass der Antragsteller durch den streitgegenständlichen Verwaltungsakt zumindest möglicherweise in seinen subjektiv-öffentlichen Rechten verletzt ist.

> **MERKSATZ**
> Die **Antragsbefugnis** bei § 80 V 1 VwGO wird genauso geprüft wie die Klagebefugnis einer Anfechtungsklage.[1055]

Adressatenformel verwenden

369 Speziell zu § 80 V 1 VwGO sei darauf hingewiesen, dass so gut wie immer eine Anfechtungsklage in der Hauptsache statthaft ist (ansonsten wäre ein Antrag nach § 123 I VwGO statthaft) und diese so gut wie immer im Zweipersonenverhältnis spielt (ansonsten wäre ein Antrag nach § 80a VwGO statthaft). Da bei Anfechtungsklagen im Zweipersonenverhältnis die sog. „**Adressatenformel**"[1056] gilt, wird sich die Antragsbefugnis bei § 80 V 1 VwGO so gut wie immer völlig unproblematisch aus Art. 2 I GG bejahen lassen.

Lediglich dann, wenn die Adressatenformel trotz Anfechtungsklage im Zweipersonenverhältnis einmal nicht greift, könnten breitere Ausführungen angezeigt sein.

> **BEISPIEL:** Eine ausländische juristische Person kann sich wegen Art. 19 III GG nicht auf Grundrechte und somit auch nicht auf Art. 2 I GG berufen. In einem solchen Fall könnte zu erörtern sein, ob sie sich z.B. auf Grundfreiheiten nach dem AEUV berufen kann.

Ist offensichtlich ein spezielleres Grundrecht als Art. 2 I GG einschlägig, dürfte es ebenfalls vorzugswürdig - wenn auch nicht zwingend - sein, auf dieses einzugehen.

1053 Arndt/Uhlenbrock, JURA 2002, 488, 489; Schoch, JURA 2002, 37, 41
1054 BVerwG, NVwZ 1994, 1000, 1001; NVwZ 1993, 565, 566; OVG Münster, DÖV 2008, 296, 297; OVG Berlin, DVBL 2001, 1004, 1006; VGH Mannheim, VBlBW 2000, 397, 398
1055 Siehe hierzu Rn 87 ff.
1056 Zu dieser siehe Rn 89

BEISPIEL: Der Antragsteller wehrt sich gegen die Anordnung der sofortigen Vollziehung einer Abrissverfügung. Hier kann es laienhaft wirken, „jedenfalls von einer Verletzung des Art. 2 I GG" zu sprechen, wenn doch für jedermann ersichtlich ist, dass dieser i.E. von Art. 14 I 1 GG verdrängt wird. Ebenso wäre es bei einem sofort vollziehbaren Versammlungsverbot mit Art. 8 I GG, einer sofort vollziehbaren Gewerbeuntersagung mit Art. 12 I 1 GG usw.

4. Form und Frist

Dieser Prüfungspunkt ist in aller Regel entbehrlich, da in Prüfungsaufgaben normalerweise ein Bearbeitervermerk existiert, der vorgibt, dass die Formalien in Ordnung sind, und der Antrag nach § 80 V 1 VwGO nicht an eine Frist gebunden ist.

370   Prüfung entfällt i.d.R.

Fehlt hingegen der entsprechende Bearbeitervermerk oder sind im Sachverhalt gar Formprobleme angelegt, so ist darauf hinzuweisen, dass der Antrag nach § 80 V 1 VwGO in der Form der §§ 81, 82 VwGO einzureichen ist, die analoge Anwendung finden.[1057]

BEISPIEL: Der Antrag wird per Telefax gestellt. Ist eine solche Angabe im Sachverhalt enthalten, möchte der Prüfer einen Hinweis auf § 173 S. 1 VwGO i.V.m. § 130 Nr. 6 ZPO als Ausnahme zu § 81 I 1 VwGO analog lesen.

> **MERKSATZ**
> Für den Antrag nach § 80 V 1 VwGO gelten die Formalien der Hauptsache analog.

Fristen gibt es nur in exotischen Ausnahmefällen, die in Prüfungsaufgaben keine Rolle spielen.[1058]

BEISPIELE: Asylrecht (Wochenfrist des § 36 III 1 AsylVfG; Drei-Tage-Frist im sog. „Flughafenverfahren" nach § 18a IV 1 AsylVfG); Verkehrsplanungsrecht (Monatsfrist des § 5 II 2 VerkPBG).

Nicht verwechselt werden darf die (nicht bestehende) Antragsfrist für § 80 V 1 VwGO mit der Widerspruchs- und Klagefrist in der Hauptsache nach §§ 70 I, 74 I VwGO. Diese spielen im allgemeinen Rechtsschutzinteresse eine Rolle.[1059]

5. Richtiger Antragsgegner

> **MERKSATZ**
> Der **richtige Antragsgegner** bestimmt sich im vorläufigen Rechtsschutz in Ermangelung einer eigenen Regelung nach dem Beklagten in der Hauptsache.[1060]

371   § 78 VwGO analog anwenden

Für den Antrag nach § 80 V 1 VwGO bedeutet dies, dass § 78 VwGO analog anzuwenden ist, da in der Hauptsache eine Anfechtungsklage zu erheben ist.[1061]

1057 Brühl, JuS 1995, 722, 723
1058 Einzelnachweise bei Schoch, JURA 2002, 37, 42
1059 Siehe Rn 378
1060 Statt aller Schoch/Schneider/Bier-Schoch, VwGO, § 80 Rn 466
1061 Thiel, NWVBl. 2008, 161, 162. Zur Prüfung des § 78 VwGO siehe Rn 131 ff.

Streit bei AsV durch Widerspruchsbehörde

372 Streitig ist der richtige Antragsgegner, wenn erst die Widerspruchsbehörde nach § 80 II 1 Nr. 4 VwGO die sofortige Vollziehung angeordnet hat. Eine m.M. will den Antrag dann gegen den Rechtsträger der Widerspruchsbehörde (§ 78 I Nr. 1 VwGO analog) bzw. die Widerspruchsbehörde selbst (§ 78 I Nr. 2 VwGO analog i.V.m. Landesrecht) richten.[1062] Nach h.M. muss der Antrag hingegen trotzdem gegen den Rechtsträger der Ausgangsbehörde (§ 78 I Nr. 1 VwGO analog) bzw. die Ausgangsbehörde selbst (§ 78 I Nr. 2 VwGO analog i.V.m. Landesrecht) gerichtet werden.[1063] Der Streit ist durch Auslegung des einschlägigen § 78 I Nr. 1, 2 VwGO zu entscheiden. Dessen Wortlaut stellt eindeutig auf die Ausgangsbehörde bzw. deren Rechtsträger ab, was für die h.M. spricht. Auch systematisch verdient diese den Vorzug, denn ein Blick in § 78 II VwGO zeigt, dass der Gesetzgeber nur dann auf die Widerspruchsbehörde abstellt, wenn sie den Verwaltungsakt inhaltlich verändert hat (z.B. bei der sog. **„reformatio in peius"**),[1064] wohingegen die Anordnung der sofortigen Vollziehung nur ein Annex zum von der Ausgangsbehörde erlassenen Verwaltungsakt ist, diesen inhaltlich aber unverändert lässt. Auch teleologisch gilt nichts anderes: Zwar ist der m.M. zuzugeben, dass nach h.M. die Ausgangsbehörde eine sofortige Vollziehungsanordnung verteidigen muss, die nicht sie, sondern die Widerspruchsbehörde getroffen hat. Jedoch kommt es für die Begründetheit des Antrags nach § 80 V VwGO häufig entscheidend auf die Rechtmäßigkeit des erlassenen Verwaltungsakts an,[1065] sodass andererseits nach der m.M. die Widerspruchsbehörde einen nicht von ihr erlassenen Verwaltungsakt inhaltlich verteidigen müsste.[1066] Somit bleibt es auch in diesem Streitfall mit der h.M. bei der Kongruenz von Hauptsache- und Aussetzungsverfahren.

6. Beteiligungs- und Prozessfähigkeit

373 Für die Beteiligungs- und Prozessfähigkeit gelten unmittelbar §§ 61 ff. VwGO.[1067]

7. Allgemeines Rechtsschutzinteresse

374 Im allgemeinen Rechtsschutzinteresse ist nicht die sonst gebräuchliche Formel zu verwenden, wo nach kein „einfacherer, besserer, schnellerer Weg" zum Erfolg führen darf. Vielmehr haben sich diesbezüglich zu § 80 V 1 VwGO spezifische Voraussetzungen herausgebildet, deren Kenntnis und Prüfung in jedem Fall erwartet wird.

> **MERKSATZ**
> Bei § 80 V 1 VwGO ist immer auf das allgemeine Rechtsschutzinteresse einzugehen.

a) Rechtsbehelf in der Hauptsache eingelegt

Widerspruch oder Anfechtungsklage erhoben

375 Zunächst müssen Widerspruch oder Anfechtungsklage in der Hauptsache erhoben worden sein.
Von einer m.M. wird dies zwar bestritten, weil damit faktisch eine Verkürzung der Fristen für Widerspruch und Anfechtungsklage (§§ 70, 74 VwGO) bewirkt werde.[1068]

1062   OVG Münster, NJW 1995, 2242, 2242; Schoch, JURA 2002, 37, 41
1063   OVG Bautzen, NVwZ-RR 2002, 74, 74; OVG Lüneburg, NJW 1989, 2147, 2148; Clausing, JuS 2002, 478, 482; Loos, JA 2001, 698, 700
1064   Siehe Rn 162
1065   Siehe Rn 389 f.
1066   OVG Bautzen, NVwZ-RR 2002, 74, 74
1067   Siehe Rn 138
1068   VGH Mannheim, DVBl 1995, 302, 303; Kopp/Schenke, VwGO, § 80 Rn 139; Zacharias, JA 2002, 345, 346

Deshalb könne der Antrag nach § 80 V 1 VwGO sogar schon vor Einlegung des Widerspruchs gestellt werden. Andere wiederum meinen, dass es zwar eines Widerspruchs bedarf, sofern dieser nicht ausnahmsweise nach § 68 I 2 VwGO entbehrlich ist, jedenfalls aber keiner Anfechtungsklage, weil § 80 V 2 VwGO ausdrücklich regele, dass der Antrag nach § 80 V 1 VwGO schon vor deren Erhebung gestellt werden könne.[1069] Alledem tritt die h.M. jedoch zu Recht entgegen.[1070] Solange kein Rechtsbehelf in der Hauptsache erhoben ist, könnte das Verwaltungsgericht dessen aufschiebende Wirkung auch nicht anordnen, wiederherstellen oder - beim „faktischen Vollzug" - feststellen, § 80 I VwGO. Der Antrag nach § 80 V 1 VwGO ginge ins Leere. Etwas anderes ergibt sich für die Anfechtungsklage auch nicht aus § 80 V 2 VwGO. Damit ist nur gemeint, dass der Antrag auch schon während des laufenden Widerspruchsverfahrens gestellt werden kann, dies m.a.W. also nicht erst im Klageverfahren möglich ist. Ist ein Widerspruch nach § 68 I 2 VwGO aber nicht statthaft, muss daher gleichwohl eine Anfechtungsklage erhoben worden sein. Nochmals: Wessen aufschiebende Wirkung sollte sonst angeordnet, wiederhergestellt oder festgestellt werden? Eine faktische Fristverkürzung ist für den Betroffenen zudem leicht hinnehmbar, da Widerspruch und Anfechtungsklage rein fristwahrend (d.h. ohne Begründung) eingelegt und ggf. wieder zurückgenommen werden können. Soweit von der m.M. auf das Kostenrisiko verwiesen wird, ist dem entgegen zu halten, dass ein solches erstens nicht oder nur in überschaubarer Höhe besteht, wenn der Hauptsacherechtsbehelf zunächst nur fristwahrend eingelegt wird, und ein Hauptsacherechtsbehelf zweitens materiell-rechtlich ohnehin ergriffen werden muss, um den Eintritt der Bestandskraft zu verhindern. Wer aber den Verwaltungsakt in der Hauptsache bestandskräftig werden lässt, hat kein schützenswertes Eilinteresse.

KLAUSURHINWEIS
Liegt ein Hauptsacherechtsbehelf vor, ist auf all dies nicht einzugehen. Zwei Sätze genügen: „Streitig ist, ob der Antragsteller gleichzeitig Widerspruch oder Anfechtungsklage in der Hauptsache einlegen muss. Dies mag hier jedoch auf sich beruhen, da er jedenfalls am [...] Widerspruch eingelegt [bzw. Anfechtungsklage erhoben] hat."

Maßgeblicher Zeitpunkt für das Vorliegen des Hauptsacherechtsbehelfs - wie für alle Zulässigkeitsvoraussetzungen - ist die Entscheidung über den Antrag nach § 80 V 1 VwGO.[1071] Da wegen § 101 III VwGO vielfach keine mündliche Verhandlung stattfindet, mag es faktisch ratsam sein, den Hauptsacherechtsbehelf spätestens gleichzeitig mit dem vorläufigen Rechtsschutzantrag einzulegen, weil danach keine Gelegenheit mehr bestehen könnte, dem Gericht die Einlegung mitzuteilen. Zwingend ist dies jedoch nicht.

376 Zeitpunkt

b) Nicht offensichtlich unzulässig
Der Hauptsacherechtsbehelf darf ferner nicht offensichtlich unzulässig sein. Offensichtlich unzulässige Widersprüche oder Anfechtungsklagen können jedenfalls nach h.M. keine aufschiebende Wirkung entfalten.[1072] Somit ist es auch dem Verwaltungsgericht verwehrt, diese anzuordnen, wiederherzustellen oder festzustellen.

377 Offensichtliche Unzulässigkeit der Hauptsache?

1069 Hummel, JuS 2011, 413, 415; Proppe, JA 2004, 324, 324
1070 OVG Münster, NVwZ-RR 2001, 54, 55; VGH Mannheim, VBlBW 1991, 184, 194; Schoch, JURA 2002, 37, 41
1071 Koehl, BayVBl. 2007, 540, 541
1072 BVerwG, NJW 1993, 1610, 1611; VGH Mannheim, NVwZ 1997, 594, 595; Koehl, BayVBl. 2007, 540, 541; Huba, JuS 1990, 382, 385

Vorverfahren durchgeführt und Frist gewahrt?

378 Was „offensichtlich" in diesem Sinne bedeutet, ist schwer zu sagen.[1073] Festhalten lässt sich jedenfalls, dass die Eröffnung des Verwaltungsrechtswegs, die Statthaftigkeit, die Widerspruchs- bzw. Klagebefugnis und der Klagegegner kaum problematisch sein können, denn diese Voraussetzungen tauchen auch in der Zulässigkeit des Antrags nach § 80 V 1 VwGO entsprechend auf (s.o.), ihr Fehlen wäre also schon früher im Gutachten bemerkt worden. Danach bleiben für eine „offensichtliche" Unzulässigkeit im allgemeinen Rechtsschutzinteresse vor allem zwei denkbare Fälle übrig:

- Der Antragsteller hat Anfechtungsklage erhoben, ohne zuvor ein nach § 68 I 1 VwGO notwendiges Vorverfahren ordnungsgemäß durchgeführt zu haben.
- Der Hauptsacherechtsbehelf ist offensichtlich verfristet, §§ 70, 74 VwGO.[1074] „Offensichtlich" heißt in diesem Sinne, dass die Frist unstreitig verstrichen sein muss und eine Wiedereinsetzung in den vorigen Stand nach § 60 VwGO nicht in Betracht kommt. Herrscht hingegen über die Fristwahrung oder Wiedereinsetzungsanspruch zwischen Bürger und Behörde Streit, ist die Verfristung nicht „offensichtlich".[1075]

> **KLAUSURHINWEIS**
> Von diesen Fällen abgesehen sollte keine offensichtliche Unzulässigkeit angenommen werden. Im Zweifel ist auf jeden Fall das allgemeine Rechtsschutzinteresse zu bejahen.

379 Eine m.M. hält die Zulässigkeit des Hauptsacherechtsbehelfs sogar gänzlich für irrelevant.[1076] Sie beruft sich auf den Wortlaut des § 80 I VwGO, der für die Entstehung des Suspensiveffekts keine Zulässigkeit fordere. Somit könne nach § 80 V 1 VwGO auch ein unzulässiger Hauptsacherechtsbehelf mit Suspensiveffekt versehen werden. Dieses Wortlautargument ist zutreffend. Die m.M. ist dennoch aus teleologischen Gründen abzulehnen, da sie zu untragbaren, vom Gesetzgeber offensichtlich nicht gewollten Ergebnissen führt.

BEISPIEL: Soll der Bescheid, einen bissigen Hund nur angeleint in der Öffentlichkeit zu führen, noch suspendiert werden können, nachdem der Hundehalter sich fünf Jahre lang nicht darum gekümmert hat?

> **KLAUSURHINWEIS**
> Auf diese Streitfrage ist nur einzugehen, wenn der Hauptsacherechtsbehelf tatsächlich offensichtlich unzulässig sein sollte. Ansonsten ist stillschweigend zu prüfen, dass er nicht offensichtlich unzulässig sein darf.

c) Keine aufschiebende Wirkung

Verweis auf die Statthaftigkeitsprüfung

380 Der Hauptsacherechtsbehelf darf nicht ohnehin schon aufschiebende Wirkung entfalten. Es besteht kein schützenswertes Interesse daran, einen Antrag auf Anordnung oder Wiederherstellung von etwas zu stellen, das gem. § 80 I VwGO a priori schon

---

[1073] Hummel, JuS 2011, 317, 321 konzediert eine „verminderte Treffsicherheit".
[1074] BVerwG, NJW 1993, 1610, 1611; VGH Mannheim, NJW 1978, 719, 720; Hummel, JuS 2011, 317, 321
[1075] OVG Münster, NVwZ-RR 2011, 753, 754 = RA 2011, 619, 620; Kopp/Schenke, VwGO, § 80 Rn 50
[1076] Brühl, JuS 1995, 627, 628

besteht. Hat man allerdings die Statthaftigkeit des Antrags sauber geprüft, so steht bereits fest, dass die aufschiebende Wirkung nach § 80 II 1 Nr. 1-4 VwGO entfallen ist. Es genügt an dieser Stelle also ein kurzer Verweis auf oben.

Einzige Ausnahme: Beim „faktischen Vollzug" gem. § 80 V 1 VwGO analog liegt das Problem gerade darin, dass zwar aufschiebende Wirkung besteht, die Behörde diese aber missachtet. Es wäre geradezu widersinnig, wollte man in diesem Fall dem Antragsteller das allgemeine Rechtsschutzinteresse absprechen. Andererseits kann im Normalfall erwartet werden, dass die Behörde den Suspensiveffekt honoriert. **381** Ausnahme: „faktischer Vollzug"

> **KLAUSURHINWEIS**
> Deshalb ist beim **faktischen Vollzug** der Prüfungspunkt „Keine aufschiebende Wirkung" durch einen Prüfungspunkt „Vollstreckung droht" zu ersetzen. Es ist m.a.W. (nur, aber immerhin) zu prüfen, ob die Behörde tatsächlich Anstalten macht, sich über den Suspensiveffekt des § 80 I VwGO hinwegzusetzen. Dafür müssen objektive Anhaltspunkte im Sachverhalt vorliegen

BEISPIEL: Der Antragsteller hat den Bescheid, seinen Kampfhund einschläfern zu lassen, durch Widerspruch suspendiert. Trotzdem droht die Behörde Zwangsmittel an. Durch dieses Verhalten gibt sie zu erkennen, dass sie nicht begriffen hat, dass sie den Bescheid einstweilen nicht vollstrecken kann. Demgegenüber wäre ein Rechtsschutzinteresse zu verneinen, wenn der Antragsteller nur „sicherheitshalber" die aufschiebende Wirkung seines Widerspruchs feststellen lassen möchte, ohne dass die Behörde Anlass zu Befürchtungen gegeben hat, sie könne ihren Bescheid in die Tat umsetzen.

d) Vorheriger Antrag an die Behörde

Eines vorherigen Aussetzungsantrags an die Behörde nach § 80 IV 1 VwGO bedarf es nach § 80 VI 1 VwGO nur in den Fällen des § 80 II 1 Nr. 1 VwGO, also bei öffentlichen Abgaben und Kosten (beachte aber auch dort die Ausnahmen des § 80 VI 2 VwGO). Weil § 80 VI 1 VwGO ausdrücklich fordert, dass die Behörde den Antrag schon im Vorfeld „abgelehnt hat", ist ein solcher nicht mehr im laufenden Verfahren nach § 80 V 1 VwGO nachholbar.[1077] **382** § 80 VI VwGO

> **KLAUSURHINWEIS**
> In Klausuren sollte die Frage nach der Notwendigkeit eines vorherigen behördlichen Aussetzungsantrags knapp gehalten werden. Liegt ein Fall des § 80 VI 1, II 1 Nr. 1 VwGO vor, ist kurz zu prüfen, ob der notwendige vorherige Antrag an die Behörde gestellt wurde. Liegt - wie meistens - kein Fall des § 80 VI 1, II 1 Nr. 1 VwGO vor, ist nur kurz festzustellen, dass es eines vorherigen behördlichen Antrags nicht bedarf.

e) Sonstige Fälle fehlenden Rechtsschutzinteresses

Theoretisch lassen sich weitere Fälle denken, in denen ein allgemeines Rechtsschutzinteresse fehlen könnte. Genannt werden z.B. ein fehlender Vollstreckungswille der Behörde, wenn diese freiwillig erklärt hat, trotz fehlender aufschiebender Wirkung auf die Vollziehung des Verwaltungsakts bis zur Entscheidung über die Hauptsache **383**

[1077] Koehl, BayVBl. 2007, 540, 542; Schoch, JURA 2002, 37, 42

verzichten zu wollen,[1078] oder wenn ein früherer Antrag nach § 80 V 1 VwGO über denselben Streitgegenstand schon rechtskräftig abgelehnt worden ist (beachte aber § 80 VII VwGO).[1079]

> **KLAUSURHINWEIS**
> Solche Fälle sind in Prüfungsaufgaben aber extrem selten. Hierzu ist kein Wort zu verlieren, wenn der Sachverhalt nicht besonderen Anlass bietet.

II. OBJEKTIVE ANTRAGSHÄUFUNG, STREITGENOSSENSCHAFT, BEILADUNG

384 Auch im Verfahren nach § 80 V 1 VwGO kann es zu einer Antragshäufung kommen. Auf diese ist § 44 VwGO analog anwendbar.[1080] Ferner können mehrere Personen als Streitgenossen analog § 64 VwGO i.V.m. §§ 59 ff. ZPO auftreten.[1081]

BEISPIEL: Die Eheleute X sind als Miteigentümer Adressaten einer für sofort vollziehbar erklärten, das gemeinschaftliche Haus betreffenden Abrissverfügung. In diesem Fall werden nicht nur beide Anfechtungsklage in der Hauptsache erheben, sondern auch beide um vorläufigen Rechtsschutz ersuchen.

Demgegenüber werden sich Beiladungsfälle analog § 65 VwGO im Verfahren nach § 80 V 1 VwGO nur äußerst selten ergeben, da bei Beteiligung Dritter das Verfahren nach § 80a VwGO statthaft ist. Soweit eine Beiladung aber dennoch in Betracht kommt, gilt § 65 VwGO analog.[1082]

BEISPIEL: Gegenüber dem Miteigentümer M1 ergeht eine für sofort vollziehbare Abrissverfügung, gegenüber dem Miteigentümer M2 nur eine für sofort vollziehbare Duldungsverfügung. Ficht M2 diese an und ersucht parallel um vorläufigen Rechtsschutz, läge kein Fall des § 80a VwGO vor, da M1 nicht Adressat der Duldungsverfügung ist, es sich also um ein Zwei-Personen-Verhältnis zwischen Behörde und M2 handelt. Dennoch sind Rechte des M1 vom Ausgang des Prozesses notwendig berührt, denn bei suspendierter Duldungsverfügung gegenüber M2 dürfte die ihm gegenüber ergangene Abrissverfügung nicht vollzogen werden. M1 wäre also in der Hauptsache und im Verfahren nach § 80 V 1 VwGO nach § 65 II VwGO (analog) beizuladen.

III. BEGRÜNDETHEIT

385 Die Obersätze - und damit auch die Prüfung - der Begründetheit des Antrags nach § 80 V 1 VwGO unterscheiden sich danach, ob ein Fall des § 80 V 1 1. Hs. VwGO (Anordnung der aufschiebenden Wirkung), § 80 V 1 2. Hs. VwGO (Wiederherstellung der aufschiebenden Wirkung) oder § 80 V 1 VwGO analog (Feststellung der aufschiebenden Wirkung) vorliegt.

> **KLAUSURHINWEIS**
> Schon allein deshalb sei nochmals dringend empfohlen, diese Anträge in der Statthaftigkeit sauber zu unterscheiden.[1083]

1078   OVG Koblenz, NVwZ 1987, 246, 247; Brühl, JuS 1995, 722, 724
1079   Koehl, BayVBl. 2007, 540, 542
1080   Vgl. Rn 150 ff.
1081   Vgl. Rn 154 ff.
1082   Vgl. Rn 157 ff.
1083   Siehe Rn 364

Weitere Besonderheiten bestehen bei der Anforderung öffentlicher Abgaben oder Kosten nach § 80 II 1 Nr. 1 VwGO[1084] sowie bei unionsrechtlichem Einschlag.[1085]

1. Der Antrag nach § 80 V 1 1. Hs. VwGO

> **MERKSATZ**
> Der Antrag auf Anordnung der aufschiebenden Wirkung nach § 80 V 1 1. Hs. VwGO ist begründet, soweit eine summarische Prüfung ergibt, dass das Suspensivinteresse des Antragstellers das Vollzugsinteresse der Allgemeinheit überwiegt.

386 „Anordnung" der aufschiebenden Wirkung

Das Verfahren nach § 80 V 1 VwGO ist ein Eilverfahren, es muss schnell gehen. Deshalb bleibt für das Gericht im Unterschied zur Hauptsache keine Zeit, Beweise zu erheben und den Sachverhalt vollständig auszuermitteln. Nicht selten wird noch nicht einmal Gelegenheit zu einer mündlichen Verhandlung sein, um beide Standpunkte kennen zu lernen und im Rechtsgespräch zu erörtern. Deshalb kann das Gericht die Sach- und Rechtslage nur überschlägig - „summarisch" - prüfen.[1086]

387 Summarische Prüfung der Tatsachen

Ferner macht der Obersatz deutlich, dass es bei § 80 V 1 VwGO gerade wegen der gebotenen Eile nur um eine Interessenabwägung gehen kann. Der Antragsteller möchte, dass die aufschiebende Wirkung seines Hauptsacherechtsbehelfs angeordnet wird, um während des laufenden Widerspruchs- oder Klageverfahrens den Verwaltungsakt nicht befolgen zu müssen. Er begehrt also einen Aufschub, er hat ein „Suspensivinteresse". Demgegenüber steht das Interesse der Allgemeinheit, dass rechtmäßige Verwaltungsakte sofort befolgt und nicht erst mit (im Ergebnis unbegründeten) Rechtsbehelfen möglicherweise über Jahre hinausgezögert werden. Dem Suspensivinteresse des Antragstellers steht also ein Vollzugsinteresse der Allgemeinheit gegenüber. Man spricht auch vom „öffentlichen" Vollzugsinteresse.

388 Interessenabwägung

> **MERKSATZ**
> Die den Verwaltungsakt erlassende Behörde hat hingegen kein Eigeninteresse am Vollzug ihres Verwaltungsakts, sondern handelt nur als Sachwalterin der Allgemeinheit. Deshalb sollte auch nicht vom „Vollzugsinteresse der Behörde", sondern vom „Vollzugsinteresse der Allgemeinheit" gesprochen werden.

Diese **Interessenabwägung** vollzieht sich in **drei Stufen**, wobei die Prüfung der jeweils nächsten Stufe unterbleibt, wenn schon die vorherige Stufe zu einem eindeutigen Ergebnis führt:

- Erfolgsaussichten in der Hauptsache
- (Konkrete) Folgenlastabwägung im Einzelfall
- (Abstrakte) Wertung des Gesetzgebers

1084 Siehe Rn 395
1085 Siehe Rn 429 ff.
1086 BVerwG, NVwZ 2000, 553, 554

a) Erfolgsaussichten in der Hauptsache

Rechtswidrigkeit des VA prüfen

389 Das Überwiegen des einen oder anderen Interesses richtet sich zunächst und vor allem nach den Erfolgsaussichten in der Hauptsache. Denn wer am Ende gewinnt, soll vorläufig auch gewinnen.

aa) Rechtswidrigkeit des streitgegenständlichen Verwaltungsakts

390 Da in der Hauptsache - jedenfalls in aller Regel[1087] - eine Anfechtungsklage zu erheben ist, deren Begründetheit gem. § 113 I 1 VwGO von der Rechtswidrigkeit des angefochtenen Verwaltungsakts abhängt, bedeutet die Prüfung der „Erfolgsaussichten in der Hauptsache" zunächst nichts anderes als die Prüfung der Rechtswidrigkeit des streitgegenständlichen Verwaltungsakts.

Volle Prüfung!

391 Die oben erwähnte Tatsache, dass im Rahmen des Antrags nach § 80 V 1 VwGO nur eine „summarische" Prüfung stattfindet, darf übrigens keinesfalls dazu verleiten, bei der Prüfung der Rechtmäßigkeit des streitgegenständlichen Verwaltungsakts nachlässig und oberflächlich zu prüfen oder gar bloße Vermutungen anzustellen, wie es wohl sein könne. Die „summarische" Prüfung erstreckt sich - wie erwähnt - in erster Linie auf die Tatsachen, zu deren vollständiger Ermittlung im vorläufigen Rechtsschutz keine Zeit bleibt. Einer Klausur an der Universität oder im ersten juristischen Staatsexamen liegt aber ein unstreitiger Sachverhalt zugrunde, der die für die Falllösung relevanten Tatsachen bereits vollständig enthält. Deshalb gilt:

> **KLAUSURHINWEIS**
> Die Rechtmäßigkeit des streitgegenständlichen Verwaltungsakts ist in der Begründetheit eines Gutachtens zu § 80 V 1 VwGO im selben Umfang zu prüfen wie in der Hauptsache, also nach Ermächtigungsgrundlage, formeller und materieller Rechtmäßigkeit.[1088]

VA rechtswidrig = Antrag begründet

392 Wäre eine Anfechtungsklage des Antragstellers begründet, der gegen ihn ergangene Verwaltungsakt also rechtswidrig, führt dies automatisch zum Überwiegen seines Suspensivinteresses, denn ein rechtswidriger Verwaltungsakt hätte schon gar nicht erlassen werden dürfen, geschweige denn kann es ein legitimes Interesse an seiner sofortigen Vollziehung geben.

> **BEISPIEL:** Der Antragsteller erhält einen Abgabenbescheid, dessen Rechtswidrigkeit feststeht. Mit welchem Recht sollte die Behörde ungeachtet der Tatsache, dass der Antragsteller eigentlich gar keine Abgaben schuldet, diese zwangsweise beitreiben dürfen?

> **MERKSATZ**
> Am **Vollzug eines rechtswidrigen Verwaltungsakts** kann es niemals ein überwiegendes öffentliches Interesse geben.[1089]

1087 Siehe Rn 327
1088 Schoch, JURA 2002, 37, 45
1089 BVerfG NVwZ 2007, 1302, 1304; BVerwG, NVwZ 1995, 590, 590; OVG Münster, NWVBl. 2007, 59, 59

Auf der anderen Seite überwiegt das Vollzugsinteresse, wenn der Verwaltungsakt rechtmäßig ist. Warum sollte man dem Antragsteller gestatten, mit im Ergebnis unbegründeten Rechtsbehelfen die Herbeiführung rechtmäßiger Zustände hinauszuzögern? 393

VA rechtmäßig = Antrag unbegründet

BEISPIEL: Das Gemeinwesen ist auf Steuereinnahmen angewiesen. Warum sollte sich jemand mit unbegründeten Rechtsbehelfen über Jahre seiner Steuerlast entziehen können?

Zudem fordert der Gesetzgeber nur in § 80 II 1 Nr. 4 VwGO ein „besonderes" öffentliches Interesse an der Vollziehung des Verwaltungsakts. Diese Formulierung suggeriert, dass es *dort* für die Anordnung der sofortigen Vollziehung durch die Behörde gerade nicht genügt, dass der Verwaltungsakt rechtmäßig ist.[1090] Da ein solches besonderes Vollzugsinteresse aber eben auch nur bei § 80 II 1 Nr. 4 VwGO gefordert wird, ist der Umkehrschluss erlaubt, dass in den Fällen des § 80 II 1 Nr. 1-3 VwGO ein solches gerade nicht vorliegen muss. Deshalb gilt:

> **MERKSATZ**
> An der **Suspendierung eines rechtmäßigen Verwaltungsakts** kann es in den Fällen des § 80 II 1 Nr. 1-3 VwGO kein überwiegendes Interesse des Antragstellers geben.[1091]

Aus alledem ergibt sich folgendes Fazit: Ist der streitgegenständliche Verwaltungsakt rechtswidrig, überwiegt das Suspensivinteresse des Antragstellers, sein Antrag nach § 80 V 1 1. Hs. VwGO ist begründet, das VG wird die aufschiebende Wirkung seines Widerspruchs bzw. seiner Anfechtungsklage anordnen. Ist der streitgegenständliche Verwaltungsakt hingegen rechtmäßig, überwiegt das Vollzugsinteresse der Allgemeinheit. Der Antrag nach § 80 V 1 1. Hs. VwGO ist unbegründet, das VG wird ihn ablehnen.

bb) Rechtsverletzung des Antragstellers?

Diese Gleichsetzung der Erfolgsaussichten in der Hauptsache mit der Rechtmäßigkeit bzw. Rechtswidrigkeit des Verwaltungsakts ist auf den ersten Blick nicht ganz exakt. Nach § 113 I 1 VwGO ist die Anfechtungsklage ja nur begründet, soweit der Verwaltungsakt rechtswidrig *und* der Kläger dadurch in seinen Rechten verletzt ist. Man kann also durchaus die Frage stellen, warum in den Erfolgsaussichten der Hauptsache nur die Rechtswidrigkeit des Verwaltungsakts, nicht aber die Rechtsverletzung des Klägers geprüft wird. Die Antwort hierauf ist denkbar einfach: In den Fällen des § 80 V 1 VwGO handelt es sich in der Hauptsache um eine Anfechtungsklage im Zweipersonenverhältnis zwischen der Behörde und dem Adressaten. In dieser Konstellation führt jedenfalls die materielle Rechtswidrigkeit des Verwaltungsakts automatisch zur Rechtsverletzung des Adressaten, der mindestens in seiner allgemeinen Handlungsfreiheit aus Art. 2 I GG - wenn nicht gar in einem 394

„Rechtsverletzung des Klägers" muss normalerweise nicht geprüft werden

---
1090 Siehe Rn 424 ff.
1091 VGH München, NVwZ 1992, 275, 276; Huba, JuS 1990, 805, 809

spezielleren Freiheitsgrundrecht - beschnitten wird (sog. „**Adressatenformel**").[1092] Es kann folglich gar nicht an einer Rechtsverletzung fehlen, ihre gesonderte Prüfung ist überflüssig und unterbleibt daher.

Anders liegt es allerdings, wenn der Verwaltungsakt nur aus formellen Gründen rechtswidrig ist. Hier gibt es Vorschriften, die eine Rechtsverletzung auch für den Adressaten entfallen lassen.

BEISPIELE: § 46 VwVfG; § 79 II 2 VwGO.

Ausnahme: bestimmte Fälle bei rein formeller Rechtswidrigkeit

> **KLAUSURHINWEIS**
> Liegt ein solcher Fall vor - und nur dann - muss neben der Rechtswidrigkeit des Verwaltungsakts auch die Rechtsverletzung des Antragstellers geprüft werden.

cc) Unbillige Härte bei § 80 II 1 Nr. 1 VwGO

Unbillige Härte als Ausnahme

395 In den Fällen des § 80 II 1 Nr. 1 VwGO gibt es noch eine Besonderheit: Neben der Rechtswidrigkeit des Verwaltungsakts führt im behördlichen Aussetzungsverfahren nach § 80 IV 3 VwGO auch eine „unbillige, nicht gebotene Härte" dazu, dass die Vollziehung der Abgaben- oder Kostenanforderung ausgesetzt wird. Nach allg.M. sollen behördlicher und gerichtlicher Prüfungsmaßstab einheitlich sein.[1093] Deshalb ist bei der Anforderung von öffentlichen Abgaben oder Kosten die Vollziehung vom VG auch dann auszusetzen, wenn die Hauptsache zwar keinen Erfolg haben sollte, der Abgaben- oder Kostenbescheid also rechtmäßig ist, seine Beitreibung für den Betroffenen aber eine „unbillige Härte" i.S.v. § 80 IV 3 VwGO bedeuten würde.

Strenge Anforderungen

396 An eine „unbillige Härte" sind allerdings strenge Anforderungen zu stellen, denn angesichts bestehender Rückzahlungsmöglichkeit einschließlich Verzinsung ist es für den Bürger selten unbillig, gegenüber dem Staat Zahlungen leisten zu müssen.[1094]

BEISPIELE: Es müssen Insolvenz oder Existenzgefährdung drohen.[1095] Keinesfalls kann eine „unbillige Härte" in diesem Sinne hingegen bei kleinen Beträgen vorliegen.[1096]

Klausur: Prüfungsmaßstab nicht verändern

397 Weiterhin ist in den Fällen des § 80 II 1 Nr. 1 VwGO streitig, was aus der Formulierung in § 80 IV 3 VwGO, wonach „ernstliche Zweifel" an der Rechtmäßigkeit des Verwaltungsakt für eine Aussetzung genügen sollen, für die Prüfung der Erfolgsaussichten in der Hauptsache folgt. Manche meinen, die Rechtswidrigkeit des Abgaben- oder Kostenbescheids müsse hier nur möglich sein,[1097] andere fordern eine Wahrscheinlichkeit.[1098] Für ein Klausurgutachten ist hieraus aber nicht das Geringste gewonnen. Wie schon oben zur „summarischen Prüfung" ausgeführt, wird man immer vollständig durchprüfen müssen, ob der Verwaltungsakt nun rechtswidrig oder rechtmäßig ist.[1099] Erweist er sich als rechtswidrig, bestehen auch „ernstliche Zweifel" an seiner Rechtmäßigkeit; erweist er sich als rechtmäßig, bestehen diese Zweifel nicht.

1092 Siehe Rn 89
1093 Hummel, JuS 2011, 411, 417; Proppe, JA 2004, 324, 325; Renck, NVwZ 1992, 338, 339
1094 OVG Münster, NVwZ-RR 1994, 617, 617; Renck, NVwZ 1992, 338, 339
1095 VGH München, BayVBl. 1998, 727, 727; VG Gera, ThürVBl. 1999, 93, 93
1096 VG Potsdam, NVwZ 1999, 101, 101 nennt „100 DM" als unterste Grenze.
1097 OVG Schleswig, NordÖR 2000, 311, 311; Kopp/Schenke, VwGO, § 80 Rn 116
1098 OVG Koblenz, NJW 1986, 1004, 1005; Renck, NVwZ 1992, 338, 339
1099 Siehe Rn 391

b) Folgenlastabwägung im Einzelfall

398 Sollten sich die Erfolgsaussichten in der Hauptsache nicht beurteilen lassen, ist nach einer folgenlastbezogenen Interessenabwägung im Einzelfall zu entscheiden, bei der juristische Rechtmäßigkeitserwägungen völlig außer Betracht bleiben.

> **MERKSATZ**
> Solche Fälle sind in Prüfungsaufgaben allerdings sehr selten, weil sie nur bei einem streitigen, nicht aufklärbaren Sachverhalt vorkommen können.

BEISPIEL: Der Beamte wehrt sich unter Beifügung ärztlicher Gutachten gegen seine Versetzung mit der Behauptung, diese sei ihm gesundheitlich nicht zumutbar. Die Behörde bestreitet dies und legt ihrerseits Gegengutachten vor. In der Hauptsache müsste nun ein Obergutachten eingeholt werden, dafür fehlt im vorläufigen Rechtsschutz jedoch die Zeit. Ob die Versetzung rechtmäßig ist, muss daher einstweilen offen bleiben.

399 Die Folgenlastabwägung im Einzelfall vollzieht sich in **drei Schritten**: *Dreistufige Prüfung*

- Welche Nachteile hätte die sofortige Vollziehung für den Betroffenen?
- Welche Nachteile hätte die Suspendierung für die Allgemeinheit?
- Welcher Nachteil wiegt schwerer?

Zunächst sind also die faktischen Auswirkungen auf den Antragsteller darzustellen, wollte man ihm zumuten, den Verwaltungsakt sofort zu befolgen. Sodann ist auf die Nachteile für die Allgemeinheit einzugehen, wollte man dem Antragsteller aufschiebende Wirkung zusprechen. Im finalen Schritt sind diese Nachteile sodann zu gewichten, wobei der schwerer wiegende Nachteil abzuwenden ist. Mit anderen Worten ist die aufschiebende Wirkung anzuordnen, wenn die potenziellen Nachteile für den Antragsteller überwiegen, der Antrag hingegen als unbegründet abzulehnen, wenn die potenziellen Nachteile für die Allgemeinheit überwiegen.

BEISPIEL: Behauptet der durch einen Abgabenbescheid belastete Antragsteller, er habe bereits gezahlt, und bestreitet die Behörde dies, so wird ihm in aller Regel eine (nochmalige) Zahlung einstweilen zuzumuten sein, da der Staat stets Gewähr für eine Rückzahlung bietet, wenn sich in der Hauptsache erweisen sollte, dass der Antragsteller Recht hat. Dass daraus keine unbillige Härte für ihn folgt, steht an dieser Stelle ja schon fest, denn sonst wäre dem Antrag bereits aus diesem Grunde stattzugeben gewesen.[1100]

c) Wertung des Gesetzgebers

400 In extrem seltenen Fällen kann es sein, dass selbst eine konkrete Folgenlastabwägung im Einzelfall nicht möglich ist, weil die Folgen nicht bekannt sind.

1100 Siehe Rn 395

BEISPIEL: Es geht um die sofort vollziehbare Genehmigung einer emittierenden Anlage. Antragsteller und Behörde sind sich uneins über die zu erwartenden Emissionen. Sind diese nicht bekannt, kann aber weder die Erfolgsaussicht der Hauptsache beurteilt werden (man weiß nicht, ob die gesetzlichen Grenzwerte eingehalten sind), noch die Folgenlast im Einzelfall (man weiß nicht, welche Folgen die Anlage haben wird).

Dann ist der Fall anhand der abstrakten Wertung des Gesetzgebers zu entscheiden: Dieser hat in den Fällen des § 80 II 1 Nr. 1-3 VwGO dem öffentlichen Vollzugsinteresse den Vorzug vor dem Suspensivinteresse des Antragstellers gegeben.[1101]

MERKSATZ
Wegen der Wertung des Gesetzgebers in § 80 II 1 Nr. 1-3 VwGO ist der Antrag auf Anordnung der aufschiebenden Wirkung nach § 80 V 1 1. Hs. VwGO im Zweifel unbegründet.

401 Anders liegt es beim Antrag auf Wiederherstellung der aufschiebenden Wirkung nach § 80 V 1 2. Hs. VwGO.[1102] Beim Antrag nach § 80a VwGO im Baunachbarrecht ist streitig, ob § 80 II 1 Nr. 3 VwGO i.V.m. § 212a I BauGB auch den Vorrang des Vollzugsinteresses begründet, die h.M. bejaht dies jedoch.[1103]

2. Der Antrag nach § 80 V 1 2. Hs. VwGO

Zusätzliche Prüfung: Formelle Rechtmäßigkeit der Anordnung der sofortigen Vollziehung

402 Ist die Wiederherstellung der aufschiebenden Wirkung nach § 80 V 1 2. Hs. VwGO zu beantragen, weil die Behörde eine Anordnung der sofortigen Vollziehung nach § 80 II 1 Nr. 4 VwGO getroffen hat, hat der Antragsteller neben der Interessenabwägung eine zweite Chance: Die Anordnung der sofortigen Vollziehung könnte formell rechtswidrig sein, etwa weil sie von einer unzuständigen Behörde getroffen oder gegen Verfahrens- und Formvorschriften verstoßen wurde. Deshalb ist der Obersatz um diese Alternative zu ergänzen:

MERKSATZ
Der **Antrag auf Wiederherstellung der aufschiebenden Wirkung** nach § 80 V 1 2. Hs. VwGO ist begründet, soweit die Anordnung der sofortigen Vollziehung formell rechtswidrig ist oder eine summarische Prüfung ergibt, dass das Suspensivinteresse des Antragstellers das Vollzugsinteresse der Allgemeinheit überwiegt.

Zum Verständnis: Diese Alternative kann es nur bei § 80 II 1 Nr. 4 VwGO geben, denn nur dort liegt überhaupt eine sofortige Vollziehungsanordnung vor, die auf ihre formelle Rechtmäßigkeit hin überprüft werden kann. In den Fällen des § 80 II 1 Nr. 1-3 VwGO entfällt die aufschiebende Wirkung ja schon von Gesetzes wegen.

1101 *BVerfG, NVwZ 2004, 93, 94*
1102 *Siehe Rn 428*
1103 *Siehe Rn 468*

Wichtig auch: Die formelle Rechtmäßigkeit der Anordnung der sofortigen Vollziehung darf nicht etwa mit der formellen Rechtmäßigkeit des Verwaltungsakts verwechselt werden. Beide haben nichts miteinander zu tun. Erstere ist - wie erwähnt - in einem eigenen Prüfungspunkt in der Begründetheit des Antrags nach § 80 V 1 2. Hs. VwGO zu prüfen, letztere im Rahmen der Interessenabwägung, für die die Rechtmäßigkeit des Verwaltungsakts entscheidend ist.

403 Nicht zu verwechseln mit formeller Rechtmäßigkeit des VA

BEISPIELE: Die Zuständigkeit für den Verwaltungsakt ergibt sich aus dem materiellen Recht, die Zuständigkeit für die Anordnung der sofortigen Vollziehung hingegen immer aus § 80 II 1 Nr. 4 VwGO. Der Verwaltungsakt ist i.d.R. formfrei, für die Anordnung der sofortigen Vollziehung gilt hingegen die Form des § 80 III VwGO.

a) Formelle Rechtswidrigkeit der Anordnung der sofortigen Vollziehung
Die Anordnung der sofortigen Vollziehung ist formell rechtswidrig, wenn sie von einer unzuständigen Behörde erlassen wurde oder bei ihrem Erlass Verfahrens- oder Formvorschriften verletzt wurden.

aa) Zuständigkeit
Die Zuständigkeit für die Anordnung der sofortigen Vollziehung ergibt sich unmittelbar aus § 80 II 1 Nr. 4 VwGO. Danach sind Ausgangs- und Widerspruchsbehörde gleichermaßen zuständig. Wer Ausgangsbehörde ist richtet sich nach dem materiellen Recht, wer Widerspruchsbehörde ist nach dem materiellen Recht i.V.m. § 73 I 2 VwGO.

404 Ausgangs- und Widerspruchsbehörde

BEISPIEL: Die Bauordnungsbehörde kann die sofortige Vollziehung einer Abrissverfügung anordnen. Wer Bauordnungsbehörde ist, richtet sich nach den Bauordnungen der Länder. Widerspruchsbehörde ist grundsätzlich die jeweils nächsthöhere Behörde, § 73 I 2 Nr. 1 VwGO, wovon es allerdings in § 73 I 2 Nr. 2, 3, II VwGO Ausnahmen gibt.

Nach h.M. handelt es sich dabei um eine echte Doppelzuständigkeit, d.h. die Ausgangsbehörde kann auch noch nach Einlegung eines Widerspruchs, die Widerspruchsbehörde (theoretisch) auch schon davor eine Vollziehungsanordnung treffen.[1104] Letzteres wird allerdings in praxi vielfach daran scheitern, dass die Widerspruchsbehörde vor Einlegung eines Widerspruchs von der Sache noch gar nichts weiß.[1105]

405 Doppelzuständigkeit

BEISPIEL: Man müsste schon Fälle konstruieren, in denen die Widerspruchsbehörde z.B. aus der Presse von einer bei der Ausgangsbehörde anhängigen Sache erfährt und dann über die Ausgangsbehörde hinweg eine Vollziehungsanordnung trifft. Dass dies selten passieren wird, leuchtet ein.

Sollte dennoch ein solcher Fall vorkommen, so wäre auf eine m.M. einzugehen, die der Widerspruchsbehörde die Zuständigkeit vor Einlegung des Widerspruchs abspricht, weil sie nur „Herrin des Widerspruchsverfahrens" sei, und ein solches erst

---
1104 VGH Mannheim, VBLBW 1991, 297, 298; Kaltenborn, DVBL 1999, 828, 829; Brühl, JuS 1995, 627, 630
1105 Beckmann, NVwZ 2004, 184, 186

mit Einlegung des Widerspruchs beginne, § 69 VwGO.[1106] Dagegen spricht allerdings der Wortlaut des § 80 II 1 Nr. 4 VwGO, der eine zeitliche Differenzierung der Zuständigkeiten nicht enthält.

MERKSATZ
Ausgangs- und Widerspruchsbehörde sind jederzeit für die Anordnung der sofortigen Vollziehung zuständig.

Häufiger wird der Fall sein, dass sich die Ausgangsbehörde erst nach Einlegung des Widerspruchs zu einer Anordnung der sofortigen Vollziehung entschließt.

BEISPIEL: Die Ausgangsbehörde hat ein Versammlungsverbot erlassen und in der Annahme, der Veranstalter werde dieses freiwillig befolgen, zunächst auf eine Anordnung der sofortigen Vollziehung verzichtet. Legt der Veranstalter dennoch Widerspruch ein, bliebe die Ausgangsbehörde (neben der Widerspruchsbehörde) weiterhin für eine Anordnung der sofortigen Vollziehung zuständig. Eine solche zu treffen wäre ihr jedenfalls auch solange noch praktisch möglich, wie sie sich zwecks Abhilfe gem. § 72 VwGO noch mit der Sache zu befassen hat und daher noch im Besitz der Akte befindet.

In diesem Fall bleibt es auch nach der m.M. bei der Zuständigkeit der Ausgangsbehörde. Diese besteht m.a.W. unstreitig vom Erlass des Verwaltungsakts bis zu seiner Bestandskraft.[1107]

bb) Verfahren

Gesonderte Anhörung erforderlich?

406 In verfahrensrechtlicher Hinsicht enthält § 80 VwGO keine Anforderungen an die Anordnung der sofortigen Vollziehung. Streitig ist jedoch, ob zu ihr nach § 28 I VwVfG gesondert anzuhören ist, wobei erneut darauf hingewiesen sei, dass diese Anhörungspflicht nicht mit der Anhörung zum Verwaltungsakt selbst zu verwechseln ist.

BEISPIEL: Will die Behörde eine Abrissverfügung unter Anordnung der sofortigen Vollziehung treffen, so hätte sie den Bauherrn einmal dazu anzuhören, was er zum Abriss zu sagen hat (Verwaltungsakt), und ferner dazu, was er dazu zu sagen hat, dass er den Abriss sofort vollziehen soll (Vollziehungsanordnung).

Streit über VA-Qualität

407 § 28 I VwVfG fordert eine Anhörung nur vor Erlass eines belastenden Verwaltungsakts. Der Streit dreht sich also letztlich darum, ob man in der Anordnung der sofortigen Vollziehung eines Verwaltungsakts selbst einen Verwaltungsakt sieht. Eine m.M. bejaht dies und fordert konsequenterweise auch eine vorherige Anhörung nach § 28 I VwGO.[1108] Sie verweist vor allem darauf, dass sich alle Merkmale eines Verwaltungsakts nach § 35 S. 1 VwVfG auch für die Anordnung der sofortigen Vollziehung subsumieren ließen.[1109]

1106 *Kopp/Schenke, VwGO, § 80 Rn 81; Erbguth, JA 2008, 357, 359*
1107 *Dies ausdrücklich einräumend Kopp/Schenke, VwGO, § 80 Rn 81*
1108 *OVG Bremen, NVwZ-RR 1999, 682, 682; VGH München, DÖV 1988, 1023, 1023; Brühl, JuS 1995, 722, 725*
1109 *Ganter, DÖV 1984, 970, 970*

Nach überzeugender h.M. ist die Anordnung der sofortigen Vollziehung kein eigener Verwaltungsakt mit der Folge, dass es zu ihr auch keiner gesonderten Anhörung bedarf.[1110] Zum einen fehlt schon das Merkmal „Regelung" i.S.v. § 35 S. 1 VwVfG. Zwar geht mit der Anordnung der sofortigen Vollziehung eine prozessuale Rechtsfolge einher (das Entfallen der aufschiebenden Wirkung von Widerspruch und Anfechtungsklage), jedoch ist mit einer Rechtsfolge i.S.v. § 35 S. 1 VwVfG nur eine solche gemeint, die das Verwaltungsverfahren nach § 9 VwVfG abschließt, also eine materielle Regelung.[1111]

Zudem bestehen gravierende Wesensunterschiede zwischen Verwaltungsakt und Vollziehungsanordnung. Ein Verwaltungsakt erwächst in Bestandskraft, wenn die Anfechtungsfristen der §§ 70, 74 VwGO abgelaufen sind.[1112] Da der gegen die Anordnung der sofortigen Vollziehung statthafte Antrag nach § 80 V 1 VwGO jedoch nicht fristgebunden ist, können auch keine Fristen ablaufen mit der Folge, dass sie nie in Bestandskraft erwachsen kann.[1113] Ferner kann sie anders als ein Verwaltungsakt nicht selbstständig ergehen, sondern muss sich denklogisch immer auf einen anderen Verwaltungsakt beziehen. Vor allem aber könnte man sie - wäre sie ein Verwaltungsakt - nach § 42 I 1. Fall VwGO selbstständig anfechten mit der Folge, dass diese Anfechtungsklage wiederum nach § 80 I 1 VwGO aufschiebende Wirkung hätte. Die Behörde müsste also die „sofortige Vollziehung der sofortigen Vollziehung" anordnen, um dies zu verhindern, wogegen der Betroffene erneut Anfechtungsklage erheben könnte. Eine unendliche Kette von Vollziehungsanordnungen und Anfechtungsklagen wäre die Folge - ein vom Gesetzgeber offensichtlich nicht gewolltes Ergebnis.

Eine dritte Meinung stimmt dem zu, fordert aber in analoger Anwendung des § 28 I VwVfG trotzdem eine Anhörung, weil der Betroffene durch die sofortige Vollziehung in gleicher Weise belastet werde wie durch den Verwaltungsakt selbst.[1114]

408 Analogie?

BEISPIEL: Für einen Gastwirt ohne Konzession mag es einen großen Unterschied darstellen, ob er seine Gaststätte sofort schließen muss oder infolge aufschiebender Wirkung seines Widerspruchs erst nach dem Weihnachtsgeschäft.

Dagegen spricht jedoch, dass es für eine Analogiebildung neben einer vergleichbaren Interessenlage auch einer planwidrigen Regelungslücke im Gesetz bedarf, und an dieser fehlt es. Der Gesetzgeber hat die Zuständigkeit für die Anordnung der sofortigen Vollziehung in § 80 II 1 Nr. 4 VwGO und deren Form in § 80 III VwGO normiert. Hätte er eigene Verfahrensschritte fordern wollen, stünden sie auch in § 80 VwGO.[1115] Für ein planwidriges „Übersehen" der Anhörungspflicht gibt es keinerlei Anhaltspunkte.

1110 Hummel, JuS 2011, 413, 415; Tappe/Glaser, JURA 2007, 456, 459; Schoch, JURA 2005, 757, 759
1111 Müller, NVwZ 1988, 702, 702
1112 BVerwG, DVBL 1982, 1097, 1097; Kopp, DVBL 1983, 392, 395; Merten, NJW 1983, 1993, 1995
1113 OVG Berlin, NVwZ 1993, 198, 198; Müller, NVwZ 1988, 702, 702
1114 OVG Lüneburg, NVwZ-RR 1993, 586, 586; Müller, NVwZ 1988, 702, 702
1115 OVG Koblenz, NVwZ 1988, 748, 748; Weides, JA 1984, 655, 655

409 Der Streit hat in der Praxis nie Bedeutung erlangt, weil die Rechtsprechung nahezu geschlossen eine Anhörungspflicht verneint[1116] und eine Anhörung - so man sie wirklich fordert - nach § 45 I Nr. 3, II VwVfG weitgehend nachgeholt werden kann.[1117] In Klausuren zum zweiten juristischen Staatsexamen sollten die Ausführungen zur Anhörungspflicht daher besonders knapp gehalten werden.[1118] Bis zum ersten juristischen Staatsexamen einschließlich muss auf das Anhörungsproblem zwar mit der gebotenen Sorgfalt eingegangen werden, da es in aller Regel an einer gesonderten Anhörung zur Anordnung der sofortigen Vollziehung fehlt, und es immerhin vertretbare Ansichten gibt, die infolgedessen zu ihrer formellen Rechtswidrigkeit kommen. Auch hier liegt aber die Vermutung nahe, dass der Prüfer zu diesem Thema keine breiten Ausführungen lesen will, wenn nicht der Sachverhalt besonderen Anlass zur gegenteiligen Annahme bietet.

Gutachten: Darstellung knapp halten

BEISPIELE: Genauere Erörterungen sind unbedingt notwendig, wenn der Betroffene die fehlende Anhörung rügt. Ferner dann, wenn die Anordnung der sofortigen Vollziehung erst nach dem Erlass des Verwaltungsakts erfolgt ist, da dann mehr für ihren selbstständigen Charakter spricht und bei der Anhörung zum Verwaltungsakt keine Gelegenheit bestand, sich auch zu ihr zu äußern.

> **KLAUSURHINWEIS**
> Eine breite Streitdarstellung (und erst recht eine Streitentscheidung) kann natürlich auch dahinstehen, wenn eine Anhörung jedenfalls nach § 28 II VwVfG entbehrlich ist. Dies wird insbesondere nach § 28 II Nr. 1 VwVfG nicht selten der Fall sein, denn eine sofortige Vollziehungsanordnung wird vielfach bei Gefahr im Verzug getroffen werden.

cc) Form

410 Nach § 80 III 1 VwGO ist das besondere Interesse an der sofortigen Vollziehung des Verwaltungsakts schriftlich zu begründen.

Schriftformgebot

Wohl gemerkt: Nur die Begründung - nicht aber die Anordnung der sofortigen Vollziehung selbst - muss nach dem unmissverständlichen Wortlaut des § 80 III 1 VwGO schriftlich sein.[1119] Eine Ausnahme besteht nur in den Fällen des § 80 III 2 VwGO, also wenn wegen „Gefahr im Verzug" eine schriftliche Begründung ohnehin gänzlich entbehrlich ist.[1120]

Ob das Schriftformgebot gewahrt ist oder nicht, lässt sich in aller Regel dem Sachverhalt leicht entnehmen. Ist es verletzt, führt dies bereits unproblematisch zur formellen Rechtswidrigkeit der Anordnung der sofortigen Vollziehung. Einer inhaltlichen Prüfung der Begründung bedarf es dann nicht mehr.

411 Ansonsten ist eine solche aber erforderlich. Um ihren Hauptzweck erfüllen zu können, der darin liegt, dem Betroffenen die Notwendigkeit der sofortigen Vollziehung des Verwaltungsakts zu verdeutlichen, um Einsicht und Akzeptanz zu wecken und ggf.

Konkrete Begründung erforderlich

1116 OVG Koblenz, NJW 1996, 1690, 1690; OVG Münster, BauR 1995, 69, 69; OVG Berlin, NVwZ 1993, 198, 198; VGH Mannheim, VBlBW 1992, 295, 296
1117 Brühl, JuS 1995, 722, 725 wil sogar in Verfahren nach § 80 V 1 VwGO selbst die Heilung erblicken.
1118 Proppe, JA 2004, 324, 327
1119 Kopp/Schenke, VwGO, § 80 Rn 83; Hummel, JuS 2011, 413, 415
1120 Zu einem solchen Fall vgl. OVG Koblenz, NVwZ-RR 1995, 572

die Rechtmäßigkeit der behördlichen Motive überprüfen zu können,[1121] genügt es nicht, dass einfach irgend eine Begründung gegeben wird. Über den Gesetzeswortlaut hinaus sind vielmehr bestimmte inhaltliche Mindestanforderungen an die Begründung zu stellen. Sie muss einzelfallbezogen und konkret, d.h. nicht lediglich formelhaft sein.[1122] Diese Begriffe meinen alle dasselbe, nämlich dass die Begründung für den Betroffenen verständlich und nachvollziehbar sein muss.

Daher genügt es nicht, wenn nur Floskeln verwendet werden oder gar nur der Gesetzeswortlaut rezitiert wird.[1123]

412 Keine Floskeln

BEISPIEL: „Die sofortige Vollziehung wird angeordnet, weil Sie eine Gefahr für die öffentliche Sicherheit oder Ordnung darstellen". Unter einer solchen „Begründung" kann sich niemand etwas vorstellen. Der Laie weiß nicht, was „öffentliche Sicherheit" und „öffentliche Ordnung" bedeuten. Vor allem bleibt für ihn die entscheidende Frage offen, warum er eine Gefahr darstellen soll.

Schon gar nicht genügt es, wenn die Behörde - wie nicht selten in Klausuraufgaben zu lesen - auf die „offensichtliche Rechtmäßigkeit des Verwaltungsakts" verweist.[1124] Dabei handelt es sich um eine reine Leerformel: Es überrascht erstens kaum, dass die Behörde ihren eigenen Verwaltungsakt für rechtmäßig hält, und zweitens bedeutet die Rechtmäßigkeit des Verwaltungsakts nur, dass er erlassen werden darf; für die Anordnung der sofortigen Vollziehung fordert § 80 II 1 Nr. 4 VwGO aber ein besonderes Vollzugsinteresse, das gerade über das durch die Rechtmäßigkeit begründete Erlassinteresse hinausgehen muss. Dieses besondere Vollzugsinteresse ist in der Begründung zu erläutern.

Um Missverständnissen vorzubeugen: Die Begründung muss allerdings nicht richtig, also inhaltlich zutreffend sein.[1125] § 80 III 1 VwGO ist ein formelles Erfordernis, kein materielles.

413 Keine materiell-inhaltliche Prüfung

BEISPIEL: Wird die Anordnung der sofortigen Vollziehung einer Abrissverfügung damit begründet, dass das Gebäude jederzeit einsturzgefährdet sei und sofort abgerissen werden müsse, damit nicht Menschen zu Schaden kommen können, so liegt darin eine nachvollziehbare, schlüssige, konkrete Begründung, die den Anforderungen des § 80 III 1 VwGO genügt. Ob das Haus wirklich einsturzgefährdet ist, spielt an dieser Stelle keine Rolle. Darauf kommt es erst bei der Prüfung der materiellen Rechtmäßigkeit des Verwaltungsakts an.

Häufig ist zu lesen, die Begründung der Anordnung der sofortigen Vollziehung dürfe nicht mit der Begründung des eigentlichen Verwaltungsakts verwechselt werden.[1126] Das ist richtig, denn zum Verwaltungsakt muss nach § 39 VwVfG begründet werden, warum er erlassen wurde, zur sofortigen Vollziehungsanordnung muss nach

414 Abgrenzung zur Begründung des VA

1121 Hummel, JuS 2011, 413, 415
1122 OVG Berlin-Brandenburg, NVwZ-RR 2009, 98, 98; OVG Koblenz, NVwZ-RR 2005, 621, 622; Kopp/Schenke, VwGO, § 80 Rn 85
1123 Kopp/Schenke, VwGO, § 85 Rn 85; Hummel, JuS 2011, 413, 415; Terwiesche, NWVBl. 1996, 461, 462
1124 VGH Kassel, NVwZ 1985, 918, 918; Terwiesche, NWVBl. 1996, 461, 462
1125 Proppe, JA 2004, 324, 327
1126 Kopp/Schenke, VwGO, § 80 Rn 86

§ 80 III 1 VwGO begründet werden, warum er sofort vollzogen werden muss. Jedoch können die Gründe für den Erlass des Verwaltungsakts dieselben sein wie für seine sofortige Vollziehung.

> **BEISPIEL:** Wird ein Atomkraftwerk stillgelegt, weil Strahlung austritt, so ist die Gefährdung der Bevölkerung durch die Strahlung einerseits der Grund für die Stilllegung selbst, andererseits aber auch dafür, dass diese sofort vollzogen werden muss.

Dann bleibt es zwar dabei, dass zwei Begründungen zu geben sind (nicht etwa kann die Begründung des Verwaltungsakts „automatisch" auch als Begründung der sofortigen Vollziehung angesehen werden),[1127] es ist aber zulässig, im Rahmen des § 80 III 1 VwGO dieselben Argumente zu verwenden oder schlicht auf die Begründung des Verwaltungsakts zu verweisen.[1128]

Typisierte Begründung

415 Auch ist es nicht von vornherein schädlich, wenn die Behörde typisierte Begründungen verwendet, z.B. Textbausteine in ähnlich gelagerten Fällen. Ob die Begründung vorformuliert oder vielfach verwendet worden ist, spielt solange keine Rolle, wie sie für den Einzelfall konkret und verständlich bleibt.[1129]

> **BEISPIEL:** „Bei einer Kontrolle am [...] in Ihrer Gaststätte [...] wurde festgestellt, dass Sie gegen lebensmittelrechtliche Hygienevorschriften verstoßen haben. Insbesondere traten folgende Mängel zutage: [...] Infolge dieser ist die Gesundheit der Gäste, die Ihre Speisen verzehren, gefährdet. Deshalb musste die Entziehung Ihrer Gaststättenkonzession für sofort vollziehbar erklärt werden." - Diese Begründung ist einzelfallbezogen und nachvollziehbar, auch wenn sie vorformuliert wurde und nur die [...]-Felder an den konkreten Fall angepasst wurden.

Keine Heilung möglich

416 Streitig ist, ob eine fehlende Begründung nachgeholt bzw. eine unzureichende Begründung ergänzt werden kann. Die h.M. lehnt dies ab.[1130] Für § 80 III 1 VwGO gebe es anders als in § 45 I Nr. 2 VwVfG für die Begründung des Verwaltungsakts keine Heilungsvorschrift.[1131] Von einigen Gerichten wird dies aus prozessökonomischen Gründen anders gesehen.[1132] Man will einen erneuten Prozess vermeiden, denn wenn die Vollziehungsanordnung lediglich aus formellen Gründen aufgehoben wird, besteht die Gefahr, dass die Behörde eine erneute, formell ordnungsgemäße Vollziehungsanordnung erlässt, gegen die der Betroffene einen erneuten Antrag nach § 80 V 1 VwGO stellen könnte. Dogmatisch ist dies jedoch nicht haltbar.[1133] Weder ist § 45 I Nr. 2 VwVfG direkt anwendbar, weil die Anordnung der sofortigen Vollziehung kein Verwaltungsakt ist,[1134] noch kommt eine Analogie zu dieser Vorschrift[1135] oder gar zu § 114 S. 2 VwGO[1136] in Betracht, weil es insoweit an einer

---

1127 *Kaltenborn, DVBl 1999, 828, 832*
1128 *VGH Kassel, NVwZ 1992, 193, 193; Kopp/Schenke, VwGO, § 80 Rn 86; Proppe, JA 2004, 324, 327*
1129 *OVG Bremen, NordÖR 1999, 374, 374; Kopp/Schenke, VwGO, § 80 Rn 85*
1130 *VGH München, BayVBl. 1989, 117, 118; VGH Mannheim, NJW 1977, 165, 165; Erichsen, JURA 1984, 414, 422; Brühl, JuS 1995, 722, 725*
1131 *Schoch/Schneider/Bier-Schoch, VwGO, § 80 Rn 249 mwN.; Erbguth, JA 2008, 357, 359*
1132 *OVG Münster, NJW 1986, 1894, 1895; VGH Kassel, DÖV 1985, 75, 75; OVG Bremen NJW 1968, 1539, 1540*
1133 *Offen zugegeben von OVG Greifswald, NVwZ-RR 1999, 409, 409, das dennoch die m.M. vertritt.*
1134 *Siehe Rn 407*
1135 *So aber OVG Greifswald, NVwZ-RR 1999, 409, 409*
1136 *So aber Decker, JA 1999, 154, 157.*

planwidrigen Regelungslücke fehlt. § 80 III VwGO ist als abschließende Sonderregelung zu den Begründungspflichten des Verwaltungsakts selbst konzipiert worden[1137] und darf nicht über den „Umweg" der Analogie wieder jenen Regeln unterworfen werden, nur um ein gewünschtes Ergebnis zu erzielen.[1138]

> **KLAUSURHINWEIS**
> In einer Klausur sollte die Heilungsmöglichkeit daher unter Hinweis auf eine fehlende Heilungsnorm abgelehnt werden.

Nach alledem kann eine Begründung einzig nach § 80 III 2 VwGO bei „Gefahr im Verzug" entbehrlich sein.[1139] Dann muss die Maßnahme aber ausdrücklich als „Notstandsmaßnahme" bezeichnet sein, wie § 80 III 2 VwGO ausdrücklich bestimmt. Dies ist in Klausuren sehr unwahrscheinlich. — **417** § 80 III 2 VwGO

b) Interessenabwägung
Ist die Anordnung der sofortigen Vollziehung formell rechtmäßig, schließt sich an die o.g. Prüfung kommentarlos die Prüfung der Interessenabwägung zwischen dem Suspensivinteresse des Antragstellers und dem Vollzugsinteresse der Allgemeinheit an. — **418**

aa) Auch bei formell rechtswidriger Vollziehungsanordnung?
Zweifelhaft ist hingegen, ob diese Interessenabwägung auch noch vorzunehmen ist, wenn die Anordnung der sofortigen Vollziehung bereits formell rechtswidrig ist. Eine Ansicht verneint dies.[1140] Auch bei formeller Rechtswidrigkeit der Anordnung der sofortigen Vollziehung sei der Antrag nach § 80 V 1 VwGO (voll) begründet. Das Gericht müsse die aufschiebende Wirkung des Hauptsacherechtsbehelfs in vollem Umfang wiederherstellen, einer weiteren Prüfung der Interessenabwägung bedürfte es dafür nicht. — **419** Interessenabwägung auch bei formeller RW der AsV?

Nach h.M. führt (allein) die formelle Rechtswidrigkeit der Anordnung der sofortigen Vollziehung hingegen nur dazu, dass diese vom Verwaltungsgericht „aufgehoben" wird.[1141] Darin liegt ein Weniger im Verhältnis zur umfassenden „Wiederherstellung" der aufschiebenden Wirkung, weil es der Behörde noch möglich bleibt, an Stelle der aufgehobenen eine neue - dann natürlich formell rechtmäßige - Anordnung der sofortigen Vollziehung zu erlassen.[1142] Der Antragsteller könne also nur (voll) gewinnen, wenn auch die Interessenabwägung zu seinen Gunsten ausfiele. Somit sei diese in jedem Fall vorzunehmen. — **420** Nach h.M. lediglich „Aufhebung" der AsV bei rein formeller RW

1137 OVG Schleswig, NVwZ 1992, 688, 689; OVG Koblenz, NVwZ 1985, 919, 920
1138 Schoch/Schneider/Bier-Schoch, VwGO, § 80 Rn 250: „rechtlicher Ungehorsam der Rspr."
1139 Vgl. hierzu Zeitler, VBlBW 1992, 328, 330.
1140 Hummel, JuS 2011, 413, 418; Schoch, JURA 2002, 37, 44
1141 OVG Hamburg, NJW 1978, 2167, 2167; VGH Kassel, DÖV 1974, 606, 606; Proppe, JA 2004, 324, 327; Brühl, JuS 1995, 722, 726
1142 Proppe, JA 2004, 324, 327

> **KLAUSURHINWEIS**
> Deshalb wird vereinzelt sogar empfohlen, die Begründetheitsprüfung auch bei § 80 V 1 2. Hs. VwGO mit der Interessenabwägung zu beginnen.[1143] Obsiegt der Antragsteller hier, ist sein Antrag in jedem Fall voll begründet, auf die formelle Rechtswidrigkeit der Anordnung der sofortigen Vollziehung kommt es nicht mehr an. Diese erlangt m.a.W. erst Bedeutung, wenn der Antragsteller bei der Interessenabwägung unterliegt, da sein Antrag dann zumindest noch teilweise begründet wäre. Gegen diesen Aufbauvorschlag spricht allein, dass er sich noch nicht durchgesetzt hat. Die Prüfung des Formellen vor dem Materiellen hat sich eingebürgert,[1144] deshalb ist die Annahme gerechtfertigt, dass diesem Aufbau auch die Musterlösungen zu Prüfungsaufgaben folgen. Dogmatisch falsch wäre das „Vorziehen" der Interessenabwägung aber keinesfalls.

421 Der h.M. ist zu folgen. Zwar sieht § 80 V 1 VwGO neben der „Anordnung" und der „Wiederherstellung" der aufschiebenden Wirkung die Möglichkeit einer „Aufhebung" der Anordnung der sofortigen Vollziehung nicht explizit vor. Der Wortlaut spricht aber dennoch nicht gegen die h.M., denn durch die „Aufhebung" der formell rechtswidrigen Anordnung der sofortigen Vollziehung wird die aufschiebende Wirkung auch „wiederhergestellt";[1145] dies zwar nur, bis die Behörde eine neue Vollziehungsanordnung trifft, aber § 80 V 1 VwGO lässt es explizit zu, dass die aufschiebende Wirkung nur eingeschränkt wiederhergestellt wird („teilweise"). Zudem entspricht eine weitere Interessenabwägung auch dem Gebot effektiven Rechtsschutzes aus Art. 19 IV 1 GG. Beide Seiten haben ein Interesse an der Interessenabwägung, denn fiele diese auch zugunsten des Antragstellers aus, könnte es sich die Behörde sparen, eine neue (formell einwandfreie) Anordnung der sofortigen Vollziehung zu erlassen. Unterbliebe hingegen die Interessenabwägung, könnte sie geneigt sein, ihren lediglich formellen Fehler durch eine neue Vollziehungsanordnung zu beseitigen - ein erneutes Verfahren nach § 80 V 1 2. Hs. VwGO wäre die unausweichliche Folge. In diesem müsste dann doch die Interessenabwägung vorgenommen werden. Weder die Parteien noch letztlich das Gericht ziehen also einen Gewinn daraus, wenn die Interessenabwägung im ersten Verfahren nach § 80 V 1 2. Hs. VwGO unterbleibt.

> **KLAUSURHINWEIS**
> Da der Gutachtenaufbau für sich selbst spricht, darf er nicht begründet werden. Ausführungen dazu, warum etwas noch zu prüfen ist, sind also i.d.R. unangebracht. Besteht über die Prüfung weiterer Voraussetzungen jedoch - wie hier - ein dogmatischer Streit, muss auf diesen eingegangen werden. Trotzdem sollten die Ausführungen knapp gehalten werden, um nicht in den Verdacht einer Aufbaubegründung zu geraten. Ein Formulierungsbeispiel enthält der unten gelöste Fall „Das Photovoltaikprojekt".[1146]

1143 Proppe, JA 2004, 324, 327
1144 Schoch/Schneider/Bier-Schoch, VwGO, § 80 Rn 388
1145 OVG Hamburg, NJW 1978, 2167, 2167
1146 Siehe Rn 435

bb) Prüfungsaufbau im „Normalfall"

Der Aufbau der Interessenabwägung unterscheidet sich beim Antrag auf Wiederherstellung der aufschiebenden Wirkung nach § 80 V 1 2. Hs. VwGO im Normalfall nicht von der Prüfung des Antrags auf Anordnung der aufschiebenden Wirkung nach § 80 V 1 1. Hs. VwGO. Er besteht also wiederum aus **drei Schritten**: 422 — Auch hier dreistufiger Aufbau

- Erfolgsaussichten in der Hauptsache
- (Konkrete) Folgenlastabwägung im Einzelfall
- (Abstrakte) Wertung des Gesetzgebers

Allerdings werden die Schritte zwei und drei inhaltlich etwas anders geprüft.[1147] Zudem gibt es eine Ausnahme: Bei unionsrechtlichem Einschlag ist die Interessenabwägung völlig anders aufzubauen.[1148]

(1) Erfolgsaussichten der Hauptsache

Zur Prüfung der Erfolgsaussichten in der Hauptsache kann hingegen in vollem Umfang auf die Ausführungen zum Antrag nach § 80 V 1 1. Hs. VwGO verwiesen werden, da es insoweit keine Unterschiede gibt.[1149] Es ist somit auch beim Antrag auf Wiederherstellung der aufschiebenden Wirkung summarisch zu prüfen, ob der streitgegenständliche Verwaltungsakt rechtmäßig oder rechtswidrig ist, wobei das „summarisch" angesichts eines unstreitigen Sachverhalts wiederum nur auf dem Papier steht. Auch bei § 80 V 1 2. Hs. VwGO gilt also: 423 — Rechtmäßigkeit des VA voll durchprüfen

> **KLAUSURHINWEIS**
> Die Rechtmäßigkeit des streitgegenständlichen Verwaltungsakts ist in der Begründetheit eines Gutachtens im selben Umfang zu prüfen wie in der Hauptsache, also nach Ermächtigungsgrundlage, formeller und materieller Rechtmäßigkeit.[1150]

(2) Folgenlastabwägung im Einzelfall

Fraglich ist, ob und wann es danach noch einer konkreten Folgenlastabwägung im Einzelfall nach den oben zu § 80 V 1 1. Hs. VwGO dargelegten Maßstäben[1151] bedarf. Drei Fälle sind zu unterscheiden: 424

- Müssen die Erfolgsaussichten in der Hauptsache offen bleiben, weil die Rechtmäßigkeit oder Rechtswidrigkeit des Verwaltungsakts sich in summarischer Prüfung nicht klären lässt, entscheidet allein die konkrete Folgenlastabwägung über die Begründetheit des Antrags. Sie ist also zwangsläufig zu prüfen. 425 — Falls offen bleibt, ob VA rechtmäßig ist: Folgenlastabwägung prüfen

---

1147 Siehe Rn 424 ff., 428 ff.
1148 Siehe Rn 429
1149 Siehe Rn 390
1150 Schoch, JURA 2002, 37, 45
1151 Siehe Rn 398

Falls VA rechtswidrig ist: Folgenlastabwägung nicht prüfen

426 • Ist der Verwaltungsakt rechtswidrig, gewinnt der Antragsteller also die Hauptsache, obsiegt er auch im Verfahren nach § 80 V 1 2. Hs. VwGO. An der Vollziehung eines rechtswidrigen Verwaltungsakts kann es kein öffentliches Interesse geben (geschweige denn ein „besonderes", dazu sogleich).[1152] Zu einer Folgenlastabwägung kommt es nicht mehr. Der Antrag ist begründet, es bleibt nur noch abschließend festzuhalten, dass das Verwaltungsgericht ihm stattgeben und die aufschiebende Wirkung des Hauptsacherechtsbehelfs wiederherstellen wird.

VA rm: streitig, nach h.M. prüfen!

427 • Streitig ist hingegen, welche Folgen die festgestellte Rechtmäßigkeit des Verwaltungsakts hat. Nach einer m.M. bedeutet das damit verbundene Unterliegen in der Hauptsache - genau wie im Verfahren nach § 80 V 1 1. Hs. VwGO - automatisch auch ein Unterliegen im vorläufigen Rechtsschutz.[1153] Es könne nicht sein, dass jemand mit i.E. unbegründeten Rechtsbehelfen die Realisierung rechtmäßiger Zustände hinauszögere. Eine Folgenlastabwägung findet danach nicht mehr statt.

Die h.M. verweist jedoch auf den Wortlaut des § 80 II 1 Nr. 4 VwGO, wonach für eine Anordnung der sofortigen Vollziehung stets ein „besonderes" Interesse an der sofortigen Vollziehung des Verwaltungsakts bestehen müsse.[1154] Allein die Rechtmäßigkeit des Verwaltungsakts genüge hierfür nicht, denn diese begründe lediglich das Recht zum Erlass des Verwaltungsakts, nicht aber zur Anordnung der sofortigen Vollziehung. Deshalb müsse stets noch ein besonderes Vollzugsinteresse vorliegen. Mit anderen Worten sei selbst bei einem rechtmäßigen Verwaltungsakt weiter zu prüfen, ob eine konkrete Folgenlastabwägung im Einzelfall ergebe, dass es dessen sofortigen Vollzugs tatsächlich bedarf.[1155]

> **MERKSATZ**
> Bei § 80 V 1 1. Hs. VwGO ist eine Folgenlastabwägung nur zu prüfen, wenn die Erfolgsaussichten in der Hauptsache offen bleiben müssen, bei § 80 V 1 2. Hs. VwGO nach h.M. jedoch auch dann, wenn der Verwaltungsakt rechtmäßig ist, die Hauptsache also erfolglos bleiben wird.

Der h.M. ist zu folgen. Genügte allein die Rechtmäßigkeit des Verwaltungsakts zur Rechtfertigung des Anordnung der sofortigen Vollziehung, könnte schlicht jeder Verwaltungsakt mit einer solchen versehen werden. § 80 I 1 VwGO, der als Normalfall den Suspensiveffekt vorsieht, wäre ins Gegenteil verkehrt. Auch lassen sich durchaus Fälle denken, in denen es tatsächlich ein Erlass-, aber kein sofortiges Vollzugsinteresse gibt, in denen also die Suspendierung eines Verwaltungsakts trotz seiner Rechtmäßigkeit durchaus legitim erscheint.

1152 VGH München, NVwZ-RR 1995, 529, 530; Huba, JuS 1990, 805, 809; Renck, NVwZ 1988, 700, 700
1153 OVG Bautzen, SächsVBl 1998, 35, 35; VGH Mannheim, GewArch 1995, 351, 351
1154 BVerfG, NJW 2010, 2268, 2269 = RA 2011, 83, 84; NVwZ 1996, 58, 60; BVerfGK 2, 89, 94; VGH Mannheim, DVBL 2011, 58 L = RA 2011, 81, 82; Hummel, JuS 2011, 413, 418; Schoch, JURA 2002, 37, 44
1155 VGH Kassel, NVwZ 1985, 918, 918; VG Chemnitz, NVwZ 1999, 1374, 1375

BEISPIELE: Wird ein Verlag per Verwaltungsakt verpflichtet, ein Pflichtexemplar an die Landesbibliothek abzuführen, mag dies rechtmäßig sein. Damit ist aber noch nicht gesagt, dass der Staat das Buch sofort benötigt, denn Sinn und Zweck der Pflichtexemplarregelung ist es ja lediglich, das Schriftgut für künftige Generationen zu sichern. Oder man denke an die Rückforderung von Subventionen, die sofort vollzogen das Unternehmen in den Ruin trieben, bei deren Suspendierung jedoch Zeit bliebe, das Geld aufzutreiben.

> **MERKSATZ**
> Die **Rechtmäßigkeit des Verwaltungsakts** ist notwendige, aber nicht hinreichende Bedingung für die Anordnung der sofortigen Vollziehung.[1156]

(3) Wertung des Gesetzgebers

Sollte selbst die konkrete Folgenlastabwägung im Einzelfall nicht möglich sein, ist genau wie bei § 80 V 1 1. Hs. VwGO auf die Wertung des Gesetzgebers als letztes Entscheidungskriterium abzustellen.

428 Im Zweifel Suspensivinteresse vorrangig

BEISPIEL: Bei der Rückforderung von Subventionen kann bei summarischer Prüfung nicht gesagt werden, ob der Rückforderungsbescheid rechtmäßig ist (offene Erfolgsaussichten in der Hauptsache) und welche Folgen eine sofortige Rückzahlungsverpflichtung für das Unternehmen hätte (offene Folgenlast im Einzelfall).

Anders als in den Fällen des § 80 II 1 Nr. 1-3 VwGO hat der Gesetzgeber bei § 80 II 1 Nr. 4 VwGO jedoch keine Ausnahme vom Suspensiveffekt angeordnet. Vielmehr ist es nur die Behörde, nach deren Einschätzung eine sofortige Vollziehung des Verwaltungsakts nötig ist. Somit bleibt es in den Fällen des § 80 II 1 Nr. 4 VwGO von Gesetzes wegen im Zweifel beim Vorrang des Suspensivinteresses des Antragstellers nach § 80 I 1 VwGO mit der Folge, dass sein Antrag nach § 80 V 1 2. Hs. VwGO begründet ist.[1157]

> **MERKSATZ**
> Lässt sich ein **besonderes Vollzugsinteresse** i.S.v. § 80 II 1 Nr. 4 VwGO nicht feststellen, überwiegt das Suspensivinteresse des Antragstellers.

cc) Besonderheit bei unionsrechtlichem Einschlag

Völlig anders gestaltet sich die Prüfung der Interessenabwägung, wenn der streitgegenständliche Verwaltungsakt auf Unionsrecht beruht. „Beruhen" in diesem Sinne bedeutet, dass er seine Ermächtigungsgrundlage in einer Verordnung der Europäischen Union findet.[1158]

429 VA beruht auf EU-Verordnung

1156 Hummel, JuS 2011, 413, 418
1157 Proppe, JA 2004, 324, 325
1158 Kopp/Schenke, VwGO, § 80 Rn 154; Schoch, JURA 2002, 37, 45

(1) Grundsatz: Überwiegendes Vollzugsinteresse

430 In diesem Fall überwiegt nach Ansicht des EuGH entgegen der Wertung des § 80 I 1 VwGO grundsätzlich das Vollzugsinteresse der Allgemeinheit. Dass grundsätzlich keine aufschiebende Wirkung von Rechtsbehelfen bestehe, sei erstens ein Grundsatz des Unionsrechts, Art. 278 S. 1 AEUV. Nichts anderes könne folglich für nationale Rechtsakte gelten, die auf Unionsrecht beruhen.[1159] Und zweitens könne es nach dem Grundsatz der praktischen Wirksamkeit des Unionsrechts („effet utile")[1160] nicht sein, dass der Suspensiveffekt nationaler Rechtsbehelfe den Vollzug von auf Unionsrecht beruhenden Verwaltungsakten behindere.[1161]

Grds.: Vorrang des Vollzugsinteresses

(2) Ausnahme: Suspensiveffekt unter engen Voraussetzungen

431 Allerdings hat der EuGH in seiner bekannten Entscheidung „Zuckerfabrik Süderdithmarschen"[1162] eine Ausnahme entwickelt und seither mehrfach präzisiert:[1163] Unter **vier Voraussetzungen**, die **kumulativ** vorliegen müssen, darf ein nationales Gericht die aufschiebende Wirkung eines Rechtsbehelfs anordnen oder wiederherstellen:

Ausnahme nach EuGH-Rspr.

1. Das Gericht muss erhebliche Zweifel an der Gültigkeit der Verordnung oder Richtlinie haben, auf der der Verwaltungsakt beruht.
2. Das Gericht muss diese Zweifel dadurch dokumentieren, dass es dem EuGH die Frage der Gültigkeit der Verordnung oder Richtlinie im Wege des Vorabentscheidungsverfahrens nach Art. 267 AEUV vorlegt (es sei denn, dem EuGH liegt die Frage in einem anderen Verfahren bereits vor).
3. Dem Antragsteller muss durch den Vollzug des Verwaltungsakts ein schwerer, irreparabler Schaden drohen.

BEISPIELE: Rechtsvereitelung, Insolvenz.

4. Das Unionsrecht muss angemessen berücksichtigt werden, d.h. die Union darf infolge der Suspendierung des Verwaltungsakts keinen Schaden nehmen.

BEISPIEL: Das Kartellamt verbietet unter Anordnung sofortiger Vollziehung den Zusammenschluss zweier Gesellschaften durch einen Bescheid, der auf einer EU-Verordnung zur Verhinderung marktbeherrschender Stellungen beruht. Angenommen, das VG hat berechtigte Zweifel an der Wirksamkeit der EU-Verordnung im Lichte der Grundfreiheiten des AEUV (1.), und im Hauptsacheverfahren bereits den EuGH nach Art. 267 AEUV hierzu angerufen (2.), dann kann es die aufschiebende Wirkung der Anfechtungsklage gegen das Verbot wiederherstellen, wenn ansonsten der Ruin der Gesellschaften droht (3.) und nach seiner Ansicht auch bei einem Zusammenschluss nicht zu befürchten wäre, dass tatsächlich eine marktbeherrschende Position eintritt (4.).

1159 *EuGH, NVwZ 1991, 460, 461; Kopp/Schenke, VwGO, § 80 Rn 154*
1160 *Zu diesem vgl. EuGH, NJW 2007, 3555, 3556;EuZW 2008, 148, 152*
1161 *EuGH, EuZW 2007, 56, 58 = RA 2007, 183, 186*
1162 *EuGH, NVwZ 1991, 460, 460; eingehend hierzu Jannasch, NVwZ 1999, 495, 497*
1163 *z.B. EuGH, NJW 1996, 1333, 1334; vgl. auch Schoch, JURA 2002, 37, 45; Stern, JuS 1998, 769, 775*

> **KLAUSURHINWEIS**
> Zwar wird von der Literatur kritisiert, dass der EuGH mit diesen Vorgaben seine Kompetenzen weit überschritten habe.[1164] Hierauf im Gutachten einzugehen, würde jedoch in die Tiefen des Unionsrechts führen, was in Prüfungsaufgaben regelmäßig nicht erwartet werden kann.[1165] Deshalb sollte man die o.g. Kriterien als gegeben hinnehmen und den Schwerpunkt der Prüfung nicht auf ihre Geltung, sondern auf ihre Subsumtion legen.

Für Prüfungsaufgaben eignet sich diese Konstellation ohnehin kaum. Punkt 1 kann gutachterlich noch geprüft werden, denn ob ein Akt des sekundären Unionsrechts unwirksam ist (z.B. weil er gegen eine Grundfreiheit verstößt), mag zum Pflichtfachstoff gehören. Ob der EuGH dazu angerufen wurde oder nicht, müsste hingegen im Sachverhalt angegeben werden, sodass es zu Punkt 2 inhaltlich nichts zu prüfen gäbe. Und die Punkte 3-4 beinhalten keine juristischen, sondern tatsächliche Fragen, die sich für ein juristisches Gutachten kaum eignen.

> **KLAUSURHINWEIS**
> Sollte dennoch ein Fall mit unionsrechtlichem Einschlag vorkommen, sollte mit dem normalen Obersatz[1166] begonnen und zunächst die formelle Rechtmäßigkeit der Anordnung der sofortigen Vollziehung geprüft werden. In der Interessenabwägung ist dann einleitend auszuführen, dass diese sich normalerweise nach den Erfolgsaussichten der Hauptsache richtet, hier jedoch nicht, da wegen des „effet utile" und dem Anwendungsvorrang des Unionsrechts grundsätzlich vom überwiegenden Vollzugsinteresse auszugehen sei. Sodann ist zu fragen, ob hiervon im konkreten Fall nicht aber doch eine Ausnahme zu machen sei, woran sich die Prüfung der o.g. vier Punkte anschließt.

3. Der Antrag analog § 80 V 1 VwGO

Die Prüfung der Begründetheit eines auf Feststellung des Bestehens der aufschiebenden Wirkung gerichteten Antrags analog § 80 V 1 VwGO ist trivial: Das Gericht wird die aufschiebende Wirkung feststellen, wenn sie besteht, und dass sie besteht, wurde zwangsläufig bereits in der Zulässigkeit erörtert und bejaht, sonst wäre der Antrag analog § 80 V 1 VwGO gar nicht statthaft. Die Begründetheitsprüfung erschöpft sich somit in drei Sätzen:

432 Statthaftigkeit = Begründetheit

> **MERKSATZ**
> „Der Antrag analog § 80 V 1 VwGO auf **Feststellung**, dass der **Hauptsacherechtsbehelf aufschiebende Wirkung entfaltet**, ist begründet, wenn diese aufschiebende Wirkung tatsächlich besteht. Dass dies der Fall ist, wurde bereits oben im Rahmen der Statthaftigkeit des Antrags erörtert. Somit ist der Antrag auch begründet."

1164 Schoch, JURA 2002, 37, 45; Hauser, VBlBW 2000, 377, 382
1165 Kompetenzrechtliche Rechtfertigungen finden sich z.B. bei Jannasch, NVwZ 1999, 495, 500.
1166 Siehe Rn 402

Mit anderen Worten gibt es im Fall des „faktischen Vollzuges" keinen denkbaren Fall, in dem ein Antrag nach § 80 V 1 VwGO zulässig, aber unbegründet sein könnte.

> **KLAUSURHINWEIS**
> Gerade weil es in der Begründetheit nichts zu prüfen gibt, sollte man in einer Klausur genau überlegen, ob man es wirklich mit einem Fall des „faktischen Vollzuges" zu tun hat. Dieser böte keinerlei Gelegenheit, inzidenter die Rechtmäßigkeit des Verwaltungsakts (und somit materielle Probleme) zu prüfen. Jedenfalls in Examensklausuren kommt eine solche Fallkonstellation daher nur als eine von mehreren Fallfragen vor.

4. Zusammenfassung und Tenorierung

Tenorierung **433** Nach alledem hat das Gericht **fünf Möglichkeiten**, über einen Antrag nach § 80 V 1 VwGO (analog) zu entscheiden:

1. Der Antrag wird „abgelehnt", wenn er unzulässig und/oder unbegründet ist.
2. Die aufschiebende Wirkung des Hauptsacherechtsbehelfs wird „angeordnet", wenn ein Antrag nach § 80 V 1 1. Hs. zulässig und begründet ist.
3. Die aufschiebende Wirkung des Hauptsacherechtsbehelfs wird „wiederhergestellt", wenn ein Antrag nach § 80 V 1 2. Hs. VwGO zulässig und begründet ist.
4. Die Anordnung der sofortigen Vollziehung wird „aufgehoben" und der Antrag im Übrigen abgelehnt, wenn ein Antrag nach § 80 V 1 2. Hs. VwGO zulässig und (nur) insoweit begründet ist, als die Anordnung der sofortigen Vollziehung formell rechtswidrig ist, im Rahmen der Interessenabwägung aber das Vollzugsinteresse der Allgemeinheit überwiegt.
5. Das Bestehen der aufschiebenden Wirkung des Hauptsacherechtsbehelfs wird „festgestellt", wenn ein Antrag analog § 80 V 1 VwGO zulässig und begründet ist.

> **KLAUSURHINWEIS**
> Dass bei Entscheidungsentwürfen im zweiten juristischen Staatsexamen der korrekte Tenor gewählt werden muss, versteht sich ohnehin von selbst. Aber auch im ersten juristischen Staatsexamen oder an der Universität könnte die Fallfrage lauten: „Wie wird das Gericht entscheiden?". Dann erwartet der Prüfer - anders als bei: „Hat der Antrag Erfolg?" - nicht nur den Ergebnissatz, dass der Antrag zulässig, begründet und somit erfolgreich ist, sondern einen konkreten Entscheidungssatz.

D. Klausurfall: „Das Photovoltaikprojekt"

SACHVERHALT

Der Bund hat ein Gesetz zur Förderung der Solarenergie im Bereich privater Haushalte (Solarenergieförderungsgesetz - SolFördG) erlassen. Nach § 1 SolFördG wird das Bundesministerium für Umwelt (BMU) ermächtigt, privat genutzte Photovoltaikanlagen mit einer Subvention i.H.v. 20% der Investitionssumme zu fördern, wenn die Höhe der anfallenden Kosten in geeigneter Weise belegt wird.

Eigentümer E stellte am 1.4. einen Antrag auf Förderung einer Photovoltaikanlage auf dem Dach seines Hauses, deren Kosten er auf 20.000 € veranschlagte. Nach Prüfung der entsprechenden Belege bewilligte ihm das BMU am 23.4. eine Förderung i.H.v. 4.000 €, verbunden mit der Auflage, bis spätestens 30.6. mit dem Bau zu beginnen. Die Auszahlung der Mittel werde nach Abnahme der Anlage erfolgen.

Bei einer vom BMU veranlassten Ortsbesichtigung am 8.7. wurde allerdings festgestellt, dass E nicht mit dem Bau der Photovoltaikanlage, wohl aber mit dem Bau eines Swimmingpools in seinem Garten begonnen hatte. Das BMU hob daraufhin mit E am 19.7. bekannt gegebenem, formell rechtmäßigem Widerrufsbescheid die Bewilligung vom 23.4. wieder auf und ordnete gleichzeitig die sofortige Vollziehung des Widerrufs an. Dies sei schon deshalb gerechtfertigt, „weil der Widerruf offensichtlich rechtmäßig sei". Eine Rechtsbehelfsbelehrung war dem Schreiben nicht beigefügt.
E wendete sich am 26.8. mit seinem gegen die Bundesrepublik Deutschland gerichteten Antrag an das zuständige Verwaltungsgericht (VG) und begehrte, „den Widerruf einstweilen auszusetzen". Dass er mit dem Bau der Photovoltaikanlage nicht rechtzeitig begonnen habe, sei nicht seine Schuld, da es bei seinem Handwerker zu Lieferschwierigkeiten gekommen sei. Er habe dann eben das „Projekt Swimmingpool" vorgezogen, wolle danach aber umgehend - noch im August - mit dem „Projekt Photovoltaik" beginnen. Unter dem 30.8. reichte E noch eine Klage in der Hauptsache nach, die er im wesentlichen mit demselben Argument begründete.

Wie wird das VG über den Antrag vom 26.8. entscheiden?

LÖSUNG

Das VG wird dem Antrag stattgeben, soweit er zulässig und begründet ist.

A. Zulässigkeit
Vor dem VG ist der Antrag zulässig, wenn der Verwaltungsrechtsweg eröffnet ist und die Sachentscheidungsvoraussetzungen der statthaften Antragsart vorliegen.

I. VERWALTUNGSRECHTSWEG
Mangels aufdrängender Sonderzuweisungen richtet sich die Eröffnung des Verwaltungsrechtswegs nach der Generalklausel des § 40 I 1 VwGO. Danach müsste eine öffentlich-rechtliche Streitigkeit nichtverfassungsrechtlicher Art vorliegen, für die es keine abdrängende Sonderzuweisung gibt.
Öffentlich-rechtlich ist eine Streitigkeit mit der modifizierten Subjektstheorie jedenfalls dann, wenn die streitentscheidende Norm zwingend einen Hoheitsträger als solchen berechtigt und/oder verpflichtet. Hier wird über den Widerruf einer

Subvention für eine Photovoltaikanlage gestritten. Als Ermächtigungsgrundlage und damit als streitentscheidende Norm für den Widerruf kommt nur § 49 II 1 Nr. 2 VwVfG in Betracht. Dieser berechtigt eine Behörde und damit zwingend einen Hoheitsträger.
Die Streitigkeit ist ferner nichtverfassungsrechtlicher Art. Eine abdrängende Sonderzuweisung existiert für den vorliegenden Fall auch nicht, sodass der Verwaltungsrechtsweg über § 40 I 1 VwGO eröffnet ist.

II. STATTHAFTE ANTRAGSART

Die statthafte Antragsart richtet sich im vorläufigen Rechtsschutz gem. § 88 i.V.m. § 122 VwGO nach dem Begehren des Antragstellers. Dabei ist das Aussetzungsverfahren nach §§ 80 V 1, 80a VwGO vom Antragsverfahren nach § 123 I VwGO zu unterscheiden, wobei ersteres gem. § 123 V VwGO Vorrang genießt.
Hier begehrt E wörtlich, „den Widerruf einstweilen auszusetzen". Diesem Begehren könnte ein Aussetzungsantrag nach §§ 80 V 1, 80a VwGO entsprechen. Dieser ist statthaft, sofern der Vollzug eines belastenden, nicht erledigten Verwaltungsakts droht.
In dem Widerruf liegt ein nicht erledigter, den E belastender Verwaltungsakt i.S.v. § 35 S. 1 VwVfG. Das BMU hat die sofortige Vollziehung des Widerrufs angeordnet, sodass dieser ungeachtet der von E am 30.8. erhobenen Anfechtungsklage sofort vollziehbar ist. Somit handelt es sich vorliegend um ein Aussetzungsverfahren, dessen Statthaftigkeit sich hier in Ermangelung eines Verwaltungsakts mit Doppelwirkung nicht nach § 80a VwGO, sondern allein nach § 80 V 1 VwGO richtet.
§ 80 V 1 VwGO unterscheidet zwischen dem Antrag auf „Anordnung" der aufschiebenden Wirkung nach § 80 V 1 1. Hs. VwGO und dem Antrag auf „Wiederherstellung" der aufschiebenden Wirkung nach § 80 V 1 2. Hs. VwGO. Die „Anordnung" der aufschiebenden Wirkung ist zu beantragen, wenn die aufschiebende Wirkung des Hauptsacherechtsbehelfs nach § 80 II 1 Nr. 1-3 VwGO von Gesetzes wegen entfällt. Demgegenüber ist ein Antrag auf „Wiederherstellung" der aufschiebenden Wirkung zu stellen, wenn - wie hier - erst die Behörde durch eine Vollziehungsanordnung nach § 80 II 1 Nr. 4 VwGO die aufschiebende Wirkung hat entfallen lassen.
Dem Antragsbegehren des E entspricht somit ein Antrag auf Wiederherstellung der aufschiebenden Wirkung seiner Klage vom 30.8. gegen den Widerrufsbescheid vom 19.7. gem. § 80 V 1 2. Hs. VwGO.

III. ANTRAGSBEFUGNIS

E müsste analog § 42 II VwGO antragsbefugt sein. Dies setzt die Möglichkeit einer Verletzung eigener subjektiv-öffentlicher Rechte durch den angegriffenen Verwaltungsakt voraus. Subjektiv-öffentliche Rechte können u.a. aus Gesetz und Verwaltungsakt folgen.
E ist Adressat des streitgegenständlichen Widerrufs vom 19.7. Es erscheint nicht von vornherein ausgeschlossen, dass er durch diesen zumindest in seinem Grundrecht auf allgemeine Handlungsfreiheit aus Art. 2 I GG - also in einer gesetzlichen Rechtsposition - verletzt sein könnte. Darüber hinaus besteht die Möglichkeit, dass ihm durch den Widerruf vom 19.7. die Rechtsposition genommen wurde, die ihm der Bewilligungsbescheid vom 23.4. gewährt hatte. Somit ist E antragsbefugt.

IV. ANTRAGSGEGNER

Der Antragsgegner im vorläufigen Rechtsschutz bestimmt sich nach dem Klagegegner in der Hauptsache. In der Hauptsache wäre der Widerruf mit einer Anfechtungsklage nach § 42 I 1. Fall VwGO anzufechten, für die nach § 78 I Nr. 1 VwGO der Rechtsträger der handelnden Behörde richtiger Klagegegner ist. Hier hat das BMU gehandelt, dessen Rechtsträger die Bundesrepublik Deutschland ist. Der Bund ist somit analog § 78 I Nr. 1 VwGO auch richtiger Antragsgegner im vorläufigen Rechtsschutzverfahren. E hat seinen Antrag gegen den Bund gerichtet, sodass diese Voraussetzung erfüllt ist.

V. BETEILIGUNGS- UND PROZESSFÄHIGKEIT

E ist nach §§ 63 Nr. 1, 61 Nr. 1 1. Fall VwGO als natürliche Person beteiligungsfähig und nach § 62 I Nr. 1 VwGO prozessfähig. Die Bundesrepublik Deutschland ist nach §§ 63 Nr. 2, 61 Nr. 1 2. Fall VwGO als juristische Person beteiligungsfähig und nach § 62 III VwGO durch ihre gesetzlichen Vertreter prozessfähig.

VI. ALLGEMEINES RECHTSSCHUTZINTERESSE

E müsste ferner ein schützenswertes Interesse an der Stellung eines Eilantrages haben.

1. Rechtsbehelf in der Hauptsache eingelegt

Fraglich ist zunächst, ob E dazu einen Rechtsbehelf in der Hauptsache einlegen musste, und falls ja, ob er dies ordnungsgemäß getan hat.

a) Widerspruch

Grundsätzlich ist einem belastenden Verwaltungsakt vor Erhebung der Anfechtungsklage gem. § 68 I 1 VwGO mit einem Widerspruch zu begegnen. Wird der Verwaltungsakt jedoch von einer obersten Bundesbehörde erlassen, findet nach § 68 I 2 Nr. 1 VwGO kein Vorverfahren statt. Oberste Bundesbehörden in diesem Sinne sind insbesondere die Ministerien, wie hier das BMU. Die Erhebung eines Widerspruchs kann von E also schon deshalb nicht verlangt werden, weil ein solcher hier gar nicht statthaft wäre.

b) Anfechtungsklage

E hat hier eine Anfechtungsklage erhoben, dies allerdings erst am 30.8., also nach Stellung seines Eilantrags am 26.8. Fraglich ist, ob die Erhebung einer Anfechtungsklage in der Hauptsache überhaupt Rechtsschutzvoraussetzung für einen Antrag nach § 80 V 1 2. Hs. VwGO ist, und falls ja, ob diese auch noch nach Antragstellung möglich ist.

aa) Rechtsschutzvoraussetzung

Nach § 80 V 2 VwGO ist ein Antrag nach § 80 V 1 VwGO auch schon vor Erhebung der Anfechtungsklage zulässig. Eine Ansicht folgert daraus, dass es somit einer Klageerhebung überhaupt nicht bedürfe, und zwar auch dann nicht, wenn ein Widerspruchsverfahren nicht statthaft sei. Dafür spreche der eindeutige Wortlaut des § 80 V 2 VwGO sowie die Tatsache, dass ansonsten die Klagefristen des § 74 I VwGO von einem Monat faktisch verkürzt würden. Träfe diese Meinung zu, stünde E ein Rechtsschutzinteresse selbst ohne Erhebung der Anfechtungsklage zu.
Nach der Gegenansicht ist jedoch ungeachtet dieser Argumente vom Antragsteller die (ordnungsgemäße) Erhebung einer Anfechtungsklage zu fordern, wenn ein Widerspruch

nicht statthaft ist. Wäre kein Rechtsbehelf in der Hauptsache erhoben worden, könne das Verwaltungsgericht dessen aufschiebende Wirkung auch nicht „anordnen" oder „wiederherstellen". Der Antrag nach § 80 V 1 VwGO ginge also ins Leere. Danach wäre E hier also verpflichtet gewesen, eine ordnungsgemäße Anfechtungsklage zu erheben, um ein schützenswertes Interesse an dem Eilantrag nach § 80 V 1 2. Hs. VwGO zu haben.

bb) Maßgeblicher Zeitpunkt
Eine Streitentscheidung kann jedoch dahinstehen, wenn beide Ansichten zu identischen Ergebnissen kommen. Dies wäre der Fall, wenn E jedenfalls ordnungsgemäß Anfechtungsklage erhoben hätte. E hat hier Anfechtungsklage erhoben, allerdings erst am 30.8., also vier Tage nach seinem Eilantrag vom 26.8. Es stellt sich somit die weitere Frage, ob die Klage nicht schon vor oder spätestens gleichzeitig mit dem Antrag nach § 80 V 1 VwGO hätte erhoben werden müssen. Der Antrag nach § 80 V 1 2. Hs. VwGO muss jedoch - wie jeder Rechtsbehelf - (erst) in dem Augenblick zulässig sein, in dem über ihn entschieden wird. In praxi mag es gefährlich sein, den Hauptsacherechtsbehelf nicht schon bei Antragstellung mit vorzulegen, weil nach § 101 III VwGO keine mündliche Verhandlung stattfinden muss, nach Antragstellung also keine Gelegenheit zur Nachholung mehr bestehen könnte. Vorgeschrieben ist dies aber nicht. Maßgeblich ist allein, dass das Gericht der entsprechende Vortrag - wie hier - vor der Entscheidung erreicht. Somit besteht insoweit nach beiden Ansichten das allgemeine Rechtsschutzinteresse.

2. Nicht offensichtlich unzulässig
Wäre die Anfechtungsklage des E offensichtlich unzulässig, könnte sie entgegen § 80 I 1 VwGO nach h.M. keine aufschiebende Wirkung entfalten. Somit wäre es dem VG auch verwehrt, diese wiederherzustellen. Ob diese Ansicht richtig ist - dafür spricht das Bedürfnis nach der Verhinderung von Rechtsmissbrauch, dagegen der Wortlaut des § 80 I 1 VwGO - mag auf sich beruhen, wenn die Anfechtungsklage des E vom 30.8. jedenfalls nicht offensichtlich unzulässig ist.
An der Zulässigkeit könnten allein im Hinblick auf die Klagefrist des § 74 I 2 VwGO Zweifel bestehen. Diese beträgt grds. einen Monat seit Bekanntgabe des Verwaltungsakts. Der angefochtene Widerrufsbescheid wurde E am 19.7. bekanntgegeben, die Klage wurde am 30.8. erhoben. Die Monatsfrist des § 74 I 2 VwGO war also offensichtlich verstrichen. Allerdings tritt an ihre Stelle gem. § 58 II VwGO eine Jahresfrist, wenn - wie hier - dem Verwaltungsakt keine Rechtsbehelfsbelehrung beigefügt war. Somit ist die am 30.8. erhobene Klage gegen den Widerruf vom 19.7. nicht verfristet.

3. Vorheriger Antrag an die Behörde
Nach § 80 IV 1 VwGO kann auch die Behörde, die den Verwaltungsakt erlassen hat, auf Antrag dessen Vollziehung aussetzen. Ein solcher Antrag an die Behörde könnte im Verhältnis zu § 80 V 1 VwGO ein einfacheres, schnelleres Mittel sein. Jedoch schreibt § 80 VI 1 VwGO einen vorherigen Antrag an die Behörde explizit nur in den Fällen des § 80 II 1 Nr. 1 VwGO vor, während hier ein Fall des § 80 II 1 Nr. 4 VwGO vorliegt (s.o. A.II.). Somit schadet es nicht, dass E sich nicht im Vorfeld an die Behörde gewendet hat.

VII. ZWISCHENERGEBNIS
Der Antrag des E ist somit zulässig.

B. Begründetheit
Der Antrag des E auf Wiederherstellung der aufschiebenden Wirkung seiner Anfechtungsklage vom 30.8. ist nach § 80 V 1 2. Hs. VwGO begründet, soweit die Anordnung der sofortigen Vollziehung formell rechtswidrig ist oder eine summarische Prüfung ergibt, dass das Suspensivinteresse des E das Vollzugsinteresse der Allgemeinheit überwiegt.

I. FORMELLE RECHTSWIDRIGKEIT DER ANORDNUNG DER SOFORTIGEN VOLLZIEHUNG
Die Anordnung der sofortigen Vollziehung des Widerrufs vom 19.7. könnte zunächst formell rechtswidrig sein. Rechtmäßig wäre sie, wenn sie von der zuständigen Behörde nach ordnungsgemäßem Verfahren in der richtigen Form erlassen worden wäre. Im Umkehrschluss wäre sie rechtswidrig, wenn es an einer dieser Voraussetzungen fehlte.

1. Zuständigkeit
Zuständig ist nach § 80 II 1 Nr. 4 VwGO die Ausgangs- oder Widerspruchsbehörde. Hier hat das BMU als Ausgangsbehörde im Widerrufsschreiben selbst die sofortige Vollziehung angeordnet.

2. Verfahren
Fraglich ist, ob es vor der Anordnung der sofortigen Vollziehung nach § 28 I VwVfG einer gesonderten Anhörung bedarf. Eine solche ist hier nicht durchgeführt worden. § 28 I VwVfG fordert eine Anhörung indes nur vor Erlass eines belastenden Verwaltungsakts. Ob in der Anordnung der sofortigen Vollziehung eines Verwaltungsakts selbst ein Verwaltungsakt i.S.v. § 35 S. 1 VwVfG zu sehen ist, ist umstritten.

Dagegen spricht allerdings schon, dass diese kein Verwaltungsverfahren nach § 9 VwVfG abschließt, ihr somit keine materielle Regelungswirkung i.S.v. § 35 S. 1 VwVfG zukommt. Zudem kann die Anordnung der sofortigen Vollziehung eines Verwaltungsakts im Unterschied zu diesem weder in Bestandskraft erwachsen noch selbstständig ergehen. Und vor allem könnte man sie - wäre sie ein Verwaltungsakt - nach § 42 I 1. Fall VwGO selbstständig mit Suspensiveffekt nach § 80 I VwGO anfechten. Die Behörde müsste also die „sofortige Vollziehung der sofortigen Vollziehung" anordnen, um dies zu verhindern, wogegen der Betroffene erneut Anfechtungsklage erheben könnte. Eine unendliche Kette von Vollziehungsanordnungen und Anfechtungsklagen wäre die Folge.

Ist § 28 I VwVfG somit nicht direkt anwendbar, könnte man noch an eine Analogie denken. Diese setzt allerdings (neben einer vergleichbaren Interessenlage) eine planwidrige Regelungslücke voraus. Der Gesetzgeber hat für die Anordnung der sofortigen Vollziehung in § 80 VwGO jedoch die formellen Anforderungen abschließend normiert, namentlich die Zuständigkeit in § 80 II 1 Nr. 4 VwGO und die Form in § 80 III VwGO. Für ein planwidriges Übersehen von Verfahrensschritten wie einer Anhörungspflicht gibt es keinerlei Anhaltspunkte. E musste nach alledem zur sofortigen Vollziehungsanordnung nicht gesondert angehört werden.

3. Form

Nach § 80 III VwGO ist die Anordnung der sofortigen Vollziehung schriftlich zu begründen. Hier hat das BMU eine Begründung abgegeben, indem es ausführte, die Anordnung der sofortigen Vollziehung sei gerechtfertigt, da der Widerruf offensichtlich rechtmäßig sei.

Um ihren Sinn und Zweck erfüllen zu können, der einerseits darin liegt, beim Bürger Verständnis für die Anordnung der sofortigen Vollziehung zu wecken, und andererseits darin, der Behörde die Folgen ihres Handelns warnend vor Augen zu führen, kann jedoch das bloße Vorliegen einer möglicherweise sinnleeren, abstrakten, nicht nachvollziehbaren Begründung allein nicht genügen. Über den Wortlaut des § 80 III VwGO hinaus muss diese vielmehr gewissen inhaltlichen Mindestanforderungen genügen, d.h. nachvollziehbar, schlüssig und konkret - wenn auch nicht sachlich zutreffend - sein. Bloße Floskeln wie der Hinweis auf die offensichtliche Rechtmäßigkeit des Verwaltungsakts genügen demgegenüber nicht. Sie sind für den Bürger nichtssagend, und für die Behörde ist es eine bloße Selbstverständlichkeit, dass sie ihren eigenen Verwaltungsakt für rechtmäßig hält. Weder wird beim Bürger durch eine solche Floskel Verständnis geweckt, noch wird ein Warneffekt bei der Behörde selbst erzielt. Somit ist die Anordnung der sofortigen Vollziehung hier unzureichend begründet worden und daher formell rechtswidrig.

II. INTERESSENABWÄGUNG

Nach einer Ansicht ist damit der Antrag nach § 80 V 1 2. Hs. VwGO bereits in vollem Umfang begründet. Einer Abwägung der widerstreitenden Interessen bedarf es danach nicht mehr.

Jedoch verkennt diese Meinung, dass die Behörde jederzeit eine neue, ordnungsgemäß begründete Vollziehungsanordnung treffen könnte mit der Folge, dass die Parteien in einen zweiten Prozess getrieben würden, in dem es dann doch um die materielle Abwägung der widerstreitenden Interessen ginge. Beide Seiten - auch der bis hierher obsiegende Antragsteller - haben also schon aus prozessökonomischen Gründen nach Art. 19 IV 1 GG ein Interesse daran, dass die Interessenabwägung in jedem Fall vorgenommen wird. Deshalb wird das Gericht die aufschiebende Wirkung der Klage des E bei lediglich formeller Rechtswidrigkeit der sofortigen Vollziehungsanordnung nicht vollumfänglich wiederherstellen, sondern die fehlerhafte Anordnung der sofortigen Vollziehung lediglich aufheben. Ein Verstoß gegen § 80 V 1 VwGO liegt darin nicht; dieser lässt explizit eine „teilweise" Stattgabe des Antrags zu.

1. Erfolgsaussichten in der Hauptsache

Ist somit eine Abwägung des Suspensivinteresses des Antragstellers mit dem Vollzugsinteresse der Allgemeinheit weiterhin erforderlich, so richtet sich das Überwiegen des einen oder anderen Interesses zunächst nach den summarisch zu prüfenden Erfolgsaussichten in der Hauptsache. Im vorläufigen Rechtsschutz soll obsiegen, wer auch am Ende obsiegt. In der Hauptsache ist hier - wie bereits mehrfach erwähnt - eine Anfechtungsklage nach § 42 I 1. Fall VwGO statthaft. Diese ist begründet, soweit der angefochtene Verwaltungsakt rechtswidrig ist und den Kläger in seinen Rechten verletzt, § 113 I 1 VwGO. Fraglich ist also, ob der hier streitgegenständliche Widerruf der Subventionsbewilligung rechtmäßig oder rechtswidrig ist. Rechtmäßig wäre er, wenn er auf einer wirksamen Ermächtigungsgrundlage beruhte und deren formelle und materielle Voraussetzungen vorlägen.

a) Ermächtigungsgrundlage
Ermächtigungsgrundlage für den Widerruf ist § 49 II 1 Nr. 2 VwVfG.

b) Formelle Rechtmäßigkeit
Dass der Widerruf formell rechtmäßig erging, ist im Sachverhalt vorgegeben.

c) Materielle Rechtmäßigkeit
In materieller Hinsicht müssten der Tatbestand der Ermächtigungsgrundlage erfüllt und die richtige Rechtsfolge gesetzt worden sein.

aa) Tatbestand
Nach § 49 II 1 Nr. 2 VwVfG darf ein rechtmäßiger begünstigender Verwaltungsakt widerrufen werden, wenn mit ihm eine Auflage verbunden war, die der Begünstigte nicht oder nicht fristgerecht erfüllt hat.

Mit der Bewilligung eines Zuschusses zu den Kosten einer Photovoltaikanlage i.H.v. 4.000 € hat das BMU am 23.4. einen begünstigenden Verwaltungsakt erlassen. Ob dieser - wie der Wortlaut des § 49 II 1 VwVfG suggeriert - tatsächlich rechtmäßig sein muss, oder ob nach § 49 II VwVfG nicht erst recht auch rechtswidrige Verwaltungsakte widerrufen werden können, ist umstritten, mag hier jedoch auf sich beruhen, da für eine Rechtswidrigkeit des Bewilligungsbescheids nichts ersichtlich ist.

Ferner müsste mit der Bewilligung eine Auflage verbunden gewesen sein. Darunter ist nach § 36 II Nr. 4 VwVfG eine Bestimmung zu verstehen, durch die dem Begünstigten ein Tun, Dulden oder Unterlassen vorgeschrieben wird. Hier wurde E mit dem Baubeginn bis spätestens 20.6. ein „Tun" vorgeschrieben. Dem ist er nicht nachgekommen.

Abschließend verweist § 49 II 2 VwVfG auf die Jahresfrist des § 48 IV VwVfG, die mit Kenntnis der den Widerruf begründenden Tatsachen beginnt. Was genau „Kenntnis" in diesem Sinne bedeutet ist umstritten, mag jedoch wiederum dahinstehen, wenn die Frist in jedem Fall gewahrt wäre. Der frühestmöglich denkbare Zeitpunkt einer Kenntnisnahme und damit des Fristbeginns war hier der Ortstermin am 8.7., und bereits am 19.7. erfolgte der Widerruf. Dieser war also offensichtlich auch rechtzeitig.

bb) Rechtsfolge
Die Behörde „darf" nach § 49 II 1 VwVfG einen Widerruf mit Wirkung für die Zukunft erklären. Die Norm räumt ihr also Ermessen ein, das vom Verwaltungsgericht in der Hauptsache auf Ermessensfehler überprüft werden kann, § 114 S. 1 VwGO. Als Ermessensfehler käme hier allenfalls eine Ermessensüberschreitung in Betracht, wenn das BMU unverhältnismäßig gehandelt, also etwa den E unangemessen benachteiligt hätte.

E führt an, ihn treffe an der Nichterfüllung der Auflage keine Schuld, weil es bei seinen Handwerkern zu Lieferengpässen gekommen sei. Allerdings fordert § 49 II 1 Nr. 2 VwVfG zum einen gerade keine schuldhafte Nichterfüllung der Auflage, und zum anderen sind die Handwerker seiner Sphäre zuzuordnen. Die von der Behörde bestimmte Frist zum Baubeginn betrug zudem über zwei Monate (vom 23.4. bis zum 30.6.), war also auch nicht unangemessen kurz. Sein Vorbringen kann E also nicht entlasten.

d) Zwischenergebnis
Nach alledem ist der Widerruf rechtmäßig.

2. Konkrete Folgenlastabwägung
Fraglich ist, ob es über die summarische Prüfung der Erfolgsaussichten hinaus einer weiteren Abwägung der Folgenlasten im konkreten Einzelfall bedarf. Dafür spricht jedenfalls dann, wenn - wie hier - der streitgegenständliche Verwaltungsakt rechtmäßig ist, dass § 80 II 1 Nr. 4 VwGO ein „besonderes" Vollzugsinteresse fordert. Die Rechtmäßigkeit des Verwaltungsakts ist somit notwendige, aber nicht hinreichende Bedingung für seine sofortige Vollziehbarkeit.

Allerdings wird es zumindest regelmäßig so sein, dass kein legitimes Interesse des Bürgers daran bestehen kann, durch i.E. unbegründete Rechtsbehelfe die Herstellung rechtmäßiger Zustände hinauszuzögern. Im vorliegenden Fall kommt hinzu, dass E mit seinem Bauprojekt noch nicht begonnen hat, er durch das Ausbleiben des Zuschusses also keinen Nachteil erleidet (etwa indem er fällige Handwerkerrechnungen nun nicht begleichen könnte), sondern lediglich eine Nichtgewährung von Vorteilen erfährt.

Ferner ist zu beachten, dass eine Auflage auch bei Nichterfüllung die Wirksamkeit des Grundverwaltungsakts unberührt lässt. Wäre der Widerruf hier also nicht mit einer sofortigen Vollziehungsanordnung versehen worden, hätte E aufgrund des nach wie vor wirksamen Bewilligungsbescheids ungeachtet der nicht erfüllten Auflage noch während des laufenden Hauptsacheverfahrens die Auszahlung der 4.000 € verlangen können, wenn er die Photovoltaikanlage inzwischen fertiggestellt hätte. Somit spricht auch nach Abwägung der konkreten Folgen im Einzelfall alles für ein überwiegendes Vollzugsinteresse.

III. ERGEBNIS
Das VG wird die Anordnung der sofortigen Vollziehung des Widerrufs vom 19.7. aufheben und den Antrag des E im Übrigen ablehnen.

4. Teil – Die Anträge nach § 80a VwGO

A. Einleitung

§ 80a VwGO ist lex specialis zu § 80 VwGO für „Verwaltungsakte mit Doppelwirkung", also die Fälle, in denen neben dem Adressaten des Verwaltungsakts noch ein Dritter von den Rechtswirkungen des Verwaltungsakts betroffen ist.[1167]

436 „Dritter" i.S.v. § 80a VwGO

> **MERKSATZ**
> „Dritter" i.S.v. § 80a VwGO ist jede natürliche oder juristische Person, die nicht selbst Adressat des Verwaltungsakts oder Rechtsträger der Erlassbehörde ist.

BEISPIELE: In Praxis und Examen sind „Dritte" vor allem Zivilrechtssubjekte wie der Nachbar im Baunachbarrecht oder der Konkurrent im Subventions- bzw. Beförderungsrechtsstreit. Jedoch können auch juristische Personen des öffentlichen Rechts „Dritte" in diesem Sinne sein, z.B. eine Gemeinde, die sich im Baugenehmigungsverfahren entgegen § 36 I BauGB übergangen fühlt.[1168]

§ 80a I, II VwGO spricht davon, dass „die Behörde" auf Antrag die sofortige Vollziehung anordnen oder aussetzen kann. Jedoch stellt § 80a III 1 VwGO klar, dass diese Befugnis im selben Umfang auch dem Gericht zusteht. Nach ganz h.M. lässt die Möglichkeit, sich zunächst an die Behörde zu wenden, auch nicht das notwendige allgemeine Rechtsschutzinteresse für einen gerichtlichen Antrag entfallen.[1169] Der Antragsteller hat also die freie Wahl, ob er sich zunächst an die Behörde oder unmittelbar an das Gericht wenden will.[1170]

437 Behörde oder Gericht?

> **MERKSATZ**
> Die gerichtlichen Anträge nach § 80a III 1 VwGO i.V.m. 80a I, II VwGO sind nicht von einem vorherigen Antrag an die Behörde abhängig.

> **KLAUSURHINWEIS**
> In Prüfungsaufgaben sind so gut wie ausschließlich gerichtliche Anträge anzutreffen, sodass im Folgenden schwerpunktmäßig auf diese eingegangen wird. Dort, wo sich im Verhältnis zu einem behördlichen Antrag Abweichungen bei der Prüfung der Zulässigkeit oder Begründetheit ergeben, wird darauf besonders hingewiesen.

Auch in der Praxis spielen gerichtliche Anträge übrigens die weitaus größere Rolle, weil sie erfolgversprechender sind.

1167 Teilweise wird auch vom „VA mit Drittwirkung" gesprochen, ohne dass damit in der Sache etwas anderes gemeint ist, vgl. Kopp/Schenke, § 80a Rn 2
1168 VGH München, NVwZ-RR 2001, 364, 364 = RA 2001, 313, 313
1169 OVG Koblenz, DÖV 2004, 167, 167; Erbguth, JA 2008, 357, 363 mwN.
1170 Siehe Rn 461

BEISPIEL: Die Behörde erteilt Gastwirt G eine Gaststättenkonzession und ordnet nach § 80 II 1 Nr. 4 VwGO die sofortige Vollziehung derselben an. Wie hoch ist die Wahrscheinlichkeit, dass sie auf einen Nachbarwiderspruch hin die Vollziehung nach § 80a I Nr. 2 VwGO wieder aussetzen wird? Immerhin hätte sie G die Konzession gar nicht erteilt, wenn sie nicht von deren Rechtmäßigkeit überzeugt wäre (mit der Folge, dass sie den Nachbarwiderspruch für unbegründet halten wird) und die sofortige Vollziehung nicht angeordnet, wenn sie nicht ein überwiegendes Vollzugsinteresse bejahen würde.

B. Prüfungsschema: Antrag nach § 80a VwGO

§ 80a VwGO beinhaltet eine ganze Reihe von Anträgen, die sich in ihrer Zielsetzung z.T. elementar unterscheiden.[1171] Das Grundschema ist jedoch für alle Anträge nach § 80a VwGO gleich:

PRÜFUNGSSCHEMA

438

I. Zulässigkeit des Antrags
  1. Verwaltungsrechtsweg
  2. Statthafte Antragsart
  3. Antragsbefugnis
  4. Form
  5. Richtiger Antragsgegner
  6. Beteiligungs- und Prozessfähigkeit
  7. Allgemeines Rechtsschutzinteresse
     a) Rechtsbehelf in der Hauptsache erhoben
     b) Nicht offensichtlich unzulässig
     c) Vorheriger Antrag an die Behörde
II. Objektive Antragshäufung, Streitgenossenschaft, Beiladung
III. Begründetheit des Antrags
  1. Erfolgsaussichten in der Hauptsache
  2. Konkrete Folgenlastabwägung im Einzelfall
  3. Abstrakte Wertung des Gesetzgebers

Auf den ersten Blick ist zu erkennen, dass der Gutachtenaufbau eines Antrags nach § 80a VwGO nahezu identisch mit dem Antrag nach § 80 V 1 VwGO ist. Nur wenige Ausnahmen fallen auf:

- Unter Punkt B. ist zwischen Zulässigkeit und Begründetheit eine **Beiladung** des Dritten oder Adressaten zu prüfen.
- Bei Punkt A.IV. fehlt die Erwähnung der **Frist**. Eine solche ist ja schon bei § 80 V 1 VwGO nur in abgelegenen Sonderfällen denkbar,[1172] für § 80a VwGO gibt es überhaupt keine Fristbestimmungen.
- In der Begründetheit fehlt die Prüfung der **formellen Rechtmäßigkeit der Anordnung der sofortigen Vollziehung** nach § 80 II 1 Nr. 4 VwGO, weil jedenfalls in den prüfungsrelevanten Fallkonstellationen des § 80a VwGO die aufschiebende Wirkung von Gesetzes wegen entfällt.

1171 Siehe Rn 440
1172 Siehe Rn 370

BEISPIEL: So insbesondere im Baunachbarrecht über § 80 II 1 Nr. 3 VwGO i.V.m. § 212a I BauGB.

- Gibt es keine Anordnung der sofortigen Vollziehung, ist diese logischerweise auch nicht auf ihre formelle Rechtmäßigkeit hin zu prüfen. Sollte dennoch einmal ein solcher Fall vorkommen, wäre die Prüfung der formellen Rechtmäßigkeit der Anordnung der sofortigen Vollziehung in gleicher Weise wie bei § 80 V 1 VwGO der Interessenabwägung voranzustellen.[1173]

BEISPIEL: Wird einem Unternehmen U eine Subvention bewilligt und die sofortige Vollziehung des Bewilligungsbescheids angeordnet, könnte Konkurrent K versuchen, über § 80a III 1 i.V.m. § 80 I Nr. 2 VwGO die Aussetzung der Vollziehung des Bewilligungsbescheids zu erreichen, wenn er verhindern möchte, dass während des von ihm angestrengten Klageverfahrens die Subvention ausgezahlt und von U verbraucht wird. In diesem Fall wäre die Begründetheit nach „I. Formelle Rechtmäßigkeit der Anordnung der sofortigen Vollziehung" und „II. Interessenabwägung" zu unterteilen, wobei letztere nach den o.g. Kriterien (1. Erfolgsaussichten in der Hauptsache sowie subsidiär 2. konkrete Folgenlastabwägung im Einzelfall und 3. abstrakte Wertung des Gesetzgebers) vorzunehmen wäre.

- Liegt ein Fall des „faktischen Vollzugs" vor, der auch im Dreipersonenverhältnis denkbar ist, verläuft der Aufbau der Begründetheitsprüfung nicht wie hier dargestellt. Die Begründetheit erschöpft sich dann vielmehr in der Feststellung, dass aufschiebende Wirkung besteht.[1174]

C. Systematik und Vertiefung

Trotz dieser großen Ähnlichkeit im Aufbau gibt es bei der Prüfung der o.g. Gliederungspunkte z.T. erhebliche Unterschiede zwischen § 80 V 1 VwGO und § 80a VwGO, wie im Folgenden zu zeigen sein wird.

I. ZULÄSSIGKEIT

1. Verwaltungsrechtsweg

Wie im Verfahren nach § 80 V 1 VwGO ist auch bei § 80a VwGO die Prüfung des Verwaltungsrechtswegs identisch mit der Hauptsache, im Aussetzungsverfahren also mit der Anfechtungsklage, sodass in vollem Umfang auf die dortigen Ausführungen verwiesen werden kann.[1175] Auch sei nochmals darauf hingewiesen, dass über § 173 S. 1 VwGO i.V.m. § 17a II GVG auch im vorläufigen Rechtsschutz bei Nichteröffnung des Verwaltungsrechtswegs an das zuständige Gericht zu verweisen ist.[1176]

439 Rechtsweg: Kein Unterschied zur Anfechtungsklage

2. Statthafte Antragsart

Die statthafte Antragsart richtet sich wiederum nach dem Antragsbegehren, §§ 88 i.V.m. 122 VwGO. Im Verfahren nach § 80a VwGO ist an dieser Stelle - erstens - zu klären, ob es sich in Abgrenzung zum Hauptsacheverfahren überhaupt um einen

440

[1173] Siehe Rn 404
[1174] Siehe Rn 479
[1175] Siehe Rn 40 ff.
[1176] OVG Greifswald, NVwZ 2001, 446, 447; Schoch, JURA 2002, 318, 321

vorläufigen Rechtsschutzantrag handelt (also ein besonderes Eilinteresse erkennbar ist,[1177] ob es sich - zweitens - in Abgrenzung zum Anordnungsverfahren überhaupt um ein Aussetzungsverfahren nach §§ 80 V 1, 80a VwGO handelt (also der Vollzug eines belastenden Verwaltungsakts droht),[1178] und ob es sich - drittens - in Abgrenzung zum Verfahren nach § 80 V 1 VwGO um einen Verwaltungsakt mit Doppelwirkung handelt.[1179] Zusammenfassend gilt:

> **MERKSATZ**
> Ein Antrag nach § 80a VwGO ist **statthaft**, wenn (1.) ein besonderes Eilinteresse des Antragstellers erkennbar ist, weil (2.) der Vollzug eines belastenden Verwaltungsakts droht und dieser (3). Doppelwirkung gegenüber einem Dritten entfaltet.

Sodann ist innerhalb des Antrags nach § 80a VwGO weiter zu fragen, welche Antragsart genau statthaft ist, wobei elementar zwischen der Drittbegünstigung und der Drittbelastung zu differenzieren ist, und innerhalb dieser wiederum danach, ob der Adressat oder der Dritte um Rechtsschutz ersuchen.

a) Drittbelastung, § 80a I VwGO

aa) Aufschiebende Wirkung des Drittrechtsbehelfs besteht
Im Normalfall hat der Drittrechtsbehelf aufschiebende Wirkung, § 80 I 1, 2 VwGO.

BEISPIELE: Der Nachbar ficht eine Gaststättenkonzession an. Der Konkurrent ficht die Bewilligung einer Subvention zugunsten eines anderen Marktteilnehmers an.

(1) Rechtsschutzmöglichkeit des begünstigten Adressaten
441 Hat der Rechtsbehelf des Dritten in der Hauptsache nach § 80 I VwGO aufschiebende Wirkung, ist ein Antrag des begünstigten Adressaten nach § 80a I Nr. 1 VwGO auf Anordnung der sofortigen Vollziehung des Verwaltungsakts statthaft.

BEISPIEL: Einem Unternehmen wird eine staatliche Subvention gewährt, durch die ein Konkurrenzbetrieb wirtschaftliche Nachteile erleidet. Legt der Konkurrent mit aufschiebender Wirkung nach § 80 I VwGO Widerspruch gegen den Subventionsbewilligungsbescheid ein, kann das begünstigte Unternehmen einen Antrag nach § 80a I Nr. 1 VwGO auf Anordnung der sofortigen Vollziehung des Subventionsbewilligungsbescheids stellen, wenn es bereits während des laufenden Widerspruchsverfahrens in den Genuss der Auszahlung des Geldes kommen möchte.

Diesen Antrag kann der begünstigte Adressat nach seiner Wahl gem. § 80a I Nr. 1 VwGO bei der Behörde oder gem. § 80a III 1 i.V.m. § 80a I Nr. 1 VwGO bei Gericht stellen.

1177 Siehe Rn 315
1178 Siehe Rn 326
1179 Siehe Rn 328

(2) Rechtsschutzmöglichkeiten des belasteten Dritten bei „faktischem Vollzug"

Es kann aber auch sein, dass die aufschiebende Wirkung des Drittrechtsbehelfs vom Begünstigten oder von der Behörde missachtet werden, diese also den Verwaltungsakt faktisch vollziehen, obwohl er rechtlich suspendiert ist („**faktischer Vollzug**" **im Dreipersonenverhältnis**). Dann hat der belastete Dritte folgende Möglichkeiten: **442** Faktischer Vollzug im Dreipersonenverhältnis

- Vollzieht die Behörde faktisch, ist vom belasteten Dritten ein Antrag nach § 80a III 2 i.V.m. § 80 V 1 VwGO analog auf Feststellung der aufschiebenden Wirkung seines Rechtsbehelfs zu stellen.[1180]   Durch die Behörde

BEISPIEL: Die Hells Angels haben eine Sondernutzungserlaubnis für die Veranstaltung eines Motorradrennens erhalten. Hiergegen wenden sich die Anwohner mit Widersprüchen. In der Lokalzeitung erscheint ein Interview mit dem Bürgermeister, der erklärt, ungeachtet dieser Widersprüche die organisatorischen Maßnahmen zur Absperrung der Straße für das Rennen kurzfristig veranlassen zu wollen.

- Vollzieht hingegen der begünstigte Adressat faktisch, ist ein isolierter Antrag des belasteten Dritten analog § 80a I Nr. 2 2. Hs. VwGO auf das Ergreifen von Sicherungsmaßnahmen bei der Behörde (oder über § 80a III 1 VwGO unmittelbar bei Gericht) statthaft.[1181] **443** Durch den Adressaten (Begünstigten)

BEISPIEL: G eröffnet seine Gaststätte, obwohl Anwohner A die Gaststättenkonzession mittels Widerspruchs suspendiert hat. Schreitet die Behörde gegen G nicht freiwillig ein, kann A vor Gericht gem. § 80a III 1 i.V.m. § 80a I Nr. 2 2. Hs. VwGO verlangen, dass sie hierzu verpflichtet wird.

> **KLAUSURHINWEIS**
> Einer Analogie bedarf es deshalb, weil Sicherungsmaßnahmen nach § 80a I Nr. 2 2. Hs. VwGO grundsätzlich nicht separat, sondern immer nur als Annex zum Aussetzungsantrag nach § 80a I Nr. 2 1. Hs. VwGO gemeinsam mit diesem beantragt werden können. Dass dem so ist, verdeutlicht schon das Wort „und" in § 80a I Nr. 2 VwGO. Eines Aussetzungsantrags bedarf es aber nicht, wenn ohnehin aufschiebende Wirkung besteht. Deshalb ist in diesem Fall analog § 80a I Nr. 2 2. Hs. VwGO ein isolierter Antrag auf Sicherungsmaßnahmen statthaft.

bb) Aufschiebende Wirkung des Drittrechtsbehelfs besteht nicht

Hat der Rechtsbehelf des Dritten in der Hauptsache keine aufschiebende Wirkung, kann der Dritte nach h.M. über § 80a I Nr. 2 1. Hs. VwGO die „Aussetzung der Vollziehung des Verwaltungsakts" beantragen.[1182] Dies geht wiederum bei der Behörde oder über § 80a III 1 VwGO unmittelbar bei Gericht. **444** Besonders prüfungsrelevanter Fall: Baunachbarrecht

---

1180 Die Ausführungen oben Rn 432 zum Zweipersonenverhältnis gelten dann entsprechend.
1181 VGH Kassel, NVwZ-RR 2003, 345, 346; OVG Koblenz, DVBL 1994, 809, 810
1182 VGH Kassel, NVwZ 1993, 491, 492; Zilkens, JuS 2006, 338, 339; Schoch, JURA 2002, 37, 46

MERKSATZ

Zwar ist es nach § 80 I 1, 2 VwGO auch bei Drittbeteiligung die Ausnahme, dass Widerspruch und Anfechtungsklage des Dritten keine aufschiebende Wirkung haben. Der besonders praxis- und prüfungsrelevante Bereich des Baunachbarrechts gehört aber unter diese Fallgruppe, da die aufschiebende Wirkung des Nachbarrechtsbehelfs gegen die bauaufsichtliche Zulassung von Vorhaben nach § 80 II 1 Nr. 3 VwGO i.V.m. § 212a I BauGB keine aufschiebende Wirkung hat. Deshalb wird diese Konstellation nachfolgend schwerpunktmäßig behandelt.

§ 80a I Nr. 2 VwGO oder § 80 V 1 1. Hs. VwGO?

445 Allerdings ist in diesen Fällen der Weg über §§ 80a III 1, I Nr. 2 1. Hs VwGO nicht ganz unstreitig. Eine m.M. bevorzugt über § 80a III 2 VwGO den Rückgriff auf § 80 V 1 1. Hs. VwGO.[1183] Dann müsste der Antrag auf „Anordnung der aufschiebenden Wirkung des Widerspruchs (bzw. der Anfechtungsklage)" lauten. Gegen diese Ansicht spricht jedoch, dass § 80a VwGO als lex specialis zu § 80 VwGO für Verwaltungsakte mit Doppelwirkung geschaffen wurde. Soweit er Regelungen enthält, gehen diese § 80 VwGO - und damit auch § 80 V 1 VwGO - vor.[1184] Der Rückverweis in § 80 III 2 VwGO soll nur klarstellen, dass § 80 V-VIII VwGO in den Fällen der Drittbeteiligung anwendbar bleibt, die von § 80a VwGO nicht erfasst werden. Es kann also auch nicht argumentiert werden, § 80a III 2 VwGO wäre sinnlos, wenn man nicht der m.M. folgte.

BEISPIEL: Jemand beantragt die Änderung eines Beschlusses nach § 80a I, II VwGO wegen neuer tatsächlicher Umstände. § 80a VwGO schweigt hierzu, jedoch stellt § 80a III 2 VwGO klar, dass die Änderungsvorschrift des § 80 VII VwGO auch in den Fällen des § 80a VwGO zur Anwendung kommt.

KLAUSURHINWEIS

Ob man über § 80a III 1 i.V.m. § 80a I Nr. 2 1. Hs VwGO einen Antrag auf „Aussetzung der Vollziehung des Verwaltungsakts" oder über § 80a III 2 i.V.m. § 80 V 1 1. Hs. VwGO auf „Anordnung der aufschiebenden Wirkung des Widerspruchs (bzw. der Anfechtungsklage)" für statthaft hält, wirkt sich auf die weitere Prüfung nicht aus. Es handelt sich also letztlich um einen akademischen Streit darüber, wie der Beschlusstenor auszusehen hat. Deshalb sollte man in einem Gutachten nur kurz die beiden Möglichkeiten aufzeigen und sich dann unter Hinweis auf die Spezialität des § 80a VwGO für den ersten Weg entscheiden.

Sicherungsannex nur in engen Grenzen

446 Als Annex zum Antrag auf Aussetzung der Vollziehung kann der Dritte Sicherungsmaßnahmen nach § 80a I Nr. 2 2. Hs. VwGO beantragen. Dieser **Annexantrag** ist aber nur statthaft, wenn der begünstigte Adressat erstens tatsächlich Anstalten macht, von seinem Verwaltungsakt Gebrauch zu machen, und zweitens zu erkennen gibt, dass er sich auch von der Aussetzung der Vollziehung nicht beeindrucken lassen wird. Vor allem Letzteres ist aber sehr selten.

1183 OVG Münster, NWVBl. 2004, 269, 269; Kopp/Schenke, VwGO, § 80a Rn 17
1184 Kopp/Schenke, VwGO, § 80a Rn 1;

BEISPIEL: Allein die Tatsache, dass ein Bauherr mit dem Bau beginnt, rechtfertigt noch keinen Sicherungsannexantrag, denn der Baubeginn ist wegen § 212a I BauGB völlig legal, und es kann dem Begünstigten nicht einfach unterstellt werden, dass er sich über eine behördliche oder gerichtliche Aussetzung der Vollziehung hinwegsetzen wird. Der Bauherr müsste schon gegenüber dem Nachbarn erklären, „er könne ruhig vor Gericht gehen, es kümmere ihn gar nicht, was das Verwaltungsgericht zu sagen habe".

Genau wie der eigentliche Antrag kann auch der Annexantrag bei der Behörde oder über § 80a III 1 VwGO unmittelbar bei Gericht gestellt werden. Streitig ist dann, ob das Gericht derartige Maßnahmen selbst anordnen oder nur die Behörde zu solchen verpflichten kann. Der Wortlaut des § 80a I Nr. 2 2. Hs. VwGO ist für beide Interpretationen offen. Die wohl h.M. lässt allerdings aus Gründen der Gewaltenteilung nur eine Verpflichtung der Behörde zu.[1185] Folgt man dem, lautet der statthafte Antrag vor Gericht also ganz exakt auf „Aussetzung der Vollziehung des Verwaltungsakts und Verpflichtung der Behörde, geeignete Sicherungsmaßnahmen zu ergreifen".

447 Gericht trifft nach h.M. keine eigenen Maßnahmen

> **KLAUSURHINWEIS**
> Selbstverständlich sind Ungenauigkeiten hier - wie bei jedem Antrag - über §§ 122, 88, 86 III VwGO nach Auslegung korrigierbar. Es wäre somit also im Ergebnis unschädlich, wenn jemand die Ergreifung geeigneter Sicherungsmaßnahmen durch das Gericht selbst beantragte.

b) Drittbegünstigung, § 80a II VwGO

aa) Rechtsbehelf des belasteten Adressaten hat aufschiebende Wirkung

Die Rechtsschutzmöglichkeiten des begünstigten Dritten sind in diesem Fall in § 80a II VwGO geregelt. Er kann einen Antrag auf Anordnung der sofortigen Vollziehung des Verwaltungsakts stellen, wenn er verhindern möchte, dass der belastete Adressat den Verwaltungsakt suspendiert.

448 Antragsteller: Begünstigter Dritter

BEISPIEL: Auf Antrag des Nachbarn N wird Geflügelfreund G verpflichtet, seine Tiere so zu halten, dass von ihnen kein unzumutbarer Lärm ausgeht. Legt G hiergegen Widerspruch ein und kümmert sich sodann nicht weiter um den Bescheid, kann N bei der Behörde (oder über § 80a III 1 VwGO unmittelbar bei Gericht) nach § 80a II VwGO einen Antrag auf Anordnung der sofortigen Vollziehung des Bescheids stellen. Dieser wäre dann vollstreckbar, G hätte Zwangsgelder oder ähnliche Beugemittel seitens der Behörde zu befürchten, wenn er dem Bescheid nicht sofort nachkäme.

Sieht sich hingegen der belastete Adressat trotz aufschiebender Wirkung seines Rechtsbehelfs einem „faktischen Vollzug" durch die Behörde ausgesetzt, kann er einen Antrag nach § 80a III 2 i.V.m. § 80 V 1 VwGO analog auf „Feststellung" der aufschiebenden Wirkung stellen.[1186]

449 Antragsteller: Belasteter Adressat („faktischer Vollzug")

1185 VGH Kassel, DVBL 1992, 780, 781; Jacob, VBlBW 1995, 72, 75; a.A. Schoch, NVwZ 1991, 1121, 1125
1186 Die Ausführungen oben Rn 432 zum Zweipersonenverhältnis gelten dann entsprechend.

BEISPIEL: Auf Beschwerden des Nachbarn N untersagt die Behörde B einem im Mischgebiet gelegenen Supermarkt die Anlieferung von Waren zur Nachtzeit. Erhebt der Inhaber I als Adressat hiergegen mit aufschiebender Wirkung Widerspruch, und droht ihm die Behörde trotzdem ein Zwangsgeld an, kann er analog § 80 V 1 VwGO feststellen lassen, dass die Behörde hierzu nicht befugt ist, weil sein Widerspruch Suspensiveffekt entfaltet. § 80a VwGO enthält hierzu keine eigene Regelung, sodass der Rückverweis auf § 80 V 1 VwGO in § 80a III 2 VwGO greift.

bb) Rechtsbehelf des belasteten Adressaten hat keine aufschiebende Wirkung

450 Auch dieser Fall wird nicht von § 80a VwGO, sondern allein von § 80 V 1 VwGO erfasst. Die dortigen Anträge nach § 80 V 1 1. Hs. VwGO und § 80 V 1 2. Hs. VwGO sind also über § 80a III 2 VwGO anwendbar.

BEISPIEL: Hätte die B im obigen Beispiel ihre Untersagungsverfügung mit einer Anordnung der sofortigen Vollziehung versehen, könnte I gem. § 80a III 2 i.V.m. § 80 V 1 2. Hs. die Wiederherstellung der aufschiebenden Wirkung seines Widerspruchs beantragen.

3. Antragsbefugnis

451 Bei der Antragsbefugnis analog § 42 II VwGO ist elementar danach zu unterscheiden, welcher Antrag genau statthaft ist:

a) Antrag des Adressaten nach § 80a III 1 i.V.m. § 80a I Nr. 1 VwGO

452 Der begünstigte Adressat ist in diesem Fall immer antragsbefugt, da er jedenfalls ein subjektiv-öffentliches Recht aus dem ihn begünstigenden Verwaltungsakt geltend machen kann.[1187]

> **KLAUSURHINWEIS**
> Es genügt, dies in einem kurzen Ergebnissatz festzustellen.

b) Antrag des Dritten nach § 80a III 1 i.V.m. § 80a I Nr. 2 oder § 80a II VwGO

§ 80a I Nr. 2 VwGO: Baunachbarrecht

453 Im weitaus prüfungsrelevantesten Fall des § 80a I Nr. 2 VwGO ist die Antragsbefugnis jedoch höchst problematisch. Antragsteller ist hier ein Dritter, die Gefahr eines Popularprozesses ist also besonders hoch. Es wäre z.B. ein grober Fehler, hier mit der sog. „Adressatenformel" zu arbeiten, denn der Dritte ist eben nicht Adressat des streitgegenständlichen Verwaltungsakts.

BEISPIEL: Legt der Nachbar Widerspruch gegen die Baugenehmigung des Bauherrn ein und beantragt gem. § 80a III 1 i.V.m. § 80a I Nr. 2 1. Hs. VwGO die gerichtliche Aussetzung der Vollziehung der Baugenehmigung, so ist ja nicht der antragstellende Nachbar, sondern der Bauherr Adressat der Baugenehmigung.

Drittschutzproblem

454 Vielmehr ist ausführlich zu prüfen, ob der Dritte tatsächlich geltend machen kann, durch den Verwaltungsakt (auch) in seinen Rechten verletzt zu sein. Dies setzt voraus, dass (a) eine drittschützende Norm eingreift, die (b) auch seinem Schutz dient und (c) möglicherweise verletzt ist. Gerade im so prüfungsrelevanten Bereich des Baunachbarrechts liegt hier oft ein Problemschwerpunkt.[1188]

1187 Brühl, JuS 1995, 818, 820
1188 Siehe Rn 91 ff.

BEISPIELE: Beruft sich der Nachbar darauf, dass ein Bauvorhaben im Außenbereich nach § 35 III 1 Nr. 7 BauGB unzulässig sei, weil es die Entstehung einer Splittersiedlung befürchten lasse, so ist er nicht antragsbefugt, weil § 35 III 1 Nr. 7 BauGB nicht drittschützend ist (a). Beruft sich der Mieter eines Nachbarhauses darauf, dass ein Bürogebäude im reinen Wohngebiet rechtswidrig sei, so ist der einschlägige § 3 BauNVO zwar drittschützend, er dient aber nicht seinem Schutz (b), da nur die dinglich berechtigten Grundstückseigentümer durch die §§ 2-14 BauNVO geschützt sind. Beruft sich der Eigentümer eines Nachbargrundstücks offensichtlich zu Unrecht auf eine Verletzung der Abstandsfläche, so ist zwar zu konstatieren, dass die bauordnungsrechtlichen Abstandsflächenregelungen (vgl. z.B. § 6 BauO NRW) zu seinen Gunsten drittschützend sind; es fehlte jedoch an der Möglichkeit einer Rechtsverletzung (c).

> **KLAUSURHINWEIS**
> Wegen der Drittbeteiligung kommt § 42 II VwGO analog im Rahmen des § 80a VwGO eine wichtige Filterfunktion zu, um Popularanträge zu verhindern. Auf die Prüfung der Antragsbefugnis ist daher besondere Sorgfalt zu verwenden.

Selbstverständlich genügt schon die mögliche Verletzung *eines* subjektiv-öffentlichen Rechts des Antragstellers, um die Antragsbefugnis zu bejahen. Jedoch bilden in der Begründetheit *alle* drittschützenden Normen - und nur diese - den Prüfungsmaßstab.[1189] Da an dieser Stelle noch nicht feststeht, ob und ggf. welche drittschützenden Normen tatsächlich verletzt sind, sollten in der Antragsbefugnis in jedem Fall alle als verletzt in Betracht kommenden Normen angesprochen werden. Die nicht zugunsten des Antragstellers drittschützenden Vorschriften werden dadurch ausgeschieden, die für drittschützend erklärten Normen werden später in der Begründetheit wieder aufgegriffen.

455 Alle drittschützenden Normen anprüfen!

> **KLAUSURHINWEIS**
> Hat man die Antragsbefugnis aus § X bejaht, ist die Prüfung mit einer Formulierung wie „fraglich ist, ob der Antragsteller darüber hinaus noch in seinen Rechten aus § Y verletzt sein könnte..." fortzusetzen, bis alle als verletzt in Betracht kommenden Vorschriften behandelt worden sind.

Diese Ausführungen gelten entsprechend für den in Prüfungsaufgaben wesentlich seltener anzutreffenden Drittantrag nach § 80a II VwGO.

456 § 80a II VwGO

4. Form
Auch für die Anträge nach § 80a VwGO gelten über die Formvorschriften der §§ 81, 82 VwGO analog. Diese anzusprechen ist jedoch ebenso wie bei § 80 V 1 VwGO nur angezeigt, wenn der Sachverhalt besonderen Anlass dazu bietet. In aller Regel kann auf diesen Prüfungspunkt also völlig verzichtet werden.

457

5. Richtiger Antragsgegner
Der Antragsgegner im Verfahren nach § 80a VwGO bestimmt sich nach dem Klagegegner in der Hauptsache. Da in der Hauptsache eine Anfechtungsklage zu erheben ist,

458

1189 Siehe Rn 467. Zu drittschützenden Normen siehe Rn 91 ff.

findet § 78 I VwGO analoge Anwendung.[1190] Richtiger Antragsgegner ist also der Rechtsträger der handelnden Behörde analog § 78 I Nr. 1 VwGO, es sei denn, das Landesrecht ordnet das Behördenprinzip an. Dann ist der Antrag analog § 78 I Nr. 2 VwGO gegen die Behörde selbst zu richten.

6. Beteiligungs- und Prozessfähigkeit

459 Für die Beteiligungs- und Prozessfähigkeit gelten unmittelbar §§ 61 ff. VwGO.[1191]

7. Allgemeines Rechtsschutzinteresse

Parallele zu § 80 V 1 VwGO

460 Das allgemeine Rechtsschutzinteresse an einem Antrag nach § 80a VwGO hängt ebenso wie bei einem Antrag nach § 80 V 1 VwGO davon ab, dass erstens in der Hauptsache ein Widerspruch eingelegt oder eine Anfechtungsklage erhoben worden ist, wobei dieser Rechtsbehelf zweitens nicht offensichtlich unzulässig sein darf. Insoweit kann in vollem Umfang auf die Ausführungen zu § 80 V 1 VwGO verwiesen werden.[1192]

> **KLAUSURHINWEIS**
> Beachte nochmals: Bei § 80a I Nr. 1, 2 VwGO handelt es sich um einen Hauptsacherechtsbehelf des Dritten, bei § 80a II VwGO um einen Rechtsbehelf des belasteten Adressaten.

Streit: Vorheriger Antrag an Behörde?

461 Einen Unterschied gibt es jedoch hinsichtlich des dritten Prüfungspunktes: Wenn der Antrag über § 80a III 1 VwGO unmittelbar bei Gericht gestellt wird, was in Prüfungsaufgaben der absolute Regelfall ist, so ist streitig, ob dafür nicht das allgemeine Rechtsschutzinteresse fehlt, wenn nicht zuvor ein Antrag bei der Behörde gestellt und erfolglos geblieben ist.

BEISPIEL: Nachbar N hat Widerspruch gegen die Baugenehmigung des Bauherrn B eingelegt, der wegen § 80 II 1 Nr. 3 VwGO i.V.m. § 212a I BauGB keine aufschiebende Wirkung hat. B beginnt zu bauen, was N einstweilen unterbinden möchte. Muss er nun zuerst einen Antrag an die Baugenehmigungsbehörde auf Aussetzung der Vollziehung der Baugenehmigung richten, oder kann er sich unmittelbar an das Gericht wenden?

Bei § 80 V 1 VwGO ist dies klar geregelt: Ein vorheriger behördlicher Antrag ist nach § 80 VI VwGO nur in den Fällen des § 80 II 1 Nr. 1 VwGO vorgeschrieben, also bei der Anforderung von öffentlichen Abgaben und Kosten. § 80a III 2 VwGO enthält einen Rückverweis auf diese Vorschrift. Fraglich ist, wie dieser zu verstehen ist.

H.M.: Rechtsgrundverweis

Sieht man mit der h.M. darin einen Rechtsgrundverweis, so wird es im Anwendungsbereich des § 80a VwGO nie eines vorherigen Antrags an die Behörde bedürfen, weil die Anforderung von öffentlichen Abgaben und Kosten keine Doppelwirkung entfaltet, sich m.a.W. gar kein Fall bilden lässt, in dem es bei öffentlichen Abgaben und Kosten zur Anwendung des § 80a VwGO käme.[1193]

1190 *Zum Klagegegner der Anfechtungsklage siehe Rn 131 ff.*
1191 *Siehe Rn 138*
1192 *Siehe Fn 374*
1193 OVG Koblenz, DÖV 2004, 167, 168 = RA 2004, 246, 247; VGH Kassel, NVwZ 1993, 491, 492; Erbguth, JA 2008, 357, 363; Mampel, ZAP 2001, 519, 523

Gerade diesen Umstand nimmt die m.M. zum Anlass, in § 80a III 2 VwGO nur einen Rechtsfolgenverweis auf § 80 VI VwGO zu sehen, denn dieser liefe sonst leer. Danach wäre nur die Rechtsfolge von § 80 VI VwGO im Rahmen des § 80a VwGO anwendbar - also die Pflicht, vor dem gerichtlichen erfolglos einen behördlichen Antrag gestellt zu haben.[1194]

M.M.: Rechtsfolgenverweis

Jedoch überzeugt diese Meinung nicht. Erstens handelt es sich bei der Einbeziehung des § 80 VI VwGO in den Rückverweis des § 80a III 2 VwGO ohnehin um ein Redaktionsversehen des Gesetzgebers. Zweitens ist der „Normalfall" eines Verweises der Rechtsgrundverweis (verweist der Gesetzgeber auf eine andere Norm, verweist er im Zweifel auf die ganze Norm, da er einen Teilverweis hätte kenntlich machen können, wenn er eine Beschränkung gewollt hätte). Und drittens und vor allem wäre dem besonderen Eilinteresse des Dritten mit einem behördlichen Antrag nicht gedient. Die m.M. verstößt also gegen das Gebot effektiven Rechtsschutzes aus Art. 19 IV 1 GG.

BEISPIEL: Genehmigt die Bauaufsichtsbehörde ein Bürogebäude, hat ein Nachbarwiderspruch dagegen gem. § 80 II 1 Nr. 3 VwGO i.V.m. § 212a I BauGB keine aufschiebende Wirkung. Müsste der Nachbar erst noch bei der Behörde die Aussetzung der Vollziehung der Baugenehmigung beantragen, könnte der Bauherr mit dem Bau beginnen, während die Behörde noch über den Aussetzungsantrag nachdenkt. Ganz abgesehen davon wird der behördliche Antrag vielfach nichts einbringen, da die Behörde selbst die Baugenehmigung erlassen hat, also von ihrer Rechtmäßigkeit überzeugt sein wird und daher kaum Neigung verspüren dürfte, diese wegen eines - aus ihrer Sicht unbegründeten - Nachbarwiderspruchs zu suspendieren.

KLAUSURHINWEIS
Die m.M. befindet sich stetig auf dem Rückzug. Der Streit sollte daher allenfalls knapp dargestellt werden. Er kann i.Ü. offen bleiben, wenn der vorherige Antrag an die Behörde jedenfalls nach § 80 VI 2 Nr. 2 VwGO entbehrlich ist, weil Vollstreckung droht. Dies dürfte gerade im so prüfungsrelevanten Baunachbarrecht häufig der Fall sein, weil der Baubeginn durch den Bauherrn als „Vollstreckung" in diesem Sinne angesehen wird.

II. OBJEKTIVE ANTRAGSHÄUFUNG, STREITGENOSSENSCHAFT, BEILADUNG

Zur Antragshäufung und Streitgenossenschaft gelten die obigen Ausführungen zu § 80 V 1 VwGO entsprechend,[1195] die ihrerseits auf die Ausführungen zur Hauptsache verweisen.[1196]

Antragshäufung und Streitgenossenschaft

Der Beiladung kommt bei § 80a VwGO im Unterschied zu § 80 V 1 VwGO besondere bedeutung zu. Stellt der Dritte einen gerichtlichen Antrag nach § 80a III 1 i.V.m. § 80a I Nr. 2 VwGO oder § 80a III 1 i.V.m. § 80 V VwGO, so ist der Adressat des Verwaltungsakts nach § 65 II VwGO analog notwendig beizuladen, damit er einerseits Gelegenheit hat, als Beteiligter des Verfahrens seine Rechte zu wahren, und sich andererseits die Rechtswirkungen des Beschlusses nach § 80a VwGO auch auf ihn erstrecken können.

462 Notwendige Beiladung analog § 65 II VwGO

1194   OVG Lüneburg, NVwZ 2007, 478, 478; Heberlein, BayVBl. 1993, 743, 746
1195   Siehe Rn 384
1196   Siehe Rn 150 ff. (Antragshäufung), Rn 154 ff. (Streitgenossenschaft)

BEISPIEL: Stellt der Nachbar einen Antrag nach nach § 80a III 1 i.V.m. § 80a I Nr. 2 VwGO auf Aussetzung der Vollziehung der Baugenehmigung, ist der Bauherr analog § 65 II VwGO beizuladen. Infolgedessen wird er zum Verfahrensbeteiligten nach § 63 Nr . 3 VwGO, er kann also seine Sicht der Dinge vortragen, Anträge stellen usw.

463 Umgekehrt ist der Dritte analog § 65 II VwGO beizuladen, wenn der Adressat nach § 80a III 1 i.V.m. § 80a I Nr. 1 VwGO den Antrag stellt.

BEISPIEL: Hat der Konkurrent die Bewilligung einer Subvention an einen Unternehmer durch Drittwiderspruch suspendiert, ist er analog § 65 II VwGO notwendig beizuladen, wenn der begünstigte Unternehmer nach § 80a III 1 VwGO i.V.m. § 80a I Nr. 1 VwGO beantragt, die sofortige Vollziehung des Bewilligungsbescheids anzuordnen.

III. BEGRÜNDETHEIT

464 Im Rahmen der Begründetheit eines Antrags nach § 80a VwGO werden ebenso wie im Verfahren nach § 80 V 1 VwGO nur summarisch die widerstreitenden Interessen abgewogen, wobei es auch hier um das Suspensivinteresse auf der einen und das Vollzugsinteresse auf der anderen Seite geht. Allerdings können die Rollen je nach Antragsart unterschiedlich verteilt sein:

1. Antrag nach § 80a III 1 i.V.m. § 80a I Nr. 2 VwGO

465 Stellt der belastete Dritte einen Antrag nach§ 80a III 1 i.V.m. § 80a I Nr. 2 VwGO auf Aussetzung der Vollziehung des den Adressaten begünstigenden Verwaltungsakts, so liegt auf seiner Seite das Suspensivinteresse, auf Seiten des begünstigten Adressaten und der Allgemeinheit, welche durch die Behörde repräsentiert wird, das Vollzugsinteresse.

BEISPIEL: Hierzu gehört der besonders examensrelevante Fall des Baunachbarrechts: Der drittbelastete Nachbar versucht, die Baugenehmigung des begünstigten Bauherrn vorläufig zu suspendieren, um zu verhindern, dass dieser während des laufenden Rechtsbehelfsverfahrens mit dem Bau beginnt.

In diesem Fall lautet der Obersatz der Begründetheit:

> **MERKSATZ**
> Der Antrag nach § 80a III 1 i.V.m. § 80a I Nr. 2 VwGO ist begründet, sofern sich im Rahmen einer summarischen Prüfung ergibt, dass das Suspensivinteresse des Antragstellers das Vollzugsinteresse der Allgemeinheit überwiegt.[1197]

a) Erfolgsaussichten in der Hauptsache

Erfolgsaussichten in der Hauptsache

466 Wesentliches Indiz für das Überwiegen des einen oder anderen Interesses sind - genau wie bei § 80 V 1 VwGO - zunächst und vor allem die Erfolgsaussichten in der Hauptsache.[1198] In der Hauptsache ist stets eine Anfechtungsklage des belasteten

---

1197 Nichts anderes gilt selbstverständlich, wenn man mit der Gegenansicht in dieser Situation einen Antrag nach § 80a III 2 VwGO i.V.m. § 80 V 1 1. Hs. VwGO auf Anordnung der aufschiebenden Wirkung für statthaft hält.
1198 VGH Kassel, NVwZ-RR 1996, 361, 362; NVwZ 1993, 491, 492

Dritten statthaft. Deren Begründetheit hängt davon ab, ob der angefochtene Verwaltungsakt rechtswidrig ist und den Kläger in seinen Rechten verletzt, § 113 I 1 VwGO. Im Unterschied zum Zweipersonenverhältnis bei § 80 V 1 VwGO kommt der „Rechtsverletzung des Klägers" bei § 80a VwGO besondere Bedeutung zu. Der Kläger ist Dritter, kann in seinen Rechten also nur verletzt sein, wenn sich die Rechtswidrigkeit des angefochtenen Verwaltungsakts gerade aus einer Verletzung von Normen ergibt, die (auch) seinem Schutz dienen. Daher gilt für die Prüfung der „Erfolgsaussichten in der Hauptsache" bei § 80a I Nr. 2 VwGO ein im Verhältnis zu § 80 V 1 VwGO veränderter Prüfungsmaßstab: Nicht die gesamte Rechtmäßigkeit des Verwaltungsakts nach dem gängigen Schema „Ermächtigungsgrundlage, formelle und materielle Rechtmäßigkeit" ist zu prüfen, sondern nur, ob der Verwaltungsakt gerade wegen eines Verstoßes gegen eine den Antragsteller schützende Norm rechtswidrig ist.[1199]

467 Nur drittschützende Normen prüfen!

MERKSATZ
In der Begründetheit eines Antrags nach § 80a I Nr. 2 VwGO ist nur zu prüfen, ob der streitgegenständliche Verwaltungsakt gegen eine zugunsten des Antragstellers drittschützende Norm verstößt.

Ausnahmen gelten, wenn nach dem Klausursachverhalt ein Schwerpunkt bei einer rein objektiv-rechtlichen Norm liegt oder der Arbeitsauftrag zu einer umfassenden Begutachtung der Rechtslage zwingt.

468 Kommen mehrere drittschützende Normen in Betracht, kann selbstverständlich jede von ihnen zum Erfolg führen, soweit sie verletzt ist. Die objektive Rechtmäßigkeit des Verwaltungsakts ist demgegenüber irrelevant. Derartige Prüfungen bringen das Gutachten nicht voran. Sie sind überflüssig und daher zu unterlassen.

BEISPIEL: Wäre eine Baugenehmigung formell rechtswidrig, weil eine unzuständige Behörde gehandelt hat oder ein Formverstoß begangen wurde, nützt dies dem Nachbarn nichts. Zuständigkeits- und Formvorschriften schützen nicht ihn in seinen Rechten, seine Anfechtungsklage in der Hauptsache könnte allein wegen formeller Rechtswidrigkeit des Verwaltungsakts niemals begründet sein, weil es an einer „Rechtsverletzung des Klägers" i.S.v. § 113 I 1 VwGO fehlt. Somit ist die formelle Rechtmäßigkeit auch nicht zu prüfen. Ebenso liegt es mit möglichen Verstößen gegen nicht drittschützende materielle Vorschriften.

KLAUSURHINWEIS
Die Begründetheitsprüfung korrespondiert also mit der Antragsbefugnis: Nur die Normen, welche dort zugunsten des Antragstellers für drittschützend befunden wurden, bilden den Prüfungsmaßstab der Begründetheit. Es sei daher nochmals die Empfehlung wiederholt, bereits in der Antragsbefugnis für *alle* in Betracht kommenden Normen zu klären, ob sie zugunsten des Antragstellers drittschützend sind oder nicht. In der Begründetheit ist dann nicht mehr auf ihren drittschützenden Charakter, sondern nur noch auf die Frage nach ihrer Verletzung einzugehen.

1199 OVG Münster, NWVBl. 2000, 314, 315; DVBl 1993, 125, 125; Ortloff, NVwZ 2005, 1381, 1385; Schoch, JURA 2002, 37, 45; Brühl, JuS 1995, 818, 820

469 Am Ende dieser Prüfung steht normalerweise das Ergebnis fest: Ist zumindest eine zugunsten des Antragstellers (Nachbarn) drittschützende Norm verletzt, überwiegt sein Suspensivinteresse. Sein Aussetzungsantrag nach § 80a III 1 i.V.m. § 80a I Nr. 2 VwGO ist begründet. Ist hingegen keine drittschützende Norm verletzt, überwiegt das Vollzugsinteresse der Allgemeinheit, die durch die Erlassbehörde repräsentiert wird und deren Teil der Beigeladene (Bauherr) ist. Der Antrag ist dann unbegründet.

b) Konkrete Folgenlastabwägung im Einzelfall

Konkrete Folgenlastabwägung, wenn Erfolg i.d. Hauptsache offen ist

470 Einer weiteren, von den Erfolgsaussichten losgelösten Abwägung der widerstreitenden Interessen nach Folgenlast im Einzelfall bedarf es in Rahmen des Antrags nach § 80a III 1 i.V.m. § 80a I Nr. 2 VwGO nur, wenn die Erfolgsaussichten in der Hauptsache offen bleiben müssen. Solche Fälle sind in Prüfungen extrem selten.

> **BEISPIEL:** Der Nachbar behauptet eine Verletzung der Abstandsfläche, es lässt sich jedoch in der Eile nicht klären, ob diese eingehalten ist oder nicht. Da jedenfalls in Prüfungsaufgaben bis einschließlich zum ersten juristischen Staatsexamen nur unstreitige Sachverhalte gestellt werden, sollte ein solcher Fall nicht vorkommen.

> **MERKSATZ**
> Bedarf es ausnahmsweise doch einer konkreten Folgenlastabwägung, so ist diese entsprechend den oben[1200] entwickelten Grundsätzen vorzunehmen: Im Zweifel obsiegt die Partei, deren Interessen am gravierendsten beeinträchtigt werden.

Einzelfallabwägung

471 Gerade im Baunachbarrecht sollte man sich allerdings vor der oft in Klausuren zu lesenden, jedoch floskelhaften und einseitigen Argumentation hüten, dass durch den Bau „faktische Verhältnisse geschaffen" würden und deshalb das nachbarliche Suspensivinteresse überwiege. Wäre diese Argumentation richtig, würde im Zweifel immer das Suspensivinteresse überwiegen, denn faktische Verhältnisse schafft jeder Bau. Dass der Gesetzgeber dies nicht wollte, zeigt schon § 212a I BauGB. Besser ist es daher, sauber auf die konkreten Folgen im Einzelfall abzustellen, d.h. diese zu benennen und abzuwägen.

> **BEISPIEL:** Geht es um ein Elektrizitätswerk, auf das die Stadt zur Stromversorgung der Bevölkerung dringend angewiesen ist, so kann das Vollzugsinteresse am Bau desselben durchaus überwiegen, selbst wenn sich in der Eile nicht klären lässt, ob es geringfügig zu stark emittiert. Dann liegt es eben in der Sphäre des Bauherrn, trotz des Risikos, später wieder abreißen zu müssen, mit dem Bau zu beginnen.

c) Abstrakte Wertung des Gesetzgebers

Wertung des Gesetzgebers

472 Lassen sich selbst die Folgen im konkreten Einzelfall nicht klären, ist als letztes Kriterium für die Begründetheit die abstrakte Wertung des Gesetzgebers heranzuziehen.

> **BEISPIEL:** Man weiß nicht, welche Geruchsemissionen von einer Kläranlage ausgehen werden, weil diese von den vor Ort herrschenden Winden abhängen und keine Zeit bleibt, hierzu ein Gutachten einzuholen.

1200 Siehe Rn 396

In diesem Fall entnimmt die h.M. § 212a I BauGB den Vorrang des Vollzugsinteresses des Begünstigten (Bauherrn).[1201] Der Gesetzgeber habe durch das Entfallen des Suspensiveffekts zum Ausdruck gebracht, dass die Nachbarrechte im Zweifel hinter der Baufreiheit zurückzutreten hätten.

473 Streit um Bedeutung des § 212a I BauGB

Eine m.M. sieht dies anders.[1202] Mit § 212a I BauGB habe der Gesetzgeber nur die prozessuale Verfahrenslast verteilen, nicht aber eine materielle Interessenabwägung vornehmen wollen. Nachdem der Bauherr sich um seine Baugenehmigung bemüht habe, sei es nun am Nachbarn, sich um eine Aussetzung der Vollziehung zu kümmern. Über das Überwiegen des einen oder anderen Interesses sei damit nichts gesagt. Vielmehr bleibe es insoweit bei der grundsätzlichen Wertung des § 80 I VwGO, wonach im Regelfall Suspensivinteresse bestehe.

Gegen die m.M. spricht aber schon das gesetzgeberische Ziel der Beschleunigung der Planungs- und Genehmigungsverfahren, um private und öffentliche Investitionen in das Bauwesen zu fördern.[1203] Zwar ist ihr zuzugeben, dass durch die Realisierung von Bauvorhaben vielfach faktische Verhältnisse geschaffen werden;[1204] jedoch war diese Konsequenz auch dem Gesetzgeber bewusst. Zudem ist es letztlich das Risiko des Bauherrn, von einer Genehmigung Gebrauch zu machen, die im Hauptsacheverfahren möglicherweise wieder aufgehoben wird mit der Folge, dass er zum Rückbau verpflichtet werden kann. Vor allem aber stellt § 212a I BauGB einen Anwendungsfall des § 80 II 1 Nr. 3 VwGO dar. Anders als bei § 80 II 1 Nr. 4 VwGO entfällt in diesen Fällen die aufschiebende Wirkung von Gesetzes wegen. Der Gesetzgeber geht also vom Vorrang des Vollzugsinteresses aus.[1205] Es bedarf besonderer Anhaltspunkte im Gesetz, wollte man das Gegenteil vertreten. § 212a I BauGB liefert solche nicht. Sie können entgegen der m.M.[1206] insbesondere nicht in der Tatsache gesehen werden, dass die Vorgängervorschrift des § 10 BauGBMaßnG die aufschiebende Wirkung von Widerspruch und Anfechtungsklage nur bei Vorhaben entfallen ließ, die überwiegend Wohnzwecken dienten.[1207] Darin mag eine gesetzgeberische Wertung dergestalt gelegen haben, dass nur bei Wohnbebauung vom Vorrang des Vollzugsinteresses ausgegangen werden kann. §212a BauGB enthält diese Einschränkung aber nicht mehr.

MERKSATZ
Stehen selbst die Folgen im konkreten Fall nicht fest, überwiegt gem. §§ 80 II 1 Nr. 3 VwGO i.V.m. 212a BauGB im Zweifel das Vollzugsinteresse (str.).

1201 OVG Lüneburg, NVwZ-RR 1999, 716, 716; OVG Hamburg, DVBl. 1997, 1446, 1446; VGH Kassel, NVwZ-RR 1996, 361, 362; VGH Mannheim, VBlBW 1995, 237, 238; Huber, NVwZ 2004, 915, 918
1202 VGH München, BayVBl. 2003, 48, 49 = RA 2003, 79, 80; OVG Münster, NWVBl. 1999, 18, 19 = RA 1999, 104, 106; Debus, JURA 2006, 487, 490
1203 BT-Drs. 13/5098, 19
1204 Schenke, NJW 1997, 81, 86
1205 BVerfG, NVwZ 2004, 93, 94
1206 OVG Münster, NVwZ 1998, 980, 980
1207 Huber, NVwZ 2004, 915, 918

d) Sicherungsmaßnahmen nach § 80a I Nr. 2 2. Hs. VwGO

474 Hat der Dritte (Nachbar) neben der Aussetzung der Vollziehung des Verwaltungsakts noch Sicherungsmaßnahmen zum Schutz seiner Rechte beantragt (z.B. eine Stilllegungsverfügung oder ein Zwangsgeld), ist wie folgt weiter zu prüfen:

- Ist sein Aussetzungsantrag unbegründet, hat er auch keinen Anspruch auf Sicherungsmaßnahmen.[1208] Der Erlass derselben ist also abzulehnen. Dies ist offensichtlich, ein Ergebnissatz hierzu genügt.

- Ist der Aussetzungsantrag begründet, so sind die notwendigen Sicherungsmaßnahmen im Tenor auszusprechen, wenn - was zu prüfen ist - tatsächlich die Gefahr besteht, dass die Rechte des Dritten sonst gefährdet oder gar vereitelt würden. Dies dürfte aber nur selten der Fall sein, da sich normalerweise die Beteiligten an gerichtliche Anordnungen von selbst halten werden. Einer gesonderten materiellen Ermächtigungsgrundlage für die Sicherungsmaßnahmen bedarf es demgegenüber nicht[1209] (§ 80 I Nr. 2 2. Hs. VwGO selbst stellt diese dar), sodass eine solche auch nicht zu prüfen ist.

> **MERKSATZ**
> Bestehen ausnahmsweise Anhaltspunkte für eine Rechtsgefährdung des Dritten ohne zusätzliche Sicherungsmaßnahmen, so sind diese im Tenor anzuordnen. Besteht eine Rechtsgefährdung nicht, ist der Antrag auf Sicherungsmaßnahmen abzulehnen.

475 • Wenn wegen „faktischer Vollziehung" des Bauherrn Sicherungsmaßnahmen nach §§ 80a III 1 i.V.m. § 80a I Nr. 2 2. Hs. VwGO analog ausnahmsweise isoliert beantragt worden sind, steht die notwendige Rechtsgefährdung des Antragstellers hingegen schon fest, weil sie bereits Statthaftigkeitsvoraussetzung ist. Die Begründetheitsprüfung erschöpft sich dann in wenigen Sätzen:

> **MERKSATZ**
> Der **(isolierte) Antrag auf Erlass von Sicherungsmaßnahmen** nach §§ 80a III 1 i.V.m. § 80a I Nr. 2 2. Hs. VwGO ist begründet, wenn durch drohende faktische Vollziehung des Begünstigten die Rechte des Antragstellers gefährdet werden. Dass dies der Fall ist, wurde bereits in der Statthaftigkeit ausgeführt. Somit ist der Antrag begründet, das Gericht wird die beantragten Sicherungsmaßnahmen erlassen.

2. Antrag nach § 80a III 1 i.V.m. § 80a II VwGO

Stellt der begünstigte Dritte einen Antrag nach § 80a III 1 i.V.m. § 80a II VwGO auf Anordnung der sofortigen Vollziehung des den Adressaten belastenden Verwaltungsakts, so liegt auf seiner Seite das Vollzugsinteresse, auf Seiten des belasteten Adressaten das Suspensivinteresse. In diesem Fall lautet der Obersatz der Begründetheit:

1208 OVG Münster, NVwZ-RR 2001, 297, 297 = RA 2001, 377, 378
1209 Kopp/Schenke, VwGO, § 80a Rn 14

> **MERKSATZ**
> Der Antrag nach § 80a III 1 i.V.m. § 80a I Nr. 2 VwGO ist begründet, sofern sich im Rahmen einer summarischen Prüfung ergibt, dass das Vollzugsinteresse des Antragstellers das Suspensivinteresse des beigeladenen Adressaten überwiegt.[1210]

Die Prüfung orientiert sich sodann an der des § 80 V 1 2. Hs. VwGO: **476**

- In einem ersten Schritt sind die Erfolgsaussichten der Hauptsache zu prüfen. Erweist sich der streitgegenständliche Verwaltungsakt dabei als offensichtlich rechtswidrig, kann es kein Vollzugsinteresse geben. Der Antrag des Dritten wäre unbegründet. Erweist er sich als offensichtlich rechtmäßig, ist dies unabdingbare, aber nicht schon hinreichende Voraussetzung für die Anordnung der sofortigen Vollziehung. Es ist also weiter zu prüfen, ob ein besonderes Vollzugsinteresse hinzutritt.[1211] Bejahendenfalls ist der Antrag begründet, verneinendenfalls unbegründet.
- Müssen die Erfolgsaussichten der Hauptsache ausnahmsweise offen bleiben, ist nach Folgenlast im Einzelfall zu entscheiden.[1212]
- Stehen selbst die Folgen im Einzelfall nicht fest, bleibt als letztes Kriterium der abstrakte Wille des Gesetzgebers. Da dieser in § 80 II 1 Nr. 4 VwGO ein besonderes Vollziehungsinteresse fordert, ist im Zweifel vom Überwiegen des Suspensivinteresses gem. § 80 I VwGO auszugehen, der Antrag also als unbegründet abzulehnen.[1213]

3. Antrag nach § 80a III 1 i.V.m. § 80a I Nr. 1 VwGO

Stellt der Adressat einen Antrag auf Anordnung der sofortigen Vollziehung des ihn begünstigenden, aber durch den Rechtsbehelf eines Dritten suspendierten Verwaltungsakts, so liegt auf seiner Seite das Vollzugsinteresse, auf Seiten des Dritten und der durch die Behörde repräsentierten Allgemeinheit das Suspensivinteresse. Der Obersatz lautet: **477** Prüfungsmaßstab wie bei § 80a I Nr. 2 VwGO

> **MERKSATZ**
> Der Antrag nach § 80a III 1 i.V.m. § 80a I Nr. 1 VwGO ist begründet, sofern sich im Rahmen einer summarischen Prüfung ergibt, dass das Vollzugsinteresse des Antragstellers das Suspensivinteresse der Allgemeinheit überwiegt.

- Wesentliches Indiz für das Überwiegen des einen oder anderen Interesses sind - genau wie bei § 80 V 1 VwGO - zunächst und vor allem die Erfolgsaussichten in der Hauptsache. Da in der Hauptsache eine Anfechtungsklage des belasteten Dritten statthaft ist und deren Begründetheit gem. § 113 I 1 VwGO auch von der Rechtmäßigkeit des angefochtenen Verwaltungsakts und der Rechtsverletzung des Dritten abhängt, gilt für die Prüfung eines Antrags nach § 80a III 1 i.V.m. § 80a I Nr. 1 VwGO letztlich nichts anderes als für den Antrag nach § 80a III 1 i.V.m. § 80a I Nr. 2 VwGO, nur eben mit umgekehrten Vorzeichen: **478** Allerdings umgekehrte Vorzeichen

---
1210 Brühl, JuS 1995, 818, 822
1211 Siehe Rn 427
1212 Siehe Rn 396
1213 Siehe Rn 398

> **MERKSATZ**
> Das Vollzugsinteresse des Antragstellers überwiegt, sofern der ihn begünstigende Verwaltungsakt nicht wegen eines Verstoßes gegen eine den beigeladenen Dritten schützende Norm rechtswidrig ist.[1214]

- Müssten die Erfolgsaussichten in der Hauptsache offen bleiben, ist wiederum nach der Folgenlast im konkreten Einzelfall zu entscheiden.
- Können auch diese nicht abgeschätzt werden, greift als finales Entscheidungskriterium die abstrakte Wertung des Gesetzgebers ein. Diese spräche im Zweifel gegen den Antragsteller, da § 80 II 1 Nr. 4 VwGO ein besonderes Vollzugsinteresse fordert, es m.a.W. im Zweifel beim Suspensiveffekt des § 80 I VwGO bleibt.

4. Antrag auf Feststellung der aufschiebenden Wirkung („faktischer Vollzug" durch die Behörde)

479 Vollzieht die Behörde faktisch, hat also der belastete Dritte einen Antrag nach § 80a III 2 i.V.m. § 80 V 1 VwGO analog auf Feststellung der aufschiebenden Wirkung seines Rechtsbehelfs gestellt, so ist dieser in jedem Fall begründet. Das Gericht stellt die aufschiebende Wirkung fest. In der Begründetheit gibt es nichts weiter zu prüfen.

> **MERKSATZ**
> Der Antrag auf Feststellung der aufschiebenden Wirkung nach §§ 80a III 2 i.V.m. 80 V 1 VwGO analog ist begründet, soweit aufschiebende Wirkung besteht. Dass dies der Fall ist, wurde bereits in der Statthaftigkeit ausgeführt. Somit ist der Antrag auch begründet.

SACHVERHALT

D. Klausurfall: Das Kinocenter

480 Die G-GmbH möchte auf ihrem Grundstück in der kreisfreien Stadt S im Bundesland B ein großes Kinocenter mit insgesamt 2.000 Zuschauerplätzen errichten, das in drei Schichten (nachmittags, abends und nachts) Filmvorstellungen anbieten soll, wobei sich das Programm an den jeweils aktuellen „Hollywood-Blockbustern" orientieren soll. Für das Baugrundstück existiert ein wirksamer qualifizierter Bebauungsplan, der das gesamte Gebiet als allgemeines Wohngebiet („WA") festsetzt. S erscheint das Vorhaben zulässig, sodass G eine entsprechende Baugenehmigung erteilt wird. G beginnt sodann mit den Bauarbeiten.

N, Eigentümer eines Nachbargrundstücks, auf dem er in einem Einfamilienhaus lebt, erfährt durch den Beginn der Bauarbeiten erstmals von der G erteilten Baugenehmigung. Er befürchtet durch ein Kinocenter erhebliche negative Auswirkungen auf seine Wohnnutzung, insbesondere in Form von Lärmemissionen durch den An- und Abfahrtsverkehr. Dieser könnte, meint N, zudem zu Parkplatzproblemen in der Umgebung führen.

N legt daher sechs Wochen nach Baubeginn bei S Widerspruch gegen die G erteilte Baugenehmigung ein. Ferner wendet er sich an das Verwaltungsgericht (VG) mit dem Antrag, „die bereits laufenden Bauarbeiten sofort zu stoppen", da er verhindern möchte, dass G faktische Verhältnisse schafft.

1214 Brühl, JuS 1995, 818, 820

Wie wird das VG entscheiden?

Abwandlung:
G ist zunächst nur ein Bauvorbescheid erteilt worden, der das Kinocenter als „Anlage für kulturelle Zwecke" und damit als genehmigungsfähig einstuft. N hat hiergegen Widerspruch erhoben. Daraufhin teilt ihm S mit, man halte seine Widerspruchsbegründung nicht für überzeugend. Er solle sich daher überlegen, ob er seinen Widerspruch nicht zurücknehme; jedenfalls werde man G kurzfristig die Baugenehmigung erteilen, zumal man durch den Bauvorbescheid insoweit gebunden sei.

Kann N, der seinen Widerspruch aufrecht erhalten möchte, durch einen Eilantrag beim VG verhindern, dass G noch vor Entscheidung über den Widerspruch die Baugenehmigung erteilt wird?

1. Teil – Ausgangsfall

LÖSUNG

Das VG wird dem Antrag des N stattgeben, soweit er zulässig und begründet ist.

A. Zulässigkeit
Der Antrag ist vor dem VG zulässig, soweit der Verwaltungsrechtsweg eröffnet ist und die allgemeinen und besonderen Sachentscheidungsvoraussetzungen der statthaften Antragsart vorliegen.

I. VERWALTUNGSRECHTSWEG
Zunächst müsste der Verwaltungsrechtsweg eröffnet sein. Ob dies der Fall ist, richtet sich hier mangels aufdrängender Sonderzuweisungen nach der Generalklausel des § 40 I 1 VwGO, die eine öffentlich-rechtliche Streitigkeit nichtverfassungsrechtlicher Art voraussetzt, für die es keine abdrängende Sonderzuweisung gibt.

Öffentlich-rechtlich ist eine Streitigkeit, wenn der Streitgegenstand öffentlich-rechtlich geprägt ist. Hier geht es um eine Baugenehmigung, die auf Normen des öffentlichen Baurechts, namentlich solchen des BauGB, der BauNVO und des Bauordnungsrechts des Landes B beruht. Diese streitentscheidenden Normen berechtigen und verpflichten mit der Baugenehmigungsbehörde zwingend einen Hoheitsträger, sodass der Streitgegenstand dem öffentlichen Recht zuzuordnen ist. Es streiten auch keine Verfassungsorgane oder deren Teile um ihre Rechte und Pflichten aus der Verfassung, sodass eine Streitigkeit nichtverfassungsrechtlicher Art gegeben ist. Abdrängende Sonderzuweisungen greifen auch nicht ein. Der Verwaltungsrechtsweg ist somit eröffnet.

II. STATTHAFTE ANTRAGSART
Die statthafte Antragsart bestimmt sich gem. §§ 88, 122 VwGO nach dem Begehren des Antragstellers. N möchte „die bereits laufenden Bauarbeiten sofort stoppen" lassen. Fraglich ist, wie dieses Begehren auszulegen ist.

1. Klage oder vorläufiger Rechtsschutz

N geht es darum, die Bauarbeiten „sofort" zu unterbinden, damit G keine vollendeten Tatsachen schaffen kann. G hat bereits mit den Bauarbeiten begonnen, die Sache ist also eilig. Somit ist ein vorläufiger Rechtsschutzantrag statthaft.

2. Antrag nach § 80 V 1 VwGO, § 80a VwGO oder § 123 I VwGO

In Betracht kommt ein Antrag im Aussetzungsverfahren nach §§ 80 V 1, 80a VwGO oder ein Antrag im Anordnungsverfahren nach § 123 I VwGO. Letzteres enthält mit der Sicherungsanordnung nach § 123 I 1 VwGO einen Rechtsbehelf, der - wie das Begehren des N - auf den Erhalt des status quo gerichtet ist. § 123 V VwGO bestimmt jedoch die Subsidiarität des Anordnungsverfahrens gegenüber dem Aussetzungsverfahren, sodass vorrangig zu fragen ist, ob seinem Begehren nicht ein Antrag nach § 80 V 1 VwGO oder § 80a VwGO entspricht.

Ein solcher ist einschlägig, wenn es dem Antragsteller darum geht, den drohenden Vollzug eines ihn belastenden Verwaltungsakts abzuwehren. Belastende Verwaltungsakte können in der Hauptsache gem. § 42 I 1. Fall VwGO mit einer Anfechtungsklage angefochten werden, sodass man - von hier nicht einschlägigen Ausnahmen abgesehen - auch sagen kann, dass das Aussetzungsverfahren Anwendung findet, wenn in der Hauptsache eine Anfechtungsklage statthaft ist. Die Baugenehmigung der G stellt einen N belastenden, anfechtbaren Verwaltungsakt i.S.v. § 35 S. 1 VwVfG dar. Also richtet sich sein Antrag nach §§ 80 V 1, 80a VwGO.

3. Antrag nach § 80 V 1 VwGO oder § 80a VwGO

Im Unterschied zu § 80 V 1 VwGO, der auf das Zweipersonenverhältnis zwischen der Erlassbehörde und dem Adressaten zugeschnitten ist, findet § 80a VwGO Anwendung, wenn ein Verwaltungsakt mit Doppelwirkung gegenüber Dritten vorliegt. „Dritter" in diesem Sinne ist jede natürliche oder juristische Person, die nicht Adressat des Verwaltungsakts und nicht Rechtsträger der Erlassbehörde ist. Adressat der Baugenehmigung ist G, nicht N. Somit liegt hier ein Fall der Drittbeteiligung vor.

4. § 80a III 1, I Nr. 2 VwGO oder § 80a III 2, 80 V 1 1. Hs. VwGO

Streitig ist allerdings, welchen von § 80a VwGO eröffneten Weg N beschreiten muss. Nach einer Ansicht kann N einen ein Antrag auf Aussetzung der Vollziehung der Baugenehmigung gem. § 80a III 1, I Nr. 2 VwGO stellen. Andererseits könnte man an einen Antrag auf Anordnung der aufschiebenden Wirkung seines Widerspruchs gem. § 80a III 2 i.V.m. 80 V 1 1. Hs. VwGO denken, die hier nach § 80 II 1 VwGO i.V.m. § 212a I BauGB entfallen ist. Im einen wie im anderen Fall wäre die Baugenehmigung der G bei Obsiegen des N durch den Gerichtsbeschluss suspendiert, mit der Folge, dass G nicht weiter bauen dürfte. Dem Begehren des N entsprechen also beide Möglichkeiten.

Gegen den Rückgriff auf § 80 V 1 1. Hs. VwGO über § 80a III 2 VwGO spricht allerdings, dass § 80a VwGO als lex specialis zu § 80 V 1 VwGO für Verwaltungsakte mit Doppelwirkung geschaffen wurde. Soweit er Regelungen enthält, gehen diese § 80 V 1 VwGO vor. Der Rückverweis in § 80a III 2 VwGO soll nur klarstellen, dass § 80 V-VIII VwGO anwendbar bleibt, soweit § 80a VwGO keine eigenen Regelungen enthält. Somit ist hier ein Antrag des N auf Aussetzung der Vollziehung der Baugenehmigung der G nach §§ 80a III 1, I Nr. 2 VwGO statthaft.

III. ANTRAGSBEFUGNIS

Auch im Verfahren des vorläufigen Rechtsschutzes muss der Antragsteller zur Vermeidung von Popularanträgen geltend machen können, durch die angegriffene Maßnahme in seinen Rechten verletzt zu sein. Diese Antragsbefugnis entspricht der Klagebefugnis in der Hauptsache, § 42 II VwGO findet insoweit analoge Anwendung.

1. Subjektiv-öffentliches Recht

Fraglich ist zunächst, welches subjektiv-öffentliche Recht des N hier in Betracht kommt. N ist nicht Adressat der Baugenehmigung, sodass insoweit nicht einfach argumentiert werden kann, er sei zumindest in seiner allgemeinen Handlungsfreiheit aus Art. 2 I GG verletzt. Vielmehr müsste er sich auf eine zu seinen Gunsten drittschützende Norm berufen können. Dies ist mit der sog. **„Schutznormtheorie"** der Fall, soweit eine Norm (auch) ihn in ihren Schutzbereich einbezieht.[1215]

Als Schutznormen kommen hier § 30 I BauGB i.V.m. § 1 III 2, 4 BauNVO in Betracht. Es existiert ein qualifizierter Bebauungsplan, der das fragliche Gebiet als allgemeines Wohngebiet („WA") festsetzt. Durch die Festsetzung „WA" wird über § 1 III 2 VwGO der entsprechende Paragraf der BauNVO - hier § 4 BauNVO - Bestandteil des Bebauungsplans.

Die Vorschriften der §§ 2-14 BauNVO enthalten eine Wertung über die Zulässigkeit oder Unzulässigkeit von Bauvorhaben, die unter Ausgleich der widerstreitenden Interessen zwischen Bauherrn und Nachbarschaft zustande gekommen sind. Dies zeigt sich auch in § 4 BauNVO deutlich: Nach § 4 II BauNVO sind die dort genannten Vorhaben zulässig. Insoweit überwiegen also die Interessen des Bauherrn. Nach § 4 III BauNVO können die dort genannten Vorhaben nur im Einzelfall zugelassen werden. Hier sind also die Interessen der Nachbarschaft u.U. bereits geeignet, zur Unzulässigkeit des Vorhabens zu führen. Ist das fragliche Vorhaben nicht in § 4 BauNVO genannt, überwiegen schließlich die nachbarlichen Interessen, eine Baugenehmigung darf (von Dispensfällen abgesehen) nicht erteilt werden. Somit handelt es sich bei § 4 BauNVO, der hier über § 1 III 2 BauNVO Bestandteil des qualifizierten Bebauungsplans nach § 30 I BauGB geworden ist, um ein subjektiv-öffentliches Recht des Nachbarn, das diesem die Antragsbefugnis gegen die Baugenehmigung verleiht.

2. Antragsteller im Schutzbereich

N müsste Nachbar in diesem Sinne sein. Dazu gehören jedenfalls die dinglich Berechtigten, also auch der N als Eigentümer eines Nachbargrundstücks.

3. Mögliche Verletzung

Schließlich müsste N eine Verletzung seines Nachbarrechts geltend machen können. Dazu genügt, dass eine solche nicht von vornherein ausgeschlossen ist, mithin möglich erscheint. Hier könnte das fragliche Kinocenter eine Vergnügungsstätte darstellen. Eine solche wäre in § 4 BauNVO nicht vorgesehen. Es ist somit nicht von vornherein ausgeschlossen, dass die angegriffene Baugenehmigung der G gegen die Festsetzungen des Bebauungsplans verstößt.

[1215] Siehe Rn 88

IV. ANTRAGSGEGNER
Der richtige Antragsgegner im vorläufigen Rechtsschutz richtet sich nach dem richtigen Beklagten in der Hauptsache. In der Hauptsache wäre - wie oben gezeigt - eine Anfechtungsklage des N gegen die Baugenehmigung zu erheben. Deren Beklagter richtet sich nach § 78 VwGO, sodass dieser hier analog anwendbar ist. Analog § 78 I Nr. 1 VwGO ist somit der Rechtsträger richtiger Antragsgegner. Dies ist vorliegend die kreisfreie Stadt S.

V. BETEILIGUNGS- UND PROZESSFÄHIGKEIT
Die Beteiligungsfähigkeit des N ergibt sich aus §§ 63 Nr. 1, 61 Nr. 1 1. Fall VwGO, seine Prozessfähigkeit aus § 62 I Nr. 1 VwGO. S ist nach §§ 63 Nr. 2, 61 Nr. 1 2. Fall VwGO beteiligungsfähig und durch ihren Oberbürgermeister als gesetzlichen Vertreter nach § 62 III VwGO prozessfähig.

VI. ALLGEMEINES RECHTSSCHUTZBEDÜRFNIS
Ferner müsste ein allgemeines Rechtsschutzbedürfnis des N für einen Eilantrag bestehen.

1. Hauptsacherechtsbehelf
Streitig ist, ob es dazu der Einlegung eines Widerspruchs bzw. der Erhebung einer Anfechtungsklage, d.h. des Vorliegens eines Hauptsacherechtsbehelfs bedarf oder nicht. N hat aber jedenfalls Widerspruch eingelegt, sodass diese Frage auf sich beruhen mag.

2. Keine aufschiebende Wirkung
Ein Rechtsschutzbedürfnis für die Anordnung der aufschiebenden Wirkung besteht nur dann, wenn der Hauptsacherechtsbehelf wegen § 80 II VwGO nicht ohnehin schon aufschiebende Wirkung hat. Grundsätzlich haben Anfechtungswiderspruch und -klage zwar gem. § 80 I 1, 2 VwGO auch bei Verwaltungsakten mit Doppelwirkung aufschiebende Wirkung. Dieser Suspensiveffekt entfällt hier jedoch gem. § 80 II 1 Nr. 3 VwGO i.V.m. § 212 a I BauGB. Die streitgegenständliche Baugenehmigung ist eine „bauaufsichtliche Zulassung" des Bauvorhabens der G in diesem Sinne.

3. Keine offensichtliche Unzulässigkeit
Der Hauptsacherechtsbehelf dürfte auch nicht offensichtlich unzulässig sein. Hier käme allenfalls eine Verfristung des Widerspruchs nach § 70 I VwGO in Betracht, der eine Monatsfrist regelt. Diese beginnt jedoch erst ab Bekanntgabe des Verwaltungsakts, und die Baugenehmigung ist nur G als Adressatin, nicht aber N bekannt gegeben worden, der von ihr erst nach Beginn der Bauarbeiten erfahren hat. Zwar kann das Widerspruchsrecht des Nachbarn auch verwirkt werden; dies entsprechend der Wertung des § 58 II VwGO aber keinesfalls vor Ablauf eines Jahres seit Kenntnis des Bauvorhabens in seinen konkreten Ausmaßen. Hier hat N bereits sechs Wochen nach Kenntnis Widerspruch erhoben, sodass auch von Verwirkung keine Rede sein kann.

4. Vorheriger Antrag an die Behörde

Schließlich bleibt zu fragen, ob N nicht vor seinem gerichtlichen Aussetzungsantrag nach § 80 VI 1 VwGO einen solchen an die Behörde hätte richten müssen. Dies hat er nicht getan. Zwar fordert § 80 VI 1 VwGO einen behördlichen Aussetzungsantrag nur in den Fällen des § 80 II 1 Nr. 1 VwGO, während hier ein Fall des § 80 II 1 Nr. 3 VwGO vorliegt (s.o.). Jedoch könnte § 80a III 2 VwGO einen reinen Rechtsfolgenverweis darstellen mit der Folge, dass bei einem Verwaltungsakt mit Doppelwirkung in jedem Fall eine Antragspflicht des Dritten nach § 80 VI 1 VwGO bestünde. Eine Ansicht argumentiert in diese Richtung, da Fälle des § 80 II 1 Nr. 1 VwGO, also öffentliche Abgaben oder Kosten, bei Verwaltungsakten mit Doppelwirkung nicht denkbar seien, der Verweis des § 80a III 2 VwGO auf § 80 VI 1 VwGO somit faktisch leerliefe, wenn man einen Rechtsgrundverweis annehmen wollte.[1216]

Nach der Gegenmeinung, die einen Rechtsgrundverweis bejaht, ist die Verweisung in § 80a III 2 VwGO auf § 80 VI 1 VwGO als Redaktionsversehen anzusehen. Zudem seien die Verweise auf § 80 V, VII und VIII VwGO unstreitig Rechtsgrundverweise, nichts anderes könne nach systematischer Auslegung also für § 80 VI VwGO gelten.[1217]

Einer Streitentscheidung bedarf es indes nur, wenn die Ansichten zu unterschiedlichen Ergebnissen gelangen. Angesichts der Tatsache, dass G hier schon mit den Bauarbeiten begonnen hat und diese während der behördlichen Prüfung eines Aussetzungsantrags des N fortsetzen würde, wäre dem Eilinteresse des N nicht gedient, wollte man ihn zunächst an die Behörde verweisen. Diesen Umstand berücksichtigt § 80 VI 2 Nr. 2 VwGO, der einen behördlichen Aussetzungsantrag jedenfalls dann für entbehrlich erklärt, wenn Vollstreckung droht. Somit musste N hier i.E. nach keiner der beiden Ansichten einen behördlichen Aussetzungsantrag stellen.

VII. ZWISCHENERGEBNIS

Der Antrag des N ist nach alledem zulässig.

B. Notwendige Beiladung

Die Entscheidung kann nur einheitlich auch gegenüber G ergehen. Diese ist daher gem. § 65 II VwGO analog notwendig beizuladen.

C. Begründetheit

Der Antrag ist begründet, soweit nach summarischer Prüfung das Suspensivinteresse des N an der Aussetzung der Vollziehung der Baugenehmigung das Interesse der von der Behörde repräsentierten Allgemeinheit an der Vollziehung der Baugenehmigung überwiegt.

I. ERFOLGSAUSSICHTEN IN DER HAUPTSACHE

Wer nach summarischer Prüfung am Ende gewinnt, soll auch vorläufig Recht bekommen. Deshalb richtet sich das Überwiegen des einen oder anderen Interesses zunächst nach den Erfolgsaussichten in der Hauptsache. In der Hauptsache wäre hier - wie oben gezeigt - eine Anfechtungsklage zu erheben. Deren Begründetheit hängt gem. § 113 I 1 VwGO davon ab, ob der angefochtene Verwaltungsakt rechtswidrig ist und der Kläger (Antragsteller) dadurch in seinen Rechten verletzt wird.

[1216] OVG Lüneburg, NdsVBl. 2004, 339, 339; NVwZ 1994, 698, 698
[1217] OVG Koblenz, DÖV 2004, 167, 167 = RA 2004, 246, 247; VGH Mannheim, NVwZ 1995, 292, 293; Brühl, JuS 1995, 818, 822

Der Notwendigkeit einer Rechtsverletzung des Klägers (Antragstellers) kommt gerade bei Verwaltungsakten mit Doppelwirkung besondere Bedeutung zu. Der Dritte ist nicht durch jede objektive Rechtswidrigkeit des Verwaltungsakts in seinen Rechten verletzt, sondern eben nur, wenn eine zu seinen Gunsten drittschützende Norm verletzt ist. Somit überwiegt auch hier das Suspensivinteresse des N nicht schon dann, wenn die G erteilte Baugenehmigung offensichtlich rechtswidrig ist. Sie muss vielmehr gerade wegen eines Verstoßes gegen zugunsten des N drittschützende Normen rechtswidrig sein. Fraglich ist, ob dies der Fall ist.

1. Verstoß gegen §§ 30 I BauGB i.V.m. 1 III 2, 4 BauNVO
In Betracht kommt hier nur ein Verstoß gegen §§ 30 I BauGB i.V.m. 1 III 2, 4 BauNVO. Dass diese Vorschriften zugunsten des N Drittschutz entfalten, wurde bereits oben in der Antragsbefugnis gezeigt.

a) Anwendbarkeit
Nach § 29 I BauGB sind die §§ 30-37 BauGB nur anwendbar, wenn es um die Errichtung, Änderung oder Nutzungsänderung von baulichen Anlagen geht. Bauliche Anlage in diesem Sinne ist eine aus Bauprodukten hergestellte, mit dem Erdboden fest verbundene Anlage. Dies ist bei einem Kinocenter, um dessen Errichtung es hier geht, unzweifelhaft der Fall.
In Abgrenzung zum unbeplanten Innen- oder Außenbereich nach §§ 34, 35 BauGB kommt § 30 BauGB ferner nur zur Anwendung, soweit ein (wirksamer) Bebauungsplan existiert. Dies ist hier laut Sachverhalt der Fall, wobei es sich um einen qualifizierten Bebauungsplan i.S.v. § 30 I BauGB handelt.

b) Festsetzungen des Bebauungsplans eingehalten
Fraglich ist, ob die Baugenehmigung die Festsetzungen des Bebauungsplans einhält, § 30 I BauGB, wobei dies hier - wie oben gezeigt - nur im Hinblick auf die zugunsten des N drittschützenden Festsetzungen interessiert. Als solche kommt hier die Art der baulichen Nutzung in Betracht, die sich über § 1 III 2 BauNVO nach § 4 BauNVO richtet.

aa) Regelbebauung, § 30 I BauGB i.V.m. § 1 III 2, 4 I BauNVO
Das Kinocenter könnte zunächst eine Anlage für kulturelle Zwecke i.S.v. § 4 II Nr. 3 BauNVO darstellen. Dann wäre es in einem allgemeinen Wohngebiet zulässig. Es könnte sich jedoch auch um eine Vergnügungsstätte handeln. Eine solche wäre in einem allgemeinen Wohngebiet gar nicht zulässig, sondern vor allem Kerngebieten vorbehalten, vgl. § 7 II Nr. 2 BauNVO. Fraglich ist, wie Anlagen für kulturelle Zwecke von Vergnügungsstätten abzugrenzen sind.
Nach einer Ansicht kommt es dabei vor allem auf die Auswirkungen auf die Umgebung an.[1218] Eine Vergnügungsstätte sei wegen der die Wohnruhe störenden Lärmbeeinträchtigungen durch an- und abfahrende Besucher bis in die Nachtstunden gekennzeichnet, wohingegen solche Belästigungen bei Anlagen für kulturelle Zwecke wie Theater und Konzerthallen zwar nicht ausgeschlossen, jedoch nicht typischerweise zu erwarten seien. Danach wäre das von G geplante Kinocenter, das eine Kapazität von 2.000 Besuchern aufweist und auch Nachtvorstellungen anbietet, eine Vergnügungsstätte.

1218   OVG Koblenz, BauR 1999, 1010, 1010; OLG Stuttgart, NJW 1990, 2008, 2008 f.

Nach der Gegenansicht kommt es auf die Gegenüberstellung der Begriffe „Kultur" und „Vergnügen" an.[1219] Diese schlössen sich zwar nicht gegenseitig aus; jedoch stünden bei Anlagen für kulturelle Zwecke Belange der Kunst und Bildung im Vordergrund, während es bei Vergnügungsstätten vorwiegend um die kommerzielle Unterhaltung und Freizeitgestaltung der Besucher gehe. Es komme m.a.W. auf den Schwerpunkt an. Danach mag ein Programmkino für einen erlesenen Besucherkreis eine Anlage für kulturelle Zwecke sein, nicht aber ein Kino wie das der G, dessen Angebot sich an „Hollywood-Blockbustern" orientiert und an ein Massenpublikum wendet. Beide Ansichten kommen somit zum selben Ergebnis: Jedenfalls das von G zu errichtende Kinocenter ist keine Anlage für kulturelle Zwecke, sondern eine Vergnügungsstätte.[1220]

bb) Ausnahmebebauung, § 31 I BauGB i.V.m. § 1 III 2, 4 III BauNVO

Von den Festsetzungen des Bebauungsplans können jedoch solche Ausnahmen zugelassen werden, die im Bebauungsplan selbst enthalten sind. Dazu gehören über § 1 III 2 BauGB wiederum die Festsetzungen des § 4 III BauNVO. Man könnte das Kinocenter der G als „sonstigen nicht störenden Gewerbebetrieb" i.S.v. § 4 III Nr. 2 BauNVO ansehen. Ein Gewerbe liegt unzweifelhaft vor. Jedoch verbietet es sich, dieses angesichts der oben beschriebenen Auswirkungen auf die Wohnbebauung in der Umgebung als „nicht störend" einzustufen. Für ein allgemeines Wohngebiet ist vielmehr die Wohnnutzung prägend, § 4 I BauNVO. Darüber hinaus spricht hiergegen die typisierende Betrachtung der BauNVO. Ist ein Gewerbebetriebstyp speziell erfasst (hier: Vergnügungsstätte, s.o.), bedeutet dies gleichzeitig, dass er kein „sonstiger" Gewerbebetrieb sein kann. Somit hält die G erteilte Baugenehmigung die Festsetzungen des Bebauungsplans nicht ein.

2. Dispens, § 31 II BauGB

Zwar ermöglicht § 31 II BauGB unter bestimmten Voraussetzungen auch eine Befreiung von den Festsetzungen des Bebauungsplans. Diese sind jedoch im Lichte der verfassungsrechtlich über Art. 28 II 1 GG garantierten Planungshoheit der Gemeinden eng auszulegen. Ganz abgesehen davon, dass das Kinocenter - wie oben gezeigt - mit den „nachbarlichen Interessen" i.S.v. § 31 II BauGB schwerlich vereinbar sein dürfte, ist hier auch ein Dispensgrund i.S.v. § 31 II Nr. 1-3 BauGB nicht im Ansatz ersichtlich.

II. ZWISCHENERGEBNIS

Somit ist die Baugenehmigung der G wegen eines Verstoßes gegen § 30 I BauGB i.V.m. § 1 III 2, 4 BauNVO rechtswidrig und N dadurch in seinen Rechten verletzt. Am Vollzug eines rechtswidrigen Verwaltungsakts hat die Allgemeinheit kein schützenswertes Interesse. Somit überwiegt das Suspensivinteresse des N. Sein Antrag ist begründet.

D. Ergebnis

Der Antrag des N hat Erfolg. Das VG wird die Vollziehung der Baugenehmigung der G einstweilen aussetzen.

[1219] Zerr, IBR 1999, 591, 591
[1220] Vgl. zur Abgrenzung auch VGH Mannheim, NVwZ-RR 1992, 465, 465.

LÖSUNG

2. Teil – Abwandlung

Der Antrag des N hat Erfolg, soweit er zulässig und begründet ist.

A. Zulässigkeit

I. VERWALTUNGSRECHTSWEG
Der Rechtsweg zu den Verwaltungsgerichten könnte mangels aufdrängender Sonderzuweisung gem. § 40 I 1 VwGO eröffnet sein. Dann müsste eine öffentlich-rechtliche Streitigkeit nichtverfassungsrechtlicher Art vorliegen, für die es keine abdrängende Sonderzuweisung gibt.
Ähnlich wie im Ausgangsfall geben auch hier die streitentscheidenden Normen des öffentlichen Baurechts aus dem BauGB, der BauNVO und dem Bauordnungsrecht des Landes B über den Bauvorbescheid[1221] der Streitigkeit ein öffentlich-rechtliches Gepräge. Sie ist wiederum nichtverfassungsrechtlicher Art, und abdrängende Sonderzuweisungen greifen auch hier nicht ein. Der Verwaltungsrechtsweg ist somit eröffnet.

II. STATTHAFTE ANTRAGSART
Die statthafte Antragsart richtet sich nach dem Begehren des Antragstellers, §§ 88, 122 VwGO. N möchte verhindern, dass die Baugenehmigungsbehörde G eine Baugenehmigung in Ansehung des Bauvorbescheids erteilt. Er muss nach dem Schreiben der S befürchten, dass dies in Kürze geschehen wird. Seinem Begehren entspricht daher wiederum ein Rechtsbehelf im vorläufigen Rechtsschutz.

1. Aussetzung der Vollziehung
Wie im Ausgangsfall gezeigt, kommt nach § 123 V VwGO vorrangig ein Antrag im Aussetzungsverfahren nach § 80 V 1, § 80a VwGO in Betracht, wenn in der Hauptsache eine Anfechtungsklage zu erheben ist. Hier wendet sich N gegen einen Bauvorbescheid. Dieser nimmt Teile der späteren Baugenehmigung bindend vorweg, entfaltet insoweit also Regelungswirkung und ist daher ein eigener Verwaltungsakt i.S.v. § 35 S. 1 VwVfG, der durch den drittbelasteten Nachbarn angefochten werden kann. Somit könnte wiederum ein Antrag des N über § 80a III 1 i.V.m. § 80a I Nr. 2 VwGO auf Aussetzung der Vollziehung des Vorbescheids statthaft sein. Wie im Ausgangsfall ausgeführt, wäre diesem Weg gegenüber dem alternativ denkbaren Antrag auf Anordnung der aufschiebenden Wirkung nach § 80a III 2 i.V.m. § 80 V 1 VwGO der Vorzug zu geben. Jedoch könnte der Widerspruch des N ohnehin schon aufschiebende Wirkung entfalten mit der Folge, dass es einer Aussetzung der Vollziehung des Bauvorbescheids durch das VG über § 80a III 1 i.V.m. § 80a I Nr. 2 VwGO (und im Übrigen auch einer Anordnung der aufschiebenden Wirkung über § 80a III 2 i.V.m. § 80 V 1 VwGO) gar nicht bedürfte. Nach § 80 II 1 Nr. 3 VwGO i.V.m. § 212a I BauGB entfällt die aufschiebende Wirkung zwar gegen die „bauaufsichtliche Zulassung von Vorhaben". Fraglich ist jedoch, ob ein Bauvorbescheid eine solche darstellt.
Eine Ansicht bejaht dies gerade unter Hinweis auf die Verbindlichkeit des Bauvorbescheides.[1222] Zwar dürfe noch nicht gebaut werden; die Baugenehmigung werde

---

1221 § 57 BauO BW; Art. 75 BayBauO; § 69 BerlBauO; § 59 BbgBauO; § 75 BremLBauO; § 65 HamBauO; § 66 HessBauO; § 68 BauO MV; § 74 NdsBauO; § 71 BauO NRW; § 72 RhPfBauO; § 76 SaarlBauO; § 66 SächsBauO; § 72 BauO LSA; § 72 SHBauO; § 73 ThürBauO
1222 OVG Lüneburg, NdsVBl. 2004, 339, 339; NVwZ-RR 1999, 716, 716

bzgl. des vorbeschiedenen Teils aber vorweggenommen. Die Gegenansicht verweist hingegen darauf, dass allein bei Vorliegen eines Bauvorbescheids noch nicht gebaut werden dürfe, dieser allein das Vorhaben also noch nicht zulasse.[1223]

Für die zweite Ansicht spricht vor allem die teleologische Auslegung des § 212a I BauGB. Zweck der Regelung ist es, die zügige Realisierung von Bauvorhaben zu fördern. Kann - wie bei einem Bauvorbescheid - ohnehin noch nicht gebaut werden, kann dieses Ziel nicht erreicht werden. Auch der Wortlaut spricht für diese Ansicht, denn der Vorbescheid lässt ein Vorhaben nicht zu. Er besagt lediglich, dass es nicht an einem einzelnen (dem vorbeschiedenen) Punkt scheitert, aber nicht, dass die Baugenehmigung zu erteilen ist. Dies könnte vielmehr noch an anderen, nicht vorbeschiedenen Voraussetzungen scheitern. Da somit die besseren Argumente für die zweite Ansicht sprechen, ist davon auszugehen, dass ein Vorbescheid keine „bauaufsichtliche Zulassung" im Sinne des § 212a I BauGB darstellt. Die aufschiebende Wirkung gegen einen solchen entfällt somit nicht nach § 80 II 1 Nr. 3 VwGO i.V.m. § 212a I BauGB. Andere Fälle des § 80 II 1 VwGO sind auch nicht einschlägig, sodass es beim Bestehen des Suspensiveffekts nach § 80 I VwGO bleibt.

2. Faktischer Vollzug

Jedoch macht S ausweislich ihres Schreibens an N Anstalten, ungeachtet dessen G eine Baugenehmigung zu erteilen, weil sie sich an den Bauvorbescheid gebunden fühlt. Sie geht also faktisch von einer Bindungswirkung aus, die dem Bauvorbescheid nach § 80 I VwGO wegen des ihn suspendierenden Nachbarwiderspruchs nicht zukommt. Fraglich ist, wie N dem begegnen kann.

Eine Ansicht[1224] hält in solchen Fällen des „faktischen Vollzuges" einen Antrag auf Feststellung der aufschiebenden Wirkung analog §§ 80a III 2, 80 V 1 VwGO für statthaft. Eine rechtsirrig handelnde Behörde werde sich durch die gerichtliche Feststellung überzeugen lassen und von der Vollziehung Abstand nehmen. Die Gegenansicht[1225] verneint demgegenüber eine Regelungslücke für die Analogiebildung, da ein Antrag nach § 123 I 1 VwGO auf Erlass einer Sicherungsanordnung statthaft sei. Dieser habe zudem den Vorteil, über § 172 VwGO vollstreckt werden zu können.

Für die erste Ansicht spricht, dass der Antragsteller, dessen Hauptsacherechtsbehelf beim „faktischen Vollzug" ja aufschiebende Wirkung hat, prozessual nicht schlechter gestellt werden darf, als wenn sein Rechtsbehelf keine aufschiebende Wirkung hätte. Das Aussetzungsverfahren nach §§ 80 V, 80a VwGO ist für ihn wesentlich günstiger, weil ihn anders als bei § 123 I VwGO nicht die Last der Glaubhaftmachung über § 123 III VwGO i.V.m. §§ 920 II, 294 ZPO trifft, er vielmehr nur behaupten muss. Zudem sind Aussetzungs- und Anordnungsverfahren zwei völlig verschiedene Systeme des vorläufigen Rechtsschutzes mit der Folge, dass Lücken im einen System nicht durch Rückgriff auf das andere System geschlossen werden können. Auf Fälle des Streits über das Bestehen oder Nichtbestehen der aufschiebenden Wirkung ist das Aussetzungsverfahren nach §§ 80 V 1, 80a VwGO zugeschnitten. Erweist sich dieses als lückenhaft, versperrt schon § 123 V VwGO den Rückgriff auf § 123 I VwGO. Von einer (planwidrigen) Regelungslücke ist daher auszugehen. Auch kommt dem Gegenargument der fehlenden Vollstreckbarkeit des Feststellungstenors keine gewichtige

---

1223 VGH München, BayVBl. 1999, 467, 467; Redeker, NVwZ 1998, 589, 589
1224 BVerwG NVwZ 1986, 638, 638; VGH München, BayVBl. 1985, 409, 409; Erichsen JURA 1984, 478, 480
1225 OVG Bremen, NVwZ 1986, 59, 61; Tiedemann, MDR 1979 717, 718

Bedeutung zu. In einem Rechtsstaat ist vielmehr davon auszugehen, dass die Baugenehmigungsbehörde von sich aus gerichtliche Feststellungen beachten wird.
Der Antrag des N ist nach alledem als Antrag auf Feststellung der aufschiebenden Wirkung seines Widerspruchs gegen den Bauvorbescheid der G analog §§ 80a III 2, 80 V 1 VwGO auszulegen.

III. ANTRAGSBEFUGNIS
Zur Antragsbefugnis des N analog § 42 II VwGO gilt das oben Gesagte entsprechend: Danach ist nicht von vornherein ausgeschlossen, dass N durch den Bauvorbescheid in seinen Rechten aus §§ 30 I BauGB i.V.m. 1 III 2, 4 BauNVO verletzt sein könnte.

IV. ANTRAGSGEGNER
Richtiger Antragsgegner ist wiederum analog § 78 I Nr. 1 VwGO die Stadt S.

V. BETEILIGUNGS- UND PROZESSFÄHIGKEIT
Die Beteiligungs- und Prozessfähigkeit ändert sich gegenüber dem Ausgangsfall nicht.

VI. ALLGEMEINES RECHTSSCHUTZINTERESSE
Im Ausgangsfall wurde für das allgemeine Rechtsschutzinteresse gefordert, dass ein Hauptsacherechtsbehelf erhoben wurde, der nicht offensichtlich unzulässig ist und keine aufschiebende Wirkung entfaltet. N hat hier wiederum einen Widerspruch erhoben, der nicht offensichtlich unzulässig ist. Diesem kommt allerdings nach § 80 I VwGO aufschiebende Wirkung zu (s.o.). Um einen Antrag auf Feststellung der aufschiebenden Wirkung zu rechtfertigen, müssen dann Anhaltspunkte dafür ersichtlich sein, dass die Behörde tatsächlich Anstalten macht, den Verwaltungsakt faktisch zu vollziehen. Wäre dies nicht zu befürchten, befände sich die Behörde über das Bestehen des Suspensiveffekts also nicht im Irrtum, wäre eine gerichtliche Feststellung hierzu überflüssig.
Vorliegend hat S im Schreiben an N zu erkennen gegeben, dass sie sich an den Bauvorbescheid gebunden fühlt und beabsichtigt, G die Baugenehmigung in Ansehung desselben zu erteilen. Die aufschiebende Wirkung des Widerspruchs des N mit der Folge, dass eine Bindungswirkung des Bauvorbescheids einstweilen gar nicht besteht, ist ihr offensichtlich nicht bewusst. Somit hat N auch das notwendige Rechtsschutzinteresse für seinen Eilantrag.

B. Beiladung
Da die Entscheidung nur einheitlich auch gegenüber G ergehen kann, ist diese wiederum gem. § 65 II VwGO analog notwendig beizuladen.

C. Begründetheit
Der Antrag auf Feststellung der aufschiebenden Wirkung des Widerspruchs des N gegen den der G erteilten Bauvorbescheid ist begründet, soweit die aufschiebende Wirkung besteht. Dass dies nach § 80 I VwGO der Fall ist, sie insbesondere nicht nach § 80 II 1 Nr. 3 VwGO i.V.m. § 212a I BauGB entfällt, wurde bereits oben ausgeführt. Somit ist der Antrag des N auch begründet.

D. Ergebnis
Der Antrag hat Erfolg. Das VG wird die aufschiebende Wirkung des Widerspruchs des N gegen den der G erteilten Bauvorbescheid feststellen.

5. Teil – Die Anträge nach § 123 I VwGO

A. Einleitung

Gemäß § 123 V VwGO ist das Anordnungsverfahren des § 123 I VwGO subsidiär zum Aussetzungsverfahren nach §§ 80, 80a VwGO. Es füllt die Lücke, die verbleibt, wenn es im vorläufigen Rechtsschutz einmal nicht darum geht, den drohenden Vollzug eines belastenden Verwaltungsakts anzuwenden.[1226]

481 Subsidiaritätsklausel des § 123 V VwGO

> **KLAUSURHINWEIS**
> In einem Gutachten ist wegen § 123 V VwGO immer „in Richtung Aussetzungsverfahren" zu prüfen, d.h. zunächst zu überlegen, ob ein Antrag nach §§ 80 V, 80a VwGO statthaft sein könnte. Erst wenn dies nicht der Fall ist, ist der Weg frei für einen Anordnungsantrag nach § 123 I VwGO.

Belastende Verwaltungsakte können mit der Anfechtungsklage angefochten werden, § 42 I 1. Fall VwGO. Ist eine solche statthaft, kommt ein Antrag nach § 123 I VwGO also nicht in Betracht.

Eine weitere – wenn auch in Prüfungsaufgaben recht selten vorkommende – Subsidiarität besteht: Sollte es sich in der Hauptsache um eine Normenkontrolle nach § 47 I VwGO handeln, ist ein Eilantrag nach § 47 VI VwGO zu stellen.[1227] Dieser ist lex specialis zu § 123 I VwGO.

482 Subsidiarität auch zu § 47 VI VwGO

Somit bleiben noch vier denkbare Hauptsacherechtsbehelfe übrig: Verpflichtungsklage nach § 42 I 2. Fall VwGO, Feststellungsklage nach § 43 VwGO, allgemeine Leistungsklage und Fortsetzungsfeststellungsklage nach § 113 I 4 VwGO. Bei letzterer gibt es aber keinen vorläufigen Rechtsschutz. Dieser dient als Ausprägung des Anspruchs auf effektiven Rechtsschutz aus Art. 19 IV 1 GG (allein) dazu, dem Rechtsschutzsuchenden auch in Eilfällen zu seinem Recht zu verhelfen. Bei der Fortsetzungsfeststellungsklage hat sich der den Rechtsschutzsuchenden belastende Verwaltungsakt jedoch bereits erledigt, § 113 I 4 VwGO i.V.m. § 43 II VwVfG. Ein Eilinteresse kann nach Erledigung nicht mehr gegeben sein, weil der Verwaltungsakt nicht mehr wirksam ist und somit keine Beschwer mehr vorliegt. Zudem ist es eben nicht die Aufgabe des vorläufigen Rechtsschutzes, die Rechtswidrigkeit oder Rechtmäßigkeit eines Verwaltungsakts (schon gar nicht eines erledigten) abschließend zu klären. Deshalb sind Fortsetzungsfeststellungsanträge im vorläufigen Rechtsschutz per se unstatthaft.[1228]

483 Keine FF-Anträge im vorl. Rechtsschutz

Nach alledem bleibt für § 123 I VwGO festzuhalten: **484**

> **MERKSATZ**
> Ein Antrag nach § 123 I VwGO ist zu stellen, wenn in der Hauptsache eine Verpflichtungs-, Feststellungs- oder allgemeine Leistungsklage zu erheben ist.[1229]

1226 Kopp/Schenke, VwGO, § 123 Rn 1
1227 Schoch, JURA 2002, 318, 328
1228 OVG Koblenz, NVwZ-RR 1995, 572, 272; Schoch, JURA 2002, 37, 39
1229 Hummel, JuS 2011, 502, 502

B. Prüfungsschema: Antrag nach § 123 I VwGO

PRÜFUNGSSCHEMA

485   I. Zulässigkeit des Antrags
   1. Verwaltungsrechtsweg
   2. Statthafte Antragsart
   3. Antragsbefugnis
   4. Richtiger Antragsgegner
   5. Beteiligungs- und Prozessfähigkeit
   6. Allgemeines Rechtsschutzinteresse
II. Objektive Antragshäufung, Streitgenossenschaft, Beiladung
III. Begründetheit des Antrags
   1. Anordnungsanspruch
   2. Anordnungsgrund
   3. Glaubhaftmachung
   4. Ermessen des Gerichts

Dieser Aufbau ist identisch für die Sicherungsanordnung nach § 123 I 1 VwGO und die Regelungsanordnung nach § 123 I 2 VwGO. Soweit einzelne Prüfungspunkte u.U. entfallen können (insbesondere A.III. und A.VII.) wird darauf in der nachstehenden Systematik und Vertiefung hingewiesen.

C. Systematik und Vertiefung

I. ZULÄSSIGKEIT

1. Verwaltungsrechtsweg

Rechtsweg wie in der Hauptsache prüfen

486 Bei der Prüfung des Verwaltungsrechtswegs gibt es keinerlei Unterschiede zwischen dem vorläufigen Rechtsschutz nach § 123 I VwGO und dem Hauptsacheverfahren.[1230] Auf die dortigen Ausführungen wird daher Bezug genommen.[1231] Auch § 173 S. 1 VwGO i.V.m. § 17a II GVG gelten für Anträge nach § 123 I VwGO, sodass nicht etwa der Antrag unzulässig wird, sondern an das zuständige Gericht des zulässigen Rechtswegs zu verweisen ist, wenn es sich nicht um eine öffentlich-rechtliche Streitigkeit handeln sollte oder abdrängende Sonderzuweisungen existieren.[1232]

2. Statthafte Antragsart

Statthaftigkeit: Über § 122 VwGO gilt § 88 VwGO

487 Die statthafte Antragsart richtet sich auch im vorläufigen Rechtsschutz nach § 123 I VwGO nach dem Antragsbegehren, § 88 VwGO. Zwar ist § 88 VwGO wegen seiner systematischen Stellung im 9. Abschnitt der VwGO und seines Wortlauts („Klagebegehren") nicht unmittelbar im vorläufigen Rechtsschutz anwendbar; jedoch verweist § 122 VwGO für Beschlüsse auf § 88 VwGO, und im vorläufigen Rechtsschutz ergehen gem. § 123 IV VwGO immer Beschlüsse.[1233]

[1230] VGH München, BayVBl. 1987, 82, 83; Brühl, JuS 1995, 916, 917
[1231] Siehe Rn 40 ff.
[1232] OVG Greifswald, NVwZ 2001, 446, 447; Schoch, JURA 2002, 318, 321
[1233] Siehe Rn 318

> **MERKSATZ**
> Die statthafte Antragsart im vorläufigen Rechtsschutz bestimmt sich nach dem Begehren des Antragstellers, §§ 88, 122 VwGO.

a) Abgrenzung zum Hauptsacheverfahren

Einleitend sollte nach dieser Feststellung kurz zum Hauptsacheverfahren abgegrenzt werden. Wie oben bereits ausführlich dargestellt,[1234] liegt im vorläufigen Rechtsschutzverfahren stets ein besonderes Eilinteresse des Antragstellers vor. Dieses ist normalerweise so evident, dass es in wenigen Sätzen abgehandelt werden kann.

488 Abgrenzung zur Hauptsache

BEISPIEL: „Der Antragsteller begehrt, einstweilen weiter an den Sitzungen des Bauausschusses der Stadt S teilnehmen zu können, weil er seinen Ausschluss wegen Befangenheit nicht für gerechtfertigt hält. Die nächste Tagung des Ausschusses steht in zwei Wochen an, mithin bevor ein Hauptsacheverfahren abgeschlossen werden könnte. Dem Antragsbegehren entspricht daher nur ein Antrag im vorläufigen Rechtsschutz."

Ist die Fallfrage gar ausdrücklich auf den vorläufigen Rechtsschutz bezogen, ist auf die Abgrenzung zum Hauptsacheverfahren überhaupt nicht einzugehen.

BEISPIEL: Lautet die Fallfrage „Hat der Eilantrag des A Erfolg?" oder „Wie wird das Gericht über den vorläufigen Rechtsschutzantrag des A entscheiden?", so kann unter der Überschrift „Statthafte Antragsart" unmittelbar mit dem Satz „Die statthafte Antragsart richtet sich im vorläufigen Rechtsschutz nach dem Begehren des Antragstellers, §§ 88, 122 VwGO." begonnen werden.

b) Abgrenzung zum Aussetzungsverfahren nach §§ 80 V, 80a VwGO

Sodann sind die vorläufigen Rechtsschutzarten untereinander abzugrenzen. Das Anordnungsverfahren nach § 123 I VwGO ist wegen § 123 V VwGO subsidiär zum Aussetzungsverfahren nach §§ 80 V, 80a VwGO.[1235] Dies ist dem Prüfer mitzuteilen. Sodann ist die Prüfung „in Richtung des Aussetzungsverfahrens" vorzunehmen, d.h. zu fragen, ob der Vollzug eines belastenden Verwaltungsakts abgewehrt werden soll, was in aller Regel einer Anfechtungsklage in der Hauptsache entspricht. Ist dies nicht der Fall, bleibt - vom Exotenfall der Normenkontrolle abgesehen (dazu sogleich) - nur ein Antrag nach § 123 I VwGO übrig („Negativabgrenzung").

489 Abgrenzung zu §§ 80 V, 80a VwGO

> **KLAUSURHINWEIS**
> Sofern die Bestimmung des Hauptsachebegehrens problematisch ist, muss ausführlich abgegrenzt werden. Ist dies hingegen unproblematisch, genügen wiederum wenige Sätze.

1234 Siehe Rn 34
1235 Siehe Rn 324

BEISPIEL: Das Begehren eines Schaustellers ist auf Zuweisung eines Standplatzes auf der gemeindlichen Kirmes gerichtet, die kurz bevorsteht. Dann könnte wie folgt formuliert werden: „Innerhalb des vorläufigen Rechtsschutzes ist das Anordnungsverfahren nach § 123 I VwGO gem. § 123 V VwGO subsidiär zum Aussetzungsverfahren nach §§ 80 V, 80a VwGO. Letzteres ist statthaft, soweit der Vollzug eines belastenden Verwaltungsakts abgewehrt werden soll, d.h. mit einer Faustformel eine Anfechtungsklage in der Hauptsache statthaft ist. Hier begehrt der Antragsteller jedoch die Zuweisung eines Standplatzes auf der Kirmes, mithin ein begünstigendes Verwaltungshandeln, das in der Hauptsache mit einer Verpflichtungs- oder allgemeinen Leistungsklage zu erstreiten ist. Somit kommt im vorläufigen Rechtsschutz allein ein Antrag nach § 123 I VwGO in Betracht."

490 Dieses Formulierungsbeispiel zeigt auch, dass es für die Statthaftigkeit eines Antrags nach § 123 I VwGO irrelevant ist, ob es sich in der Hauptsache nun um eine Verpflichtungs-, Feststellungs- oder allgemeine Leistungsklage handelt. Alle drei führen zu § 123 I VwGO.

> **KLAUSURHINWEIS**
> Es ist daher gut vertretbar, die genaue Klageart jedenfalls an dieser Stelle noch offen zu lassen, insbesondere wenn sie nicht offensichtlich ist. Steht sie sicher fest, kann man sie aber auch beruhigt benennen. Schon in der Antragsbefugnis,[1236] spätestens aber beim richtigen Antragsgegner[1237] kommt sie ohnehin zur Sprache, da sich bei der Prüfung dieser Punkte Unterschiede zwischen Verpflichtungsklage, allgemeiner Leistungsklage und Feststellungsklage ergeben können.

c) Abgrenzung zum Antrag nach § 47 VI VwGO

Abgrenzung zu § 47 VI VwGO

491
> **KLAUSURHINWEIS**
> Das Verfahren nach § 47 VI VwGO kommt in Prüfungsaufgaben nur äußerst selten vor. Es findet in der statthaften Antragsart daher normalerweise keinerlei Erwähnung.

Sollte es aber doch einmal ernsthaft in Betracht kommen, weil das Hauptsachebegehren tatsächlich auf eine Normenkontrolle nach § 47 I VwGO gerichtet ist, ist es ebenso wie das Aussetzungsverfahren nach §§ 80 V, 80a VwGO spezieller als der Antrag nach § 123 I VwGO und verdrängt diesen daher, mag diese Subsidiarität in § 123 V VwGO auch nicht explizit erwähnt sein.[1238]

d) Abgrenzung von Sicherungs- und Regelungsanordnung

492 Innerhalb des § 123 I VwGO sind schließlich zwei Arten der einstweiligen Anordnung zu unterscheiden: Die Sicherungsanordnung nach § 123 I 1 VwGO und die Regelungsanordnung nach § 123 I 2 VwGO.

[1236] *Siehe Rn 496*
[1237] *Siehe Rn 500*
[1238] *VGH Mannheim, NVwZ 2001, 827, 827; Schoch, JURA 2002, 318, 328*

Nach § 123 I 1 VwGO ist eine einstweilige Anordnung zulässig, „wenn die Gefahr besteht, dass durch eine Veränderung des bestehenden Zustands die Verwirklichung eines Rechts des Antragstellers vereitelt oder wesentlich erschwert werden könnte". Die Veränderung des bestehenden Zustands stellt also für die Rechte des Antragstellers eine „Gefahr" dar. Er möchte m.a.W. den bestehenden Zustand - seinen status quo - erhalten. Man spricht von einer „Sicherungsanordnung".

493 Sicherungsanordnung, § 123 I 1 VwGO

BEISPIEL: Eigentümer E hat aus der Zeitung erfahren, dass die Gemeinde vor seinem Haus einen Glascontainer aufstellen will. Er fürchtet um seine Ruhe und stellt einen gerichtlichen Eilantrag. Hier geht es ihm um den Erhalt des status quo, statthaft ist eine Sicherungsanordnung nach § 123 I 1 VwGO.

Demgegenüber erlaubt § 123 I 2 VwGO eine einstweilige Anordnung „zur Regelung eines vorläufigen Zustands in Bezug auf ein streitiges Rechtsverhältnis". Es soll also ein Zustand vorläufig herbeigeführt werden, der noch nicht existiert. Diese „Regelungsanordnung" dient m.a.W. der Veränderung des status quo.

494 Regelungsanornung, § 123 I 2 VwGO

BEISPIEL: Eigentümer E kann wegen des von einem benachbarten Lokal ausgehenden Lärms nicht mehr schlafen. Da die zuständige Behörde untätig bleibt, stellt er vor Gericht einen Eilantrag, wonach sie zum Einschreiten verpflichtet werden soll. Hier geht es E gerade nicht um den Erhalt, sondern um eine Veränderung des status quo. Statthaft ist eine Regelungsanordnung nach § 123 I 2 VwGO.

Die Veränderung kann (und wird vielfach) in einer Erweiterung der Rechtsposition des Antragstellers bestehen.

BEISPIEL: Der Antragsteller möchte einstweilen zum Unterricht in der nächsten Jahrgangsstufe zugelassen werden, bis in der Hauptsache über seine Versetzung endgültig entschieden worden ist.[1239]

MERKSATZ
Eine **Sicherungsanordnung** nach §123 I 1 VwGO dient dem **Erhalt des status quo**, eine **Regelungsanordnung** nach § 123 I 2 VwGO der **Veränderung des status quo**.

Manchmal ist die Abgrenzung nicht so eindeutig möglich, wie es die obigen Beispiele suggerieren.[1240] Vor allem dann nicht, wenn eine Veränderung angestrebt wird, die letztlich dem Erhalt des Vorhandenen dienen soll, also nur Mittel zum Zweck ist.

495 Problemfälle

1239 Fall nach OVG Lüneburg, NVwZ-RR 2011, 241 ff.
1240 Zur Abgrenzung im Einzelnen: Huba, JuS 1990, 983, 983; Erichsen, JURA 1984, 644, 646

BEISPIEL: Kronzeuge K wird von der Mafia bedroht und beantragt daher bei der Polizei die Aufnahme in ein Zeugenschutzprogramm. Die Entscheidung darüber zieht sich hin. Um zu verhindern, dass er zwischenzeitlich Opfer eines Attentats wird, beantragt K bei Gericht, die Polizei einstweilen zu Zeugenschutzmaßnahmen zu verpflichten. Hier geht es K einerseits um den Erhalt seines status quo (Leben, Gesundheit), andererseits um eine Veränderung desselben (Herbeiführung von bisher nicht vorhandenen Schutzmaßnahmen).

In der Praxis wird die Abgrenzung in Problemfällen vielfach offen gelassen, da Sicherungs- und Regelungsanordnung sich im weiteren Gutachten kaum unterscheiden.[1241] In Ausbildung und Prüfung wird jedoch eine Festlegung erwartet.[1242] Diese sollte sich streng am Antragsbegehren nach §§ 88, 122 VwGO orientieren: Was will der Antragsteller in diesem Verfahren vom Antragsgegner, Erhalt oder Veränderung?[1243] Mittelbar-faktische Folgen und Ziele sollten demgegenüber außer Betracht bleiben.

BEISPIEL: Ein Landwirt, der vorläufig einen Erweiterungsbau genehmigt haben möchte, weil er nur durch Vergrößerung seines Betriebes eine Insolvenz verhindern kann, erhofft sich mittelbar zwar den Erhalt seiner Existenz. Im konkreten Prozessrechtsverhältnis geht es ihm jedoch um die Erteilung einer Genehmigung, die er noch nicht hat. Statthaft ist also eine Regelungsanordnung nach § 123 I 2 VwGO. Auch im obigen Kronzeugenfall möchte K in den Genuss von Schutzmaßnahmen kommen, die ihm gegenwärtig noch nicht zuteil werden. Er muss somit einen Antrag nach § 123 I 2 VwGO stellen. Dass er sich dadurch Schutz vor der Mafia erhofft, bleibt als mittelbar-faktische Folge des begehrten staatlichen Handelns außer Betracht.

3. Antragsbefugnis

§ 42 II VwGO analog

496 Der Antragsteller muss analog § 42 II VwGO antragsbefugt sein.[1244] Es gilt also der Prüfungsmaßstab der Hauptsache, wonach bereits die Möglichkeit einer Rechtsverletzung genügt (sog. **„Möglichkeitstheorie"**).[1245] Auf eine Glaubhaftmachung kommt es hier - anders als in der Begründetheit - folglich nicht an.[1246] Zu beachten ist jedoch, dass sich - spiegelbildlich zur Begründetheit - die Möglichkeit eines Anordnungsanspruchs *und* eines Anordnungsgrunds als möglich erweisen muss.[1247]

a) Anordnungsanspruch

497 **KLAUSURHINWEIS**
Den Prüfungsschwerpunkt bildet die Geltendmachung des Anordnungsanspruchs, also eines subjektiv-öffentlichen Rechts des Antragstellers.

1241   Vgl. z.B. VGH München, NVwZ 2001, 828, 829; OVG Münster, NVwZ-RR 1993, 234, 235
1242   Schoch, JURA 2002, 318, 321; Brühl, JuS 1995, 916, 917
1243   Zur Auslegung des Antrags vgl. VGH München, NVwZ-RR 1999, 641, 641; OVG Münster, NVwZ-RR 1993, 234, 235; VGH Mannheim, VBlBW 1992, 152, 153
1244   VGH München, BayVBl. 1998, 597, 598; Debus, JURA 2006, 487, 490; Kramer, JuS 2005, 1015, 1018
1245   Schoch, JURA 2002, 318, 322; zur Möglichkeitstheorie siehe Rn 101
1246   Kopp/Schenke, VwGO, § 123 Rn 20; Hummel, JuS 2011, 502, 503; a.A. nur Brühl, JuS 1995, 916, 918
1247   Hummel, JuS 2011, 502, 503; Brühl, JuS 1995, 916, 917

Dabei ist nochmals darauf hinzuweisen, dass es sich in der Hauptsache nicht um eine Anfechtungsklage handeln kann, die ja zu einem Antrag nach §§ 80 V 1, 80a VwGO führen würde. Vielmehr wird es sich vielfach um eine Verpflichtungs- oder allgemeine Leistungsklage handeln. Das geltend zu machende subjektiv-öffentliche Recht muss folglich ein Leistungsrecht (also eine Anspruchsgrundlage) sein. Grundrechte als bloße Abwehrrechte gegen den Staat eignen sich hierzu im Normalfall nicht. Schon gar nicht darf mit der sog. **„Adressatentheorie"** gearbeitet werden, wonach der Adressat eines belastenden Verwaltungsakts zumindest geltend machen kann, in seiner allgemeinen Handlungsfreiheit aus Art. 2 I GG verletzt zu sein. Im Verfahren nach § 123 I VwGO geht es nicht darum, einen belastenden Verwaltungsakt abzuwehren, sondern darum, kurzfristig in den Genuss einer staatlichen Leistung in Form eines Verwaltungsakts oder eines schlichten Verwaltungshandelns zu kommen

Prüfung bei Verpflichtungs- und allg. Leistungsklage

BEISPIEL: Möchte ein Schausteller einen Zugangsanspruch zu einer festgesetzten Kirmes gerichtlich durchsetzen, mag er auf seinen Antrag hin einen Ablehnungsbescheid erhalten haben. Darin liegt auch ein belastender Verwaltungsakt. Ihm wäre aber nicht damit gedient, diesen anzufechten. Vielmehr muss er eine positive Zugangsentscheidung erzwingen. Grundrechte als Abwehrrechte könnten ihm eine solche nicht vermitteln. Schon gar nicht würde es ihm nutzen, sich auf den Vortrag zu beschränken, er sei Adressat eines ablehnenden Bescheides. Stattdessen müsste er in der Hauptsache ebenso wie im Verfahren nach § 123 I VwGO einen Anspruch auf Zugang geltend machen, der sich etwa aus § 70 I GewO ergeben könnte.

Besonders zu denken ist an die gewohnheitsrechtlich anerkannten Rechtsinstitute des öffentlich-rechtlichen Folgenbeseitigungs- und Unterlassungsanspruchs,[1248] da diese gut auf die Abwehr staatlichen Handelns bzw. die Beseitigung der Folgen desselben (z.B. Emissionen) passen. Dies ist ein beliebtes Klausurthema im vorläufigen Rechtsschutz.

BEISPIELE: Der Stadtrat hat beschlossen, vor dem Haus des X einen Glascontainer aufzustellen. Möchte X die drohende Umsetzung dieses Ratsbeschlusses schnell noch verhindern, folgte die Antragsbefugnis für eine Sicherungsanordnung nach § 123 I 1 VwGO aus dem (vorbeugenden) öffentlich-rechtlichen Unterlassungsanspruch. Stünde der Container bereits vor dem Haus des X, und begehrte dieser Versetzung desselben, könnte er die Antragsbefugnis für seine Regelungsanordnung nach § 123 I 2 VwGO auf den öffentlich-rechtlichen Folgenbeseitigungsanspruch stützen.

Seltener wird es sich in der Hauptsache um eine Feststellungsklage handeln. Auch in diesem Fall wird das streitige Rechtsverhältnis aber nicht durch einen Verwaltungsakt begründet sein, sodass auch hier die Adressatentheorie keine Anwendung finden wird. Wäre es anders, wäre nicht die Feststellungs-, sondern die Anfechtungsklage einschlägig, sodass im vorläufigen Rechtsschutz auf §§ 80 V 1, 80a VwGO zurückzugreifen wäre. Dies ist keine Frage der Antragsbefugnis, sondern der statthaften Antragsart.

498 *Prüfung bei Feststellungsklage*

1248 Vgl. hierzu z.B. BVerwGE 82, 24, 25; 69, 366, 370; Schoch, JURA 1993, 478, 478 ff.

BEISPIEL: E wird durch sofort vollziehbaren Bescheid der Stadt S die Ehrenbürgerschaft entzogen, weil er ein Verbrechen begangen haben soll. Er bestreitet dies und begehrt im vorläufigen Rechtsschutz „Feststellung, dass er den Titel des Ehrenbürgers vorläufig weiterhin führen darf". Hier wäre das Antragsbegehren bereits in der statthaften Antragsart nach §§ 88, 122 VwGO dahingehend auszulegen, dass sein wahres Begehren nicht auf „Feststellung", sondern nur auf Anfechtung des Rücknahmebescheids gerichtet sein kann. Statthaft wäre also nicht ein Antrag nach § 123 I VwGO, sondern nach § 80 V 1 2. Hs. VwGO auf Wiederherstellung der aufschiebenden Wirkung seines Hauptsacherechtsbehelfs gegen den Rücknahmebescheid.

Handelt es sich tatsächlich um eine Feststellungsklage, weil das streitige Rechtsverhältnis nicht durch Verwaltungsakt, sondern z.B. durch Gesetz begründet wird, kommen allerdings durchaus Grundrechte als subjektiv-öffentliche Rechte in Betracht, weil es in diesen Fällen häufig nicht um die Erzwingung einer Leistung geht.

BEISPIEL: Moslem M möchte festgestellt haben, dass er für das Schächten eines Opferlamms anlässlich des kurz bevorstehenden Opferfestes keine Genehmigung benötigt. Nach § 4a II Nr. 2 TierschG ist eine solche erforderlich. Die Norm könnte jedoch wegen eines Verstoßes gegen die Glaubensfreiheit der Moslems aus Art. 4 I, II GG verfassungswidrig sein.[1249] Somit ließe sich eine Antragsbefugnis des M aus Art. 4 I, II GG herleiten.

> **MERKSATZ**
> Die Prüfung der Antragsbefugnis bei § 123 I VwGO entspricht der Verpflichtungs-, allgemeinen Leistungs- oder Feststellungsklage, nicht der Anfechtungsklage.

b) Anordnungsgrund

Anordnungsgrund knapp halten!

499 Die Literatur betont immer wieder, dass auch die Möglichkeit eines Anordnungsgrunds zur Antragsbefugnis gehört.[1250] Vertiefende Ausführungen hierzu sind in Prüfungsaufgaben aber in aller Regel nicht erforderlich, denn der Anordnungsgrund liegt stets in der besonderen Eilbedürftigkeit der Sache,[1251] und Prüfungsfälle, in denen vorläufiger Rechtsschutz begehrt wird, obwohl die Sache nicht eilt, sind extrem selten.

> **KLAUSURHINWEIS**
> Im Normalfall ist daher nur in einem kurzen Satz festzustellen, dass ein Hauptsacherechtsbehelf möglicherweise zu spät kommt und daher nicht von vornherein ausgeschlossen werden kann, dass der Antragsteller auf die Gewährung vorläufigen Rechtsschutzes angewiesen ist.

1249 § 4a TierschG ist i.E. allerdings nicht verfassungswidrig, da durch den Tierschutz aus Art. 20a GG als verfassungsimmanente Schranke der Glaubensfreiheit gerechtfertigt, vgl. BVerfG, NJW 2002, 663, 663 ff.; BVerwG, NVwZ 2007, 461, 461 ff. = RA 2007, 198, 198 ff.
1250 Kopp/Schenke, VwGO, § 123 Rn 20; Hummel, JuS 2011, 502, 503
1251 OVG Schleswig, NJW 2000, 3440, 3440; Hummel, JuS 2011, 502, 503

4. Richtiger Antragsgegner

Der richtige Antragsgegner bestimmt sich nach dem richtigen Beklagten in der Hauptsache.[1252] Verfehlt ist es daher, pauschal auf eine Analogie zu § 78 VwGO zu verweisen.[1253] Richtig ist dies vielmehr nur, wenn es sich in der Hauptsache um eine Verpflichtungsklage handelt. Ist hingegen eine allgemeine Leistungs- oder Feststellungsklage zu erheben, käme nicht § 78 VwGO analog, sondern - wie in der Hauptsache - das allgemeine Rechtsträgerprinzip zur Anwendung.[1254]

500 Antragsgegner = Beklagter in der Hauptsache

MERKSATZ
Ist in der Hauptsache eine Verpflichtungsklage statthaft, richtet sich der richtige Antragsgegner nach § 78 VwGO analog. Ist eine allgemeine Leistungs- oder Feststellungsklage statthaft, richtet er sich nach dem allgemeinen Rechtsträgerprinzip.

5. Beteiligungs- und Prozessfähigkeit

Für die Beteiligungs- und Prozessfähigkeit gelten unmittelbar die §§ 61 ff. VwGO.[1255] **501**

6. Allgemeines Rechtsschutzinteresse

Der Prüfung des allgemeinen Rechtsschutzinteresses kommt bei § 123 I VwGO - anders als bei §§ 80 V 1, 80a VwGO - kaum Bedeutung zu.[1256] Es ist lediglich die allgemeine Voraussetzung zu beachten, dass es keinen „einfacheren, besseren, schnelleren Weg zum Erfolg" geben darf, und auch diese Floskel darf nicht dazu verleiten, an anderer Stelle vorzunehmende Prüfungen in das allgemeine Rechtsschutzinteresse zu verlagern.

502 Prüfung knapp halten

BEISPIELE: Das notwendige Eilinteresse gehört in die Antragsbefugnis und in den Anordnungsgrund, nicht in das allgemeine Rechtsschutzinteresse. Auch die Frage nach der Zulässigkeit einer Vorwegnahme der Hauptsache ist eine materielle Frage und daher in der Begründetheit anzusprechen, nicht schon in der Zulässigkeit.[1257]

Als „einfacheres, schnelleres, besseres Mittel" zum Erfolg kommt vor allem ein vorheriger Antrag an die Behörde in Betracht.[1258] Fehlt er, entfällt das allgemeine Rechtsschutzinteresse aber auch nicht automatisch, sondern nur, wenn die Umstände einen vorherigen Antrag zuließen, d.h. Zeit genug dafür war und er dem Antragsteller nicht als von vornherein aussichtslos erscheinen musste.[1259]

503 Vorheriger Antrag an die Behörde?

Keinesfalls muss - wie schon § 123 I 1 VwGO explizit klarstellt - parallel in der Hauptsache geklagt werden.[1260] Einzige Einschränkung: Lässt der Antragsteller in der Hauptsache einen gegen ihn ergangenen Ablehnungsbescheid bestandskräftig werden, entfällt auch sein Rechtsschutzinteresse für einen Eilantrag nach § 123 I VwGO.[1261]

504 Klage in der Hauptsache?

1252 Debus, JURA 2006, 487, 490
1253 Wie z.B. bei Schoch, JURA 2002, 318, 322; Erichsen, JURA 1984, 644, 649
1254 Siehe Rn 274
1255 Siehe Rn 138
1256 Schoch, JURA 2002, 318, 322
1257 Schoch, JURA 2002, 318, 322
1258 Debus, JURA 2006, 487, 491; Berger, JA 2005, 377, 382
1259 OVG Münster, NVwZ-RR 2010, 437, 437; Kopp/Schenke, VwGO, § 123 Rn 22
1260 Kopp/Schenke, VwGO, § 123 Rn 18
1261 VGH Kassel, NVwZ-RR 1991, 199, 199

BEISPIEL: Selbst wenn ein Ablehnungsbescheid in der Welt ist, muss dieser also nicht zwingend mit Widerspruch oder Klage angefochten worden sein.[1262] Allerdings sollte der Betroffene seinen Antrag nach § 123 I VwGO dann tunlichst vor Ablauf der Widerspruchs- bzw. Klagefrist der §§ 70, 74 VwGO stellen.

II. OBJEKTIVE ANTRAGSHÄUFUNG, STREITGENOSSENSCHAFT, BEILADUNG

505 Fälle der objektiven Antragshäufung, Streitgenossenschaft und Beiladung sind im Verfahren nach § 123 VwGO selten. Soweit sie vorkommen, gelten die Vorschriften zur Hauptsache (§ 44 VwGO, § 64 VwGO i.V.m. §§ 59 ff. ZPO und § 65 VwGO) analog.[1263]

III. BEGRÜNDETHEIT

506 **MERKSATZ**
Der Antrag nach § 123 I VwGO ist **begründet**, soweit der Antragsteller einen Anordnungsanspruch und einen Anordnungsgrund glaubhaft gemacht hat, §§ 123 III VwGO i.V.m. 920 II ZPO.[1264]

Die Prüfung erfolgt also zunächst dreistufig: Anordnungsanspruch, Anordnungsgrund, Glaubhaftmachung. Sollten diese Voraussetzungen vorliegen, stellt sich abschließend die Frage, ob das Gericht dann eine einstweilige Anordnung erlassen muss, oder, wie das Wort „kann" in § 123 I 1 VwGO und der Verweis des § 123 III VwGO auf § 938 ZPO suggerieren - ihm insoweit noch ein Ermessen zukommt. Dieser Umstand bleibt im Obersatz aber üblicherweise unerwähnt.[1265]

> **KLAUSURHINWEIS**
> Für den Obersatz und den Prüfungsaufbau ist es ohne Belang, ob es sich um eine Sicherungsanordnung nach § 123 I 1 VwGO oder eine Regelungsanordnung nach § 123 I 2 VwGO handelt.

1. Anordnungsanspruch

Materielle Ansprüche prüfen

507 Unter dem Anordnungsanspruch ist zu prüfen, ob dem Antragsteller das materielle Recht, auf das er sich beruft, mit überwiegender Wahrscheinlichkeit tatsächlich zusteht, er also am Ende auch die Hauptsache gewinnen wird.[1266]

> **KLAUSURHINWEIS**
> Sind mehrere Anspruchsgrundlagen ersichtlich, sind selbstverständlich alle zu prüfen, und zwar aus Gründen der gutachterlichen Vollständigkeit sogar dann, wenn mehr als eine zum Erfolg führt.

1262 VGH München, BayVBl. 1995, 373, 374; Hummel, JUS 2011, 502, 503; Mückl, JA 2000, 329, 331
1263 Vgl. Rn 150 ff. (obj. Antragshäufung), Rn 154 ff. (Streitgenossenschaft) und Rn 157 ff. (Beiladung).
1264 BVerwG, DVBL 2001, 402, 402; OVG Weimar, LKV 2001, 140, 141; OVG Münster, DVBL 2001, 820, 821
1265 Vgl. die Formulierungen bei Hummels, JuS 2011, 502, 503; Schoch, JURA 2002, 318, 322.
1266 VGH Kassel, NVwZ-RR 2001, 366, 366; NVwZ 2000, 92, 93; OVG Greifswald, NJW 1998, 2622, 2623

Zwar erfolgt die materielle Anspruchsprüfung in der Praxis - wie immer im vorläufigen Rechtsschutz - nur summarisch, also überschlägig.[1267] Da in Klausuren jedoch i.d.R. von einem unstreitigen, feststehenden Sachverhalt auszugehen ist, darf dieser Umstand keinesfalls dazu verleiten, ein nur oberflächliches Gutachten anzufertigen[1268] oder sich gar auf eine reine Folgenlastabwägung unter Außerachtlassung der rechtlichen Gegebenheiten zurückzuziehen.[1269] Vielmehr findet unter dem „Anordnungsanspruch" eine vollumfängliche materielle Prüfung statt, welche regelmäßig den Schwerpunkt der ganzen Klausur ausmacht. Dies gilt auf Tatbestands- und Rechtsfolgenseite der Anspruchsgrundlage gleichermaßen. Neben dem Vorliegen der Tatbestandsmerkmale wäre also z.B. auch eine Ermessensreduzierung auf null zu prüfen, wenn es sich bei der Anspruchsgrundlage nur um eine Ermessensnorm handelt.[1270]

508 Strikte Prüfung wie in der Hauptsache

MERKSATZ
Der **Anordnungsanspruch** wird im selben Umfang geprüft wie die Begründetheit der Verpflichtungs-, allgemeinen Leistungs- oder Feststellungsklage in der Hauptsache.

Der maßgebliche Beurteilungszeitpunkt ist dabei auch derselbe wie in der Hauptsache,[1271] also normalerweise der Zeitpunkt der Entscheidung des Gerichts über den Antrag.[1272]

509 Maßgeblicher Zeitpunkt

BEISPIEL: Ist der Anspruch von einer Mitwirkungshandlung des Antragstellers abhängig (z.B. Leistung Zug um Zug, Beibringung von Bescheinigungen usw.), müssen diese nicht schon bei Antragstellung vorliegen. Er kann sich damit vielmehr bis zur Entscheidung des Gerichts Zeit lassen.

KLAUSURHINWEIS
In Praxis und Prüfung spielt dies allerdings kaum eine Rolle. Da der Antragsteller nicht wissen kann, wann das Gericht entscheiden wird – er kann ja wegen § 123 IV, 101 III VwGO noch nicht einmal sicher sein, dass es überhaupt noch eine mündliche Verhandlung gibt, in der er weiter vortragen könnte - ist ihm dringend zu empfehlen, bereits bei Antragstellung alle Anspruchsvoraussetzungen glaubhaft zu machen.

Die Tatsache, dass unter dem „Anordnungsanspruch" die materielle Rechtsprüfung vorgenommen wird, leitet sich bei der Sicherungsanordnung aus dem „Recht des Antragstellers" in § 123 I 1 VwGO und bei der Regelungsanordnung aus dem „streitigen Rechtsverhältnis" in § 123 I 2 VwGO ab.[1273] Dies darf im Gutachten erwähnt werden, unterschiedliche Prüfungsmaßstäbe sind damit nach h.M. aber nicht verbunden.[1274]

510 Unterscheidung von § 123 I 1 VwGO und § 123 I 2 VwGO?

1267 VGH Mannheim, NVwZ-RR 2000, 303, 304; VGH München, DVBL 2000, 1140, 1141
1268 Schoch, JURA 2002, 318, 323
1269 Hummel, JuS 2011, 502, 503
1270 VGH Mannheim, VBlBW 2001, 228, 229; Schoch, JURA 2002, 318, 323
1271 Hummel, JuS 2011, 502, 504
1272 Kopp/Schenke, VwGO, § 123 Rn 27 mwN.
1273 Schoch, JURA 2002, 318, 323
1274 Kopp/Schenke, VwGO, § 123 Rn 25; Sodan/Ziekow-Puttler, VwGO, § 123 Rn 87

BEISPIELE: Für die Sicherungsanordnung: „Fraglich ist, ob ein ‚Recht des Antragstellers' i.S.v. § 123 I 1 VwGO besteht, er also einen Anspruch auf Sicherung seiner Rechtsstellung hat. Anspruchsgrundlage hierfür könnte [...] sein." Für die Regelungsanordnung: „Fraglich ist, ob das ‚streitige Rechtsverhältnis' i.S.v. § 123 I 2 VwGO besteht, der Antragsteller also einen Anspruch aus [...] auf [...] hat."

Zwar wird in der Literatur gelegentlich etwas anderes postuliert. So soll z.B. bei der Regelungsanordnung ein höherer Grad an Wahrscheinlichkeit notwendig sein als bei der Sicherungsanordnung, weil es dort nicht nur um den Erhalt des status quo, sondern um dessen Erweiterung gehe.[1275] Diese Versuche haben sich aber allesamt bisher nicht durchsetzen können. Dagegen sprechen auch gute Gründe: Erstens lässt sich dem gesetzgeberischen Willen eine solche Unterscheidung nicht entnehmen, und zweitens bereitet die Abgrenzung von Sicherungs- und Regelungsanordnung vielfach Probleme,[1276] weshalb ein unterschiedlicher Prüfungsmaßstab kaum praktikabel wäre.[1277]

> **KLAUSURHINWEIS**
> In Prüfungsaufgaben ist - wie erwähnt - in aller Regel sowieso nicht summarisch, sondern strikt zu prüfen. Das Eingehen auf unterschiedliche Grade von Wahrscheinlichkeit ist dort also ohnehin obsolet. Man sollte daher kommentarlos die materiellen Ansprüche voll durchprüfen, gleichgültig, ob es sich um eine Sicherungs- oder Regelungsanordnung handelt.

2. Anordnungsgrund

Eilinteresse genügt

511 Auch beim Anordnungsgrund gibt es bei der Sicherungsanordnung einen anderen Anknüpfungspunkt als bei der Regelungsanordnung. In § 123 I 1 VwGO ist von einer „Gefahr" der Verschlechterung des status quo die Rede, während in § 123 I 2 VwGO eine einstweilige Anordnung „nötig" erscheinen muss. Und ähnlich wie beim Anordnungsanspruch wird auch hier teilweise versucht, aus diesen unterschiedlichen Formulierungen einen unterschiedlichen Prüfungsmaßstab herauszulesen.[1278] Hierzu lässt sich jedoch wiederum sagen, dass diese Versuche allesamt untauglich sind. In beiden Fällen der einstweiligen Anordnung bedarf es eines besonderen Eilinteresses, nicht mehr und nicht weniger.

> **MERKSATZ**
> Liegt ein **besonderes Eilinteresse** vor, droht die „Gefahr" einer Rechtsvereitelung i.S.v. § 123 I 1 VwGO und ist eine einstweilige Anordnung „nötig" i.S.v. § 123 I 2 VwGO.

1275 So z.B. Schoch, JURA 2002, 318, 324, wonach für § 123 I 1 VwGO bereits eine gleiche, für § 123 I 2 VwGO hingegen nur eine überwiegende Wahrscheinlichkeit des Bestehens eines Anspruchs in der Hauptsache ausreichen soll; in diese Richtung tendierend auch Hummel, JuS 2011, 502, 503.
1276 Siehe Rn 492
1277 Lorenz, VerwProzessR, § 29 Rn 25
1278 So z.B. bei Hummel, JuS 2011, 502, 504

Ein hinreichendes Eilinteresse in diesem Sinne ist gegeben, wenn die Hauptsache zu spät käme, eine Verweisung des Antragstellers auf selbige also einer Rechtsvereitelung (oder zumindest wesentlichen Erschwernis) gleichkäme, die mit der Garantie effektiven Rechtsschutzes aus Art. 19 IV 1 GG nicht zu vereinbaren wäre.[1279] Wie bereits oben zur Antragsbefugnis erwähnt, wird dies in Prüfungsaufgaben in aller Regel unproblematisch gegeben sein. Man sollte sich dann auf wenige Sätze beschränken.

Entscheidende Frage: Käme die Hauptsache zu spät?

Etwas anderes gilt allerdings, wenn das Antragsbegehren auf eine „Vorwegnahme der Hauptsache" oder gar auf ein „Mehr als in der Hauptsache" abzielt.[1280] Dann muss schon an dieser Stelle besonders sauber geprüft werden, ob hieran tatsächlich ein besonderes Eilinteresse besteht.

BEISPIEL: Im beamtenrechtlichen Konkurrentenstreit[1281] wird man niemals (per Regelungsanordnung) eine eigene Ernennung im Wege der einstweiligen Anordnung erreichen können, sondern immer nur (per Sicherungsanordnung) die Ernennung eines Konkurrenten verhindern können.

Maßgeblicher Prüfungszeitpunkt ist hier ebenso wie beim Anordnungsanspruch die Entscheidung des Gerichts.[1282] Nach Antragstellung bekannt werdende Umstände sind also zu berücksichtigen.

512 *Maßgeblicher Zeitpunkt*

BEISPIEL: Begehrt der Antragsteller Zulassung zur Universität X, und ist ihm nach Antragstellung ein Studienplatz im selben Studiengang der Universität Y zugewiesen worden, kann das Eilinteresse entfallen und der Antrag mangels eines Anordnungsgrundes daher abzulehnen sein.

3. Glaubhaftmachung

Die Glaubhaftmachung ist in § 123 III VwGO i.V.m. §§ 920 II, 294 ZPO geregelt. Nach § 294 ZPO kann sich der Antragsteller aller Beweismittel bedienen und zur Versicherung an Eides statt zugelassen werden.

513

a) Anforderungen an die Glaubhaftmachung

Beweismittel im Sinne des § 294 ZPO sind alle Beweismittel der §§ 355-455 ZPO, also vor allem Sachverständigengutachten, Augenscheinnahme, eidliche Parteivernehmung, Urkunden und Zeugenaussagen („SAPUZ"). Die Beweismittel müssen für das Gericht unmittelbar präsent sein.[1283]

514 *Strengbeweismittel oder eidesstattliche Versicherung (eV)*

BEISPIELE: Urkunden und Gutachten sind dem Antrag beizufügen, Zeugen auch ohne Ladung zum Termin mitzubringen. Die Bezugnahme auf nicht vorgelegte Urkunden oder die Benennung nicht präsenter Zeugen im Termin genügt nicht.

1279 OVG Schleswig, NJW 2000, 3440, 3440; VGH Kassel, NVwZ-RR 1993, 386, 387; Schoch, JURA 2002, 318, 325
1280 Einzelheiten dazu siehe Rn 521 (Vorwegnahme der Hauptsache), 528 (Mehr als in der Hauptsache)
1281 Hierzu ausführlich Wernsmann, DVBl 2005, 276, 280; vgl. ferner VGH Kassel, NVwZ-RR 1996, 49, 49 f.; Schoch, JURA 2002, 318, 319 f.
1282 OVG Greifswald, LKV 2000, 539, 540; Kopp/Schenke, VwGO, § 123 Rn 27; Knorr/Schultz DÖV 1981, 792, 794
1283 Zöller-Greger, ZPO, § 294 Rn 3

eV formfrei möglich

515 Eine eidesstattliche Versicherung kann formlos abgegeben werden, also schriftlich, mündlich oder auch per Telefax.[1284] Das Gesetz fordert keine Form. Zu beachten ist insoweit nur, dass sie sich nicht lediglich in einem Verweis erschöpfen darf („ich versichere an Eides statt, dass alle vorgenannten Tatsachen richtig sind"), sondern selbst die versicherten Tatsachen nennen muss.[1285] Hierauf ist besonders im zweiten juristischen Staatsexamen zu achten, wenn die in der Akte befindliche eidesstattliche Versicherung zu würdigen ist.

> **MERKSATZ**
> Die Glaubhaftmachung bezieht sich auf Anordnungsanspruch und Anordnungsgrund. Nur wenn **beide** glaubhaft gemacht sind, hat der Antragsteller seinen Pflichten aus §§ 123 III VwGO i.V.m. 920 II, 294 ZPO genügt.

In Prüfungsaufgaben zum ersten juristischen Staatsexamen wird dies in der Regel unproblematisch der Fall sein. Entweder gibt der Bearbeitervermerk vor, dass die Formalien in Ordnung sind, wozu dann auch die Glaubhaftmachung gehört, oder sie ist im Sachverhalt explizit erwähnt. Im zweiten juristischen Staatsexamen genügt ein Blick in die Akte, um festzustellen, ob dem Antrag eine eidesstattliche Versicherung beigefügt war (so liegt es in praxi in den weitaus meisten Fällen) oder Beweis angetreten wurde.

b) Ausnahmen und Einschränkungen

Unterschied: Tatsachen- und Rechtsvortrag

516 Fehlt es an einer hinreichenden Glaubhaftmachung, so gibt es noch folgenden Rettungsweg: Da nur streitige Tatsachen bewiesen werden müssen, müssen auch nur diese glaubhaft gemacht werden. Die Pflicht zur Glaubhaftmachung bezieht sich also nicht auf Unstreitiges oder gar auf Rechtsvortrag.[1286] Diese Erkenntnis ist gerade im ersten juristischen Staatsexamen wertvoll, denn dort ist in aller Regel der gesamte Sachverhalt unstreitig.

> **BEISPIEL:** Wird der Antrag auf Bewilligung einer Subvention abgelehnt, und beruft sich die Behörde lediglich darauf, dass die materiellen Bewilligungsvoraussetzungen nicht vorliegen, ist die Antragstellung unstreitig und muss daher nicht glaubhaft gemacht werden.

§ 86 I VwGO beachten

517 Fehlt es an einer Glaubhaftmachung, und ist die betreffende Tatsache streitig, mag der Untersuchungsgrundsatz des § 86 I VwGO einen letzten Ausweg bieten. Dieser wird zwar durch die Pflicht zur Glaubhaftmachung eingeschränkt, gilt aber auch im Verfahren nach § 123 I VwGO.[1287] Jedenfalls wenn sich dem Gericht die Richtigkeit einer Behauptung aufdrängen muss, ist eine fehlende Glaubhaftmachung daher auch unschädlich.[1288]

1284 Zöller-Greger, ZPO, § 294 Rn 3; BayObLG, NJW 1996, 406, 407
1285 BGH, NJW 1996, 1682, 1682; NJW 1988, 2045, 2045
1286 VGH München, NVwZ-RR 2001, 477, 477; OVG Lüneburg, NVwZ-RR 1998, 205, 205; Hummel, JuS 2011, 502, 503
1287 Kopp/Schenke, VwGO, § 123 Rn 24
1288 Kopp/Schenke, VwGO, § 123 Rn 24; Brehm/Zimmerling, NVwZ 1996, 1173, 1180

BEISPIEL: Beim Antrag auf Hochschulzulassung ist die Anzahl der freien Studienplätze streitig. Der Antragsteller macht seine Zahlen zwar nicht glaubhaft, dem Gericht liegen aber Unterlagen vor, aus denen sich die richtige Zahl leicht errechnen lässt.

4. Ermessen des Gerichts

518 Sind Anordnungsanspruch und Anordnungsgrund glaubhaft gemacht worden, so stellt sich die Frage, ob das Gericht nun die einstweilige Anordnung antragsgemäß erlassen muss, oder ob ihm - wie das Wort „kann" in § 123 I 1 VwGO suggeriert - noch ein Ermessen verbleibt.

a) Entschließungsermessen

519 Nach ganz h.M. besteht jedenfalls ein Entschließungsermessen nicht, und zwar gleichgültig, ob es sich um eine Sicherungs- oder Regelungsanordnung handelt.[1289] Das Gericht hat also nicht mehr über die Frage zu disponieren, „ob" es überhaupt eine einstweilige Anordnung erlässt. Das ergibt sich schon aus dem Gesetz, denn § 123 III VwGO verweist auch auf § 938 ZPO, und dieser billigt dem Gericht lediglich ein Ermessen darüber zu, „welche" Anordnung es erlässt. Zudem wäre es mit der Garantie effektiven Rechtsschutzes aus Art. 19 IV 1 GG unvereinbar, dem Antragsteller einen Anordnungsgrund zuzubilligen, weil die Hauptsache zu spät käme, seinen vorläufigen Rechtsschutzantrag aber dennoch - aus welchen Gründen auch immer - komplett abzulehnen.

Kein Entschließungsermessen

> **KLAUSURHINWEIS**
> Dass kein Entschließungsermessen besteht, sollte mit einem Hinweis auf § 123 III VwGO i.V.m. § 938 I ZPO kurz abgehandelt werden.

b) Auswahlermessen

520 Nach § 123 III VwGO i.V.m. § 938 ZPO entscheidet das Gericht nach „freiem" Ermessen, welche Anordnung es erlässt.[1290] Insbesondere kann es seinen Beschluss zeitlich begrenzen (fehlt eine solche Begrenzung, endet die Bindungswirkung spätestens mit der Hauptsacheentscheidung).[1291] Dieses freie Ermessen wird jedoch in zwei Fällen eingeschränkt:

Auswahlermessen

aa) Vorwegnahme der Hauptsache

521 Dem **vorläufigen** Rechtsschutz ist es wesensfremd, vollendete Tatsachen zu schaffen. Bei § 123 I VwGO ist eben nicht der gesamte zu entscheidende Sachverhalt von Amts wegen ausermittelt worden, wie es § 86 I VwGO für die Hauptsache vorsieht, sondern „nur" glaubhaft gemacht worden. Deshalb darf grundsätzlich die Hauptsache nicht (faktisch) vorweggenommen werden.[1292]

Vorwegnahme der Hauptsache

[1289] BVerfG, DVBl 1989, 37, 37; VGH Mannheim, NVwZ-RR 1995, 490, 491; Kopp/Schenke, VwGO, § 123 Rn 23; Hummel, JuS 2011, 502, 505; Erichsen, JURA 1984, 644, 650; a.A. nur ältere Entscheidungen in der Rspr., vgl. BVerwG, NJW 1980, 35, 35

[1290] Ob das Ermessen wirklich frei ist (so StGH Wiesbaden, NVwZ 1991, 561, 563) oder ähnlich einem behördlichen Ermessen öffentlich-rechtlichen Schranken wie z.B. der Selbstbindung unterliegt (so Schoch, JURA 2002, 318, 325), ist streitig, spielt aber in Prüfungsaufgaben keine Rolle.

[1291] Hummel, JuS 2011, 502, 505

[1292] Bei §§ 80 V, 80a VwGO stellt sich dieses Problem übrigens nicht, weil dort nie die Hauptsache (Anfechtungsklage) vorweggenommen wird. Der Antrag ist nur auf Suspendierung, nicht auf Aufhebung des VA gerichtet.

> **MERKSATZ**
> Ein „Weniger" an Sicherheit bei der Tatsachengrundlage ergibt ein „Weniger" an Rechtsschutz.

Beachte: Regelungsanordnung nimmt oft Hauptsache vorweg!

522 Zielt der Antrag auf Erlass einer einstweiligen Anordnung aber dennoch hierauf ab, ist danach zu fragen, ob das Gericht diesem Antrag überhaupt entsprechen kann, oder ob nicht aus den o.g. Gründen wenigstens in diesen Fällen eine Ablehnung des Antrags erfolgen muss. Das Problem wird sich vor allem bei Regelungsanordnungen stellen.

> **BEISPIEL:** Der Antragsteller beantragt im Wege des § 123 I 2 VwGO den Erlass einer Baugenehmigung, weil er es mit dem Bauen besonders eilig hat. Dieser Antrag entspräche genau seinem Verpflichtungsbegehren in der Hauptsache, § 42 I 2. Fall VwGO.

Grundsatz: Vorwegnahme der Hauptsache unzulässig!

523 Die nach wie vor h.M. hält die Vorwegnahme der Hauptsache grundsätzlich für unzulässig.[1293] Allerdings soll eine Ausnahme hiervon gelten, wenn dem Antragsteller sonst unzumutbare Nachteile und/oder Rechtsvereitelung drohen.[1294] Dies ist insbesondere dann der Fall, wenn auch die Ablehnung des vorläufigen Rechtsschutzantrags faktisch zur Vorwegnahme der Hauptsache führen würde, weil diese sich dann durch Zeitablauf oder durch Unmöglichkeit erledigte.

Aber Ausnahmen bei Unzumutbarkeit und/oder drohender Rechtsvereitelung

> **BEISPIEL:** Der Antragsteller ist Schausteller und beantragt einen Tag vor Beginn des Jahrmarktes einstweilige Zuweisung eines Stellplatzes als Marktbeschicker. Dieses Begehren nähme, so es erfüllt würde, seine Verpflichtungsklage in der Hauptsache in vollem Umfang vorweg. Allerdings würde die Hauptsache faktisch auch erledigt, wenn der Antrag abgelehnt würde, da sich das Klagebegehren nach Ende des Jahrmarktes erledigt hätte. Um nicht jeglichen Rechtsschutz zu versagen, wird man in diesem Fall den Antragsteller im Wege der einstweiligen Anordnung zum Jahrmarkt zulassen können und müssen.

524 In diesen Fällen ist es gewissermaßen das „kleinere Übel", dem Antragsteller, der immerhin einen Anordnungsanspruch und -grund glaubhaft gemacht hat, unter Vorwegnahme der Hauptsache effektiven Rechtsschutz zu gewähren, als den Antrag abzulehnen und damit entgegen Art. 19 IV 1 GG eine Rechtsvereitelung eintreten zu lassen, wodurch nur der Antragsgegner begünstigt würde, der - zumindest nach dem Stand des glaubhaft gemachten Sachverhalts - ohnehin verpflichtet gewesen wäre, dem Antragsbegehren zu entsprechen.

Verhältnis zum Anordnungsgrund

525 Die obigen Ausführungen zeigen schon, dass das Problem der „Vorwegnahme der Hauptsache" nicht erst im gerichtlichen Ermessen, sondern bereits im Anordnungsgrund in Blick zu nehmen ist: Liegt wirklich ein hinreichender Grund dafür vor, dass der Antragsteller unbedingt so eilig auf die Vorwegnahme der Hauptsache angewiesen ist?

1293 BVerwG, NVwZ 1999, 650, 650; VGH Mannheim, NVwZ 2000, 470, 471; Karpen, JuS 1984, 455, 458
1294 OVG Münster, NVwZ 1993, 399, 400; NJW 1989, 1105, 1107; OVG Schleswig, NVwZ 1993, 702, 702; VGH Kassel, NVwZ-RR 1993, 145, 146

BEISPIEL: Hieran wird der Antragsteller normalerweise scheitern, wenn er eine Baugenehmigung im Verfahren nach § 123 I VwGO begehrt. Welches Interesse an seinem Bauvorhaben sollte so wichtig sein, dass ihm nicht - wie jedem anderen Bauherrn - der Hauptsacherechtsweg zuzumuten ist? Gewerbliche oder private Interessen genügen hierfür keinesfalls, zumal ihm bei rechtswidrigen Verzögerungen Schadensersatzansprüche gegen die Behörde (bzw. gegen deren Rechtsträger) zustehen können.

Eine im Vordringen befindliche Ansicht ist sogar der Auffassung, dass das Problem der „Vorwegnahme der Hauptsache" allein eine Frage des Anordnungsgrundes sei, der nur kritisch genug geprüft werden müsse.[1295] Sei ein solcher aber zu bejahen, weil die „Vorwegnahme der Hauptsache" unausweichlich sei, könne diese auch erfolgen, ohne dass es im Hinblick auf das Ermessen des Gerichts einer weiteren Begründung bedürfe. **526**

> **KLAUSURHINWEIS**
> Zielt das Antragsbegehren auf die „Vorwegnahme der Hauptsache" ab, sollte tatsächlich schon im „Anordnungsgrund" besonders sauber geprüft werden, ob es einer solchen Anordnung wirklich bedarf. Bejahendenfalls sollte dann im Ermessen des Gerichts zwar noch die Frage aufgeworfen werden, ob eine solche Anordnung im Hinblick auf die oben unter Rn 521 erwähnten Gesichtspunkte überhaupt ergehen darf, dies jedoch unter Hinweis auf Art. 19 IV 1 GG knapp bejaht werden, um Wiederholungen zu vermeiden.

Letztlich ist es also eine reine Aufbaufrage, ob man im Verbot der „Vorwegnahme der Hauptsache" eine Ermessensgrenze des Gerichts sieht, hiervon wegen Art. 19 IV 1 GG aber eine Ausnahme zulässt, wenn sie unausweichlich ist (so die h.M.), oder ob man ein Verbot der „Vorwegnahme der Hauptsache" als Ermessensschranke überhaupt nicht anerkennt, aber einen Anordnungsgrund bei „Vorwegnahme der Hauptsache" nur bejaht, wenn sie unausweichlich ist (so die m.M.). **527**

bb) Mehr als in der Hauptsache

Eine Steigerung des Problems liegt vor, wenn der Antragsteller im vorläufigen Rechtsschutz sogar mehr begehrt, als ihm in der Hauptsache zusteht. Selbstverständlich kann er dies grundsätzlich nicht, denn beim Anordnungsanspruch wurde ja bereits festgestellt, was er verlangen kann und was nicht. Jedoch kann es sein, dass der Anordnungsanspruch (nur, aber immerhin) auf ermessensfehlerfreie Entscheidung der Behörde gerichtet ist, weil eine Ermessensreduktion auf null nicht eingetreten ist,[1296] für eine Ermessensausübung durch die Behörde aber keine Zeit mehr bleibt. **528** Mehr als in der Hauptsache?

1295 Hummel, JuS 2011, 502, 504 f.; Schoch, JURA 2002, 318, 326; krit. auch OVG Hamburg, NJW 1999, 2754, 2759
1296 Sonst besteht dieses Problem überhaupt nicht, denn ein auf null reduzierter Ermessensanspruch ist nichts anderes als ein Vornahmeanspruch, vgl. nur BVerwGE 63, 110, 112

BEISPIEL: Zwei Schausteller begehren Zuweisung des letzten freien Stellplatzes auf der jährlichen Kirmes. Der Bürgermeister hat über die Auswahl der Bewerber nach Ermessen zu entscheiden, lässt sich aber Zeit. Einen Tag vor Beginn der Kirmes stellt ein Bewerber schließlich einen Antrag auf Zuweisung des Stellplatzes nach § 123 I 2 VwGO. Die Prüfung des Anordnungsanspruchs ergibt, dass ihm (nur) ein Anspruch auf ermessensfehlerfreie Auswahlentscheidung zusteht, weil keine Ermessensreduzierung auf null zu seinen Gunsten erkennbar ist.

529 Streitig ist, ob in diesen Fällen das Verwaltungsgericht eine Vornahme zusprechen kann (bzw. sogar muss), obwohl der Anspruch nur auf Ermessen geht.

M.M.: Unter strengen Voraussetzungen möglich

530 Eine Ansicht hält dies für zulässig, im Lichte des Art. 19 IV 1 GG sogar für geboten.[1297] Argumentiert wird erneut mit dem „kleineren Übel": Bevor faktisch völlige Rechtsvereitelung infolge Zeitablaufs oder sonstiger Unmöglichkeit eintritt, müsse das Gericht auch den Anspruch auf ermessensfehlerfreie Entscheidung schützen, weil dieser gegenüber einer zögerlichen Behörde faktisch leer liefe.

H.M.: Unzulässig

531 Die h.M. sieht hingegen im Umfang des Anordnungsanspruchs die äußerste Grenze der gerichtlichen Anordnungsbefugnis.[1298] Schon der Grundsatz der Gewaltenteilung aus Art. 20 II GG verbiete es dem Gericht, selbst eine Ermessensentscheidung an Stelle der Behörde zu treffen.[1299] Sogar ein Mehr als in der Hauptsache zuzusprechen, ist für diese Ansicht undenkbar.

Stellungnahme

532 Hiergegen sprechen in der Tat erhebliche Bedenken. Wie der obige Beispielsfall zeigt, würde dadurch eben nicht nur die zögerliche Behörde sanktioniert, sondern möglicherweise auch ein Anspruch Dritter vereitelt (im Beispiel: der Anspruch des anderen Bewerbers auf ermessensfehlerfreie Auswahlentscheidung). Dass eine Ermessensentscheidung der Behörde zu spät käme, liegt zudem nicht immer in deren Sphäre (im Beispiel könnte es etwa sein, dass die Zulassungsanträge erst kurzfristig gestellt wurden). Vor allem aber garantiert Art. 19 IV 1 GG zwar effektiven Rechtsschutz, setzt aber das Bestehen eines materiellen Anspruchs voraus, kann also nicht selbst im Sinne einer Anspruchsgrundlage zu dessen Erweiterung führen. Und schließlich gibt es die Möglichkeit, eine zögerliche Behörde aus Amtshaftung nach Art. 34 GG i.V.m. § 839 BGB oder enteignungsgleichem Eingriff in Regress zu nehmen, wenn aus dem rechtswidrigen Zögern ein Schaden entsteht (im Beispiel: auf entgangenen Gewinn des Schaustellers).

MERKSATZ
Nach richtiger Ansicht gibt es also nur eine echte Grenze des Entschließungsermessens: Das Gericht darf im vorläufigen Rechtsschutz jedenfalls nicht mehr zusprechen als in der Hauptsache.

1297 OVG Koblenz, NVwZ 1990, 1087, 1088; Schoch, JURA 2002, 318, 323; Brühl, JuS 1995, 916, 919; Günther, NVwZ 1986, 697, 702
1298 BVerwGE 63, 110, 112; OVG Münster, NWVBl. 1995, 140, 141; VGH Mannheim, VBlBW 1991, 219, 220; VGH München, NVwZ-RR 1991, 441, 442; OVG Berlin, NVwZ 1987, 440, 441
1299 VGH München, GewArch 1984, 346, 346; Hummel, JuS 2011, 502, 505

Das Gericht darf also in diesen Fällen nur eine einstweilige Anordnung auf Ermessensausübung erlassen und hat den auf Vornahme gerichteten Antrag im Übrigen abzulehnen.

533 Entscheidungsinhalt

5. Besonderheiten bei unionsrechtlichem Einschlag

Völlig anders gestaltet sich die Prüfung der Begründetheit, wenn sich die einstweilige Anordnung gegen die Anwendung einer EU-Verordnung richtet. Dann gelten die oben zu § 80 V 1 VwGO dargestellten Abweichungen entsprechend für das Verfahren nach § 123 I VwGO.[1300] Somit darf eine einstweilige Anordnung gegen eine EU-Verordnung nur ergehen, wenn

534 Antrag gegen EU-Verordnung

a) erhebliche Zweifel an der Gültigkeit der maßgeblichen EU-VO bestehen,
b) das VG diese Gültigkeitsfrage dem EuGH vorgelegt hat,
c) dem Antragsteller ein schwerer, nicht wiedergutzumachender Schaden droht und
d) letzteres von diesem glaubhaft gemacht worden ist.

> **KLAUSURHINWEIS**
> Richtet sich der Antrag auf vorläufige Nichtanwendung einer EU-Verordnung, ist die Begründetheit des § 123 I VwGO ebenso zu prüfen wie § 80 V 1 VwGO in diesen Fällen.[1301]

Ein Unterschied liegt allein in der Glaubhaftmachungslast (Punkt d)), die im Gegensatz zum Verfahren nach § 80 V 1 VwGO bei § 123 I VwGO über § 123 III VwGO i.V.m. §§ 920 II, 294 ZPO zwingend vorgeschrieben ist.

D. Klausurfall: „Karneval"

SACHVERHALT

Der ortsansässige, eingetragene Karnevalsverein K begehrt für Rosenmontag Zugang zum Festsaal der Stadthalle der Stadt S in Nordrhein-Westfalen. Die Stadthalle ist für derartige Veranstaltungen gewidmet und wird von S als Eigenbetrieb betrieben. Die Mitglieder des K rekrutieren sich überwiegend aus Einwohnern von S, und K entfaltet seine Aktivitäten auch ganz überwiegend dort.

535

Am Freitag vor Rosenmontag erhält K einen Ablehnungsbescheid, in dem es heißt, man könne dem Begehren leider nicht entsprechen, da noch weitere Anträge vorlägen, darunter ein solcher eines (nicht näher bezeichneten) anderen Vereins, der von früheren Veranstaltungen her „bekannt und bewährt" sei.

Der Vorstand V des K meint, auch sein Verein müsse doch einmal zum Zuge kommen. Er wendet sich deshalb noch am Freitag im Namen des K an das Verwaltungsgericht (VG) mit dem Antrag, dass das VG „dafür sorgen möge, dass K am kommenden Rosenmontag von 17-23 Uhr den Festsaal der Stadthalle der Stadt S nutzen dürfe". Eine nach der Benutzungssatzung erforderliche Bankbürgschaft über Mietzins und Kaution hatte K bereits mit Antragstellung bei der Stadt hinterlegt.

1300 OVG Saarlouis, NVwZ-RR 2011, 264 L = RA 2011, 200, 201; siehe Rn 427
1301 Siehe Rn 431

Auf eilige Nachfrage bei S erfährt die für die Entscheidung zuständige Kammer des VG nur, die zuständigen Entscheidungsträger der Stadt S seien bereits im Wochenende und vor Montag nicht mehr zu erreichen.

Hat der Antrag des K Erfolg?

Bearbeitervermerk:
Es ist zu unterstellen, dass die Stadt S gem. § 63 I GO NRW durch ihren Bürgermeister vertreten wird. Von der Möglichkeit des § 78 I 1 Nr. 2 VwGO hat das Land NRW keinen Gebrauch gemacht.

LÖSUNG Der Antrag des K hat Erfolg, soweit er zulässig und begründet ist.

A. Zulässigkeit

I. VERWALTUNGSRECHTSWEG

In Ermangelung einer aufdrängenden Sonderzuweisung richtet sich die Eröffnung des Verwaltungsrechtswegs nach § 40 I 1 VwGO, der eine öffentlich-rechtliche Streitigkeit nichtverfassungsrechtlicher Art voraussetzt, für die es keine abdrängende Sonderzuweisung gibt.
Eine öffentlich-rechtliche Streitigkeit ist mit der sog. „**Zweistufentheorie**" beim Streit über den Zugang zu öffentlichen Einrichtungen jedenfalls gegeben, soweit um das „Ob" des Zugangs gestritten wird, wohingegen das „Wie" auch privatrechtlich ausgestaltet sein kann. Eine Einrichtung erhält ihren öffentlich-rechtlichen Charakter durch Widmung. Die Stadthalle von S ist für Karnevalsveranstaltungen gewidmet, somit handelt es sich um eine öffentliche Einrichtung i.S.v. Zweistufentheorie. Der Zugangsanspruch des K wird hier von S auch nicht lediglich von Voraussetzungen abhängig gemacht, sondern insgesamt negiert, sodass es um die Frage geht, „ob" K die Stadthalle am Rosenmontag überhaupt nutzen darf. Somit liegt eine öffentlich-rechtliche Streitigkeit vor. Diese ist ferner nichtverfassungsrechtlicher Art, da hier Verein und Stadt um Verwaltungsrecht und nicht Verfassungsorgane um Verfassungsrecht streiten. Abdrängende Sonderzuweisungen sind auch nicht ersichtlich. Somit ist der Verwaltungsrechtsweg eröffnet.

II. STATTHAFTE ANTRAGSART

Die statthafte Antragsart richtet sich gem. § 88 VwGO nach dem Antragsbegehren. Dieses ist hier nicht eindeutig, sondern laienhaft formuliert und bedarf daher der Auslegung.
Zunächst könnte es sich um eine Klageerhebung in der Hauptsache handeln. K wendet sich jedoch erst am Freitag vor Rosenmontag an das VG. Einem Antrag auf Entscheidung in der Hauptsache könnte schon aus Zeitgründen nicht mehr entsprochen werden, sodass es sich offensichtlich um einen Eilantrag handelt. Im vorläufigen Rechtsschutz ist § 88 VwGO über § 122 VwGO entsprechend anwendbar, auch hier ist also nach dem Antragsbegehren auszulegen.
Vorrangig käme ein Antrag im Aussetzungsverfahren nach §§ 80 V 1, 80a VwGO in Betracht. Dieser verdrängt gem. § 123 V VwGO das Anordnungsverfahren des § 123 I VwGO. Ein Antrag nach §§ 80 V 1, 80a VwGO ist jedoch nur statthaft, sofern der drohende Vollzug eines belastenden Verwaltungsakts abgewehrt werden soll.

Als solcher käme hier höchstens die Zuweisung der Stadthalle an einen anderen Verein in Betracht. Jedoch lässt sich dem Sachverhalt schon nicht entnehmen, dass die Stadt tatsächlich bereits einen positiven Zugangsbescheid gegenüber einem Dritten erlassen hat. Vor allem aber erstrebt K vorrangig den eigenen Zugang, verfolgt also ein Begehren, das sich nicht darin erschöpft, den Zugang des Konkurrenten zu verhindern. Somit ist ein Antrag nach § 123 I VwGO statthaft.

Im Anordnungsverfahren ist zwischen der auf Erhalt des status quo gerichteten Sicherungsanordnung des § 123 I 1 VwGO und der Regelungsanordnung des § 123 I 2 VwGO zu unterscheiden, die der Erweiterung des status quo dient. Hier möchte K eine positive Zugangsentscheidung erlangen, nachdem er bisher nur eine Ablehnung erhalten hat. Es geht ihm also darum, seinen status quo zu erweitern. Somit ist ein Antrag auf Erlass einer Regelungsanordnung nach § 123 I 2 VwGO statthaft.

III. ANTRAGSBEFUGNIS

K müsste analog § 42 II VwGO antragsbefugt sein. Dies setzt voraus, dass er geltend machen kann, durch die Ablehnung seines Antrags auf Zugang zur Stadthalle in seinen subjektiv-öffentlichen Rechten verletzt zu sein, wobei für die Geltendmachung eines solchen Rechts bereits die Möglichkeit genügt, dass K dieses zusteht.

Hier erscheint es nicht von vornherein ausgeschlossen und damit möglich, dass K ein Zugangsanspruch aus § 8 II der Gemeindeordnung des Landes NRW (GO NRW) zusteht. Danach sind alle Einwohner einer Gemeinde im Rahmen des geltenden Rechts berechtigt, die öffentlichen Einrichtungen der Gemeinde zu benutzen.[1302] Nach § 8 IV GO NRW gilt diese Vorschrift für ortsansässige juristische Personen wie den nach § 21 BGB eingetragenen Verein K entsprechend. Darüber hinaus kann nicht von vornherein ausgeschlossen werden, dass K das notwendige Eilinteresse an der Gewährung vorläufigen Rechtsschutzes zukommt, weil - wie oben bereits angedeutet - eine Entscheidung in der Hauptsache zu spät kommen könnte. Somit ist K antragsbefugt.

IV. RICHTIGER ANTRAGSGEGNER

Der richtige Antragsgegner entspricht dem richtigen Beklagten in der Hauptsache. In der Hauptsache wäre eine Verpflichtungsklage gem. § 42 I 2. Fall VwGO auf Zugangsbewilligung zu erheben, die gem. § 78 I Nr. 1 VwGO gegen den Rechtsträger der handelnden Behörde zu richten ist, hier also gegen die Stadt S. Diese ist analog § 78 I Nr. 1 VwGO somit auch richtige Antragsgegnerin.

V. BETEILIGUNGS- UND PROZESSFÄHIGKEIT

K ist als juristische Person nach § 61 Nr. 1 2. Fall VwGO beteiligungsfähig und nach § 26 BGB vertreten durch seinen Vorstand gem. § 62 III VwGO auch prozessfähig. Für die Beteiligungs- und Prozessfähigkeit der Stadt S gilt Entsprechendes, wobei diese durch ihren Bürgermeister vertreten wird, § 63 I GO NRW.

VI. ALLGEMEINES RECHTSSCHUTZINTERESSE

Ein einfacherer, schnellerer, besserer Weg zum Erfolg ist für K nicht ersichtlich, sodass ihm das Rechtsschutzinteresse für seinen Eilantrag nicht abgesprochen werden kann. Insbesondere hat er vor Inanspruchnahme gerichtlicher Hilfe einen ordnungsgemäßen Antrag an die Stadt S gerichtet.

1302 *In den Kommunalverfassungen der übrigen Bundesländer finden sich ausnahmslos vergleichbare Vorschriften.*

B. Begründetheit
Der Antrag ist begründet, soweit K einen Anordnungsanspruch und einen Anordnungsgrund glaubhaft gemacht hat, §§ 123 III VwGO i.V.m. 920 II, 294 ZPO.

I. ANORDNUNGSANSPRUCH
Fraglich ist zunächst, ob K einen Anspruch auf Zugang zur Stadthalle am Rosenmontag hat.

1. Anspruchsgrundlage
Als Anspruchsgrundlage kommt hier nur § 8 II GO NRW in Betracht. Danach sind - wie oben bereits erwähnt - alle Einwohner einer Gemeinde im Rahmen des geltenden Rechts berechtigt, die öffentlichen Einrichtungen der Gemeinde zu benutzen.

a) Formelle Voraussetzungen
In formeller Hinsicht müsste K einen Antrag auf Zugangsbewilligung an die Stadt S gerichtet haben. Dies ist wie oben bereits erwähnt geschehen.

b) Materielle Voraussetzungen
In materieller Hinsicht müssten die tatbestandlichen Voraussetzungen der Anspruchsgrundlage erfüllt sein und die Rechtsfolge das von K beanspruchte Begehren abdecken.

aa) Tatbestand
Zunächst müsste eine „öffentliche Einrichtung" vorliegen. Bei der Stadthalle handelt es sich kraft ihrer Widmung um eine öffentliche Einrichtung. Auch dies wurde oben bereits erwähnt.

> § 21 I GO NRW: „Einwohner ist, wer in der Gemeinde wohnt."

K müsste ferner „Einwohner" sein. Einwohner ist gem. § 21 I GO NRW, wer in der Gemeinde wohnt. Dies ist für eine juristische Person wie K nicht möglich. Jedoch gilt über § 8 IV GO NRW der Zugangsanspruch aus § 8 II GO NRW entsprechend für juristische Personen. Eine juristische Person wie der eingetragene Verein K „entspricht" einem Einwohner nach einer Ansicht, sofern er ortsansässig ist. Dies ist bei K der Fall. Darüber hinaus rekrutieren sich auch die Mitglieder des K überwiegend aus Einwohnern, und K entfaltet seine Aktivität vorwiegend in S. Ob dies, wie eine andere Ansicht meint, zusätzlich erforderlich ist, kann also dahinstehen.

Sodann müsste sich K bei seiner angestrebten Nutzung „im Rahmen des geltenden Rechts" halten. Zum „geltenden Recht" gehört insbesondere die Benutzungssatzung der Stadthalle. Diese fordert die Hinterlegung einer Bankbürgschaft über Mietzins und Kaution, die K aber bereits beigebracht hat. Dafür, dass die Karnevalsveranstaltung des K gegen sonstige Gesetze, Rechtsverordnungen oder Satzungen verstieße, ist nichts ersichtlich. Die geschriebenen Voraussetzungen des § 8 II GO NRW sind somit erfüllt.

bb) Rechtsfolge
§ 8 II GO NRW sieht grundsätzlich einen gebundenen Anspruch auf Zugang zur öffentlichen Einrichtung vor. Ist deren Kapazität jedoch erschöpft, wandelt sich dieser Anspruch in einen Anspruch auf ermessensfehlerfreie Auswahl unter den Bewerbern um. Die Gemeinde kann nicht verpflichtet sein, etwas tatsächlich

Unmögliches zu leisten. Ist die Kapazität erschöpft, wäre eine weitere Zulassung von Bewerbern aber eine tatsächliche Unmöglichkeit. Alternativ käme nur ein Anspruch auf Kapazitätserweiterung in Betracht; dass ein solcher nicht besteht, lässt sich aber § 8 II GO NRW selbst entnehmen, der von den (vorhandenen) „öffentlichen Einrichtungen" spricht. Somit kann bei Bewerberüberhang nur eine ermessensfehlerfreie Auswahl beansprucht werden. Neben K haben sich noch andere Vereine um die Nutzung der Stadthalle beworben. Somit kann auch K nur eine ermessensfehlerfreie Entscheidung über die Bewerberauswahl beanspruchen.

(1) Ermessensreduzierung auf null
Dieser Anspruch auf ermessensfehlerfreie Entscheidung kann sich zwar auf einen Zugangsanspruch verdichten, wenn sich das Ermessen auf null zugunsten eines Bewerbers reduziert; solche Umstände sind von K jedoch nicht dargelegt worden. K trägt lediglich dazu vor, warum die Vergabe an einen anderen Verein nach dem Kriterium „bekannt und bewährt" fehlerhaft gewesen sei, aber nicht dazu, warum gerade ihm - auch im Verhältnis zu den anderen Mitbewerbern - der einzig freie Platz am Rosenmontag einzuräumen ist. Somit ist als Zwischenergebnis festzuhalten, dass K nur ein Anspruch auf ermessensfehlerfreie Auswahlentscheidung zusteht.

(2) Ermessensfehlerfreie Ablehnung
Dieser Anspruch könnte bereits untergegangen sein, wenn S ihn durch den gegenüber K erlassenen Ablehnungsbescheid erfüllt hätte. Dies setzt allerdings voraus, dass die Ablehnung des K tatsächlich ermessensfehlerfrei erfolgte. Die Ermessensentscheidung, welche vom VG gem. § 114 S. 1 VwGO auf Ermessensfehler überprüfbar ist, muss sich dabei an den Grundrechten der Bewerber orientieren, insbesondere am Gleichheitsgrundsatz des Art. 3 I GG. Danach darf Gleiches nicht ohne sachlichen Grund ungleich behandelt werden. Das hier von S herangezogene Kriterium „bekannt und bewährt" führt, wenn man es wie S als einziges Entscheidungskriterium zugrunde legt, jedoch dazu, dass Neubewerbern nie eine Zugangsmöglichkeit eröffnet würde. Es kann daher nur neben anderen Kriterien wie Priorität, Rotation, Losverfahren usw. Bestand haben. Als alleiniges Kriterium ist es hingegen unsachlich und damit ermessensfehlerhaft.

Somit liegt ein Ermessensfehlgebrauch seitens der S vor. K hat (nur, aber immerhin) einen fortbestehenden Anspruch auf ermessensfehlerfreie Neubescheidung seines Antrags.

II. ANORDNUNGSGRUND
Die Regelungsanordnung muss nach § 123 I 2 VwGO „nötig" erscheinen. Dies setzt ein besonderes Eilinteresse voraus, das insbesondere anzunehmen ist, wenn effektiver Rechtsschutz in der Hauptsache nicht mehr zu erlangen ist, weil diese zu spät käme. Hier würde das VG über einen am Freitag gestellten Hauptsacheantrag offensichtlich bis Montag nicht mehr entscheiden können. Nach Rosenmontag verlöre K jedes Interesse an der Durchführung seiner Karnevalsveranstaltung und damit an einer Neubescheidung seines Antrags. Sein Begehren wäre durch Zeitablauf faktisch erledigt. Ohne die Inanspruchnahme des vorläufigen Rechtsschutzes drohte K also eine Rechtsvereitelung. Somit liegt ein hinreichender Anordnungsgrund vor.

III. GLAUBHAFTMACHUNG
Anordnungsanspruch und -grund sind nach § 123 III VwGO i.V.m. § 920 II ZPO glaubhaft zu machen, wozu gem. § 294 ZPO neben den Beweismitteln der §§ 355 ff. ZPO eine eidesstattliche Versicherung genügt. Dem Sachverhalt lässt sich allerdings nicht entnehmen, dass K seinem Antrag eine eidesstattliche Versicherung beigefügt oder Beweis angetreten hätte. Der Glaubhaftmachungslast unterliegen jedoch nur streitige Tatsachenbehauptungen, und hier wird lediglich über die Rechtsfrage der Tauglichkeit des Kriteriums „bekannt und bewährt" gestritten. Rechtsansichten können und müssen aber nicht glaubhaft gemacht werden. Die Tatsachengrundlagen wie die Widmung der Stadthalle, die Ortsansässigkeit des K usw. sind demgegenüber allesamt unstreitig. Auch sie unterliegen daher nicht der Pflicht zur Glaubhaftmachung in der Form des § 294 ZPO.

IV. ERMESSEN DES GERICHTS
Nach § 123 I 1 VwGO „kann" das Gericht nun eine einstweilige Anordnung treffen. Damit wird dem Gericht ein Ermessen eingeräumt. Zwar gilt § 123 I 1 VwGO zunächst nur für die Sicherungsanordnung, während hier eine Regelungsanordnung vorliegt; § 123 I 2 VwGO nimmt aber auf § 123 I 1 VwGO Bezug und erklärt eine Regelungsanordnung für „zulässig", sodass auch hier dem Gericht ein Ermessen eröffnet ist. Fraglich ist, ob das Gericht deshalb berechtigt sein könnte, den Antrag des K auf Erlass einer einstweiligen Anordnung abzulehnen, obwohl er einen Anordnungsanspruch und -grund hinreichend glaubhaft gemacht hat. Dies hängt vom Umfang des Ermessens ab.

1. Keine Vorwegnahme der Hauptsache
Zunächst ist festzuhalten, dass dem Gericht gem. § 123 III VwGO i.V.m. § 938 ZPO grundsätzlich nur ein Auswahlermessen dahingehen eröffnet ist, „welche" Anordnung zur Erreichung des Zwecks erforderlich ist. Insoweit ist es allerdings in seiner Ermessensentscheidung frei.

Zum Wesen des vorläufigen Rechtsschutzes gehört es jedoch, dass keine endgültigen Entscheidungen getroffen werden dürfen, die der Hauptsacheentscheidung in einer Weise vorgreifen, dass diese faktisch obsolet wird. Im vorläufigen Rechtsschutz sind die der Entscheidung zugrunde liegenden Tatsachen nur glaubhaft gemacht, jedoch regelmäßig nicht bewiesen worden. Möglicherweise konnte in der Eile noch nicht einmal die Gegenpartei gehört werden (das Gericht kann ohne mündliche Verhandlung entscheiden, § 101 III VwGO). Ein Weniger an Rechtssicherheit bedingt aber auch ein Weniger an Rechtsschutz, um irreparablen Fehlentscheidungen vorzubeugen. Deshalb bildet das Verbot der Vorwegnahme der Hauptsache grundsätzlich eine Schranke des gerichtlichen Auswahlermessens. Jedoch zielt das Begehren des K hier auf eine faktische Vorwegnahme der Hauptsache ab, indem die Stadt verpflichtet werden soll, ihm den Zugang zur Stadthalle am Rosenmontag zu ermöglichen. Wäre eine Vorwegnahme der Hauptsache dem Gericht verwehrt, wäre der Antrag des K abzulehnen.
Andererseits garantiert Art. 19 IV 1 GG jedem Rechtssuchenden effektiven Rechtsschutz. Käme die Hauptsache zu spät, und würde man wegen des Verbots der Vorwegnahme der Hauptsache nun auch den vorläufigen Rechtsschutzantrag

ablehnen, bedeutete dies für Antragsteller wie K eine faktische Rechtsvereitelung, die gegen Art. 19 IV 1 GG verstieße. Hinzu kommt, dass hier auch die Ablehnung des Antrags eine faktische Vorwegnahme der Hauptsache bedeuten würde, da sich die Verpflichtungsklage des K durch Zeitablauf nach Rosenmontag erledigte. Ist die Vorwegnahme der Hauptsache also auf die eine wie die andere Weise unausweichlich, so spricht zunächst mehr dafür, sie zugunsten des K vorwegzunehmen, der immerhin einen Anordnungsanspruch und -grund glaubhaft gemacht hat, als durch Ablehnung seines Antrags die untätige Behörde zu privilegieren.

2. Nicht mehr als in der Hauptsache
Allerdings kommt im vorliegenden Fall hinzu, dass K nicht nur die Vorwegnahme der Hauptsache, sondern sogar noch mehr als in der Hauptsache begehrt. Wie oben gezeigt, steht ihm gegenüber der Stadt S nur ein Anspruch auf ermessensfehlerfreie Neubescheidung zu, während er mit seinem gerichtlichen Antrag die Zuweisung der Stadthalle, also eine positive Vornahme begehrt. Grundsätzlich bildet der Anordnungsanspruch die äußerste Grenze dessen, was das VG zusprechen darf. Somit wäre dem Antrag des K nur im Umfang einer Neubescheidung stattzugeben, eine Zuweisung aber abzulehnen.

Fraglich ist allerdings, wie der Umstand zu würdigen ist, dass eine Neubescheidung hier faktisch nicht mehr vor Rosenmontag möglich ist, weil die Entscheidungsträger der Stadt S vorher nicht mehr erreichbar sind. Eine Ansicht will in diesen Fällen, in denen also der Anspruch auf ermessensfehlerfrei Entscheidung wegen der Kürze der Zeit faktisch leer liefe, sogar einen Vornahmeanspruch zusprechen, weil sonst entgegen Art. 19 IV 1 GG doch wieder Rechtsvereitelung drohte.

Hiergegen sprechen allerdings erhebliche Bedenken. Es ist dem Gericht schon aus Gründen der Gewaltenteilung nach Art. 20 II GG verwehrt, an Stelle der Behörde eine Ermessensentscheidung vorzunehmen. Zudem würden hierdurch möglicherweise die Zugangsansprüche Dritter, nämlich der anderen Bewerber, vereitelt, die - der Gegenansicht folgend - mit dem gleichen Recht wie K auch einen Vornahmeanspruch geltend machen könnten. Zudem garantiert Art. 19 IV 1 GG zwar effektiven Rechtsschutz, setzt aber das Bestehen eines materiellen Anspruchs voraus, kann also nicht selbst im Sinne einer Anspruchsgrundlage zu dessen Erweiterung führen. Somit bleibt es beim Anspruch des K auf ermessensfehlerfreie Neubescheidung.

C. Ergebnis
Der Antrag ist zulässig und teilweise begründet. Er hat somit nur teilweise Erfolg.

FALLENDE

6. Teil – Der Antrag nach § 47 VI VwGO

A. Einleitung

Geringe Bedeutung

536 Der Antrag nach § 47 VI VwGO dient der Vermeidung von Härten während eines Normenkontrollantrages nach § 47 I VwGO. Probleme bereitet insbesondere seine Abgrenzung von den anderen Anträgen des vorläufigen Rechtsschutzes, er selbst spielt in Prüfungsaufgaben jedoch kaum eine Rolle.

B. Prüfungsschema: Antrag gem. § 47 VI VwGO

537 Ein Gutachten über die Erfolgsaussichten eines Antrags nach § 47 VI VwGO wird in der Zulässigkeit ebenso gegliedert wie der Antrag nach § 123 I VwGO.[1303] Die Prüfung der Begründetheit ist umstritten,[1304] wobei der Streit Auswirkungen auf den Aufbau hat. Jedenfalls kann aber folgendes Schema festgehalten werden:

PRÜFUNGSSCHEMA

538
I. Zulässigkeit des Antrags
  1. Verwaltungsrechtsweg
  2. Statthafte Antragsart
  3. Antragsbefugnis
  4. Richtiger Antragsgegner
  5. Beteiligungs- und Prozessfähigkeit
  6. Allgemeines Rechtsschutzinteresse
II. Objektive Antragshäufung, Streitgenossenschaft, Beiladung
III. Begründetheit des Antrags
  1. Dringende Gebotenheit einer einstweiligen Anordnung
  2. Glaubhaftmachung

C. Systematik und Vertiefung

I. ZULÄSSIGKEIT

1. Verwaltungsrechtsweg

Rechtsweg wie in der Hauptsache prüfen

539 Bei der Prüfung des Verwaltungsrechtswegs gibt es keinerlei Unterschiede zwischen dem vorläufigen Rechtsschutz nach § 47 VI VwGO und dem Hauptsacheverfahren.[1305]

2. Statthafte Antragsart

Statthaftigkeit: Über § 122 VwGO gilt § 88 VwGO

540 Die statthafte Antragsart bestimmt sich nach dem Antragsbegehren, §§ 88, 122 VwGO. Für § 47 VI VwGO gilt:

1303 Kopp/Schenke, VwGO, § 47 Rn 152
1304 Siehe Rn 549 ff.
1305 Siehe Rn 40 ff.

MERKSATZ
Ist das Hauptsachebegehren auf einen Normenkontrollantrag nach § 47 I VwGO gerichtet, ist im vorläufigen Rechtsschutz ein Antrag nach § 47 VI VwGO statthaft.[1306]

§ 47 VI VwGO ist im Unterschied zu § 123 I VwGO nicht subsidiär zu §§ 80 V, 80a VwGO, weil es keine § 123 V VwGO entsprechende Subsidiaritätsklausel in § 47 VwGO gibt.[1307] Entscheidend für die Abgrenzung zum Aussetzungsverfahren ist vielmehr, ob es dem Antragsteller mit seinem Begehren um die einstweilige Außervollzugsetzung der gesamten Norm, oder nur um ein Vorgehen gegen einzelne, auf der Norm beruhende Verwaltungsakte geht. Erörterungsbedürftig kann dies vor allem im Baunachbarrecht sein.

541 Abgrenzung zu §§ 80 V, 80a VwGO

BEISPIEL: Es ist ein neuer Bebauungsplan in Kraft getreten, der das bisherige reine Wohngebiet als Mischgebiet festsetzt. Wendet sich der Antragsteller gegen den Bebauungsplan insgesamt, weil er eine Gebietsumgestaltung verhindern will, ist ein Normenkontrollantrag nach § 47 I Nr. 1 VwGO statthaft, und mit ihm ein Eilantrag nach § 47 VI VwGO. Richtet sich sein Begehren hingegen nur gegen eine auf dem Bebauungsplan beruhende Baugenehmigung, ist eine (Dritt-)Anfechtungsklage zu erheben, der ein Eilantrag nach § 80a VwGO entspricht.

MERKSATZ
An einen Antrag nach § 47 VI VwGO ist vor allem dann zu denken, wenn der Antragsteller sich durch eine einstweilige Anordnung eine Vielzahl von Anträgen nach § 80a VwGO ersparen kann.[1308]

Im Verhältnis zu § 123 I VwGO ist § 47 VI VwGO spezieller.[1309] Abgrenzungsprobleme können sich insoweit kaum ergeben. Jedoch ist besonders darauf zu achten, ob - wie § 47 I, VI VwGO voraussetzt - die streitbefangene Norm schon wirksam geworden (d.h. erlassen bzw. verkündet worden) ist,[1310] oder ob gerade dies verhindert werden soll.

542 Abgrenzung zu § 123 I VwGO

BEISPIEL: Geht Bauherr B gegen einen Bebauungsplan vor, handelt es sich in der Hauptsache um einen Antrag nach § 47 I Nr. 1 VwGO, im vorläufigen Rechtsschutz also um einen solchen nach § 47 VI VwGO. Will hingegen Ratsmitglied R, der von seinen Ratskollegen wegen Befangenheit von der Beschlussfassung über einen Bebauungsplan ausgeschlossen worden ist, verhindern, dass ohne seine Mitwirkung abgestimmt wird, ist ein Antrag nach § 123 I VwGO statthaft.

Zumindest ein Indiz bei der Bestimmung des statthaften Antrags kann auch sein, an welches Gericht sich der Antragsteller laut Sachverhalt wendet: Für Anträge nach

543 Tipp: Zuständiges Gericht beachten!

1306 Schoch, JURA 2002, 318, 328
1307 OVG Lüneburg, NVwZ 2002, 109, 109
1308 Kopp/Schenke, VwGO, § 47 Rn 149
1309 VGH Mannheim, NVwZ 2001, 827, 827; Schoch, JURA 2002, 318, 328
1310 Schoch, JURA 2002, 318, 328; demgegenüber ist ihr Inkrafttreten für § 47 VwGO irrelevant, vgl. VGH München, NVwZ-RR 2000, 469, 470.

§ 47 VI VwGO ist in erster Instanz ausschließlich das OVG zuständig, für alle anderen Eilanträge in erster Instanz das VG (beachte aber § 123 II 2 VwGO im Berufungsverfahren). Es dürfte sehr unwahrscheinlich sein, dass in einer Prüfungsaufgabe das falsche Gericht angerufen wird.

3. Antragsbefugnis

Antragsbefugnis analog § 47 II 1 VwGO

544 § 47 II 1 VwGO gilt für den Antrag nach § 47 VI VwGO analog.[1311] Die Antragsbefugnis im vorläufigen Rechtsschutz entspricht somit der Antragsbefugnis in der Hauptsache.[1312]

4. Richtiger Antragsgegner

Antragsgegner nach § 47 II 2 VwGO

545 Der Antrag ist gem. § 47 II 2 VwGO gegen den Rechtsträger zu richten, der die streitgegenständliche Norm erlassen hat.[1313]

BEISPIEL: Im weitaus häufigsten Anwendungsfall des § 47 VwGO, der Normenkontrolle gegen Bebauungspläne nach § 47 I Nr. 1 VwGO, ist dies die Gemeinde, § 10 BauGB.

5. Beteiligungs- und Prozessfähigkeit

Spezialregelung in § 47 II 1 VwGO

546 § 47 II 1 VwGO ist gegenüber § 61 VwGO lex specialis. Damit sind Behörden auch in den Bundesländern beteiligungsfähig, die von § 61 Nr. 3 VwGO keinen Gebrauch gemacht haben.[1314] Im Übrigen gelten die Ausführungen zur Beteiligungs- und Prozessfähigkeit im Rahmen der Anfechtungsklage entsprechend.[1315]

6. Allgemeines Rechtsschutzinteresse

Verbesserungsmöglichkeit erforderlich

547 Das allgemeine Rechtsschutzinteresse für einen Antrag nach § 47 VI VwGO setzt nicht voraus, dass bereits zuvor oder parallel ein Normenkontrollantrag in der Hauptsache gestellt wurde.[1316] Auch ist die Frage, ob eine einstweilige Anordnung „dringend geboten" ist, keine solche der Zulässigkeit, sondern der Begründetheit. Dem allgemeinen Rechtsschutzinteresse kommt daher bei § 47 VI VwGO eine ähnlich geringe Bedeutung zu wie bei § 123 I VwGO. Voraussetzung ist - ebenso wie bei der Normenkontrolle in der Hauptsache - lediglich, dass sich für den Antragsteller tatsächlich eine Verbesserungsmöglichkeit abzeichnet, sollte sein Antrag erfolgreich sein.[1317]

II. OBJEKTIVE ANTRAGSHÄUFUNG, STREITGENOSSENSCHAFT, BEILADUNG

Im Fall der objektiven Antragshäufung, Streitgenossenschaft und Beiladung gelten die Vorschriften zur Hauptsache (§ 44 VwGO, § 64 VwGO i.V.m. §§ 59 ff. ZPO und § 65 VwGO) analog.[1318]

III. BEGRÜNDETHEIT

Der die Begründetheit des Antrags nach § 47 VI VwGO einleitende Obersatz ergibt sich unmittelbar aus dem Gesetz:

1311 BVerwGE 108, 182, 184; OVG Weimar, NVwZ-RR 2011, 234, 234; Schoch, JURA 2002, 318, 328
1312 Siehe Rn 304
1313 Schoch, JURA 2002, 318, 328
1314 Wolff/Decker, VwGO, § 47 Rn 21 f.; Hufen, VerwProzessR, § 19 Rn 9
1315 Siehe Rn 138 ff.
1316 Kopp/Schenke, VwGO, § 47 Rn 158
1317 OVG Münster, NVwZ 2001, 1060, 1061; Schoch, JURA 2002, 318, 328
1318 Vgl. Rn 150 ff. (obj. Antragshäufung), Rn 154 ff. (Streitgenossenschaft) und Rn 157 ff. (Beiladung).

> **MERKSATZ** 548
> Der Antrag ist begründet, wenn eine einstweilige Anordnung „dringend geboten" ist, § 47 VI VwGO.

1. Dringende Gebotenheit

Wann allerdings eine einstweilige Anordnung „dringend geboten" ist, und wie dies zu prüfen ist, ist umstritten. 549 — Streit über Prüfung der Begründetheit

> **KLAUSURHINWEIS**
> Dieser Streit betrifft nicht etwa nur den Prüfungsaufbau (mit der Folge, dass er nicht zu erwähnen wäre), sondern die materielle Frage der Kontrolldichte des Gerichts. Er ist daher der Begründetheitsprüfung voranzustellen. Diese ist sodann mit dem Aufbau der für richtig befundenen Ansicht fortzusetzen.

a) Doppelhypothese

Die h.M. prüft eine sog. **„Doppelhypothese"** wie bei § 32 BVerfGG.[1319] Danach ist der **Begründetheitsaufbau** zur „dringenden Gebotenheit" **dreistufig** vorzunehmen: 550 — H.M.: Prüfung entsprechend § 32 BVerfGG

1. Welche Nachteile drohen, wenn die einstweilige Anordnung erlassen wird?
2. Welche Nachteile drohen, wenn die einstweilige Anordnung nicht erlassen wird?
3. Welche Nachteile überwiegen?

Die Begründetheit ist danach zu bejahen, wenn die Nachteile ohne Erlass der einstweiligen Anordnung so gravierend überwiegen, dass eine einstweilige Anordnung „dringend geboten" ist. Ein verhältnismäßig geringfügiges Überwiegen wird also nicht genügen.[1320] Nach der Doppelhypothese ist die Begründetheitsprüfung folglich weniger juristischer, als vielmehr faktischer Natur, weil sie nur nach den faktischen Auswirkungen der Entscheidung fragt. 551 — Strenge Anforderungen an „dringende" Gebotenheit

> **KLAUSURHINWEIS** 552
> Zwar kann und sollte man die Prüfung nach den o.g. drei Schritten systematisieren, letztlich sind sie aber doch nur eine Scheindogmatik, weil am Ende alles auf eine allgemeine Abwägung hinausläuft. Sämtliche Versuche, die „dringende Gebotenheit" näher zu definieren, produzieren nur synonyme neue Vokabeln.[1321] Dies allein erklärt bereits die geringe Examensrelevanz des § 47 VI VwGO.

Nachteile in diesem Sinne müssen allerdings nicht zwingend Nachteile für den Antragsteller sein. Ähnlich wie bei § 47 I VwGO werden also nicht nur dessen subjektive Rechte geprüft, sondern auch die Belange der Allgemeinheit in die Waagschale gelegt.

1319 VGH Kassel, DÖV 1998, 343, 344; NVwZ 1991, 588, 589; VGH Mannheim, NVwZ-RR 1998, 421, 421; OVG Münster, NWVBl. 1997, 470, 471; Kopp/Schenke, VwGO, § 47 Rn 148 mwN.
1320 VGH München, NVwZ 2010, 268, 269; Kopp/Schenke, VwGO, § 47 Rn 148
1321 Vgl. nur OVG Lüneburg, NVwZ-RR 2007, 444, 446: Das Gericht fordert eine Betroffenheit in „ganz besonderer Weise", die zu „schweren Nachteilen" führe und ein „außergewöhnliches Opfer" verlange.

BEISPIEL: Wird eine einstweilige Anordnung gegen einen vorhabenbezogenen Bebauungsplan erwogen, mit dem ein Elektrizitätswerk realisiert werden soll, sind nicht nur die Auswirkungen auf den Antragsteller, sondern auf die Stromversorgung der gesamten Bevölkerung zu bedenken.

553 Für diese Ansicht spricht zum einen der Wortlaut des § 47 VI VwGO, der mit der Formulierung „dringend geboten" genau § 32 BVerfGG entspricht. Zudem ist dies kein Zufall, denn den Motiven des Gesetzgebers lässt sich entnehmen, dass eine Anlehnung an § 32 BVerfGG gewollt war.[1322] Die h.M. hat also auch die historische Auslegung auf ihrer Seite. Zusammen mit den gegen die Mindermeinungen sprechenden Bedenken (dazu sogleich) erscheint es gut vertretbar, der h.M. zu folgen.

b) Anordnungsanspruch und Anordnungsgrund

M.M.: Prüfung entsprechend § 123 VwGO

554 Eine m.M. lehnt die Prüfung an § 123 I VwGO an, prüft also Anordnungsanspruch und Anordnungsgrund.[1323] Dafür spricht, dass auch § 47 VI VwGO von einer „einstweiligen Anordnung" spricht.

555 Diese Ansicht kann aber dennoch nicht richtig sein. Ihr steht schon der weitere Gesetzeswortlaut entgegen: Bei § 123 I 2 VwGO genügt, dass die einstweilige Anordnung „nötig" ist, bei § 47 VI VwGO muss sie „dringend geboten" sein. Dies verdeutlicht schon, dass bei § 47 VI VwGO ein strengerer Maßstab herrschen muss als bei § 123 I 2 VwGO.[1324] Ferner setzt § 47 VI VwGO gerade nicht voraus, dass der Antragsteller einen eigenen Anordnungsanspruch glaubhaft macht; vielmehr können bei § 47 VwGO in der Hauptsache ebenso wie im Eilverfahren auch Allgemeininteressen eine Rolle spielen. Eindeutig ist dies spätestens für Anträge von Behörden, die in der Zulässigkeit ja noch nicht einmal eine eigene Rechtsverletzung geltend machen müssen, § 47 II 1 VwGO.

c) Interessenabwägung

M.M.: Prüfung entsprechend §§ 80 V, 80a VwGO

556 Eine weitere m.M.[1325] prüft § 47 VI VwGO wie einen Antrag nach §§ 80 V, 80a VwGO, also im Rahmen einer summarischen Interessenabwägung, für die die Erfolgsaussichten der Hauptsache wesentliches Indiz sind.

557 Hiergegen spricht allerdings, dass im Gegensatz zu §§ 80 V, 80a VwGO bei § 47 VI VwGO noch keine Hauptsache parallel anhängig sein muss. Ferner: Selbst wenn ein Normenkontrollantrag parallel gestellt wird, werden sich dessen Erfolgsaussichten zu Beginn des Verfahrens, zumal in Eile, kaum absehen lassen. Außerdem spricht gegen eine am Aussetzungsverfahren orientierte Prüfung wiederum der Wortlaut des § 47 VI VwGO, der von einer „einstweiligen Anordnung" spricht und eine „dringende" Gebotenheit fordert, also ein gesteigertes Interesse auf Seiten des Antragstellers.

2. Glaubhaftmachung

Glaubhaftmachung

558 Nach allen Ansichten sind die zur Begründung der „dringenden Gebotenheit" dienenden Tatsachen glaubhaft zu machen.[1326] Insoweit gilt das oben zu § 123 I VwGO Gesagte entsprechend.[1327]

[1322] BT-Drs. 7/4324, 11; Kopp/Schenke, VwGO, § 47 Rn 148
[1323] Schoch, JURA 2002, 318, 329
[1324] BVerwG, NVwZ 1998, 1065, 1066; VGH Kassel, NVwZ-RR 2000, 655, 656
[1325] OVG Lüneburg, NVwZ 2002, 109, 110; VGH München, NVwZ-RR 2000, 416, 417
[1326] VGH Kassel, NVwZ-RR 1991, 589, 589 f.; Kopp/Schenke, VwGO, § 47 Rn 156
[1327] Siehe Rn 513

DAS RECHTSMITTELVERFAHREN

Ergreift ein durch eine gerichtliche Entscheidung beschwerter Beteiligter ein Rechtsmittel, hat dies zweierlei Folgen: Erstens wird die Rechtskraft der angefochtenen Entscheidung bis zur Entscheidung über das Rechtsmittel gehemmt (sog. **Suspensiveffekt**) und zweitens wird die Entscheidungskompetenz auf die nächsthöhere Instanz übergeleitet (sog. **Devolutiveffekt**). **559**

> **MERKSATZ**
> Ein Rechtsmittel ist eine besondere Form eines Rechtsbehelfs, die sich durch **Suspensiv-** und **Devolutiveffekt** auszeichnet.

Die VwGO kennt drei Rechtsmittel:

- Berufung nach §§ 124 ff. VwGO,
- Revision nach §§ 132 ff. VwGO und
- Beschwerde nach §§ 146 ff. VwGO.[1328]

1. Teil – Berufung und Berufungszulassung, §§ 124 ff. VwGO

A. Einleitung

Die VwGO hat sich - anders als die ZPO - für eine Zulassungsberufung entschieden. Gesetzgeberisches Ziel war es, dadurch die Berufungssachen einzuschränken und auf diesem Wege Kosten zu sparen.[1329] In der Praxis hat dies zu gravierenden Problemen geführt. Die §§ 124 ff. VwGO werden daher in der Literatur einhellig als misslungen bezeichnet.[1330] **560** VwGO: Zulassungsberufung!

Will der Unterlegene gegen ein VG-Urteil in Berufung gehen, so ist ihm dies also nur möglich, wenn die Berufung zugelassen wird, § 124 I VwGO. Dabei gibt es zwei Möglichkeiten: Das VG selbst kann die Berufung bereits in seinem Urteil gem. § 124 I i.V.m. § 124a I-III VwGO zulassen, oder der Unterlegene muss die Zulassung gem. § 124 I i.V.m. § 124a IV-V VwGO vor dem OVG erstreiten.

I. DAS VG LÄSST DIE BERUFUNG ZU

Wenn bereits das VG die Berufung in seinem Urteil zulässt, ist dies für den Berufungskläger besonders günstig, denn dann muss er nur noch innerhalb eines Monats seit Zustellung des vollständigen Urteils Berufung beim VG (!) einlegen, § 124a II 1 VwGO, und diese innerhalb von zwei Monaten beim OVG (!) begründen, § 124a III 1 VwGO. Hintergrund dieser Regelung ist, dass die Akte ursprünglich noch beim VG liegt. Deshalb ist dort die Berufung einzulegen. Die Akte wird dann von Amts wegen an das OVG übersandt. Der Gesetzgeber ging davon aus, dass die Akte in den meisten Fällen schon beim OVG angekommen sein wird, bevor die Berufungsbegründung eingeht, daher ist diese an das OVG zu richten. **561** Zulassung durch VG

Das OVG ist an die Zulassung gebunden, § 124a I 2 VwGO, und zwar auch dann, wenn sie durch einen Einzelrichter i.S.v. § 6 VwGO erfolgt ist.[1331] Es entscheidet dann über die

---

[1328] Die Beschwerde entfaltet nur ausnahmsweise - aber immerhin - nach § 149 VwGO Suspensiveffekt.
[1329] Vgl. Hufen, JuS 2000, 505, 505
[1330] Vgl. Kuhla/Hüttenbrink, DVBL 1999, 898, 898 ff.; Redeker, NJW 1998, 2790, 2790 ff.; Berkemann, DVBL 1998, 446, 446 ff.
[1331] BVerwG, BayVBl. 2005, 283= RA 2005, 328, 329

Berufung, wobei es gem. § 128 S. 1 VwGO grds. im selben Umfang prüft wie das VG. Dieser Fall kommt allerdings in praxi selten und in Prüfungsaufgaben so gut wie gar nicht vor, da das VG die Berufung gem. § 124a I 1 VwGO nur zulassen kann, wenn ein Zulassungsgrund nach § 124 II Nr. 3 oder 4 VwGO vorliegt, die Rechtssache also grundsätzliche Bedeutung hat, § 124 II Nr. 3 VwGO, oder das VG von einer höheren Instanz abgewichen ist, § 124 II Nr. 4 VwGO. Beide Fälle eignen sich für Prüfungsaufgaben nicht.

II. DAS VG LÄSST DIE BERUFUNG NICHT ZU

Zulassungsantrag vor dem OVG

562 Lässt das VG die Berufung nicht positiv zu, sondern schweigt es hierzu in seinem Urteilstenor, kann und muss der Unterlegene zunächst die Zulassung zur Berufung durch das OVG beantragen, wenn er das Urteil anfechten will, § 124a IV 1 VwGO. Er kann also nicht unmittelbar Berufung einlegen. Im Gegenteil: Zu einer Berufungseinlegung kommt es in diesem Fall überhaupt nicht mehr, denn wenn das OVG den Berufungszulassungsantrag ablehnt, die Berufung also auch nicht zulässt, wird das angefochtene VG-Urteil sofort rechtskräftig, § 124a V 4 VwGO, und wenn das OVG dem Antrag stattgibt, die Berufung also zulässt, wird das Zulassungsantragsverfahren automatisch als Berufungsverfahren fortgesetzt, ohne dass es der Einlegung einer Berufung noch bedarf, § 124a V 5 VwGO. Hintergrund dieser Regelung ist, dass der Gesetzgeber unterstellt, dass jeder Berufungszulassungsantragsteller auch tatsächlich eine Berufung durchführen will, wenn die Berufung zugelassen wird. Die Einlegung einer Berufung wäre also nur eine unnötige Formalie.

Prüfungsrelevanz: § 124 II Nr. 1 VwGO

Dieser Fall kann in Prüfungsaufgaben vorkommen, besonders wenn nach § 124 II Nr. 1 VwGO „ernstliche Zweifel" an der Richtigkeit des VG-Urteils vorgebracht werden. Ihm widmet sich daher die folgende Darstellung.

B. Prüfungsschema: Berufung und Berufungszulassung

Zwei Verfahren - ein Schema!

563 Wie erwähnt, ist im Berufungsrecht elementar zwischen der Berufung selbst und dem Antrag auf Zulassung der Berufung zu unterscheiden. Das eine Verfahren hat mit dem anderen nichts zu tun, auch eine Umdeutung einer Berufung in einen Berufungszulassungsantrag (oder umgekehrt) ist nicht möglich.[1332] Der Prüfungsaufbau ist aber identisch, jedenfalls soweit es um den hier behandelten Fall des § 124 II Nr. 1 VwGO geht:

PRÜFUNGSSCHEMA

564   **I. Zulässigkeit der Berufung (bzw. des Berufungszulassungsantrags)**
   1. Verwaltungsrechtsweg
   2. Statthaftigkeit
   3. Beschwer
   4. Frist
   5. Form
   6. Postulationsfähigkeit
   7. Weitere Zulässigkeitsvoraussetzungen

   II. Objektive Klagehäufung, Streitgenossenschaft, Beiladung

   III. Begründetheit der Berufung (bzw. des Berufungszulassungsantrags)
   1. Zulässigkeit der Klage
   2. Begründetheit der Klage

1332   BVerwG, NVwZ 1999, 641, 641; Niesler, JuS 2007, 728, 729; Hufen, JuS 2000, 505, 505

Lediglich in der Begründetheit ist geringfügig zu differenzieren: Bei der Berufung werden - wie hier dargestellt - **immer** Zulässigkeit und Begründetheit der ursprünglichen Klage geprüft, vgl. § 128 VwGO. Beim Berufungszulassungsantrag muss hingegen ein Berufungszulassungsgrund i.S.v. § 124 II VwGO vorliegen. Neben dem prüfungsrelevanten § 124 II Nr. 1 VwGO können dies theoretisch auch die Gründe nach § 124 II Nrn. 2-5 VwGO sein. In diesen Fällen wäre abweichend vom hier dargestellten Schema nur zu prüfen, ob ein solcher Grund vorliegt oder nicht.

Begründetheit: Klage inzidenter prüfen

BEISPIEL: Wäre das VG von einem Urteil des BVerwG abgewichen, so genügte allein die Feststellung, dass eine solche Abweichung vorliegt und das VG-Urteil auf dieser Abweichung beruht, zur Begründetheit des Berufungszulassungsantrags, § 124 II Nr. 4 VwGO. Dass die bloße Feststellung, das VG sei vom BVerwG abgewichen, keine Prüfungsklausur füllt, ist evident.

Werden aber „ernstliche Zweifel" an der Richtigkeit des VG-Urteils i.S.v. § 124 II Nr. 1 VwGO vorgetragen, so kommt es für die Berufungszulassung doch wieder auf die Richtigkeit des VG-Urteils und damit auf die Zulässigkeit und Begründetheit der ursprünglichen Klage an. Jedenfalls für diesen prüfungsrelevanten Fall ist das obige Aufbauschema also auch für den Berufungszulassungsantrag in vollem Umfang gültig.

C. Systematik und Vertiefung
Die nachfolgende Darstellung gilt für die Berufung und den Antrag auf Zulassung der Berufung gleichermaßen. Soweit sich Unterschiede ergeben, werden diese ausdrücklich kenntlich gemacht.

I. ZULÄSSIGKEIT

1. Verwaltungsrechtsweg
Die Eröffnung des Verwaltungsrechtswegs ist in der Rechtsmittelinstanz wegen § 173 S. 1 VwGO i.V.m. § 17a V GVG nicht mehr zu prüfen, sofern sich das Rechtsmittel - wie im Berufungsrecht - gegen eine Hauptsacheentscheidung richtet.

Verwaltungsrechtsweg nicht zu prüfen

> **KLAUSURHINWEIS**
> Unter „Verwaltungsrechtsweg" ist daher nur in einem Satz festzuhalten: „Dass der Verwaltungsrechtsweg eröffnet ist, wird durch § 173 S. 1 VwGO i.V.m. § 17a V GVG bereits verbindlich vorgegeben."

2. Statthaftigkeit
In der Statthaftigkeit ist zwischen Berufung und Berufungszulassung zu differenzieren:

a) Berufung
Der Berufungsantrag ist statthaft, wenn die Berufung zugelassen worden ist. Hierfür gibt es zwei Möglichkeiten: Das VG hat die Berufung in seinem Urteil zugelassen, § 124a I 1 VwGO, oder das OVG hat die Berufung zugelassen, nachdem der Berufungskläger dies mit einem Berufungszulassungsantrag erstritten hat, § 124a V 2 VwGO.

Berufung nur nach Zulassung

b) Berufungszulassung

Urteilsgrundsatz, § 107 VwGO

570 Der Antrag auf Zulassung der Berufung ist statthaft, soweit er sich gegen ein Urteil des VG richtet, in dem die Berufung nicht bereits zugelassen wurde. Das VG entscheidet über eine Klage in der Hauptsache immer durch Urteil, sofern die VwGO nichts anderes regelt, § 107 VwGO. Im vorläufigen Rechtsschutz ergeht hingegen immer ein Beschluss, § 123 IV VwGO, der i.V.m. 123 V VwGO e contrario auch für Verfahren nach §§ 80, 80a VwGO gilt. Hiergegen ist die Beschwerde bzw. deren Zulassung nach §§ 146 ff. VwGO statthaft.

Gerichtsbescheid = Urteil

Ein Gerichtsbescheid nach § 84 VwGO wirkt hingegen als Urteil, § 84 III VwGO, kann also auch im Berufungswege angefochten werden.

571 Dass das VG die Berufung nicht bereits in seinem Urteil zugelassen hat, ist gem. § 124a IV 1 VwGO eine notwendige Statthaftigkeitsvoraussetzung; sie ist jedoch trivial, denn niemand würde einen Berufungszulassungsantrag stellen, wenn die Berufung bereits zugelassen wäre.

3. Beschwer

572 Jeder Rechtsmittelführer muss durch die angefochtene Entscheidung beschwert sein.[1333] Dieses Erfordernis ist in der VwGO zwar nicht explizit geregelt, als spezielle Ausprägung des allgemeinen Rechtsschutzinteresses jedoch eine Selbstverständlichkeit.

> **DEFINITION**
> „Beschwer" in diesem Sinne bedeutet formelle Beschwer, also ein nachteiliges Abweichen des Urteilstenors vom eigenen Antrag.[1334]

573 Bloße Befindlichkeiten oder die Stattgabe aus einem anderen als dem vom Kläger gewünschten Grund genügen hingegen nicht.

> **BEISPIEL:** Hat das VG einer Fortsetzungsfeststellungsklage des Klägers stattgegeben, weil es ein Fortsetzungsfeststellungsinteresse i.S.v. § 113 I 4 VwGO in einer Wiederholungsgefahr erblickt hat, so ist der Kläger nicht allein dadurch beschwert, dass er als Fortsetzungsfeststellungsinteresse ein (vom Gericht verneintes) Rehabilitationsinteresse geltend gemacht hat.

574 Einen Mindestbetrag wie § 511 II Nr. 1 ZPO kennt die VwGO hingegen nicht.

> **MERKSATZ**
> Beschwert und damit Berufungskläger sein können alle Beteiligten des Ausgangsverfahrens i.S.v. § 63 VwGO, also z.B. auch der Beigeladene.[1335]

1333 Kopp/Schenke, VwGO, Vorb § 124 Rn 39; Niesler, JuS 2007, 728, 730
1334 Kopp/Schenke, VwGO, Vorb § 124 Rn 41 mwN.
1335 Kopp/Schenke, VwGO, Vorb § 124 Rn 62

4. Frist

Bei den Fristen ist besondere Vorsicht geboten, denn § 124a VwGO kennt nicht weniger als fünf Fristen, wobei zwischen Berufung und Berufungszulassung und innerhalb der Berufung nochmals danach zu differenzieren ist, ob diese vom VG oder OVG zugelassen wurde. Für all diese Fristen gelten die ganz normalen Berechnungsmethoden nach § 57 II VwGO i.V.m. §§ 222 ff. ZPO i.V.m. §§ 187 ff. BGB.[1336] **575** Vorsicht bei den Fristen geboten

> **MERKSATZ** **576**
> Soweit die VwGO von „**Zustellung" des Urteils** oder Beschlusses spricht, ist damit allerdings nicht eine Zustellung nach dem VwZG gemeint. Nach dem VwZG stellt die Verwaltung Verwaltungsakte zu, nicht die Judikative. Für die Zustellung von Gerichtsentscheidungen gelten vielmehr § 56 VwGO i.V.m. §§ 166 ff. ZPO.

Sämtliche Fristen beginnen auch nur bei ordnungsgemäßer Rechtsmittelbelehrung zu laufen, § 58 I VwGO.[1337] **577**

a) Berufung

aa) Zulassung durch das VG

Die Berufung ist, wenn sie vom VG zugelassen wurde, innerhalb eines Monats nach Zustellung des vollständigen Urteils einzulegen (Berufungseinlegungsfrist, § 124a II 1 VwGO). Die Einlegung muss beim VG erfolgen, § 124a II 1 VwGO. Eine Einlegung beim OVG wahrt die Frist nicht.[1338] **578**

Innerhalb von zwei Monaten muss die Berufung begründet werden (Berufungsbegründungsfrist, § 124a III 2 VwGO), wobei die Begründung an das OVG zu richten ist, wenn sie nicht schon zeitgleich mit der Berufungseinlegung erfolgt ist, § 124a III 2 VwGO. Auch hier wahrt eine an das VG gerichtete Begründung die Frist nicht. **579** Zuständigkeiten VG – OVG beachten!

> **MERKSATZ**
> Leitet das unzuständige Gericht den Schriftsatz (Antrag oder Begründung) von Amts wegen an das zuständige Gericht weiter, kommt es für die Fristwahrung auf den Tag des Eingangs beim zuständigen Gericht an.[1339] Verzögert sich die Weiterleitung jedoch ungewöhnlich lange, und wird dadurch die Frist verpasst, ist an Wiedereinsetzung in den vorigen Stand nach § 60 VwGO zu denken.[1340]

bb) Zulassung durch das OVG

Lässt das OVG auf einen Berufungszulassungsantrag hin die Berufung zu, bedarf es einer eigenen Berufungseinlegung nicht mehr; vielmehr wird das Zulassungsantragsverfahren automatisch als Berufungsverfahren fortgesetzt, § 124a V 5 VwGO. Deshalb existiert in diesem Fall auch keine Berufungseinlegungsfrist. Zu beachten ist dann lediglich die Berufungsbegründungsfrist, welche einen Monat seit Zustellung **580**

1336 Siehe Rn 122 ff.
1337 Siehe Rn 125
1338 OVG Hamburg, DVBl 1997, 1333, 1333; OVG Münster, DVBl 1997, 1339, 1339
1339 BVerfG, NJW 1995, 3173, 3175; Kopp/Schenke, VwGO, § 124a Rn 44
1340 OVG Münster, NVwZ 1997, 1235, 1236; Kopp/Schenke, VwGO, § 124a Rn 44

des Zulassungsbeschlusses beträgt, § 124a VI 1 VwGO. Selbstverständlich ist diese Begründung beim OVG einzureichen, § 124a VI 2 VwGO. Sie ist auch dann als selbstständiger Schriftsatz erforderlich, wenn die Begründung der Berufung mit der Begründung des vorherigen Zulassungsantrags identisch ist,[1341] wobei dann eine Bezugnahme genügen soll.[1342]

> **BEISPIEL:** Bei § 124 II Nr. 1 VwGO sind „ernstliche Zweifel" an der Richtigkeit des VG-Urteils schon im Zulassungsantrag darzulegen; bei Unrichtigkeit des VG-Urteils wäre zugleich die Berufung begründet.

> **KLAUSURHINWEIS**
> Auch wenn eine Berufungsbegründung gänzlich ausbleibt, ist dies eine Frage der Frist: Keine Begründung ist immer auch eine verspätete Begründung.

b) Berufungszulassung

Erneut: Einlegung beim VG, Begründung beim OVG

581 Der Berufungszulassungsantrag ist binnen eines Monats nach Zustellung des vollständigen VG-Urteils beim VG zu stellen, § 124a IV 1, 2 VwGO. Er ist innerhalb von zwei Monaten seit diesem Datum beim OVG zu begründen, § 124a IV 5 VwGO, sofern die Begründung nicht bereits im Zulassungsantrag enthalten war. Die Fristen für die Berufungszulassung sind also identisch mit denen für die Berufung nach deren Zulassung durch das VG. Ebenso wie dort gilt, dass Schriftsätze an das falsche Gericht (Antrag an das OVG, Begründung an das VG) die Fristen nicht wahren.[1343]

> **KLAUSURHINWEIS**
> Von Prüfern wird in diesem Bereich nicht selten ein Fehler in die Rechtsmittelbelehrung eingebaut. Ist z.B. fehlerhaft darüber belehrt worden, dass der Berufungszulassungsantrag an das OVG zu richten sei, würde ein dort eingehender Antrag zwar die Frist des § 124a IV 1 VwGO auch nicht wahren;[1344] es liefe jedoch statt der Monats- die Jahresfrist des § 58 II VwGO.

5. Form

Schriftform gilt

582 Alle Anträge und Begründungen bedürfen der Schriftform.[1345] Zwar regelt § 124a VwGO dies nicht explizit, das Schriftformerfordernis ergibt sich jedoch aus dem Verweis des § 125 I 1 VwGO auf § 81 I 1 VwGO und aus verschiedenen Formulierungen in § 124a VwGO. So ist die Begründung „einzureichen", § 124a IV 5 VwGO, die Berufung ist „einzulegen", § 124a II 1 VwGO usw. All diese Formulierungen hätte der Gesetzgeber so nicht gewählt, würde er von einem auch mündlich möglichen Antrag ausgehen.

> **KLAUSURHINWEIS**
> Das Schriftformerfordernis sollte allenfalls kurz begründet werden, da es von niemandem bestritten wird.

1341 BVerwG, NVwZ 2003, 868, 869; VGH München, NVwZ 1998, 864, 864; Hufen, JuS 2000, 505, 505
1342 Kopp/Schenke, VwGO, § 124a Rn 68
1343 Hufen, JuS 2000, 505, 505
1344 Bader, NJW 1998, 409, 409
1345 Kopp/Schenke, VwGO, § 124a Rn 46

Eine Antragstellung oder Begründung zur Niederschrift des Urkundsbeamten der Geschäftsstelle ist hingegen trotz des Verweises in § 125 VwGO auf § 81 VwGO nicht möglich.[1346] Insoweit „ergibt sich etwas anderes" aus dem 12. Abschnitt, § 125 I 1 VwGO a.E. Denn eine Zulassung zur Niederschrift wäre nicht sinnvoll. Der Gesetzgeber sieht dergleichen nur vor, wenn kein Vertretungszwang besteht, also auch Laien Anträge stellen können, wohingegen im gesamten Berufungs- und Berufungszulassungsverfahren Vertretungszwang herrscht (dazu sogleich). 583 Keine Niederschrift

6. Postulationsfähigkeit
Nach § 67 IV 1 VwGO müssen sich alle Beteiligten im Berufungs- und Berufungszulassungsverfahren durch Prozessbevollmächtigte vertreten lassen. 584 Umfassender Vertretungszwang

> **MERKSATZ**
> Der **Vertretungszwang** gilt für alle Verfahrenshandlungen im Berufungs- und Berufungszulassungsverfahren einschließlich deren Einleitung.

Zwar könnte argumentiert werden, dass § 67 IV 1 VwGO nur „vor dem BVerwG und dem OVG" gilt, wohingegen Berufungs- und Berufungszulassungsantrag vor dem VG zu stellen sind, § 124a II 1, IV 2 VwGO; um diesbezüglich keine Irritationen aufkommen zu lassen, stellt § 67 IV 2 VwGO aber klar, dass der Vertretungszwang sich auch auf alle Anträge erstreckt, durch die ein Verfahren vor dem BVerwG oder OVG „eingeleitet" wird, mögen diese Anträge auch bei einem anderen Gericht - wie hier dem VG - zu stellen sein.

7. Weitere Zulässigkeitsvoraussetzungen
Selbstverständlich müssen auch im Berufungs- und Berufungszulassungsverfahren die allgemeinen Prozessvoraussetzungen vorliegen, wie z.B. Beteiligungs- und Prozessfähigkeit.[1347] Diese sind ggf. wie im Ausgangsverfahren zu prüfen, sollten aber nur erwähnt werden, wenn der Sachverhalt hierzu wirklich Anlass bietet. 585

II. OBJEKTIVE KLAGEHÄUFUNG, STREITGENOSSENSCHAFT, BEILADUNG
Für die objektive Klagehäufung, Streitgenossenschaft und Beiladung gelten die Vorschriften zum Verfahren in I. Instanz über den Verweis des § 125 I 1 VwGO.[1348] 586

III. BEGRÜNDETHEIT
In der Begründetheit ist zwischen Berufungs- und Berufungszulassungsantrag wie folgt zu differenzieren: 587

1. Berufung

> **KLAUSURHINWEIS** 588
> Die Berufung ist **begründet**, soweit das angegriffene Urteil des VG unrichtig ist.

1346 Kopp/Schenke, VwGO, § 124a Rn 46
1347 BVerwG, NVwZ-RR 1996, 619, 620
1348 Vgl. Rn 150 ff. (obj. Klagehäufung), Rn 154 ff. (Streitgenossenschaft) und Rn 157 ff. (Beiladung).

Ist der Kläger des Ausgangsverfahrens in Berufung gegangen, wurde seine Klage also vom VG abgewiesen, so ist dies unrichtig, soweit ihr hätte stattgegeben werden müssen. Stattgegeben werden muss einer Klage, soweit sie zulässig und begründet ist. Ist der Beklagte in Berufung gegangen, hat das VG der Klage also stattgegeben, so ist dies unrichtig, soweit sie hätte abgewiesen werden müssen. Abgewiesen werden muss eine Klage, soweit sie unzulässig oder unbegründet ist.

MERKSATZ
Gleichgültig ob der Kläger oder der Beklagte in Berufung geht: In der Begründetheit sind immer **Zulässigkeit** und **Begründetheit der ursprünglichen Klage** zu prüfen.

Es kommt also nur auf das Ergebnis an. Uninteressant ist demgegenüber, aus welchen Gründen das VG entschieden hat.

BEISPIEL: Hat das VG einer Leistungsklage aus einem Anspruch stattgegeben, der in Wahrheit nicht bestand, stand dem Kläger aber ein anderer, vom VG übersehener Anspruch zu, so wäre die Berufung des Beklagten unbegründet.

589 Für den Umfang der Prüfung gilt § 128 VwGO. Danach prüft das OVG die Sache erneut in vollem Umfang, ist also eine echte zweite Tatsacheninstanz.[1349] Deshalb kann in der Falllösung ohne Einschränkungen auf das zu den Klagearten in der Hauptsache Erlernte zurückgegriffen werden. Hiervon gibt es nur zwei Ausnahmen:

Verwaltungsrechtsweg nicht zu prüfen
590 • Wie bereits erwähnt, wird die Eröffnung des Verwaltungsrechtswegs wegen § 173 S. 1 VwGO i.V.m. § 17a V GVG nicht mehr geprüft. Die Zulässigkeitsprüfung beginnt also direkt mit der statthaften Klageart, sofern man § 173 S. 1 VwGO i.V.m. § 17a V GVG unter der Überschrift „Verwaltungsrechtsweg" nicht (nochmals) erwähnen möchte, was optional in einem Satz vertretbar erscheint.

Neue Tatsachen zu berücksichtigen
591 • Nach § 128 S. 2 VwGO berücksichtigt das OVG (vorbehaltlich des § 128a VwGO) auch neue Tatsachen und Beweismittel. Hat sich also nach dem Urteil des VG etwas geändert, wird der Berufungskläger (oder -beklagte) mit diesem Vortrag gehört, obwohl das VG diese Umstände nicht kannte bzw. kennen konnte.

BEISPIEL: Der Berufungskläger war in I. Instanz unterlegen, weil sein Bauvorhaben im Außenbereich lag. Wurde anschließend ein Bebauungsplan erlassen, so kann er im Berufungswege die begehrte Baugenehmigung erhalten, wenn sein Vorhaben nach § 30 BauGB zulässig ist.

Maßgeblicher Zeitpunkt
592 Achtung: § 128 S. 2 VwGO besagt jedoch nur, dass der neue Tatsachenvortrag überhaupt Entscheidungsgrundlage sein kann, aber nichts darüber, welcher Zeitpunkt für die Entscheidung maßgeblich ist.[1350] Deshalb kann es sein, dass der neue Vortrag der Partei i.E. nichts nützt, selbst wenn er zutreffend sein sollte.

1349 Kopp/Schenke, VwGO, § 128 Rn 3
1350 Siehe Rn 180 ff.

BEISPIEL: Klagt der Kläger erfolglos gegen eine Gewerbeuntersagung wegen Unzuverlässigkeit nach § 35 I GewO, und entfallen nach Erlass des VG-Urteils die seine Unzuverlässigkeit begründenden Tatsachen, so wird das OVG dies zur Kenntnis nehmen; die Berufung bliebe aber dennoch erfolglos, weil nach § 35 VI 1 GewO allein der Zeitpunkt des Erlasses der Gewerbeuntersagung maßgeblich bleibt. Neue Tatsachen können danach nur zur Wiedergestattung der Gewerbeausübung (auf Antrag) führen, nicht aber zur Rechtswidrigkeit der einmal erfolgten Untersagung.[1351]

2. Berufungszulassung

> **KLAUSURHINWEIS** 593
> Der Antrag auf Zulassung der Berufung ist begründet, sofern ein Berufungszulassungsgrund i.S.v. § 124 II Nr. 1-5 VwGO dargelegt ist und vorliegt.

a) Darlegung eines Berufungszulassungsgrundes

Die Darlegungslast schränkt den Amtsermittlungsgrundsatz des § 86 I VwGO ein: 594 Das OVG muss nicht nach Zulassungsgründen suchen, sondern kann sich auf die vom Antragsteller vorgetragenen Gründe beschränken. In der Praxis hat dies große Bedeutung,[1352] in der Prüfung jedoch keine, da im Sachverhalt oder Bearbeitervermerk enthalten sein wird, dass alle relevanten Umstände auch vorgetragen wurden. Sonst könnte die Prüfung mit einem knappen Hinweissatz auf die fehlende Darlegung beendet werden, was nicht im Interesse des Prüfers sein kann.

> **KLAUSURHINWEIS**
> In Prüfungsaufgaben ist zu unterstellen, dass alle im Sachverhalt enthaltenen Angaben auch „dargelegt" worden sind. Auf die „Darlegung" ist daher im Gutachten nicht einzugehen.

b) Vorliegen eines Berufungszulassungsgrundes

Wie bereits mehrfach erwähnt, wird sich in der Prüfung allein die Frage stellen, ob 595 die Berufung nach § 124 II Nr. 1 VwGO zuzulassen ist, weil „ernstliche Zweifel" an der Richtigkeit des Urteils bestehen. Die übrigen Gründe lassen sich kaum für Prüfungsaufgaben verwenden.

„Ernstliche Zweifel" i.S.v. § 124 II Nr. 1 VwGO

BEISPIEL: Die Rechtssache kann schon deshalb keine „besonderen rechtlichen oder tatsächlichen Schwierigkeiten" i.S.v. § 124 II Nr. 2 VwGO aufweisen, weil nach den Ausbildungsordnungen der Länder den Prüfungen in juristischen Staatsexamina ein „rechtlich und tatsächlich einfacher Fall"[1353] zugrunde zu legen ist.

Zwar herrscht in praxi Streit darüber, wann genau „ernstliche Zweifel" an der Richtigkeit eines VG-Urteils bestehen.[1354] Bei dem Streit geht es darum, wie genau das 596 VG-Urteil vom OVG bereits im Berufungszulassungsverfahren überprüft wird, und was dem eigentlichen Berufungsverfahren vorbehalten bleibt. So fordern manche Gerichte bereits für die Zulassung ein „deutliches Überwiegen" der Erfolgsaussichten

---
1351 Siehe Rn 186
1352 Vgl. Bader, NJW 1998, 409, 410
1353 So wörtlich § 10 II 2 JAG NRW.
1354 Vgl. Hufen, JuS 2000, 505, 505 mwN.

der Berufung,[1355] während vor allem Literaturstimmen bereits einen offenen Ausgang genügen lassen wollen.[1356] Das BVerfG hat sogar angedeutet, dass „Zweifel" durch einen einzelnen, schlüssigen Einwand begründet werden können.[1357]

Für die Prüfung ist aus alledem aber nichts gewonnen. Keinesfalls darf man sich auf allgemeine, oberflächliche Erwägungen zu möglichen Erfolgsaussichten beschränken.

> **KLAUSURHINWEIS**
> In Prüfungsaufgaben sollte auf den Streit über die Anforderungen an die Ernstlichkeit des Zweifels nicht eingegangen werden

Volle Inzidenterprüfung der ursprünglichen Klage

597 „Ernstliche Zweifel" an der Richtigkeit bestehen vielmehr jedenfalls dann, wenn das VG-Urteil sich als unrichtig erweist. Dazu gilt das oben zur Berufung Gesagte entsprechend: Hat der Kläger des Ausgangsverfahrens den Berufungszulassungsantrag gestellt, weil seine Klage vom VG abgewiesen wurde, so bestehen „ernstliche Zweifel" an der Richtigkeit dieser Klageabweisung, soweit ihr hätte stattgegeben werden müssen. Stattgegeben werden muss einer Klage, soweit sie zulässig und begründet ist. Hat der Beklagte den Berufungszulassungsantrag gestellt, weil das VG der Klage stattgegeben hat, so ist dies unrichtig, soweit sie hätte abgewiesen werden müssen. Abgewiesen werden muss eine Klage, soweit sie unzulässig oder unbegründet ist. Deshalb gilt:

> **MERKSATZ**
> In einer Klausur oder Hausarbeit sind innerhalb des Berufungszulassungsgrundes nach § 124 II Nr. 1 VwGO Zulässigkeit und Begründetheit der ursprünglichen Klage in vollem Umfang zu überprüfen.

Formulierungsbeispiel

BEISPIEL: „Der Antrag auf Zulassung der Berufung ist begründet, soweit ein Berufungszulassungsgrund i.S.v. § 124 II Nr. 1-5 VwGO dargelegt ist und vorliegt, § 124a V 2 VwGO. Als solcher kommt hier allein § 124 II Nr. 1 VwGO in Betracht. Dann müssten ernstliche Zweifel an der Richtigkeit des Urteils des VG bestehen. Das VG hat die Klage abgewiesen. „Ernstliche Zweifel" an der Richtigkeit dieser Entscheidung bestehen jedenfalls dann, wenn ihr hätte stattgegeben werden müssen. Stattgegeben werden muss einer Klage, soweit sie zulässig und begründet ist. Fraglich ist, ob dies hier der Fall ist. [...]"

598 Einschränkend gilt wiederum, dass der Verwaltungsrechtsweg nicht mehr zu prüfen ist.[1358]

Neue Tatsachen im Zulassungsverfahren?

599 Streitig ist, ob erweiternd neue Tatsachen schon im Berufungszulassungsverfahren zu berücksichtigen sind. Eine M.M. verneint dies mit Blick auf den Wortlaut des § 128 VwGO („innerhalb des *Berufungs*antrags").[1359] Nach zutreffender h.M. sind sie hingegen schon im Berufungszulassungsverfahren berücksichtigungsfähig,

---

1355 OVG Lüneburg, NdsVBl. 2001, 145, 145; VGH Mannheim, NVwZ 1998, 645, 646; OVG Münster, NVwZ 1997, 1224, 1224
1356 Schmieszek, NJW 1996, 1151, 1153; Schenke, NJW 1997, 81, 92
1357 BVerfG, NVwZ 2000, 1163, 1164; zustimmend Niesler, JuS 2007, 728, 729 f.
1358 Siehe Rn 567
1359 VGH Mannheim, NVwZ 2005, 604, 604; Posser/Wolff-Roth, VwGO,, § 124 Rn 30.1.

weil das OVG durch dieses von Berufungen entlastet werden soll.¹³⁶⁰ Auch ist kaum anzunehmen, dass der Gesetzgeber wollte, dass Parteien und Gericht im Zulassungsverfahren einen de facto nicht mehr zutreffenden Sachverhalt unterstellen müssen.

> **KLAUSURHINWEIS**
> Auf diesen Streit ist vor Anwendung der neuen Tatsachen kurz einzugehen.

Aber nochmals: Ist eine Tatsache prozessual zu berücksichtigen, ist damit noch nicht gesagt, dass sie tatsächlich etwas an der Sach- und Rechtslage ändert.¹³⁶¹ Hierfür kommt es vielmehr darauf an, welcher Zeitpunkt materiell für die Beurteilung der Sach- und Rechtslage maßgeblich ist.¹³⁶²

2. Teil – Revision, §§ 132 ff. VwGO

A. Einleitung

Mit der Revision werden - von der Ausnahme der Sprungrevision des § 134 VwGO abgesehen - Urteile des OVG überprüft, und zwar ausschließlich in rechtlicher Hinsicht. Neuer Tatsachenvortrag ist nicht mehr möglich, und dem BVerwG ist es gem. § 137 II VwGO auch verwehrt, die vom OVG angenommene Tatsachengrundlage in Frage zu stellen.

600 Revision gegen Urteile des OVG

Mit der Revision kann ausschließlich die Verletzung von Bundesrecht gerügt werden, § 137 I Nr. 1 VwGO, wobei § 137 I Nr. 2 VwGO diesen Grundsatz auf Vorschriften des VwVfG eines Landes erweitert, sofern diese mit dem VwVfG des Bundes wörtlich übereinstimmen. Von dieser Ausnahme abgesehen ist das gesamte Landesrecht nicht revisibel. Da hierzu viele prüfungsrelevante Themen wie Polizei- und Ordnungsrecht, Kommunalrecht, Bauordnungsrecht usw. gehören, fristet das Revisionsrecht in Prüfungsaufgaben ein Schattendasein. Die folgende, knappe Darstellung trägt dieser Tatsache Rechnung.

601 Nur bei Verletzung von Bundesrecht

> **MERKSATZ**
> Vertiefte Kenntnisse des Revisionsrechts sind für Prüfungszwecke nicht erforderlich.

Die Revision ist - ebenso wie die Berufung - von der vorherigen Zulassung abhängig, § 132 I VwGO. Lässt das OVG sie nicht zu, kann hiergegen Nichtzulassungsbeschwerde zum BVerwG erhoben werden, § 133 VwGO. Mit der Nichtzulassungsbeschwerde ist darzulegen, dass das OVG die Revision hätte zulassen müssen, weil ein Zulassungsgrund i.S.v. § 132 II VwGO vorgelegen hat. Diese Zulassungsgründe entsprechen im Wesentlichen den Berufungszulassungsgründen des § 124 II Nrn. 3-5 VwGO. Diese besitzen allesamt keine Prüfungsrelevanz, weshalb der Nichtzulassungsbeschwerde hier nicht weiter nachgegangen wird.¹³⁶³

602 Zulassungsrevision; Nichtzulassungsbeschwerde

1360 BVerwG, NVwZ 2004, 744, 744; NVwZ 2003, 490, 491; OVG Münster, NWVBl. 2011, 438, 439 = RA 2012, 41, 43; Sodan/Ziekow-Seibert, VwGO, § 124 Rn. 92
1361 Siehe Rn 592
1362 Siehe dazu Rn 180 ff. und das Beispiel unter Rn 592.
1363 Auch die Sprungrevision des § 134 VwGO soll nachfolgend außer Betracht bleiben.

BEISPIEL: Wie soll in einem Prüfungsgutachten beurteilt werden, ob eine Rechtssache „grundsätzliche Bedeutung" hat, § 132 II Nr. 1 VwGO? Dies ist keine juristische, sondern eine tatsächliche Frage. Ebenso die Abweichungsrüge des § 132 II Nr. 2 VwGO. Verfahrensmängel i.S.v. § 132 II Nr. 3 VwGO müssten im Sachverhalt mitgeteilt werden; ihre Prüfung würde schon vom Umfang her ebenfalls keine Klausur tragen.

B. Prüfungsschema: Revision

Eine Revision wird im Gutachten wie folgt auf ihre Erfolgsaussichten geprüft:

PRÜFUNGSSCHEMA

I. Zulässigkeit der Revision
   1. Verwaltungsrechtsweg
   2. Statthaftigkeit
   3. Beschwer
   4. Frist
   5. Form
   6. Postulationsfähigkeit
II. Objektive Klagehäufung, Streitgenossenschaft, Beiladung
III. Begründetheit der Revision

C. Systematik und Vertiefung

I. ZULÄSSIGKEIT

Die Revision müsste zunächst zulässig i.S.v. § 143 VwGO sein, wobei § 134 VwGO die Zulässigkeitsvoraussetzungen nicht abschließend nennt; vielmehr sind auch die sonstigen Zulässigkeitsvoraussetzungen der VwGO von Amts wegen zu prüfen.[1364]

1. Verwaltungsrechtsweg

Rechtsweg ist nicht zu prüfen

603 Die Eröffnung des Verwaltungsrechtswegs ist nicht mehr zu prüfen, vielmehr ist sie nach § 173 S. 1 VwGO i.V.m. § 17a V GVG verbindlich vorgegeben.[1365]

> **KLAUSURHINWEIS**
> Dies sollte in einem kurzen Ergebnissatz festgehalten werden.

2. Statthaftigkeit

Zulassung feststellen

604 **KLAUSURHINWEIS**
Die Berufung ist statthaft gegen ein Urteil des OVG, sofern sie zugelassen worden ist.

[1364] Kopp/Schenke, VwGO, § 143 Rn 1
[1365] Siehe Rn 567

Für die Zulassung gibt es **drei Möglichkeiten**:

- Das OVG lässt die Berufung bereits in seinem Urteil zu, § 132 I, II VwGO.
- Das OVG hilft der Nichtzulassungsbeschwerde ab, § 133 V 1 VwGO.
- Das BVerwG gibt der Nichtzulassungsbeschwerde statt, § 133 V 2 VwGO.

> **KLAUSURHINWEIS**
> In der Statthaftigkeit ist nur kurz festzustellen, ob und auf welchem der o.g. drei Wege die Revision zugelassen worden ist.

Die Zulassung durch das OVG ist für das BVerwG bindend, § 132 III VwGO. Dies gilt auch, wenn die Zulassung evident rechtswidrig ist, etwa weil es nur um nicht revisibeles Landesrecht ging.[1366] § 132 III VwGO kennt keine Ausnahmen. **605** Zulassung durch das OVG ist bindend
Etwas anderes gilt aber dann, wenn eine der Revision überhaupt nicht fähige Entscheidung zur Revision zugelassen worden sollte, also z.B. ein Beschluss.[1367] Begründet wird diese Abweichung vom Wortlaut des § 132 III VwGO mit den Motiven des Gesetzgebers.[1368] Dergleichen dürfte aber in praxi kaum vorkommen.

3. Beschwer
Hinsichtlich der Notwendigkeit einer Beschwer gelten die obigen Ausführungen zur Berufung entsprechend.[1369] Danach kann nur in Revision gehen, wer durch den Urteilstenor formell beschwert ist.[1370] **606**

4. Frist
Ähnlich wie bei der Berufung ist hinsichtlich der zu wahrenden Fristen zwischen der Einlegungs- und Begründungsfrist zu unterscheiden: **607**

Gem. § 139 I 1 VwGO muss die Revision innerhalb eines Monats nach Zustellung des vollständigen OVG-Urteils (falls die Revision darin vom OVG zugelassen wurde) eingelegt werden. Die Revision ist grundsätzlich beim OVG einzulegen, § 139 I 1 VwGO, wobei die Frist - anders als in der Berufungsinstanz - auch durch Einlegung beim BVerwG gewahrt wird, § 139 I 2 VwGO. **608** Einlegungsfrist

Hat das OVG die Revision nicht zugelassen, ist die Zulassung also erst vom BVerwG selbst durch positiven Beschluss über die Nichtzulassungsbeschwerde erfolgt, bedarf es keiner Revisionseinlegung; vielmehr wird - wie bei der Berufung - nach erfolgreichem Zulassungsverfahren automatisch in das Revisionsverfahren übergegangen, § 139 II VwGO. Da keine Revision einzulegen ist, gibt es dann auch keine Einlegungsfrist. **609**

1366 Kopp/Schenke, VwGO, § 132 Rn 36
1367 BVerwG, BayVBl. 2005, 283, 283 = RA 2005, 328, 329 (zum wortgleichen § 124a I 2 VwGO)
1368 BVerwGE 102, 95, 98; Kopp, NJW 1991, 521, 526
1369 Siehe Rn 572
1370 Kopp/Schenke, VwGO, Vorb § 124 Rn 39

5. Form

611 Revisionseinlegung (soweit erforderlich) und Begründung bedürfen der Schriftform. Für die Einlegung ergibt sich dies explizit aus § 139 I 1 VwGO, für die Begründung aus deren Sinn und Zweck sowie der Wortwahl des Gesetzgebers in § 139 III VwGO („einzureichen"). Eine Einlegung oder Begründung zur Niederschrift ist hier - ebenso wie bei der Berufung und aus eben jenen Gründen[1371] nicht möglich.

6. Postulationsfähigkeit

612 Für sämtliche Verfahrenshandlungen in der Revision, einschließlich ihrer Einlegung, gilt nach § 67 IV 1 VwGO Vertretungszwang.

7. Weitere Zulässigkeitsvoraussetzungen

613 Selbstverständlich müssen auch im Revisionsverfahren die allgemeinen Prozessvoraussetzungen vorliegen, wie z.B. Beteiligungs- und Prozessfähigkeit.[1372] Diese sind ggf. wie im Ausgangsverfahren zu prüfen,[1373] sollten aber nur erwähnt werden, wenn der Sachverhalt hierzu wirklich Anlass bietet.

II. OBJEKTIVE KLAGEHÄUFUNG, STREITGENOSSENSCHAFT, BEILADUNG

614 Für die objektive Klagehäufung, Streitgenossenschaft und Beiladung gelten die Vorschriften zum Verfahren in I. Instanz über den Verweis des § 141 S. 1 VwGO i.V.m. § 125 I 1 VwGO.[1374]

III. BEGRÜNDETHEIT

615 **KLAUSURHINWEIS**
Die Revision ist **begründet**, soweit das angefochtene Urteil des OVG auf der Verletzung von Bundesrecht (§ 137 I Nr. 1 VwGO) oder einer dem VwVfG wortgleichen Norm des VwVfG eines Landes (§ 137 I Nr. 2 VwGO) beruht.

1. Verletzung von Bundesrecht

616 Zunächst sind die absoluten Revisionsgründe des § 138 Nrn. 1-6 VwGO in Augenschein zu nehmen. Liegt einer derselben vor, ist Bundesrecht immer verletzt.

1371 Siehe Rn 583
1372 BVerwG, NVwZ-RR 1996, 619, 620
1373 Siehe Rn 138
1374 Vgl. Rn 150 ff. (obj. Klagehäufung), Rn 154 ff. (Streitgenossenschaft) und Rn 157 ff. (Beiladung).

617 Liegt kein absoluter Revisionsgrund vor, wäre das gesamte übrige Bundesrecht (und das VwVfG eines Landes, sofern es mit dem VwVfG des Bundes insoweit wortgleich ist) zu überprüfen. Wie bereits mehrfach erwähnt, ist damit der gesamte landesrechtliche Bereich aus dem Revisionsrecht herausgenommen.

Sonstige Verletzung von Bundesrecht

618 Allerdings kann eine Verletzung von Bundesrecht mittelbar vorliegen, wenn etwa bei der Anwendung von Landesrecht Verfassungsgrundsätze missachtet worden sind. Die Prüfung des BVerwG ist dann allerdings auch auf diese Verstöße beschränkt.

Bundesrecht im Landesrecht zu prüfen

BEISPIEL: Streitentscheidende Norm ist die landesrechtliche Generalklausel des Polizei- und Ordnungsrechts, die der Behörde ein Ermessen gewährt. Bei der Ermessensausübung sind die Grundrechte des Adressaten nicht ausreichend berücksichtigt worden. Grundrechte sind Bundesrecht, Art. 1-19 GG, auf diese Rüge könnte also eine Revision gestützt werden. Demgegenüber würde das BVerwG nicht prüfen, ob eine Gefahr vorlag usw.

Bundesrecht kann ferner verletzt sein, wenn es mittelbar über die Generalklauseln des Landesrechts Anwendung findet.

BEISPIEL: Zur „öffentlichen Sicherheit" im Sinne des Polizei- und Ordnungsrechts gehört das gesamte geschriebene Recht. Hat das OVG eine Gefahr für die öffentliche Sicherheit mit einem Verstoß gegen ein Bundesgesetz bejaht, das Bundesgesetz hierbei allerdings fehlerhaft angewendet, liegt ein Verstoß gegen Bundesrecht vor. Ebenso, wenn z.B. eine Abrissverfügung fehlerhaft auf Verstöße gegen Bauplanungsrecht (§§ 29 ff. BauGB) gestützt worden ist.

2. Beruhen des Urteils auf dieser Verletzung

619 Das Urteil des OVG muss auf der Verletzung des Bundesrechts beruhen. Dies ist immer der Fall, wenn ein absoluter Revisionsgrund i.S.v. § 138 VwGO vorliegt. Zwar spricht der Gesetzeswortlaut nur davon, dass dann immer Bundesrecht verletzt sei (was über das Beruhen des Urteils auf diesem Verstoß noch nichts aussagt); es entspricht jedoch dem eindeutigen Willen des Gesetzgebers und daher der allg.M., dass eine Revision aus den Gründen des § 138 VwGO immer erfolgreich sein sollte.[1375] Dogmatisch handelt es sich um eine unwiderlegbare gesetzliche Vermutung.[1376]

Absolute Revisionsgründe: immer (+)

MERKSATZ
Die Kausalität zwischen Verstoß und Entscheidung ist in den Fällen des § 138 VwGO nicht zu prüfen.

620 Ansonsten „beruht" das Urteil nicht auf der festgestellten Verletzung von Bundesrecht, wenn - was zu prüfen wäre - sich der Verstoß rechtlich nicht ausgewirkt hat. Dies wird vor allem dann der Fall sein, wenn es sich aus einem anderen Grund als richtig erweisen würde, § 144 IV VwGO.

Sonst: Alternativen prüfen

1375 BVerwG, NVwZ-RR 1994, 362, 362
1376 Kopp/Schenke, VwGO, § 137 Rn 23a

BEISPIEL: Das OVG hat die Auflösung einer Versammlung nach § 15 III VersG für rechtmäßig gehalten, weil gegen die Anmeldepflicht des § 14 VersG verstoßen worden sein soll. Unterstellt, es handelte sich um eine sog. „Spontanversammlung", für die eine Anmeldepflicht gar nicht gilt, läge insoweit ein Verstoß gegen Bundesrecht vor; das Urteil des OVG könnte aber dennoch i.E. richtig sein, wenn die Versammlung aus anderem Grund aufgelöst werden konnte, z.B. weil von ihr unmittelbare Gefahren für die öffentliche Sicherheit ausgingen.

IV. ENTSCHEIDUNG DES BVERWG

621 Ist die Revision bereits unzulässig, so wird sie durch Beschluss „verworfen", § 144 I VwGO. Ist sie zulässig, aber unbegründet, wird sie durch Urteil „zurückgewiesen", § 144 II VwGO. Ist die Revision zulässig und begründet, also erfolgreich, gibt es zwei Möglichkeiten: Das BVerwG kann in der Sache selbst entscheiden, § 144 III Nr. 1 VwGO, oder das Urteil aufheben und an das OVG[1377] zurückverweisen, § 144 III Nr. 2 VwGO. Letzteres kommt vor allem in Betracht, wenn das BVerwG mangels hinreichender Tatsachengrundlage nicht selbst durchentscheiden kann.[1378]

BEISPIEL: Das OVG hat eine Windenergieanlage schon wegen des von ihr ausgehenden Lärms für unzulässig erklärt und deshalb keine Feststellungen mehr über weitere Emissionen wie Schattenwurf usw. getroffen. Erweist sich die Entscheidung als unrichtig, weil die Lärmgrenzwerte eingehalten wurden, ist es dem BVerwG verwehrt, selbst weitere Tatsachenfeststellung zu den übrigen Emissionen zu betreiben. Es muss die Sache zur Klärung dieser Frage an das OVG zurückverweisen.

3. Teil – Beschwerde, §§ 146 ff. VwGO

A. Einleitung

Mit der Beschwerde werden gerichtliche Entscheidungen überprüft, die nicht Urteile oder Gerichtsbescheide (§ 84 I, III VwGO) sind, also im Wesentlichen Beschlüsse.

MERKSATZ
Die Beschwerde ist das taugliche Rechtsmittel gegen Beschlüsse.

Beschlüsse ergehen vor allem im vorläufigen Rechtsschutz nach §§ 80 V, 80a, 123 I, 47 VI VwGO, vgl. §§ 123 IV VwGO, 80 VII VwGO, aber auch in einer Vielzahl von anderen, weniger prüfungsrelevanten Fällen.

BEISPIELE: Streitwertfestsetzungen, Kosten- und Beweisbeschlüssen

Die Beschwerde ermöglicht ebenso wie die Berufung eine Kontrolle der angegriffenen Entscheidung in rechtlicher und tatsächlicher Hinsicht. Anders als Berufung und Revision ist sie nicht (mehr) von einer vorherigen Zulassung abhängig. Sie war es nach dem 6. VwGOÄndG, die Zulassung ist jedoch mit dem RMBereinVpG wieder

---

1377 Bei der Sprungrevision wäre es natürlich das VG.
1378 GSOB, NJW 1976, 1682, 1683; Kopp/Schenke, VwGO, § 144 Rn 10

abgeschafft worden, weil die Oberverwaltungsgerichte in praxi so gut wie keine Beschwerden zuließen, wodurch dem Bürger de facto nur noch eine Instanz zur Verfügung stand.[1379]

B. Prüfungsschema: Beschwerde
Eine Beschwerde nach §§ 146 ff. VwGO wird wie folgt geprüft:

PRÜFUNGSSCHEMA

I. Zulässigkeit der Beschwerde
  1. Verwaltungsrechtsweg
  2. Statthaftigkeit
  3. Beschwer
  4. Frist
  5. Form
  6. Postulationsfähigkeit

II. Objektive Antragshäufung, Streitgenossenschaft, Beiladung

III. Begründetheit der Beschwerde

C. Systematik und Vertiefung

I. ZULÄSSIGKEIT

1. Verwaltungsrechtsweg
Wie bei allen Rechtsmitteln ist die Rechtswegeröffnung gem. §§ 173 S. 1 VwGO i.V.m. 17a V GVG auch in der Beschwerdeinstanz grundsätzlich nicht mehr zu prüfen.[1380] Streitig ist allerdings, ob § 17a V GVG auch gilt, wenn - wie so häufig - eine Entscheidung im vorläufigen Rechtsschutz angefochten wird.

622

Vorläufiger Rechtsschutz: Rechtsweg prüfen?

Eine m.M. verneint dies unter Hinweis auf den Wortlaut des § 17a V GVG, wonach dieser nur für eine Entscheidung „in der Hauptsache" gelte.[1381] Mit „Hauptsache" sei das Klageverfahren gemeint, also gerade nicht der vorläufige Rechtsschutz.

Die ganz h.M. erstreckt § 17a V GVG hingegen auch auf den vorläufigen Rechtsschutz.[1382] Mit dem Begriff „Hauptsache" seien alle Entscheidungen „in der Sache" gemeint, also auch solche im vorläufigen Rechtsschutz. Dafür spricht die Teleologie: Eine Rechtswegaufsplittung zwischen erster Instanz und den Folgeinstanzen soll verhindert werden. Dieses Bedürfnis gibt es im vorläufigen Rechtsschutz ebenso wie im Klageverfahren.

1379 Vgl. zur Kritik Mampel, NVwZ 1998, 261, 261 ff.
1380 Siehe Rn 567
1381 VGH Kassel, NVwZ-RR 1994, 512, 512; OVG Koblenz, NVwZ 1993, 381, 382
1382 VGH Mannheim, NJW 1994, 1362, 1362; OVG Münster, NVwZ 1994, 178, 178; VGH München, NVwZ-RR 1993, 668, 668; OVG Berlin, NVwZ 1992, 685, 686; Zöller-Lückemann, ZPO, § 17a GVG Rn 18; Baumbach/Lauterbach/Albers/Hartmann-Albers, ZPO, § 17a Rn 15

> **KLAUSURHINWEIS**
> Der Streit kann selbstverständlich offen gelassen werden, wenn der Verwaltungsrechtsweg jedenfalls eröffnet ist. Ist dies - wie zumeist - unproblematisch der Fall, sollten Streitdarstellung und Rechtswegprüfung möglichst knapp gehalten werden.

Nicht unter „Hauptsache" fallen danach nur noch Verfahren, in denen nicht über die Sache entschieden wird, wie z.B. das vorgeschaltete Prozesskostenhilfeverfahren.[1383]

2. Statthaftigkeit

623
> **KLAUSURHINWEIS**
> Die Beschwerde ist statthaft gegen Entscheidungen, die nicht Urteile oder Gerichtsbescheide sind, sofern die Statthaftigkeit nicht besonders ausgeschlossen ist.

Die Formulierung „Entscheidungen [...], die nicht Urteile oder Gerichtsbescheide sind" findet sich wörtlich in § 146 I 1 VwGO. Darunter fallen vor allem Beschlüsse. Dabei spielt es nach dem ausdrücklichen Wortlaut der Norm keine Rolle, ob das Verwaltungsgericht (also die Kammer nach § 5 VwGO oder der Einzelrichter nach § 6 VwGO), der Vorsitzende oder der Berichterstatter entschieden hat.

Den wichtigsten Ausschlussgrund stellt § 146 II VwGO dar, der viele Verfahrensentscheidungen von der Beschwerdemöglichkeit ausnimmt. Daneben existieren innerhalb[1384] und außerhalb[1385] der VwGO weitere Ausschlussgründe.[1386] Wird gegen eine solche Entscheidung trotzdem Beschwerde eingelegt, ist sie als unstatthaft zu verwerfen.

§ 152 VwGO erweitert demgegenüber zunächst die Beschwerdemöglichkeit über die in § 146 I 1 VwGO genannten Fälle hinaus auf bestimmte Entscheidungen des OVG, beschränkt sie aber andererseits auch auf diese.

BEISPIEL: Deshalb gibt es im vorläufigen Rechtsschutz gegen den Beschluss des OVG, mit welchem über die Beschwerde gegen den Beschluss des VG entschieden wird, keine weitere Beschwerde an das BVerwG.

3. Beschwer

Mindestbeschwer beachten

624 Zur Beschwer gilt zunächst das oben zur Berufung Gesagte entsprechend.[1387] Danach kann nur Beschwerde einlegen, wer durch den Beschlusstenor formell beschwert ist.[1388] Bei einem Streit über Kosten, Gebühren und Auslagen muss die Beschwer allerdings mindestens 200,- € betragen, § 146 III VwGO.

1383 BGH, FamRZ 1991, 1172, 1172; Baumbach/Lauterbach/Albers/Hartmann-Albers, ZPO, § 17a Rn 5
1384 Z.B. § 158 VwGO, § 65 IV 3 VwGO
1385 Z.B. § 80 AsylVfG
1386 Weitere Nachweise bei Kopp/Schenke, VwGO, § 146 Rn 23 ff.
1387 Siehe Rn 572
1388 Kopp/Schenke, VwGO, Vor § 124 Rn 39

4. Frist

Der Berufungs- und Revisionsdogmatik folgend, gibt es auch im Beschwerderecht eine Einlegungs- und eine Begründungsfrist: **625**

- Die Beschwerde ist innerhalb von zwei Wochen (!) nach Bekanntgabe der angefochtenen Entscheidung einzulegen, und zwar grundsätzlich bei dem Gericht, das die angefochtene Entscheidung erlassen hat, § 147 I 1 VwGO. Die Frist wird aber auch gewahrt, wenn die Beschwerde gleich zum Beschwerdegericht eingelegt wird, § 147 II VwGO.

  Einlegungsfrist

- Eine Begründungspflicht gibt es zwar im Normalfall nicht. Ganz abgesehen davon, dass eine solche aber dennoch in jedem Fall äußerst sinnvoll ist,[1389] ist sie ausnahmsweise auch vorgeschrieben, wenn ein Beschluss im vorläufigen Rechtsschutz nach §§ 80, 80a und 123 VwGO angefochten wird, § 146 IV VwGO. Damit besteht jedenfalls für den praktisch weitaus wichtigsten Fall doch eine Begründungspflicht. Dieser ist innerhalb eines Monats nach Bekanntgabe der angefochtenen Entscheidung zu genügen, wobei die Begründung beim OVG einzureichen ist, wenn sie nicht schon in der Beschwerdeschrift enthalten war, § 146 IV 1, 2 VwGO.

  Begründungsfrist

5. Form

Die Beschwerde ist schriftlich oder zur Niederschrift[1390] des Urkundsbeamten der Geschäftsstelle des Ausgangsgerichts einzulegen, § 147 I 1 VwGO. Sie muss analog § 124a II 2, III VwGO die angefochtene Entscheidung angeben.[1391] Soweit eine Begründung vorgeschrieben ist, muss diese den inhaltlichen Anforderungen des § 146 IV 3 VwGO genügen.[1392] **626**

6. Postulationsfähigkeit

Im Beschwerdeverfahren herrscht durchgängig Vertretungszwang, § 147 I 2 VwGO i.V.m. § 67 IV VwGO.[1393] **627**

7. Weitere Zulässigkeitsvoraussetzungen

Selbstverständlich müssen auch im Beschwerdeverfahren die allgemeinen Prozessvoraussetzungen vorliegen, wie z.B. Beteiligungs- und Prozessfähigkeit.[1394] Diese sind ggf. wie im Klageverfahren zu prüfen,[1395] sollten aber nur erwähnt werden, wenn der Sachverhalt hierzu wirklich Anlass bietet. **628**

II. OBJEKTIVE ANTRAGSHÄUFUNG, STREITGENOSSENSCHAFT, BEILADUNG

Für die objektive Klagehäufung, Streitgenossenschaft und Beiladung gelten die Vorschriften zum Verfahren in I. Instanz entsprechend.[1396] **629**

1389 Kopp/Schenke, VwGO, § 147 Rn 3
1390 Da durchgehend Vertretungszwang besteht, hat diese Möglichkeit faktisch nur noch Bedeutung für den PKH-Antrag, der vom Vertretungszwang ausdrücklich ausgenommen ist, § 67 IV 1 VwGO.
1391 VGH Mannheim, NVwZ-RR 1995, 126, 126; Kopp/Schenke, VwGO, § 147 Rn 2
1392 Vgl. im Detail zu diesen Seibert, NVwZ 2002, 265, 268 ff.
1393 Koehl, JuS 2010, 155, 156
1394 BVerwG, NVwZ-RR 1996, 619, 620
1395 Siehe Rn 138
1396 Vgl. Rn 150 ff. (obj. Antragshäufung), Rn 154 ff. (Streitgenossenschaft) und Rn 157 ff. (Beiladung).

III. BEGRÜNDETHEIT

630 In der Begründetheit ist zwischen dem „Normalfall" einer Beschwerde und dem Ausnahmefall einer Beschwerde im vorläufigen Rechtsschutz nach §§ 80, 80a, 123 VwGO zu differenzieren, da die VwGO ausgerechnet für diesen in Prüfung und Praxis wichtigsten Fall eine Sonderregelung bereithält:

1. Beschwerde außerhalb des vorläufigen Rechtsschutzes

Normalfall: Volle Überprüfbarkeit

631 Außerhalb der Fälle des § 146 IV VwGO wird die Ausgangsentscheidung in rechtlicher und tatsächlicher Hinsicht in vollem Umfang überprüft, und zwar zunächst vom iudex a quo, der über die Abhilfe der Beschwerde zu entscheiden hat, § 148 I 1. Hs. VwGO. Hält er die Beschwerde nicht für begründet, legt er sie dem OVG vor, § 148 I 2. Hs. VwGO.

Das OVG trifft sodann eine eigene Entscheidung, wobei es weder an den Vortrag der Parteien, noch an die Ausführungen der Vorinstanz gebunden ist, selbst wenn dieser bei der Beschlussfassung ein Ermessen eröffnet war. Das OVG prüft m.a.W. nicht nur Ermessensfehler des VG, sondern trifft eine eigene Ermessensentscheidung.[1397]

> **BEISPIEL:** Das VG „kann" nach § 65 I VwGO einen Dritten beiladen. Wird die Beiladung abgelehnt, trifft das OVG auf die Beschwerde hin eine eigene Ermessensentscheidung über die Beiladung, ist also nicht auf etwaige Ermessensfehlerprüfung des VG beschränkt.[1398]

Weil das Beschwerdeverfahren eine neue Tatsacheninstanz ist, ist - obwohl es hier anders als in § 128 VwGO nicht ausdrücklich geregelt ist - auch neuer Tatsachenvortrag zu berücksichtigen.[1399] Ist eine Tatsache prozessual zu berücksichtigenden, ist damit aber noch nicht gesagt, dass sie tatsächlich etwas an der Sach- und Rechtslage ändert.[1400] Hierfür kommt es vielmehr darauf an, welcher Zeitpunkt materiell für die Beurteilung der Sach- und Rechtslage maßgeblich ist.[1401]

2. Beschwerde im vorläufigen Rechtsschutz

Vorläufiger RSchutz: Beschränkung auf dargelegte Gründe

632 Wird hingegen eine Beschwerde gegen einen Beschluss im vorläufigen Rechtsschutz nach §§ 80, 80a, 123 VwGO eingelegt, sind gem. § 146 IV VwGO zwei Besonderheiten zu beachten:

- Zunächst gibt es keine Abhilfemöglichkeit. Das VG muss die Beschwerde vielmehr sofort dem OVG vorlegen, § 146 IV 5 VwGO.

- Das OVG prüft sodann nur, ob die Entscheidung des VG aus den vom Beschwerdeführer in seiner Beschwerdebegründung dargelegten Gründen rechtswidrig ist, § 146 IV 5 VwGO.

1397 VGH Kassel, NVwZ-RR 2004, 704, 705; OVG Münster, NJW 1981, 1469, 1469
1398 Nur der Beschluss über die Beiladung ist unanfechtbar, § 65 IV 3 VwGO, nicht aber deren Ablehnung, vgl. Kopp/Schenke, VwGO, § 65 Rn 38
1399 OVG Frankfurt (Oder), NVwZ-RR 2003, 694, 694; Kopp/Schenke, VwGO, § 146 Rn 42
1400 Siehe Rn 592, Rn 599
1401 Siehe dazu Rn 180 ff. und das Beispiel unter Rn 592.

MERKSATZ
Die Beschwerde gegen einen Beschluss im vorläufigen Rechtsschutz nach §§ 80, 80a und 123 VwGO ist gem. § 146 IV 6 VwGO begründet, sofern der Beschwerdeführer einen Grund dargelegt hat, aus dem die angegriffene Entscheidung des VG unrichtig ist.

Dies können selbstverständlich Gründe der Zulässigkeit und/oder Begründetheit sein.

KLAUSURHINWEIS
Es sind also grundsätzlich Zulässigkeit und Begründetheit des ursprünglichen Antrags nach §§ 80, 80a, 123 VwGO zu prüfen, aber nur die Zulässigkeits- und Begründetheitspunkte, die ausdrücklich gerügt worden sind. Man sollte sich daher eine Gliederung des jeweiligen Rechtsbehelfs aufschreiben, sodann die Punkte markieren, die laut Sachverhalt gerügt worden sind, und diese dann in die Reinschrift übernehmen.[1402]

Da jedenfalls im Umfang der Begründung aber auch eine volle Überprüfung stattfindet, wird man auch hier neuen Tatsachenvortrag zulassen müssen.[1403]

1402 Vgl. die Falllösung von Koehl, JuS 2010, 155, 156 ff.
1403 VGH Mannheim, NVwZ 2002, 883, 884; Kopp/Schenke, VwGO, § 146 Rn 42. Zu den Auswirkungen auf die materielle Rechtslage siehe Rn 631.

VERWALTUNGSBEHÖRDLICHER RECHTSSCHUTZ

1. Teil – Das Widerspruchsverfahren

A. Einleitung

Terminologie

633 Gem. § 68 I 1, II VwGO ist vor Erhebung der Anfechtungsklage und der Verpflichtungsklage (in Gestalt der Versagungsgegenklage) ein Vorverfahren durchzuführen. Das Vorverfahren beginnt gem. § 69 VwGO mit der Erhebung des Widerspruchs. Daher kann dieses Verfahren auch als „Widerspruchsverfahren" bezeichnet werden.

Sinn und Zweck

Der Sinn und Zweck des Vorverfahrens ist ein dreifacher:[1404] erstens ist das Widerspruchsverfahren neben dem verwaltungsgerichtlichen Verfahren eine zusätzliche Rechtsschutzinstanz für den Bürger.[1405] Dabei ist der Rechtsschutz umfassender als im gerichtlichen Verfahren, weil nicht nur die Rechtmäßigkeit des behördlichen Handelns, sondern gem. § 68 I 1 VwGO auch seine Zweckmäßigkeit geprüft wird. Ferner ist das Widerspruchsverfahren kostengünstiger als der nachfolgende Verwaltungsprozess. Diese Rechtsschutzfunktion des Vorverfahrens zeigt sich auch in § 80 I 1 VwGO, wonach der Widerspruch aufschiebende Wirkung hat, d.h. im Interesse des Widerspruchsführers die Vollstreckung des angegriffenen Verwaltungsaktes verhindert wird.[1406]

Zweitens dient das Widerspruchsverfahren der Selbstkontrolle der Verwaltung.[1407] Sie soll die Möglichkeit erhalten, Fehler korrigieren zu können, bevor dies durch die Gerichte geschieht.

Drittens verfolgt der Gesetzgeber mit dem Vorverfahren das Ziel, die Gerichte zu entlasten.[1408] Die Verwaltung hat die Möglichkeit, den Widerspruchsführer von einer Inanspruchnahme der Gerichte abzuhalten, indem sie eigene Fehler korrigiert oder, im Falle des Misserfolgs des Widerspruchs, den Widerspruchsbescheid so überzeugend begründet, dass der Widerspruchsführer keine Veranlassung für die Erhebung einer Klage sieht.

Doppelcharakter/"Zwitterstellung" des Vorverfahrens

634 Gesetzessystematisch weist das Vorverfahren einen Doppelcharakter auf, es hat gleichsam eine „Zwitterstellung" inne.[1409] Einerseits ist es ein Verwaltungsverfahren, weil es von den Verwaltungsbehörden durchgeführt wird. Andererseits ist seine erfolglose Durchführung eine Zulässigkeitsvoraussetzung für eine spätere Klage, sodass es auch dem Verwaltungsprozessrecht zuzuordnen ist.

1404 Siehe Rn 104
1405 Hufen, VerwProzessR, § 5 Rn 2; Schenke, VerwProzessR, Rn 645
1406 Wolff/Decker, VwGO, § 80 Rn 3, 8
1407 Hufen, VerwProzessR, § 5 Rn 2; Schenke, VerwProzessR, Rn 646
1408 Hufen, VerwProzessR, § 5 Rn 2; Schenke, VerwProzessR, Rn 646
1409 Wolff/Decker, VwGO, Vor § 68 Rn 2 f.; Hufen, VerwProzessR, § 5 Rn 8, 10 f.; Schenke, VerwProzessR, Rn 642

Dieser Doppelcharakter hat Konsequenzen für das anzuwendende Recht. Das Vorverfahren ist in den verwaltungsprozessualen Vorschriften der §§ 68 ff. VwGO sowie in den Verwaltungsverfahrensgesetzen des Bundes und der Länder geregelt. Vorrang haben gem. § 79 VwVfG die Regelungen der VwGO, weil das Vorverfahren einen förmlichen Rechtsbehelf gegen Verwaltungsakte im Sinne dieser Vorschrift darstellt.[1410] Teilweise sind die VwGO-Vorschriften auch analog anzuwenden, weil das Verwaltungsverfahrensrecht lückenhaft ist.

Anzuwendendes Recht

BEISPIELE: §§ 40 I 1, 42 II, 113 I 1 VwGO.

Im Übrigen gelten die Bestimmungen des VwVfG.

BEISPIELE: §§ 11-13 VwVfG.

B. Prüfungsschema: Aufbau des Widerspruchs

PRÜFUNGSSCHEMA

I. Zulässigkeit des Widerspruchs
  1. Verwaltungsrechtsweg
  2. Statthaftigkeit des Widerspruchs
  3. Widerspruchsbefugnis
  4. Form und Frist
  5. Beteiligungs- und Handlungsfähigkeit
  6. Weitere Zulässigkeitsvoraussetzungen
II. Objektive Widerspruchshäufung
III. Subjektive Widerspruchshäufung
IV. Hinzuziehung
V. Begründetheit des Widerspruchs
  • Anfechtungswiderspruch:
    1. Ermächtigungsgrundlage
    2. Formelle Rechtmäßigkeit
       a) Zuständige Behörde
       b) Verfahren
       c) Form
    3. Materielle Rechtmäßigkeit
       a) Tatbestand der Ermächtigungsgrundlage
       b) Rechtsfolge der Ermächtigungsgrundlage
    4. Ggf. Zweckwidrigkeit
    5. Rechtsverletzung
  • Verpflichtungswiderspruch:
    1. Anspruchsgrundlage
    2. Anspruchsvoraussetzungen
       a) Formelle Anspruchsvoraussetzungen
       b) Materielle Anspruchsvoraussetzungen

1410   Hufen, VerwProzessR, § 5 Rn 12; Schenke, VerwProzessR, Rn 642

C. Systematik und Vertiefung

> **KLAUSURHINWEIS**
> Der **Obersatz** in einer Klausur lautet: „Der Widerspruch hat Erfolg, soweit er zulässig und begründet ist".

I. ZULÄSSIGKEIT DES WIDERSPRUCHS

Beurteilungszeitpunkt für Zulässigkeit

635 Maßgeblicher Zeitpunkt für die Beurteilung der Zulässigkeit eines Widerspruchs ist der Zeitpunkt des Erlasses des Widerspruchsbescheids.[1411] Folglich kann ein zurzeit der Einlegung unzulässiger Widerspruch nachträglich noch zulässig werden und umgekehrt.

1. Verwaltungsrechtsweg

Verwaltungsrechtliche Streitigkeit

636 Da §§ 68 ff. VwGO ein Verfahren regeln, dessen erfolglose Durchführung Zulässigkeitsvoraussetzung für ein späteres verwaltungsgerichtliches Verfahren ist, muss die Eröffnung des Verwaltungsrechtsweges bereits im Rahmen des Vorverfahrens geprüft werden.[1412] Inhaltlich gelten die Ausführungen zur Anfechtungs- und Verpflichtungsklage entsprechend.[1413]

> **KLAUSURHINWEIS**
> Bei genauer Betrachtung ist § 40 I 1 VwGO analog zu zitieren, weil sich die Vorschrift nach ihrem Wortlaut auf gerichtliche Verfahren bezieht.[1414]
> Weiterhin ist die Prüfung der Rechtswegeröffnung im Widerspruchsverfahren zwingend eine Zulässigkeitsvoraussetzung, weil die Verweisungsvorschrift des § 17a II 1 GVG nur für gerichtliche Verfahren gilt.
> Schließlich ist die Verwendung des Begriffs „Verwaltungsrechtsweg" umstritten, weil es sich bei dem Widerspruchsverfahren nicht um ein gerichtliches Verfahren handelt. Eine alternative, neutrale Bezeichnung des Prüfungspunktes wäre „verwaltungsrechtliche Streitigkeit".[1415]

2. Statthaftigkeit des Widerspruchs

Zulässigkeitsvoraussetzung für spätere Klage

637 | **MERKSATZ**
| Der Widerspruch ist **statthaft**, wenn er Zulässigkeitsvoraussetzung für eine spätere verwaltungsgerichtliche Klage ist.

Das ist grundsätzlich gem. § 68 I 1 VwGO vor Erhebung einer Anfechtungsklage und gem. § 68 II VwGO vor Erhebung einer Verpflichtungsklage in Gestalt der Versagungsgegenklage der Fall. Einschränkungen sehen §§ 68 I 2, 75 VwGO vor. Andererseits

---

1411 *Schenke, VerwProzessR, Rn 648*
1412 *Wolff/Decker, VwGO, § 69 Rn 7; Schoch, JURA 2003, 752, 752 f.*
1413 *Siehe Rn 40 ff., 192 f.*
1414 *Kopp/Schenke, VwGO, Vorb § 68 Rn 12; Hufen, VerwProzessR, § 6 Rn 2*
1415 *Wolff/Decker, VwGO, § 69 Rn 7*

erweitern § 54 II 1 BeamtStG und § 126 II 1 BBG den Anwendungsbereich des Vorverfahrens. Hier gelten die Ausführungen zur Anfechtungs- und Verpflichtungsklage entsprechend, einschließlich der Frage, ob der Landesgesetzgeber das Vorverfahren vollständig abschaffen darf.[1416]

Probleme können auftreten, wenn sich der Verwaltungsakt erledigt hat. Diesbezüglich kann aber auf die Ausführungen zum Vorverfahren im Rahmen der Fortsetzungsfeststellungklage verwiesen werden.[1417] D.h. mit der vorzugswürdigen h.M. ist davon auszugehen, dass ein Widerspruch im Falle der Erledigung des Verwaltungsaktes innerhalb der Widerspruchsfrist unstatthaft ist und folglich als unzulässig zurückgewiesen wird.[1418] Eine Erledigung während des bereits eingeleiteten Widerspruchsverfahrens hat zur Folge, dass das Vorverfahren eingestellt und nur noch über dessen Kosten entschieden wird.[1419]

Fortsetzungsfeststellungswiderspruch

3. Widerspruchsbefugnis

Auch im Widerspruchsverfahren gilt der prozessuale Grundsatz des Ausschlusses von Popularrechtsbehelfen. Deshalb muss der Widerspruchsführer analog § 42 II VwGO widerspruchsbefugt sein.[1420] Für den Anfechtungswiderspruch bedeutet dies, dass die Möglichkeit bestehen muss, dass der Widerspruchsführer in einem subjektiv-öffentlichen Recht verletzt ist. Für den Verpflichtungswiderspruch bedarf es eines möglichen Anspruchs des Widerspruchsführers auf den Erlass des begehrten Verwaltungsaktes. Die Ausführungen zur Anfechtungs- und Verpflichtungsklage gelten entsprechend, auch bzgl. des Erfordernisses einer drittschützenden Norm im Falle der Drittanfechtung.[1421]

638 *§ 42 II VwGO analog*

Wegen des Wortlauts des § 68 I 1 VwGO ist es bei einem Ermessensverwaltungsakt ausreichend, wenn der Widerspruchsführer behauptet, der Verwaltungsakt sei zweckwidrig und beeinträchtige ihn in seinen schutzwürdigen Interessen.[1422]

Zweckwidrigkeit

> **MERKSATZ**
> Bei **gebundenen Verwaltungsakten** kann eine Zweckwidrigkeit nicht auftreten, weil die Rechtsfolge durch den Gesetzgeber zwingend vorgegeben ist, Zweckmäßigkeitserwägungen der Behörde also keinen Einfluss auf die Sachentscheidung haben können.

4. Form und Frist

a) Form des Widerspruchs

Gem. § 70 I VwGO ist der Widerspruch schriftlich oder zur Niederschrift bei der Ausgangsbehörde oder bei der Widerspruchsbehörde zu erheben. Bzgl. der Merkmale „schriftlich" und „zur Niederschrift" gilt grundsätzlich das Gleiche wie für die Klage nach § 81 I VwGO.[1423] Es kann daher auf die Ausführungen zu dieser

639 *Schriftlich oder zur Niederschrift*

1416 Siehe Rn 105 ff., 209
1417 Siehe Rn 245
1418 Ehlers, JURA 2001, 415, 420; Geis/Hinterseh, JuS 2001, 1074, 1077
1419 Kintz, Assessorexamen, Rn 444; Pietzner/Ronellenfitsch, Assessorexamen, § 42 Rn 33
1420 Wolff/Decker, VwGO, § 69 Rn 13; Hufen, VerwProzessR, § 6 Rn 20
1421 Siehe Rn 87 ff., 206 ff.
1422 Kopp/Schenke, VwGO, § 69 Rn 6; Hufen, VerwProzessR, § 6 Rn 22
1423 Kopp/Schenke, VwGO, § 70 Rn 2; Wolff/Decker, VwGO, § 70 Rn 4

Norm verwiesen werden.[1424] Allerdings richtet sich die Übermittlung elektronischer Dokumente nicht nach § 55a VwGO, weil diese Vorschrift nur die elektronische Kommunikation mit den Gerichten regelt, sondern nach § 3a VwVfG.[1425]

Die Bezeichnung als „Widerspruch" ist nicht erforderlich, auch eine Begründung verlangt § 70 I VwGO nicht. Es muss aber erkennbar sein, dass sich der Betroffene durch eine bestimmte Behördenentscheidung beschwert fühlt und deren Überprüfung wünscht.[1426]

BEISPIELE: Ausreichend dürften Bezeichnungen sein wie „Einspruch" oder „Beschwerde".[1427]

Ausgangs- oder Widerspruchsbehörde

Die Erhebung des Widerspruchs kann alternativ bei der Ausgangs- oder bei der Widerspruchsbehörde erfolgen. Letztere ist gem. § 73 I 2 Nr. 1 VwGO grundsätzlich die nächsthöhere Behörde. Unerheblich für die Erfolgsaussichten des Widerspruchs ist hingegen, welche Behörde tatsächlich über den Widerspruch entscheidet. Da dies nicht im Verantwortungsbereich des Widerspruchsführers liegt, kann eine Entscheidung durch eine unzuständige Behörde nicht zur Unzulässigkeit des Widerspruchs führen. Vielmehr ist der Widerspruchsbescheid in diesem Fall rechtswidrig und kann gem. § 79 II 2 VwGO selbständig angefochten werden.[1428]

> **KLAUSURHINWEIS**
> Daher ist im Rahmen der Prüfung der Zulässigkeit eines Widerspruchs auch nicht der Prüfungspunkt „zuständige Widerspruchsbehörde" zu bilden.

b) Widerspruchsfrist

640 Die Widerspruchsfrist beträgt gem. § 70 I 1 VwGO einen Monat. Fristauslösendes Ereignis ist die Bekanntgabe des Verwaltungsaktes gegenüber dem Beschwerten. Vor Erlass des Verwaltungsaktes ist die Einlegung eines Widerspruchs unzulässig. Sie wird auch nicht dadurch zulässig, dass der Verwaltungsakt nachträglich ergeht.[1429]

Fristberechnung

Für die Bekanntgabe des Verwaltungsaktes und die Berechnung der Widerspruchsfrist (einschließlich einer Wiedereinsetzung in den vorigen Stand) kann auf die Ausführungen zur Anfechtungsklage verwiesen werden.[1430] Das gilt auch für die umstrittene Frage, ob ein Verstoß gegen die Widerspruchsfrist dadurch geheilt werden kann, dass sich die Widerspruchsbehörde nicht auf den Fristverstoß beruft, sondern in der Sache über den Widerspruch entscheidet.[1431]

1424 Siehe Rn 143
1425 Wolff/Decker, VwGO, § 70 Rn 5a
1426 Wolff/Decker, VwGO, § 70 Rn 5; Hufen, VerwProzessR, § 6 Rn 24
1427 Hufen, VerwProzessR, § 6 Rn 24
1428 Schenke, VerwProzessR, Rn 651
1429 Schenke, VerwProzessR, Rn 672
1430 Siehe Rn 114 ff.
1431 Siehe Rn 110 f.

Umstritten ist, nach welchen Vorschriften sich die Berechnung der Widerspruchsfrist richtet. Nach einer Ansicht gelangen § 57 II VwGO i.V.m. § 222 I ZPO i.V.m. §§ 187 ff. BGB zur Anwendung (sog. **„verwaltungsprozessuale Lösung"**), weil es sich bei § 57 II VwGO um eine „vor die Klammer gezogene" Vorschrift handele, welche die Fristberechnung in der VwGO abschließend regele.[1432] Die Gegenauffassung will auf §§ 79, 31 I VwVfG i.V.m. §§ 187 ff. BGB abstellen (sog. **„verwaltungsverfahrensrechtliche Lösung"**), weil § 70 II VwGO nicht auf § 57 VwGO verweist.[1433]

Verwaltungsprozessuale und verwaltungsverfahrensrechtliche Lösung

> **KLAUSURHINWEIS**
> Da beide Rechtsauffassungen letztlich zur Anwendung der §§ 187 ff. BGB und damit stets zu den gleichen Ergebnissen gelangen, ist der Streit in einer Klausur nicht zu entscheiden. Die beiden Normenketten werden nur kurz erwähnt, um sodann zu subsumieren.

5. Beteiligungs- und Handlungsfähigkeit

Zur Beantwortung der Frage, wer dazu fähig ist, an einem Widerspruchsverfahren **641** teilzunehmen, sind nicht §§ 61, 62 VwGO, sondern §§ 11, 12 VwVfG anzuwenden, weil es um die Teilnahme an einem Verwaltungsverfahren geht, auch wenn dessen erfolglose Durchführung eine prozessuale Zulässigkeitsvoraussetzung ist.[1434] Die Vorschriften entsprechen weitgehend den §§ 61, 62 VwGO, sodass auf die Ausführungen zu diesen Vorschriften verwiesen wird.[1435] Zentraler Unterschied ist, dass Behörden im Verwaltungsverfahren gem. § 11 Nr. 3 VwVfG stets beteiligungsfähig sind, wohingegen § 61 Nr. 3 VwGO eine landesrechtliche Ausführungsvorschrift verlangt.

§§ 11, 12 VwVfG

BEISPIEL: Die Kommunalaufsichtsbehörde erlässt einen Verwaltungsakt gegen eine Gemeinde, die Gemeindeverwaltung legt Widerspruch ein (sofern er nicht kraft landesgesetzlicher Regelung ausgeschlossen ist). Sie kann gem. § 11 Nr. 3 VwVfG auch am Widerspruchsverfahren teilnehmen.

Wichtig ist, dass es keinen Widerspruchsgegner gibt, dessen Beteiligungs- und Handlungsfähigkeit zu prüfen ist, weil das Vorverfahren ein im öffentlichen Interesse durchgeführtes, nicht kontradiktorisches Verfahren ist.[1436]

Nicht kontradiktorisch, kein Widerspruchsgegner

6. Weitere Zulässigkeitsvoraussetzungen

Hinsichtlich der weiteren Zulässigkeitsvoraussetzungen gelten die Ausführungen **642** zum Rechtsschutzbedürfnis im Rahmen der Anfechtungs- und Verpflichtungsklage entsprechend.[1437] Weiterhin darf in derselben Sache weder ein anderweitiges Widerspruchsverfahren anhängig noch ein Widerspruchsbescheid bereits ergangen sein.[1438] Schließlich ist § 44a VwGO zu beachten.[1439]

1432 *Kopp/Schenke*, VwGO, § 70 Rn 8; *Wolff/Decker*, VwGO, § 70 Rn 9.
1433 *Hufen*, VerwProzessR, § 6 Rn 28; *Geis/Hinterseh*, JuS 2001, 1176, 1178.
1434 *Kopp/Schenke*, VwGO, Vorb § 68 Rn 12; *Wolff/Decker*, VwGO, § 69 Rn 17.
1435 Siehe Rn 138 ff.
1436 *Kopp/Schenke*, VwGO, Vorb § 68 Rn 12; *Wolff/Decker*, VwGO, § 69 Rn 15.
1437 Siehe Rn 146, 213.
1438 *Kopp/Schenke*, VwGO, Vorb § 68 Rn 12.
1439 *Kopp/Schenke*, VwGO, § 44a Rn 4; siehe auch Rn 147 ff.

II. OBJEKTIVE UND SUBJEKTIVE WIDERSPRUCHSHÄUFUNG, HINZUZIEHUNG

Objektive Widerspruchshäufung

643 Auch im Widerspruchsverfahren kann ein Widerspruchsführer mehrere Begehren verfolgen.

> **BEISPIEL:** Widerspruchsführer wehrt sich gegen eine Beseitigungsverfügung für seine Garage und die damit verbundene Androhung der Ersatzvornahme.

§ 44 VwGO ist nicht unmittelbar anwendbar, weil die Norm nach ihrem Wortlaut eine Klage zum Gegenstand hat. Auch eine analoge Anwendung begegnet Bedenken, weil das Merkmal „derselbe Beklagte" nicht auf das Widerspruchsverfahren übertragbar ist, da es keinen Widerspruchsgegner gibt. Daher ist zu erwägen, auf § 10 VwVfG als allgemeinen Grundsatz für ein Verwaltungsverfahren zurückzugreifen. In der Sache ist jedenfalls zu fordern, dass zwischen den Begehren ein Zusammenhang besteht und dieselbe Widerspruchsbehörde für die Entscheidung zuständig ist. Diesbezüglich kann auf die Ausführungen zu § 44 VwGO im Rahmen der Anfechtungsklage verwiesen werden.[1440]

Subjektive Widerspruchshäufung

Was eine subjektive Widerspruchshäufung angeht, dürfte § 64 VwGO analog anzuwenden sein, da auch im Widerspruchsverfahren mehrere Widerspruchsführer inhaltlich dasselbe verfolgen können.[1441]

> **BEISPIEL:** Mehrere Personen greifen unabhängig voneinander dasselbe Verkehrszeichen mit einem Widerspruch an.

Hinzuziehung

Der Beiladung gem. § 65 VwGO entspricht im Widerspruchsverfahren die Hinzuziehung gem. § 13 II VwVfG. Es wird zwischen der einfachen Hinzuziehung gem. § 13 II 1 VwVfG und der notwendigen Hinzuziehung gem. § 13 II 2 VwVfG differenziert.[1442] Die Ausführungen zur Beiladung gelten entsprechend.[1443]

III. BEGRÜNDETHEIT DES WIDERSPRUCHS

644 Eine Normierung des Obersatzes für die Begründetheit des Widerspruchs findet sich in der VwGO nicht. Daher richtet er sich nach der späteren Klageart unter Berücksichtigung der Besonderheit, dass im Widerspruchsverfahren gem. § 68 I 1 VwGO auch die Zweckmäßigkeit des Verwaltungsaktes zu prüfen ist.

> **KLAUSURHINWEIS**
> Folglich lautet der **Obersatz** bei einem **Anfechtungswiderspruch**: „Der Widerspruch ist begründet, soweit der Verwaltungsakt rechtswidrig und der Widerspruchsführer dadurch in seinen Rechten verletzt ist oder soweit der Verwaltungsakt zweckwidrig und der Widerspruchsführer dadurch in seinen schutzwürdigen Interessen verletzt ist, § 68 I 1 VwGO i.V.m. § 113 I 1 VwGO analog".[1444]

Rechtmäßigkeits- oder Anspruchsaufbau

1440 Siehe Rn 150 ff.
1441 Siehe Rn 154 ff.
1442 *Kopp/Ramsauer*, VwVfG, § 13 Rn 26, 34, 39; *Wolff/Decker*, VwVfG, § 13 Rn 12 f.
1443 Siehe Rn 157
1444 *Pietzner/Ronellenfitsch*, Assessorexamen, § 38 Rn 1-3; *Hufen*, VerwProzessR, § 7 Rn 1

> **KLAUSURHINWEIS**
> Bei einem **Verpflichtungswiderspruch** lautet der **Obersatz:** „Der Widerspruch ist begründet, soweit die Ablehnung des Verwaltungsaktes rechtswidrig, der Widerspruchsführer dadurch in seinen Rechten verletzt und die Sache spruchreif ist oder soweit die Ablehnung des Verwaltungsaktes zweckwidrig und der Widerspruchsführer dadurch in seinen schutzwürdigen Interessen verletzt ist, § 68 I 1, II VwGO i.V.m. § 113 V 1 VwGO analog.[1445] Das ist der Fall, soweit der behauptete Anspruch tatsächlich besteht."

Der Prüfungsaufbau der Begründetheit des Widerspruchs ist damit weitgehend identisch mit demjenigen der Anfechtungs- und Verpflichtungsklage.[1446] Da es sich jedoch nicht um ein kontradiktorisches Verfahren handelt,[1447] entfällt der Prüfungspunkt „Passivlegitimation".[1448]

Da die Widerspruchsbehörde zudem gem. § 68 I 1 VwGO eine Recht- und Zweckmäßigkeitsprüfung vornehmen, ist sie im Falle eines behördlichen Ermessens prinzipiell nicht darauf beschränkt, das Vorliegen eines Ermessensfehlers zu prüfen. Vielmehr übt sie das Ermessen selbst aus. Gleiches gilt bei Vorliegen eines behördlichen Entscheidungsspielraums bei einem Tatbestandsmerkmal. Folglich kann es bei einem Verpflichtungswiderspruch grundsätzlich keinen Bescheidungstenor analog § 113 V 2 VwGO geben, weil die Widerspruchsbehörde abschließend über den Erlass des Verwaltungsaktes entscheiden kann.[1449]

645 Grds.: Volle Entscheidungskompetenz der Widerspruchsbehörde

Eine Ausnahme von dieser vollständigen Entscheidungkompetenz der Widerspruchsbehörde liegt zunächst dann vor, wenn dies ausdrücklich im Gesetz angeordnet ist.[1450]

Ausn.: Beschränkungen der Entscheidungskompetenz

Darüber hinaus ist der Prüfungsumfang der Widerspruchsbehörde begrenzt, wenn der Verwaltungsakt in einer Selbstverwaltungsangelegenheit ergangen ist und die Selbstverwaltungsbehörde (= die Ausgangsbehörde) entgegen § 73 I 2 Nr. 3 VwGO nicht die Widerspruchsbehörde ist. In diesem Fall hat die Widerspruchsbehörde das Selbstverwaltungsrecht des Rechtsträgers der Ausgangsbehörde zu beachten und ist daher auf eine reine Rechtmäßigkeitskontrolle beschränkt[1451]

BEISPIELE: § 17 I AGVwGO BW, § 6 II 1 AGVwGO RP.

Die Widerspruchsbehörde befindet sich dann letztlich in der gleichen Situation wie ein Gericht, das gem. §§ 113 I 1, 113 V 1, 114 S. 1 VwGO stets auf eine Rechtmäßigkeitskontrolle beschränkt ist.[1452]

Schließlich wird eine Begrenzung des Prüfungsumfangs der Widerspruchsbehörde bei Prüfungsgesprächen angenommen, an denen die Widerspruchsbehörde nicht selbst beteiligt ist.[1453] Aufgrund der einmaligen, nicht wiederholbaren Prüfungssituation

---

1445 Pietzner/Ronellenfitsch, Assessorexamen, § 38 Rn 1-3; Hufen, VerwProzessR, § 7 Rn 1
1446 Siehe Rn 158 ff., 214 ff.
1447 Siehe Rn 641
1448 Hufen, VerwProzessR, § 7 Rn 2
1449 Wolff/Decker, VwGO, § 73 Rn 26 f.; Pietzner/Ronellenfitsch, Assessorexamen, § 39 Rn 1, 3
1450 Pietzner/Ronellenfitsch, Assessorexamen, § 39 Rn 5
1451 Wolff/Decker, VwGO, § 73 Rn 28; Hufen, VerwProzessR, § 7 Rn 9
1452 Wolff/Decker, VwGO, § 73 Rn 28
1453 Hufen, VerwProzessR, § 7 Rn 11; Pietzner/Ronellenfitsch, Assessorexamen, § 39 Rn 6

ist die Widerspruchsbehörde nicht in der Lage, eine vollständige Kontrolle vorzunehmen. Ihre Situation ist identisch mit derjenigen des Verwaltungsgerichts, sodass sie wie das Gericht nur das Vorliegen von Beurteilungsfehlern prüft.[1454]

BEISPIELE: Schulische oder beamtenrechtliche Prüfungsgespräche.

Eine Begrenzung der Prüfungskompetenz der Widerspruchsbehörde hat im Fall eines Verpflichtungswiderspruchs Auswirkungen auf den Tenor des Widerspruchsbescheids. Stellt die Widerspruchsbehörde fest, dass die Ausgangsbehörden den Erlass des Verwaltungsaktes zu Unrecht abgelehnt hat, kann sie ihn wegen ihres begrenzten Prüfungsumfangs nicht selbst erlassen. Stattdessen muss sie die ablehnende Entscheidung der Ausgangsbehörde aufheben und diese dazu verpflichten, den Antrag des Widerspruchsführers unter Beachtung ihrer Rechtsauffassung neu zu bescheiden.[1455]

MERKSATZ
Grundsätzlich tritt die Widerspruchsbehörde in vollem Umfang in die Entscheidungskompetenz der Ausgangsbehörde ein. Sie hat damit eine weiter gehende Kontrollkompetenz als das Verwaltungsgericht, das nur das Vorliegen von Rechtsfehlern prüfen darf. Eine Beschränkung der Prüfungskompetenz der Widerspruchsbehörde auf eine bloße Rechtmäßigkeitskontrolle tritt ein, wenn dies gesetzlich angeordnet ist, in Selbstverwaltungsangelegenheiten, wenn die Selbstverwaltungsbehörde nicht zugleich Widerspruchsbehörde ist, sowie bei Prüfungsgesprächen, an denen die Widerspruchsbehörde nicht beteiligt ist. Eine umfassende Kontrolle der Recht- und Zweckmäßigkeit des behördlichen Handelns erfolgt in diesen Ausnahmefällen nur durch die Ausgangsbehörde im Rahmen des Abhilfeverfahrens.

Zweckwidrigkeit **646** Die Zweckwidrigkeit eines Verwaltungsaktes dürfte nur bei einem Anfechtungswiderspruch zu erörtern sein, da es bei einem Verpflichtungswiderspruch letztlich um das Bestehen eines Anspruchs geht. Ist der angegriffene Verwaltungsakt rechtswidrig, kommt es auf eine zusätzliche Zweckwidrigkeit nicht mehr an.[1456] Aber auch wenn der Verwaltungsakt rechtmäßig ist, dürfte die Zweckwidrigkeit kaum eine Rolle spielen. Zweckwidrige Verwaltungsakte sind nämlich in aller Regel ungeeignet oder nicht erforderlich, verstoßen damit gegen das Verhältnismäßigkeitsprinzip, sodass sie bereits rechtswidrig sind.[1457]

KLAUSURHINWEIS
In einer Klausur ist es daher höchst unwahrscheinlich, dass ein Verwaltungsakt rechtmäßig, aber zweckwidrig ist. Daher ist in aller Regel kurz und knapp zu formulieren: „Anhaltspunkte für eine Zweckwidrigkeit des Verwaltungsaktes sind nicht ersichtlich".

1454 Siehe Rn 167 f.
1455 Schenke, VerwProzessR, Rn 686
1456 Hufen, VerwProzessR, § 7 Rn 7
1457 Hufen, VerwProzessR, § 7 Rn 7

647 Maßgeblicher Zeitpunkt für die Beurteilung der Sach- und Rechtslage ist grundsätzlich der Zeitpunkt des Erlasses des Widerspruchsbescheids.[1458] Änderungen der Sach- und Rechtslage im Verlauf des Widerspruchsverfahrens, sind daher grundsätzlich zu berücksichtigen, da erst der Widerspruchsbescheid das Verwaltungsverfahren abschließt und dem Verwaltungsakt gem. § 79 I Nr. 1 VwGO seine für den Verwaltungsprozess maßgebliche Gestalt gibt. Ein ursprünglich rechtswidriger Verwaltungsakt kann somit noch rechtmäßig werden und umgekehrt.

Maßgeblicher Zeitpunkt für Beurteilung der Sach- und Rechtslage

Eine Ausnahme soll aber nach h.M. für die Drittanfechtung im Baurecht gelten. Verändert sich nach der Erteilung der Baugenehmigung die Sach- und Rechtslage zum Nachteil des Bauherrn, bleiben diese Veränderungen unberücksichtigt. Es kommt also auf den Zeitpunkt der Genehmigungserteilung an.[1459] Begründet wird diese Ausnahme mit einem sich aus Art. 14 GG ergebenden Grundsatz, dass dem Bauherrn eingeräumte Rechtspositionen trotz nachträglicher Änderungen zu belassen sind, es sei denn, es existiert eine ausdrückliche Rechtsgrundlage, welche die Verwaltung gegen Zahlung einer Entschädigung zur Aufhebung der Rechtsposition berechtigt.

> **BEISPIEL:** Bauherr B erhält eine Baugenehmigung für die Errichtung eines Wohngebäudes im Bereich eines Bebauungsplans. Zum Zeitpunkt ihres Erlasses ist die Baugenehmigung rechtmäßig, gleichwohl greift der Nachbar N sie mit einem Widerspruch an. Während des Vorverfahrens wird der Bebauungsplan so geändert, dass die Baugenehmigung jetzt rechtswidrig ist und N in seinen Rechten verletzt. Gleichwohl ist der Widerspruch des N unbegründet, weil diese Rechtsänderung nicht zu berücksichtigen ist.

Für die umgekehrte Situation bleibt es hingegen dabei, dass Änderungen der Sach- und Rechtslage im Verwaltungsverfahren zu beachten sind. Mit der Baufreiheit wäre es nicht zu vereinbaren, eine bei ihrem Erlass rechtswidrige Baugenehmigung per Widerspruchsbescheid aufzuheben, obwohl sie infolge zwischenzeitlicher Legalität sogleich erneut erteilt werden müsste.[1460]

> **BEISPIEL:** Die Baugenehmigung für B verstößt zurzeit ihres Erlasses gegen die Abstandsflächenbestimmungen des Bauordnungsrechts. N greift die Baugenehmigung mit dem Widerspruch an. Während des Widerspruchsverfahrens wird der maßgebliche Bebauungsplan so geändert, dass B jetzt bis an die Grundstücksgrenze bauen darf. Die Widerspruchsbehörde hat diese Rechtsänderung zu beachten und den Widerspruch folglich zurückzuweisen.[1461]

> **MERKSATZ**
> **Änderungen der Sach- und Rechtslage** während des Widerspruchsverfahrens sind grundsätzlich zu berücksichtigen. Eine Ausnahme gilt im Baurecht bei nachträglichen Änderungen zulasten des Bauherrn.

1458 Pietzner/Ronellenfitsch, Assessorexamen, § 38 Rn 31; Hufen, VerwProzessR, § 7 Rn 3
1459 BVerwG, NVwZ-RR 1996, 628, 628; Pietzner/Ronellenfitsch, Assessorexamen, § 38 Rn 32
1460 BVerwG, NVwZ 1986, 205, 206; Wolff/Decker, VwGO, § 113 Rn 42
1461 Wolff/Decker, VwGO, § 113 Rn 42

Nachschieben von Gründen

648 Der von den gerichtlichen Verfahren bekannte Problembereich des Nachschiebens von Gründen[1462] existiert wegen der grundsätzlich umfassenden Prüfungskompetenz der Widerspruchsbehörde nicht. Sie kann ohne Weiteres die Ermächtigungsgrundlage auswechseln oder eine gänzlich unterbliebene oder unrichtige Ermessensausübung nachholen.[1463]

2. Teil – Nichtförmliche Rechtsbehelfe

649 Neben dem förmlichen Widerspruchsverfahren gibt es drei ungeregelte Möglichkeiten, bei einer Behörde Rechtsschutz zu erlangen:

Fachaufsichtsbeschwerde
- Die **Fachaufsichtsbeschwerde** dient - wie der Widerspruch - einer Rüge in der Sache, ist jedoch - anders als dieser - nicht an Form und Frist gebunden.

Dienstaufsichtsbeschwerde
- Die **Dienstaufsichtsbeschwerde** dient hingegen der Rüge des persönlichen Fehlverhaltens des Sachbearbeiters, etwa weil sich der Beschwerte unzuvorkommend oder voreingenommen behandelt fühlt.

Gegenvorstellung
- Die **Gegenvorstellung** schließlich rügt weder eine falsche Sachentscheidung, noch ein persönliches Fehlverhalten des Sachbearbeiters, sondern schlägt Entscheidungsalternativen zu einer als rechtmäßig erkannten Entscheidung vor. Sie kommt z.B. in Betracht, wenn eine Ermessensausübung der Behörde als vertretbar (und daher nicht mit Widerspruch und Klage angreifbar) ist, man aber um eine andere, ebenso vertretbare Ermessensentscheidung bitten möchte.

650 Für alle drei nichtförmlichen Rechtsbehelfe gilt jedoch, dass sie weitaus weniger Rechtsschutzintensiv sind als der Widerspruch. Dies vor allem aus **vier Gründen**:

- Sie entfalten keinen Suspensiveffekt i.S.v. § 80 I 1 VwGO.
- Sie genügen nicht als Sachurteilsvoraussetzung einer Klage i.S.v. § 68 I 1, II VwGO
- Sie wahren weder die Widerspruchs- noch die Klagefristen.
- Sie zwingen die Behörde zwar zur Kenntnisnahme und Antwort, aber nicht zu einer förmlichen (d.h. mit Rechtsbehelfen angreifbaren) Neubescheidung. Selbst auf eine Begründung der Antwort besteht kein Anspruch, auch wenn diese in praxi meistens gegeben wird.

> **MERKSATZ**
> Für nichtförmliche Rechtsbehelfe gilt daher der pointiert formulierte Ausspruch: „**Formlos, fristlos, fruchtlos**".

Für das schriftliche Examen spielen diese Rechtsbehelfe daher keine Rolle. Und auch für mündliche Prüfungssituationen genügt es zu wissen, welche Arten es gibt und wie sich diese unterscheiden. Ein Gutachten hierzu wird nicht gefordert.

1462   Siehe Rn 187
1463   Wolff/Decker, VwGO, § 73 Rn 27; Pietzner/Ronellenfitsch, Assessorexamen, § 39 Rn 2

STICHWORTVERZEICHNIS

Die Zahlen beziehen sich auf die **Randnummern** der Abschnitte.

A

Abdrängende Sonderzuweisungen	53
Abgaben	349
Abwägungsgebot	305
Adressatenformel	369
Adressatentheorie	89
Aktivlegitimation	132
Allgemeine Leistungsklage	
Begründetheit	279
Frist	273
Klagebefugnis	269
Klagegegner	274
Kommunalverfassungsstreit	264
Normerlassklage	267
Rechtsschutzinteresse	276
Statthaftigkeit	263
Verwaltungsrechtsweg	256
Vorbeugende	266
Vorheriger Antrag an Behörde	276
Vorverfahren	272
Zulässigkeit	255
Allg. Rechtsschutzbedürfnis	146
Allgemeinverfügung	70
Alternative Klagehäufung	153
Amtsermittlungsgrundsatz	27
Analogie	
bei § 113 I 4 VwGO	234
Anfechtungsklage	**36**
Begründetheit	158
Frist	113
Gegenstand	76
Klagebefugnis	87
Klagegegner	131
Maßgeblicher Zeitpunkt	180
Statthaftigkeit	58
Verwaltungsrechtsweg	39
Vorverfahren	103
Zulässigkeit	38
Anhörung	164
Anhörung bei § 80 II Nr. 4 VwGO	406
Annexantrag	446
Anordnung der aufschiebenden Wirkung	364
Anordnung der sofortigen Vollziehung	**355, 403**
Begründung	410
Form	410
Anordnungsanspruch	507
Anordnungsgrund	511
Anordnungsverfahren	330, 481
Anspruchsgrundlagen	206
Antrag an Behörde	382
Antrag nach § 123 I VwGO	**481**
Anordnungsanspruch	507
Anordnungsgrund	511
Antragsbefugnis	496
Antragsgegner	500
Begründetheit	506
Ermessen des Gerichts	518
Glaubhaftmachung	513
Rechtsschutzinteresse	502
Regelungsanordnung	492
Sicherungsanordnung	492
Statthaftigkeit	487
Unionsrecht	534
Verwaltungsrechtsweg	486
Vorwegnahme der Hauptsache	521
Zulässigkeit	486
Antrag nach § 47 VI VwGO	**536**
Begründetheit	547
Zulässigkeit	539
Antrag nach § 80 V 1 VwGO	**334**
Antragsbefugnis	367
Antragsgegner	372
Antragshäufung	384
Begründetheit	385

Erfolgsaussichten in der Hauptsache	389, 423	Antrag nach § 47 VI VwGO	547
		Antrag nach § 80 V 1 VwGO	385
Faktischer Vollzug	358, 432	Antrag nach § 80a VwGO	464
Folgenlastabwägung	399, 424	Berufung	587
Form und Frist	370	Beschwerde	630
Rechtsschutzinteresse	374	Feststellungsklage	293
Statthaftigkeit	340	Fortsetzungsfeststellungsklage	249
Unionsrecht	429	Normenkontrolle	312
Verwaltungsrechtsweg	339	Revision	615
Wertung des Gesetzgebers	400, 428	Verpflichtungsklage	214
Zulässigkeit	339	Widerspruch	644
Antrag nach § 80a VwGO	**436**	Behörde	62
Antragsbefugnis	451	Behördenprinzip	136
Antragsgegner	458	Behördenprivileg	306
Begründetheit	464	Behördliche Verfahrenshandlung	147
Beiladung	462	Beiladung	157, 462
Erfolgsaussichten in der Hauptsache	466	Bekanntgabe	114
		Beklagter	**131**
Folgenlastabwägung	470	Behörde	134, 136
Form	457	Prüfungsstandort	133
Rechtsschutzinteresse	460	**Berufung**	**560**
Sicherungsmaßnahmen	474	Begründetheit	587
Statthaftigkeit	440	Zulässigkeit	567
Verwaltungsrechtsweg	439	Berufungszulassungsgründe	594
Vorheriger Antrag an Behörde	461	Beschleunigungsgrundsatz	32
Wertung des Gesetzgebers	472	Beschlussverfahren	318
Zulässigkeit	439	Beschwer	572, 624
Antragshäufung	384	**Beschwerde**	**621**
Antragsverfahren	317	Begründetheit	630
Arbeitsgerichtsbarkeit	1	Zulässigkeit	622
Aufdrängende Sonderzuweisungen	43	Bestimmtheitsgrundsatz	175
Aufsichtsrechtliche Maßnahmen	74	Beteiligungsfähigkeit	139
Auskunft als Verwaltungsakt	197		
Auskunftsklage	283	**C**	
Außenwirkung	72		
Aussetzungsverfahren	326	Computerfax	143

B

Baurecht		Deutsche Gerichtsbarkeit	41
Drittschützende Normen	91	Devolutiveffekt	559
Beamtenrechtliche Konkurrentenklage	201	Dienstaufsichtsbeschwerde	649
Beamtenverhältnis	43	Dispositionsmaxime	24
Begründetheit		Doppelhypothese	550
Allgemeine Leistungsklage	279	Drittanfechtung	90
Anfechtungsklage	158	Dritter i.S.d. § 80a VwGO	436
Antrag nach § 123 I VwGO	506	Drittschutz	305

D

E

Eilinteresse	315
Einschreiben	116
Einstweiliger Rechtsschutz	314
Einzelfall	68
Elektronische Dokumente	143
Empfangsbekenntnis	117
Erfolgsaussichten der Hauptsache	389
Erlassbehörde	198
Erledigung	233
Ermächtigungsgrundlage	161
Ermessen	172
Ermessensfehler	173
Ermessensreduzierung auf null	206
Erstmalige Beschwer	78
Europarecht	
Klagebefugnis	100
Eventualklagehäufung	152

F

Fachaufsicht	74
Fachaufsichtsbeschwerde	649
Fair trial	35
Faktischer Vollzug	**358, 432**
Dreipersonenverhältnis	442, 479
Feststellungsklage	**281**
Begründetheit	293
Feststellungsinteresse	291
Frist	292
Klagebefugnis	292
Klagegegner	292
Nichtigkeitsfeststellung	287
Rechtsverhältnis	283
Statthaftigkeit	282
Subsidiarität	288
Verwaltungsrechtsweg	281
Vorverfahren	292
Zulässigkeit	281
Finanzgerichtsbarkeit	1
Folgenbeseitigungsanspruch	497
Folgenlastabwägung	399, 424
Form der Anordnung der sofortigen Vollziehung	410
Form der Klageerhebung	143
Fortsetzungsfeststellungsinteresse	239

Fortsetzungsfeststellungsklage	**228**
Begründetheit	249
Erledigungszeitpunkt	234
Feststellungsinteresse	239
Frist	246
Klagebefugnis	244
Klagegegner	247
Statthaftigkeit	231
Verwaltungsrechtsweg	230
Vorverfahren	245
Zulässigkeit	229
Fristberechnung	113, 122

G

Gebundene Entscheidung	170
Gegenvorstellung	649
Geldleistung als Verwaltungsakt	196
Generalklausel des § 40 I 1 VwGO	44
Gerichtsbegriff	17
Gesetzlicher Richter	33
Gestaltungsklage	288, 290
Glaubhaftmachung	129, 513
Glockengeläut	261
Grundrechte	
Drittschutz	99

H

Handlungsfähigkeit	641
Hauptsacheverfahren	36
Hausrecht	258
Herrin des Vorverfahrens	110

I

Immissionen	260
Informationshandeln des Staates	259
Inhaltsbestimmungen	80
Instanzenzug	9
Interessenabwägung	418
Interessentheorie	48

J

Juristische Personen	134
Justizfreie Hoheitsakte	42
Justizverwaltungsakte	55

K

Kirchengerichte	261
Klagebefugnis	87
Klageerhebung, Form	143
Klageerhebung, Zeitpunkt	124
Klagegegner	**131**
Behörde	134, 136
Prüfungsstandort	133
Klagehäufung, objektive	149
Klagehäufung, subjektive	154
Kommunalverfassungsstreit	264, 270, 286
Konkurrentenklage	200
Kosten	349
Kumulative Klagehäufung	151

L

Leistungsklage, allgemeine	255

M

Mehrstufiger Verwaltungsakt	198
Mitwirkungsbehörde	198
Modifizierende Auflage	85
Modifizierte Subjektstheorie	46
Möglichkeitstheorie	101, 496
Mündlichkeitsgrundsatz	29

N

Nachbarrechtsschutz	91
Nachholen der Begründung	187
Nachschieben von Gründen	187
Nebenbestimmung	
anfängliche	176
Nebenbestimmungen	80
Nichtförmliche Rechtsbehelfe	649
Nichtigkeit eines Verwaltungsakts	287
Nichtigkeitsfeststellungsklage	287
Nichtverfassungsrechtlicher Art	52
Normenkontrolle	**298**
Antragsbefugnis	303
Antragsgegner	308
Begründetheit	312
Frist	307
Rechtsschutzbedürfnis	310

Statthaftigkeit	301
Verwaltungsrechtsweg	300
Vorläufiger Rechtsschutz	536
Zulässigkeit	299
Normerlassklage	267, 271

O

Objektive Klagehäufung	149
Öffentliche Einrichtungen	193
Öffentlichkeitsgrundsatz	30
Öffentlich-rechtliche Streitigkeit	45
Öffentlich-rechtlicher Vertrag	262
Offizialmaxime	27
Ordentliche Gerichtsbarkeit	1

P

Passivlegitimation	132, 160
Personenvereinigungen	134
Polizeivollzugsbeamte	352
Postulationsfähigkeit	584, 612, 627
Postzustellungsurkunde	115
Präjudizinteresse	241
Prinzipale Normenkontrolle	298
Prozessfähigkeit	141
Prozessführungsbefugnis	132
Prozessmaximen	23

R

Realakt	64
Rechtliches Gehör	33
Rechtsaufsicht	74
Rechtsbehelfsbelehrung	125
Rechtsfolge, Prüfung	169
Rechtshängigkeit, anderweitige	145
Rechtskraft, entgegenstehende	145
Rechtsmittel	559
Rechtsschutzbedürfnis	146
Rechtsträgerprinzip	134
Rechtsträgerprinzip, allgemeines	274
Rechtsverhältnis	283
Rechtsverletzung des Klägers	
Drittanfechtung	177
Rechtsverordnung	302
Reformatio in peius	79, 162

Regelung	63
Regelungsanordnung	492
Rehabilitationsinteresse	242
Revision	**600**
Begründetheit	615
Zulässigkeit	602
Rügelose Einlassung	112

S

Sachentscheidungsvoraussetzungen	38
Satzung	302
Schadensersatzpräjudiz	241
Schutznormtheorie	304
Sicherungsanordnung	492
Sicherungsmaßnahmen	446, 474
Sofortige Vollziehung	355
Sonderstatusverhältnisse	73
Sozialgerichtsbarkeit	1
Spruchreife	224
Standardmaßnahme	66
Streitgegenstandsbegriff	145
Streitgenossenschaft	154
Subjektive Klagehäufung	154
Subordinationstheorie	47
Subventionen	193
Summarische Prüfung	387
Superrevisionsinstanz	4
Suspensiveffekt	334, 559

T

Tatbestand, Prüfung	166
Telefax	143

U

Unbillige Härte	395
Unionsrecht	429, 534
Unmittelbarkeitsgrundsatz	31
Untätigkeitsklage	**108, 194**
Frist	121
Unterlassungsanspruch	497
Unterlassungsklage	263
Unterlassungsklage, vorbeugende	266

V

Verfahrenshandlung	67, 147
Verhältnismäßigkeit	175
Verpflichtungsklage	**190**
Begründetheit	214
Frist	210
Klagebefugnis	206
Klagegegner	211
Maßgeblicher Zeitpunkt	226
Statthaftigkeit	194
Verwaltungsrechtsweg	192
Vorverfahren	209
Zulässigkeit	191
Versagungsgegenklage	194
Vertrag, öffentlich-rechtlicher	262
Verwaltungsakt	**195**
Begriff	61
belastender	345
Doppelwirkung	362, 436
Erledigung	233
Formelle Rechtmäßigkeit	163
Materielle Rechtmäßigkeit	165
mehrstufiger	198
Nichtigkeit	287
Vollziehung	348
Verwaltungsgerichtsbarkeit	4
Verwaltungsrechtsweg	**40**
Rechtsmittelinstanz	567
Verwaltungsvollstreckung	65
Verwirkung	246
Vorbeugende Unterlassungsklage	265
Vorbeugender Rechtsschutz	
vorläufiger	319
Vorläufiger Rechtsschutz	**314**
Beschwerde	632
Vorverfahren	103, 633
Vorwegnahme der Hauptsache	521

W

Wertung des Gesetzgebers	428
Widerspruch	**633**
Begründetheit	644
Form	639
Frist	640
Statthaftigkeit	637

Verwaltungsrechtsweg	636
Widerspruchsbefugnis	638
Zulässigkeit	635
Widerspruchsbehörde	163
Wiedereinsetzung in den vorigen Stand	125
Wiederherstellung der aufschiebenden Wirkung	364
Wiederholungsgefahr	240

Z

Zulässigkeit

Allgemeine Leistungsklage	255
Anfechtungsklage	38
Antrag nach § 123 I VwGO	486
Antrag nach § 47 VI VwGO	539
Antrag nach § 80 V 1 VwGO	339
Antrag nach § 80a VwGO	439
Berufung	567
Beschwerde	622
Feststellungsklage	281
Fortsetzungsfeststellungsklage	229
Maßgeblicher Zeitpunkt	39
Normenkontrolle	299
Revision	602
Verpflichtungsklage	191
Widerspruch	635
Zulassungsberufung	561
Zusätzliche selbständige Beschwer	79
Zustellung	114
Zustellungsmängel	119
Zweistufentheorie	193